Primera edición impresa en México en Booket: agosto de 2013
Cuarta reimpresión en México: noviembre de 2017
ISBN: 978-607-9202-55-2

Divulgación
Actualidad

Nassim Nicholas Taleb
El Cisne Negro
El impacto de lo altamente improbable

Traducción de Roc Filella

PAIDÓS

Obra editada en colaboración con Editorial Paidós – España

Título original: *The Black Swan*
Publicado originalmente en inglés, en 2007, por Random House, Nueva York

© 2007, Nassim Nicholas Taleb
© 2008, Roc Filella, por la traducción
© 2011, Albino Santos Mosquera, por la traducción del posfacio
En colaboración con Editorial Planeta, S.A.
© 2008, 2011, de todas las ediciones en castellano
Espasa Libros, S.L.U. – Barcelona, España
Paidós es un sello editorial de Espasa Libros, S.L.U.

Derechos reservados

© 2013, Ediciones Culturales Paidós, S.A. de C.V.
Bajo el sello editorial PAIDOS M.R.
Avenida Presidente Masarik núm. 111, 2o. piso
Colonia Chapultepec Morales
C.P. 11570, Ciudad de México,
www.paidos.com.mx

Primera edición impresa en España en Colección Booket: septiembre de 2012
ISBN: 978-84-08-00854-5

Primera edición impresa en México en Booket: agosto de 2013
Cuarta reimpresión en México: noviembre de 2017
ISBN: 978-607-9202-55-2

Impreso en los talleres de Litográfica Ingramex, S.A. de C.V.
Centeno núm. 162, colonia Granjas Esmeralda, Ciudad de México,
Impreso en México – *Printed in Mexico*

Biografía

Nassim Nicholas Taleb ha dedicado su vida a investigar las reglas y la lógica de la suerte, la incertidumbre, la probabilidad y el saber. Matemático empírico, a la vez que analista del comportamiento económico de los seres humanos, en la actualidad disfruta de una excedencia como Profesor de Ciencias de la Incertidumbre en la Universidad de Massachusetts de Amherst.

A Benoît Mandelbrot,
un griego entre romanos

SUMARIO

SEGUNDA PARTE
Simplemente no podemos predecir

CUARTA PARTE
Fin

AGRADECIMIENTOS
DE LA PRIMERA EDICIÓN

Por extraño que parezca, me ha divertido mucho escribir este libro —en realidad se escribió solo— y quiero que al lector le ocurra lo mismo con su lectura. Deseo dar las gracias a los amigos que siguen.

Mi amigo y consejero Rolf Dobelli, novelista, empresario y lector voraz, estuvo siempre al día sobre las diversas versiones del texto. También contraje una gran deuda con Peter Bevelin, un erudito y puro «emprendedor del pensamiento» con extrema curiosidad, que dedica sus horas de vigilia a perseguir ideas y dar con los artículos que yo normalmente busco, y que analizó el texto con lupa. Yechezkel Zilber, autodidacta asentado en Jerusalén y ávido de ideas que contempla el mundo *ab ovo*, desde el huevo, me hizo preguntas comprometidas, hasta el punto de avergonzarme de la educación formal que había recibido y de sentirme incómodo por no ser un auténtico autodidacta como él (gracias a personas ajenas al sinsentido estoy asentando mi idea del Cisne Negro en el libertarismo académico). El erudito Philip Tetlock, que sabe de la predicción más que cualquier otra persona desde los tiempos de Delfos, leyó el original y analizó mis tesis. Phil es tan perseverante y exhaustivo que su ausencia de comentarios me aportó más información que los propios comentarios, cuando los hacía. Tengo contraída una gran deuda con Danny Kahneman, quien, además de enfrascarse en largas conversaciones sobre mis temas en torno a la naturaleza humana (y de observar con horror que yo recordaba casi todos sus comentarios), me puso en contacto con Phil Tetlock. Agradezco a Maya Bar Hillel que me invitara a participar en la Society of Judgement and Decisión Making en su reunión anual de Toronto, en noviembre de 2005; gracias a la generosidad de los investigadores que allí había, y a sus estimulantes charlas, regresé cargado con mucho más de lo que aporté. Robert Shiller me pidió que purgara algunos comentarios «irreverentes», pero el hecho de que criticara la agresividad de lo expuesto, aunque no su contenido, resultó muy revelador. Mariagiovanna Muso fue la primera en ser consciente del efecto Cisne Negro en las artes, y me remitió a buenas líneas de investigación en sociología y antropología. Tuve largas conversaciones con el estudioso de la literatura Mihai Spariosu sobre Platón, Balzac, el pensamiento ecológico y las cafeterías de Bucarest. Didier Sornette, siempre a mano con una llamada de teléfono, no dejó de mandarme artículos por correo electrónico sobre temas poco conocidos, pero muy relevantes, de física estadística. Jean-Philippe Bouchaud me ayudó muchísimo en los problemas relacionados con la estadística de las grandes desviaciones. Michael Allen escribió un monográfico para escritores que ansían que se les publique basado en las ideas del capítulo 8; posteriormente, reescribí ese capítulo basándome en un escritor que reflexiona sobre su destino en la vida. Mark Blyth fue siempre de ayuda como caja de resonancia, lector y consejero. Mis amigos del Departamento de Defensa, Andy Marshall y Andrew Mays, me dieron ideas y me plantearon preguntas. Paul Solman, una mente voraz, leyó el original con aguda meticulosidad. Debo el término *Extremistán* a Chris Anderson, a quien mi primera expresión le pareció demasiado libresca. Nigel Harvey me orientó en lo que se refiere a la literatura sobre la predicción.

Asedié a preguntas a los siguientes científicos: Terry Burnham, Robert Trivers, Robyn Dawes, Peter Ayton, Scott Atran, Dan Goldstein, Alexander Reisz, Art DeVany, Raphael Douady, Piotr Zielonka, Gur Huberman, Elkhonon Goldberg y Dan Sperber. Ed Thorp, el verdadero propietario de la «fórmula Black-Scholes», fue de gran ayuda; al hablar con él, me di cuenta de que los economistas ignoran las producciones intelectuales que se desarrollan fuera de su mundo, por muy valiosas que sean. Lorenzo Perilli fue extremadamente generoso con sus comentarios sobre Menodoto y contribuyó a corregir algunos errores. Duncan Watts me permitió que expusiera la tercera parte de este libro en un seminario sobre sociología celebrado en la Universidad de Columbia, donde reuní todo tipo de comentarios. David Cowan facilitó el gráfico que adjunto al hablar de Poincaré, haciendo que los míos, en comparación, parezcan triviales. También aproveché los textos breves y hermosos de James Montier sobre la naturaleza humana. Con Bruno Dupire, como siempre, mantuve las mejores conversaciones mientras paseábamos.

No compensa ser amigo fiel de un escritor prepotente y conocer muy de cerca su original. Marie-Christine Riachi asumió la desagradecida tarea de leer los capítulos en orden inverso; sólo le proporcionaba fragmentos incompletos y, de ellos, tan sólo aquellos (entonces) manifiestamente carentes de claridad. Jamil Baz recibió el texto completo en cada ocasión, pero decidió leerlo también en orden inverso. Laurence Zuriff leyó y comentó todos los capítulos. Philip Halperin, que sabe más que nadie (vivo) de gestión del riesgo, me proporcionó unos bellos comentarios y observaciones. Otras víctimas: Cyrus Pirasteh, Bernard Oppetit, Pascal Boulard, Guy Riviere, Joelle Weiss, Didier Javice, Andreea Munteanu, Andrei Pokrovsky, Phillipe Asseily, Farid Karbaky, George Nasr, Alina Stefan, George Martin, Stan Jonas y Flavia Cymbalista.

He recibido útiles comentarios del voraz intelectual Paul Solman (que leyó con lupa el original). Mucho es lo que debo a Phil Rosenczweig, Avishai Margalit, Peter Forbes, Michael Schrage, Driss Ben Brahim, Vinay Pande, Anthony Van Couvering, Nicholas Vardy, Brian Hinchcliffe, Aaron Brown, Espen Haug, Neil Chris, Zvika Afik, Shaiy Pilpel, Paul Kedrosky, Reid Bernstein, Claudia Schmid, Jay Leonard, Tony Glickman, Paul Johnson, Chidem Kurdas (y los economistas austríacos de la Universidad de Nueva York), Charles Babbitt y tantísimas otras personas anónimas de las que me he olvidado.*

Ralph Gomory y Jesse Ausubel de la Sloan Foundation dirigieron un programa de subvención de investigaciones llamado «The Known, the Unknown and the Unknowable». Me ofrecieron ayuda moral y económica para el fomento de mis ideas (yo opté por la opción moral, de valor incalculable). También doy las gracias a mis socios de negocios, coautores y asociados intelectuales: Espen Haug, Mark Spitznagel, Benoît Mandelbrot, Tom Witz, Paul Wilmott, Avital Pilpel y Emanuel Derman. Agradezco igualmente a John Brockman y a Katinka Matson que hayan hecho posible este libro, y a Max Brockman por sus comentarios sobre el borrador. Doy las gracias a Cindy, Sarah y Alexander por su comprensión. Además, Alexander me ayudó con los gráficos, y Sarah trabajó en la bibliografía.

* He perdido su tarjeta, pero quisiera dar las gracias calurosamente a un científico que viajaba a Viena en el vuelo 700 de British Airways el 11 de septiembre de 2003 por sugerirme la ilustración del billar del capítulo 11. Todo lo que sé sobre él es que tenía cincuenta y dos años, el pelo gris, había nacido en Inglaterra, escribía poesía en blocs de color amarillo y viajaba con siete maletas, pues se estaba mudando a la casa de su novia vienesa de treinta y cinco años.

Intenté dar a mi corrector, Will Murphy, la impresión de ser un escritor tozudamente insoportable; pero descubrí que tenía la suerte de contar con un corrector igualmente terco (aunque lo sabía disimular a la perfección). Me protegió de las incursiones de los correctores estandarizadores. Tienen éstos la asombrosa habilidad de infligir el mayor daño con el mínimo esfuerzo, al romper el ritmo interior de la exposición. Will M. es también el tipo adecuado de asiduo a las fiestas. También me halagó que Daniel Menaker dedicara tiempo a corregir mi texto. Doy las gracias igualmente a Janet Wygal y Steven Meyers. El personal de Random House se mostró siempre su mejor disposición; pero no lograron acostumbrarse a mis bromas por teléfono (como la de hacerme pasar por Bernard-Henri Lévy). Uno de los momentos más importantes de mi carrera como escritor fue un prolongado almuerzo con William Goodlad, mi corrector de Penguin, y Stefan McGrath, director gerente del grupo. De pronto caí en la cuenta de que no podía separar al contacuentos del pensador científico que habita en mí; de hecho, lo primero que me vino a la mente fue la historia, el cuento, más que una posterior ilustración del concepto.

La tercera parte de este libro me sirvió de base para mis clases en la Universidad de Massachusetts en Amherst. También doy las gracias a mi segunda casa, el Instituto Courant de Ciencias Matemáticas de la Universidad de Nueva York, por permitirme impartir clases durante más de tres años.

Es una lástima que de quien uno más aprenda sea de quien discrepe, algo que Montaigne fomentaba hace medio milenio pero que raramente se practica. Descubrí que esto te obliga a someter tus razonamientos a un prolongado período de curación y reposo, pues sabes que esa gente se dará cuenta de la mínima grieta, y uno recibe información tanto sobre los límites de sus teorías como sobre los defectos de las ajenas. Traté de mostrarme más comprensivo con mis detractores que con mis amigos, en particular con los que eran (y siguen siendo) civilizados. A lo largo de mi carrera he aprendido muchos trucos de una serie de debates públicos, de la correspondencia y de las charlas con Robert C. Merton, Steve Ross, Myron Scholes, Philippe Jorion y muchos otros (aunque, aparte de la crítica de Elie Ayache, la última vez que oí algo remotamente nuevo acerca de mis ideas fue en 1994). Esos debates tenían mucho valor, pues quería conocer los razonamientos contrarios a mi idea del Cisne Negro y averiguar cómo piensan mis detractores o qué era aquello en lo que no pensaban. Con los años he terminado por leer más material de aquellos con quien no estoy de acuerdo que de aquellos cuya opinión comparto: leo más a Samuelson que a Hayek, más a Merton (hijo) que a Merton (padre), más a Hegel que a Montaigne, y más a Descartes que a Sexto. Todo escritor tiene la obligación de exponer las ideas de sus adversarios de la forma más fiel posible.

El mayor logro de mi vida es haber conseguido la amistad de ciertas personas, como Elie Ayache y Jim Gatheral, pese a algunas desavenencias intelectuales.

La mayor parte de este libro la escribí durante un período peripatético, cuando me liberé de (casi) todos los negocios, rutinas y presiones, y me entregué a los paseos meditativos urbanos por las diversas ciudades en que di conferencias sobre la idea del Cisne Negro.* Lo escribí en gran parte en cafeterías: prefiero los cafés decrépitos (pero elegantes) de barrios modestos, lo menos contaminados posible de gente que se dedique al comercio. También pasé mucho tiempo en la terminal 4 de Heathrow, tan absorto en mi escritura que me olvidaba de mi alergia a verme rodeado de ejecutivos estresados.

---

* Resulta imposible profundizar mucho en una idea cuando se dirige un negocio, sean cuales sean las horas que éste conlleve; dicho simplemente, a menos que uno sea un insensible, las preocupaciones y el sentido de la responsabilidad ocupan un espacio cognitivo precioso. Es posible que uno pueda estudiar, meditar y escribir si es un empleado, pero no cuando dirige un negocio, a no ser que sea un irresponsable. Agradezco a mi socio Mark Spitznagel que la claridad de su mente y sus planteamientos altamente sistemáticos, disciplinados y bien engranados me hayan permitido profundizar en los sucesos raros pero de alto impacto, sin tener que dedicarme a actividades empresariales.

PRÓLOGO*

Del plumaje de las aves

Antes del descubrimiento de Australia, las personas del Viejo Mundo estaban convencidas de que *todos* los cisnes eran blancos, una creencia irrefutable pues parecía que las pruebas empíricas la confirmaban en su totalidad. La visión del primer cisne negro pudo ser una sorpresa interesante para unos pocos ornitólogos (y otras personas con mucho interés por el color de las aves), pero la importancia de la historia no radica aquí. Este hecho ilustra una grave limitación de nuestro aprendizaje a partir de la observación o la experiencia, y la fragilidad de nuestro conocimiento. Una sola observación puede invalidar una afirmación generalizada derivada de milenios de visiones confirmatorias de millones de cisnes blancos. Todo lo que se necesita es una sola (y, por lo que me dicen, fea) ave negra.**

Doy un paso adelante, dejando atrás esta cuestión lógico-filosófica, para entrar en la realidad empírica, la cual me obsesiona desde niño.***

---

* Para conservar el texto original en su totalidad, me he limitado a actualizar la presente edición con unas cuantas notas a pie de página. Al final he incorporado un largo posfacio, donde profundizo en los debates filosóficos y empíricos acerca del tema aquí expuesto, al tiempo que abordo algunos de los malentendidos generados en torno al concepto de Cisne Negro tras la primera publicación del libro.

** La difusión del teléfono móvil con cámara me ha permitido disponer de una amplia colección de imágenes de cisnes negros, obsequio de lectores viajeros. Las Navidades pasadas recibí una caja de vino El Cisne Negro (no es el que más me gusta), un vídeo (no veo vídeos) y dos libros. Prefiero las fotografías.

*** Empleo la metáfora lógica del cisne negro (escrito en minúscula) para tratar los Sucesos de tipo Cisne Negro (ahora sí en mayúscula); pero en modo alguno debe confundirse con el problema lógico desarrollado por tantos filósofos. En nuestro caso no se trata tanto de excepciones como del enorme papel que han desempeñado sucesos extremos en muchos ámbitos de la vida. Es más, el problema lógico versa sobre la posibilidad

Lo que aquí llamamos un Cisne Negro (así, en mayúsculas) es un suceso con los tres atributos que siguen.

Primero, es una *rareza*, pues habita fuera del reino de las expectativas normales, porque nada del pasado puede apuntar de forma convincente a su posibilidad. Segundo, produce un impacto tremendo (al contrario que el ave). Tercero, pese a su condición de rareza, la naturaleza humana hace que inventemos explicaciones de su existencia *después* del hecho, con lo que se hace explicable y predecible.

Me detengo y resumo el terceto: rareza, impacto extremo y predictibilidad retrospectiva (aunque no prospectiva).* Una pequeña cantidad de Cisnes Negros explica casi todo lo concerniente a nuestro mundo, desde el éxito de las ideas y las religiones hasta la dinámica de los acontecimientos históricos y los elementos de nuestra propia vida personal. Desde que abandonamos el Pleistoceno, hace unos diez milenios, el efecto de estos Cisnes Negros ha ido en aumento. Empezó a incrementarse durante la Revolución industrial, a medida que el mundo se hacía más complicado, mientras que los sucesos corrientes, aquellos que estudiamos, de los que hablamos y que intentamos predecir por la lectura de la prensa, se han hecho cada vez más intrascendentes.

Imaginemos simplemente qué poco de nuestra comprensión del mundo en las vísperas de los sucesos de 1914 nos habría ayudado a adivinar lo que iba a suceder a continuación. (No vale engañarse echando mano de las repetidas explicaciones que el aburrido profesor del instituto nos metió a machamartillo en la cabeza.) ¿Y del ascenso de Hitler y la posterior guerra mundial? ¿Y de la precipitada desaparición del bloque soviético? ¿Y de las consecuencias de la aparición del fundamentalismo islámico? ¿Y de los efectos de la difusión de Internet? ¿Y de la crisis bursátil de 1987 (y de la más inesperada recuperación)? Las tendencias, las epidemias, la moda, las ideas,

---

de la excepción (cisne negro); el mío sobre el *papel* del suceso de carácter excepcional (Cisne Negro), lo que nos lleva a la degradación de la predictibilidad y a la necesidad de ser robustos frente a los Cisnes Negros negativos y de estar expuestos a los de carácter positivo.

* La muy esperada *no ocurrencia* también es un Cisne Negro. Observemos, además, por simetría, que la ocurrencia de un suceso altamente improbable es el equivalente de la no ocurrencia de uno altamente probable.

la emergencia de las escuelas y los géneros artísticos, todos siguen esta dinámica del Cisne Negro. Prácticamente, casi todo lo importante que nos rodea se puede matizar.

Esta combinación de poca predictibilidad y gran impacto convierte el Cisne Negro en un gran rompecabezas; pero no está ahí aún el núcleo de lo que nos interesa en este libro. Añadamos a este fenómeno el hecho de que tendemos a actuar como si eso no existiera. Y no me refiero sólo al lector, a su primo Joey o a mí, sino a casi todos los «científicos sociales» que, durante más de un siglo, han actuado con la falsa creencia de que sus herramientas podían medir lo incierto. Y es que la aplicación de la ciencia de la incertidumbre a los problemas del mundo real ha tenido unos efectos ridículos. Yo he tenido el privilegio de verlo en las finanzas y la economía. Preguntémosle a nuestro corredor de Bolsa cómo define «riesgo», y lo más probable es que nos proporcione una *medida* que *excluya* la posibilidad del Cisne Negro y, por tanto, una definición que no tiene mejor valor predictible que la astrología para valorar los riesgos totales (ya veremos cómo disfrazan el fraude intelectual con las matemáticas). Este problema es endémico en las cuestiones sociales.

La idea central de este libro es nuestra ceguera respecto a lo aleatorio, en particular las grandes desviaciones: ¿por qué nosotros, científicos o no científicos, personas de alto rango o del montón, tendemos a ver la calderilla y no los billetes? ¿Por qué seguimos centrándonos en las minucias, y no en los posibles sucesos grandes e importantes, pese a las evidentes pruebas de lo muchísimo que influyen? Y, si seguimos con mi argumentación, ¿por qué de hecho la lectura del periódico *disminuye* nuestro conocimiento del mundo?

Es fácil darse cuenta de que la vida es el efecto acumulativo de un puñado de impactos importantes. No es tan difícil identificar la función de los Cisnes Negros desde el propio sillón (o el taburete del bar). Hagamos el siguiente ejercicio. Pensemos en nuestra propia existencia. Contemos los sucesos importantes, los cambios tecnológicos y los inventos que han tenido lugar en nuestro entorno desde que nacimos, y comparémoslos con lo que se esperaba antes de su aparición. ¿Cuántos se produjeron siguiendo un programa? Fijémonos en nuestra propia vida, en la elección de una profesión, por ejemplo, o en cuando conocimos a nuestra pareja, en el exilio de nuestro país de origen, en las traiciones con que nos enfrentamos, en el enriquecimiento o el empobrecimiento súbitos. ¿Con qué frecuencia ocurrió todo esto según un plan preestablecido?

Lo que no sabemos

La lógica del Cisne Negro hace que *lo que no sabemos* sea más importante que lo que sabemos.* Tengamos en cuenta que muchos Cisnes Negros pueden estar causados y exacerbados *por el hecho de ser inesperados.*

Pensemos en el atentado terrorista del 11 de septiembre de 2001: si el riesgo hubiera sido razonablemente *concebible* el día 10, no se habría producido el atentado. Si una posibilidad como ésa se hubiera considerado digna de atención, aviones de combate habrían sobrevolado las Torres Gemelas, las aeronaves hubiesen dispuesto de puertas antibalas y el atentado no habría tenido lugar, y punto. Podría haber ocurrido otra cosa. ¿Qué? No lo sé.

¿No es extraño ver que un suceso se produce precisamente porque no se esperaba que fuera a ocurrir? ¿Qué tipo de defensa tenemos contra ello? Cualquier cosa que se nos ocurra (que Nueva York es un blanco fácil para los terroristas, por ejemplo) puede resultar ineficaz si el enemigo sabe que lo sabemos. Quizá parezca raro que, en un juego estratégico de este tipo, lo que sabemos pueda ser por completo intrascendente.**

Esto se aplica a toda clase de sucesos y negocios. Pensemos en la «receta secreta» para forrarse en el negocio de la restauración. Si fuera conocida y ob-

---

* El Cisne Negro vendría a ser el resultado de ciertas limitaciones (o distorsiones) de carácter epistémico, tanto colectivas como individuales (generalmente en lo que concierne a la confianza en el conocimiento). No es pues un fenómeno objetivo. El error más grave en la interpretación de mi Cisne Negro es el cometido por quienes tratan de definir un «Cisne Negro objetivo» que sea invariante para todos los observadores. Los sucesos del 11-S, por ejemplo, fueron un Cisne Negro para las víctimas, pero desde luego no lo fueron para los terroristas. En el posfacio aporto datos adicionales sobre el debate de esta cuestión.

** Idea de la robustez: ¿por qué formulamos teorías que nos llevan a establecer proyecciones y pronósticos en lugar de dedicar más atención a la robustez de tales teorías y a las consecuencias de sus errores? El problema del Cisne Negro sería mucho más fácil de abordar si nos centrásemos en la robustez y los errores en vez de hacerlo en la mejora de las predicciones.

via, entonces algún vecino habría dado con la idea y ésta se habría convertido en algo corriente. El siguiente gran negocio en la industria de la restauración debe ser una idea que no se le ocurra fácilmente a la actual población de restauradores. Debe estar a cierta distancia de las expectativas. Cuanto más inesperado sea el éxito de esa empresa, menor será el número de competidores, y mayor éxito tendrá el emprendedor que lleve la idea a la práctica. Lo mismo se puede decir del negocio del calzado, de la edición o de cualquier tipo de empresa. Y lo mismo cabe decir de las teorías científicas: a nadie le interesa oír trivialidades. El beneficio de una empresa humana es, en general, inversamente proporcional a lo que se esperaba que fuera.

Pensemos en el *tsunami* que se produjo en el Pacífico en diciembre de 2004. De haber sido esperado, no hubiera causado los daños que causó: las zonas afectadas hubieran estado menos pobladas, se habría instalado un sistema de alarma preventiva. Lo que sabemos realmente no nos puede hacer daño.

Expertos y «trajes vacíos» (farsantes)

La incapacidad de predecir las rarezas implica la incapacidad de predecir el curso de la historia, dada la incidencia de estos sucesos en la dinámica de los acontecimientos.

Pero actuamos como si fuéramos capaces de predecir los hechos o, peor aún, como si pudiésemos cambiar el curso de la historia. Hacemos proyecciones a treinta años del déficit de la seguridad social y de los precios del petróleo, sin darnos cuenta de que ni siquiera podemos prever unos y otros para el verano que viene. Nuestros errores de previsión acumulativos sobre los sucesos políticos y económicos son tan monstruosos que cada vez que observo los antecedentes empíricos tengo que pellizcarme para verificar que no estoy soñando. Lo sorprendente no es la magnitud de nuestros errores de predicción, sino la falta de conciencia que tenemos de ellos. Y esto es aún más preocupante cuando nos metemos en conflictos mortales: las guerras son fundamentalmente imprevisibles (y no lo sabemos). Debido a esta falsa comprensión de las cadenas causales entre la política y las acciones, es fácil que provoquemos Cisnes Negros gracias a la ignorancia agresiva, como el niño que juega con un kit de química.

Nuestra incapacidad para predecir en entornos sometidos al Cisne Negro, unida a una falta general de conciencia de este estado de las cosas, significa que determinados profesionales, aunque creen que son expertos, de hecho no lo son. Si consideramos los antecedentes empíricos, resulta que no saben sobre la materia de su oficio más que la población en general, pero saben contarlo mejor o, lo que es peor, saben aturdirnos con complicados modelos matemáticos. También es más probable que lleven corbata.

Dado que los Cisnes Negros son impredecibles, tenemos que amoldarnos a su existencia (más que tratar ingenuamente de preverlos). Hay muchas cosas que podemos hacer si nos centramos en el anticonocimiento, o en lo que no sabemos. Entre otros muchos beneficios, uno puede dedicarse a buscar Cisnes Negros (del tipo positivo) con el método de la serendipidad, llevando al máximo nuestra exposición a ellos. En efecto, en algunos ámbitos —como el del descubrimiento científico y el de las inversiones de capital en empresas conjuntas— hay una compensación desproporcionada de lo desconocido, ya que lo típico es que, de un suceso raro, uno tenga poco que perder y mucho que ganar. Veremos que, contrariamente a lo que se piensa en el ámbito de la ciencia social, casi ningún descubrimiento, ninguna tecnología destacable surgieron del diseño y la planificación: no fueron más que Cisnes Negros. La estrategia de los descubridores y emprendedores es confiar menos en la planificación de arriba abajo y centrarse al máximo en reconocer las oportunidades cuando se presentan, y juguetear con ellas. De modo que no estoy de acuerdo con los seguidores de Marx y los de Adam Smith: si los mercados libres funcionan es porque dejan que la gente tenga suerte, gracias al agresivo método del ensayo y error, y no dan a las personas recompensas ni «incentivos» por su destreza. Así pues, la estrategia es juguetear cuanto sea posible y tratar de reunir tantas oportunidades de Cisne Negro como se pueda.

Aprender a aprender

Otro defecto humano afín procede de la concentración excesiva en lo que sabemos: tendemos a aprender lo preciso, no lo general.

¿Qué aprendimos de lo ocurrido el 11-S? ¿Aprendimos que algunos sucesos, debido a su dinámica, se sitúan en gran parte fuera del ámbito de lo predecible? No. ¿Descubrimos el defecto inherente de la sabiduría convencional? No. ¿Qué es lo que averiguamos? Aprendimos unas reglas precisas para evitar a los prototerroristas islámicos y los edificios altos. Muchas personas siguen recordándome que es importante ser prácticos y dar pasos tangibles, en vez de «teorizar» sobre el conocimiento. La historia de la línea Maginot demuestra que estamos condicionados por lo específico. Al concluir la Gran Guerra, los franceses construyeron un muro siguiendo la ruta de la anterior invasión alemana para prevenir una nueva invasión; Hitler no hizo sino limitarse, (casi) sin esfuerzo alguno, a rodearla. Los franceses habían sido unos excelentes estudiantes de historia; lo que ocurrió es que aprendieron con excesiva precisión. Fueron demasiado prácticos y se centraron de forma exagerada en su propia seguridad.

No aprendemos espontáneamente que *no aprendemos que no aprendemos*. El problema radica en la estructura de nuestra mente: no aprendemos reglas sino hechos, y sólo hechos. Parece que no somos muy dados a elaborar metarreglas (como la regla de que tenemos tendencia a no aprender reglas). Desdeñamos lo abstracto; lo despreciamos con pasión.

¿Por qué? En este punto es necesario, como lo es en mis planes para el resto del libro, poner boca abajo la sabiduría convencional y demostrar que es inaplicable para nuestro entorno moderno, complejo y cada vez *más recursivo*.*

Pero hay una pregunta de mayor calado: ¿para qué está hecha nuestra mente? Se diría que disponemos del manual del usuario equivocado. No parece que nuestra mente esté hecha para pensar ni practicar la introspección; de ser así, las cosas nos serían hoy día más fáciles, pero entonces

---

* Aquí, *recursivo* significa que el mundo en que vivimos tiene un número creciente de bucles de retroalimentación que hacen que los sucesos sean la causa de más sucesos (por ejemplo, compramos un libro *porque* otros lo compran), con lo que se generan unas bolas de nieve y ciertos efectos arbitrarios e impredecibles del estilo «el ganador se lo lleva todo» y que afectan a todo el planeta. Vivimos en un entorno en que la información fluye con demasiada rapidez, acelerando así esa epidemia. Asimismo, los sucesos pueden ocurrir *porque* se supone que no van a hacerlo. (Nuestras intuiciones están hechas para un entorno con causas y efectos más simples y una información que se mueve despacio.) Este tipo de aleatoriedad no fue el que prevaleció durante el Pleistoceno, ya que entonces la vida socioeconómica era muchísimo más simple.

no estaríamos aquí hoy, ni yo me hallaría aquí para hablar de ello: mi ancestro contrafactual, introspectivo y profundamente reflexivo habría sido devorado por un león, al tiempo que su primo no reflexivo, pero de mayor velocidad en sus reacciones, habría corrido a protegerse. Consideremos que pensar requiere tiempo y, normalmente, un gran desperdicio de energía; que nuestros predecesores pasaron más de cien millones de años como mamíferos no pensantes, y que en ese instante que ha sido nuestra historia y durante el que hemos empleado nuestro cerebro, lo hemos utilizado para ocuparnos de temas demasiado secundarios como para ser importantes. Las pruebas demuestran que pensamos mucho menos de lo que creemos, a excepción, quizá, de cuando pensamos en esta misma realidad.

Un nuevo tipo de ingratitud

Entristece bastante pensar en las personas a quienes la historia ha maltratado. Los *poètes maudits*, como Edgar Allan Poe o Arthur Rimbaud, fueron despreciados por la sociedad y posteriormente adorados y de consumo obligado para los escolares. (Incluso hay escuelas que llevan el nombre de quienes en su día fueron unos malísimos estudiantes.) Lamentablemente, ese reconocimiento le llegó al poeta demasiado tarde para que le aprovechara como podrían haberle aprovechado unos tragos de serotonina, o para apuntalar su romántica vida en la Tierra. Pero hay héroes aún peor tratados: la muy triste categoría de aquellos que no saben que fueron héroes, que nos salvaron la vida, que nos ayudaron a evitar desastres. No dejaron rastro y ni siquiera supieron que estaban haciendo una aportación. Recordamos a los mártires que murieron por una causa conocida, pero nunca a aquellos cuya contribución fue igual de efectiva, pero de cuya causa nunca fuimos conscientes, precisamente porque tuvieron éxito. Nuestra ingratitud hacia los *poètes maudits* se diluye completamente ante este otro tipo de desagradecimiento. Es una ingratitud mucho más despiadada: la sensación de inutilidad por parte de un héroe silencioso. Lo ilustraré con el siguiente experimento del pensamiento.

Imaginemos que un legislador con coraje, influencia, inteligencia, visión de futuro y perseverancia consigue hacer aprobar una ley que va a entrar en vigor el 10 de septiembre de 2001; la ley obliga a colocar puertas a prueba de bala, y que estén permanentemente cerradas, en todas las cabinas de los aviones (lo cual supone unos gastos enormes para las batalladoras compañías aéreas), sólo por si los terroristas decidieran utilizar aviones para atacar el World Trade Center de Nueva York. Ya sé que es una locura, pero sólo se trata de un experimento del pensamiento (soy consciente de que es posible que no exista un legislador con inteligencia, coraje, visión de futuro y perseverancia; ahí está el quid del experimento). Tal ley no sería muy popular entre el personal de vuelo, pues les complica la vida. Pero no hay duda de que hubiera evitado el 11-S.

La persona que impuso cerraduras en las puertas de las cabinas no tiene estatua en las plazas públicas, tan sólo una breve mención de su aportación en el obituario: «Joe Smith, que ayudó a evitar el 11-S, murió a consecuencia de una enfermedad hepática». Al ver lo superflua que fue su medida, y los gastos que generó, bien pudiera ser que el público, con gran ayuda de los pilotos de líneas aéreas, lo alejara del poder. *Vox clamantis in deserto*. Se jubilará deprimido, con una gran sensación de fracaso. Morirá con la impresión de no haber hecho nada útil. Quisiera poder asistir a su entierro, pero, querido lector, no sé dónde está. Y sin embargo, el reconocimiento puede ser todo un incentivo. Créame, incluso quienes dicen sinceramente que no creen en el reconocimiento, y que separan el trabajo de los frutos del mismo, en realidad éste les supone un trago de serotonina. Pensemos cómo se recompensa al héroe silencioso: hasta su propio sistema hormonal conspirará para no ofrecerle recompensa alguna.

Ahora pensemos en lo sucedido el 11-S. Una vez acaecido lo acaecido, ¿quién se llevó el reconocimiento? Aquellos a quienes vimos en los medios de comunicación, en la televisión realizando actos heroicos, y aquellos a quienes vimos que intentaban darnos la impresión de que estaban realizando actos heroicos. En esta última categoría se incluye a alguien como el director de la Bolsa de Nueva York, Richard Grasso, que «salvó la Bolsa» y recibió una muy considerable prima por su aportación (el equivalente a varios *miles* de salarios medios). Todo lo que tuvo que hacer fue estar ahí para hacer sonar la campanilla de apertura de la sesión por televisión, y la televisión, como veremos, transporta la injusticia y es una causa importante de la ceguera del Cisne Negro.

¿A quién se recompensa, al banquero central que evita una recesión o al que acude a «corregir» los fallos de su predecesor y resulta que está ahí durante cierta recuperación económica? ¿Quién tiene mayor valor, el político que evita una guerra o el que empieza una nueva (y tiene la suerte de ganarla)?

Se trata del mismo revés lógico que veíamos antes respecto al valor de lo que no sabemos; todo el mundo sabe que es más necesaria la prevención que el tratamiento, pero pocos son los que premian los actos preventivos. Glorificamos a quienes dejaron su nombre en los libros de historia a expensas de aquellos contribuyentes de quienes la historia nada dice. Los seres humanos no sólo somos un género superficial (algo que, en cierta medida, se puede curar), somos un género muy injusto.

LA VIDA ES MUY INUSUAL

Este libro trata de la incertidumbre; para este autor, el suceso raro *equivale* a la incertidumbre. Puede parecer una declaración categórica —la de que debemos estudiar principalmente los sucesos raros y extremos para poder entender los habituales—, pero me voy a explicar como sigue. Hay dos formas posibles de abordar el fenómeno. La primera es descartar lo extraordinario y centrarse en lo «normal». El examinador deja de lado las «rarezas» y estudia los casos corrientes. El segundo enfoque es considerar que, para entender un fenómeno, en primer lugar es necesario considerar los extremos, sobre todo si, como ocurre con el Cisne Negro, conllevan un efecto acumulativo extraordinario.

No me importa particularmente lo habitual. Si queremos hacernos una idea del carácter, los principios éticos y la elegancia personal de un amigo, debemos observarle en la prueba que supone pasar por momentos difíciles, no durante el esplendor rosado de la vida cotidiana. ¿Podemos adivinar el peligro de un criminal con sólo observar lo que hace en un día *corriente*? ¿Podemos entender la salud sin considerar las tremendas enfermedades y epidemias? No hay duda de que, a menudo, lo normal es irrelevante.

Casi todo lo concerniente a la vida social es producto de choques y ciertos saltos raros pero trascendentales; y pese a ello, casi todo lo que se estudia sobre la vida social se centra en lo «normal», especialmente en los métodos de inferencia de la campana de Gauss, la «curva de campana», que no nos dicen casi nada. ¿Por qué? Porque la curva de campana ignora las grandes desviaciones, no las puede manejar, y sin embargo nos hace confiar en que hemos domesticado la incertidumbre. A este fraude lo denominaremos GFI, «gran fraude intelectual».

PLATÓN Y EL ESTUDIOSO OBSESIVO

En los inicios de la revuelta de los judíos en el siglo I de nuestra era, la causa de gran parte de la ira de éstos fue la insistencia de los romanos en colocar una estatua de Calígula en el templo de Jerusalén, a cambio de levantar una estatua del dios judío Yavé en los templos romanos. Los romanos no se daban cuenta de que lo que los judíos (y los posteriores monoteístas de Oriente) querían decir con *dios* era algo abstracto, que lo abarcaba todo, y que nada tenía que ver con la representación antropomórfica y excesivamente humana en que ellos pensaban cuando decían *deus*. Lo fundamental era que el dios judío no se prestaba a la representación simbólica. Asimismo, lo que mucha gente convierte en mercancía y etiqueta como «desconocido», «improbable» o «incierto» no es para mí lo mismo; no es una categoría de conocimiento concreta y precisa, un campo *hecho para el estudioso obsesivo*, sino todo lo contrario: posee la carencia (y las limitaciones) del conocimiento. Es exactamente lo contrario del conocimiento; uno debería aprender a evitar el uso de términos aplicados al conocimiento para describir su contrario.

Lo que llamo *platonicidad*, siguiendo las ideas (y la personalidad) de Platón, es nuestra tendencia a confundir el mapa con el territorio, a centrarnos en «formas» puras y bien definidas, sean objetos, como los triángulos, o ideas sociales, como las utopías (sociedades construidas conforme a algún proyecto de lo que «tiene sentido»), y hasta las nacionalidades. Cuando estas ideas y nítidos constructos habitan en nuestra mente, les damos prioridad sobre otros objetos menos elegantes, aquellos que tienen estructuras más confusas y menos tratables (una idea que iré desarrollando a lo largo de este libro).

La platonicidad es lo que nos hace pensar que entendemos más de lo que en realidad entendemos. Pero esto no ocurre en todas partes. No estoy diciendo que las formas platónicas no existen. Los modelos y las construcciones, estos mapas intelectuales de la realidad, no siempre son erróneos; lo son únicamente en algunas aplicaciones específicas. La dificultad reside en que: a) no sabemos de antemano (sólo después del hecho) *dónde* estará equivocado el mapa; y que b) los errores pueden llevarnos a consecuencias graves. Estos modelos son como medicinas potencialmente útiles que tienen unos efectos secundarios aleatorios pero muy graves.

El *redil platónico* es la explosiva línea divisoria donde la mentalidad platónica entra en contacto con la confusa realidad, donde la brecha entre lo que sabemos y lo que pensamos que sabemos se ensancha de forma peligrosa. Es aquí donde aparece el Cisne Negro.

DEMASIADO SOSO PARA ESCRIBIR SOBRE ELLO

Dicen que el genial cineasta Luchino Visconti se aseguraba de que, cuando los actores señalaban una caja cerrada que debía contener joyas, hubiera dentro de ella joyas de verdad. Podía ser una forma eficaz de hacer que los actores vivieran el papel que representaban. Creo que el gesto de Visconti puede proceder también de un simple sentido de la estética y de un deseo de autenticidad; en cierto modo, pudiera parecer incorrecto engañar al espectador.

Este libro es un ensayo que expone una idea fundamental; no recicla ni presenta en un nuevo envoltorio pensamientos de otras personas. Un ensayo es una meditación impulsiva, no un informe científico. Pido disculpas si dejo de lado algunos temas evidentes, pues estoy convencido de que lo que a mí me resulta aburrido de escribir podría ser demasiado aburrido de leer para el lector. (Además, para evitar el aburrimiento puede sernos de gran ayuda filtrar todo lo que no sea esencial.)

Hablar es barato. Quien haya recibido demasiadas clases de filosofía en la universidad (o quizá no las suficientes) podría objetar que la visión de un Cisne Negro no invalida la teoría de que *todos los cisnes son blancos*, ya que esa ave negra no es técnicamente un cisne, pues el hecho de ser de color blanco sería la propiedad esencial del cisne. Es verdad que quienes lean a Wittgenstein en exceso (y comentarios acerca de Wittgenstein) pueden tener la impresión de que los problemas del lenguaje son importantes. No hay duda de que pueden ser de importancia para hacerse con un sitio en los departamentos de filosofía, pero son algo que nosotros, los profesionales y los que tomamos decisiones en el mundo real, *dejamos para el fin de semana*. Como explico en el capítulo titulado «La incertidumbre del farsante», estas sutilezas, con todo su atractivo intelectual, no tienen implicaciones importantes de lunes a viernes, si se comparan con cuestiones más sustanciales (pero más olvidadas). Las personas de aula, que no se han enfrentado a muchas situaciones auténticas de toma de decisiones en un ambiente de incertidumbre, no se dan cuenta de qué es importante y qué no lo es; ni siquiera aquellos que son eruditos de la incertidumbre (o *especialmente* aquellos que son eruditos de la incertidumbre). Lo que llamo la práctica de la incertidumbre puede ser piratería, especulación de bienes, juego profesional, trabajar en alguna rama de la Mafia, o sencillamente una simple acción empresarial en serie. De ahí que clame contra el «escepticismo estéril», ese sobre el que nada podemos hacer, y contra los problemas excesivamente teóricos del lenguaje que han convertido a gran parte de la filosofía moderna en irrelevante para lo que burlonamente se llama el «público en general». (Antes, para bien o para mal, esos raros filósofos y pensadores que no destacaban por sí mismos dependían del apoyo de un patrón. Hoy día, los académicos especializados en disciplinas abstractas dependen mutuamente de sus respectivas opiniones, sin comprobaciones externas, con el grave resultado patológico de que en ocasiones convierten sus objetivos en limitados concursos de demostración de habilidad. Cualesquiera que fueran las deficiencias del antiguo sistema, al menos obligaba a tener *cierto* nivel de importancia.)

La filósofa Edna Ullmann-Margalit detectó una incoherencia en este libro, y me pidió que justificara el uso de la exacta metáfora del Cisne Negro para describir lo desconocido, lo abstracto y lo incierto impreciso: cuervos blancos, elefantes de color rosa o vaporosos habitantes de un planeta remoto que orbita alrededor de Tau Ceti. Admito que me cogió con las manos en la masa. Efectivamente, hay una contradicción; este libro es una historia, y prefiero usar historias y viñetas para ilustrar nuestra credibilidad sobre las historias y nuestra preferencia por la peligrosa compresión de las narraciones.

Para desplazar una historia se necesita otra historia. Las metáforas y las historias tienen muchísima más fuerza (lamentablemente) que las ideas; también son más fáciles de recordar y más divertidas de leer. Si tengo que ir tras lo que yo denomino las disciplinas narrativas, mi mejor herramienta es la narración.*

Las ideas van y vienen; las historias permanecen.

RESUMEN

El complejo asunto de este libro no es simplemente la curva de campana, ni el estadístico que se engaña a sí mismo, ni tampoco el erudito platonificado que necesita las teorías para autoengañarse. Es el impulso a «centrarse» en lo que tiene sentido para nosotros. Vivir en nuestro planeta, hoy día, requiere muchísima más imaginación de la que nos permite nuestra propia constitución. Carecemos de imaginación y la reprimimos en los demás.

Observe el lector que en este libro no me baso en el horroroso método de reunir «pruebas corroborativas» selectivas. Por razones que explico en el capítulo 5, a esta sobrecarga de ejemplos la llamo empirismo ingenuo: las sucesiones de anécdotas seleccionadas para que se ajusten a una historia no constituyen una prueba. Cualquiera que busque la confirmación encontrará la suficiente para engañarse a sí mismo, y sin duda a sus iguales.** La idea del Cisne Negro se basa en la estructura de lo aleatorio en la realidad empírica.

En resumen: en este ensayo (personal), yergo la cabeza y proclamo, en contra de muchos de nuestros hábitos de pensamiento, que nuestro mundo está dominado por lo extremo, lo desconocido y lo muy improbable (improbable según nuestros conocimientos actuales), y aun así empleamos

---

* La del cisne negro no es en absoluto una metáfora moderna, aun cuando suela atribuirse a autores como Popper, Mill y Hume, entre otros. Si la he escogido es porque concuerda con la idea de «rara avis» sostenida en la Antigüedad: el poeta latino Juvenal hace referencia a «un ave tan rara como el cisne negro» *(rara avis in terris nigroque simillima cycno)*.

** También es empirismo ingenuo ofrecer, en apoyo de una determinada argumentación, una serie de elocuentes citas confirmadoras de autoridades ya fallecidas. Si se busca bien, siempre se puede encontrar a alguien que hiciera una afirmación que suene bien y que confirme nuestro punto de vista; y, sobre todos los temas, es posible encontrar a otro pensador difunto que dijera exactamente lo contrario. Casi todas las citas que no son de Yogi Berra son de personas de las que disiento.

el tiempo en dedicarnos a hablar de menudencias, centrándonos en lo conocido y en lo repetido. Esto implica la necesidad de usar el suceso extremo como punto de partida, y no tratarlo como una excepción que haya que ocultar bajo la alfombra. También proclamo con mayor osadía (y mayor fastidio) que, a pesar de nuestro progreso y crecimiento, el futuro será progresivamente menos predecible, mientras parece que tanto la naturaleza humana como la «ciencia» social conspiran para ocultarnos tal idea.

Los capítulos

La secuencia de este libro sigue una lógica simple: va desde lo que se puede etiquetar como puramente literario (en el tema y en el trato) a lo que se puede considerar enteramente científico (en el tema, aunque no en el trato). En la primera parte y el principio de la segunda aparecerá sobre todo la psicología; en el resto de la segunda parte y en la tercera nos ocuparemos principalmente de los negocios y de la ciencia natural. La primera parte, «La antibiblioteca de Umberto Eco», se ocupa en especial de cómo percibimos los sucesos históricos y actuales, y de qué distorsiones aparecen en esa percepción. La segunda parte, «Simplemente no podemos predecir», trata de los errores que cometemos al ocuparnos del futuro y de las limitaciones inadvertidas de algunas «ciencias», y de qué podemos hacer al respecto. La tercera parte, «Aquellos cisnes grises de Extremistán», profundiza en el tema de los sucesos extremos, explica cómo se genera la curva de campana (ese gran fraude intelectual) y revisa las ideas de las ciencias naturales y sociales vagamente agrupadas con la etiqueta de «complejidad». La cuarta parte, «Fin», será muy breve.

Al escribir este libro disfruté mucho más de lo que había esperado —en realidad se escribió solo— y confío en que el lector tenga la misma experiencia al leerlo. Confieso que me enganché a esta incursión en las ideas puras después de las limitaciones que me impuso una vida activa y dedicada a los negocios. Cuando se haya publicado este libro, mi objetivo es alejarme del ajetreo de las actividades públicas para poder pensar con toda tranquilidad sobre mi idea científico-filosófica.

PRIMERA PARTE
La antibiblioteca de Umberto Eco, o de cómo buscamos la validación

El escritor Umberto Eco pertenece a esa reducida clase de eruditos que son enciclopédicos, perspicaces y amenos. Posee una extensa biblioteca personal (con más de treinta mil libros), y divide a los visitantes en dos categorías: aquellos que reaccionan con un «¡Oh! *Signore professore dottore* Eco, ¡vaya biblioteca tiene usted! ¿Cuántos libros de éstos ha leído?», y los demás —una minoría muy reducida—, que saben que una biblioteca privada no es un apéndice para estimular el ego, sino una herramienta para la investigación. Los libros leídos tienen mucho menos valor que los no leídos. Nuestra biblioteca debería contener tanto de *lo que no sabemos* como nuestros medios económicos, la hipoteca y el actual mercado activo, competitivo y con escasa variación de precios de la propiedad inmobiliaria nos permitieran colocar. Acumularemos más conocimientos y más libros a medida que nos hagamos mayores, y el número creciente de libros no leídos sobre los estantes nos mirará con gesto amenazador. En efecto, cuanto más sabemos, más largas son las hileras de libros no leídos. A esta serie de libros no leídos la vamos a llamar *antibiblioteca*.

Tendemos a tratar nuestros conocimientos como una propiedad personal que se debe proteger y defender. Es un adorno que nos permite ascender en la jerarquía social. De modo que esta tendencia a herir la sensibilidad de la biblioteca de Eco al centrarse en lo conocido es un sesgo humano que se extiende a nuestras operaciones mentales. Las personas no van por ahí con anticurrículum vítae en que se nos cuente lo que no han estudiado ni experimentado (una tarea que corresponde a sus competidores), pero sería bonito que lo hicieran. Del mismo modo que necesitamos darle la vuelta a la lógica de la biblioteca, nos ocuparemos de dársela al propio conocimiento. Observemos que el Cisne Negro procede de nuestra falsa comprensión de la probabilidad de las sorpresas, de esos libros no leídos, porque nos tomamos un poco demasiado en serio lo que sabemos.

En los capítulos de este apartado abordaremos la cuestión de cómo los seres humanos nos ocupamos del conocimiento, y de nuestra preferencia por lo anecdótico sobre lo empírico. El capítulo 1 expone al Cisne Negro asentado en la historia de mi propia obsesión. Haré una distinción fundamental entre dos variedades de lo aleatorio en el capítulo 3. A continuación, en el capítulo 4, volveré brevemente al problema del Cisne Negro en su forma original: cómo tendemos a generalizar a partir de lo que vemos. Luego expongo tres facetas del mismo problema del Cisne Negro: a) *el error de la confirmación*, o de cómo tendemos a desdeñar sin motivo la parte virgen de la biblioteca (la costumbre de fijarnos en lo que confirma nuestros conocimientos, no nuestra ignorancia), en el capítulo 5; b) *la falacia narrativa*, o de cómo nos engañamos con historias y anécdotas (capítulo 6); c) de cómo los sentimientos se entrometen en nuestras inferencias (capítulo 7); y d) *el problema de las pruebas silenciosas*, o los trucos que la historia emplea para ocultarnos los Cisnes Negros (capítulo 8). El capítulo 9 se ocupa de la letal falacia de construir el conocimiento a partir del mundo de los juegos.

Capítulo 1
EL APRENDIZAJE DE UN ESCÉPTICO EMPÍRICO

Anatomía de un Cisne Negro - El terceto de la opacidad - Leer los libros del final al principio - El retrovisor - Todo se puede explicar - Hable siempre con el conductor (con precaución) - La historia no gatea: da saltos - ¡Fue tan inesperado! - Dormir doce horas seguidas

Este libro no es una autobiografía, de modo que me voy a saltar las escenas de guerra. En realidad, aun en el caso de que fuese una autobiografía, me saltaría igualmente esas escenas. No puedo competir con las películas de acción ni con las memorias de aventureros más consumados que yo, así que me voy a ceñir a mis especialidades: la oportunidad y la incertidumbre.

ANATOMÍA DE UN CISNE NEGRO

Durante más de un milenio, la costa mediterránea oriental llamada Syria Libanensis, o Monte Líbano, supo albergar al menos una docena de sectas, etnias y creencias diferentes (fue algo parecido a la magia). Aquel territorio se parecía más a las principales ciudades del Mediterráneo oriental (llamado Levante) que a otras partes del interior de Oriente Próximo (era más fácil moverse en barco que por tierra, atravesando el montañoso terreno). Las ciudades levantinas eran mercantiles por naturaleza; las personas negociaban entre ellas de acuerdo con un protocolo claro, preservando así una paz que alentaba el comercio, y la socialización entre las comunidades era notable. Esos mil años de paz sólo fueron interrumpidos por alguna pequeña fricción ocasional acaecida *dentro* de las comunidades musulmana y cristiana, raramente entre musulmanes y cristianos. Las ciudades eran mercantiles y ante todo helenistas; en cambio en las montañas se habían asentado múltiples minorías religiosas que decían haber huido tanto de la ortodoxia bizantina como de la musulmana. Un territorio montañoso es el refugio ideal para quienes se salen de lo común, con la salvedad de que el enemigo es el otro refugiado que compite por el mismo tipo de escarpada propiedad inmobiliaria. El mosaico de culturas y religiones de la zona se consideraba un ejemplo de coexistencia: cristianos de todas las variedades (maronitas, armenios, ortodoxos bizantinos greco-sirios, incluso católicos bizantinos, además de los pocos católicos romanos que habían dejado las Cruzadas), musulmanes (chiitas y sunitas), drusos y algunos judíos. Se daba por supuesto que allí la gente aprendía a ser tolerante; recuerdo que en la escuela nos enseñaban que nosotros éramos mucho más civilizados y sabios que las comunidades de los Balcanes, cuyos habitantes no sólo no se bañaban, sino que eran presa de luchas facciosas. Parecía que estábamos en una situación de equilibrio estable, debido a una tendencia histórica hacia la mejora y la tolerancia. Los términos *equilibrio* y *calma* eran de uso habitual.

Las dos ramas de mi familia procedían de la comunidad greco-siria, el último asentamiento bizantino del norte de Siria, que incluía lo que hoy se llama Líbano. Tengamos en cuenta que los bizantinos se referían a sí mismos como «romanos», *roumi* (plural *roum*) en las lenguas locales. Somos originarios de la zona de olivares que se extiende a los pies del Monte Líbano (perseguíamos a los cristianos maronitas por las montañas en la famosa batalla de Amioun, el pueblo de mis ancestros). Desde la invasión árabe del siglo VII, habíamos vivido en paz mercantil con los musulmanes, aunque sufrimos algún ataque esporádico por parte de los cristianos maronitas libaneses asentados en las montañas. Gracias a cierto acuerdo (literalmente) bizantino entre los gobernantes árabes y los emperadores bizantinos, nos las arreglamos para pagar impuestos a ambas partes y contar con la protección de una y otra. Así conseguimos vivir en paz durante más de mil años prácticamente sin sufrir baños de sangre: nuestro último problema grave fueron los alborotadores cruzados finales, no los árabes musulmanes. Los árabes, quienes parecían estar interesados sólo en la guerra (y la poesía) y, después, los turcos otomanos, a quienes parecía que únicamente les interesaba la guerra (y el placer), nos legaron el poco interesante objetivo del comercio y el menos peligroso de la erudición (como la traducción de textos arameos y griegos).

Fuera como fuese, el país llamado Líbano, al que de repente nos vimos incorporados tras la caída del Imperio otomano a principios del siglo xx, parecía un paraíso estable; además, estaba configurado de forma que fuera predominantemente cristiano. De repente a la gente les lavaron el cerebro para que creyeran en el Estado-nación como una entidad.* Los cristianos se convencieron a sí mismos de que estaban en el origen y el centro de lo que en sentido amplio se llama cultura occidental, aunque con una ventana hacia Oriente. En un caso clásico de pensamiento estático, nadie tuvo en cuenta las diferenciales en la tasa de natalidad entre las comunidades, y se dio por supuesto que aquella pequeña minoría cristiana sería permanente. A los levantinos se les había concedido la ciudadanía romana, lo cual permitió a un sirio como san Pablo viajar libremente por el mundo antiguo. La gente se sentía unida a todo aquello a lo que merecía la pena estar unido; el lugar estaba exageradamente abierto al mundo, tenía un modo de vida muy sofisticado, una economía próspera y un clima semejante al de California, con unas montañas cubiertas de nieve que se levantaban sobre el Mediterráneo. Esa tierra atrajo a una serie de espías (tanto soviéticos como occidentales), prostitutas (rubias), escritores, poetas, traficantes de drogas, aventureros, jugadores empedernidos, tenistas, *après*-esquiadores y comerciantes; profesiones todas ellas que se complementan mutuamente. Mucha gente se comportaba como si estuviera en una película de James Bond, o en los tiempos en que los *playboys* fumaban, bebían y, en vez de acudir al gimnasio, cultivaban sus relaciones con los buenos sastres.

Allí estaba el principal atributo del paraíso: se decía que los taxistas eran educados (aunque, por lo que yo recuerdo, conmigo no lo fueran). Es verdad que, visto con la sabiduría que da la experiencia, aquel territorio parecía, en el recuerdo de las personas, más elíseo de lo que realmente era.

Yo era demasiado joven para degustar los placeres de aquel lugar, pues me convertí en un idealista rebelde y, muy pronto, desarrollé un gusto ascético, contrario a las ostentaciones que demostraban riqueza, alérgico a la evidente persecución del lujo de la cultura levantina y a su obsesión por todo lo monetario.

* Hay que destacar con qué rapidez y eficacia se puede construir una nacionalidad con una bandera, unos cuantos discursos y un himno nacional; hasta ahora he evitado la etiqueta de «libanés», y prefiero la designación menos restrictiva de «levantino».

Ya de adolescente, estaba ansioso por mudarme a una metrópoli donde pulularan menos tipos al estilo James Bond. Pero recuerdo algo que se tenía por especial en el ámbito intelectual. Asistí al liceo francés, que tenía una de las tasas de éxito más elevadas en la obtención del *baccalauréat* francés (el título de educación secundaria postobligatoria), incluso en la asignatura de Francés. Allí se hablaba el francés con bastante corrección; como en la Rusia prerrevolucionaria, la clase patricia cristiana y judía (desde Estambul a Alejandría) hablaba y escribía en francés formal como signo de distinción lingüística. A los más privilegiados se les mandaba a estudiar a Francia, como ocurrió con mis dos abuelos: mi homónimo paterno en 1912, y el padre de mi madre en 1929. Doscientos años antes, por el mismo instinto de distinción lingüística, los esnobs patricios levantinos escribían en griego, y no en el arameo propio del lugar. (El Nuevo Testamento fue escrito en el mal griego que hablaban los patricios de nuestra capital, Antioquia, lo que llevó a Nietzsche a clamar: «Dios hablaba un mal griego».) Y, con el declive del helenismo, recurrieron al árabe. Así pues, además de considerarlo un «paraíso», del lugar se decía también que era un milagroso cruce de caminos de las que con mucha superficialidad se denominan culturas «oriental» y «occidental».

De sabérselas ingeniar

Mis principios quedaron configurados cuando, a los quince años, fui encarcelado por (presuntamente) atacar a un policía con un trozo puntiagudo de cemento durante unos disturbios estudiantiles; un incidente que tuvo extrañas ramificaciones, ya que en aquel entonces mi abuelo era ministro del Interior y, por tanto, la persona que firmó la orden de aplastar nuestra revuelta. Uno de los alborotadores murió abatido por un policía que presa del miedo, al ser herido con una piedra en la cabeza, empezó a disparar contra nosotros. Recuerdo que estaba en el centro de los disturbios, y que me sentí muy satisfecho cuando me detuvieron, mientras que mis amigos temían por igual la prisión y a sus padres. Atemorizamos al gobierno hasta el punto de que se nos amnistió.

Demostrar la capacidad de actuar según los propios principios, y no ceder ni un milímetro para evitar «ofender» o molestar a los demás, tenía algunas ventajas evidentes. Yo estaba enfurecido y no me importaba lo que mis padres (y mi abuelo) pensaran de mí. Esto hizo que me tuvieran cierto miedo, de modo que no podía permitirme echarme atrás, ni siquiera titubear. Si hubiera ocultado mi participación en los disturbios (como hicieron muchos amigos) y me hubiesen descubierto, en vez de mostrarme abiertamente desafiante, estoy seguro de que me habrían tratado como a una oveja negra. Una cosa es desafiar superficialmente a la autoridad vistiéndose de forma poco convencional —lo que los científicos y economistas llaman «fácil señalización»— y otra es mostrarse dispuesto a llevar las ideas a la acción.

A mi tío paterno no le preocupaban demasiado mis ideas políticas (unas ideas que van y vienen); lo que le desesperaba era que las utilizara como excusa para vestir de cualquier manera. Para él, la falta de elegancia en un familiar cercano era una ofensa mortal.

El conocimiento público de mi detención generó otro beneficio importante: me permitió evitar los habituales signos externos de la rebelión adolescente. Descubrí que es más efectivo comportarse como un buen chico y ser «razonable» si demuestras que quieres ir más allá de la simple verborrea. Te puedes permitir ser compasivo, poco estricto y educado si, alguna que otra vez, cuando menos se espera de ti, pero con plena justificación, demandas a alguien o atacas con fiereza a un enemigo, sólo para demostrar que sabes arreglártelas.

El «paraíso» esfumado

El «paraíso» libanés se esfumó de repente, después de unas cuantas balas y obuses. Pocos meses después de mi episodio carcelario, con cerca de trece siglos de una destacada coexistencia étnica, un Cisne Negro, salido de la nada, transformó el cielo en un infierno. Se inició una terrible guerra civil entre cristianos y musulmanes, incluidos los refugiados palestinos, que se unieron al bando musulmán. Fue algo brutal, ya que los combates se libraban en el centro de las ciudades y la mayor parte de los enfrentamientos tenían lugar en zonas residenciales (mi instituto estaba a sólo unos cientos de metros de la zona de guerra). El conflicto se prolongó más de quince años; no voy a entrar en detalles. Puede que la invención de la artillería pesada y las armas potentes convirtiera lo que en la época de la espada hubiera sido sólo una situación tensa en una espiral incontrolable de represalias bélicas.

Aparte de la destrucción física (que resultó ser de fácil solución gracias a unos cuantos contratistas motivados, políticos sobornados y accionistas ingenuos), la guerra se llevó gran parte de la corteza de sofisticación que había hecho de las ciudades levantinas un centro permanente de gran refinamiento intelectual durante tres mil años. Los cristianos habían ido abandonando aquella tierra desde los tiempos de los otomanos; los que se fueron a Occidente se bautizaron con nombres occidentales y se fusionaron con la nueva sociedad. Su éxodo se aceleró. La cantidad de personas cultas bajó hasta un nivel crítico. Súbitamente, aquel territorio se convirtió en un vacío. Es difícil recuperarse de la fuga de cerebros, y es posible que parte del antiguo refinamiento se haya perdido para siempre.

La noche estrellada

La próxima vez que el lector sufra un apagón, aprovéchelo para gozar del cielo estrellado. No lo reconocerá. Durante la guerra, los apagones eran frecuentes en Beirut. Antes de que la gente se comprara sus propios generadores, una parte del cielo estaba despejada por la noche, gracias a la ausencia de contaminación lumínica. Era la parte de la ciudad más alejada de la zona de combate. No existía la televisión, y las personas iban en coche a contemplar la erupción de luces de las batallas nocturnas. Se diría que preferían arriesgarse a que un obús las hiciera saltar por los aires al aburrimiento de toda una noche sin aliciente alguno.

Así que se podían ver las estrellas con toda claridad. En el instituto me habían dicho que se encuentran en un estado llamado de *equilibrio*, de manera que no teníamos por qué temer que se nos vinieran encima inesperadamente. Para mí, aquello tenía una inquietante semejanza con las historias que nos contaban sobre la «singular estabilidad» de Líbano. La propia idea de un supuesto equilibrio me preocupaba. Miraba las constelaciones del cielo y no sabía qué pensar.

La historia es opaca. Se ve lo que aparece, no el guión que produce los sucesos, el generador de la historia. Nuestra forma de captar estos sucesos es en buena medida incompleta, ya que no vemos qué hay dentro de la caja, cómo funcionan los mecanismos. Lo que denomino generador de sucesos históricos no equivale a los propios sucesos, del mismo modo que para leer la mente de los dioses no basta con ser testigos de sus actos. Es muy probable que estemos engañados en lo que a sus intenciones se refiere.

Esta desconexión se asemeja a la diferencia que existe entre la comida que vemos sobre la mesa de un restaurante y el proceso que podamos observar en la cocina. (La última vez que fui a almorzar a cierto restaurante chino de Canal Street, en el centro de Manhattan, vi salir una rata de la cocina.)

La mente humana padece tres trastornos cuando entra en contacto con la historia, lo que yo llamo el *terceto de la opacidad*. Son los siguientes:

a) la ilusión de comprender, o cómo todos pensamos que sabemos lo que pasa en un mundo que es más complicado (o aleatorio) de lo que creemos;

b) la distorsión retrospectiva, o cómo podemos evaluar las cosas sólo después del hecho, como si se reflejaran en un retrovisor (la historia parece más clara y más organizada en los libros que en la realidad empírica); y

c) la valoración exagerada de la información factual y la desventaja de las personas eruditas y con autoridad, en particular cuando crean categorías, cuando «platonifican».

Nadie sabe qué pasa

El primer componente del terceto es el vicio de pensar que el mundo en que vivimos es más comprensible, más explicable y, por consiguiente, más predecible de lo que en realidad es.

Los adultos no dejaban de decirme que la guerra, que terminó al cabo de casi diecisiete años, iba a acabar «en cuestión de días». Parecían muy convencidos de sus predicciones sobre la duración de la guerra, como lo evidenciaba la cantidad de personas que se sentaban en las habitaciones de los hoteles y otros cuarteles temporales de Chipre, Grecia, Francia y otros sitios, a esperar que la guerra terminara. Uno de mis tíos me repetía una y otra vez que, treinta años antes, cuando los palestinos ricos huyeron hacia Líbano, pensaban que se trataba de una *solución* temporal (muchos de aquellos que siguen vivos están aún allí, seis décadas después). Pero cuando le preguntaba si iba a pasar lo mismo con nuestro conflicto, replicaba: «No, claro que no. Este lugar es diferente; siempre ha sido diferente». Al parecer, lo que detectaba en los demás no era aplicable a su caso.

Esta ceguera sobre la duración en los exiliados de mediana edad es una enfermedad muy extendida. Más tarde, cuando decidí evitar la obsesión del exiliado por sus raíces (las raíces del exiliado ahondan demasiado en su personalidad), estudié la literatura del exilio, precisamente para evitar la trampa de una nostalgia obsesiva y corrosiva. Parecía que estos exiliados se habían convertido en prisioneros del recuerdo de unos orígenes idílicos: se sentaban junto a otros prisioneros del pasado y hablaban del viejo país; comían sus platos típicos mientras de fondo se oía su música tradicional. Su mente no dejaba de concebir situaciones contrafactuales, de generar escenarios alternativos que podrían haber acontecido y haber evitado esas rupturas históricas; posibilidades del estilo «si el sha no hubiese nombrado primer ministro a aquel incompetente, aún estaríamos allí». Era como si la ruptura histórica tuviera una causa específica, y que la catástrofe se hubiese podido evitar eliminando *esa* causa concreta. Así que yo intentaba sonsacar a toda persona desplazada con quien me encontrara información sobre su conducta durante el exilio. Casi todos actúan de la misma forma.

Se oyen historias interminables de refugiados cubanos con la maleta aún medio hecha, que llegaron a Miami en la década de 1960 huyendo de una situación cuya solución era «cuestión de días», después de que se instalara el régimen de Castro. Y de refugiados iraníes de París y Londres que huyeron de la República islámica de 1978, pensando que su ausencia no sería más que unas breves vacaciones. Algunos, más de veinticinco años después, siguen esperando el regreso. Muchos rusos que abandonaron el país en 1917, como el escritor Vladimir Nabokov, se asentaron en Berlín, tal vez para estar cerca cuando pudieran regresar, lo cual creían que sucedería muy pronto. El propio Nabokov vivió toda su vida en lugares provisionales, tanto en momentos de indigencia como en otros de abundancia y lujo, y acabó sus días en el hotel Montreux Palace, junto al lago de Ginebra.

En todos estos errores de previsión había, claro está, un poco más de ilusión que de realidad, la ceguera de la esperanza, pero también un problema de conocimiento. Era evidente que la dinámica del conflicto libanés había sido imprevisible; sin embargo, el razonamiento de las personas, cuando analizaban los acontecimientos, mostraba una constante: casi todos los que se preocupaban parecían convencidos de que entendían lo que pasaba. Día tras día conocían sucesos que quedaban completamente fuera de lo previsto, pero aquellas personas no podían imaginar que no los habían previsto. Gran parte de lo que sucedió se habría considerado una auténtica locura respecto al pasado. Pero no parecía tan disparatado *después* de que ocurriera lo que ocurrió. Esta verosimilitud retrospectiva produce una disminución de la rareza y el carácter concebible del suceso. Más tarde, observé esa misma ilusión de comprender en el éxito de los negocios y mercados financieros.

La historia no gatea: da saltos

Más adelante, cuando proyectaba de nuevo en mi memoria aquellos tiempos de guerra, al tiempo que formulaba mis ideas sobre la percepción de los sucesos aleatorios, desarrollé la imperiosa percepción de que nuestra mente es una magnífica máquina de explicación, capaz de dar sentido a casi todo, hábil para ensartar explicaciones para todo tipo de fenómenos, y generalmente incapaz de aceptar la idea de la impredecibilidad. Esos sucesos eran inexplicables, pero las personas inteligentes pensaban que podían aportar explicaciones convincentes, a posteriori. Además, cuanto más inteligente era la persona, más sólida parecía la explicación. Lo que resulta más inquietante es que todas estas creencias y versiones parecían ser lógicamente coherentes, sin visos de incongruencia alguna.

Abandoné aquel lugar llamado Líbano siendo aún adolescente, pero, dado que allí permanecía una gran cantidad de amigos y familiares, regresaba a menudo de visita, en especial durante los conflictos bélicos. La guerra no era continua: había períodos de enfrentamientos que soluciones «permanentes» interrumpían. Me sentía más próximo a mis raíces en épocas de conflicto y experimentaba la necesidad imperiosa de regresar y mostrar mi apoyo a los que había dejado atrás, que a menudo se sentían deprimidos por la partida de los demás; envidiaban a los amigos de los buenos tiempos, que disfrutaban de seguridad económica y personal, y podían regresar sólo de vacaciones durante aquellos períodos de calma. Yo me sentía incapaz de leer o escribir cuando estaba fuera de Líbano, mientras mis compatriotas morían; en cambio, paradójicamente, me afectaban menos los sucesos y me sentía con más ánimo para perseguir mis intereses intelectuales sin sentimiento de culpa cuando estaba *en* Líbano. Lo interesante era que las personas se divertían mucho durante la guerra y desarrollaron un gusto mayor aún por el lujo, lo cual hacía que las visitas, pese a la guerra, fueran muy atractivas.

Había algunas preguntas difíciles. ¿Cómo podían haber vaticinado que aquellos que parecían ser modelo de tolerancia se convertirían, de la noche a la mañana, en unos bárbaros sin escrúpulos? ¿Por qué el cambio era tan drástico? Al principio pensaba que quizá la guerra libanesa era realmente imposible de predecir, a diferencia de otros conflictos, y que los levantinos eran una raza demasiado compleja para poder entenderla. Después, poco a poco, y a medida que consideraba los grandes acontecimientos de la historia, me di cuenta de que la regularidad de éstos no es una característica local.

El Levante ha sido una especie de productor en masa de sucesos trascendentales que nadie vio cómo se aproximaban. ¿Quién predijo el auge del cristianismo como religión dominante en la cuenca mediterránea y, más adelante, en el mundo occidental? Los cronistas romanos de aquella época ni siquiera citaban la nueva religión; a los historiadores de la cristiandad les asombra la ausencia de menciones contemporáneas de aquellos tiempos. Al parecer, algunos peces gordos asumieron las ideas de un judío aparentemente herético con la suficiente seriedad para pensar que iba a dejar rastro en la posteridad. Sólo disponemos de una única referencia contemporánea a Jesús de Nazaret —en *La guerra de los judíos*, de Flavio Josefo—, que bien pudo haber añadido más tarde algún devoto copista. ¿Y la religión competidora que surgió siete siglos después? ¿Quién predijo que una serie de jinetes iban a extender su imperio y la ley islámica desde el subcontinente indio hasta España en tan sólo unos años? Más que el auge de la cristiandad, el fenómeno que conllevaba mayor impredecibilidad era la expansión del islamismo (la tercera edición, por decirlo de algún modo); a muchos historiadores les ha sorprendido la contundencia del cambio. George Duby, por ejemplo, manifestó su sorpresa por la rapidez con que casi diez siglos de helenismo levantino fueron borrados «con un solo golpe de espada». Un posterior titular de la misma cátedra en el Collège de France, Paul Veyne, comparaba con toda autoridad la difusión de las religiones a los «éxitos de ventas», una comparación que indica impredecibilidad. Estos tipos de discontinuidades en la cronología de los acontecimientos no hacían de la historia una profesión fácil: el análisis aplicado y minucioso del pasado no nos dice gran cosa sobre el espíritu de la historia; sólo nos crea la ilusión de que la comprendemos.

La historia y las sociedades no gatean: avanzan a saltos. Van de fisura en fisura, con pocas vibraciones intermedias. Sin embargo, nos gusta (como a los historiadores) creer en lo impredecible, en la pequeña progresión incremental.

Para mí supuso un gran golpe, una creencia que nunca me ha abandonado desde entonces, que no seamos más que una gran máquina que mira hacia atrás, y que los seres humanos sepamos engañarnos con tanta facilidad. Con cada año que pasa, aumenta mi creencia en esta distorsión.

Querido diario: de la historia en sentido inverso

Los sucesos se nos presentan de forma distorsionada. Pensemos en la naturaleza de la información: de los millones, quizá miles de millones, de pequeños hechos que acaecen antes de que se produzca un suceso, resulta que sólo algunos serán después relevantes para nuestra comprensión de lo sucedido. Dado que nuestra memoria es limitada y está filtrada, tenderemos a recordar aquellos datos que posteriormente coincidan con los hechos, a menos que seamos como Funes *el memorioso*, el protagonista del relato de Jorge Luis Borges, que no se olvida de nada y parece condenado a vivir con la carga que supone la acumulación de información no procesada. (No consigue vivir mucho tiempo.)

Mi primer encuentro con la distorsión retrospectiva se produjo como sigue. Durante mi infancia fui un lector voraz, aunque nada sistemático; me pasé la primera parte de la guerra en un sótano, sumergiendo cuerpo y alma en todo tipo de libros. La escuela estaba cerrada y llovían obuses mortales. Vivir en un sótano es terriblemente aburrido. Al principio lo que más me preocupaba era cómo combatir el aburrimiento y qué libro leer cuando acabara el que estuviese leyendo,* aunque estar obligado a leer por carecer de otras actividades no supone el mismo placer que leer por propia voluntad. Quería ser filósofo (y estoy aún en ello), así que pensaba que tenía que hacer una inversión y obligarme a estudiar las ideas de los demás. Las circunstancias me motivaron a estudiar versiones teóricas y generales de guerras y conflictos, intentando penetrar en las entrañas de la historia, introducirme en los mecanismos de esa gran máquina que genera los acontecimientos.

Podrá parecer extraño, pero el libro que me influyó no fue escrito por alguien dedicado a la empresa del pensamiento, sino por un periodista: *Mi diario en Berlín: notas secretas de un corresponsal extranjero, 1934-1941*, de William Shirer. Éste era corresponsal de radio, famoso por su libro *Auge y caída del Tercer Reich*. Me pareció que su *Diario* ofrecía una perspectiva fuera de lo habitual. Yo había leído las obras de Hegel, Marx, Toynbee, Aron y Fichte (o libros sobre ellos), sobre la filosofía de la historia y sus propiedades, y pensaba que tenía una vaga idea del concepto de dialéctica, en la medida en que había algo que entender en esas teorías. No capté gran cosa, excepto que la historia tenía cierta lógica y que los sucesos evolucionaban a través de la contradicción (o los opuestos), de tal forma que elevaban la humanidad a formas superiores de sociedad (o algo así). Esto me parecía muy similar a las teorías que había oído acerca de la guerra de Líbano. Hoy, cuando alguien me hace la ridícula pregunta de qué libros «configuraron mi pensamiento», sorprendo al público al decir que ese libro me enseñó (de forma inadvertida) la mayor parte de lo que sé y pienso sobre la filosofía y la historia; y, como veremos, también sobre la ciencia, pues aprendí la diferencia que existe entre los procesos que van hacia delante y los que van hacia atrás.

* Benoît Mandelbrot, que vivió una experiencia más o menos similar a la misma edad, aunque cerca de cuarenta años antes, recuerda su época de guerra como unos largos periodos de penoso aburrimiento salpicados de momentos de un miedo extremo.

¿Por qué? Sencillamente, porque en aquel diario se describían los sucesos *mientras tenían lugar*, no después. Yo estaba en un sótano, con la historia que se estaba desarrollando sobre mi cabeza (el estallido de los obuses me mantenía despierto toda la noche). Era un adolescente que asistía al entierro de sus compañeros de clase. Experimentaba un desarrollo de la historia que nada tenía de teórico, y estaba leyendo sobre alguien que experimentaba la historia a medida que avanzaba. Me esforzaba por producir mentalmente una representación tipo película del futuro, y me percataba de que no era tan fácil. Me daba cuenta de que si escribía sobre los acontecimientos más adelante, parecerían más… *históricos*. Había una diferencia entre el *antes* y el *después*.

Supuestamente, Shirer escribía su diario sin que supiera qué iba a suceder a continuación, cuando la información de que disponía no estaba corrompida por los posteriores resultados. Algunos comentarios resultaban muy ilustradores, en particular los que se referían a la creencia de los franceses de que Hitler era un fenómeno transitorio, lo cual explicaba la falta de preparación de aquéllos y la rápida capitulación posterior. En ningún momento se pensó que fuera posible el grado de devastación que llegó a producirse.

Nuestra memoria es altamente inestable, de ahí que el diario ofrezca unos hechos indelebles registrados de forma más o menos inmediata; así que nos permite fijar una percepción no revisada y, más adelante, estudiar los sucesos en su propio contexto. Una vez más, lo importante era el supuesto método de la descripción del suceso, no su ejecución. De hecho, es probable que Shirer y sus editores hicieran algunas trampas, ya que el libro se publicó en 1941 y, según me han dicho, a los editores les interesan textos dirigidos al público en general, más que imágenes fidedignas de lo que el autor pensara, unas imágenes racheadas de distorsiones retrospectivas. (Cuando hablo de «trampas», me refiero a eliminar, en el momento de la publicación, elementos que no fueron relevantes para lo que ocurrió, mejorando así aquellos que puedan interesar al público. En efecto, el proceso de edición puede ser gravemente distorsionador, en especial cuando al escritor se le asigna lo que se llama un «buen corrector».) Pese a todo, el encuentro con el libro de Shirer afinó mi intuición sobre el funcionamiento de la historia. Se diría que las personas que vivieron los inicios de la Segunda Guerra Mundial tuvieron el presentimiento de que se estaba produciendo algo de capital importancia. En absoluto.*

De ese modo el diario de Shirer se convirtió en un programa de formación sobre la dinámica de la incertidumbre. Yo quería ser filósofo, aunque en aquellos momentos no sabía qué hacen los filósofos profesionales para ganarse la vida. Tal idea me llevó a la aventura (o, mejor dicho, a la práctica aventurada) de la incertidumbre, así como al interés matemático y científico.

Educación en un taxi

Voy a introducir el tercer elemento del terceto, la maldición del aprendizaje, como sigue. Yo observaba atentamente a mi abuelo, que fue ministro de Defensa y, más tarde, ministro del Interior y viceprimer ministro al comienzo de la guerra, antes de que se eclipsara su relevancia política. A pesar de su posición, parecía que no sabía lo que iba a suceder más de lo que pudiera saberlo su chófer, Mijail. Pero éste, a diferencia de mi abuelo, solía repetir «¡Dios sabrá!» como máximo comentario de los acontecimientos, elevando así a las alturas la tarea de comprender.

Yo observaba que personas muy inteligentes e informadas no tenían ventaja alguna sobre los taxistas en sus predicciones, pero había una diferencia crucial. Los taxistas no pensaban que comprendieran las cosas mejor que las personas con estudios; ellos no eran los especialistas, y lo sabían. Nadie sabía nada, pero los pensadores de élite estaban convencidos de que sabían más que los demás porque eran pensadores reputados, y

* El historiador Niall Ferguson demostró que, a pesar de todas las explicaciones estándar de los preparativos de la Gran Guerra, que hablan de «tensiones en aumento» y de «escalada de crisis», el conflicto fue una sorpresa. Sólo algunos historiadores que miraban hacia atrás la consideraron, retrospectivamente, inevitable. Ferguson empleó una argumentación inteligente para demostrar sus ideas: se fijó en el precio de los bonos imperiales, que normalmente incluyen la previsión que los inversores hacen de las necesidades económicas del Estado, y bajan ante la expectativa de conflictos, ya que las guerras producen grandes déficits. Pero los precios de los bonos no reflejaban la previsión de la guerra. Observemos que este estudio ilustra, además, que trabajar con los precios puede proporcionar una buena comprensión de la historia.

cuando se es miembro de la élite, automáticamente se sabe más que los que no son tal.

No sólo el conocimiento puede tener un valor dudoso, sino también la información. Llegó a mis oídos que casi todo el mundo estaba familiarizado hasta el mínimo detalle con los acontecimientos que se producían. El solapamiento entre los periódicos era tal que, cuanto más leía uno, menos se informaba. Pero todo el mundo tenía tantas ganas de conocer lo que ocurría, que leían cualquier documento recién impreso y escuchaban todas las emisoras de radio, como si la gran respuesta les fuera a ser revelada en el boletín de noticias siguiente. La gente se convirtió en enciclopedias de quién se había reunido con quién y qué político había dicho qué a qué otro político (y con qué tono de voz: «¿Se mostró más amable de lo habitual»?). Pero no sirvió de nada.

LOS GRUPOS

Durante la guerra libanesa también observé que los periodistas no solían compartir las mismas opiniones, sino el mismo esquema de análisis. Asignaban la misma importancia a los mismos conjuntos de circunstancias y dividían la realidad en las mismas categorías; una vez más, la manifestación de la platonicidad, el deseo de dividir la realidad en piezas nítidas. Lo que Robert Frisk llama «periodismo de hotel» aumentaba aún más el contagio mental. Mientras en el periodismo anterior Líbano formaba parte de Levante, es decir, del Mediterráneo occidental, ahora se convertía de repente en parte de Oriente Próximo, como si alguien hubiera conseguido acercarlo a las arenas de Arabia Saudí. La isla de Chipre, a unos noventa kilómetros de mi pueblo, situado en el norte de Líbano, y casi con el mismo tipo de alimentación, iglesias y costumbres, de súbito pasó a formar parte de Europa (por supuesto, los ciudadanos de ambas partes quedaron posteriormente condicionados). Si antes se había establecido una distinción entre mediterráneo y no mediterráneo (es decir, entre el aceite de oliva y la mantequilla), en la década de 1970 la distinción se estableció súbitamente entre europeo y no europeo. El islamismo era la cuña que separaba a ambos, de ahí que uno no sepa dónde situar en esta historia a los nativos cristianos (o judíos) que hablaban árabe. Los seres humanos necesitamos la categorización, pero ésta se hace patológica cuando se entiende que la categoría es definitiva, impidiendo así que los individuos consideren las borrosas fronteras de la misma, y no digamos que puedan revisar sus categorías. El contagio era el culpable. Si se escogieran cien periodistas independientes capaces de ver los factores aislados entre sí, nos encontraríamos con cien opiniones diferentes. Pero al hacer que esas personas informaran hombro con hombro, en marcha cerrada, la dimensionalidad de la opinión se vio reducida considerablemente: coincidían en las ideas y utilizaban los mismos temas como causas. Por ejemplo, para alejarnos un momento de Líbano, hoy día todos los periodistas se refieren a los «convulsos años ochenta», dando por supuesto que hubo algo particularmente distintivo en esa década. Y cuando apareció la llamada burbuja de Internet a finales de la década de 1990, los periodistas coincidían en que índices disparatados habían determinado la calidad de empresas que no tenían valor alguno y a las que todo el mundo deseaba todos los males.*

Si el lector quiere entender a qué me refiero cuando hablo de la arbitrariedad de las categorías, considere la situación de la política polarizada. La próxima vez que un marciano visite la Tierra, intente el lector explicarle por qué quienes están a favor del aborto también se oponen a la pena de muerte. O intente explicarle por qué se supone que quienes aceptan el aborto están a favor de los impuestos elevados pero en contra de un ejército fuerte. ¿Por qué quienes prefieren la libertad sexual tienen que estar en contra de la libertad económica individual?

Me di cuenta de lo absurdo de los grupos cuando era muy joven. Por algún ridículo vaivén de los acontecimientos en aquella guerra civil que sufría mi país, los cristianos se convirtieron en adeptos del mercado libre y el capitalismo —es decir, de lo que un periodista llamaría «la derecha»— y los islamistas se hicieron socialistas, por lo que contaron con el apoyo de los regímenes comunistas (*Pravda*, el órgano del régimen comunista, los llamaba «luchadores contra la opresión», aunque posteriormen-

---

* En el capítulo 10 veremos algunos perspicaces tests cuantitativos realizados para demostrar tal coincidencia; éstos muestran que, en muchos asuntos, la distancia entre las opiniones es notablemente inferior a la distancia entre la media de las opiniones y la verdad.

te, cuando los rusos invadieron Afganistán, fueron los estadounidenses quienes trataron de asociarse con Bin Laden y sus acólitos musulmanes).

La mejor forma de demostrar el carácter arbitrario de estas categorías, y el efecto de contagio que producen, es recordar con qué frecuencia esos grupos cambian por completo a lo largo de la historia. No hay duda de que la actual alianza entre los fundamentalistas cristianos y el *lobby* israelí sería incomprensible para un intelectual del siglo XIX: los cristianos eran antisemitas, y los musulmanes protegían a los judíos, a quienes preferían sobre los cristianos; los libertarios eran de izquierdas. Lo que me resulta interesante como probabilista que soy es que un determinado suceso aleatorio hace que un grupo que inicialmente apoya un determinado tema se alíe con otro grupo que apoya otro tema, causando así que ambos asuntos se fusionen y unifiquen… hasta que se produce la sorpresa de la separación.

El hecho de categorizar siempre produce una reducción de la auténtica complejidad. Es una manifestación del generador del Cisne Negro, esa platonicidad inquebrantable que definía en el prólogo. Cualquier reducción del mundo que nos rodea puede tener unas consecuencias explosivas, ya que descarta algunas fuentes de incertidumbre, y nos empuja a malinterpretar el tejido del mundo. Por ejemplo, podemos pensar que el islamismo radical (y sus valores) son nuestros aliados contra la amenaza del comunismo, y de este modo podemos contribuir a que se desarrollen, hasta que estrellan dos aviones en el centro de Manhattan.

Pocos años después del inicio de la guerra libanesa, mientras estudiaba en la Wharton School, a mis veintidós años, di con la idea de los mercados eficientes, según la cual no hay forma de obtener beneficios de la compraventa de valores, ya que éstos incorporan automáticamente toda la información disponible. Por consiguiente, la información pública puede resultar inútil, en particular para el hombre de negocios, ya que los precios «incluyen» toda esa información, y las noticias compartidas con millones de personas no dan beneficio alguno. Es probable que uno o más de los cientos de millones de lectores de esa información hayan comprado el valor, haciendo así que el precio suba. Así pues, dejé de leer la prensa y de ver la televisión, lo cual liberaba una cantidad considerable de tiempo (pongamos que una hora o más al día, tiempo suficiente para leer más de cien libros adicionales al año, lo cual, al cabo de veinte años, supone una cantidad muy considerable). Pero esta argumentación no fue la única razón de que proponga en este libro dejar de lado la prensa, pues luego veremos los beneficios que conlleva evitar la toxicidad de la información. Al principio fue una muy buena excusa para evitar tener que mantenerme al día sobre las menudencias del mundo de los negocios, un mundo nada elegante, soso, pedante, codicioso, ajeno a lo intelectual, egoísta y aburrido.

¿Dónde está el espectáculo?

Sigo sin entender por qué alguien que abriga planes de convertirse en «filósofo» o en «filósofo científico de la historia» se matricula en una escuela de ciencias empresariales, nada menos que en la Wharton School. Allí me di cuenta de que no se trataba solamente de que un político incongruente de un país pequeño y antiguo (y su filosófico chófer, Mijail) no supiera qué estaba pasando. Al fin y al cabo, se supone que las personas oriundas de países pequeños *no saben* qué pasa. Lo que veía es que en una de las escuelas de ciencias empresariales más prestigiosas del mundo, situada en el país más poderoso de la historia, los ejecutivos de las empresas con mayor poder nos exponían qué hacían para ganarse la vida, y que era posible que tampoco ellos supieran qué estaba pasando. De hecho, en mi mente eso era mucho más que una posibilidad. Sentía sobre mis espaldas el peso de la arrogancia epistémica del género humano.[*]

Caí en la obsesión. Por aquel tiempo, empecé a ser consciente de mi tema: el *suceso trascendental altamente improbable*. Y además esta suerte concentrada no sólo engañaba a ejecutivos empresariales bien vestidos y cargados de testosterona, sino a personas con muchos estudios. Tal percepción hizo que mi Cisne Negro pasara de ser un problema de personas con o sin suerte a un problema de conocimiento y ciencia. Mi idea es que algunos resultados científicos no sólo son inútiles en la vida real, porque infravaloran el impacto de lo altamente improbable (o nos llevan a ignorarlo), sino que es posible que algunos de ellos estén creando en realidad Cisnes Negros. Éstos no son únicamente errores taxonómicos que pueden

---

[*] Luego caí en la cuenta de que la gran fuerza del sistema de libre mercado reside en el hecho de que los ejecutivos de las empresas no necesitan saber qué pasa.

hacer que reprobemos una clase de la ornitología. Así empecé a ver las consecuencias de mi idea.

CUATRO KILOS Y MEDIO DESPUÉS

Cuatro años y medio después de mi graduación en Wharton (y con cuatro kilos y medio adicionales), el 19 de octubre de 1987, me dirigía andando a casa desde las oficinas del banco de inversión Credit Suisse First Boston, situadas en la periferia de Manhattan. Caminaba despacio, y me sentía perplejo.

Aquel día había sido testigo de un suceso económico traumático: la mayor crisis bursátil de la historia (moderna). Fue quizá más traumática porque tuvo lugar en un momento en que pensábamos que, con todos aquellos economistas platonificados y de discurso interesante (con sus ecuaciones basadas en la falsa curva de campana), nos habíamos hecho lo bastante sofisticados como para evitar, o al menos prevenir y controlar, los grandes batacazos. La respuesta ni siquiera fue la reacción a alguna noticia discernible. El hecho de que se produjera tal suceso quedaba al margen de cualquier cosa que uno hubiese podido imaginar el día anterior; de haber señalado yo esa posibilidad, me habrían tachado de lunático. Tenía todos los componentes de un Cisne Negro, pero por entonces desconocía esta expresión.

Me fui corriendo en busca de un colega, Demetrius, que vivía en Park Avenue, y cuando empecé a hablarle, una mujer que parecía muy preocupada, despojándose de toda inhibición, intervino en la conversación: «Escuchad, ¿sabéis vosotros dos qué es lo que está pasando?». La gente que caminaba por la acera parecía aturdida. Antes había visto a algunas personas mayores lloriqueando en silencio en el salón de compraventas del First Boston. Había pasado el día en el epicentro de los acontecimientos, con gente víctima de una especie de colapso corriendo a mi alrededor como conejos ante unos faros. Al llegar a casa, mi primo Alexis llamó para decirme que su vecino se había suicidado tirándose al vacío desde lo alto de su apartamento. Yo ni siquiera me sentía inquieto. Me sentía como pudiera sentirse Líbano, con una diferencia: habiendo visto lo uno y lo otro, me desconcertaba que la desazón económica pudiera ser más desmoralizante

61

que la guerra (pensemos simplemente que los problemas económicos y las consiguientes humillaciones pueden llevar al suicidio, pero no parece que la guerra lo haga de forma tan directa).

Temía una victoria pírrica: había ganado intelectualmente, pero tenía miedo de tener excesiva razón y de ver cómo el sistema se desmoronaba bajo mis pies. Realmente no quería tener *tanta* razón. Siempre recordaré al difunto Jimmy P., quien, al ver cómo se iba evaporando su patrimonio, seguía suplicando medio en broma que el precio que aparecía en las pantallas dejara de moverse.

Pero entonces me di cuenta de que el dinero me importaba un rábano. Experimenté el sentimiento más extraño que jamás había tenido en la vida, esa ensordecedora trompeta que me apuntaba porque *tenía razón*, en tono tan fuerte que hacía que mis huesos se estremecieran. Nunca he vuelto a tener esa sensación desde entonces, y jamás sabré explicarla a quienes nunca la hayan sentido. Era una sensación física, tal vez una mezcla de alegría, orgullo y pánico.

¿Me sentía confirmado? ¿Por qué?

Durante el año o los dos años posteriores a mi llegada a Wharton, había desarrollado una especialidad precisa pero extraña: apostar por los sucesos raros e inesperados, aquellos que se encontraban en el *redil platónico*, y que los «expertos» platónicos consideraban «inconcebibles». Recordemos que el redil platónico es donde nuestra representación de la realidad deja de aplicarse, aunque no lo sabemos.

Pronto iba a dedicarme, como trabajo para mi sustento, a la profesión de la «economía cuantitativa». Me convertí en *quant* (experto en datos cuantitativos) y operador de Bolsa al mismo tiempo. El *quant* es un tipo de científico industrial que aplica los modelos matemáticos de la incertidumbre a los datos económicos (o socioeconómicos) y a los complejos instrumentos financieros, con la salvedad de que yo era un *quant* a la inversa: estudiaba los fallos y los límites de esos modelos, buscando el *redil platónico* donde se rompían. También me dediqué a especular en Bolsa, no sólo a «pequeñas rarezas», algo no muy propio de los *quants* ya que les estaba vetado «asumir riesgos»: su función se reducía al análisis, no a la toma de decisiones. Estaba convencido de que era totalmente incapaz de predecir los precios de la Bolsa; pero también de que los demás eran igualmente incompetentes, aunque no lo sabían, o no sabían que asumían unos riesgos enormes. La mayoría de los operadores de Bolsa se limitaban a «recoger calderilla delante de una apisonadora», exponiéndose al raro suceso de gran impacto, pero sin dejar de dormir como bebés, inconscientes de ello. Mi trabajo era el único que podía realizar si uno se considera una persona que odia el riesgo, que es consciente de él y es, además, muy ignorante.

Por otra parte, los conocimientos técnicos que maneja un *quant* (una mezcla de matemáticas aplicadas, ingeniería y estadística), junto a la inmersión en la práctica, resultaron muy útiles para alguien que quería ser filósofo.* En primer lugar, cuando uno emplea veinte años en realizar un trabajo empírico a escala masiva y basado en datos, y asume riesgos basados en esos estudios, es muy fácil que vea ciertos elementos en la textura del mundo que el «pensador» platonificado, a quien se le ha lavado el cerebro o se le ha amenazado, no es capaz de ver. En segundo lugar, me permitían ser más formal y sistemático en mi modo de pensar, en vez de regodearme en lo anecdótico. Por último, tanto la filosofía de la historia como la epistemología (la filosofía del conocimiento) parecían inseparables del estudio empírico de datos procedentes de series temporales, que es una sucesión de números en el tiempo, una especie de documento histórico que contiene números en vez de palabras. Y con los ordenadores es fácil procesar los números. El estudio de los datos históricos nos hace ser conscientes de que la historia marcha hacia delante, no hacia atrás, y que es más confusa que los hechos que se narran. La epistemología, la filosofía de la historia y la estadística tienen como fin entender las verdades, investigar los mecanismos que las generan y separar la regularidad de lo coinci-

* Me especialicé en unos complicados instrumentos llamados «derivados financieros», aquellos que requerían unas matemáticas avanzadas, pero en los cuales los errores de utilizar las matemáticas equivocadas eran mayores. El tema era nuevo y lo bastante atractivo para hacer de él mi tesis doctoral.

Señalemos que yo no podía forjarme una carrera apostando sólo por los Cisnes Negros: no había suficientes oportunidades de intercambio. Por otro lado, podía evitar estar expuesto a ellos, protegiendo mi cartera de valores contra las grandes pérdidas. Así que, con el fin de eliminar la dependencia de lo aleatorio, me centré en las ineficacias técnicas entre instrumentos complicados, y en explotar estas oportunidades sin exponerme al suceso raro, antes de que desaparecieran a medida que mis competidores progresaban técnicamente. En fases posteriores de mi carrera descubrí el negocio más fácil (y menos sometido al azar) de la protección, al estilo de las compañías aseguradoras, de grandes carteras de inversiones contra el Cisne Negro.

dente en los asuntos históricos. Las tres abordan la pregunta de qué es lo que uno sabe, con la salvedad de que hay que buscar a cada una en un edificio distinto, por decirlo de alguna manera.

La palabra malsonante de la independencia

Aquella noche del 19 de octubre de 1987 dormí doce horas seguidas.

Me resultaba difícil contar a los amigos, todos ellos heridos de un modo u otro por el crac, esa sensación de confirmación. En aquella época las primas salariales eran mucho menores de lo que son hoy, pero si mi empleador, el First Boston, y el sistema financiero sobrevivían hasta fin de año, yo iba a recibir lo equivalente a una beca de investigación. A esto se le llama a veces «a la m. el dinero», lo cual, pese a su ordinariez, significa que podrás actuar como un caballero victoriano, libre de la esclavitud. Es un parachoques psicológico: ese capital no es tan grande como para hacerte condenadamente rico, pero es el suficiente para darte la libertad de escoger una nueva ocupación sin excesiva consideración de las recompensas económicas. Te evita tener que prostituir tu mente y te libra de la autoridad exterior, de cualquier autoridad exterior. (La independencia es específica de la persona: siempre me ha desconcertado el elevado número de personas a quienes unos ingresos considerables les llevan a una mayor adulación servil, porque se convierten en más dependientes de sus clientes y jefes, y más adictas a acumular aún más dinero.) Aunque según algunos criterios no se trataba de nada sustancial, a mí me curó literalmente de toda ambición económica: hizo que me sintiera avergonzado cada vez que restaba tiempo al estudio para dedicarlo a la búsqueda de riqueza material. Obsérvese que la expresión *a la m.* se corresponde con la hilarante habilidad de pronunciar esta sucinta frase *antes* de colgar el teléfono.

En aquellos días era muy habitual que los operadores de Bolsa rompieran el teléfono cuando perdían dinero. Algunos recurrían a romper sillas, mesas o cualquier cosa que pudiera hacer ruido. En cierta ocasión me hallaba en la Bolsa de Chicago cuando de pronto un operador trató de estrangularme; hicieron falta cuatro guardias de seguridad para quitármelo de encima. Estaba enfurecido porque yo me encontraba en lo que él consideraba su «territorio». ¿Quién podría desear un entorno así? Comparémoslo con los almuerzos en una anodina cafetería universitaria donde profesores de modales refinados debaten la última intriga departamental. De modo que me quedé como *quant* en el negocio de los operadores bursátiles (y ahí sigo), pero me organicé para hacer el trabajo mínimo pero intenso (y entretenido); para ello me centré en los aspectos más técnicos, no asistía nunca a «reuniones» de negocios, evitaba la compañía de aquellos que siempre obtienen «excelentes resultados» y de las personas de traje y corbata que no leen libros, y decidí tomarme un año sabático aproximadamente cada tres, para llenar las lagunas de mi cultura científica y filosófica. Para decirlo de forma breve, quería convertirme en «errante», en meditador profesional, sentarme en cafés y salones, despegado de mesas de trabajo y de estructuras organizativas, dormir todo lo que necesitara, leer vorazmente y no deber explicación alguna a nadie. Quería que me dejaran solo para poder construir, pasito a pasito, todo un sistema de pensamiento basado en mi idea del Cisne Negro.

Filósofo de limusina

La guerra de Líbano y el crac de 1987 parecían fenómenos idénticos. Consideraba evidente que casi todo el mundo tenía un punto ciego mental a la hora de reconocer el papel de ese tipo de sucesos: era como si no fueran capaces de ver esos mamuts, o como si se olvidaran rápidamente de ellos. La razón de tal proceder la hallé en mí mismo: era una *ceguera* psicológica, quizá hasta biológica; el problema no estaba en la naturaleza de los sucesos, sino en la forma en que los percibimos.

Concluyo este preámbulo autobiográfico con la siguiente historia. No tenía yo una especialidad concreta (fuera del trabajo del que me alimentaba), y no deseaba ninguna. Cuando en alguna fiesta me preguntaban cómo me ganaba la vida, sentía la tentación de responder: «Soy *empírico escéptico* y lector-errante, alguien empeñado en llegar a lo más profundo de una idea»; pero para facilitar las cosas decía que era conductor de limusinas.

Una vez, en un vuelo transatlántico, me sentaron en primera clase, junto a una enérgica señora que lucía un vestido caro, en quien tintineaban el oro y las joyas, que comía frutos secos sin parar (tal vez seguía una dieta baja en hidratos de carbono), insistía en beber únicamente agua mineral Évian, y no dejaba de leer la edición europea del *Wall Street Journal*. Se empeñó en iniciar una conversación en su mal francés, pues vio que yo estaba leyendo un libro (en francés) del sociólogo y filósofo Pierre Bourdieu, que, cosas de la ironía, trataba de los signos de distinción social. Le informé (en inglés) de que era conductor de limusinas, y subrayé orgulloso que sólo llevaba automóviles de muy primerísima clase. Un gélido silencio se impuso durante el resto del vuelo y, aunque yo podía sentir la tensión, me permitió leer en paz.

Capítulo 2
EL CISNE NEGRO
DE YEVGUENIA

Las gafas de color rosa y el éxito - De cómo Yevguenia deja de casarse con filósofos - Ya te lo dije

Hace cinco años, Yevguenia Nikoláyevna Krasnova era una novelista poco conocida y sin ninguna novela publicada, con una carrera literaria fuera de lo común. Era neurocientífica y sentía interés por la filosofía (sus tres primeros maridos habían sido filósofos), pero se le había metido en su testaruda cabeza francorrusa expresar sus investigaciones e ideas en forma literaria. Presentaba sus teorías como si de historias se tratara, y las mezclaba con todo tipo de comentarios autobiográficos. Evitaba los engaños periodísticos de la narrativa contemporánea de no ficción (»Un claro día de abril, John Smith salió de casa…»). Transcribía siempre los diálogos extranjeros en la lengua original, con la traducción a modo de subtítulos. Se negaba a doblar a un mal inglés conversaciones que se producían en un mal italiano.*

Ningún editor le habría dado siquiera la hora, a no ser porque, en aquella época, había cierto interés por esos raros científicos que conseguían expresarse con frases medio comprensibles. Algunos se dignaron a hablar con ella; confiaban en que maduraría y escribiría un «libro de ciencia popular sobre la conciencia». La atendieron lo suficiente como para que recibiera educadas cartas de rechazo y algún que otro comentario ofensivo, en lugar del silencio, muchísimo más insultante y degradante.

Los editores se sentían confusos ante el borrador de su libro. Ella no podía siquiera contestar la primera pregunta que le planteaban: «¿Es ficción o no ficción?». Tampoco sabía cómo responder a la pregunta de «¿para quién está escrito su libro?», cuestiones que aparecían invariable-

---

* Su tercer marido fue un filósofo italiano.

mente en los formularios de propuesta de contrato editorial. Le decían: «Debe saber usted quién es su público» y «los aficionados escriben para sí mismos, los profesionales lo hacen para los demás». También le dijeron que se ajustara a un género preciso, porque «a las libreros no les gusta que se les confunda, y necesitan saber en qué estante deben colocar cada libro». Un editor añadió con aire protector: «Su libro, querida amiga, no venderá más de diez ejemplares, incluidos los que compren sus exmaridos y su propia familia».

Yevguenia había asistido a un famoso taller de escritura cinco años antes, y salió asqueada. Parecía que «escribir bien» significaba seguir unas reglas arbitrarias que se habían convertido en palabra de Dios, con el refuerzo confirmatorio de lo que llamamos «experiencia». Los escritores que conoció aprendían a recomponer lo que se consideraba de éxito: todos intentaban imitar historias que habían aparecido en números atrasados del *New Yorker*, sin darse cuenta de que, por definición, la mayor parte de lo nuevo no se puede ajustar al modelo de los números atrasados del *New Yorker*. Incluso la idea de «cuento corto» era para Yevguenia un concepto copiado. El profesor del taller, amable pero rotundo en sus afirmaciones, le aseguró que su caso no tenía remedio.

Yevguenia acabó por colgar en la Red el original completo de su libro principal, *Historia de la recurrencia*. Ahí encontró un pequeño público, entre el que estaba el sagaz propietario de una minúscula y desconocida editorial, que lucía gafas con montura color de rosa y hablaba un ruso primitivo (convencido de que lo hacía con fluidez). Se ofreció a publicar la obra de Yevguenia, y aceptó la condición que ésta impuso: no tocar ni una coma del original. Le ofreció una parte de los derechos de autor habituales a cambio de sus estrictas condiciones editoriales (el editor tenía poco que perder). Ella aceptó, pues no tenía más alternativa.

A Yevguenia le costó cinco años desprenderse de la categoría de «egomaníaca sin nada que lo justifique, testaruda y de trato difícil», y pasar a la de «perseverante, resuelta, sufrida y tremendamente independiente». Y es que su libro pronto prendió como el fuego, y se convirtió en uno de los más extraños éxitos de la historia literaria: se vendieron millones de ejemplares y recibió el llamado aplauso de la crítica. Aquella editorial que estaba en sus comienzos se convirtió en una gran empresa, con una (educada) recepcionista que saludaba a los visitantes al entrar en el despacho principal. El libro de Yevguenia fue traducido a cuarenta idiomas (incluido el francés). La foto de la autora se puede ver por doquier. Se dice que es la pionera de algo llamado la «escuela consiliente». Hoy en día los editores tienen la teoría de que «los camioneros que leen libros no leen libros escritos para camioneros» y que «los lectores desprecian a los escritores que les consienten sus caprichos». Un artículo científico, según sostienen algunos, puede esconder trivialidades o algo irrelevante mediante ecuaciones y argot; la prosa consiliente, al exponer una idea en su forma primaria, permite que el público la juzgue.

En la actualidad, Yevguenia ha dejado de casarse con filósofos (discuten demasiado), y huye de la prensa. En las aulas, los especialistas en literatura hablan de los muchos indicios que apuntan a la inevitable extensión del nuevo estilo. Se considera que la distinción entre ficción y no ficción es demasiado arcaica para poder aceptar los retos de la sociedad moderna. Era evidente que necesitábamos poner remedio a la fragmentación que existía entre el arte y la ciencia. A posteriori, el talento de Yevguenia era completamente obvio.

Muchos de los editores a los que conoció después le recriminaron que no hubiera acudido a ellos, convencidos de que se habrían percatado enseguida de los méritos de su obra. Dentro de pocos años, algún estudioso escribirá un artículo titulado «De Kundera a Krasnova», en el que demostrará que la semilla de la obra de esta última se encontraba en Kundera, un precursor que mezclaba el ensayo con el metacomentario (Yevguenia nunca leyó a Kundera, pero sí que vio la versión cinematográfica de uno de sus libros; en la película no había comentario alguno). Un destacado erudito mostrará que en todas las páginas de Yevguenia se puede apreciar perfectamente la influencia de Gregory Bateson, quien insertaba escenas autobiográficas en sus artículos de investigación académica (Yevguenia nunca ha leído a Bateson).

El libro de Yevguenia es un Cisne Negro.

Capítulo 3
EL ESPECULADOR Y LA PROSTITUTA

De la diferencia fundamental entre especuladores y prostitutas - La justicia, la injusticia y los Cisnes Negros - La teoría del conocimiento y los ingresos profesionales - De cómo Extremistán no es el mejor sitio para visitar, salvo, quizá, que se sea un ganador

El ascenso de Yevguenia desde un segundo sótano al estrellato sólo es posible en un entorno determinado, al que llamaré Extremistán.* A continuación expondré la diferencia fundamental entre la provincia generadora de Cisnes Negros de Extremistán y la provincia insulsa, tranquila y en la que nunca pasa nada de Mediocristán.

EL MEJOR (PEOR) CONSEJO

Cuando paso de nuevo por mi mente la película de todos los «consejos» que he recibido, observo que sólo hay un par de ideas que se hayan quedado conmigo durante toda la vida. El resto no son más que palabras, y me alegro de no haber considerado muchas de ellas. La mayor parte consistía en recomendaciones del tipo «sé comedido y razonable en lo que digas», algo que contradice la idea de Cisne Negro, ya que la realidad empírica no es «comedida», y su propia versión de la «racionabilidad» no se corresponde con la definición convencional que sostienen personas intelectualmente poco cultivadas. Ser un genuino empírico significa reflejar la realidad con la máxima fidelidad posible; ser honrado implica no tener miedo a parecer extravagante ni a las consecuencias de ello. La próxima vez que al-

---

* Siento decir a los lectores que busquen Yevguenia Krasnova en Google que es un personaje de ficción.

guien le dé la lata con unos consejos innecesarios, recuérdele el destino del monje a quien Iván el Terrible condenó a muerte por dar consejos que nadie le había pedido (y además moralizantes). Como cura a corto plazo, funciona.

Visto desde la distancia, el consejo más importante resultó ser malo, pero también fue el más trascendente, porque me incitó a profundizar en la dinámica del Cisne Negro. Me llegó cuando tenía veintidós años, una tarde de febrero, en el pasillo de un edificio del número 3400 de Walnut Street, en Filadelfia, donde por entonces vivía. Un alumno de segundo curso de Wharton me dijo que debía escoger una profesión que fuera «escalable», es decir, una profesión en que no te pagan por horas y, por consiguiente, no estás sometido a las limitaciones de la cantidad de tu trabajo. Era una forma muy sencilla de discriminar entre las profesiones y, a partir de ello, generalizar una separación entre tipos de incertidumbre; algo que me llevó a un importante problema filosófico, el de la inducción, que es el nombre técnico del Cisne Negro. Con ello podía sacar al Cisne Negro de un punto muerto y llevarlo a una solución fácil de implementar y, como veremos en los capítulos siguientes, asentarlo en la textura de la realidad empírica.

¿Que cómo me llevó tal consejo profesional a esas ideas sobre la naturaleza de la incertidumbre? Bien, algunas profesiones, como la de dentista, consultor o masajista, no se pueden escalar: hay un tope en el número de pacientes o clientes que se pueden atender en un determinado tiempo. La prostituta trabaja por horas y (normalmente) se le paga también por horas. Además, la presencia de uno es (supongo) necesaria para el servicio que presta. Si abrimos un restaurante de moda, a lo máximo que podemos aspirar es a llenar el comedor todos los días (a menos que creemos una franquicia). En estas profesiones, por muy bien pagadas que estén, los ingresos están sometidos a la gravedad: dependen de los esfuerzos continuos de uno, más que de la calidad de sus decisiones. Además, este tipo de trabajo es predecible en gran medida: variará, pero no hasta el punto de hacer que los ingresos de un día sean más importantes que los del resto de nuestra vida. En otras palabras, no estarán impulsados por un Cisne Negro. Yevguenia Nikoláyevna no hubiera podido salvar de la noche a la mañana el abismo que media entre el personaje desvalido y el héroe supremo si hubiese sido consultora financiera o especialista en hernias (pero tampoco habría sido una desvalida).

Otras profesiones permiten añadir ceros a tus resultados (y a tus ingresos), si trabajas bien, con poco o ningún esfuerzo. Como soy una persona perezosa, que considera la pereza como un activo, y que además está ansiosa por liberar el máximo de tiempo posible al día para meditar y leer, de inmediato (pero erróneamente) saqué una conclusión. Separé la persona «idea», que vende un producto intelectual en forma de una transacción o un determinado trabajo, de la persona «trabajo», que te vende su trabajo.

Si se es persona «idea», no hay que trabajar duro, sólo pensar con intensidad. Se hace el mismo trabajo tanto si se producen cien unidades como si se producen mil. En el caso del operador *quant*, se requiere la misma cantidad de trabajo para comprar cien acciones que para comprar mil, o incluso un millón. Es la misma llamada telefónica, el mismo proceso de computación, el mismo documento legal, el mismo gasto de células cerebrales, el mismo esfuerzo por verificar que la transacción es correcta. Además, se puede trabajar desde la bañera o desde un bar de Roma. El trabajo sería como la inversión a crédito. Bien, es cierto que estaba un tanto equivocado en lo que al operador de Bolsa se refiere: no se puede trabajar desde la bañera pero, si se hace bien, el trabajo deja una considerable cantidad de tiempo libre.

La misma propiedad se aplica a los cantantes y los actores: se deja que los ingenieros de sonido y los operadores hagan el trabajo; no es necesario estar presente en cada actuación. Asimismo, el escritor, para atraer a un solo lector, realiza el mismo esfuerzo que realizaría si quisiera cautivar a varios cientos de millones. J. K. Rowling, la creadora de Harry Potter, no tiene que escribir de nuevo sus novelas cada vez que alguien quiere leerlas. Pero no le ocurre lo mismo al panadero: éste tiene que hacer todas y cada una de las barras de pan para atender a todos y cada uno de los clientes.

Así pues, la distinción entre el escritor y el panadero, el especulador y el médico, el estafador y la prostituta, es una buena forma de observar el mundo del trabajo. Permite diferenciar las profesiones en que uno puede añadir ceros a sus ingresos sin gran esfuerzo frente a aquellas en que se necesita añadir trabajo y tiempo (cosas, ambas, de reservas limitadas); en otras palabras, están sometidas a la gravedad.

Pero ¿por qué fue malo el consejo que me dio mi compañero de estudios?

Si bien el consejo era útil para crear una clasificación de los grados de incertidumbre del conocimiento, en cambio resultó equivocado en lo que a la elección de trabajo se refiere. Pudiera haber sido beneficioso en mi caso, pero sólo porque yo era afortunado y resultaba que estaba «en el lugar correcto en el momento preciso», como se suele decir. Si fuese yo quien tuviera que aconsejar, recomendaría escoger una profesión que *no* sea escalable. Una profesión escalable es buena sólo para quien tiene éxito; son profesiones más competitivas, producen desigualdades monstruosas y son mucho más aleatorias, con disparidades inmensas entre los esfuerzos y las recompensas: unos pocos se pueden llevar una gran parte del pastel, dejando a los demás marginados, aunque no tengan ninguna culpa.

Una categoría de profesión está impulsada por lo mediocre, el promedio y la moderación. En ella, lo mediocre es colectivamente trascendental. La otra tiene gigantes o enanos; más exactamente, un pequeño número de gigantes y un grandísimo número de enanos.

Veamos qué hay detrás de la formación de gigantes inesperados: la formación del Cisne Negro.

La llegada de la escalabilidad

Consideremos el caso de Giaccomo, un cantante de ópera de finales del siglo XIX, cuando no se había inventado aún la grabación del sonido. Supongamos que actúa en una ciudad pequeña y remota del centro de Italia. Está a salvo de los grandes cantantes que trabajan en La Scala de Milán y en otros importantes centros operísticos. Se siente seguro, ya que siempre habrá demanda de sus cuerdas vocales en algún sitio de la zona. No hay forma de exportar su canto, como no la hay de que los peces gordos exporten el suyo y amenacen su franquicia local. No puede aún almacenar su trabajo, de ahí que su presencia sea necesaria en cada actuación, del mismo modo que el barbero es (aún) necesario en cada corte de pelo. De modo que la totalidad del pastel queda repartida de forma injusta, pero sólo ligeramente injusta, algo muy parecido a nuestro consumo de calorías.

El pastel está cortado en varios trozos y todos reciben su parte; los peces gordos tienen públicos mayores que ese tipo insignificante, pero esto no tiene por qué preocupar demasiado. Las desigualdades existen; pero vamos a llamarlas *ligeras*. No existe aún la escalabilidad, la forma de duplicar el número de personas que componen un público sin tener que cantar dos veces.

Ahora pensemos en el efecto de la primera grabación musical, un invento que introdujo un elevado grado de injusticia. Nuestra capacidad de reproducir y repetir actuaciones me permite escuchar en mi portátil horas de música de fondo del pianista Vladimir Horowitz (muerto hace ya tiempo) interpretando los *Preludios* de Rachmaninov, en vez de al músico ruso emigrado local (vivo aún), que hoy se limita a dar clases de piano a niños generalmente poco dotados por un salario cercano al mínimo. Horowitz, pese a estar muerto, deja a ese pobre hombre fuera del negocio. Prefiero escuchar a Horowitz o a Arthur Rubinstein en un CD de 10,99 dólares a pagar 9,99 por otro de algún desconocido (aunque de mucho talento) graduado en la Juilliard School o el Conservatorio de Praga. Si el lector me pregunta por qué escojo a Horowitz, le responderé que es debido al orden, el ritmo o la pasión, aunque probablemente existe toda una legión de personas de las que nunca he oído ni oiré hablar —aquellas que no llegaron a los escenarios— pero que sabían tocar igual de bien.

Algunas personas creen ingenuamente que el proceso de la injusticia empezó con el gramófono, según la lógica que acabo de exponer. No estoy de acuerdo. Estoy convencido de que el proceso se inició mucho, pero que mucho antes, con nuestro ADN, que almacena información sobre nuestro yo y nos permite repetir nuestra actuación sin necesidad de estar presentes, con la simple difusión de nuestros genes de generación en generación. La evolución es *escalable*: el ADN que gana (sea por suerte o por el beneficio de la supervivencia) se reproducirá a sí mismo, como un libro o un disco de éxito, y lo invadirá todo. Otros ADN se esfumarán. Basta con que pensemos en la diferencia entre nosotros los humanos (excluidos los economistas financieros y los hombres de negocios) y otros seres vivos de nuestro planeta.

Además, creo que la gran transición en la vida social no llegó con el gramófono, sino cuando alguien tuvo la brillante aunque injusta idea de inventar el alfabeto, que nos permitió almacenar información y reproducirla. El proceso se aceleró cuando otro inventor tuvo la idea aún más peligrosa e injusta de empezar a usar la imprenta, con lo que los textos cruzaban las fronteras y surgía lo que en última instancia se convirtió en una ecología del estilo «el ganador se lo lleva todo». Pero ¿qué tenía de injusta la difusión de los libros? El alfabeto hacía posible que las historias y las ideas se duplicaran con alta fidelidad y sin límite, sin ningún gasto adicional de energía por parte del autor en las actuaciones posteriores. El autor ni siquiera tenía que estar vivo en esas actuaciones (la muerte a menudo es un buen paso profesional para el escritor). Esto implica que aquellos que, por alguna razón, empiezan a recibir cierta atención pueden alcanzar enseguida más mentes que otros y desplazar de los estantes de las bibliotecas a los competidores. En los días de bardos y trovadores, todos tenían su público. El cuentacuentos, como el panadero y el herrero, tenía su mercado, y la seguridad de que nadie que llegara de lejos iba a desalojarle de su territorio. Hoy día, unos pocos lo ocupan casi todo; el resto, casi nada.

En virtud del mismo mecanismo, la llegada del cine desplazó a los actores de barrio, que se quedaron sin trabajo. Pero hay una diferencia. En los objetivos que tienen un componente técnico, como el de ser pianista o cirujano cerebral, el talento es fácil de distinguir, y la opinión subjetiva desempeña un papel relativamente pequeño. La desigualdad se produce cuando alguien a quien se considera mejor sólo marginalmente se lleva todo el pastel.

En las artes —por ejemplo, el cine— las cosas son mucho más despiadadas. Lo que generalmente llamamos «talento» es fruto del éxito, y no al contrario. Se han elaborado muchos estudios empíricos sobre el tema, en especial por parte de Art De Vany, pensador original y perspicaz que con gran determinación estudió la inmisericorde inseguridad de las películas. Demostró que, lamentablemente, gran parte de lo que asignamos a las destrezas es una atribución posterior a los hechos. La película hace al actor, dice; y una gran dosis de suerte no lineal hace la película.

El éxito de las películas depende mucho del contagio. Tal contagio no sólo se aplica al cine: parece que afecta a una amplia variedad de productos culturales. Nos es difícil aceptar que las personas no se enamoran de las obras de arte por ellas mismas, sino también para sentir que pertenecen a la comunidad. Mediante la imitación, nos aproximamos a los demás, es decir, a otro imitadores. Así se combate la soledad.

Este debate nos muestra lo difícil que resulta predecir resultados en un entorno de éxito concentrado. Así que, de momento, señalaremos que la división entre las profesiones se puede utilizar para entender la división entre los tipos de variables aleatorias. Avancemos ahora un poco más en el tema del conocimiento, de la inferencia sobre lo desconocido y de las propiedades de lo conocido.

LA ESCALABILIDAD Y LA GLOBALIZACIÓN

Cada vez que un europeo altanero (y frustrado) medianamente cultivado expone sus estereotipos sobre los estadounidenses, suele describir a éstos como «faltos de cultura», «carentes de inteligencia» y «malos matemáticos» porque, a diferencia de sus iguales, los estadounidenses no saben mucho de ecuaciones ni de las construcciones que las personas de nivel intelectual medio denominan «alta cultura», como el conocimiento del viaje inspirador (y fundamental) de Goethe a Italia, o la familiaridad con la escuela pictórica de Delft. Sin embargo, es previsible que quien hace estas afirmaciones sea un adicto a su iPod, vista tejanos y utilice Microsoft Word para dar forma a sus declaraciones «culturales» en su ordenador, con algunas búsquedas ocasionales en Google que le interrumpen en su redacción. Pues bien, ocurre que Estados Unidos actualmente es mucho, muchísimo más creativo que esos países de personas obsesionadas por los museos y la resolución de ecuaciones. También es mucho más tolerante y buscador de soluciones de abajo arriba y del método no dirigido del ensayo y el error. Y la globalización ha hecho posible que Estados Unidos se especialice en el lado creativo de las cosas, la producción de conceptos e ideas, es decir, la parte escalable de los productos, y cada vez más, con la exportación de empleo, en separar los componentes menos escalables y asignarlos a quienes se sienten satisfechos con que se les pague por horas. Se invierte más dinero en el diseño de un zapato que en su fabricación: a Nike, Dell y Boeing se les puede pagar por el mero hecho de pensar, organizar e implementar sus conocimientos, experiencia e ideas, mientras que fábricas subcontratadas de países en vías de desarrollo hacen el trabajo sucio y pesado, y los ingenieros de los países culturalizados y matemáticos, el aburrido y nada creativo trabajo técnico. La economía estadounidense ha invertido muchísimo en la generación de ideas, lo cual explica por qué la pérdida de puestos de trabajo en manufacturación se compagina con un nivel de vida progresivamente superior. Es evidente que el resultado en la economía mundial, donde los beneficios van a las ideas, es la mayor desigualdad entre los generadores de ideas, además de otorgar un papel más importante tanto a la oportunidad como a la suerte; pero voy a dejar el debate socioeconómico para la tercera parte, centrándome aquí en el conocimiento.

Viajes al interior de Mediocristán

Esta distinción entre escalable y no escalable nos permite diferenciar claramente entre dos variedades de incertidumbre, dos tipos de azar.

Hagamos el siguiente experimento del pensamiento. Supongamos que reunimos a mil personas seleccionadas al azar de entre la población general, y las ponemos de pie, una al lado de otra, en un estadio. Podríamos incluir franceses (pero, por favor, no demasiados, por consideración al resto del grupo), miembros de la Mafia, personas ajenas a la Mafia y vegetarianos.

Pensemos en la persona más obesa que se nos ocurra y añadámosla a esa muestra. Suponiendo que pese tres veces más que el peso medio, entre doscientos y doscientos cincuenta kilos, no representará más que una fracción muy pequeña del peso de toda la población (en este caso, un 0,5%).

Podemos ser aún más contundentes. Si escogiéramos al ser humano biológicamente más pesado posible del planeta (y que, pese a ello, se pudiera seguir llamando humano), no representaría más del, supongamos, 0,6% del total, un incremento insignificante. Y si tuviéramos diez mil personas, su contribución sería pequeñísima.

En la provincia utópica de Mediocristán, los sucesos particulares no aportan mucho individualmente, sólo de forma colectiva. Puedo formular la regla suprema de Mediocristán en estos términos: *Cuando la muestra es grande, ningún elemento singular cambiará de forma significativa el total.* La observación mayor seguirá siendo impresionante pero, en última instancia, será insignificante respecto a la suma.

Presentaré ahora otro ejemplo que tomo de mi amigo Bruce Goldberg: nuestro consumo de calorías. Pensemos en las muchas calorías que consumimos al año: si pertenecemos a la clase de los humanos, cerca de ochocientas mil. Ningún día concreto, ni siquiera el de Acción de Gracias en casa de la tía abuela, supondrá una gran parte de esa cantidad. Aun en el caso de que decidiéramos suicidarnos de tanto comer, las calorías de ese infausto día no afectarían gravemente a nuestro consumo anual.

Pero si le dijera al lector que existe una persona que pesa varias toneladas, o que mide varios cientos de kilómetros de alto, estaría plenamente justificado que aquél me obligara a examinarme el lóbulo frontal, o que sugiriera que me dedique a escribir relatos de ciencia ficción. Sin embargo, no se pueden descartar tan fácilmente las variables extremas con diferentes tipos de cantidades, de lo cual nos ocuparemos a continuación.

El extraño país de Extremistán

Consideremos por comparación el valor neto de las mil personas que alineamos en el estadio. Añadámosles a la persona más rica que se pueda encontrar en el planeta, Bill Gates, por ejemplo, fundador de Microsoft. Supongamos que su patrimonio se acerca a los 80.000 millones de dólares, siendo el capital de todos los demás unos cuantos millones. ¿Cuánto representaría respecto a la riqueza total?, ¿el 99,9%? En efecto, todos los demás no serían más que un error de redondeo del patrimonio de Gates, la variación de su cartera de valores durante el último segundo. Para que el peso de alguien represente tal porcentaje, esa persona tendría que pesar unos 50 millones de kilos.

Probemos de nuevo, pero ahora con libros. Alineemos a mil autores (o personas que ruegan que se les publique, pero que se llaman a sí mismas autores en vez de escritores), y comprobemos sus ventas. Luego añadamos al escritor vivo que (actualmente) tiene más lectores. J. K. Rowling, autora de la serie de Harry Potter, con varios cientos de millones de libros vendidos, dejaría como enanos a los mil autores restantes, que tendrían, por decir algo, unos cientos de miles de lectores en el mejor de los casos.

Probemos también con citas académicas (la mención de un académico por otro en una publicación científica), las referencias en los medios de comunicación, los ingresos, el tamaño de una empresa, etc. Llamaremos a todo esto cuestiones *sociales*, pues son obra del hombre, en oposición a las físicas, por ejemplo, la medida de la cintura.

En Extremistán, las desigualdades son tales que una única observación puede influir de forma desproporcionada en el total.

Así pues, el peso, la altura y el consumo de calorías pertenecen a Mediocristán; pero la riqueza no. Casi todos los asuntos sociales son de Extremistán. Dicho de otro modo, las cantidades sociales son informativas, no físicas: no se pueden tocar. El dinero de una cuenta bancaria es importante, pero desde luego *no* es algo *físico*. Como tal puede asumir cualquier valor sin que sea necesario emplear energía alguna. No es más que un número.

Señalemos que antes de la llegada de la tecnología moderna, las guerras solían pertenecer a Mediocristán. Es difícil masacrar a muchas personas si hay que matarlas una a una. Hoy, con las armas de destrucción masiva, todo lo que se necesita es un botón, o un pequeño error, para hacer que nuestro planeta desaparezca.

Fijémonos en la implicación que ello tiene para el Cisne Negro. Extremistán puede producir Cisnes Negros, y de hecho lo hace, ya que unas cuantas ocurrencias han influido colosalmente en la historia. Ésta es la principal idea de este libro.

Extremistán y el conocimiento

Esta distinción (entre Mediocristán y Extremistán) tiene unas ramificaciones fundamentales tanto para la justicia social como para la dinámica de los acontecimientos, pero veamos antes su aplicación al conocimiento, que es donde reside la mayor parte de su valor. Si un marciano llegara a la Tierra y se dedicara al negocio de medir la altura de los moradores de este feliz planeta, le bastaría con observar a cien humanos para hacerse una idea de la altura media. Si uno vive en Mediocristán, puede sentirse cómodo con lo que haya medido, suponiendo que esté completamente seguro de que procede de Mediocristán. También puede sentirse tranquilo con *lo que haya averiguado* a partir de los datos. La consecuencia epistemológica es que con el azar al estilo de Mediocristán no es *posible** encontrarse con

---

* Subrayo lo de *posible* porque la posibilidad de estas ocurrencias es del orden de una entre varios billones de billones, a medida que se acerca a lo imposible.

la sorpresa de un Cisne Negro, la sorpresa de que un único suceso pueda dominar un fenómeno. *Primo*, los cien primeros días desvelarían todo lo que necesitamos saber sobre los datos. *Secondo*, aun en el caso de que tuviéramos una sorpresa, como veíamos en el ejemplo del humano de mayor peso, no sería trascendente.

Si manejamos cantidades de Extremistán, tendremos problemas para averiguar la media de una muestra, ya que puede depender muchísimo de una única observación. La idea no tiene mayor dificultad que ésta. En Extremistán, una unidad puede afectar fácilmente al total de forma desproporcionada. En este mundo, hay que sospechar siempre del conocimiento derivado de los datos. Es un test muy fácil de la incertidumbre, que nos permite distinguir entre los dos tipos de aleatoriedad. *Capish*?

Lo que en Mediocristán se puede saber a partir de los datos aumenta con mucha rapidez a medida que se acumula información. Sin embargo, en Extremistán el conocimiento crece muy despacio y de forma errática con la acumulación de datos —algunos de ellos extremos—, posiblemente a un ritmo desconocido.

Salvaje y suave

Si seguimos con mi distinción entre lo escalable y lo no escalable, podemos ver claramente las diferencias que existen entre Mediocristán y Extremistán. Veamos algunos ejemplos.

Cosas que parecen pertenecer a Mediocristán (sometidas a lo que denominamos aleatoriedad de tipo 1): la altura, el peso, el consumo de calorías; los ingresos del panadero, del propietario de un pequeño restaurante, de la prostituta o del odontólogo; los beneficios del juego (en el caso muy especial de la persona que va al casino y se ciñe a una apuesta constante); los accidentes de tráfico, los índices de mortalidad, el coeficiente intelectual (tal como se mide actualmente).

Cosas que parecen pertenecer a Extremistán (sometidas a lo que llamamos aleatoriedad de tipo 2): la riqueza, los ingresos, las ventas de libros por autor, las citas bibliográficas por autor, el reconocimiento de nombres como «famosos», el número de referencias en Google, la población de las ciudades, el uso de las palabras de un idioma, el número de hablantes de una lengua, los daños producidos por un terremoto, las muertes en las guerras, los fallecimientos en atentados terroristas, el tamaño de los planetas, el tamaño de las empresas, la propiedad de acciones, la altura entre las especies (pensemos en el elefante y el ratón), los mercados financieros (pero nuestro gestor de inversiones no lo sabe), el precio de los productos, el índice de inflación, los datos económicos. La lista de Extremistán es mucho más larga que la anterior.

La tiranía del accidente

Otro modo de formular la distinción general es el siguiente: Mediocristán es donde tenemos que soportar la tiranía de lo colectivo, la rutina, lo obvio y lo predicho; Extremistán es donde estamos sometidos a la tiranía de lo singular, lo accidental, lo imprevisto y lo no predicho. Por mucho que lo intentemos, nunca perderemos mucho peso en un solo día; necesitamos el efecto colectivo de muchos días, semanas, incluso meses. Asimismo, si uno trabaja de dentista, nunca se hará rico en un solo día; pero las cosas le pueden ir muy bien en treinta años de asistencia motivada, diligente, disciplinada y regular a sesiones de tratamiento odontológico. Sin embargo, si estamos sometidos a la especulación de base extremistana, podemos ganar o perder nuestra fortuna en un solo minuto.

La tabla 1 resume las diferencias entre las dos dinámicas, a las que me referiré en lo que resta del libro; confundir la columna izquierda con la derecha puede llevar a unas consecuencias funestas (o extremadamente afortunadas).

Este esquema, en el que se muestra que la mayor parte de la acción del Cisne Negro se sitúa en Extremistán, no es más que una mera aproximación; les ruego que no la platonifiquen, no la simplifiquemos más de lo que sea necesario.

Extremistán no siempre implica Cisnes Negros. Algunos sucesos pueden ser raros y trascendentales, aunque de algún modo predecibles, sobre todo para aquellos que están preparados para ellos y disponen de las herramientas para comprenderlos (en vez de escuchar a los estadísticos, los economistas, los charlatanes de la variedad de la curva de campana). Son casi Cisnes Negros. En cierto modo pueden ser tratados científicamente:

Tabla 1

Mediocristán	Extremistán
No escalable.	Escalable.
Aleatoriedad moderada o de tipo 1.	Aleatoriedad salvaje (incluso más que salvaje) o de tipo 2.
El miembro más típico es mediocre.	El más «típico» es un gigante o un enano, es decir, no hay un miembro típico.
Los ganadores reciben un pequeño segmento del total del pastel.	Efectos de «el ganador se lo lleva todo».
Ejemplo: el caso de un cantante de ópera antes de la invención del gramófono.	El público actual de un artista.
Mayores probabilidades de que se encuentre en nuestro entorno ancestral.	Mayores probabilidades de que se encuentre en nuestro entorno actual.
Impermeable al Cisne Negro.	Vulnerable al Cisne Negro.
Sometido a la gravedad.	No existen limitaciones físicas en lo que pueda ser un número.
Corresponde (generalmente) a cantidades físicas, por ejemplo, la altura.	Corresponde a números, por ejemplo, la riqueza.
Tan cercano a la igualdad utópica como la realidad pueda permitir de forma espontánea.	Dominado por una extrema desigualdad al estilo de «el ganador se lo lleva todo».
El total no está determinado por un solo caso u observación.	El total estará determinado por un pequeño número de sucesos extremos.
Si se observa durante un rato, se puede llegar a saber qué pasa.	Lleva mucho tiempo saber qué pasa.
Tiranía de lo colectivo.	Tiranía de lo accidental.
Fácil de predecir a partir de lo que se ve y de extenderlo a lo que no se ve.	Difícil de predecir a partir de información pasada.
La historia gatea.	La historia da saltos.
Los sucesos se distribuyen* según la curva de campana (el GFI) o sus variables.	La distribución de la probabilidad es como cisnes «grises» mandelbrotianos (científicamente tratables) o como Cisnes Negros completamente intratables.

* Lo que aquí denomino «distribución de la probabilidad» es el modelo usado para calcular las probabilidades de los diferentes sucesos, cómo están distribuidos. Cuando digo que un suceso está distribuido según la «curva de campana» me refiero a que la curva de la campana gaussiana (de C. F. Gauss; volveremos a él más adelante) puede contribuir a aportar probabilidades de diversas ocurrencias.

conocer su incidencia debería mitigar la sorpresa, ya que estos sucesos son raros pero esperados. A este caso especial de cisnes «grises» lo llamo aleatoriedad mandelbrotiana. Esta categoría comprende el azar que produce fenómenos comúnmente conocidos por los términos de *escalable, escala invariable, leyes potenciales* [*power laws*], *leyes de Pareto-Zipf, ley de Yule, procesos paretianos estables, estable de Levy* y *leyes fractales*; de momento vamos a dejarlos de lado, ya que nos ocuparemos de ellos con cierta extensión en la tercera parte. Según la lógica de este capítulo, son escalables, pero podemos saber un poco más sobre *cómo* escalan, ya que tienen mucho en común con las leyes de la naturaleza.

No obstante, se pueden experimentar graves Cisnes Negros en Mediocristán, aunque no es fácil. ¿Cómo? Podemos olvidar que algo es aleatorio, pensar que es determinante, con lo que generamos una sorpresa. O podemos abrirle un túnel a una fuente de información y permitir que se escape, sea una fuente moderada o disparatada, todo lo cual sucede debido a la falta de imaginación. La mayor parte de los Cisnes Negros son el resultado de este trastorno de los «túneles», del que me ocuparé en el capítulo 9.*

Hemos trazado una visión general de carácter «literario» sobre la distinción fundamental que expone este libro, y hemos ofrecido un truco para distinguir entre lo que pertenece a Mediocristán y lo que pertenece a Extremistán. Decía antes que en la tercera parte me extenderé sobre estos temas, de modo que, por el momento, nos vamos a centrar en la epistemología y en ver cómo tal distinción afecta a nuestro conocimiento.

---

* Merece la pena mencionar aquí que uno de los errores que se han cometido al interpretar mi idea del Cisne Negro es que la gente cree que los Cisnes Negros aparecen con más frecuencia en la realidad que en nuestra imaginación. No es exactamente así. Los Cisnes Negros son más trascendentes, no necesariamente más frecuentes. De hecho, hay muy pocos sucesos remotos, pero son muy extremos en cuanto a su impacto, lo que confunde a la gente cuando tratan de desestimarlos.

Capítulo 4

LOS MIL Y UN DÍAS, O DE CÓMO NO SER IMBÉCIL

Sorpresa, sorpresa - Métodos sofisticados para aprender del futuro - Sexto iba siempre en cabeza - La idea principal es no ser imbécil - Pasemos a Mediocristán, si es que podemos encontrarlo

La cuestión tratada anteriormente nos lleva al problema del Cisne Negro en su forma original.

Imaginemos a alguien con autoridad y rango, que actúa en un lugar donde el rango importa, por ejemplo, una agencia estatal o una gran empresa. Podría ser un ampuloso comentarista político de Fox News que está ante nosotros en el gimnasio (es imposible no mirar la pantalla), el presidente de una empresa que habla del «brillante futuro que tenemos por delante», un médico platónico que ha descartado categóricamente la leche materna (porque no veía nada especial en ella) o un profesor de la Facultad de Empresariales de Harvard que no se ríe de nuestros chistes. Se trata de alguien que se toma lo que sabe demasiado en serio.

Imaginemos que un bromista lo sorprende cierto día y le desliza subrepticiamente una fina pluma por la nariz, en un momento de relax. ¿En qué estado quedaría su circunspecta pomposidad después de la sorpresa? Comparemos su conducta autoritaria con el impacto de verse sorprendido por algo totalmente inesperado y que no entiende. Durante un breve momento, antes de recuperar la compostura, veríamos la confusión en su cara.

Confieso que desarrollé un gusto incorregible por este tipo de travesuras durante mi primer campamento de verano. Una pluma introducida en el orificio nasal de un campista producía un pánico repentino. Me pasé parte de mi infancia practicando variaciones de esta travesura: en vez de una pluma fina se puede enrollar el extremo de un pañuelo de papel hasta convertirlo en un bastoncillo. Alcancé cierta práctica con mi hermano pequeño. Una travesura igualmente eficaz sería soltar un cubito de hielo por la espalda de alguien cuando menos se lo espere, por ejemplo, durante una cena oficial. Tuve que dejar esas diabluras a medida que iba entrando en la madurez, claro está, pero a veces me llegan involuntarios recuerdos de esas imágenes, sobre todo cuando estoy profundamente hastiado, asistiendo a reuniones con hombres de negocios de aire circunspecto (traje oscuro y mentes estandarizadas) que teorizan, explican cosas o hablan de sucesos aleatorios con muchos «porque» en su conversación. Me concentro en uno de ellos y me imagino que el cubito le va bajando por la espalda; sería menos moderno, aunque sin duda más espectacular, si le colocáramos un ratón vivo, sobre todo si la persona en cuestión tiene cosquillas y lleva corbata, la cual bloquearía la ruta de huida del roedor.*

Las travesuras también pueden ser compasivas. Recuerdo los primeros días de mi trabajo como operador de Bolsa, a mis veinticinco años, más o menos, cuando el dinero empezaba a entrar fácilmente. Solía coger taxis y, si el chófer hablaba un inglés raquítico y parecía muy deprimido, le daba cien dólares de propina, simplemente para impresionarlo un poco y deleitarme con su sorpresa. Observaba cómo desplegaba el billete y lo miraba con cierto grado de consternación (no hay duda de que un millón de dólares hubiera sido mejor, pero no estaba a mi alcance). Era también una sencilla experiencia hedonista: alegrarle a alguien el día con sólo cien dólares resultaba edificante. Al final dejé de hacerlo; todos nos hacemos tacaños y calculadores cuando nuestra riqueza va en aumento y empezamos a tomarnos el dinero en serio.

No necesito gran ayuda de los hados para entretenerme a mayor escala: la realidad ofrece esas revisiones obligadas de las creencias con una frecuencia bastante elevada. Muchas son espectaculares. De hecho, todo el empeño de búsqueda del conocimiento se basa en tomar la sabiduría convencional y las creencias científicas aceptadas y hacerlas añicos con nuevas pruebas contraintuitivas, sea a pequeña escala (todo descubrimiento científico es un intento de producir un diminuto Cisne Negro) o a gran escala (como en el caso de la relatividad de Poincaré y de Einstein). Los científicos pueden mofarse de sus predecesores pero, debido a una serie de dis-

* Yo estoy a salvo de tal posibilidad, puesto que nunca llevo corbata (salvo en los entierros).

posiciones mentales humanas, pocos se dan cuenta de que alguien se reirá de sus creencias en el (descorazonadamente cercano) futuro. En este caso, mis lectores y yo nos reímos del estado *actual* del conocimiento social. Estos peces gordos no ven la inevitable revisión que algún día sufrirá su trabajo, lo cual significa que podemos dar por supuesto que se llevarán una sorpresa.

CÓMO APRENDER DEL PAVO

El superfilósofo Bertrand Russell expone una variante especialmente tóxica de aquel juego mío con los taxistas cuando ilustra lo que las personas que están en su onda llaman el Problema de la Inducción o Problema del Conocimiento Inductivo (en mayúsculas, dada su seriedad), sin duda la madre de todos los problemas de la vida. ¿Cómo podemos pasar *lógicamente* de los casos específicos a las conclusiones generales? ¿Cómo sabemos lo que sabemos? ¿Cómo sabemos que lo que hemos observado en unos objetos y sucesos dados basta para permitirnos entender sus restantes propiedades? Todo conocimiento al que se ha llegado mediante la observación lleva incorporadas ciertas trampas.

Pensemos en el pavo al que se le da de comer todos los días. Cada vez que le demos de comer el pavo confirmará su creencia de que la regla general de la vida es que a uno lo alimenten todos los días unos miembros amables del género humano que «miran por sus intereses», como diría un político. La tarde del miércoles anterior al día de Acción Gracias, al pavo le ocurrirá algo *inesperado*. Algo que conllevará una revisión de su creencia.*

En el resto de este capítulo esbozaré el problema del Cisne Negro en su forma original: ¿cómo podemos conocer el futuro teniendo en cuenta nuestro conocimiento del pasado; o de forma más general, cómo podemos entender las propiedades de lo desconocido (infinito) basándonos en lo conocido (finito)? Pensemos de nuevo en la alimentación del pavo. ¿Qué puede aprender éste sobre lo que le aguarda mañana a partir de los sucesos

---

* El ejemplo original de Russell habla de un pollo. Mi versión es, pues, una adaptación estadounidense mejorada.

acaecidos ayer? Tal vez mucho, pero sin duda un poco menos de lo que piensa, y es precisamente este «un poco menos» lo que puede marcar toda la diferencia.

El problema del pavo se puede generalizar a cualquier situación donde *la misma mano que te da de comer puede ser la que te retuerza el cuello*. Consideremos el caso de los judíos alemanes progresivamente integrados en la década de 1930, o la exposición que hacía en el capítulo 1 sobre cómo la población libanesa quedó adormecida por una falsa sensación de seguridad, fruto de las aparentes amistad y tolerancia mutuas.

Demos un paso más y pensemos en el aspecto más *inquietante* de la inducción: el «retroaprendizaje». Pensemos que la experiencia del pavo, más que no tener ningún valor, puede tener un valor *negativo*. El animal aprendió de la observación, como a todos se nos dice que hagamos (al fin y al cabo, se cree que éste es precisamente el método científico). Su confianza aumentaba a medida que se repetían las acciones alimentarias, y cada vez se sentía más seguro, pese a que el sacrificio era cada vez más inminente. Consideremos que el sentimiento de seguridad alcanzó el punto máximo cuando el riesgo era mayor. Pero el problema es incluso más general que todo esto, sacude la naturaleza del propio conocimiento empírico. Algo ha funcionado en el pasado, hasta que... pues, inesperadamente, deja de funcionar, y lo que hemos aprendido del pasado resulta ser, en el mejor de los casos, irrelevante o falso y, en el peor, brutalmente engañoso.

La figura 1 representa el caso prototípico del problema de la inducción tal como se encuentra en la vida real. Observamos una variable hipotética durante mil días. Puede tratarse de cualquier cosa (con leves modificaciones): las ventas de un libro, la presión sanguínea, los delitos, nuestros ingresos personales, unas determinadas acciones, los intereses de un préstamo o la asistencia dominical a un determinado templo de la Iglesia ortodoxa griega. Posteriormente, y *sólo a partir de los datos pasados*, sacamos algunas consecuencias referentes a las propiedades del modelo, con proyecciones para los próximos mil, y hasta cinco mil, días. El día mil uno ¡boom!, se produce un gran cambio que el pasado no había previsto en modo alguno.

Pensemos en la sorpresa de la Gran Guerra. Después de los conflictos napoleónicos, el mundo había experimentado un período de paz que

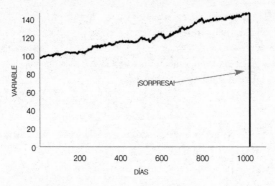

FIGURA 1. **Mil y un días de historia.** El pavo antes y después del día de Acción de Gracias. La historia de un proceso a lo largo de mil días no nos dice nada sobre lo que ocurrirá a continuación. Esta ingenua proyección del futuro a partir del presente se puede aplicar a cualquier cosa.

llevó a cualquier observador a pensar en la desaparición de los conflictos gravemente destructivos. Pero, ¡sorpresa!, la Gran Guerra resultó ser el conflicto más mortífero hasta entonces de la historia de la humanidad.

Observemos que, una vez sucedido lo sucedido, se empiezan a predecir posibilidades de que se vayan a producir otras rarezas en el ámbito local, es decir, en el proceso que nos acaba de sorprender, *pero no en otras partes.* Después de la crisis bursátil de 1987, la mitad de los operadores estadounidenses se preparaban para sufrir un nuevo cataclismo todos los meses de octubre, sin tener en cuenta que el primero no tuvo ningún antecedente. Nos preocupamos demasiado tarde, es decir, *ex post.* Confundir una observación ingenua del pasado con algo definitivo o representativo del futuro es la sola y única causa de nuestra incapacidad para comprender el Cisne Negro.

Al aficionado a las citas —es decir, uno de esos escritores y estudiosos que llenan sus textos de frases pronunciadas por alguna autoridad ya difunta— podría parecerle que, como decía Hobbes, «de los mismos antecedentes se siguen las mismas consecuencias». Quienes creen en los beneficios incondicionales de la experiencia pasada deberían considerar esta perla de la sabiduría, que pronunció, según se dice, el capitán de un famoso barco:

Pero con toda mi experiencia, nunca me he encontrado en un accidente […] de ningún tipo que sea digno de mención. En todos mis años en el mar, sólo he visto un barco en situación difícil. Nunca vi ningún naufragio, nunca he naufragado ni jamás me he encontrado en una situación que amenazara con acabar en algún tipo de desastre.

E. J. Smith, 1907, capitán del *RMS Titanic*

El barco del capitán Smith se hundió en 1912: su naufragio se convirtió en el más famoso de la historia.*

Formados para ser sosos

Asimismo, pensemos en el director de un banco que lleve mucho tiempo acumulando beneficios, y que, por un único revés de la fortuna, lo pierde todo. Por regla general, los banqueros de crédito tienen forma de pera, van perfectamente afeitados y visten de la forma más cómoda y aburrida posible, con traje oscuro, camisa blanca y corbata roja. En efecto, para su negocio del préstamo, los bancos contratan a personas aburridas y las forman para que sean aún más sosas. Pero lo hacen para despistar. Si tienen el aspecto de personas conservadoras es porque sus préstamos sólo caen en la bancarrota en muy rarísimas ocasiones. No hay forma de calcular la eficacia de su actividad prestamista con la simple observación de la misma

---

* Afirmaciones como la del capitán Smith son tan habituales que ni siquiera tienen gracia. En septiembre de 2006, un fondo llamado Amaranth, cuyo nombre procedía, irónicamente, de una flor que «nunca muere», tuvo que cerrar después de perder cerca de 7.000 millones de dólares en unos pocos días, la pérdida más impresionante en la historia de las operaciones bursátiles (otra ironía: yo compartía despacho con los operadores). Unos días antes de que eso sucediera, la empresa hizo una declaración con el fin de que los inversores no se preocuparan, porque contaban con doce gestores de riesgos, personas que usan modelos del pasado para realizar mediciones del riesgo sobre las posibilidades de un suceso como aquél. Aunque hubiesen dispuesto de ciento doce gestores del riesgo, no hubiera habido diferencia significativa alguna; se habrían ido a pique igualmente. Es evidente que no se puede elaborar más información que la que el pasado pueda ofrecer; si uno compra cien copias del *New York Times*, no estoy demasiado seguro de que eso le ayude a incrementar sus conocimientos sobre el futuro. Simplemente no sabemos cuánta información hay en el pasado.

durante un día, una semana, un mes o… incluso un siglo. En verano de 1982, los grandes bancos estadounidenses perdieron casi todas sus ganancias anteriores (acumuladas), casi todo lo que habían reunido en la historia de la banca estadounidense. Habían estado concediendo préstamos a países de América Central y del Sur, que dejaron de pagar todos al mismo tiempo, «un suceso de carácter excepcional». Así que bastó con un verano para comprender que ése era un negocio de aprovechados y que todas sus ganancias provenían de un juego muy arriesgado. Durante ese tiempo, los banqueros hicieron creer a todo el mundo, ellos los primeros, que eran «conservadores». No son conservadores, sólo fenomenalmente diestros para el autoengaño y para ocultar bajo la alfombra la posibilidad de una pérdida grande y devastadora. De hecho, la parodia se repitió diez años después con los grandes bancos «conscientes del riesgo», que nuevamente se hallaban bajo presión económica, muchos de ellos a punto de quebrar, tras la caída del precio de las propiedades inmobiliarias a principios de la década de 1990, cuando la hoy desaparecida industria del ahorro y el préstamo necesitó un rescate a cargo del contribuyente de más de medio billón de dólares. El banco de la Reserva Federal los protegió a nuestras expensas: cuando los banqueros «conservadores» obtienen beneficios, ellos son quienes se llevan las ganancias; cuando caen enfermos, nosotros nos hacemos cargo de los costes.

Después de graduarme en Wharton, empecé a trabajar para Bankers Trust (hoy desaparecido). Allí, la oficina del director, olvidando rápidamente lo sucedido en 1982, publicaba los resultados de cada trimestre junto con un anuncio donde se explicaba lo valientes, provechosos, conservadores (y guapos) que eran. Era evidente que sus beneficios no eran más que activo tomado prestado al destino con alguna fecha de devolución aleatoria. A mí no me importa asumir riesgos, pero por favor, no nos llamemos conservadores y no actuemos con prepotencia frente a otros negocios que son más vulnerables a los Cisnes Negros.

Otro suceso reciente es la bancarrota casi instantánea, en 1998, de una compañía de inversiones financieras (fondo de protección) llamada Long-Term Capital Management (LTCM, Gestión de Capital a Largo Plazo), que empleaba los métodos y la experiencia en riesgo de dos «premios Nobel de Economía», a los que llamaban «genios» pero que en realidad empleaban las falsas matemáticas al estilo de la curva de campana, mientras conseguían convencerse de que era ciencia de la buena y convertían a todos los empleados en unos redomados imbéciles. Una de las mayores pérdidas bursátiles de la historia tuvo lugar en un abrir y cerrar de ojos, sin ningún signo premonitorio (más, mucho más, en el capítulo 17).*

El Cisne Negro guarda relación con el conocimiento

Desde el punto de vista del pavo, el hecho de que el día mil uno no le den de comer es un Cisne Negro. Para el carnicero, no, ya que no es algo inesperado. De modo que aquí podemos ver que el Cisne Negro es el problema del imbécil. En otras palabras, ocurre en relación con nuestras expectativas. Uno se da cuenta de que puede eliminar un Cisne Negro mediante la ciencia (si sabe hacerlo), o manteniendo la mente abierta. Naturalmente, al igual que el personal de LTCM, también podemos crear Cisnes Negros con la ciencia, dando esperanzas a los demás de que no se producirá el Cisne Negro; y así es como la ciencia convierte a los ciudadanos normales en imbéciles.

Observemos que estos sucesos no tienen por qué ser sorpresas *instantáneas*. Algunas de las fracturas históricas a las que aludía en el capítulo 1 se han prolongado durante décadas, como, por ejemplo, el ordenador, que produjo efectos trascendentales en la sociedad sin que la invasión que suponía en nuestras vidas se observara día tras día. Algunos Cisnes Negros proceden de la lenta configuración de cambios incrementales en el mismo sentido, como en el caso de los libros que se venden en grandes cantidades

---

* Lo más trágico del suceso de baja probabilidad y elevado impacto proviene del desajuste entre el tiempo que lleva compensar a alguien y el que se necesita para sentirse seguro de que no apuesta contra el suceso raro. Las personas tienen un incentivo para apostar contra él, o para jugar con el sistema, ya que se les puede pagar una cantidad extra que refleje su rendimiento anual cuando, de hecho, todo lo que hacen es producir unos beneficios ilusorios que algún día volverán a perder. En efecto, la tragedia del capitalismo es que, dado que la calidad de los beneficios no se puede observar a partir de los datos pasados, los propietarios de empresas, concretamente los accionistas, pueden ser despistados por unos gestores que demuestran beneficios y una rentabilidad ficticia pero que, en realidad, pueden estar corriendo riesgos ocultos.

a lo largo de los años, y que nunca aparecen en las listas de éxitos de ventas, o de las tecnologías que se nos acercan de forma lenta pero inexorable. Asimismo, la subida de las acciones en el índice Nasdaq a finales de la década de 1990 requirió varios años; pero dicho incremento hubiera parecido más claro si hubiéramos tenido que trazarlo sobre una larga línea histórica. Las cosas deben verse en una escala de tiempo relativa, no absoluta: los terremotos duran minutos, el 11-S duró horas, pero las cambios históricos y las aplicaciones tecnológicas son Cisnes Negros que pueden requerir décadas. En general, los Cisnes Negros positivos exigen tiempo para mostrar su efecto, mientras que los negativos ocurren muy deprisa: es mucho más fácil y rápido destruir que construir. (Durante la guerra libanesa, la casa de mis padres en Amioun y la de mi abuelo en un pueblo de los alrededores quedaron destruidas en sólo unas horas, dinamitadas por los enemigos de mi abuelo, que controlaban la zona. Se tardó siete mil veces más —dos años— en reconstruirlas. Esta asimetría en las escalas de tiempo explica la dificultad de invertir el tiempo.)

BREVE HISTORIA DEL PROBLEMA DEL CISNE NEGRO

El problema del pavo (alias, problema de la inducción) es muy antiguo pero, por alguna razón, es probable que nuestro particular profesor de filosofía lo denomine «problema de Hume».

La gente cree que los escépticos y los empíricos somos taciturnos, paranoicos y angustiados en nuestra vida privada, que puede ser exactamente todo lo contrario de lo que la historia (y mi experiencia personal) señala. Al igual que muchos escépticos, gozo de la compañía de los demás; Hume era jovial y un *bon vivant*, deseoso de la fama literaria, la compañía de salón y la conversación agradable. Su vida no estuvo exenta de anécdotas. En cierta ocasión se cayó en una ciénaga cerca de la casa que se estaba construyendo en Edimburgo. Dada la fama de ateo que tenía entre sus vecinos, una mujer se negó a sacarlo de allí mientras no recitara el Padrenuestro y el Credo, lo cual, como persona sensata que era, hizo enseguida. Pero no antes de que discutiera con la mujer si los cristianos estaban obligados a ayudar a sus enemigos. Hume era de aspecto poco atractivo. «Mostraba esa mirada preocupada del estudioso meditabundo que tan a menudo hace pensar a quien no la conoce que se encuentra ante un imbécil», dice un biógrafo.

Lo curioso es que a Hume no se le conocía en su época por las obras que dieron lugar a su reputación actual: se hizo rico y famoso con una historia de Inglaterra que fue todo un éxito. Paradójicamente, mientras vivió, sus obras filosóficas, hoy tan famosas, «nacían muertas de la imprenta», mientras que las que le hicieron famoso en su época son hoy día difíciles de encontrar. Escribía con tal claridad que pone en evidencia a los pensadores actuales, y desde luego a todo el programa de licenciatura alemán. A diferencia de Kant, Fichte, Schopenhauer y Hegel, Hume es el tipo de pensador a quien *a veces* lee la persona que habla de su obra.

Oigo hablar con cierta frecuencia del «problema de Hume» en relación con el problema de la inducción, pero se trata de un problema antiguo, más antiguo que el interesante escocés, tal vez más que la propia filosofía, y quizá tan antiguo como las conversaciones por los campos de olivos. Retrocedamos al pasado, pues los antiguos lo formularon con no menor precisión.

Sexto el (lamentablemente) Empírico

El escritor violentamente antiacadémico y activista antidogma Sexto Empírico vivió cerca de mil quinientos años antes de Hume, y formuló el problema del pavo con gran precisión. Poco sabemos del personaje; desconocemos si fue un auténtico filósofo o un simple copista de textos filosóficos de autores que hoy nos resultan oscuros. Suponemos que vivió en Alejandría en el siglo II. Pertenecía a una escuela de medicina llamada «empírica», pues sus practicantes dudaban de las teorías y de la causalidad; preferían basarse en la experiencia pasada como guía de sus tratamientos, aunque no ponían en ella excesiva confianza. Además, no creían que la anatomía revelara de forma clara la función. Del defensor más famoso de la escuela empírica, Menodoto de Nicomedia, que mezclaba el empirismo con el escepticismo filosófico, se decía que consideraba la medicina un arte, no una «ciencia», y que aislaba su práctica de los problemas de la ciencia dogmática. La práctica de la medicina explica la adición de Empírico al nombre de Sexto.

Sexto representaba y compiló las ideas de la escuela de los escépticos pirronianos, que iban en pos de alguna forma de terapia intelectual resultante de la suspensión de la creencia. ¿Te enfrentas a la posibilidad de un suceso adverso? No te preocupes. Quién sabe, quizá sea bueno para ti. Dudar de las consecuencias de un suceso nos permitirá seguir imperturbables. Los escépticos pirronianos eran dóciles ciudadanos que seguían las costumbres y las tradiciones siempre que era posible, pero se enseñaron a sí mismos a dudar sistemáticamente de todo, por lo que se mostraban virulentos en su lucha contra el dogma.

Entre las obras conservadas de Sexto figura una diatriba que lleva el hermoso título de *Adversus mathematicos*, traducida a veces como *Contra los profesores*. La mayor parte de la obra se podría haber escrito hace un par de días.

Lo más interesante de Sexto en lo que concierne a mis ideas es la rara mezcla de filosofía y toma de decisiones en su práctica. Era una persona emprendedora y activa, de ahí que los eruditos clásicos no hablen muy bien de él. Los métodos de la medicina empírica, que se basan en el sistema aparentemente gratuito del ensayo y el error, serán fundamentales en mis ideas sobre la planificación y la predicción, sobre cómo sacar provecho del Cisne Negro.

En 1998, cuando empecé a trabajar por mi cuenta, puse el nombre de Empirica a mi laboratorio de investigación y a mi sociedad comercial, no por las mismas razones antidogmáticas que Sexto, sino por el recuerdo mucho más deprimente de que fueron necesarios al menos catorce siglos después de la aparición de la escuela de medicina empírica para que la medicina cambiara y, por fin, se hiciera adogmática, sospechosa de teorizante, profundamente escéptica y basada en pruebas. ¿Lección? Que la conciencia de un problema no significa mucho, sobre todo cuando están en juego intereses personales o instituciones interesadas.

Algazel

El tercer pensador importante que abordó el problema fue Al-Ghazali, escéptico de lengua árabe del siglo XI, conocido en latín como Algazel. Llamaba a los eruditos dogmáticos *ghabi*, literalmente «imbéciles», una forma árabe más divertida que «tarado» y más expresiva que «oscurantista». Algazel escribió su propio *Contra los profesores*, una diatriba llamada *Tahafut al falasifa*, que yo traduzco como «La incompetencia de la filosofía». Iba dirigida contra la escuela llamada *falasifah;* la clase intelectual árabe era la heredera directa de la filosofía clásica de la Academia, pero consiguieron reconciliarla con el islamismo mediante la argumentación racional.

El ataque de Algazel al conocimiento «científico» dio lugar a un debate con Averroes, el filósofo medieval que acabó por ejercer más influencia en todos los pensadores medievales (influyó a judíos y cristianos, pero no a los musulmanes). Por desgracia, el debate entre Algazel y Averroes lo ganaron finalmente los dos. En sus ramificaciones, muchos pensadores religiosos árabes integraron y exageraron el escepticismo de Algazel respecto al método científico, dejando las consideraciones causales a Dios (en realidad se trataba de una prolongación de la idea de Algazel). Occidente abrazó el racionalismo de Averroes, construido sobre el de Aristóteles, que sobrevivió a través de Tomás de Aquino y de los filósofos judíos, quienes se llamaron a sí mismos averroístas durante mucho tiempo. Muchos pensadores atribuyen el abandono posterior del método científico por parte de los árabes a la grandísima influencia de Algazel. Éste acabó por alimentar el misticismo sufí, en el que el orante intenta entrar en comunión con Dios eliminando toda conexión con los asuntos mundanos. Todo ello tuvo su origen en el problema del Cisne Negro.

El escéptico, amigo de la religión

Los antiguos escépticos abogaban por la ignorancia erudita como primer paso hacia las preguntas honestas sobre la verdad; en cambio, los posteriores escépticos de la Edad Media, tanto musulmanes como cristianos, utilizaron el escepticismo como medio para evitar la aceptación de lo que hoy llamamos ciencia. La creencia en el problema del Cisne Negro, las preocupaciones sobre la inducción y la defensa del escepticismo pueden hacer que algunas discusiones religiosas sean más atractivas, aunque sea en forma deística, anticlerical y minimalista. Esta idea de confiar en la fe, y no en la razón, era conocida como fideísmo. Así pues, existe una tradición de escépticos del Cisne Negro que encontraron solaz en la religión, y cuyo mejor representante es Pierre Bayle, erudito, filósofo y teólogo protestante de habla francesa, que se exilió a Holanda y construyó un extenso entramado filosófico relacionado con los escépticos pirronianos. Bayle ejerció una influencia considerable en Hume, a quien introdujo en el escepticismo antiguo, hasta el punto de que Hume tomó multitud de ideas de sus obras. El *Dictionnaire historique et critique* de Bayle fue el texto erudito más leído del siglo XVIII pero, como muchos de mis héroes franceses (por ejemplo, Frédéric Bastiat), no parece que Bayle forme parte del sistema de estudios francés, y de hecho resulta casi imposible encontrar sus obras en el idioma original. Algo similar ocurre con el algazelista Nicolás de Autrecourt.

No es un hecho muy conocido que, hasta hace poco, la exposición más completa acerca del escepticismo era obra de un poderoso obispo católico que fue miembro de la Academia Francesa. Pierre-Daniel Huet escribió su *Tratado filosófico sobre la debilidad de la mente humana* en 1690, un libro notable que rompe los dogmas y cuestiona la percepción humana. Huet expone argumentos de poderosa fuerza contra la causalidad: afirma, por ejemplo, que cualquier suceso puede tener una infinidad de causas posibles.

Tanto Huet como Bayle eran eruditos y dedicaron su vida a la lectura. Huet, que llegó a cumplir noventa años, tenía un criado que le seguía con un libro y le leía durante las comidas y los recesos, con lo que evitaba la pérdida de tiempo. Se decía que era la persona más leída de su tiempo. Permítame el lector que insista en que para mí la erudición es muy importante. Es signo de una genuina curiosidad intelectual. Es compañera de la actitud abierta y del deseo de valorar las ideas de los demás. Ante todo, el erudito sabe sentirse insatisfecho de sus propios conocimientos, una insatisfacción que a la postre constituye un magnífico escudo contra la platonicidad, las simplificaciones del gestor de cinco minutos, o contra el filisteísmo del estudioso exageradamente especializado. No hay duda de que el estudio que no va acompañado de erudición puede llevar al desastre.

No quiero ser pavo

Pero alentar el escepticismo filosófico no es exactamente lo que este libro se propone. Dado que la conciencia del Cisne Negro nos puede conducir al retraimiento y al escepticismo extremo, voy a tomar aquí el sentido opuesto. Mi interés reside en las acciones y el empirismo auténtico. Por ello este libro no es obra de un sufí místico, ni de un escéptico en el sentido antiguo o medieval, ni siquiera (como veremos) en un sentido filosófico, sino de un profesional cuyo objetivo principal es no ser imbécil en cosas que importan, y punto.

Hume era radicalmente escéptico de puertas adentro, pero abandonaba tales ideas cuando salía al exterior, ya que no las podía mantener. Yo hago aquí exactamente lo contrario: soy escéptico en asuntos que tienen implicaciones para la vida diaria. En cierto sentido, todo lo que me preocupa es tomar decisiones sin ser un pavo.

En los últimos veinte años, muchas personas medianamente cultivadas me han preguntado: «¿Cómo es posible que usted, señor Taleb, cruce la calle dada su extrema conciencia del riesgo?»; o han manifestado algo más insensato: «Nos pide que *no* corramos riesgos». Naturalmente, no abogo por la fobia total al riesgo (luego veremos que estoy a favor de una forma agresiva de asumir riesgos): lo que voy a mostrar en este libro es cómo evitar cruzar la calle *con los ojos vendados*.

Quieren vivir en Mediocristán

Acabo de exponer el problema del Cisne Negro en su forma histórica: la dificultad fundamental de generalizar a partir de la información disponible, o de aprender del pasado, de lo desconocido y de lo visto. También he expuesto la lista de aquellos que, en mi opinión, constituyen las figuras históricas más relevantes.

Observará el lector que nos es extremadamente conveniente asumir que vivimos en Mediocristán. ¿Por qué? Porque nos permite descartar las sorpresas del Cisne Negro. Si se vive en Mediocristán, el Cisne Negro o no existe o tiene escasas consecuencias.

Este supuesto aleja mágicamente el problema de la inducción, que desde Sexto Empírico ha asolado la historia del pensamiento. El estadístico puede eliminar la epistemología.

¡No nos hagamos ilusiones! No vivimos en Mediocristán, de modo que el Cisne Negro necesita una mentalidad distinta. Como no podemos ocultar el problema debajo de la alfombra, tendremos que profundizar en él. No es ésta una dificultad irresoluble, y hasta nos podemos beneficiar de ella.

Pero hay otros problemas que surgen de nuestra ceguera ante el Cisne Negro:

a) Nos centramos en segmentos preseleccionados de lo visto, y a partir de ahí generalizamos en lo no visto: el error de la confirmación.

b) Nos engañamos con historias que sacian nuestra sed platónica de modelos distintos: la falacia narrativa.

c) Nos comportamos como si el Cisne Negro no existiera: la naturaleza humana no está programada para los Cisnes Negros.

d) Lo que vemos no es necesariamente todo lo que existe. La historia nos oculta los Cisnes Negros y nos da una idea falsa sobre las probabilidades de esos sucesos: es la distorsión de las pruebas silenciosas.

e) «Tunelamos»: es decir, nos centramos en unas cuantas fuentes bien definidas de la incertidumbre, en una lista demasiado específica de Cisnes Negros (a expensas de aquellos que no nos vienen a la mente con facilidad).

En los siguientes cinco capítulos me ocuparé de cada uno de estos puntos. Luego, en la conclusión de la primera parte, mostraré que, en realidad, son el *mismo* tema.

Capítulo 5

LA CONFIRMACIÓN,
LA DICHOSA CONFIRMACIÓN

*Tengo muchas pruebas - ¿Los zoogles pueden ser (a veces) boogles? -
La dichosa corroboración de la corroboración - La idea de Popper*

La confirmación, por muy arraigada que esté en nuestros hábitos y nuestra sabiduría convencional, puede ser un error peligroso.

Supongamos que dijera al lector que tengo pruebas de que el jugador de fútbol americano O. J. Simpson (que fue acusado de asesinar a su esposa en la década de 1990) no era un criminal. Fíjese, el otro día desayuné con él y *no mató a nadie*. Lo digo en serio, no vi que matara a *nadie*. ¿No *confirmaría* esto su inocencia? Si dijera tal cosa, no hay duda de que el lector llamaría al manicomio, a una ambulancia o hasta a la policía, ya que podría pensar que paso demasiado tiempo en despachos de operadores bursátiles o en cafeterías pensando en el tema del Cisne Negro, y que mi lógica puede representar para la sociedad un peligro tan inmediato que es preciso que me encierren enseguida.

La misma reacción tendría el lector si le dijera que el otro día me eché una siestecita sobre las vías del tren en New Rochelle, Nueva York, y no resulté muerto. Oiga, míreme, estoy vivo, diría, y esto es demuestra que acostarse sobre las vías del tren no supone ningún riesgo. Pero consideremos lo siguiente. Fijémonos de nuevo en la figura 1 del capítulo 4; alguien que hubiera observado los primeros mil días del pavo (pero no el impacto del día mil uno) diría, con toda razón, que *no hay ninguna prueba* sobre la posibilidad de los grandes sucesos, es decir, de los Cisnes Negros. Sin embargo, es probable que el lector confunda esta afirmación, sobre todo si no presta mucha atención, con la afirmación de que existen *pruebas de no posibles* Cisnes Negros. La distancia entre las dos aserciones, aunque de hecho es muy grande, parecerá muy corta a la mente del lector, hasta el punto de que una puede sustituir fácilmente a la otra. Dentro de diez días, si el lector consigue acordarse de la primera afirmación, es probable que retenga la segunda versión, mucho más imprecisa: la de que hay *pruebas de no Cisnes Negros*. A esta confusión la llamo falacia del viaje de ida y vuelta, ya que esas afirmaciones no son *intercambiables*.

Tal confusión entre ambas afirmaciones forma parte de un error lógico trivial, muy trivial (pero fundamental): no somos inmunes a los errores lógicos triviales, ya que no somos profesores ni pensadores particularmente inmunes a ellos (las ecuaciones complicadas no tienden a cohabitar felizmente con la claridad de mente). A menos que nos concentremos mucho, es probable que, sin ser conscientes de ello, simplifiquemos el problema, porque así lo suele hacer nuestra mente, sólo que no nos damos cuenta.

Merece la pena profundizar un poco en este punto.

Muchas personas confunden la afirmación «casi todos los terroristas son musulmanes» con la de «casi todos los musulmanes son terroristas». Supongamos que la primera afirmación sea cierta, es decir, que el 99% de los terroristas sean musulmanes. Esto significaría que alrededor del 0,001% de los musulmanes son terroristas, ya que hay más de mil millones de musulmanes y sólo, digamos, diez mil terroristas, uno por cada cien mil. Así que el error lógico nos hace sobreestimar (inconscientemente) en cerca de cincuenta mil veces la probabilidad de que un musulmán escogido al azar (supongamos que de entre quince y cincuenta años) sea un terrorista.

El lector podrá observar en esta falacia del viaje de ida y vuelta la injusticia de los estereotipos; las minorías de las zonas urbanas de Estados Unidos han sufrido la misma confusión: aun en el caso de que la mayor parte de los delincuentes procedieran de su subgrupo étnico, la mayoría de las personas pertenecientes a su subgrupo étnico no serían delincuentes, pero, pese a ello, son discriminados por parte de personas que deberían informarse mejor.

«Nunca quise decir que los conservadores en general sean estúpidos. Me refería a que la gente conservadora normalmente es estúpida», se quejaba en cierta ocasión John Stuart Mill. Este problema es crónico: si decimos a las personas que la clave del éxito no siempre está en las destrezas, pensarán que les estamos diciendo que nunca está en las destrezas, que siempre está en la suerte.

Nuestra maquinaria deductiva, esa que empleamos en la vida cotidiana, no está hecha para un entorno complicado en el que una afirmación cambie de forma notable cuando su formulación en palabras se modifica ligeramente. Pensemos que en un entorno primitivo no existe ninguna diferencia trascendental entre las afirmaciones «la mayoría de los asesinos son animales salvajes» y «la mayoría de los animales salvajes son asesinos». Aquí hay un error, pero apenas tiene consecuencias. Nuestras intuiciones estadísticas no han evolucionado en el seno de un hábitat en que las sutilezas de este tipo puedan marcar una gran diferencia.

No todos los zoogles *son* boogles

«Todos los *zoogles* son *boogles*. Has visto un *boogle*. ¿Es un *zoogle*?» No necesariamente, «ya que no todos los *boogles* son *zoogles*». Los jóvenes que responden mal este tipo de preguntas en su SAT (Scholastic Aptitude Test, «prueba de aptitud académica») es posible que no puedan acceder a la universidad. Sin embargo, otra persona puede obtener una nota muy alta en los SAT y no obstante sentir miedo cuando alguien de aspecto sospechoso entra con ella en el ascensor. Esta incapacidad para transferir de forma automática el conocimiento o la complejidad de una situación a otra, o de la teoría a la práctica, es un atributo muy inquietante de la naturaleza humana.

Vamos a llamarlo la *especificidad del dominio* de nuestras reacciones. Cuando digo que es «específico del dominio» me refiero a que nuestras reacciones, nuestro modo de pensar, nuestras intuiciones dependen del contexto en que se presenta el asunto, lo que los psicólogos evolucionistas denominan el «dominio» del objeto o del suceso. La clase es un dominio; la vida real, otro. Reaccionamos ante una información no por su lógica impecable, sino basándonos en la estructura que la rodea, y en cómo se inscribe dentro de nuestro sistema social y emocional. Los problemas lógicos que en el aula se pueden abordar de una determinada forma, pueden ser tratados de modo diferente en la vida cotidiana. Y de hecho se tratan de modo diferente en la vida cotidiana.

El conocimiento, incluso cuando es exacto, no suele conducir a las acciones adecuadas, porque tendemos a olvidar lo que sabemos, o a olvidar cómo procesarlo adecuadamente si no prestamos atención, aun en el caso de que seamos expertos. Se ha demostrado que los estadísticos suelen dejarse el cerebro en el aula y caen en los errores de inferencia más triviales cuando salen a la calle. En 1971, los psicólogos Danny Kahneman y Amos Tversky plantearon a profesores de estadística preguntas formuladas como cuestiones no estadísticas. Una era similar a la siguiente (he cambiado un tanto el ejemplo para mayor claridad): supongamos que vivimos en una ciudad que dispone de dos hospitales, uno grande y otro pequeño. Cierto día, el 60% de los bebés nacidos en uno de los dos hospitales son niños. ¿En qué hospital es más probable que haya ocurrido? Muchos estadísticos cometieron el error (como en una conversación informal) de escoger el hospital más grande, cuando de hecho la estadística se basa en que las muestras grandes son más estables y deberían fluctuar menos respecto al promedio a largo plazo —aquí, el 50% para cada sexo— que las muestras más pequeñas. Esos estadísticos hubieran suspendido sus propios exámenes. Durante mis tiempos de *quant* me encontré con centenares de errores deductivos graves cometidos por estadísticos que olvidaban que lo eran.

Para ver otro ejemplo de cómo podemos ser ridículamente específicos en el dominio de la vida cotidiana, vayamos al lujoso Reebok Sports Club de Nueva York, y fijémonos en el número de personas que, después de subir varios pisos en el ascensor, se dirigen enseguida al aparato que simula las escaleras.

Esta especificidad del dominio de nuestras inferencias y reacciones funciona en ambos sentidos: algunos problemas podemos entenderlos en sus aplicaciones pero no en los libros de texto; otros los captamos mejor en los libros de texto que en su aplicación práctica. Las personas pueden conseguir solucionar sin esfuerzo un problema en una situación social, pero devanarse los sesos cuando se presenta como un problema lógico abstracto. Tendemos a emplear una maquinaria mental diferente —los llamados módulos— en situaciones diferentes: nuestro cerebro carece de un ordenador central multiusos que arranque con unas reglas lógicas y las aplique por igual a todas las situaciones posibles.

Y, como he dicho, podemos cometer *un error lógico en la realidad pero no en el aula*. Esta asimetría se ve mejor en la detección del cáncer. Pensemos en los médicos que examinan a un paciente en busca de indicios de la existencia de cáncer; lo típico es que los análisis se realicen a pacientes que quieren saber si están curados o si hay una «reaparición». (En realidad, reaparición es un nombre poco adecuado; significa simplemente que el tratamiento no mató todas las células cancerígenas y que estas células malignas no detectadas han empezado a multiplicarse sin control.) En el estado actual de la tecnología, no es posible analizar todas las células del paciente para ver si alguna de ellas es maligna, de ahí que el médico tome una muestra escaneando el cuerpo con la máxima precisión posible. Luego establece un supuesto sobre lo que no observó. En cierta ocasión, me quedé desconcertado cuando un médico me dijo, después de un chequeo rutinario para detectar la posible existencia de un cáncer: «Deje de preocuparse, tenemos pruebas de que está curado». «¿Por qué?», pregunté. «Hay pruebas de que *no* tiene ningún cáncer», fue su respuesta. «¿Cómo lo sabe?», pregunté. El médico contestó: «El escanograma es negativo». ¡Y aún sigue haciéndose llamar médico!

En la literatura médica se emplea el acrónimo NED, que significa «No Evidence of Disease» (sin pruebas de enfermedad). No existe nada del estilo END, «Evidence of No Disease» (pruebas de ausencia de enfermedad). Sin embargo, en mis charlas con médicos acerca de este tema, incluso con quienes publican artículos sobre sus resultados, muchos caen, durante la conversación, en la falacia del viaje de ida y vuelta.

Los médicos que trabajaban en el ambiente de arrogancia científica característico de la década de 1960 menospreciaban la lactancia materna como algo primitivo, como si se pudiera fabricar algo exactamente igual en sus laboratorios; pero no se percataban de que la leche materna puede incluir componentes útiles que podrían haber pasado desapercibidos a su conocimiento científico; confundían la *ausencia de pruebas* de los beneficios que supone la leche materna con las *pruebas de ausencia* de beneficios (otro caso de platonicidad, ya que «no tenía sentido» dar el pecho cuando se podían usar biberones). Mucha gente pagó el precio de esa ingenua inferencia: resultó que quienes no fueron amamantados por su madre corrían mayores riesgos de contraer enfermedades, incluida una elevada probabilidad de desarrollar determinados tipos de cáncer: al parecer, la leche materna contiene algunos nutrientes que aún desconocemos. Además, se olvidaban también los beneficios para las madres que dan el pecho, como la reducción del riesgo de padecer cáncer de mama.

Lo mismo ocurría con las amígdalas: su extirpación puede provocar una mayor incidencia del cáncer de garganta, pero durante décadas los médicos nunca sospecharon que ese tejido «inútil» pudiera tener alguna utilidad que se les escapaba. Y lo mismo pasó con la fibra dietética que se encuentra en la fruta y la verdura: a los médicos de la década de 1960 les parecía inútil porque no observaban pruebas inmediatas de su necesidad, por lo que crearon una generación mal alimentada. Resulta que la fibra permite reducir la absorción de azúcares en la sangre y arrastra las posibles células precancerosas del tracto intestinal. No hay duda de que la medicina ha provocado mucho daño a lo largo de la historia, y todo por esa confusión deductiva tan simplista.

Con esto no quiero decir que los médicos no deban tener creencias, únicamente que hay que evitar algunos tipos de creencias definitivas y absolutas; parece que Menodoto y su escuela, con su estilo de medicina escéptico-empírica que evitaba teorizar, defendían precisamente esta idea. La medicina ha ido a mejor; pero muchos tipos de conocimiento no.

Las pruebas

Debido a un mecanismo mental que yo llamo empirismo ingenuo, tenemos la tendencia natural a fijarnos en los casos que confirman nuestra historia y nuestra visión del mundo: estos casos son siempre fáciles de encontrar. Tomamos ejemplos pasados que corroboran nuestras teorías y los tratamos como *pruebas*. Por ejemplo, el diplomático nos hablará de sus «logros», no de aquello en que ha fracasado. Los matemáticos, en su intento de convencernos de que su ciencia es útil para la sociedad, nos señalarán los casos en que demostró ser útil, no aquellos en los que fue una pérdida de tiempo o, peor aún, las numerosas aplicaciones matemáticas que supusieron un elevado coste para la sociedad, debido a la naturaleza no empírica de las elegantes teorías matemáticas.

Incluso cuando comprobamos una hipótesis, tendemos a buscar ejemplos en los que esa hipótesis demuestre ser cierta. Es evidente que podemos encontrar dicha confirmación con mucha facilidad; todo lo que tenemos que hacer es mirar, o disponer de un investigador que lo haga por nosotros. Podemos *encontrar la confirmación* de prácticamente todo, del mismo modo que el avispado taxista londinense sabe buscar los atascos para aumentar el precio del trayecto, incluso en días festivos.

Algunas personas van más allá y me hablan de ejemplos de sucesos que hemos sabido prever con cierto éxito; hay unos cuantos reales, como el de llevar a un hombre a la Luna o el del crecimiento económico del siglo XXI. Se pueden encontrar multitud de «contrapruebas» para cada uno de los postulados de este libro, la mejor de las cuales es que los periódicos saben predecir a la perfección los programas de cine y teatro. Fíjese el lector: ayer predije que hoy saldría el sol, y así ha sido.

EL EMPIRISMO NEGATIVO

La buena noticia es que a este empirismo ingenuo se le puede dar la vuelta. Es decir, que una serie de hechos corroborativos no constituye *necesariamente* una prueba. Ver cisnes blancos no confirma la no existencia de cisnes negros. Pero hay una excepción: sé qué afirmación es falsa, pero no necesariamente qué afirmación es correcta. Si veo un cisne negro puedo certificar que *todos los cisnes no son blancos.* Si veo a alguien matar, puedo estar seguro de que es un criminal. Si no lo veo matar, no puedo estar seguro de que sea inocente. Lo mismo se aplica a la detección del cáncer: el descubrimiento de un tumor maligno prueba que uno padece cáncer, pero la ausencia de tal descubrimiento no nos permite decir con certeza que estemos libres de tal enfermedad.

Podemos acercarnos más a la verdad mediante ejemplos negativos, no mediante la verificación. Elaborar una regla general a partir de los hechos observados lleva a la confusión. Contrariamente a lo que se suele pensar, nuestro bagaje de conocimientos no aumenta a partir de una serie de observaciones confirmatorias, como la del pavo. Pero hay algunas cosas sobre las que puedo seguir siendo escéptico, y otras que con toda seguridad puedo considerar ciertas. Esto hace que las consecuencias de las observaciones sean tendenciosas. Así de sencillo.

Esta asimetría resulta muy práctica. Nos dice que no tenemos por qué ser completamente escépticos, sólo semiescépticos. La sutileza de la vida real frente a los libros es que, en la toma de decisiones, sólo se necesita estar interesado en una parte de la historia: si se busca la *certeza* de que un paciente padece cáncer, no la *certeza* de si está sano, entonces uno se puede sentir satisfecho con la inferencia negativa, ya que le proporcionará la certeza que busca. Así pues, podemos aprender mucho de los datos, pero no tanto como esperamos. En ocasiones, muchos datos son irrelevantes; otras veces, una determinada información puede ser muy significativa. Es verdad que mil días no pueden demostrar que uno esté en lo cierto. Pero basta un día para demostrar que se está equivocado.

La persona a quien se atribuye la difusión de esta idea del semiescepticismo tendencioso es sir *Doktor Professor* Karl Raimund Popper, posiblemente el único filósofo de la ciencia a quien leen y de quien hablan los actores del mundo real (aunque es posible que los filósofos profesionales no lo hagan con tanto entusiasmo). Mientras escribo estas líneas, en la pared de mi estudio cuelga un retrato suyo en blanco y negro. Fue un regalo que me hizo en Múnich el ensayista Jochen Wegner, quien, como yo, considera que Popper es lo único que «tenemos» entre los pensadores modernos; bueno, casi. Cuando escribe se dirige a nosotros, no a los demás filósofos. «Nosotros» somos las personas empíricas que tomamos decisiones y que sostenemos que la incertidumbre es nuestra disciplina, y que el mayor y más acuciante objetivo humano es comprender cómo actuar en condiciones de información incompleta.

Popper elaboró una teoría a gran escala en torno a esa asimetría, basada en una técnica llamada «falsación» (falsar es demostrar que se está equivocado) que está destinada a distinguir entre la ciencia y la no ciencia; pero algunos enseguida empezaron a buscarle fallos a sus detalles técnicos, si bien es cierto que no es la idea de Popper la más interesante, ni la más original. Esta idea de la asimetría del conocimiento gusta tanto a los profesionales porque les resulta obvia; así es como dirigen sus negocios. El filósofo *maudit* Charles Sanders Pierce, quien, como el artista, sólo gozó del respeto póstumo, también dio con una versión de esta solución del Cisne Negro cuando Popper iba aún en pañales; algunos llegaron a llamarlo el enfoque de Pierce-Popper. La idea de Popper, mucho más original y de muchísima más fuerza, es la sociedad «abierta», aquella que se asienta en el escepticismo como *modus operandi*, rechazando las verdades definitivas y oponiéndose a ellas. Popper acusaba a Platón de cerrarnos la mente, siguiendo los argumentos que he expuesto en el prólogo. Pero la idea principal de Popper fue su perspicacia respecto a la fundamental, grave e incurable impredecibilidad del mundo, lo cual voy a dejar para el capítulo sobre la predicción.*

Es evidente que no es fácil «falsar», es decir, afirmar con plena certeza que algo es un error. Las imperfecciones de nuestro método de comprobación pueden llevarnos a un «no» equivocado. Es posible que el médico que descubre células cancerosas usara unos aparatos deficientes que provocaban ilusiones ópticas; o podría ser uno de esos economistas que utilizan la curva de campana disfrazado de médico. Es posible que el testigo de un delito estuviera bebido. *Pero sigue siendo válido que sabemos dónde está el error con mucha mayor confianza de la que tenemos sobre dónde está lo acertado*. No todas las informaciones tienen la misma importancia.

Popper expuso el mecanismo de las conjeturas y las refutaciones, que funciona como sigue: se formula una conjetura (osada) y se empieza a buscar la observación que demostraría que estamos en un error. Ésta es la alternativa a nuestra búsqueda de casos confirmatorios. Si pensamos que la tarea es fácil, quedaremos decepcionados: pocos seres humanos tienen la habilidad natural de hacerlo. Confieso que yo no soy uno de ellos; no es algo que me resulte natural.

Contar hasta tres

Los científicos cognitivos han estudiado nuestra tendencia natural a buscar únicamente la corroboración; a esta vulnerabilidad al error de la corroboración la llaman *parcialidad de la confirmación*. Hay algunos experimentos que demuestran que las personas se centran sólo en los libros

* Ni Pierce ni Popper fueron los primeros en dar con esta asimetría. El filósofo Victor Brochard hablaba de la importancia del empirismo negativo en 1878, como si los empiristas lo sostuvieran como la mejor forma de hacer negocios; los antiguos lo entendían así implícitamente. Los libros agotados deparan muchas sorpresas.

leídos de la biblioteca de Umberto Eco. Una regla se puede comprobar directamente, fijándose en casos en que funcione, o bien indirectamente, fijándose en donde no funcione. Como veíamos antes, los casos de desconfirmación tienen mucha más fuerza para establecer la verdad. Sin embargo, tendemos a no ser conscientes de esta propiedad.

El primer experimento del que tengo noticia sobre este fenómeno lo realizó el psicólogo P. C. Wason. Presentaba a los sujetos del experimento la secuencia de números 2, 4, 6, y les pedía que intentaran adivinar la regla que la generaba. El método de los sujetos para adivinarla era producir otras secuencias de tres números, a las que quien dirigía el experimento respondía «sí» o «no», en función de si las nuevas secuencias se ajustaban a la regla. En cuanto los sujetos se sentían seguros de sus respuestas, formulaban la regla. (Obsérvese la similitud de este experimento con lo que veíamos en el capítulo 1 sobre cómo se nos presenta la historia: si damos por supuesto que la historia se genera siguiendo cierta lógica, sólo vemos los sucesos, nunca las reglas, pero necesitamos saber cómo funciona.) La regla correcta era «números en orden ascendente», nada más. Pocos sujetos la descubrieron, porque para hacerlo tuvieron que proponer una serie en orden descendente (a la que el director del experimento decía «no»). Wason observó que los sujetos tenían una regla en la mente, pero daban ejemplos destinados a confirmarla, en vez de intentar proporcionar series que se ajustaran a sus hipótesis. Los sujetos intentaban una y otra vez confirmar las reglas que *ellos* habían elaborado.

Este experimento inspiró toda una serie de pruebas similares, una de las cuales es la siguiente: se pedía a los participantes que formularan la pregunta correcta para averiguar si una persona era extrovertida o no, supuestamente para otro tipo de experimento. Se comprobó que los sujetos proponían sobre todo preguntas en las que una respuesta afirmativa *apoyaría* la hipótesis.

Pero hay excepciones. Entre ellas están los grandes maestros del ajedrez, de quienes se ha demostrado que realmente se centran en dónde puede flaquear un movimiento especulativo; los principiantes, en cambio, buscan ejemplos confirmatorios en vez de falsificadores. Pero no se juega al ajedrez para practicar el escepticismo. Los científicos creen que lo que los hace buenos ajedrecistas es la búsqueda de sus propias debilidades: la práctica del ajedrez no los convierte en escépticos. Asimismo, el especulador George Soros, cuando hace una apuesta financiera, no deja de buscar ejemplos que demuestren que su teoría inicial es falsa. Tal vez sea esto la auténtica confianza en uno mismo: la capacidad de observar el mundo sin necesidad de encontrar signos que halaguen el propio ego.*

Lamentablemente, la idea de la corroboración hunde sus raíces en nuestros hábitos y discursos intelectuales. Consideremos el siguiente comentario del escritor y crítico John Updike: «Cuando Julian Jaynes […] especula que hasta muy adelantado el segundo milenio a.C. los hombres no tenían conciencia, sino que obedecían automáticamente la voz de los dioses, nos sentimos aturdidos, pero también empujados a seguir esta notable tesis a través de todas las pruebas que la corroboran». Es posible que la tesis de Jaynes sea correcta, pero, señor Updike, el problema fundamental del conocimiento (y el tema de este capítulo) es que no existe ese animal de la prueba *corroborativa*.

¡Vi otro Mini rojo!

Lo que sigue ilustra más aún lo absurdo de la confirmación. Si creemos que el hecho de ver otro cisne blanco es la confirmación de que los cisnes negros no existen, entonces, por puras razones lógicas, debemos aceptar también la afirmación de que el hecho de ver un Mini Cooper rojo debería confirmar que *no existen cisnes negros*.

¿Por qué? Limitémonos a considerar que la afirmación «todos los cisnes son blancos» implica que *todos los objetos no blancos no son cisnes*. Lo que confirma la última afirmación debería confirmar la primera. Por consiguiente, la visión de un objeto no blanco que no sea un cisne debería

* El problema de la confirmación es un asunto omnipresente en nuestra vida moderna, ya que en la raíz de muchos conflictos se halla el siguiente sesgo mental: cuando los árabes y los israelíes ven las noticias, perciben historias diferentes en la misma sucesión de hechos. Asimismo, demócratas y republicanos miran a partes distintas de los mismos datos y nunca convergen en las mismas opiniones. Una vez que en la mente habita una determinada visión del mundo, se tiende a considerar sólo los casos que demuestren que se está en lo cierto. Paradójicamente, cuanta más información tenemos, más justificados nos sentimos en nuestras ideas.

aportar tal confirmación. Esta argumentación, conocida como la paradoja del cuervo de Hempel, la redescubrió mi amigo el matemático (reflexivo) Bruno Dupire durante uno de nuestros intensos paseos meditativos
por Londres; uno de esos debates peripatéticos, y tan intenso que no nos
percatamos de la lluvia. Él señaló un Mini rojo y gritó: «¡Mira, Nassim,
mira! ¡No Cisne Negro!».

No todo

No somos tan ingenuos como para pensar que alguien es inmortal porque
nunca le hemos visto morir, o que alguien es inocente porque nunca le hemos visto matar. El problema de la generalización ingenua no nos acosa
por doquier. Pero esas pertinaces bolsas de escepticismo inductivo tienden
a implicar los sucesos con que nos hemos encontrado en nuestro entorno
natural, asuntos de los que hemos aprendido a evitar la insensata generalización.

Por ejemplo, cuando a los niños se les muestra el dibujo de un solo
miembro de un grupo y se les pide que adivinen las propiedades de
los miembros que no se ven, son capaces de seleccionar *qué* atributos deben
generalizar. Mostremos a un niño la fotografía de una persona obesa,
digámosle que pertenece a una tribu, y pidámosle que describa al resto
de la población: lo más probable es que no salte sin más a la conclusión de que todos los miembros de esa tribu son obesos. Pero reacciona-
rá de diferente forma en las generalizaciones que afecten al color de la
piel. Si le mostramos a personas de color oscuro y le pedimos que describa al resto de la tribu, dará por supuesto que también los demás tienen la piel oscura.

Así pues, parece que estamos dotados de unos instintos inductivos específicos y refinados que nos orientan. En contra de la opinión del gran
David Hume, y de la que ha sido la tradición empirista inglesa, según los
cuales *la creencia surge de la costumbre*, pues suponían que aprendemos
las generalizaciones únicamente a partir de la experiencia y las observaciones empíricas, diversos estudios sobre la conducta infantil han demostrado que llegamos al mundo equipados con una maquinaria mental que
hace que generalicemos *selectivamente* a partir de la experiencia (es decir,

que adquiramos el aprendizaje inductivo en algunos ámbitos, pero sigamos siendo escépticos en otros). Ahora bien, no aprendemos de digamos unos mil días, sino que, gracias a la evolución, nos beneficiamos del aprendizaje de nuestros ancestros, que dieron con los secretos de nuestra biología.

Regreso a Mediocristán

Y es posible que de nuestros ancestros hayamos aprendido cosas equivocadas. Pienso en la probabilidad de que heredáramos los instintos adecuados para sobrevivir en la región de los Grandes Lagos de África oriental, de donde supuestamente procedemos; pero es indiscutible que estos instintos no están bien adaptados al entorno actual, posterior al alfabeto, intensamente informativo y estadísticamente complejo.

No hay duda de que nuestro entorno es un poco más complejo de lo que nosotros (y nuestras instituciones) percibimos. En el mundo moderno, siendo como es Extremistán, dominan los sucesos raros, muy raros. Se puede producir un Cisne Negro después de miles y miles de blancos, de modo que tenemos que retener tal juicio mucho más tiempo de lo que solemos hacer. Como decía en el capítulo 3, es imposible —biológicamente imposible— encontrarse con un ser humano que mida varios cientos de kilómetros de alto, así que nuestras intuiciones descartan estos sucesos. Pero las ventas de un libro o la magnitud de los sucesos sociales no siguen este tipo de restricciones. Cuesta mucho más de mil días aceptar que un escritor carece de talento, que no se producirá un crac en la Bolsa, que no estallará una guerra, que un proyecto no tiene futuro, que un país es «nuestro aliado», que una empresa no entrará en bancarrota, que el analista de seguridad de una agencia de Bolsa no es un charlatán, o que un vecino no nos atacará. En el lejano pasado, los seres humanos podían hacer inferencias con mucha mayor precisión y rapidez.

Además, hoy día las fuentes de los Cisnes Negros se han multiplicado más de lo que se puede medir.* En el entorno primitivo estaban limitadas

---

* Es evidente que los sucesos geodésicos y relacionados con el clima (como los tornados y los terremotos) no han cambiado mucho a lo largo del último milenio, sino que lo que ha cambiado son las consecuencias socioeconómicas de estos sucesos. Hoy, un

al descubrimiento de nuevos animales salvajes, nuevos enemigos y cambios climáticos bruscos. Tales sucesos se repetían con la suficiente frecuencia como para que hayamos desarrollado un miedo innato a ellos. Este instinto de hacer inferencias de forma rápida, y de «tunelar» (es decir, de centrarse en un reducido número de fuentes de incertidumbre o de causas de Cisnes Negros conocidos) lo seguimos llevando como algo que nos es consustancial. Dicho de otro modo, este instinto es lo que nos pone en aprietos.

---

terremoto o un huracán tienen muchísimas más consecuencias económicas graves que antes, debido a las estrechas relaciones entre las entidades económicas y la intensificación de los «efectos red», de los que hablaremos en la tercera parte. Estos sucesos tenían antes efectos de escasa consideración, en cambio ahora producen un fuerte impacto. El terremoto de Japón de 1923 provocó una caída de cerca de un tercio del PNB. Si extrapolamos las consecuencias de la tragedia de Kobe de 1994, podemos deducir fácilmente que las consecuencias de otro terremoto de esas características en Tokio tendrían un coste muchísimo mayor que el de su predecesor.

Capítulo 6
LA FALACIA NARRATIVA

La causa del porqué - Cómo dividir en dos un cerebro - Métodos efectivos de apuntar al cielo - La dopamina te ayudará a ganar - Voy a dejar de montar en moto (pero no hoy) - ¿Empírico y psicólogo a la vez? ¿Desde cuándo?

DE LAS CAUSAS DE MI RECHAZO A LAS CAUSAS

En el otoño de 2004 asistí a una conferencia sobre estética y ciencia que se celebraba en Roma, quizás el mejor lugar para una reunión de ese tipo, ya que la estética se halla por doquier, hasta en la conducta y en el tono de voz que uno adopta. Durante el almuerzo, un notable profesor de una universidad del sur de Italia me saludó con mucho entusiasmo. Aquella misma mañana había estado yo escuchando su apasionada ponencia; era tan carismático, tan convincente y estaba tan convencido que, aunque no conseguí entender gran cosa de lo que dijo, me daba cuenta de que coincidía con él en todo. Sólo podía entender alguna que otra frase, pues mi conocimiento del italiano funcionaba mejor en los cócteles que en los eventos intelectuales y académicos. En un determinado momento de su exposición, se puso rojo de ira, lo cual me convenció (y convenció al público) de que sin duda tenía razón.

Me acosó durante todo el almuerzo para felicitarme por demostrar los efectos de esos vínculos causales que son más frecuentes en la mente humana que en la realidad. La conversación se animó tanto que no nos separábamos de la mesa del bufé, obstaculizando a los otros delegados que querían acercarse a la comida. Él hablaba un francés con mucho acento (gesticulando), y yo contestaba en italiano primitivo (gesticulando), y estábamos tan enfrascados que los otros invitados temían interrumpir una conversación de tanta importancia y tan animada. Él insistía en valorar mi anterior libro sobre lo aleatorio, una especie de enfurecida reacción del operador de Bolsa contra la ceguera en la vida y en las Bolsas, que en Italia se había publicado con el musical título de *Giocati dal caso*. Tuve la suerte de tener un traductor que sabía del tema casi más que yo, y el libro encontró cierta acogida entre los intelectuales italianos. «Soy un gran entusiasta de sus ideas, pero me siento desairado. En realidad también son mías, y usted ha escrito el libro que yo (casi) tenía planeado escribir», me dijo el profesor. «Es usted afortunado; ha expuesto de forma muy exhaustiva el efecto del azar en la sociedad y la excesiva valoración de la causa y el efecto. Demuestra usted cuán estúpidos somos al tratar de explicar *sistemáticamente* las destrezas.»

Se detuvo y, luego, en un tono más tranquilo, añadió: «Pero, *mon cher ami*, permítame que le diga *quelque chose* [hablaba muy despacio, con el dedo gordo golpeando los dedos índice y medio]: de haber crecido usted en una sociedad protestante, donde se predica que el esfuerzo va unido a la recompensa, y se subraya la responsabilidad individual, nunca habría visto el mundo de ese modo. Usted supo ver la suerte y separar las causas y el efecto *gracias* a su herencia ortodoxa del Mediterráneo oriental». Empleaba el francés *à cause*. Y era tan convincente que, durante un minuto, acepté su interpretación.

Nos gustan las historias, nos gusta resumir y nos gusta simplificar, es decir, reducir la dimensión de las cosas. El primero de los problemas de la naturaleza humana que analizamos en este apartado, el que acabo de ilustrar más arriba, es lo que denomino la *falacia narrativa*. (En realidad, es un fraude pero, para ser más educado, lo llamaré falacia.) Tal falacia se asocia con nuestra vulnerabilidad a la interpretación exagerada y nuestra predilección por las historias compactas sobre las verdades desnudas, lo cual distorsiona gravemente nuestra representación mental del mundo; y es particularmente grave cuando se trata del suceso raro.

Observemos que mi atento colega italiano compartía mi militancia contra la interpretación exagerada y contra la sobreestimación de la causa, pero era incapaz de ver mi obra y a mí mismo sin una razón, una causa, unidos a ambas, como algo distinto de una parte de una historia. Tenía que *inventar* una causa. Además, no era consciente de haber caído en la trampa de la causalidad, y yo tampoco lo fui de forma inmediata.

La falacia narrativa se dirige a nuestra escasa capacidad de fijarnos en secuencias de hechos sin tejer una explicación o, lo que es igual, sin forzar un vínculo lógico, una *flecha de relación* sobre ellos. Las explicaciones atan los hechos. Hacen que se puedan recordar mucho mejor; ayudan a que *tengan más sentido*. Donde esta propensión puede errar es cuando aumenta nuestra *impresión* de comprender.

Este capítulo, como el anterior, se ocupará de un único problema, pero que al parecer se plantea en diferentes disciplinas. El problema de la narratividad, aunque ha sido estudiado exhaustivamente por los psicólogos en una de sus versiones, no es tan «psicológico»: algo referente a la forma en que están diseñadas las disciplinas oculta la cuestión de que es más bien un problema de *información*. La narratividad nace de una necesidad biológica innata conforme a la cual tendemos a reducir la dimensionalidad; pero los robots también tenderían a adoptar ese proceso de reducción. La información *quiere* ser reducida.

Para ayudar al lector a situarse, observe que al estudiar el problema de la inducción en el capítulo anterior, examinábamos qué se podía inferir a partir de lo no visto, lo que queda *fuera* de nuestro conjunto de informaciones. Aquí nos fijamos en lo visto, en aquello que se encuentra *dentro* del conjunto de información, y examinamos las distorsiones que se producen en el acto de procesarla. Hay mucho que decir sobre el tema, pero el ángulo desde el que lo abordo se refiere a la simplificación que la narratividad hace del mundo que nos rodea y de sus efectos sobre nuestra percepción del Cisne Negro y la incertidumbre disparatada.

PARTIR EL CEREBRO EN DOS

Husmear entre la antilógica es una actividad excitante. Durante unos meses, uno experimenta la estimulante sensación de que acaba de entrar en un mundo nuevo. Después, la novedad se desvanece, y el pensamiento regresa a sus asuntos habituales. El mundo vuelve a ser aburrido, hasta que se encuentra otro tema con el que apasionarse (o se consigue colocar a otro personaje en un estado de ira total).

Una de estas antilógicas me llegó con el descubrimiento —gracias a la literatura sobre la cognición— de que, contrariamente a lo que todo el mundo cree, *no teorizar* es un acto, y que teorizar puede corresponder a la ausencia de actividad deseada, la opción «por defecto». Se necesita un esfuerzo considerable para ver los hechos (y recordarlos) al tiempo que se suspende el juicio y se huye de las explicaciones. Y este trastorno teorizador raramente está bajo nuestro control: es en gran medida anatómico, parte de nuestra biología, de manera que luchar contra él supone luchar contra uno mismo. Por eso los preceptos de los antiguos escépticos acerca de la suspensión del juicio van contra nuestra naturaleza. Hablar es barato, un problema de la filosofía del consejo que veremos en el capítulo 13.

Si intentamos ser auténticos escépticos respecto a nuestras interpretaciones nos sentiremos agotados enseguida. Nos sentiremos también humillados por oponernos a teorizar. (Existen trucos para alcanzar el auténtico escepticismo; pero hay que entrar por la puerta trasera, en vez de emprender a solas un ataque frontal.) Incluso desde una perspectiva anatómica, a nuestro cerebro le resulta imposible ver nada en estado puro sin alguna forma de interpretación. Hasta es posible que no siempre seamos conscientes de ello.

La *racionalización post hoc.* En un experimento, varios psicólogos pedían a un grupo de mujeres que escogieran, de entre doce pares de calcetines de nailon, los que más les gustaran. Después les preguntaban las razones de su elección. La textura, el tacto y el color destacaban entre las razones aducidas. De hecho, todos los pares de calcetines eran idénticos. Las mujeres daban explicaciones actualizadas, *post hoc.* ¿Indica esto que sabemos explicar mejor que comprender? Veamos.

Se ha realizado una serie de famosos experimentos en pacientes de cerebro escindido, los cuales nos muestran pruebas físicas —es decir, biológicas— convincentes del aspecto automático del acto de la interpretación. Parece que hay en nosotros un órgano que se encarga de dar sentido, aunque tal vez no sea fácil centrarse en él con precisión. Veamos cómo se detecta.

Los pacientes de cerebro escindido no tienen conexión entre los lados izquierdo y derecho de su cerebro, lo cual impide que los dos hemisferios cerebrales compartan la información. Estos pacientes son para los investigadores unas joyas raras y de valor incalculable. Son literalmente dos personas distintas, y podemos comunicarnos con cada una de ellas por separado: las diferencias entre los dos individuos nos dan alguna indicación sobre la especialización de los hemisferios cerebrales. Esta partición suele ser resultado de una intervención quirúrgica para remediar trastornos mayores, como la epilepsia grave; no, a los científicos de los países occidentales (y de la mayor parte de los orientales) ya no se les permite cortar el cerebro por la mitad, aunque pretendan aumentar los conocimientos y la sabiduría.

Supongamos ahora que inducimos a una de estas personas a realizar un acto —levantar el dedo, reír o coger una pala— con el fin de asegurarnos de cómo adscribe una razón a su acto (cuando de hecho sabemos que no existe más razón que el hecho de que lo hayamos inducido). Si pedimos al hemisferio derecho, aquí aislado del lado izquierdo, que realice una acción, y luego pedimos una explicación al otro hemisferio, el paciente ofrecerá invariablemente alguna interpretación: «Señalaba al techo para...», «Vi algo interesante en la pared», o, si se pregunta a este autor, ofreceré mi habitual «porque procedo del pueblo ortodoxo griego de Amioun, al norte de Líbano», etc.

Ahora bien, si hacemos lo contrario, es decir, si ordenamos al hemisferio izquierdo aislado de una persona diestra que realice un acto y pedimos al hemisferio derecho que nos dé las razones, se nos responderá sencillamente: «No lo sé». Señalemos que el hemisferio izquierdo es donde generalmente residen el lenguaje y la deducción. Advierto al lector ávido de «ciencia» contra los intentos de construir un mapa neural: todo lo que intento demostrar es la base biológica de esta tendencia hacia la causalidad, no su ubicación exacta. Tenemos razones para sospechar de las distinciones entre «cerebro derecho/cerebro izquierdo» y las consiguientes generalizaciones de la ciencia popular sobre la personalidad. En efecto, es posible que la idea de que el cerebro izquierdo controla el lenguaje no sea tan precisa: parece más exacto suponer que el cerebro izquierdo es donde reside el reconocimiento de patrones, y que sólo puede controlar el lenguaje en la medida en que éste tenga un atributo de reconocimiento de patrones. Otra de las diferencias entre ambos hemisferios es que el derecho se ocupa de la novedad. Tiende a ver las series de hechos (lo particular, o los árboles), mientras que el izquierdo percibe los patrones, la figura (lo general, o el bosque).

Para ver un ejemplo de nuestra dependencia biológica de una historia, consideremos este experimento. En primer lugar, lea el lector la frase siguiente:

VALE MÁS PÁJARO EN MANO QUE
QUE CIENTO VOLANDO

¿Observa algo raro? Inténtelo de nuevo.*

El científico residente en Sidney Alan Snyder (que tiene acento de Filadelfia) hizo el siguiente descubrimiento. Si se inhibe el hemisferio izquierdo de una persona diestra (técnicamente, se efectúa dirigiendo impulsos magnéticos de baja frecuencia a los lóbulos temporales frontales del lado izquierdo), disminuye el índice de error del sujeto al leer el refrán anterior. Nuestra propensión a imponer significado y conceptos nos bloquea la conciencia de los detalles que componen el concepto. Sin embargo, si anulamos el hemisferio izquierdo de una persona, ésta se convierte en más realista: sabe dibujar mejor y con mayor verosimilitud. Su mente ve mejor los objetos en sí mismos, sin teorías, narrativas ni prejuicio alguno.

¿Por qué resulta difícil evitar la interpretación? Fundamentalmente, porque, como veíamos en la historia del erudito italiano, las funciones del cerebro a menudo operan fuera de nuestra conciencia. Interpretamos de modo muy parecido a como realizamos otras actividades consideradas automáticas y ajenas a nuestro control, como la de respirar.

¿Qué es lo que hace que el no teorizar nos *cueste* muchísima más energía que el teorizar? En primer lugar, está la impenetrabilidad de la actividad. He dicho que gran parte de ella tiene lugar fuera de nuestra conciencia: si no sabemos que estamos haciendo la inferencia, no podremos detenernos, salvo que estemos en un estado de alerta permanente. Pero si tenemos que estar continuamente al acecho, ¿no nos causa esto fatiga? Pruébelo el lector durante una tarde, y ya me dirá.

* La palabra *que* aparece dos veces.

Un poco más de dopamina

Además de la historia del intérprete del cerebro izquierdo, contamos con más pruebas fisiológicas de nuestra búsqueda innata de patrones, gracias a nuestro creciente conocimiento del papel de los neurotransmisores, las sustancias químicas que, según se cree, transportan las señales entre las diferentes partes del cerebro. Parece que la percepción de patrones aumenta a medida que lo hace la concentración de dopamina química en el cerebro. La dopamina también regula los humores e introduce un sistema de recompensa interno en el cerebro (no es de extrañar que se encuentre en concentraciones ligeramente superiores en el lado izquierdo del cerebro de las personas diestras que en el lado derecho). Al parecer, una mayor concentración de dopamina disminuye el escepticismo y se traduce en una mayor vulnerabilidad a la detección de patrones; una inyección de L-dopa, sustancia que se emplea en el tratamiento de las personas que padecen Parkinson, puede aumentar esa actividad y disminuir la suspensión del juicio en el paciente. La persona se hace vulnerable a todo tipo de manías, como la astrología, las supersticiones, la economía y la lectura del tarot.

De hecho, mientras escribo estas líneas, hay noticias de una demanda pendiente de resolución presentada por un paciente que reclama a su médico más de 200.000 dólares, la cantidad que presuntamente perdió en el juego. El paciente alega que el tratamiento de su Parkinson lo llevó a frecuentar los casinos, donde hacía apuestas descontroladas. Resulta que uno de los efectos secundarios de la L-dopa es que una cantidad reducida pero importante de pacientes se convierten en jugadores compulsivos. Esta actitud ante el juego se asocia con el hecho de que los pacientes ven lo que ellos creen que son patrones claros en los números aleatorios, lo cual ilustra la *relación entre el conocimiento y la aleatoriedad*. También demuestra que algunos aspectos de lo que llamamos «conocimiento» (y que yo denomino narrativa) son una enfermedad.

Una vez más, advierto al lector de que no me estoy centrando en la dopamina como la *razón* de nuestra interpretación exagerada; lo que digo, por el contrario, es que existe una correlación física y neural con ese funcionamiento, y que nuestra mente es en gran medida víctima de nuestra encarnación física. Nuestra mente es como un preso, está cautiva de nuestra biología, a menos que consigamos dar con una ingeniosa escapatoria.

Lo que subrayo es que no tenemos control sobre ese tipo de inferencias. Es posible que el día de mañana alguien descubra otra base química u orgánica de nuestra percepción de los patrones, o contradiga lo que he dicho sobre el intérprete del cerebro izquierdo, demostrando el papel que desempeña una estructura más compleja; pero ello no negaría la idea de que la percepción de la causalidad tiene una base biológica.

La regla de Andrei Nikoláyevich

Hay otra razón, aún más profunda, que explica nuestra inclinación a narrar, y no es psicológica. Tiene que ver con el efecto que el orden produce en la reserva de información y en cualquier sistema de recuperación de la misma, y merece la pena que la explique aquí debido a su relación con lo que yo considero los problemas fundamentales de la teoría de la probabilidad y la información.

El primer problema es que *cuesta obtener* la información.

El segundo problema es que también *cuesta almacenar* la información, como la propiedad inmobiliaria en Nueva York. Cuanto más ordenada, menos aleatoria, más conforme a patrones y *narrada* sea una serie de palabras o símbolos, más fácil es almacenarla en la propia mente o volcarla en un libro para que algún día la puedan leer nuestros nietos.

Por último, cuesta manipular y recuperar la información.

Con tantas células cerebrales —cien mil millones (y se siguen contando)—, el almacén debe ser muy grande, de modo que posiblemente los problemas no se planteen por falta de espacio de almacenamiento, sino que simplemente se trata de problemas de indexación. Nuestra memoria consciente, o de trabajo, la que usamos para leer estas líneas y extraer su significado, es considerablemente más pequeña que el almacén. Consideremos que nuestra memoria de trabajo tiene problemas para retener un simple número de teléfono de más de siete dígitos. Cambiemos un poco las imágenes y pensemos que nuestra conciencia es una mesa de lectura de la Biblioteca del Congreso: no importa cuántos libros contenga la biblioteca y que sea capaz de recuperar, pues el tamaño de nuestra mesa impone ciertas limitaciones de procesado. La compresión es esencial para la actuación del trabajo consciente.

Pensemos en una serie de palabras unidas para formar un libro de quinientas páginas. Si las palabras están escogidas al azar, tomadas del diccionario de forma totalmente impredecible, no podremos resumir, transferir ni reducir las dimensiones de ese libro sin perder algo importante de él. En nuestro próximo viaje a Siberia, necesitaremos llevarnos cien mil palabras para transmitir el mensaje exacto de unas cien mil palabras aleatorias. Ahora pensemos en lo contrario: un libro lleno de la siguiente frase repetida una y otra vez: «El presidente de [*póngase aquí el nombre de la empresa en la que trabajemos*] es un tipo con suerte que resultó que estaba en el sitio adecuado en el momento preciso, y que se atribuye el éxito de su empresa, sin hacer concesión alguna a la suerte»; una frase que se repite diez veces por página, a lo largo de 500 páginas. Todo el libro se puede sintetizar con exactitud, como acabo de hacerlo yo, en 37 palabras (de entre 100.000); de este grano podría germinar una reproducción de la frase con total fidelidad. Si encontramos el patrón, la lógica de la serie, ya no tendremos que memorizarlo. Simplemente almacenamos el patrón. Y, como podemos ver aquí, un patrón es obviamente más compacto que la información pura y desnuda. Miramos dentro del libro y encontramos una *regla*. Siguiendo estos principios fue como el probabilista Andrei Nikoláyevich definió el grado de aleatoriedad, lo cual se denomina «complejidad de Kolmogórov».

Nosotros, los miembros de la variedad humana de los primates, estamos ávidos de reglas porque necesitamos reducir la dimensión de las cosas para que nos puedan caber en la cabeza. O, mejor, y lamentablemente, para que las podamos *meter a empujones* en nuestra cabeza. Cuanto más aleatoria es la información, mayor es la dimensionalidad y, por consiguiente, más difícil de resumir. Cuanto más se resume, más orden se pone y menos es lo aleatorio. De aquí que *la misma condición que nos hace simplificar nos empuja a pensar que el mundo es menos aleatorio de lo que realmente es.*

Y el Cisne Negro es lo que excluimos de la simplificación.

Tanto las iniciativas artísticas como científicas son producto de nuestra necesidad de reducir las dimensiones e imponer cierto orden en las cosas. Pensemos en el mundo que nos rodea, lleno de billones de detalles. Si intentemos describirlo nos veremos tentados a entrelazar lo que digamos. Una novela, una historia, un mito, un cuento, todos cumplen la misma función: nos ahorran la complejidad del mundo y nos protegen de su aleatoriedad. Los mitos ponen orden en el desorden de la percepción humana y en lo que se percibe como «caos de la experiencia humana».*

De hecho, muchos trastornos psicológicos graves van acompañados del sentimiento de pérdida de control del propio entorno, de la capacidad de «entenderlo».

Aquí nos afecta una vez más la platonicidad. Resulta interesante que el propio deseo de orden se aplique a los objetivos científicos: lo que sucede es que, a diferencia del arte, el objetivo (declarado) de la ciencia es llegar a la verdad, y no el de proporcionarnos una sensación de organización ni el de hacer que nos sintamos mejor. Tendemos a usar el conocimiento como terapia.

Una mejor forma de morir

Para comprender el poder de la narración, fijémonos en la afirmación siguiente: «El rey murió y la reina murió». Comparémosla con: «El rey murió y, luego, la reina murió de pena». Este ejercicio, que expuso el novelista E. M. Forster, demuestra la distinción entre la mera sucesión de información y una trama. Pero observemos el problema que aquí se plantea: aunque en la segunda afirmación añadimos información, redujimos efectivamente la dimensión del total. La segunda frase es, en cierto sentido, mucho más ligera de llevar y mucho más fácil de recordar; ahora tenemos una sola secuencia de información en lugar de dos. Como la podemos recordar con menos esfuerzo, también la podemos vender a los demás, es decir, comerciar mejor con ella como una idea empaquetada. Ésta es, en pocas palabras, la definición y función de una *narración*.

Para ver cómo la narración puede conducir a un error en la valoración de las probabilidades, hagamos el siguiente experimento. Demos a alguien una historia policíaca bien escrita, por ejemplo, una novela de Agatha

---

* El novelista parisino Georges Perec intentó romper con el relato tradicional y trató de escribir un libro tan grande como el mundo. Quería ofrecer una explicación exhaustiva de lo que ocurría en la Place Saint-Sulpice entre el 18 y el 24 de octubre de 1974. Sin embargo, su exposición no fue tan exhaustiva, y acabó por escribir un relato.

Christie con unos cuantos personajes que nos hacen sospechar, con razón, que son culpables. Ahora preguntemos al sujeto de nuestro experimento por las probabilidades que hay de que cada uno de los personajes sea el culpable. A menos que anote los porcentajes para llevar un recuento exacto, deberían sumar bastante más del 100% (hasta un 200% en una buena novela). Cuanto mejor sea el autor de la novela, mayor será la cantidad de probabilidades.

RECUERDO DE LAS COSAS NO TAN PASADAS

Nuestra tendencia a percibir —a imponer— la *narratividad* y la *causalidad* es síntoma de la misma enfermedad: la reducción de la dimensión. Además, al igual que la causalidad, la narratividad tiene una dimensión cronológica y conduce a la percepción del flujo del tiempo. La causalidad hace que el tiempo avance en un único sentido, y lo mismo hace la narratividad.

Pero la memoria y la flecha del tiempo se pueden mezclar. La narratividad puede afectar muchísimo al recuerdo de los sucesos pasados, y lo hace del modo siguiente: tenderemos a recordar con mayor facilidad aquellos hechos de nuestro pasado que encajen en una narración, mientras que tendemos a olvidar otros que *no parece* que desempeñen un papel causal en esa narración. Imaginemos que recordamos los sucesos en nuestra memoria sabedores de la respuesta de qué ocurrió a continuación. Cuando se resuelve un problema, es literalmente imposible ignorar la información posterior. Esta simple incapacidad de recordar no ya la auténtica secuencia de los sucesos, sino una secuencia reconstruida, hará que, a posteriori, parezca que la historia sea mucho más explicable de lo que en realidad era o es.

El saber popular sostiene que la memoria es como un dispositivo de grabación en serie, como el disquete del ordenador. En realidad, la memoria es dinámica —no estática—, como un periódico en el que, gracias al poder de la información posterior, se registren continuamente nuevos textos (o versiones nuevas del mismo texto). (Con una perspicacia digna de mención, el poeta parisino del siglo XIX Charles Baudelaire comparaba nuestra memoria con un palimpsesto, un tipo de pergamino en el que se pueden borrar textos antiguos y escribir sobre ellos documentos nuevos.)

La memoria se parece más a una máquina de revisión dinámica interesada: recordamos la última vez que recordamos el suceso y, sin darnos cuenta, *en cada recuerdo posterior cambiamos la historia*.

Así pues, empujamos los recuerdos a lo largo de vías causales, revisándolos involuntaria e inconscientemente. No dejamos de renarrar sucesos pasados a la luz de lo que nuestro pensamiento ilumina, haciendo que tenga sentido después de acaecidos esos sucesos.

Mediante un proceso llamado reverberación, un recuerdo se corresponde con el fortalecimiento de las conexiones mentales, lo cual sucede gracias al incremento de la actividad cerebral en un determinado sector del cerebro: cuanta mayor sea la actividad, más nítido será el recuerdo. Puede que pensemos que la memoria es algo fijo, constante y conectado; nada más lejos de la verdad. Lo que se asimile según la información obtenida posteriormente se recordará de forma más vívida. Por otra parte, inventamos algunos de nuestros recuerdos, un tema delicado en los tribunales de justicia, pues se ha demostrado que mucha gente inventa historias de malos tratos en la infancia a fuerza de escuchar teorías.

La narración del loco

Contamos con demasiadas formas posibles de interpretar en nuestro favor los sucesos pasados.

Consideremos la conducta de los paranoicos. He tenido el privilegio de trabajar con colegas que padecen trastornos paranoicos ocultos y que de vez en cuando asoman. Cuando la persona es muy inteligente, nos puede dejar atónitos con las interpretaciones más rocambolescas, aunque completamente verosímiles, de la observación más inocua. Si les digo: «Me temo que...», refiriéndome a un estado indeseable del mundo, es posible que me interpreten literalmente y piensen que tengo miedo de verdad, lo cual origina un episodio de terror en la persona paranoica. Alguien que padezca este trastorno puede obtener el más insignificante de los detalles y elaborar una teoría precisa y coherente sobre por qué existe una conspiración contra él. Y si reunimos, pongamos por caso, a diez paranoicos, todos en el mismo estado de delirio episódico, los diez darán interpretaciones distintas, aunque coherentes, de los sucesos.

Cuando tenía unos siete años, la maestra nos mostró un cuadro que representaba a un grupo de franceses pobretones de la Edad Media reunidos en un banquete organizado por uno de sus benefactores, algún rey benevolente, según recuerdo. Sostenían los cuencos de sopa sobre sus labios. La maestra me preguntó por qué tenían la nariz metida en el cuenco, y yo respondí: «Porque no les enseñaron buenos modales». Y ella respondió: «Mal. La razón es que tienen hambre». Me sentí un estúpido por no haber pensado en ello, pero no podía comprender qué era lo que hacía que una explicación fuera más probable que la otra, ni por qué no estábamos los dos equivocados (en aquella época no había, o había muy poca, vajilla de plata, lo cual parece la explicación más probable).

Más allá de las distorsiones que nos provoca la percepción, hay un problema que tiene su propia lógica. ¿Cómo es posible que alguien, sin contar con pista alguna, sea capaz de tener una serie de puntos de vista perfectamente sensatos y coherentes, que se ajustan a las observaciones y respetan cualquier posible regla de la lógica? Pensemos que dos personas pueden mantener creencias incompatibles basándose exactamente en los mismos datos. ¿Significa esto que existen posibles familias de explicaciones y que cada una de ellas puede ser igualmente perfecta y sensata? Desde luego que no. Puede haber un millón de maneras de explicar las cosas, pero la explicación auténtica es única, esté o no a nuestro alcance.

En una famosa argumentación, el lógico W. V. Quine demostró que existen familias de interpretaciones y teorías lógicamente coherentes que se pueden ajustar a una determinada serie de hechos. Tal idea nos debería advertir de que es posible que la mera ausencia del sinsentido no basta para que algo sea verdad.

El problema de Quine guarda relación con los problemas con que se encontraba al traducir afirmaciones de unas lenguas a otras, ya que puede interpretarse cualquier frase en una infinidad de formas. (Observemos que alguien que hile demasiado fino podría encontrar un aspecto autoeliminatorio en la propia obra de Quine. Me pregunto cómo espera que comprendamos este preciso punto de formas no infinitas.)

Esto no quiere decir que no podamos hablar de las causas: hay formas de escapar de la falacia narrativa. ¿Cómo? Mediante conjeturas y experimentos o, como veremos en la segunda parte, haciendo predicciones que

se puedan comprobar.* Los experimentos de psicología de que hablo aquí
así lo hacen: escogen una población y pasan un test. Sus resultados deberían ser válidos en Tennessee, en China y hasta en Francia.

Narrativa y terapia

Si la narratividad hace que veamos los sucesos pasados como más predecibles, más esperados y menos aleatorios de lo que en realidad eran, entonces deberíamos ser capaces de hacer que nos funcionaran también como
terapia contra alguna de las espinas de lo aleatorio.

Supongamos que un suceso desagradable, como un accidente de tráfico del que nos sintamos indirectamente responsables, nos deja con un persistente mal regusto. Nos tortura la idea de que hemos provocado heridas
a nuestros pasajeros; somos continuamente conscientes de que podíamos
haber evitado el accidente. La mente no deja de simular escenarios alternativos, como ramas de un mismo árbol: si no nos hubiéramos desperta-
do tres minutos después de lo habitual, habríamos evitado el accidente.
No era nuestra intención hacer daño a nuestros pasajeros, sin embargo
nuestra mente no se libra del remordimiento y la culpa. Las personas que
ejercen una profesión de elevado grado de aleatoriedad (como en la Bolsa)
pueden sufrir más de lo debido el efecto tóxico que produce el pensar en
el mal pasado: debería haber vendido antes mi cartera de valores; podría
haber comprado esas acciones por poco dinero hace años, y ahora tendría
mi descapotable color de rosa; etc., etc. Si se es profesional, uno puede sentir que «cometió un error» o, peor, que «se cometieron errores», cuando no
conseguimos hacer para nuestros inversores lo equivalente a comprar el billete de lotería premiado, y sentimos la necesidad de disculparnos por
nuestra imprudente estrategia inversora (es decir, lo que, visto con mirada
retrospectiva, parece imprudente).

¿Cómo nos podemos librar de ese dolor punzante y persistente? No
intentemos evitar pensar en él: lo más probable es que eso resulte contra-

---

* Estas comprobaciones evitan tanto la falacia narrativa como gran parte del sesgo de
la confirmación, ya que quienes las realizan están obligados a tener en cuenta los fracasos
de sus experimentos al igual que sus éxitos.

producente. Una solución más adecuada es hacer que el suceso parezca inevitable. Mira, tenía que pasar, y es inútil atormentarse por ello. ¿Cómo lo podemos hacer? Pues *con una narración*. Los enfermos que dedican quince minutos todos los días a escribir una explicación de sus problemas cotidianos se sienten sin duda mejor frente a lo que les haya ocurrido. Uno se siente menos culpable por no haber evitado determinados sucesos, menos responsable de ellos. Parece como si las cosas estuvieran destinadas a ocurrir.

Como vemos, quien trabaja en una profesión que conlleve grandes dosis de azar es proclive a padecer el agotamiento que produce ese constante pensar en lo que hubiera podido pasar desde la perspectiva de lo que ocurrió después. En estas circunstancias, lo menos que se puede hacer es llevar un diario.

EQUIVOCARSE CON UNA PRECISIÓN INFINITA

Albergamos un agobiante disgusto por lo abstracto.

Cierto día de diciembre de 2003, cuando fue capturado Sadam Husein, Bloomberg News lanzó el siguiente titular a las 13.01: «Suben los bonos del Tesoro de Estados Unidos; es posible que la captura de Husein no frene el terrorismo».

Cada vez que se produce un movimiento en la Bolsa, los medios de información se sienten obligados a dar la «razón». Media hora más tarde, tuvieron que emitir otro titular. Cayó el precio de los bonos del Tesoro (estuvieron fluctuando todo el día, de modo que no era nada extraño), pero Bloomberg News tenía una nueva razón para explicar tal hecho: la captura de Sadam (el mismo Sadam). A las 13.31 lanzaron el siguiente boletín: «Caen los bonos del Tesoro de Estados Unidos; la captura de Husein aumenta el atractivo de los activos de riesgo».

De modo que la misma captura (la causa) explicaba un suceso y su diametralmente opuesto. Es evidente que no puede ser; no se pueden vincular ambos hechos.

¿Es que los periodistas recalan cada mañana en la consulta de la enfermera para que se les administre su inyección diaria de dopamina y así poder narrar mejor? (Obsérvese que la palabra *dope* [droga], empleada para referirse a las drogas ilegales que los deportistas toman para mejorar su rendimiento, tiene la misma raíz que *dopamina*.)

129

Siempre ocurre lo mismo: se propone una causa para que nos traguemos la noticia y hacer las cosas más concretas. Después de la derrota de un candidato en las urnas, se nos dirá la «causa» del descontento de los votantes. Sirve cualquier causa concebible. Sin embargo, los medios de comunicación hacen todo lo posible para que el suceso sea «sólido», con sus ejércitos de comprobadores de noticias. Es como si quisieran estar equivocados con una precisión infinita (en vez de aceptar que están aproximadamente en lo cierto, como el escritor de fábulas).

Observemos que, en ausencia de cualquier otra información sobre una persona a la que acabamos de conocer, tendemos a recurrir a su nacionalidad y sus orígenes como atributos destacados (como hizo conmigo aquel estudioso italiano). ¿Cómo sé que este recurso a los orígenes es falso? Hice mi propia prueba empírica y comprobé cuántos operadores de Bolsa de origen similar al mío y que tuvieron la experiencia de la misma guerra se convirtieron en empiristas escépticos, y de veintiséis no encontré a ninguno. Este punto de la nacionalidad ayuda a construir una gran historia y satisface además nuestra ansia de atribuir causas. Parece que se trata del vertedero al que van a parar todas las explicaciones, hasta que descubrimos una más lógica (por ejemplo, algún argumento evolutivo que «tenga sentido»). En efecto, las personas tienden a engañarse con su autonarración de la «identidad nacional», que en un decisivo artículo escrito por sesenta y cinco autores que apareció en la revista *Science* se demostró que era una completa ficción. (Los «rasgos nacionales» pueden tener importancia en las películas, pueden ayudar mucho en la guerra, pero son ideas platónicas que no tienen validez intelectual; sin embargo, tanto los ingleses como los no ingleses, por ejemplo, creen erróneamente en un «temperamento nacional» inglés.) Desde un punto de vista empírico, parece que el sexo, la clase social y la profesión predicen la conducta de alguien mejor que la nacionalidad (un varón sueco se parece a uno de Togo más que a una mujer sueca; un filósofo peruano se parece a un filósofo escocés más que a un empleado peruano; etc.).

El problema de la causalidad exagerada no está en el periodista, sino en el público. Nadie pagaría un dólar por una serie de estadísticas empíricas que recordaran una aburrida conferencia impartida en la universidad. Queremos que nos cuenten historias, y no hay nada de malo en ello, salvo que deberíamos analizar con mayor detalle si tal historia ofrece distorsiones importantes de la realidad. ¿Acaso la ficción desvela la verdad, mientras que la no ficción es el puerto en que se resguarda el mentiroso? ¿Es posible que las fábulas y las historias se acerquen más a la verdad que ABC News, con sus hechos contrastados sin reservas? Limitémonos a pensar que los periódicos tratan de recoger unos hechos impecables, pero los entretejen en una narración de forma que transmitan esa impresión de causalidad (y conocimiento). Existen los comprobadores de los hechos, pero no los del intelecto. Es una pena.

Pero no hay razón para limitarse a los periodistas. Los académicos de las disciplinas narrativas hacen lo mismo, aunque lo disfrazan con un lenguaje formal (volveremos a ellos en el capítulo 10, cuando hablemos de la predicción). Además de la narrativa y la causalidad, los periodistas y los intelectuales públicos de discurso breve no hacen que el mundo resulte más sencillo. Al contrario, parece que, casi invariablemente, hacen que parezca más complicado de lo que en realidad es. La próxima vez que al lector le pidan que hable sobre los acontecimientos del mundo, le recomiendo que alegue ignorancia y emplee los argumentos que he expuesto en este capítulo y que plantean dudas sobre la visibilidad de la causa inmediata. Le dirán que «analiza de forma exagerada» o que «es demasiado complicado». Todo lo que debe repetir el lector es que no sabe.

La ciencia desapasionada

Ahora bien, si el lector piensa que la ciencia es una materia abstracta y libre de sensacionalismo y de distorsiones, tengo para él noticias aleccionadoras. Los investigadores empíricos han hallado pruebas de que los científicos también son vulnerables a las narraciones, y de que, en vez de dedicarse a asuntos más sustanciales, utilizan títulos y desenlaces «*sexy*» que llaman la atención. Ellos también son humanos y, para atraer la atención, recurren a temas sensacionalistas. La forma de remediar todo esto es mediante los metaanálisis de los estudios científicos, en los que un superinvestigador examina toda la bibliografía, que incluye los artículos menos publicitados, y elabora una síntesis.

Veamos cómo afecta la narrativa a nuestra comprensión del Cisne Negro. La narrativa, así como su mecanismo asociado de la importancia del hecho sensacional, puede confundir nuestra proyección de las probabilidades. Tomemos el siguiente experimento que llevaron a cabo Kahneman y Tversky, a quienes presentamos en el capítulo anterior: los sujetos del experimento eran profesionales de la previsión del tiempo, y se les pidió que imaginaran los siguientes escenarios y que estimaran sus probabilidades:

a) unas inundaciones en algún lugar de América en las que mueren más de mil personas;

b) *un terremoto en California*, que provoca grandes inundaciones y en el que mueren más de mil personas.

Los encuestados calculaban que el primer suceso era *menos* probable que el segundo. Un terremoto en California, sin embargo, es una *causa* perfectamente imaginable, que aumenta mucho la disponibilidad mental —y de ahí la probabilidad estimada— del escenario de la inundación.

Asimismo, si le preguntara al lector cuántos casos de cáncer de pulmón es previsible que se den en el país, me respondería con un número, pongamos por caso medio millón. Ahora bien, si le preguntara cuántos casos de cáncer de pulmón es previsible que se produzcan *a causa* del tabaco, lo más probable es que me diera un número muy superior (quizá más del doble). El hecho de añadir *a causa de* hace que el hecho parezca más verosímil, y mucho más *probable*. El cáncer producido por el tabaco parece más probable que el cáncer sin una causa determinada; una causa indeterminada significa la inexistencia de una causa.

Volvamos al ejemplo de la trama de E. M. Forster que exponíamos al principio de este capítulo, pero observado desde el punto de vista de la probabilidad. ¿Cuál de estas dos afirmaciones parece más probable?

Joey parecía felizmente casado. Asesinó a su esposa.
Joey parecía felizmente casado. Asesinó a su esposa para quedarse con su herencia.

Es evidente que, a primera vista, la segunda afirmación parece más probable, lo cual es un puro error de lógica, ya que la primera, al ser más amplia, puede albergar más causas, por ejemplo que asesinó a su esposa porque se volvió loco, porque ella lo engañaba con el cartero y con el instructor de esquí, o porque entró en un estado de confusión y tomó a su mujer por un asesor económico.

Y esto nos puede llevar a patologías en nuestra toma de decisiones. ¿Cómo? Imaginemos simplemente que, como han demostrado Paul Slovic y sus colaboradores, las personas son más proclives a pagar un seguro contra el terrorismo que un seguro normal (que cubre, entre otras cosas, el terrorismo).

Los Cisnes Negros que imaginamos, de los que hablamos y nos preocupamos no se parecen a los que previsiblemente son Cisnes Negros. Como veremos a continuación, nos preocupamos de los sucesos «improbables» equivocados.

La ceguera del Cisne Negro

La primera pregunta sobre la paradoja de la percepción de los Cisnes Negros es la siguiente: ¿cómo es que *algunos* Cisnes Negros nos resultan rimbombantes en la mente, cuando el tema de este libro es que en general ignoramos a los Cisnes Negros?

La respuesta es que existen dos tipos de sucesos raros: a) los Cisnes Negros *narrados*, aquellos que están presentes en el discurso actual y de los que es muy probable que oigamos hablar en televisión; y b) aquellos de los que nadie habla porque escapan de los modelos, aquellos de los que nos daría vergüenza hablar en público porque no parecen verosímiles. Puedo decir con toda seguridad que es totalmente compatible con la naturaleza humana que se sobreestimen las incidencias de los Cisnes Negros en el primer caso, pero que se infravaloren gravemente en el segundo.

En efecto, quienes juegan a la lotería sobreestiman las probabilidades que tienen de ganar porque visualizan las grandes cantidades de dinero que pueden obtener; en realidad, son tan ciegos a las probabilidades que tratan casi del mismo modo la de una entre mil que la de una entre un millón.

Gran parte de los estudios empíricos coinciden en este patrón de la sobreestima y la infravaloración de los Cisnes Negros. Kahneman y Tversky inicialmente demostraron que las personas reaccionan de forma exagerada ante los resultados de baja probabilidad *cuando se habla del suceso con ellas*, cuando hacemos que sean conscientes del mismo. Si preguntamos: «¿Cuál es la probabilidad de morir en un accidente aéreo?», por ejemplo, las personas aumentan el grado de probabilidad. Sin embargo, Slovic y sus colegas descubrieron, en patrones del mundo de los seguros, que en las pólizas la gente se olvidaba de esos sucesos altamente improbables. Dichos investigadores llaman a este fenómeno «la preferencia por asegurarse contra pequeñas pérdidas probables», a expensas de las menos probables pero de mayor impacto.

Finalmente, despúes de haber buscado durante años tests empíricos que estudiaran nuestro desdén por lo abstracto, encontré en Israel a los investigadores que llevaban a cabo los experimentos que había estado esperando. Greg Barron e Ido Erev aportan pruebas experimentales de que los individuos tienen en menor consideración las probabilidades pequeñas cuando intervienen en experimentos secuenciales en los que *ellos mismos deducen las probabilidades*, es decir, cuando no se les dan de antemano. Si se saca una bola de una caja en la que hay una cantidad muy pequeña de bolas rojas y muchas bolas negras, y no se dispone de ninguna pista sobre tal proporción, lo más probable es que se calcule por lo bajo el número de bolas rojas. Sólo cuando se informa de esa proporción —por ejemplo, diciendo que el 3% de las bolas son rojas— se sobreestima ésta a la hora de apostar.

He estado mucho tiempo preguntándome cómo podemos ser tan miopes y de miras tan cortas y, pese a ello, sobrevivir en un entorno que no pertenece enteramente a Mediocristán. Cierto día, al mirarme la barba gris que hace que aparente diez años más de los que tengo, y pensando en el placer que obtengo de lucirla, me di cuenta de lo que sigue. El respeto que por los mayores se tiene en muchas sociedades pudiera ser un tipo de compensación por nuestra memoria de tan corto plazo. La palabra «senado» viene del latín *senatus*, «persona de edad»; en árabe *sheikh* significa tanto miembro de la élite dirigente como «persona mayor». Los mayores son depositarios de un complicado aprendizaje inductivo que incluye información sobre los sucesos raros. Los mayores nos pueden amedrentar con historias, y ahí reside la razón de que nos angustiemos cuando pensamos en un *determinado* Cisne Negro. Me apasionó descubrir que lo mismo ocurre en el reino animal: en un artículo de la revista *Science* se demostraba que las matriarcas elefantes desempeñan el papel de superconsejeras sobre los sucesos raros.

Aprendemos de la repetición, a expensas de los sucesos que no han ocurrido con anterioridad. Los sucesos que son no repetibles se ignoran antes de que se produzcan, y se sobreestiman después (durante un breve tiempo). Después de un Cisne Negro, como el del 11 de septiembre de 2001, la gente espera que vuelva a ocurrir, cuando, de hecho, las probabilidades de que así sea posiblemente han disminuido. Nos gusta pensar en Cisnes Negros *específicos* y conocidos cuando, en realidad, la propia naturaleza de la aleatoriedad está en la abstracción. Como digo en el prólogo, es la definición equivocada de un dios.

El economista Hyman Minsky considera que los ciclos de riesgo que se producen en la economía siguen un patrón: la estabilidad y la ausencia de crisis estimulan la asunción de riesgos, la complacencia y el adormecimiento de la conciencia respecto a la posibilidad de que surjan problemas. Luego llega una crisis, cuyo resultado es que la gente queda traumatizada y teme invertir sus recursos. Por sorprendente que parezca, tanto Minsky y su escuela, llamada poskeynesiana, como sus oponentes, los economistas libertarios «austríacos», hacen el mismo análisis, con la excepción de que el primer grupo recomienda la intervención del Estado para resolver el ciclo, mientras que el segundo cree que no deberíamos confiar en que los funcionarios se ocupen de estas cuestiones. Parece que estas dos escuelas de pensamiento defienden objetivos opuestos; sin embargo, ambas subrayan la incertidumbre fundamental y permanecen al margen de los departamentos económicos habituales (aunque tienen muchos seguidores en el mundo no académico y de los negocios). No hay duda de que ese énfasis en la incertidumbre fundamental molesta a los platonificadores.

Todos los tests de probabilidad de que he hablado en este apartado son importantes; demuestran que nos engaña la rareza de los Cisnes Negros, pero no el papel que desempeñan en el total, su *impacto*. En un estudio preliminar, el psicólogo Dan Goldstein y yo mismo proponíamos a alumnos de la London Business School ejemplos sacados de dos dominios, Mediocristán y Extremistán. Seleccionamos la altura, el peso y los éxitos de

Internet por cada sitio web. Los sujetos del experimento eran capaces de adivinar el papel de los sucesos raros en los entornos estilo Mediocristán. Pero les fallaba la intuición cuando se trataba de variables ajenas a Mediocristán, lo cual demuestra que en realidad no disponemos de la destreza de juzgar intuitivamente el impacto de lo improbable, por ejemplo la contribución de un superventas en las ventas totales de un libro. En uno de los experimentos, infravaloraron en treinta y tres veces el *efecto* de un suceso raro.

Veamos a continuación cómo nos afecta esta falta de comprensión de los asuntos abstractos.

La fuerza de lo sensacional

No hay duda de que la información estadística abstracta no nos influye tanto como la anécdota, por sofisticada que sea la persona. Pondré algunos ejemplos.

El pequeño italiano. A finales de la década de 1970, un niño se cayó a un pozo en Italia. El equipo de rescate no conseguía sacarlo del agujero, y el niño permanecía en el fondo del pozo, llorando desconsolado. A toda Italia le preocupaba su suerte, lo cual era muy comprensible; el país entero estaba pendiente de las noticias que iban llegando. El llanto del niño producía un dolor agudo y un sentimiento de culpa en los impotentes rescatadores y periodistas. La imagen del niño ocupaba la primera página de periódicos y revistas, y apenas se podía caminar por el centro de Milán sin que a uno le recordaran la difícil situación del pequeño.

Entretanto, la guerra civil de Líbano se recrudecía, con algún breve paréntesis en el conflicto. En medio de tanta confusión, a los libaneses les preocupaba también la suerte de aquel niño. El niño *italiano*. A diez kilómetros de distancia, la gente moría a causa de la guerra, los ciudadanos sufrían la amenaza de los coches bomba, pero el destino del pequeño italiano ocupaba los primeros puestos en las preocupaciones de la población del barrio cristiano de Beirut: «Mira qué mono es», me decían. Y toda la ciudad respiró cuando al fin rescataron al niño.

Como se supone que dijo Stalin (que algo sabía sobre la mortalidad): «Una muerte es una tragedia; un millón de muertes, una estadística». La estadística permanece callada en nuestro interior.

El terrorismo mata, pero el mayor asesino sigue siendo el entorno, responsable de cerca de 13 millones de muertes cada año. Ahora bien, el terrorismo provoca ira, la cual hace que sobreestimemos la probabilidad de un posible ataque terrorista, y que reaccionemos con mayor violencia cuando se produce. Sentimos el aguijón del daño producido por el hombre más que el que causa la naturaleza.

Central Park. Estamos en un avión y nos dirigimos a Nueva York, donde vamos a pasar un fin de semana largo (y dándole a la bebida). Al lado tenemos a un corredor de seguros que, como buen vendedor, no puede dejar de hablar. Para él, *no hablar* es la actividad que le supone un esfuerzo. Nos dice que su primo (con quien va a celebrar las vacaciones) trabajaba en un bufete de abogados con alguien (el hermano gemelo del socio de su cuñado) a quien asaltaron y asesinaron en Central Park. Sí, el Central Park de la gloriosa ciudad de Nueva York. Ocurrió en 1989, si no recuerda mal (ahora estamos en 2007). La pobre víctima sólo tenía treinta y ocho años, esposa y tres hijos, uno de los cuales sufría una enfermedad de nacimiento y requería de cuidados especiales en el Cornell Medical Center. Tres hijos, uno de los cuales necesitaba atención especial, perdieron a su padre por aquella insensata visita a Central Park.

Bien, lo más probable es que evitemos Central Park durante nuestra estancia en la ciudad. Sabemos que podemos informarnos sobre las estadísticas de delitos en la Red o en cualquier folleto, y no en las anécdotas de un vendedor que sufre incontinencia verbal. Pero no lo podemos evitar. Por un momento, el nombre de Central Park nos llevará a la mente la imagen de aquel pobre hombre tirado sobre la hierba contaminada, algo que no se merecía. Para librarnos de esa duda, necesitaremos mucha información estadística.

Montar en moto. Asimismo, es probable que la muerte de un familiar en accidente de moto influya en nuestra actitud hacia las motos, mucho más que volúmenes enteros de análisis estadísticos. Podemos buscar estadísticas en la Red sin esfuerzo alguno, pero no nos vienen a la mente de forma fácil. Imaginemos que voy con mi Vespa por la ciudad, ya que nadie de mi entorno más próximo ha sufrido recientemente ningún accidente (aunque, por lógica, soy consciente de este problema, soy incapaz de obrar en consecuencia).

Ahora bien, no estoy en desacuerdo con quienes recomiendan el uso de una narración para atraer la atención. Puede que nuestra conciencia esté vinculada a nuestra capacidad de inventarnos alguna forma de historia sobre nosotros mismos. Sin embargo, la narración puede ser letal cuando se emplea en lugares equivocados.

LOS ATAJOS

Voy a ir ahora más allá de la narrativa para hablar de los atributos más generales del pensamiento y el razonamiento que se esconden detrás de nuestra agobiante superficialidad. Una reputada tradición investigadora ha catalogado y estudiado estos defectos, tradición que representa la escuela llamada Society of Judgement and Decision Making (la única sociedad académica y profesional de la que soy miembro, y con mucho orgullo; sus reuniones son las únicas en las que no se me sobrecargan los hombros ni sufro ataques de cólera). Está asociada a la escuela de investigación que iniciaron Daniel Kahneman, Amos Tversky y sus amigos, como Robyn Dawes y Paul Slovic. Sus miembros son sobre todo psicólogos empíricos y científicos cognitivos, cuya metodología se ciñe estrictamente a dos objetivos: realizar experimentos controlados y precisos (al estilo de la física) sobre los seres humanos, y elaborar catálogos de cómo reaccionan las personas, con una teorización mínima. Estos investigadores buscan las regularidades. Observemos que los psicólogos empíricos emplean la curva de campana para calcular los errores de sus métodos de comprobación pero, como veremos más técnicamente en el capítulo 15, ésta es una de las raras aplicaciones adecuadas de la curva de campana a la ciencia social, debido a la naturaleza de los experimentos. Hemos visto este tipo de experimentos en este mismo capítulo, cuando hablamos de las inundaciones en California, y en el capítulo 5, con la identificación del sesgo de la confirmación. Esos investigadores han trazado el mapa de nuestras actividades en (básicamente) un modo dual de pensamiento, que dividen en «sistema 1» y «sistema 2», o sistemas *experiencial* y *cogitativo*. La distinción es sencilla.

El *sistema 1*, el experiencial, no requiere esfuerzo, es automático, rápido, opaco (no sabemos que lo estamos utilizando), procesado en paralelo, y puede prestarse a errores. Es lo que llamamos «intuición», y en él se realizan esos rápidos actos de destreza conocidos con el nombre de *blink* (parpadeo), por el título del famoso libro de Malcolm Gladwell.* El sistema 1 es altamente emocional, precisamente porque es rápido. Produce atajos, llamados «heurística», que nos permiten funcionar con rapidez y eficacia. Dan Goldstein llama «rápida y frugal» a esta heurística. Otros prefieren llamarla «rápida y sucia». La verdad es que estos atajos son sin duda útiles, pues son rápidos, pero a veces nos pueden llevar a algunos errores graves. Esta idea capital generó toda una escuela de estudios llamada el enfoque *heurístico y sesgado* (la heurística se refiere al estudio de los atajos; los sesgos, a los errores).

El *sistema 2*, el cognitivo, es lo que normalmente llamamos *pensamiento*. Es el que usamos en el aula, ya que requiere esfuerzo (incluso a los franceses); es razonado, lento, lógico, en serie, progresivo y autoconsciente (podemos seguir los pasos de nuestro razonamiento). Comete menos errores que el sistema experiencial y, dado que sabemos cómo llegamos a nuestro resultado, podemos retroceder en nuestros pasos y corregirlos para ajustarlos a las circunstancias.

La mayor parte de los errores que cometemos en el razonamiento proceden del uso del sistema 1, porque pensamos que estamos empleando el sistema 2. ¿Cómo? Puesto que reaccionamos sin pensar y sin emplear la introspección, la principal propiedad del sistema 1 es nuestra falta de conciencia de que lo estamos usando.

Recordemos nuestro error de ida y vuelta, nuestra tendencia a confundir la «no prueba de Cisnes Negros» con la «prueba de no Cisnes Negros»; esto demuestra cómo funciona el sistema 1. Tenemos que realizar un es-

* *Inteligencia intuitiva: ¿por qué sabemos la verdad en dos segundos?*, Barcelona, Círculo de Lectores, 2006. *(N. del t.)*

fuerzo (sistema 2) para invalidar nuestra primera reacción. Es evidente que la madre naturaleza hace que usemos el rápido sistema 1 para salir del atolladero; por eso no nos paramos a pensar si un tigre de verdad nos va a atacar o si se trata de un ilusión óptica. Echamos a correr de inmediato, antes de ser «conscientes» de la presencia del tigre.

Se supone que las emociones son el arma del sistema 1 para dirigirnos y obligarnos a actuar rápidamente. Logra evitar el riesgo de forma mucho más efectiva que nuestro sistema cognitivo. De hecho, los neurobiólogos que han estudiado el sistema emocional demuestran que éste a menudo reacciona ante la presencia del peligro mucho antes de que seamos plenamente conscientes de él: sentimos miedo y reaccionamos unas milésimas de segundo antes de darnos cuenta de que estamos ante una serpiente.

Muchos de los problemas de la naturaleza humana residen en nuestra incapacidad para usar gran parte del sistema 2, o para usarlo de forma prolongada sin tener que tomarnos unas largas vacaciones en la playa. Además, ocurre que con frecuencia nos olvidamos de usarlo.

Cuidado con el cerebro

Los neurobiólogos, por su parte, hacen una distinción similar a la del sistema 1 y el sistema 2, con la salvedad de que ellos trabajan con líneas anatómicas. Su distinción diferencia entre las partes del cerebro: la parte *cortical*, que se supone que empleamos para pensar y que nos distingue de otros animales, y el cerebro *límbico* de reacción rápida, que es el centro de los sentimientos y que compartimos con otros mamíferos.

Como empirista escéptico que soy, no deseo ser el pavo, así que no quiero centrarme únicamente en los órganos específicos del cerebro, ya que no observamos muy bien las funciones del cerebro. Algunas personas tratan de identificar los llamados correlatos neurales de, por ejemplo, la toma de decisiones o, más técnicamente, los «sustratos» neurales de, por ejemplo, la memoria. Puede que el cerebro sea una maquinaria más complicada de lo que pensamos; su anatomía nos ha engañado repetidamente en el pasado. Sin embargo, podemos evaluar las regularidades mediante experimentos precisos y exhaustivos sobre cómo reaccionan las personas en determinadas circunstancias, y llevar la cuenta de lo que veamos.

Como ejemplo que justifica el escepticismo sobre la dependencia incondicional de la neurobiología, y que reivindica las ideas de la escuela empírica de medicina a la que pertenecía Sexto, pensemos en la inteligencia de las aves. He leído repetidamente en diversos textos que los animales elaboran su «pensamiento» en el córtex, y que las criaturas que tienen mayor córtex son también más inteligentes: los seres humanos tenemos el mayor córtex, seguidos de los ejecutivos de la banca, los delfines y nuestros primos los monos. Pues bien, resulta que algunos pájaros, como por ejemplo los loros, tienen un elevado grado de inteligencia, equivalente al de los delfines; pero la inteligencia de las aves está relacionada con el tamaño de otra parte del cerebro llamada hiperestriato. De modo que la neurobiología, con su atributo de «ciencia dura», a veces (aunque no siempre) nos puede confundir y llevarnos a una afirmación platonificada y reduccionista. Me asombra que los «empiristas», escépticos como son sobre los vínculos entre la anatomía y la función, tengan tal perspicacia; no es de extrañar que su escuela desempeñara un papel muy pequeño en la historia intelectual. Como empirista escéptico, prefiero los experimentos de la psicología empírica a las resonancias magnéticas de los neurobiólogos, aun en el caso de que los primeros le parezcan al público menos «científicos».

Cómo evitar la falacia narrativa

Para concluir, diré que nuestra falsa interpretación del Cisne Negro se puede atribuir en gran medida a que usamos el sistema 1, es decir, las narraciones y lo sensacional —así como lo emocional—, el cual nos impone un mapa equivocado de la probabilidad de los sucesos. Sobre la base del día a día, no somos lo bastante introspectivos para darnos cuenta de que comprendemos lo que pasa un poco menos de lo que garantizaría una observación desapasionada de nuestras experiencias. También tendemos a olvidar la idea del Cisne Negro inmediatamente después de que se produzca uno —ya que son demasiado abstractos para nosotros— y, por el contrario, nos centramos en los sucesos precisos y vívidos que nos llegan a la mente con facilidad. Nos preocupan los Cisnes Negros, desde luego, pero sólo los equivocados.

Me permitirá el lector que en este punto vuelva a Mediocristán. En Mediocristán, parece que las narraciones funcionan: el pasado es proclive a ceder a nuestra inquisición. Pero no ocurre lo mismo en Extremistán, donde no contamos con la repetición, y donde necesitamos mantener la sospecha sobre el artero pasado y evitar la narración fácil y evidente.

Dado que he vivido en gran medida privado de información, a menudo me ha parecido que habito en un planeta distinto del de mis iguales, lo cual a veces puede ser extremadamente doloroso. Es como si ellos tuvieran un virus que controla sus cerebros y que les impide ver cómo avanzan las cosas: el Cisne Negro se halla cerca.

La forma de evitar los males de la falacia narrativa es favorecer la experimentación sobre la narración, la experiencia sobre la historia y el conocimiento clínico sobre las teorías. Es evidente que un periódico no puede realizar un experimento, pero puede escoger una noticia u otra —hay muchos estudios empíricos que presentar y que pueden ser interpretados—, como yo hago en este libro. Ser empírico no significa dirigir un laboratorio en el sótano de tu casa: se trata simplemente de una mentalidad que favorece una determinada clase de conocimientos sobre otros. Yo no me prohíbo utilizar la palabra *causa*, pero las causas de que hablo aquí son bien especulaciones osadas (y expuestas como tales), bien el resultado de experimentos, no historias.

Otro enfoque sería predecir y llevar la cuenta de las predicciones.

Por último, es posible que haya una forma de usar la narración, pero con buenos fines. Del mismo modo que sólo un diamante puede cortar otro diamante, podemos emplear nuestra capacidad de convencer con una historia que transmita el mensaje correcto, que es lo que al parecer hacen los cuentacuentos.

Hasta aquí hemos hablado de dos mecanismos internos que se ocultan detrás de nuestra ceguera ante los Cisnes Negros, el sesgo de la confirmación y la falacia narrativa. En los capítulos siguientes nos fijaremos en un mecanismo externo: un defecto en la forma en que recibimos e interpretamos los sucesos registrados, y en la forma que actuamos sobre ellos.

Capítulo 7
VIVIR EN LA ANTECÁMARA
DE LA ESPERANZA

Cómo evitar las fuentes de agua refrigerada - Seleccionemos a nuestro cuñado - El libro favorito de Yevguenia - Lo que los desiertos pueden y no pueden proporcionar - De cómo evitar la esperanza - El desierto de los tártaros - Las virtudes del movimiento lento

Supongamos que, al igual que Yevguenia, nuestras actividades dependen de una sorpresa de Cisne Negro, es decir, somos un pavo a la inversa. Las actividades intelectuales, científicas y artísticas pertenecen a la provincia de Extremistán, donde existe una extrema concentración de éxito, y un número muy pequeño de ganadores que reclaman una gran parte del bote. Parece que esto se aplica a todas las actividades profesionales que considero no aburridas e «interesantes» (estoy buscando aún un contraejemplo, una actividad no aburrida que pertenezca a Mediocristán).

Al reconocer el papel que desempeña esta concentración del éxito, y actuar en consecuencia, somos castigados dos veces: vivimos en una sociedad donde el mecanismo de recompensa se basa en la ilusión de lo regular; pero nuestro sistema de recompensa hormonal también necesita resultados tangibles y sistemáticos. Cree además que el mundo es sistemático y que actúa bien, es decir, se traga el error de la confirmación. El mundo ha cambiado demasiado deprisa para nuestra constitución genética. Estamos alienados de nuestro entorno.

LA CRUELDAD DE LOS IGUALES

Sales cada mañana de tu diminuto apartamento en el East Village de Manhattan para dirigirte a tu laboratorio de la Universidad Rockefeller, en East Sixties. Cuando regresas a casa por la noche, las personas que componen tu red social te preguntan si has tenido un buen día, porque quieren ser corteses. En el laboratorio, la gente tiene más tacto: naturalmente que no has tenido un buen día; no has descubierto nada. No te dedicas a reparar relojes. El hecho de *no descubrir nada* es algo muy valioso, ya que forma parte del proceso del descubrimiento: bueno, ya sabes dónde *no* hay que buscar. Otros investigadores, sabedores de tus resultados, no intentarán reproducir tu importante experimento, salvo que haya una revista lo bastante sensata para pensar que ese «no descubrir nada» constituye una información y merece ser publicado.

Tu cuñado, por otro lado, es vendedor en una empresa de Wall Street, y no para de acumular buenas comisiones; comisiones cuantiosas y constantes. «Trabaja muy bien», oyes que dicen, sobre todo tu suegro, con un rápido y pensativo nanosegundo de silencio después de haberlo dicho, lo cual te hace ver que tu suegro estaba haciendo una comparación. Fue involuntaria, pero la hizo.

Las vacaciones pueden ser terribles. Te encuentras con tu cuñado en las reuniones familiares e, invariablemente, detectas signos inconfundibles de frustración en tu esposa, quien, por un momento, antes de recordar la lógica de tu profesión, piensa que se ha casado con un perdedor. Pero tiene que frenar su primer impulso. Su hermana no dejará de hablar sobre las reformas que ha hecho, sobre el nuevo papel pintado. Tu mujer estará más callada de lo habitual al volver a casa. Ese malhumor empeorará ligeramente porque el coche que conduces es alquilado, ya que no puedes pagar una plaza de aparcamiento en Manhattan. ¿Qué deberías hacer? ¿Mudarte a Australia y así disminuir la frecuencia de las reuniones familiares, o cambiar de cuñados casándote con alguien cuyo hermano tenga menos «éxito»?

¿O sería mejor que te vistieras de *hippie* y adoptaras una actitud desafiante? Quizá funcionara en el caso de un artista, pero no sería tan fácil en un científico o un hombre de negocios. Estás atrapado.

Trabajas en un proyecto que no produce resultados inmediatos ni sistemáticos; en cambio, la gente de tu alrededor trabaja en cosas de las que sí obtienen resultados. Tienes problemas. Éste es el sino de los científicos, los artistas y los investigadores que viven perdidos en la sociedad, en vez de hacerlo en una comunidad aislada o en una colonia de artistas.

Los resultados positivos desiguales, de los que obtenemos mucho o prácticamente nada, son los que prevalecen en muchas ocupaciones, especialmente en aquellas que tienen un sentido de misión, como la de buscar obstinadamente (en un laboratorio maloliente) la escurridiza cura del cáncer, la de escribir un libro que cambiará la idea que la gente tiene del mundo (mientras viven al día), la de componer música o la de pintar iconos en miniatura en los vagones del metro y considerarlo una forma superior de arte, pese a las diatribas del anticuado «erudito» Harold Bloom.

Si eres investigador, tendrás que publicar artículos intrascendentes en publicaciones «de prestigio», para que los demás te saluden de vez en cuando al encontrártelos en seminarios y conferencias.

Si diriges una empresa pública, seguro que antes de que aparecieran los accionistas te iba perfectamente, cuando tú y tus socios erais los únicos dueños, junto con unos espabilados inversores capitalistas que comprendían la irregularidad de los resultados y la naturaleza inestable de la vida económica. Pero ahora tienes a un torpe analista de seguridad de treinta años que trabaja para una empresa del centro de Manhattan «juzgando» tus resultados y sacándoles demasiada punta. Le gustan las recompensas continuas, y lo último que tú puedes proporcionar son tales recompensas.

Muchas personas realizan sus trabajos con la impresión de que hacen algo bien, aunque es posible que no demuestren resultados sólidos durante mucho tiempo. Tienen que posponer continuamente la gratificación, para sobrevivir a una sistemática dieta de crueldad impuesta por sus colegas, y no desmoralizarse por ello. A sus primos les parecen idiotas, como se lo parecen a sus compañeros, de ahí que tengan que mantener el coraje. No cuentan con confirmación alguna, ninguna validación, ningún alumno que les adule, ningún premio Nobel. «¿Cómo te ha ido el año?» Esta pregunta les produce un leve pero contenible espasmo de dolor en lo más profundo de su ser, ya que todos sus años le parecerán un desperdicio a quien contemple su vida desde fuera. Pero luego, ¡bang!, llega ese suceso informe que conlleva la gran confirmación. O es posible que nunca llegue.

Créame el lector, resulta duro afrontar las consecuencias sociales de un fracaso continuo. Somos animales sociales; el infierno son los demás.

Cuando lo relevante es lo sensacional

Nuestras intuiciones no están diseñadas para que se ajusten a lo no lineal. Imaginemos nuestra vida en un entorno primitivo donde el proceso y el resultado estén estrechamente conectados. Tenemos sed: beber nos proporciona la satisfacción adecuada. O incluso en un entorno no tan primitivo, por ejemplo si nos dedicáramos a construir un puente o una casa de piedra, un mayor trabajo conducirá a mayores resultados evidentes, de modo que nuestro humor se sostiene sobre la base de una retroalimentación visible y continua.

En un entorno primitivo, lo relevante *es* lo sensacional. Esto se aplica a nuestro conocimiento. Cuando intentamos recoger información sobre el mundo que nos rodea, suele ser la biología la que nos dirige, y nuestra atención fluye sin esfuerzo hacia lo sensacional, no tanto a lo relevante como a lo sensacional. De un modo u otro, el sistema de orientación se ha equivocado en el proceso de nuestra coevolución con nuestro hábitat: fue trasplantado a un mundo en el que lo relevante suele ser aburrido, no sensacional.

Además, pensamos que si, pongamos por caso, dos variables están unidas por un vínculo causal, entonces un *input* sistemático en una de ellas *siempre* debería producir un resultado en la otra. Nuestro aparato emocional está diseñado para la causalidad lineal. Por ejemplo, si estudiamos todos los días, confiamos en aprender algo proporcional a nuestros estudios. Si nos parece que no vamos a ningún sitio, nuestras emociones harán que nos sintamos desmoralizados. Pero la realidad moderna raramente nos concede el privilegio de una progresión positiva, lineal y satisfactoria: podemos pensar en un problema durante un año y no descubrir nada; luego, a menos que la ausencia de resultados nos descorazone y abandonemos, se nos ocurre algo, como un destello.

Los investigadores han dedicado bastante tiempo a esta idea de la gratificación; la neurología nos ha explicado muchas cosas acerca de la tensión que existe entre la idea de una recompensa inmediata y otra pospuesta. ¿Preferimos un masaje hoy o dos la semana que viene? Pues bien, la novedad está en que la parte lógica de nuestra mente, la «superior», que nos distingue de los animales, puede anular nuestro instinto animal, que busca la recompensa inmediata. Así que, después de todo, somos un tanto mejores que los animales, aunque quizá no mucho. Y no siempre.

Las no linealidades

La situación puede hacerse un poco más trágica: el mundo es más no lineal de lo que pensamos, y de lo que a los científicos les gustaría pensar.

Con las linealidades, las relaciones entre las variables son claras, nítidas y constantes y, por consiguiente, platónicamente fáciles de captar en una sola frase, por ejemplo: «A un aumento del 10% del dinero en el banco corresponde un 10% de incremento en los ingresos por intereses, y un 5% de incremento en la obsequiosidad de nuestro banquero personal». Si uno tiene más dinero en el banco, recibe mayores intereses. Las relaciones no lineales pueden variar; tal vez la mejor manera de describirlas es decir que no se pueden expresar verbalmente de forma que les haga justicia. Tomemos el caso de la relación entre el placer y el beber agua. Si nos encontramos en un estado de sed extrema, una botella de agua aumenta significativamente nuestro bienestar. Más agua significa más placer. Pero ¿y si nos dieran una cisterna de agua? Está claro que inmediatamente nuestro bienestar se hace insensible a la aportación de mayores cantidades de agua. De hecho, si nos dieran a elegir entre una botella y una cisterna, optaríamos por la botella, de modo que nuestro goce *disminuye* a medida que aumentan las cantidades.

Estas relaciones no lineales son muy frecuentes en la vida. Las lineales son la excepción; sólo nos centramos en ellas en las aulas y los libros de texto porque son más fáciles de entender. Ayer por la tarde intenté observarme detenidamente para catalogar todo aquello que fuera lineal a lo largo del día. No pude encontrar nada, al igual que quien fuera a la caza de cuadrados o triángulos y buscara en la selva tropical, o, como veremos en la tercera parte, no más que quien busque la aleatoriedad de la curva de campana y crea poder encontrarla en los fenómenos socioeconómicos.

Uno juega al tenis todos los días sin mejorar un ápice, y luego, de repente, empieza a ganarle al instructor.

Nada indica que nuestro hijo tenga problemas de aprendizaje, pero parece que no quiere hablar. La maestra nos presiona para que empecemos a considerar «otras opciones», concretamente la terapia. Discutimos con ella en vano (se supone que es la «especialista»). Luego, de súbito, el niño empieza a componer frases complejas, quizá demasiado complejas para su edad. Repito que la progresión lineal, una idea platónica, no es la norma.

Proceso sobre los resultados

Somos partidarios de lo sensacional y lo extremadamente visible. Esto afecta a cómo juzgamos a los héroes. En nuestra conciencia existe poco espacio para los héroes que no producen unos resultados visibles, o para aquellos que se centran en el proceso más que en los resultados.

Sin embargo, quienes proclaman que valoran el proceso más que el resultado no dicen toda la verdad, suponiendo, claro está, que sean miembros del género humano. A veces escuchamos esa mentira a medias de que los escritores no escriben para obtener gloria, que los artistas crean por amor al arte, porque el trabajo es «su propia recompensa». Es verdad, este tipo de actividades pueden generar un flujo constante de autosatisfacción. Pero ello no significa que los artistas no ansíen cierta forma de atención, ni que no les iría mejor si contaran con algo de publicidad; tampoco significa que los escritores no se levanten pronto el sábado para comprobar si *The New York Times Book Review* habla de su obra, aunque sea una probabilidad muy remota, ni que no revisen constantemente su buzón por si llega la tan esperada respuesta del *New Yorker*. Hasta un filósofo de la talla de Hume se pasaba varias semanas enfermo en la cama después de que algún crítico corto de miras —que, como él sabía, se equivocaba y no había entendido nada— despreciara su obra maestra (la cual fue después conocida como su versión del problema del Cisne Negro).

Lo que más duele es ver a uno de tus colegas, a quien desprecias, dirigirse a Estocolmo para recibir el Nobel.

La mayoría de las personas que van en pos de objetivos que yo denomino «concentrados» pasan la mayor parte del tiempo esperando el gran día, que (normalmente) nunca llega.

Es verdad que todo esto aleja a nuestra mente de las nimiedades de la vida: el capuchino que está demasiado caliente o demasiado frío, el camarero que va demasiado lento o se pasa de indiscreto, la comida que está muy o poco picante, la cara habitación del hotel que no se parece en nada a la que aparecía en la foto; todas estas consideraciones desaparecen porque tenemos el pensamiento en otras mejores y de mayor relevancia. Pero ello no significa que la persona aislada de los objetivos materialistas sea inmune a otros dolores, por ejemplo, aquellos que proceden de la falta de respeto. A menudo estos cazadores de Cisnes Negros se sienten avergonzados, o algo hace que se sientan así, por no cooperar. «Has traicionado a quienes habían puesto en ti muchas esperanzas», se les dice, lo cual aumenta su sentimiento de culpa. El problema de las compensaciones irregulares no está tanto en la falta de ingresos que conllevan como en el puesto que se ocupa en la jerarquía, en la pérdida de dignidad, en las sutiles humillaciones junto al refrigerador de agua.

Tengo la esperanza de que algún día la ciencia y quienes toman las decisiones redescubran lo que los antiguos siempre supieron, concretamente que la moneda de mayor valor es el respeto.

Incluso desde el punto de vista económico, los cazadores individuales de Cisnes Negros no son los que se hacen ricos. El investigador Thomas Astebro ha demostrado que las compensaciones por inventos individuales (contemos también con el cementerio) son mucho menores que las del capital de riesgo. Para que los emprendedores funcionen es preciso que tengan cierta ceguera ante las probabilidades o una obsesión por sus propios Cisnes Negros positivos. El capitalista de riesgo es quien se lleva el dinero. El economista William Baumol llama a esto «un toque de locura». No hay duda de que tal dinámica se podría aplicar a todo negocio concentrado: si nos fijamos en los antecedentes empíricos, no sólo vemos que a los capitalistas de riesgo les va mejor que a los emprendedores, sino que a los editores les va mejor que a los escritores, a los representantes mejor que a sus artistas, y que a la ciencia le va mejor que a los científicos (alrededor del 50% de los artículos científicos y académicos, que implican meses, y hasta años, de esfuerzo, nunca se leen de verdad). A la persona implicada en este tipo de juegos se le paga con una moneda que no es el éxito material: la esperanza.

La naturaleza humana, la felicidad
y las recompensas desiguales

Permítame el lector que extraiga la idea principal que oculta lo que los investigadores llaman felicidad hedonista.

Ganar un millón de dólares en un año, pero nada en los nueve años anteriores, no produce el mismo placer que tener el total distribuido en partes iguales a lo largo del mismo período, es decir, cien mil dólares al año durante diez años consecutivos. Lo mismo cabe decir del orden inverso: forrarse el primer año, y no obtener nada en lo que queda de ese período. En cierto modo, nuestro sistema de placer se saturaría muy deprisa, y no conllevaría el equilibrio hedonista como lo hace una devolución en la declaración de la renta. De hecho, nuestra felicidad depende mucho más del número de casos de sentimientos positivos, es decir, de lo que los psicólogos llaman «afecto positivo», que de su intensidad. En otras palabras, una buena noticia es, ante todo, una buena noticia; *cuán* buena sea importa relativamente poco. De modo que para tener una vida placentera deberíamos extender estos pequeños «afectos» a lo largo del tiempo de la forma más uniforme posible. Tener muchas noticias medianamente buenas es preferible a una única noticia fantástica.

Lamentablemente, puede ser incluso peor ganar diez millones para luego perder nueve que no ganar nada. Es verdad que nos queda un millón (frente a nada), pero pudiera ser mejor que no hubiésemos ganado ni cinco. (Todo esto supone, claro está, que nos preocupan las recompensas económicas.)

Así pues, desde el punto de vista de una contabilidad definida estrictamente, que aquí podría llamar «cálculo hedonista», no compensa proponerse obtener grandes ganancias. La madre naturaleza nos concibió para que gocemos del flujo constante de recompensas pequeñas pero frecuentes. Como decía antes, las recompensas no tienen que ser grandes, sólo frecuentes: un poco de aquí, un poco de allá. Pensemos que nuestra principal satisfacción durante miles de años nos llegaba en forma de comida y agua (y alguna otra cosa más íntima), y aunque necesitemos todo esto constantemente, nos hartamos de ello muy deprisa.

El problema, evidentemente, es que no vivimos en un entorno donde los resultados se produzcan de forma constante: los Cisnes Negros dominan gran parte de la historia humana. Es una pena que la estrategia correcta para nuestro entorno actual posiblemente no ofrezca recompensas *internas* ni una retroalimentación positiva.

La misma propiedad pero al revés se aplica a nuestra felicidad: es mejor sufrir todo el dolor en un período breve que padecerlo a lo largo de un período mayor.

Sin embargo, algunas personas creen que es posible superar la asimetría de las penas y las alegrías, escapar del déficit hedonista, mantenerse al margen del juego y además vivir con esperanza. Como veremos a continuación, hay algunas noticias buenas.

La antecámara de la esperanza

Según Yevguenia Krasnova, a algunas personas les puede encantar un libro, aunque son sólo unos pocos, en el mejor de los casos (más allá de esto sería una forma de promiscuidad). Quienes hablan de los libros como si de mercancías se tratara no son realistas, del mismo modo que quienes coleccionan personas conocidas tienen amistades superficiales. Esa novela que nos gusta se parece a un amigo. La leemos y la volvemos a leer, y la vamos conociendo mejor. Al igual que a un amigo, la aceptamos tal como es; no la juzgamos. En cierta ocasión le preguntaron a Montaigne «por qué» había sido amigo del escritor Etienne de la Boétie, el tipo de pregunta que la gente te hace en los cócteles como si supieras la respuesta, o como si hubiera una respuesta que saber. Montaigne contestó con su característico estilo: «*Parce que c'était lui, parce que c'était moi*» (porque él era él y yo era yo). De modo parecido, Yevguenia sostiene que a ella le gusta ese libro determinado «porque él es él y yo soy yo». Un día, Yevguenia dejó plantado a un maestro porque analizaba aquel libro, con lo que violaba la norma de Yevguenia. Uno no se sienta sin más a escuchar a la gente cómo desmenuza análisis sobre sus amigos. Yevguenia fue una alumna muy testaruda.

El libro que Yevguenia tiene como amigo es *Il deserto dei tartari*, de Dino Buzzati, una novela que en su infancia era muy conocida en Italia y Francia, pero que, por extraño que parezca, ninguno de los conocidos estadounidenses de Yevguenia conoce. En inglés se tradujo con un título erróneo: *The Tartar Steppe* (»La estepa tártara», en vez de «El desierto de los tártaros»).

Yevguenia descubrió *Il deserto* cuando contaba trece años, en la residencia de fin de semana que sus padres tenían en un pequeño pueblo situado a doscientos kilómetros de París, donde los libros rusos y franceses se multiplicaban sin las limitaciones de su abarrotado apartamento parisino. Yevguenia se aburría tanto en el campo que ni siquiera era capaz de leer. Sin embargo, una tarde, abrió el libro y quedó absorta.

Ebrio de esperanza

Giovanni Drogo es un hombre que promete. Acaba de salir de la academia militar como joven oficial, y se encuentra en el inicio de una vida activa. Pero las cosas no van como había previsto: su primer destino, donde deberá permanecer cuatro años, es un remoto puesto fronterizo, la fortaleza Bastiani, que protege el país de la posible invasión de los tártaros desde el desierto, un puesto no muy deseable. La fortaleza se encuentra a unos días a caballo de la ciudad; alrededor se extiende un amplio yermo; nada hay del ambiente social que un joven de su edad podría esperar. Drogo cree que aquel destino es temporal, una forma de pagar lo que le corresponde antes de que se le presenten puestos más atractivos. Más adelante, cuando regrese a la ciudad, con su uniforme planchado e impecable y su complexión atlética, pocas señoritas podrán resistírsele.

¿Qué va a hacer Drogo en ese agujero? Al fin atisba una vía de escape, una forma de que lo trasladen dentro de cuatro meses, y decide usar tal vía.

Sin embargo, en el último segundo, mira el desierto desde la ventana del consultorio médico y decide prolongar su estancia. Hay algo en los muros de la fortaleza y del silencioso paisaje que lo atrapa. El atractivo del fuerte y la espera de los atacantes, la gran batalla con los feroces tártaros, se convierten en su única razón de vivir. En el fuerte están siempre expectantes. Los demás hombres pasan el tiempo mirando el horizonte y esperando el ataque enemigo. Están tan concentrados que rara vez detectan el pequeño animal perdido que se vislumbra en el horizonte del desierto, y acaban confundiéndolo con el enemigo que acude a atacarles.

Y así, Drogo pasa el resto de su vida prolongando su estancia, retrasando el inicio de su vida en la ciudad: treinta y cinco años de pura esperanza, agarrado a la idea de que un día, desde aquellas remotas colinas que ningún ser humano ha cruzado, al final aparecerá el enemigo y lo ayudará a estar a la altura de las circunstancias.

Al final de la novela, Drogo muere en una taberna situada al borde de un camino, justo en el instante en que se produce el suceso que había estado esperando toda su vida. Se lo ha perdido.

La dulce trampa de la expectativa

Yevguenia leyó *Il deserto* muchas veces; incluso llegó a aprender italiano (y quizá por eso se casó con un italiano) para poder leerlo en versión original. Pero nunca pudo volver a leer el doloroso final.

He presentado el Cisne Negro como una rareza, el suceso importante que no se espera que ocurra. Pero pensemos que es lo contrario: el suceso inesperado que *deseamos desesperadamente que ocurra*. Drogo está obsesionado y cegado por la posibilidad de un suceso improbable; esta rara ocurrencia es su razón de ser. A sus trece años, cuando dio con el libro, poco se imaginaba Yevguenia que iba a dedicar toda su vida a representar el papel de Giovanni Drogo en la antecámara de la esperanza, aguardando el gran suceso, sacrificándose por él, y rechazando los pasos intermedios, los premios de consolación.

No le importaba la dulce trampa de la expectativa: para ella se trataba de una vida que merecía vivirse con la sencillez catártica de un único objetivo. En efecto, hay que tener «cuidado con lo que se desea»: es posible que hubiera sido más feliz antes del Cisne Negro de su éxito que después.

Uno de los atributos del Cisne Negro es la asimetría de las consecuencias, sean positivas o negativas. Para Drogo, las consecuencias fueron treinta y cinco años dedicados a aguardar, en la antecámara de la esperanza, unas cuantas horas de gloria distribuidas al azar, pero acabó perdiéndoselas.

Cuando necesitamos la fortaleza Bastiani

Observemos que en la red social que rodeaba a Drogo no había ningún cuñado. Tenía la suerte de contar con varios compañeros en su misión. Era miembro de una comunidad enclavada a las puertas del desierto, en la que todos tenían la mirada puesta en el horizonte. Drogo tenía la ventaja de la asociación con sus iguales y la ausencia de contacto social con personas ajenas a la comunidad. Los seres humanos somos animales locales, interesados en nuestra vecindad inmediata, aunque algunos nos consideren unos completos idiotas. Estos *homo sapiens* son abstractos y remotos, y no nos preocupan, porque no corremos con ellos hacia el ascensor ni establecemos con ellos contacto visual. Algunas veces nuestra superficialidad puede actuar en nuestro favor.

Tal vez parezca trivial decir que tenemos necesidad de los demás en muchos aspectos, pero sin duda los necesitamos más de lo que nos damos cuenta, particularmente por razones de dignidad y respeto. En efecto, existen pocos ejemplos históricos de personas que hayan logrado algo extraordinario sin esa validación de sus iguales, pero tenemos la libertad de escogerlos. Si nos fijamos en la historia de las ideas, vemos escuelas de pensamiento que de vez en cuando forman y producen una obra fuera de lo común e impopular entre quienes no pertenecen a la escuela. Oímos hablar de los estoicos, los escépticos académicos, los cínicos, los escépticos pirronianos, los esenos, de los surrealistas, los dadaístas, los anarquistas, los *hippies*, los fundamentalistas... Una escuela hace posible que alguien con ideas inusuales y que tengan la remota posibilidad de una compensación encuentre compañía y cree un microcosmos aislado de los demás. Los miembros del grupo pueden vivir juntos en un estado de ostracismo, lo cual siempre es mejor que hacerlo solo.

Si participamos en una actividad dependiente de un Cisne Negro, es mejor que formemos parte de un grupo.

EL DESIERTO DE LOS TÁRTAROS

Yevguenia se reunió con Nero Tulip en el vestíbulo del hotel Danieli de Venecia. Nero era un operador de Bolsa que vivía entre Londres y Nueva York. En aquella época, los operadores de Londres iban a Venecia los viernes al mediodía durante la estación baja, con el único propósito de hablar con otros operadores (de Londres).

Yevguenia y Nero mantenían una conversación distendida cuando ella se dio cuenta de que su marido los observaba con gesto incómodo desde la barra del bar, mientras trataba de seguir las contundentes afirmaciones de uno de sus amigos de la infancia. Yevguenia comprendió que iba a descubrir algo más sobre Nero.

Se vieron de nuevo en Nueva York, primero en secreto. Su marido, como profesor de filosofía que era, disponía de mucho tiempo, así que se puso a revisar los planes diarios de su mujer y empezó a no separarse de ella. Cuanto más lo hacía, más ahogada se sentía Yevguenia, lo cual, a su vez, hacía que él se le pegara aún más. Ella lo dejó plantado, llamó a su abogado, que por entonces esperaba noticias suyas, y empezó a reunirse con Nero sin tanto disimulo.

Nero caminaba con dificultad, pues se estaba recuperando de un accidente de helicóptero; después de episodios de éxito se pone demasiado arrogante y empieza a correr riesgos físicos mal calculados, aunque en lo económico sigue mostrándose ultraconservador, incluso paranoico. Había pasado varias semanas inmóvil en un hospital de Londres; sin apenas poder leer o escribir, intentaba resistir la tentación de ver la televisión, hacía bromas con las enfermeras y esperaba a que sus huesos sanaran. Ahora puede dibujar el techo de esa habitación, con sus catorce grietas, de memoria, así como el decrépito edificio blanco del otro lado de la calle con sus sesenta y tres ventanas acristaladas, todas ellas necesitadas de una limpieza profesional.

Nero decía que sólo se sentía cómodo en Italia cuando bebía. Yevguenia le regaló una copia de *Il deserto*, pero Nero no leía novelas —«Lo divertido de las novelas es escribirlas, no leerlas», proclamaba—, así que dejó el libro en la mesita de noche una temporada.

En cierto sentido, Nero y Yevguenia eran como el día y la noche. Ella se acostaba al alba, después de haber pasado la noche trabajando en sus manuscritos. Nero se levantaba al amanecer, como la mayoría de los operadores de Bolsa, incluso los fines de semana. Luego trabajaba una hora en su obra magna, *Tratado de la probabilidad*, y después de esa hora diaria no la volvía a tocar, jamás. Llevaba una década escribiéndola, y sólo sentía prisa por terminarla cuando su vida corría algún peligro. Yevguenia fumaba; Nero se preocupaba por su salud, y pasaba al menos una hora al día en el gimnasio o en la piscina. Yevguenia salía con intelectuales y bohemios. Nero solía buscar la compañía de avispados operadores y hombres de negocios que nunca habían estado en la universidad y hablaban con un agudo y agobiante acento de Brooklyn. Yevguenia nunca llegó a entender cómo un clásico y políglota como Nero podía relacionarse con personas de ese tipo. Y lo peor era que ella sentía ese desdén manifiesto por el dinero propio de la Quinta República francesa, a menos que lo ocultara tras una fachada intelectual o cultural, y apenas podía soportar a aquellos tipos de Brooklyn con dedos delgados y velludos y cuentas corrientes enormes. Los amigos post-Brooklyn de Nero, por su parte, tenían a Yevguenia por una altanera. (Uno de los efectos de la prosperidad ha sido una emigración sistemática de personas avispadas desde Brooklyn a Staten Island y Nueva Jersey.)

Nero también era elitista, insoportablemente elitista, pero de modo diferente. Distinguía entre quienes saben *unir los puntos*, nacidos en Brooklyn o no, y quienes no saben hacerlo, cualesquiera que fueran su grado de sofisticación y nivel de estudios.

Al cabo de pocos meses, después de que terminara con Yevguenia (con un alivio desmesurado), abrió *Il deserto* y quedó fascinado. Yevguenia tenía el presentimiento de que, como le ocurrió a ella, Nero se identificaría con Giovanni Drogo, el protagonista de *Il deserto*. Y así fue.

Nero compró decenas de la (mala) traducción inglesa del libro y lo fue regalando a cualquiera que se mostrara mínimamente educado con él, incluido su portero de Nueva York, que apenas hablaba inglés, y no digamos leerlo. Se entusiasmaba tanto al contar la historia de la novela que el portero mostró interés, y Nero tuvo que pedir para él la traducción española, *El desierto de los tártaros*.

Sangrar o estallar

Podemos dividir el mundo en dos categorías. Algunas personas son como el pavo —están expuestas a una gran explosión sin saberlo—, mientras que otras desempeñan el papel del pavo al revés: están preparadas para unos grandes sucesos que a los demás podrían sorprenderles. En algunas estrategias y situaciones de la vida, uno se juega varios dólares para ganar una sucesión de centavos mientras aparenta que no deja de ganar. En otras, uno arriesga una sucesión de centavos para llegar a ganar dólares. En otras palabras, uno apuesta a que se producirá el Cisne Negro y el otro a que nunca aparecerá, dos estrategias que requieren mentalidades completamente distintas.

Hemos visto que los seres humanos tenemos una destacada preferencia por obtener unos ingresos modestos de una sola vez. Recordemos del capítulo 4 que, en el verano de 1982, los grandes bancos estadounidenses perdieron casi todo lo que habían ganado, e incluso más.

De modo que algunos asuntos que pertenecen a Extremistán son extremadamente peligrosos, pero no lo parecen de antemano, ya que ocultan y posponen sus riesgos; de ahí que los imbéciles piensen que están «seguros». Sin duda es característico de Extremistán parecer menos arriesgado, a corto plazo, de lo que realmente es.

A los negocios expuestos a estas explosiones Nero los llamaba negocios dudosos, sobre todo porque desconfiaba de cualquier método que tratase de computar las probabilidades de un estallido. En el capítulo 4 decíamos que el período de rendición de cuentas en el que se evalúan los resultados de las empresas es demasiado corto para poder revelar si se va o no por buen camino. Y debido a la superficialidad de nuestras intuiciones, formulamos nuestras declaraciones de riesgo demasiado deprisa.

Voy a exponer brevemente la idea de Nero. Su premisa era la siguiente trivialidad: algunas apuestas comerciales en las que se gana mucho pero con poca frecuencia, y se pierde poco pero muy a menudo, merecen ser puestas en práctica si los demás se muestran incapaces de hacer lo mismo y *si uno tiene resistencia personal e intelectual*. Pero es preciso tener tal resistencia. En esa estrategia, también es necesario tratar con las personas y aguantar todo tipo de insultos, muchos de ellos descarados. Las personas suelen aceptar que una estrategia económica con una pequeña probabilidad de éxito no es necesariamente mala, siempre y cuando el éxito sea lo bastante grande para justificarla. Sin embargo, por muchas razones psicológicas, nos resulta difícil poner en práctica esa estrategia, simplemente porque exige una combinación de fe, aguante para esperar que llegue la recompensa y la disposición a recibir el escupitajo de los clientes sin parpadear. Y quienes, por la razón que sea, pierden dinero, empiezan a mirar como perros culpables, provocando con ello más desdén en su compañeros.

Para enfrentarse a este escenario de posible estallido disfrazado de destreza, Nero se entregó a un estrategia que denominó «sangrado». Uno pierde de forma sistemática, todos los días, y durante mucho tiempo, pero cuando se produce cierto suceso, somos recompensados demasiado bien. Por otro lado, ningún suceso único puede hacer que estallemos: algunos cambios en el mundo pueden producir unos beneficios muy grandes que compensan aquel sangrado de años, a veces de décadas, incluso de siglos.

De toda la gente que conocía, Nero era la persona genéticamente menos idónea para aplicar tal estrategia. El desacuerdo entre su cerebro y su cuerpo era tal que se encontraba en un permanente estado de guerra. El problema estaba en su cuerpo, que acumulaba la fatiga física derivada del efecto neurobiológico de la exposición a las pequeñas pérdidas continuas, al estilo de la tortura china del gota a gota. Nero descubrió que las pérdidas llegaban a su cerebro emocional, sorteando sus estructuras corticales superiores y, poco a poco, afectando a su hipocampo y debilitando su memoria. El hipocampo es la estructura que se supone controla la memoria. Es la parte más plástica del cerebro; también es la parte que al parecer absorbe todo el daño de los insultos repetidos, como el estrés crónico que experimentamos a diario a causa de pequeñas dosis de sentimientos negativos, frente al vigorizante «estrés bueno» de ese tigre que llevamos dentro y que de vez en cuando asoma en el salón comedor. Podemos racionalizar todo lo que queramos pero el hipocampo siempre se toma en serio el insulto del estrés crónico, lo cual se traduce en una atrofia irreversible. En contra de lo que suele creerse, estos pequeños elementos estresantes y aparentemente inocuos no nos fortalecen; pueden amputarnos parte de nuestro yo.

Lo que envenenaba la vida de Nero era la exposición a un elevado nivel de información. Sólo podía resistir el dolor si veía el balance semanal de los rendimientos, en vez de las actualizaciones a cada minuto. Emocionalmente le iba mejor con su propia cartera de valores que con la de los clientes, ya que no estaba obligado a controlar la suya de forma continua.

Si bien su sistema neurobiológico era víctima del sesgo de la confirmación, reaccionando ante el corto plazo y lo visible, Nero sabía engañar a su cerebro para evitar el efecto despiadado de éste, centrándose únicamente en el largo plazo. Se negaba a mirar ningún informe sobre su trayectoria que abarcara menos de diez años. Nero llegó a la mayoría de edad, desde el punto de vista intelectual, con la crisis bursátil de 1987, en la que cosechó enormes beneficios sobre el escaso patrimonio que controlaba. Ese episodio iba a hacer de su trayectoria, tomada en su conjunto, todo un valor. En cerca de veinte años como operador de Bolsa, Nero sólo tuvo cuatro años buenos. Para él, uno era más que suficiente. Todo lo que necesitaba era un buen año por siglo.

Los inversores no le suponían ningún problema: necesitaban su trabajo como elemento de seguridad, y le pagaban bien. Le bastaba con mostrar un ligero grado de desprecio hacia quienes deseaba quitarse de encima, lo cual no le suponía demasiado esfuerzo. Un esfuerzo que no era artificioso: Nero no tenía en muy buen concepto a sus clientes y dejaba que su lenguaje corporal se expresara libremente, sin por ello dejar de mantener siempre un elevado grado de cortesía un tanto pasada de moda. Después de una larga sucesión de pérdidas, se aseguraba de que no pensaran que pedía disculpas; ocurría, paradójicamente, que de esa forma le brindaban aún más apoyo. Los seres humanos se creen cualquier cosa que se les diga, siempre que uno no muestre ni la menor sombra de falta de seguridad en sí mismo; al igual que los animales, saben detectar la más diminuta fisura en esa seguridad antes de que uno la manifieste. El truco consiste en ser lo más desenvuelto posible en los asuntos personales. Si uno se muestra educado y simpático hasta el exceso, es mucho más fácil dar signos de confianza en sí mismo; se puede controlar a las personas sin tener que ofender su sensibilidad. Como pronto comprendió Nero, el problema con los hombres de negocios es que si te comportas como un perdedor acabarán tratándote como tal: tú mismo pones la vara de medir. No existe una medida absoluta buena o mala. Lo importante no es lo que se le dice a la gente, sino cómo se le dice.

Pero, delante de los demás, uno debe mantener la apariencia de que se le subestima y mostrar una tranquilidad altiva.

Cuando trabajaba de operador de Bolsa para un banco de inversión, Nero tuvo que vérselas con el típico impreso de evaluación del empleado. Se presumía que ese impreso seguía la trayectoria del «rendimiento», supuestamente como prueba contra los empleados que amainaban en su actividad. Nero pensaba que la evaluación era absurda, porque en lugar de juzgar la calidad del rendimiento del operador, lo alentaba a jugar con el sistema y buscar beneficios a corto plazo, a expensas de posibles estallidos; como hacen los bancos que conceden préstamos alocados que tienen una muy baja probabilidad de que les estallen en las manos, porque el empleado encargado de concederlos sólo piensa en su próxima evaluación trimestral. De ahí que cierto día, en los inicios de su profesión, Nero se sentara a escuchar muy tranquilamente la evaluación que le hacía su «supervisor». Cuando éste le pasó el informe de dicha evaluación, Nero la rompió en mil pedazos ante sus propias narices. Lo hizo muy despacio, acentuando el contraste entre la naturaleza del acto y la tranquilidad con que rasgaba el informe. El jefe lo contemplaba pálido de miedo, con los ojos desorbitados. Nero se centró en su reacción, lenta y sin dramatismo alguno, eufórico por la sensación de mantenerse fiel a sus creencias y por la estética de su puesta en práctica. La combinación de la elegancia con la dignidad era estimulante. Sabía que le iban a despedir o a dejarle hacer. Le dejaron hacer.

Capítulo 8

LA SUERTE A TODA PRUEBA DE GIACOMO CASANOVA: EL PROBLEMA DE LAS PRUEBAS SILENCIOSAS

El problema de Diágoras - De cómo los Cisnes Negros se abren camino fuera de los libros de historia - Métodos que ayudan a no ahogarse - Los ahogados normalmente no votan - Todos deberíamos ser corredores de Bolsa - ¿Los testigos silenciosos cuentan? - La estrella de Casanova - Nueva York es «invencible»

Otra falacia en nuestra forma de entender los acontecimientos es la de las pruebas silenciosas. La historia nos oculta tanto a los Cisnes Negros como su capacidad para generarlos.

LA HISTORIA DE LOS FIELES AHOGADOS

Hace más de dos mil años, el orador, literato, pensador, estoico, manipulador político y (normalmente) caballero virtuoso romano Marco Tulio Cicerón exponía la historia siguiente. A un tal Diágoras, que no creía en los dioses, le mostraron unas tablillas pintadas en que se representaba a unos fieles que estaban orando y que, luego, sobrevivían a un naufragio. De tal representación se deducía que la oración protege de morir ahogado. Diágoras preguntó: «¿Dónde están las imágenes de quienes oraron y luego se ahogaron?».

Los fieles ahogados, al estar muertos, hubieran tenido muchos problemas para advertir de sus experiencias desde el fondo del mar. Esto puede confundir al observador superficial y llevarle a creer en los milagros.

A este fenómeno lo llamamos el problema de las pruebas silenciosas. La idea es sencilla, pero universal y de mucha fuerza. La mayoría de los pensadores intentan poner en evidencia a quienes los *precedieron*, mientras que Cicerón pone en evidencia a casi todos los pensadores empíricos que lo *siguieron*.

Más tarde, tanto mi héroe de héroes, el ensayista Michel de Montaigne, como el empírico Francis Bacon, trataron el tema en sus obras, y lo aplicaron a la formación de las falsas creencias. «Y tal es el camino de toda superstición, sea en la astrología, los sueños, los agüeros, los juicios divinos o similares», escribía Bacon en su *Novum Organum*. El problema, evidentemente, es que estas observaciones, a menos que se nos metan en la cabeza de forma sistemática, o se integren en nuestra forma de pensar, se olvidan con rapidez.

Las pruebas silenciosas están presentes en todo lo relacionado con el concepto de *historia*. Por historia no entiendo únicamente esos libros eruditos pero aburridos que figuran en el apartado de historia (con pinturas del Renacimiento en las cubiertas para atraer al comprador). La historia, repito, es *cualquier sucesión de acontecimientos* vistos con el efecto de la *posteridad*.

Esta parcialidad se extiende a la adscripción de factores determinantes en el éxito de las ideas y las religiones, a la ilusión de la destreza en muchas profesiones, al éxito en las ocupaciones artísticas, al debate de naturaleza frente a crianza o educación, a errores en el uso de pruebas ante los tribunales, a las ilusiones sobre la «lógica» de la historia y, naturalmente, de forma mucho más grave, a nuestra percepción de la naturaleza de los sucesos extremos.

Estamos en un aula escuchando a alguien engreído, circunspecto y pesado, con su chaqueta de *tweed* (camisa blanca, corbata de lunares), que lleva dos horas pontificando sobre las teorías de la historia. El aburrimiento nos paraliza de tal modo que no sabemos de qué demonios está hablando, pero oímos el nombre de figuras importantes: Hegel, Fichte, Marx, Proudhon, Platón, Heródoto, Ibn Jaldún, Toynbee, Spengler, Michelet, Carr, Bloch, Fukuyama, el dichoso Fukuyama, Trukuyama. Parece profundo e informado, y se asegura de que en ningún momento olvidemos que habla desde un punto de vista «posmarxista», «posdialéctico» o postalgo, signifique esto lo que signifique. Luego nos damos cuenta de que gran parte de lo que dice se asienta sobre una simple ilusión óptica. Pero esto no marcará diferencia alguna: está tan versado en lo que dice que, si pusiéramos en entredicho su método, su reacción sería la de bombardearnos aún con más nombres.

Resulta muy fácil evitar mirar al cementerio mientras se urden teorías históricas. Pero este problema no afecta sólo a la historia. Es un problema que afecta a nuestra forma de construir muestras y reunir pruebas *en todos los dominios*. A esta distorsión la llamaremos sesgo, es decir, la diferencia entre lo que se ve y lo que hay. Por *sesgo* entiendo el error sistemático que de forma coherente muestra un efecto más positivo, o negativo, del fenómeno, como la báscula que indefectiblemente nos pone unos gramos de más o de menos, o como la cámara de vídeo que nos añade varias tallas. Este sesgo se descubrió durante el siglo pasado en todas las disciplinas, muchas veces para pasar a olvidarlo de inmediato (como la idea de Cicerón). Así como los fieles ahogados no escriben la historia de sus experiencias (para ello es mejor estar vivo), lo mismo ocurre con los perdedores en la historia, sean personas o ideas. Es de notar que los historiadores y eruditos en el campo de las humanidades que tienen que entender las pruebas silenciosas en la mayoría de los casos no disponen de un nombre para ellas (y lo he buscado con ahínco). Por lo que a los periodistas se refiere, más vale que lo olvidemos. Son productores industriales de distorsión.

El término «sesgo» también indica la naturaleza potencialmente cuantificable de la condición: es posible que podamos calcular la distorsión y corregirla, teniendo en cuenta para ello tanto a los muertos como a los vivos, en vez de sólo a estos últimos.

Las pruebas silenciosas son lo que los sucesos emplean para ocultar su propia aleatoriedad, en especial la del estilo Cisne Negro.

Sir Francis Bacon es un tipo interesante y atractivo en muchos sentidos.

Escondía un carácter bien arraigado, escéptico, no académico, antidogmático y obsesivamente empírico que, para alguien que sea escéptico, no académico, antidogmático y obsesivamente empírico, como este autor, es una cualidad casi imposible de encontrar en el mundo del pensamiento. (Cualquiera puede ser escéptico, cualquier científico puede ser exageradamente empírico; lo difícil de encontrar es el rigor que resulta de la combinación del escepticismo con el empirismo.) El problema es que el empirismo de Bacon pretende que confirmemos, y no lo opuesto; de ahí que planteara el problema de la confirmación, esa repulsiva corroboración que genera al Cisne Negro.

EL CEMENTERIO DE LAS LETRAS

Se nos recuerda a menudo que los fenicios no produjeron ninguna obra literaria, aunque se supone que fueron ellos quienes inventaron el alfabeto. Los comentaristas hablan de su filisteísmo basándose en la ausencia de documentos escritos, y afirman que, ya fuera por raza o por cultura, estaban más interesados en el comercio que en las artes. En consecuencia, la invención fenicia del alfabeto se debió al más bajo propósito de dejar constancia de las transacciones comerciales, y no a la noble meta de la producción literaria. (Recuerdo que en las estanterías de una casa de campo que alquilé en cierta ocasión, encontré un libro de historia, obra de Will y Ariel Durant, en el que se decía que los fenicios eran una «raza de mercaderes». Estuve tentado de echarlo al fuego.) Bueno, pues ahora parece que los fenicios escribieron bastante, pero en un tipo de papiro perecedero que no resistió el efecto biodegradable del tiempo. Muchos de sus manuscritos se perdieron antes de que copistas y escritores se pasaran al pergamino en los siglos II o III. Los que no se copiaron en esa época, simplemente desaparecieron.

El olvido de las pruebas silenciosas es endémico en la forma en que estudiamos el talento comparativo, particularmente en las actividades que están plagadas de atributos del estilo «el ganador se lo lleva todo». Es posible que gocemos de lo que vemos, pero no tiene sentido leer demasiado sobre historias de éxito, porque no vemos la imagen en su totalidad.

Recordemos el efecto del «ganador se lo lleva todo» expuesto en el capítulo 3: existe una gran cantidad de personas que se denominan escritores pero que trabajan (sólo «temporalmente») en las relucientes cafeteras de Starbucks. La desigualdad en este campo es mayor que en, digamos, la medicina, pues raramente vemos a médicos sirviendo hamburguesas. De ahí que pueda inferir en gran medida el rendimiento de toda la población de esta última profesión a partir de cualquier muestra que se me presente. Lo mismo ocurre con los fontaneros, los taxistas, las prostitutas y quienes se dedican a profesiones exentas de efectos estelares. Vayamos más allá del debate sobre Extremistán y Mediocristán del capítulo 3. La dinámica de la superestrella se basa en que lo que llamamos «patrimonio literario» o «tesoros literarios» es una proporción diminuta de lo que se ha producido de forma acumulativa. Éste es el primer punto. De ahí se puede inferir inmediatamente cómo invalida la identificación del talento: supongamos que atribuimos el éxito del novelista del siglo XIX Honoré de Balzac al grado superior de su «realismo», su «perspicacia», su «sensibilidad», su «tratamiento de los personajes», su «capacidad para mantener absorto al lector», etc. Se puede considerar que estas cualidades son «superiores» y que conducen a un rendimiento superior *si, y sólo si*, quienes carecen de lo que llamamos talento también carecen de estas cualidades. Pero ¿y si hubiera cientos de obras maestras similares que resulta que han desaparecido? Siguiendo mi lógica, si en efecto hay muchos manuscritos desaparecidos con atributos semejantes, entonces, lamento decirlo, nuestro ídolo Balzac no fue más que el beneficiario de una suerte desproporcionada en comparación con la de sus iguales. Además, al favorecerle, es posible que cometamos una injusticia con otros.

Lo que quiero decir, y lo repito, no es que Balzac careciera de talento, sino que su talento es menos *exclusivo* de lo que pensamos. Consideremos simplemente los miles de escritores hoy esfumados de la conciencia: su registro no entra en los análisis. No vemos las toneladas de originales rechazados porque esos autores nunca fueron publicados. Solo *The New Yorker* rechaza cerca de cien originales al día, de modo que podemos imaginar el número de genios de los que nunca oiremos hablar. En un país como Francia, donde son muchos los que escriben pero, lamentablemente, menos los que leen, los editores literarios respetables aceptan uno de cada diez mil originales que reciben de autores noveles. Pensemos en el número de actores que nunca han pasado una audición, pero que lo hubieran hecho muy bien de haber tenido ese golpe de suerte.

La próxima vez que el lector visite a un francés acomodado, probablemente se fijará en los pesados libros de la colección *Bibliothèque de la Pléiade*, cuyo propietario nunca, casi nunca, va a leer, en gran medida por su incómodo tamaño y peso. Ser miembro de la Pléiade significa serlo del canon literario. Sus libros son caros, y tienen ese distintivo olor del finísimo papel biblia, que comprime el equivalente a quinientas páginas en un libro de bolsillo de los que se encuentran en los centros comerciales. Se supone que contribuyen a maximizar el número de obras maestras por cada metro cuadrado parisino. El editor Gallimard ha sido extremadamente selectivo en su elección de autores para la Pléiade: sólo unos pocos autores han ingresado en ella en vida, como el esteta y aventurero André Malraux. Ahí están Dickens, Dostoyevski, Hugo, Stendhal, junto a Mallarmé, Sartre, Camus y… Balzac. Pero si uno sigue las propias ideas de Balzac, que analizaré a continuación, convendrá en que no hay una justificación definitiva para tal corpus oficial.

Balzac esbozó todo el tema de las pruebas silenciosas en su novela *Las ilusiones perdidas*. Lucien de Rubempré (alias de Lucien Chardon), el mísero genio provinciano, «sube» a París para iniciar una carrera literaria. Se nos dice que tiene talento, aunque en realidad es la clase semiaristocrática de Angulema quien le dice que posee talento. Pero es difícil averiguar si su talento reside en su apostura o en la calidad literaria de sus obras, o incluso si tal calidad literaria es visible o, como parece que se pregunta Balzac, si tiene algo de auténtico. El éxito se presenta con cinismo, como producto de artimañas, de la promoción o el afortunado surgimiento del interés por razones completamente externas a las propias obras. Lucien descubre la existencia del inmenso cementerio en el que habitan los que Balzac denomina «ruiseñores».

Le dijeron a Lucien que los libreros llamaban «ruiseñores» a aquellas obras que permanecían en los estantes, en las solitarias profundidades de sus tiendas.

Balzac nos expone el lamentable estado de la literatura de la época, cuando el manuscrito de Lucien es rechazado por un editor que nunca lo leyó; más adelante, cuando Lucien cuenta ya con cierta reputación, el mismo manuscrito es aceptado por otro editor que tampoco lo ha leído. La obra en sí era algo secundario.

En otro ejemplo de pruebas silenciosas, los personajes de *Las ilusiones perdidas* no paran de lamentar que las cosas ya no sean como *antes*, dando a entender que la imparcialidad literaria imperaba en tiempos pasados, como si antes no existiera ese cementerio. No saben reconocer los ruiseñores entre las obras de los antiguos. Señalemos que, hace casi dos siglos, las personas tenían una opinión idealizada de su propio pasado, del mismo modo que tenemos una opinión idealizada de lo que hoy es pasado.

Ya he mencionado antes que para entender los éxitos y analizar qué los *causó*, debemos estudiar los rasgos presentes en los fracasos. A continuación voy a ocuparme de una versión más general de este tema.

Cómo hacerse millonario en diez pasos

Muchos estudios sobre millonarios destinados a entender las destrezas que se requieren para convertirse en una celebridad siguen la metodología que expongo a continuación. Toman una población de personajes, gente de grandes títulos y fantásticas ocupaciones, y estudian sus cualidades. Se fijan en lo que tienen en común esos peces gordos: coraje, saber correr riesgos, optimismo, etc.; y de ahí deducen que tales rasgos, sobre todo el de correr riesgos, ayudan a alcanzar el éxito. Probablemente nos llevaríamos la misma impresión con la lectura de autobiografías, escritas por el correspondiente negro, de jefes ejecutivos de grandes empresas, o si asistiéramos a sus presentaciones ante aduladores alumnos de másteres en dirección de empresas.

Ahora echemos una mirada al cementerio. Resulta difícil hacerlo, porque no parece que las personas que fracasan escriban sus memorias y, si lo hicieran, los editores que conozco no tendrían ni el detalle de devolverles la llamada (o de responder a un correo electrónico). Los lectores no pagarían 26,95 dólares por la historia de un fracaso, aunque los convenciéramos de que contiene muchos más trucos útiles que una historia de éxito.*
La propia idea de biografía se asienta en la adscripción arbitraria de una relación causal entre unos rasgos especificados y los consiguientes sucesos. Ahora consideremos el cementerio. La tumba de los fracasados estará llena de personas que compartieron los siguientes rasgos: coraje, saber correr riesgos, optimismo, etc.; justo los mismos rasgos que identifican a la población de millonarios. Puede haber algunas diferencias en las destrezas, pero lo que realmente separa a unos de otros es, en su mayor parte, un único factor: la suerte. Pura suerte.

* El mejor libro de economía que conozco, uno de esos que no caen en la charlatanería, es *What I Learned Losing a Million Dollars*, de D. Paul y B. Moynihan. Los autores tuvieron que pagar la edición de su bolsillo.

No es preciso ser un gran empirista para entenderlo: basta con un sencillo experimento del pensamiento. La industria de gestión de fondos sostiene que algunas personas son extremadamente hábiles, ya que año tras año superan los índices medios de la Bolsa. Identificarán a esas personas como «genios» y nos convencerán de sus destrezas. Mi sistema se basa en formar grupos de inversores escogidos puramente al azar y, mediante una simple simulación por ordenador, demostrar que sería imposible que estos genios no fueran producto *de la suerte*. Todos los años se despide a los perdedores, y sólo quedan los ganadores, con lo que al final se acaba con ganadores sistemáticos a largo plazo. Puesto que no observamos el cementerio de los inversores fracasados, pensaremos que las cosas son así, y que algunos operadores son considerablemente mejores que otros. Naturalmente, nos darán enseguida una explicación del éxito de los afortunados supervivientes: «Come queso de soja», «Se queda a trabajar hasta las tantas; el otro día la llamé al despacho a las diez de la noche y…». O, por supuesto: «Es perezoso por naturaleza. Las personas con este tipo de pereza saben ver las cosas con más claridad». Mediante el mecanismo del determinismo retrospectivo encontraremos la «causa»; de hecho, necesitamos ver la causa. A estas simulaciones de grupos hipotéticos, a menudo hechas por ordenador, las llamo instrumento de la epistemología computacional. Los experimentos de pensamiento también se pueden realizar en el ordenador. Basta con simular un mundo alternativo, completamente aleatorio, y verificar que se parece a aquel en el que vivimos. No conseguir afortunados millonarios en estos experimentos sería la excepción.*

Recordemos la distinción entre Mediocristán y Extremistán del capítulo 3. Decía que escoger una profesión «escalable» no es una buena idea, simplemente porque en esas profesiones son muy pocos los vencedores. Pues bien, dichas profesiones producen grandes cementerios: el número de actores muertos de hambre es mayor que el de los contables muertos de hambre, aun suponiendo que, como promedio, tengan los mismos ingresos.

---

* Los doctores son justa y vehementemente escépticos con los resultados no contrastados por rigurosas investigaciones científicas. Sin embargo, esos mismos doctores no mantienen la guardia en otros ámbitos. ¿Dónde? En sus vidas privadas o en sus actividades inversoras. A pesar de estar siendo repetitivo, tengo que manifestar una vez más mi asombro ante la condición de la naturaleza humana, que nos permite mezclar el escepticismo más riguroso y la credulidad más confiada.

La segunda, y peor, variedad del problema de las pruebas silenciosas es la que sigue. Cuando tenía veinte y pocos años y aún leía el periódico, pues creía que la lectura sistemática de la prensa me resultaría útil, di con un artículo que hablaba de la creciente amenaza de la mafia rusa en Estados Unidos, y de su desplazamiento de los tradicionales Louie y Tony en algunos barrios de Brooklyn. El artículo explicaba la dureza y brutalidad de los componentes de esa mafia, resultado de las experiencias en el Gulag, que habían endurecido a sus integrantes. El Gulag era una red de campos de trabajo en Siberia adonde se deportaba a delincuentes y disidentes de forma habitual. Enviar a la gente a Siberia era uno de los métodos de purificación que inicialmente emplearon los regímenes zaristas, y que después continuaron y perfeccionaron los soviéticos. Muchos deportados no sobrevivieron a aquellos campos.

¿Endurecidos por el Gulag? La frase me cayó como algo profundamente viciado (y como una inferencia razonable). Me costó cierto tiempo darme cuenta de su sinsentido, ya que iba envuelta en una superficialidad que la protegía; el siguiente experimento del pensamiento dará una idea de todo ello. Supongamos que somos capaces de encontrar una población grande y diversa de ratas: gordas, delgadas, asquerosas, fuertes, bien proporcionadas, etc. (Las podemos hallar fácilmente en la cocina de los restaurantes de moda de Nueva York.) Con estos miles de ratas formamos un grupo heterogéneo, bien representativo de la población de ratas de Nueva York. Las llevamos a mi laboratorio, en la calle Cincuenta y Nueve Este, y colocamos toda la muestra en un gran tanque. Sometemos a las ratas a niveles de radiación progresivamente mayores (puesto que se supone que se trata de un experimento del pensamiento, me dicen que el proceso no implica crueldad alguna). En cada nivel de radiación, aquellas que son naturalmente más fuertes (y aquí está la clave) sobrevivirán; las que mueran dejarán de pertenecer a la muestra. Poco a poco iremos disponiendo de un grupo de ratas más y más fuertes. Observemos el siguiente hecho fundamental: cada una de las ratas, incluidas las fuertes, será, después de la radiación, *más débil* que antes.

Un observador que dispusiera de habilidades analíticas, y que probablemente obtuvo excelentes calificaciones en la universidad, se vería inclinado a pensar que el tratamiento de mi laboratorio es un excelente sustituto del gimnasio, un sustituto que se podría generalizar a todos los mamíferos (imaginemos su potencial éxito comercial). La lógica de ese analista sería la siguiente: «¡Oye! Estas ratas son más fuertes que el resto de la población de ratas. ¿Qué es lo que tienen en común? Que todas proceden de ese taller del Cisne Negro de Taleb». Poca gente se sentiría tentada a fijarse en las ratas muertas.

A continuación, tendámosle la siguiente trampa al *New York Times*: soltemos estas ratas supervivientes en la ciudad de Nueva York e informemos al corresponsal jefe de roedores sobre el noticioso trastorno en la jerarquía de la población de ratas de la ciudad. El corresponsal escribirá un artículo extenso (y analítico) sobre la dinámica social de las ratas de Nueva York , que incluirá el siguiente pasaje: «Esas ratas son ahora unas bravuconas entre sus semejantes. Son las que, literalmente, dirigen el cotarro. *Endurecidas* por su experiencia en el laboratorio del elusivo (aunque amable) estadístico, filósofo y operador de Bolsa doctor Taleb, las ratas…».

Sesgos despiadados

El sesgo tiene un atributo despiadado: se puede ocultar mejor cuando su impacto es mayor. Debido a la invisibilidad de las ratas muertas, cuanto más letales sean los riesgos menos visibles serán, ya que es probable que las ratas heridas de gravedad sean eliminadas de la prueba. Cuanto más nocivo sea el tratamiento mayor será la diferencia entre las ratas supervivientes y el resto, y más nos confundirá el efecto del *endurecimiento*. Para que haya tal diferencia entre el efecto auténtico (debilitamiento) y el observado (endurecimiento) es preciso que exista uno de los dos ingredientes siguientes: a) un grado de desigualdad en la fuerza, o la diversidad, del grupo base, o b) una disparidad, o diversidad, en algún punto del tratamiento. Aquí, la diversidad tiene que ver con el grado de incertidumbre inherente al proceso.

Más aplicaciones ocultas

Podemos seguir con esta argumentación: tiene tal universalidad que, una vez que le cogemos el gusto, es difícil ver la realidad de nuevo con los mismos ojos. Es evidente que elimina de nuestras observaciones su poder realista. Voy a enumerar unos cuantos casos más para ilustrar la debilidad de nuestra maquinaria deductiva.

La estabilidad del proceso. Tomemos el número de especies que hoy consideramos extintas. Durante mucho tiempo, los científicos consideraron que tal número era el que implicaba el análisis de los fósiles que han llegado hasta nosotros. Pero este número ignora el cementerio silencioso de las especies que llegaron y se fueron sin dejar rastro en forma de fósil; los fósiles que hemos conseguido encontrar corresponden a una proporción menor de todas las especies que surgieron y desaparecieron. Esto implica que nuestra biodiversidad fue mucho rica de lo que parecía en un primer análisis. Una consecuencia más inquietante es que la tasa de extinción de las especies puede ser muy superior a la que manejábamos: cerca del 99,5% de las especies que han pasado por la Tierra están hoy extinguidas, porcentaje que los científicos han seguido aumentando a lo largo de los años. La vida es mucho más frágil de lo que creíamos. Pero esto no significa que los seres humanos debamos sentirnos culpables de las extinciones que nos rodean; como tampoco significa que debamos actuar para detenerlas: las especies aparecían y desaparecían antes de que empezáramos a arruinar el medio ambiente. No tenemos que sentirnos moralmente responsables de cada una de las especies en peligro de extinción.

¿Compensa el delito? La prensa habla de los delincuentes que caen en manos de la policía. En el *New York Times* no hay ninguna sección en la que se recojan las historias de quienes cometieron delitos pero a los que no se ha logrado detener. Lo mismo ocurre con el fraude fiscal, los sobornos al gobierno, la trata de blancas, el envenenamiento de cónyuges acaudalados (con sustancias que no tienen nombre y no se pueden detectar) y el tráfico de drogas.

Además, nuestra representación del delincuente estándar se podría basar en las propiedades de los menos inteligentes que fueron detenidos.

Una vez que damos con la idea de las pruebas silenciosas, muchas de las cosas que nos rodean y que previamente estaban ocultas empiezan a manifestarse. Después de darle vueltas a esta idea durante unos años, estoy convencido de que la formación y la educación nos pueden ayudar a evitar sus escollos.

La evolución del cuerpo del nadador

¿Qué tienen en común las expresiones «el cuerpo del nadador» y «la suerte del que empieza»? ¿Qué es lo que parecen compartir con el concepto de historia?

Entre los jugadores existe la creencia de que los novatos casi siempre tienen suerte. «Luego las cosas empeoran, pero los jugadores tienen siempre suerte en sus inicios», oímos decir. Efectivamente, se ha demostrado que tal afirmación es verdadera: los investigadores confirman que los jugadores tienen unos inicios afortunados (lo mismo se puede decir de los especuladores en Bolsa). ¿Significa esto que todos deberíamos convertirnos en jugadores durante una temporada, aprovechar la amabilidad que la dama de la fortuna muestra con los que empiezan, y luego parar?

La respuesta es no. Se trata de la misma ilusión óptica: quienes empiezan con el juego quizá tengan suerte o quizá no (puesto que el casino juega con ventaja, un número ligeramente superior no tendrá suerte). Los afortunados seguirán jugando, pues creerán que han sido escogidos por el destino; los otros, desanimados, dejarán de hacerlo y no destacarán en la muestra. Probablemente, y según su forma de ser, se dedicarán a la observación de aves, el Scrable, la piratería u otros pasatiempos. Quienes sigan jugando recordarán que en sus inicios la suerte les fue favorable. Los que abandonen, por definición, dejarán de formar parte de la comunidad de jugadores. Esto explica la suerte del principiante.

Hay una analogía en lo que en el habla común se llama un «cuerpo de nadador», que, para vergüenza mía, hizo que cometiera un error hace unos años (pese a mi especialidad en esta materia, no me di cuenta de que me engañaban). Cuando preguntaba por ahí sobre la elegancia física en términos comparativos de los diferentes tipos de deportistas, solían decirme que los atletas parecen anoréxicos; los ciclistas, de trasero caído; y los levantadores de peso, inseguros y un tanto primitivos. Deduje que me convenía dedicar cierto tiempo a tragar cloro en la piscina de la Universidad de Nueva York para conseguir aquellos «músculos alargados». Dejemos de lado ahora la causalidad. Supongamos que la varianza genética de una persona determina una forma dada del cuerpo. Los que nacen con la tendencia a desarrollar el cuerpo del nadador llegan a ser mejores nadadores. Son aquellos que en nuestra muestra entran y salen de la piscina. Pero hubieran tenido prácticamente el mismo aspecto si se hubiesen dedicado a la halterofilia. Es un hecho que un determinado músculo crece siempre de la misma forma, tanto si se toman esteroides como si se escalan muros en el gimnasio.

LO QUE SE VE Y LO QUE NO SE VE

Katrina, el devastador huracán que asoló Nueva Orleans en 2005, hizo que multitud de políticos aparecieran en televisión para cumplir con su función de tales. Impresionados por las imágenes de la devastación y de las airadas víctimas que se habían quedado sin hogar, prometieron «reconstruir» la zona. Era muy noble por su parte hacer algo humanitario, destacar sobre nuestro abyecto egoísmo.

¿Prometían acaso que iban a hacerlo con su propio dinero? No. Era con dinero público. Pensemos que esos fondos iban a ser detraídos de algún otro lugar, como en el dicho: «Coger de Pedro para dárselo a Pablo». Ese *algún otro lugar* estará menos mediatizado. Podría ser la investigación sobre el cáncer con fondos privados, o los próximos esfuerzos para frenar la diabetes. Parece que son pocos los que prestan atención a los pacientes de cáncer sumidos en un estado de depresión que la televisión no muestra. Estos pacientes de cáncer no sólo no votan (para las próximas elecciones ya habrán muerto), sino que no aparecen ante nuestro sistema emocional. Todos los días mueren más personas de cáncer que víctimas registró el huracán *Katrina*; son quienes más necesitan de nosotros: no sólo nuestra ayuda económica, sino nuestra atención y amabilidad. Y es posible que sea de ellos de quienes se tome el dinero; quizás indirectamente, o tal vez directamente. El dinero (público o privado) que se quite a la investigación puede ser el responsable de la muerte de esos pacientes, perpetrando así un crimen que puede quedar en el silencio.

Una ramificación de tal idea sitúa nuestra toma de decisiones bajo una nube de posibilidades. Vemos las consecuencias obvias y visibles, no las invisibles y menos obvias. Sin embargo, esas consecuencias que no se ven pueden ser —¡no!, normalmente son— más significativas.

Frédéric Bastiat fue un humanista decimonónico de una variedad extraña, uno de esos raros pensadores independientes, cuya independencia llega hasta el punto de ser desconocido en su propio país, Francia, ya que sus ideas iban en contra de la ortodoxia política francesa (comparte con otro de mis pensadores favoritos, Pierre Bayle, el hecho de ser desconocido en su país y en su propia lengua). Pero en Estados Unidos cuenta con gran número de seguidores.

En su ensayo «Lo que se ve y lo que no se ve», Bastiat expone la siguiente idea: podemos ver lo que hacen los gobiernos y, por consiguiente, cantar sus alabanzas; pero no vemos la alternativa. Sin embargo ésta existe, sólo que es menos evidente y permanece oculta.

Recordemos la falacia de la confirmación: los gobiernos saben muy bien cómo decirnos lo que hacen, pero no lo que no hacen. De hecho, se dedican a lo que podría denominarse una falsa «filantropía», la actividad de ayudar a las personas de forma visible y sensacionalista, sin tener en cuenta el oculto cementerio de las consecuencias invisibles. Bastiat inspiró a los libertarios al atacar los argumentos habituales que demostraban los beneficios de los gobiernos. Pero sus ideas se pueden generalizar y aplicar tanto a la derecha como a la izquierda.

Bastiat profundiza un poco más. Si tanto las consecuencias positivas como las negativas de una acción recaen sobre su autor, nuestro aprendizaje será rápido. Pero ocurre a menudo que las consecuencias positivas de una acción benefician únicamente a su autor, ya que son visibles, mientras que las negativas, al ser invisibles, se aplican a los demás, con un coste neto para la sociedad. Pensemos en las medidas de protección del empleo: uno observa aquellas que aseguran los puestos de trabajo y adscribe beneficios sociales a ese tipo de protecciones. No se observa el efecto sobre quienes, en consecuencia, no pueden encontrar trabajo, ya que esa medida reducirá la creación de empleo. En algunos casos, como ocurría con los pacientes de cáncer a quienes el *Katrina* podía castigar, las consecuencias positivas de una acción inmediatamente beneficiarán a los políticos y a los falsos humanitarios, mientras que las negativas tardan mucho tiempo en aparecer (es posible que nunca se hagan visibles). Incluso se puede culpar a la prensa de dirigir las aportaciones caritativas hacia quienes menos las necesitan.

Apliquemos este razonamiento al 11 de septiembre de 2001. El grupo de Bin Laden acabó con la vida de unas dos mil quinientas personas en las Torres Gemelas del World Trade Center. Sus familias contaron con el apoyo de todo tipo de entidades y organizaciones benéficas, como debía ser. Pero, según dicen los investigadores, durante los tres meses que restaban de aquel año, unas mil personas fueron víctimas silenciosas de los terroristas. ¿Cómo? Quienes tenían miedo al avión y se pasaron al coche corrieron un riesgo mayor de muerte. Se ha demostrado que durante aquellos meses aumentaron los accidentes automovilísticos; la carretera es considerablemente más letal que el espacio. Estas familias no recibieron ayuda; ni siquiera sabían que sus seres queridos también fueron víctimas de Bin Laden.

Además de por Bastiat, también siento debilidad por Ralph Nader (el activista y abogado del consumidor, no el político y pensador político, por supuesto). Es posible que sea el ciudadano estadounidense que haya salvado mayor número de vidas al poner al descubierto la política de seguridad de los fabricantes de automóviles. Pero, en su campaña política de hace unos años, llegó a olvidarse de pregonar a los cuatro vientos las decenas de miles de vidas que salvaron sus disposiciones sobre el cinturón de seguridad. Es mucho más fácil vender: «Fíjate en lo que he hecho por ti» que: «Fíjate en lo que te he evitado».

Recordemos la historia que expuse en el prólogo acerca del hipotético legislador cuyas acciones podrían haber evitado los atentados del 11 de septiembre. ¿Cuántas de esas personas van por la calle sin los andares encorsetados del falso héroe?

Tengamos las agallas de reconocer las consecuencias silenciosas cuando nos encontremos frente al próximo vendedor humanitario de ungüentos milagrosos.

Los médicos

Muchas personas mueren a diario como consecuencia de nuestro olvido de las pruebas silenciosas. Supongamos que un medicamento salva a muchas personas de una dolencia potencialmente peligrosa, pero conlleva el riesgo de causar la muerte a unas cuantas, lo cual supone un beneficio neto para la sociedad. ¿Debería recetarlo el médico? No tiene incentivo alguno para hacerlo. Los abogados de la persona que sufra los efectos secundarios se abalanzarán sobre el médico como perros rabiosos, mientras que es posible que las vidas que el medicamento haya salvado no se tengan en cuenta en ningún lugar.

Una vida salvada es una estadística; una persona herida es una anécdota. Las estadísticas son invisibles; las anécdotas destacan. Asimismo, el riesgo de un Cisne Negro es invisible.*

LA PROTECCIÓN ESTILO TEFLÓN DE GIACOMO CASANOVA

Esto nos lleva a la manifestación más grave de las pruebas silenciosas, la ilusión de la estabilidad. El sesgo disminuye nuestra percepción de los riesgos en que incurrimos en el pasado, particularmente en aquellos que tuvimos la suerte de haber sobrevivido a ellos. Nuestra vida estuvo bajo una grave amenaza pero, al haberla superado, retrospectivamente infravaloramos cuán arriesgada era en realidad la situación.

El aventurero Giacomo Casanova, el pretendido intelectual y legendario seductor de mujeres, que más tarde adoptaría el nombre de Jacques, *Chevalier* de Seingalt, tuvo al parecer un rasgo estilo teflón que provocaría envidia a los hombres más fuertes de la Mafia: la desgracia no se cebaba con él. Casanova, aunque es conocido por la historia de sus seducciones, se consideraba como una especie de erudito. Buscó la fama literaria con su *Historia de mi vida*, obra en doce volúmenes y escrita en un mal (encantadoramente malo) francés. Además de las extremadamente útiles lecciones sobre cómo llegar a ser un seductor, su libro ofrece una fascinante exposición de una serie de reveses de la fortuna. Casanova pensaba que si se me-

* En realidad, la prueba silenciosa puede sesgar las cuestiones abordadas, haciéndolas menos estables y más arriesgadas de lo que en realidad son. Consideremos, por ejemplo, el caso del cáncer. Nos hemos acostumbrado a contar las tasas de supervivencia en los casos de cáncer, lo que nos lleva a sobreestimar el peligro de esta enfermedad. Muchas personas contraen cáncer pero no se les diagnostica y así viven una vida larga y cómoda hasta que al final mueren por alguna otra causa, ya sea porque su cáncer no era letal o porque éste remitió de manera espontánea. Si no se contabilizan estos casos, el riesgo queda sesgado al alza.

Giacomo Casanova, alias Jacques, *Chevalier* de Seingalt. Tal vez algunos lectores se sorprendan de que el legendario seductor no se parezca mucho a James Bond.

tía en problemas, su estrella de la suerte, su *étoile*, lo sacaría del atolladero. Cuando las cosas le iban mal, acababan enderezándose gracias a una mano invisible, lo cual le llevó a pensar que el recuperarse de los contratiempos formaba parte de su carácter intrínseco, y corría en busca de una nueva oportunidad. Fuera como fuese, siempre se encontraba con alguien que en el último momento le ofrecía una transacción económica, un nuevo mecenas a quien no había traicionado anteriormente, o alguien con la suficiente generosidad y la memoria lo bastante corta para olvidar las traiciones pasadas. ¿Es posible que el destino hubiera seleccionado a Casanova para recuperarse de todos los contratiempos?

No necesariamente. Consideremos lo siguiente: de todos los pintorescos aventureros que han vivido en nuestro planeta, muchos fueron aplastados en algún que otro momento, y unos pocos se recuperaron una y otra vez. Aquellos que sobreviven tenderán a pensar que son indestructibles; tendrán una experiencia lo suficientemente larga e interesante como para escribir libros sobre ella. Hasta que, naturalmente…

Pero si abundan los aventureros que se sienten escogidos por el destino, es porque hay muchísimos aventureros, y porque no nos enteramos de la historia de aquellos a quienes la suerte les fue adversa. Mientras empe-

177

zaba a escribir este capítulo, recordé una conversación con una mujer acerca de su extravagante prometido, hijo de funcionario, quien, mediante algunas transacciones económicas, consiguió catapultarse a una vida propia de algún personaje de novela, con zapatos hechos a mano, puros habanos, automóviles de colección, etc. Los franceses disponen de una buena palabra para denominar a este tipo de persona, *flambeur*, que es una mezcla de *bon vivant*, especulador audaz y persona que no teme los riesgos, sin que por ello deje en ningún momento de mostrar un considerable encanto personal; una palabra que no parece tener su correspondiente en la cultura anglosajona. El hombre gastaba el dinero muy deprisa, y mientras manteníamos nuestra conversación acerca de su destino (al fin y al cabo, la mujer iba a casarse con él), ella me explicó que su prometido estaba pasando por una época un tanto difícil, pero que no había motivo para preocuparse, ya que siempre regresaba muy animado. De esto hace unos años. Movido por la curiosidad, he seguido el rastro de ese hombre (procurando hacerlo siempre con mucho tacto): no se ha recuperado (aún) de su último revés de la fortuna. Además ha desaparecido, y ya no se le ve en compañía de otros *flambeurs*.

¿Qué relación guarda esto con la dinámica de la historia? Pensemos en lo que en general se llama la capacidad de recuperación de la ciudad de Nueva York. Por algunas razones al parecer trascendentales, cada vez que llega al borde del desastre, la ciudad consigue retroceder y recuperarse. Algunos piensan que ésta es realmente una propiedad de la ciudad de Nueva York. La cita que sigue es de un artículo del *New York Times*:

De ahí que Nueva York siga necesitando al economista Samuel M. E. El señor E., que hoy cumple setenta y siete años, estudió la ciudad de Nueva York durante medio siglo de eclosiones y descalabros. [...] «Somos quienes más veces hemos pasado por tiempos duros y hemos salido de ellos con mayor fuerza que nunca», dijo.

Ahora démosle la vuelta a la idea: imaginemos que las ciudades son pequeños Giacomo Casanova o ratas de mi laboratorio. Del mismo modo que colocamos los miles de ratas en un proceso muy peligroso, situemos una serie de ciudades en un simulador de la historia: Roma, Atenas, Cartago, Bizancio, Tiro, Catal Huyuk (uno de los primeros asentamientos humanos conocidos, situado en la actual Turquía), Jericó, Peoria y, naturalmente, Nueva York. Algunas ciudades sobrevivirán a las duras condiciones del simulador. En cuanto a las otras, conocemos la posibilidad de que la historia no se muestre tan amable. Estoy seguro de que Cartago, Tiro y Jericó tuvieron a su propio, y no menos elocuente, Samuel M. E. que decía: «Nuestros enemigos han intentado destruirnos muchas veces; pero siempre hemos salido con mayor capacidad de recuperación que antes. Hoy somos invencibles».

Este sesgo causa que el superviviente sea testigo incondicional del proceso. ¿Inquietante? El hecho de que uno sobreviva es una condición que puede debilitar nuestra interpretación acerca de las propiedades de la supervivencia, incluida la vaga idea de «causa».

Con esta afirmación se pueden hacer muchas cosas. Sustituyamos al economista jubilado Samuel E. por un director ejecutivo que habla de la capacidad de su empresa para recuperarse de problemas pasados. ¿Qué diremos de la hostigada «capacidad de recuperación del sistema económico»? ¿Y del general que no se puede quejar de su carrera?

El lector entenderá ahora por qué recurro a la suerte indefectible de Casanova como armazón generalizado para el análisis de la historia, de todas las historias. Genero historias artificiales en las que aparecen, por ejemplo, millones de Giacomo Casanova, y observo la diferencia entre los atributos de los Casanova afortunados (dado que somos nosotros quienes los generamos, conocemos sus propiedades exactas) y aquellos que obtendría un observador del resultado. Desde esta perspectiva, no es buena idea ser un Casanova.

«Soy amante de los riesgos»

Pensemos en el negocio de la restauración en un lugar de mucha competencia, como Nueva York. Hay que estar realmente loco para abrir un restaurante, dados los enormes riesgos que ello implica y la agobiante cantidad de trabajo que hay que realizar para luego no llegar a ninguna parte en el negocio, y todo ello sin contar con los melindrosos clientes, esclavos de las modas. El cementerio de los restaurantes fracasados está muy silencioso: démonos una vuelta por Midtown Manhattan y veremos esos cálidos restaurantes llenos de clientes, con limusinas aguardando en la puerta a que salgan los comensales con el trofeo que representan sus segundos cónyuges. Al propietario le supera el trabajo, pero está contento de que toda esa gente importante frecuente su local. ¿Significa esto que es sensato abrir un restaurante en una zona con tanta competencia? Desde luego que no, pero la gente lo hace por el alocado rasgo de asumir riesgos, que nos empuja a meternos en tales aventuras, cegados por los posibles resultados.

Es evidente que en nosotros habita un elemento de los Casanova sobrevivientes, el de los genes que contienen la asunción de riesgos, el cual nos impulsa a correr riesgos ciegos, inconscientes de la variabilidad de los posibles resultados. Heredamos el gusto por correr riesgos no calculados. ¿Debemos estimular tal comportamiento?

De hecho, el crecimiento económico deriva de esta actitud arriesgada. Pero algunos locos podrían decir lo siguiente: si alguien siguiera un razonamiento como el mío, no habríamos tenido el espectacular crecimiento que experimentamos en el pasado. Es algo exactamente igual a jugar a la ruleta rusa y considerar que se trata de una buena idea porque se ha sobrevivido y uno se ha embolsado el dinero.

A menudo se nos dice que los seres humanos tenemos inclinaciones optimistas, y que *se supone que esto es bueno para nosotros*. Parece que tal argumento justifica la actitud generalizada de correr riesgos como un empeño positivo, un empeño que se glorifica en la cultura común. Oye, mira, nuestros antepasados aprovecharon las oportunidades, mientras que tú, NNT (Number Needed to Treat; número que debe ser tratado [para evitar un resultado negativo]), nos alientas a que no hagamos nada.

Contamos con pruebas suficientes para confirmar que los seres humanos somos realmente una especie muy afortunada, y que recibimos los genes de quienes corren riesgos. Es decir, de los alocados que se arriesgan; los Casanova que sobrevivieron.

Una vez más, no estoy desechando la idea del riesgo, pues yo mismo he hecho uso de ella. Sólo critico el fomento del correr riesgos *no informado*. El gran psicólogo Danny Kahneman nos ha dado pruebas de que generalmente no asumimos riesgos como resultado de una bravuconada, sino como fruto de la ignorancia y de la ceguera ante la probabilidad. En los capítulos que siguen veremos con mayor profundidad que, al proyectar el futuro, tendemos a descartar las rarezas y los resultados adversos. Pero insisto en lo siguiente: *que lleguemos ahí por accidente no significa que debamos continuar corriendo los mismos riesgos.* Somos una raza lo bastante madura para percatarnos de ello, disfrutar de lo bueno que tenemos e intentar preservar, haciéndonos para ello más conservadores, lo que la suerte nos ha deparado. Hemos estado jugando a la ruleta rusa; detengámonos ahora y dediquémonos a algo útil.

Quiero señalar dos puntos más sobre este tema. Primero, la justificación del optimismo exagerado por la razón de que «nos trajo hasta aquí» surge de un error mucho más grave sobre la naturaleza humana: la creencia de que estamos construidos para comprender la naturaleza y nuestra propia forma de ser, y que nuestras decisiones son, y han sido, resultado de nuestras elecciones. Pido disculpas, pero no estoy de acuerdo. Son muchos los instintos que nos dirigen.

El segundo punto es un tanto más preocupante que el primero: la salud evolutiva es algo que la población continuamente fomenta y engrandece, y que toma como palabra sagrada. Cuanto menos familiarizado está uno con la disparatada aleatoriedad generadora de Cisnes Negros, más cree en el funcionamiento óptimo de la evolución. En sus teorías no están presentes las pruebas silenciosas. La evolución es una serie de chiripas, algunas buenas, y muchas malas; pero sólo vemos las buenas. Sin embargo a corto plazo no está claro qué rasgos son realmente buenos para nosotros, sobre todo si estamos en el entorno generador de Cisnes Negros de Extremistán. Es algo similar a los jugadores ricos que salen del casino y afirman que la afición a jugar es buena para la especie porque el juego nos hace ricos. El asumir riesgos hizo que muchas especies se fueran de cabeza a la extinción.

La idea de que estamos aquí, que éste es el mejor de todos los mundos posibles, y de que *la evolución hizo un gran trabajo* parece más bien falaz a la luz del efecto de las pruebas silenciosas. Los locos, los Casanova y quienes se arriesgan ciegamente muchas veces son quienes ganan a corto plazo. Peor aún, en un entorno de Cisne Negro, donde un suceso único pero raro puede llegar a sacudir a una especie después de muchísimo tiempo de «salud», los alocados que asumen riesgos también pueden ganar a largo plazo. Retomaré esta idea en la tercera parte, donde expongo que Extremistán empeora el efecto de las pruebas silenciosas.

Pero hay otra manifestación que merece ser considerada.

Quiero permanecer con los pies en el suelo y evitar traer a este debate argumentos metafóricos elevados o cosmológicos; son muchos los peligros que hay en este planeta y que merecen toda nuestra atención, de ahí que sea una buena idea dejar el filosofar metafísico para más adelante. Pero sería útil echar un vistazo (no más) a lo que se llama el argumento cosmológico antrópico, ya que señala la gravedad de nuestra equivocada interpretación de la estabilidad histórica.

Una ola reciente de filósofos y físicos (y de personas que combinan ambas categorías) han estado analizando *el supuesto de la automuestra*, que es una generalización a nuestra existencia del principio del sesgo de Casanova.

Pensemos en nuestros destinos. Algunas personas razonan que las probabilidades de que cualquiera de nosotros exista son tan pocas que el hecho de que estemos aquí no se puede atribuir a un accidente del destino. Pensemos en las probabilidades de que los parámetros estén exactamente donde tienen que estar para inducir nuestra existencia (cualquier desviación de la calibración óptima hubiera hecho que nuestro mundo explotara, se desmoronara o simplemente no hubiese llegado a existir). Se dice a menudo que parece que el mundo haya sido construido siguiendo las especificaciones que harían posible nuestra existencia. Según tal tesis, es posible que no fuera resultado de la suerte.

Sin embargo, *nuestra presencia en la muestra* vicia por completo la contabilización de las probabilidades. Una vez más, la historia de Casanova puede facilitar las cosas, hacerlas mucho más sencillas que en su formulación habitual. Pensemos de nuevo en todos los mundos posibles como si fueran pequeños Casanova que siguieran su propio destino. Aquel que siga vivo y coleando (por accidente) pensará que, dado que es imposible que sea tan afortunado, debe de haber alguna fuerza trascendental que lo guíe y supervise su destino: «Es que, de no ser así, las probabilidades de haber llegado hasta aquí simplemente gracias a la suerte serían muy pocas». Para quien observe a *todos* los aventureros, las probabilidades de dar con un Casanova no son pocas, al contrario: hay muchos aventureros, y alguien será el afortunado al que le toque la lotería.

El problema que aquí se plantea con el universo y el género humano es que *somos los Casanova supervivientes*. Cuando uno empieza con muchos

Casanova aventureros, es probable que haya un superviviente, y si es uno mismo quien está aquí hablando de ello, es probable que él sea ese superviviente (observemos la «condición»: uno sobrevivió para hablar de ello). Así pues, no podemos seguir computando ingenuamente las probabilidades sin considerar que la condición de que existimos impone unas limitaciones al proceso que nos condujo hasta aquí.

Supongamos que la historia aporta escenarios «inhóspitos» (es decir, no favorables) o «halagüeños» (es decir, favorables). Los escenarios inhóspitos conducen a la extinción. Es evidente que si estoy escribiendo estas líneas es porque la historia aportó un escenario «halagüeño», un escenario que me permitió estar aquí, una ruta histórica en la que mis antepasados evitaron la masacre por parte de muchos invasores que erraban por Levante. Añadamos a ello unos escenarios benéficos, libres de colisiones de meteoritos, guerras nucleares y otras epidemias letales a largo plazo. Pero no tengo por qué fijarme en la humanidad en su conjunto. Cada vez que analizo mi propia biografía, me alarma lo endeble que ha sido mi vida hasta hoy. En cierta ocasión en que regresé a Líbano durante la guerra, a mis dieciocho años, sufrí episodios de extraordinaria fatiga y de gélidos escalofríos, pese al calor del verano. Era la fiebre tifoidea. De no haber sido por el descubrimiento de los antibióticos, sólo unas décadas antes, hoy no estaría aquí. Más adelante, también me «curé» de otra enfermedad grave que habría acabado conmigo, gracias a un tratamiento que depende de otra tecnología médica reciente. Como ser humano que está vivo en la era de Internet, que es capaz de escribir y de llegar a un público, también me he beneficiado de la suerte de la sociedad y de la destacable ausencia de guerras a gran escala en épocas recientes. Además, soy producto de la aparición del género humano, un suceso accidental en sí mismo.

El hecho de que esté aquí es una ocurrencia trascendental de baja probabilidad, pero tiendo a olvidarlo.

Volvamos a las aireadas recetas para hacerse millonario en diez pasos. Una persona de éxito intentará convencernos de que sus logros no pueden ser algo accidental, al igual que el jugador que gana en la ruleta siete veces seguidas nos dirá que las probabilidades de que tal cosa ocurra son de una entre varios millones, de modo que tendremos que pensar que hay en juego alguna intervención trascendental, o aceptar la destreza y perspicacia del jugador a la hora de escoger los números ganadores. Pero si tenemos en cuenta la cantidad de jugadores que hay por ahí, y el número de partidas que se juegan (en total, varios millones de episodios), entonces se hace evidente que estos golpes de suerte son proclives a darse. Y si hablamos de ellos, es porque nos han ocurrido.

El *argumento del punto de referencia* dice lo siguiente: no hay que computar las probabilidades desde la posición ventajosa del jugador que gana (o del afortunado Casanova, o la siempre recurrente ciudad de Nueva York, o la invencible Cartago), sino desde todos aquellos que empezaron en el grupo. Tomemos de nuevo el ejemplo del jugador. Si nos fijamos en la población de jugadores que empiezan tomados en su conjunto, podemos estar casi seguros de que uno de ellos (aunque de antemano no sabemos cuál) mostrará unos resultados estelares, fruto exclusivo de la suerte. Por ello, desde el *punto de referencia* del grupo de principiantes, no se trata de nada extraordinario. Pero desde el punto de referencia del ganador (que no tiene en cuenta a los perdedores, y aquí está la clave), una larga sucesión de ganancias parecerá un suceso demasiado extraordinario para que se pueda explicar por la suerte. Observemos que una «historia» no es más que una serie de números a lo largo del tiempo. Los números pueden representar grados de riqueza, salud, peso, cualquier cosa.

El porqué superficial

Esto en sí mismo debilita en gran manera la idea del «porqué» que a menudo postulan los científicos, y de la que casi siempre hacen un mal uso los historiadores. Tenemos que aceptar la falta de nitidez del familiar «porqué», por muy intranquilos que nos deje (y no hay duda de que nos deja intranquilos al eliminar la ilusión analgésica de la causalidad). Repito que somos animales que buscan explicaciones, que tienden a pensar que todo tiene una causa identificable y que se agarran a la más destacada como *la* explicación. Pero es posible que no exista un *porqué*; es más, muchas veces no hay nada, ni siquiera un espectro de explicaciones posibles. Sin embargo, las pruebas silenciosas ocultan tal hecho. Siempre que está en juego nuestra supervivencia, la propia idea de *por qué* se debilita gravemente. La condición de supervivencia ahoga todas las explicaciones posibles. El «porqué» aristotélico no está ahí para dar cuenta de un sólido vínculo entre dos elementos, sino, como veíamos en el capítulo 6, para ocuparse de nuestra debilidad oculta por dar explicaciones.

Apliquemos este razonamiento a la siguiente pregunta: ¿por qué la peste bubónica no acabó con más gente? Se darán infinidad de explicaciones superficiales que implicarán teorías sobre la intensidad de la peste y los «modelos científicos» de la epidemia. Probemos ahora el debilitado argumento de la causalidad que acabo de subrayar en este capítulo: si la peste bubónica hubiera matado a más personas, los observadores (nosotros) no estaríamos aquí para observar. Así que es posible que no sea necesariamente una propiedad de las enfermedades el que perdonen a los seres humanos. Siempre que esté en juego nuestra supervivencia, no busquemos inmediatamente las causas y los efectos. Puede ocurrir que la principal razón identificable de que sobrevivamos a este tipo de enfermedades nos resulte inaccesible: estamos aquí ya que, al estilo de Casanova, se abrió el escenario «halagüeño»; y si parece tan difícil entenderlo es porque tenemos el cerebro excesivamente lavado por las ideas de la causalidad, y creemos que es más inteligente decir *por qué* que aceptar el azar.

Mi mayor problema con el sistema educativo está precisamente en que obliga a los estudiantes a sacar explicaciones de todas las materias, y los *avergüenza* cuando suspenden el juicio al proclamar: «No lo sé». ¿Por qué acabó la Guerra Fría? ¿Por qué los persas perdieron la batalla de Salamina? ¿Por qué Aníbal sufrió ataques en su retaguardia? ¿Por qué Casanova se recuperaba de los reveses? En cada uno de estos ejemplos, tomamos una condición, la supervivencia, y buscamos explicaciones, en vez de darle la vuelta a la argumentación y afirmar que *supeditado a tal supervivencia*, uno no puede leer *tanto* en el proceso, y que en su lugar debería aprender a invocar cierto grado de aleatoriedad (en la práctica, la aleatoriedad es aquello que no sabemos; invocarla significa reconocer la propia ignorancia). No es sólo el profesor de universidad quien nos imbuye malas costumbres. En el capítulo 6 exponía que los periódicos tienen que llenar sus textos de vínculos causales para que el lector disfrute de la narración. Pero seamos sinceros y digamos nuestro «porqué» con mucha moderación; intentemos limitarnos a situaciones en las que el «porqué» derive de experimentos, no de la historia que mira hacia atrás.

Quiero señalar aquí que no estoy diciendo que las causas no existen; no empleemos este argumento para evitar aprender de la historia. Todo lo que digo es que *no es tan sencillo*; sospechemos del «porqué» y manejémoslo con cuidado, particularmente en las situaciones en que sospechemos que existen pruebas silenciosas.

Hemos visto diversas variedades de pruebas silenciosas que causan deformaciones en nuestra percepción de la realidad empírica, haciendo que parezca más explicable (y más estable) de lo que verdaderamente es. Además del error de la confirmación y de la falacia narrativa, las manifestaciones de las pruebas silenciosas distorsionan aún más el papel y la importancia de los Cisnes Negros. De hecho, unas veces provocan una valoración exagerada (por ejemplo, con el éxito literario), y otras una infravaloración (la estabilidad de la historia, la estabilidad de nuestra especie humana).

Decía antes que es posible que nuestro sistema perceptivo no reaccione ante aquello que no está ante nuestras propias narices, o ante aquello que no excita nuestra atención emocional. Estamos hechos para ser superficiales, para prestar atención a lo que vemos y no prestarla a lo que no llega con viveza a nuestra mente. Libramos una doble guerra contra las pruebas silenciosas. La parte inconsciente de nuestro mecanismo inferencial (y existe uno) ignorará el cementerio, aun en el caso de que seamos intelectualmente conscientes de la necesidad de tenerlo en cuenta. Lo que no se ve no se siente: albergamos un desdén natural, hasta físico, por lo abstracto.

En el capítulo siguiente ilustraremos todo esto con más detalle.

Capítulo 9

LA FALACIA LÚDICA, O LA INCERTIDUMBRE DEL ESTUDIOSO OBSESIVO

Almuerzo en el lago de Como (occidental) - Los militares como filósofos - La aleatoriedad de Platón

TONY EL GORDO

Tony el Gordo es uno de los amigos de Nero que más irrita a Yevguenia Krasnova. Tal vez sería más correcto que lo definiéramos como «Tony el de la horizontalidad en entredicho», ya que objetivamente no padece tanto sobrepeso como su apodo indica; ocurre simplemente que la forma de su cuerpo hace que cualquier cosa que vista parezca que le queda muy ajustada. Sólo lleva trajes hechos a medida, muchos de ellos encargados en Roma, pero se diría que los compra por Internet. Tiene las manos gruesas, los dedos velludos, lleva pulsera de oro y apesta a caramelos de regaliz, que devora en cantidades industriales, como sustituto de su antigua afición al tabaco. No le suele importar que la gente lo llame Tony el Gordo, pero prefiere que lo llamen simplemente Tony. Nero, más educado, lo llama «Tony de Brooklyn», por su acento y su forma de pensar al estilo de Brooklyn, aunque es una de las personas prósperas de Brooklyn que se mudó a Nueva Jersey hace veinte años.

Tony es alguien que no pasa desapercibido. Afortunado y de carácter alegre, es también muy sociable. Su único problema visible parece ser su peso y la lata constante que le dan su propia familia y unos primos lejanos, que no dejan de advertirle de que puede sufrir un infarto prematuro. Al parecer, no hay nada que funcione: Tony frecuenta una granja de Arizona para *no* comer, perder unos kilos, y luego recuperarlos casi todos en su asiento de primera en el vuelo de regreso. Hay que destacar que su autocontrol y disciplina personal, por otro lado admirables, no consiguen incidir en su cintura.

Empezó de simple empleado en un banco de Nueva York a principios de la década de 1980, en el departamento de cartas de crédito. Llevaba papeles de un sitio a otro y realizaba tareas pesadas y repetitivas. Después pasó a conceder pequeños préstamos a empresas y descubrió el juego de cómo conseguir financiación de los grandes bancos, cómo funciona su burocracia y qué es lo que les gusta ver sobre el papel. Sin dejar de ser un empleado, empezó a adquirir propiedades en proceso de bancarrota, que compraba a instituciones financieras. Su mayor perspicacia es que los empleados de banco que te venden una casa que no es suya simplemente no se preocupan tanto de ella como los propietarios. Tony aprendió muy pronto a hablar con ellos y a ingeniárselas. Más adelante, también aprendió a comprar y vender gasolineras con dinero que le prestaban pequeños banqueros del barrio.

Tony posee la notable costumbre de intentar hacer dinero sin esfuerzo, sólo como entretenimiento, sin presiones, sin trabajo de oficina ni reuniones, fusionando sus tratos con su vida privada. Su lema es: «Descubre quién es el idiota». Obviamente, a menudo lo son los bancos. «Los empleados no se preocupan de nada.» Encontrar a esos imbéciles es para él coser y cantar. Quien se diera una vuelta por la manzana con Tony se sentiría considerablemente más informado sobre el mundo tras haber acudido a él.

Tony tiene un don especial para encontrar, ya sea por sus relaciones o por su convincente encanto, números de teléfono que no aparecen en el listín, asiento de primera en los aviones sin ningún recargo, o aparcamiento para el coche en un garaje que oficialmente está lleno.

John el no brooklyniano

Encontré al perfecto no-brooklyniano en alguien a quien llamaré doctor John. Es un antiguo ingeniero que hoy trabaja de actuario en una compañía de seguros. Es delgado, enjuto y nervudo, lleva gafas y viste traje oscuro. Vive en Nueva Jersey, a escasa distancia de Tony el Gordo, pero rara vez se encuentran. Tony nunca viaja en tren y, de hecho, nunca usa el transporte público para acudir al trabajo (conduce un Cadillac, a veces el descapotable italiano de su esposa, y bromea diciendo que es más visible él que el resto del coche). El doctor John es un maestro de la planificación; es tan predecible como un reloj. En el tren que lo lleva a Manhattan lee tranquila y eficientemente el periódico, luego lo dobla con pulcritud para seguir leyendo a la hora del almuerzo. Mientras Tony hace ricos a los propietarios de restaurantes (sonríen cuando lo ven llegar e intercambian con él sonoros abrazos), John envuelve meticulosamente su sándwich por la mañana y coloca la ensalada de frutas en un recipiente de plástico. En cuanto a su forma de vestir, también parece que haya comprado sus trajes por Internet, con la salvedad de que en su caso es muy probable que así sea.

El doctor John es un tipo meticuloso, razonable y educado. Se toma en serio el trabajo, tan en serio que, a diferencia de Tony, se puede trazar una línea perfecta entre su tiempo de trabajo y sus actividades de ocio. Está doctorado en ingeniería electrónica por la Universidad de Texas, en Austin. Sabe de informática y de estadística, de ahí que lo contratara una compañía de seguros para realizar simulaciones por ordenador; y disfruta con su trabajo. Gran parte de lo que hace consiste en aplicar programas para «gestionar el riesgo».

Sé que es raro que Tony el Gordo y el doctor John respiren el mismo aire, y no digamos que se encuentren en el mismo bar, así que vamos a considerar esto como un puro ejercicio del pensamiento. Les voy a hacer una pregunta a cada uno de ellos y luego compararemos las respuestas.

NNT (Number Needed to Treat; número que debe ser tratado [para evitar un resultado negativo]) (es decir, yo): Supongamos que una moneda es imparcial, es decir, existen las mismas probabilidades de que salga cara o cruz cuando la tiramos al aire. La tiro noventa y nueve veces, y siempre sale cara. ¿Cuál es la probabilidad de que la próxima vez salga cruz?

Doctor John: Una pregunta trivial. La mitad, por supuesto, ya que asignamos el 50% de probabilidades a cada una de las veces que tiremos la moneda al aire, con independencia de las veces que lo hagamos.

NNT: ¿Tú que dices, Tony?

Tony el Gordo: Yo diría que no más de un 1%, claro.

NNT: ¿Y por qué? Hemos supuesto al comienzo que se trata de una moneda imparcial, lo cual significa que las probabilidades de que salga cara o cruz son del 50% para cada una.

TONY EL GORDO: Si te metes en este negocio del 50%, o eres un mentiroso de mierda o un simple idiota. La moneda tiene que ser tendenciosa. No puede ser un juego justo. (Traducción: Es mucho más probable que nuestros supuestos sobre la imparcialidad sean falsos que el hecho de que de 99 tiros al aire salga cara 99 veces.)

NNT: Pero el doctor John dijo el 50%.

TONY EL GORDO (susurrándome al oído): Conozco a estos tipos de mis tiempos en el banco. Discurren con excesiva lentitud. Y se acomodan con demasiada facilidad. Se les puede tomar el pelo.

Bien, de entre uno y otro, ¿a quién elegiría el lector para el cargo de alcalde de la ciudad de Nueva York (o de Ulan Bator o de Mongolia)? El doctor John no se sale lo más mínimo de lo razonable, de aquello de lo que se le ha dicho que es razonable; Tony el Gordo se sale casi por completo de lo razonable.

Para dejar clara la terminología, lo que aquí llamo «estudioso obsesivo» no tiene por qué ser alguien descuidado, cetrino y sin gracia, de gruesas gafas y el portátil colgando del cinturón, como si de un arma se tratara. Un «estudioso obsesivo» es simplemente alguien que piensa en exceso dentro de lo razonable.

¿Se ha preguntado alguna vez el lector por qué esos alumnos que sacan sobresaliente en todo al final no llegan a ninguna parte en la vida, mientras que alguien que iba rezagado hoy amasa una fortuna, compra diamantes y le atienden en el teléfono? O puede que incluso reciba el Nobel en una disciplina real (por ejemplo, medicina). Parte de ello puede tener algo que ver con la suerte en los resultados, pero existe esa estéril y oscurantista cualidad que a menudo se asocia a los conocimientos de aula y que se puede entrometer en la comprensión de lo que ocurre en la vida real. En un test de coeficiente intelectual, como en cualquier actividad académica (deportes incluidos), el doctor John superaría con mucho a Tony el Gordo. Pero éste superaría al doctor John en cualquier otra posible situación de la vida real. De hecho, Tony, pese a su falta de cultura, siente una enorme curiosidad por la textura de la realidad y por su propia erudición; en mi opinión, es más científico que el doctor John en el sentido científico, aunque no en el social.

Vamos a profundizar más en la diferencia entre las respuestas de Tony el Gordo y las del doctor John, pues tal vez sea el problema más desconcertante que conozco sobre las conexiones entre dos tipos de conocimientos, los que denominamos platónico y no platónico. La cuestión es que las personas como el doctor John pueden causar Cisnes Negros fuera de Mediocristán (tienen la mente cerrada). Aunque se trata de un problema más general, una de sus ilusiones más desagradables es la que yo llamo falacia lúdica: los atributos de la incertidumbre a los que nos enfrentamos en la vida real guardan poca relación con los rasgos esterilizados con que nos encontramos en los exámenes y los juegos.

Así que voy a concluir la primera parte con la historia que sigue.

ALMUERZO EN EL LAGO DE COMO

Un día de primavera, hace ya unos años, me sorprendió recibir una invitación de un comité asesor patrocinado por el Departamento de Defensa de Estados Unidos para participar en una sesión de aportación de ideas sobre el riesgo, que iba a tener lugar en Las Vegas después del verano. La persona que me invitaba decía por teléfono: «Almorzaremos en una terraza que da al lago de Como», lo cual me produjo mucha inquietud. Las Vegas (junto con su hermano, el emirato de Dubai) tal vez sea un lugar que nunca quisiera haber visitado antes de morir. Almorzar en un «Como de imitación» sería una tortura. Pero me alegro de haber ido.

El comité asesor había reunido a una serie de personas alejadas de la política y a las que llamaba emprendedoras y estudiosas (todos ellos profesionales como yo que no aceptan tal distinción) y que se ocupaban de la incertidumbre en diversas disciplinas. Y simbólicamente escogieron un importante casino como lugar de encuentro.

El simposio se celebró a puerta cerrada, una asamblea tipo sínodo de personas que de otro modo nunca se hubieran mezclado. Mi primera sorpresa fue descubrir que los militares pensaban, se comportaban y actuaban como filósofos, mucho más que los filósofos a quienes, en la tercera parte, veremos buscar tres pies al gato en su coloquio semanal. Pensaban más allá de lo establecido, como operadores de Bolsa, sólo que mucho mejor y sin miedo a la introspección. Había entre nosotros un subsecretario de Defensa, y de no haber sabido su profesión, hubiera pensado que se trataba de un profesional del empirismo escéptico. Incluso un ingeniero que había analizado la causa de una explosión en la lanzadera espacial se mostraba amable y abierto al diálogo. Salí de la reunión con la impresión de que únicamente la gente del ejército se ocupa de la aleatoriedad con una honradez genuina, introspectiva e intelectual, cuya actitud contrastaba con el modo en que los académicos y los ejecutivos de grandes empresas usan el dinero de los demás. Esto no aparece en las películas de guerra, en las que se suele representar a los militares como autócratas ávidos de batallas. Las personas que tenía delante de mí no eran de las que empiezan las guerras. En efecto, para muchos, la buena política de defensa es aquella que consigue eliminar los posibles peligros sin recurrir a la guerra, como la estrategia de llevar a los rusos a la bancarrota en la escalada de gastos de defensa. Cuando manifesté mi sorpresa a Laurence, un hombre del mundo de las finanzas que se sentaba a mi lado, me dijo que los militares reclutaban a auténticos intelectuales y analistas del riesgo en mayores cantidades que en muchas otras profesiones, si no en todas. La gente que se dedica a la defensa deseaba entender la epistemología del riesgo.

En el grupo había un caballero que dirigía a una serie de jugadores profesionales y que tenía prohibida la entrada en la mayoría de los casinos. Había venido a compartir su sabiduría con nosotros. Estaba sentado cerca de un estirado profesor de ciencias políticas, seco como un palo y, como suele ser característico en los «grandes nombres», cuidadoso de su reputación, que nunca decía una palabra de más y que no sonrió ni una sola vez. Durante las sesiones, yo intentaba imaginar que una rata le bajaba por la espalda, lo cual le producía un estado de pánico incontrolable. Tal vez era experto en escribir modelos platónicos de algo llamado teoría del juego, pero cuando Laurence y yo le hicimos ver el uso impropio que hacía de las metáforas económicas, perdió toda su arrogancia.

Pues bien, cuando uno piensa en los riesgos principales que corren los casinos, le vienen a la mente situaciones relacionadas con el juego. En un casino, pensaría uno, los riesgos incluyen al afortunado jugador que hace saltar la banca con una serie de grandes ganancias, y a los tramposos que se llevan el dinero con sus artimañas. No sólo pensará esto el público general, sino también la dirección del casino. En consecuencia, el casino tenía un sistema de vigilancia de alta tecnología que examinaba a los tramposos —el cual contaba el número de apariciones de las diversas cartas y luego calculaba las probabilidades de sucesivas apariciones—, así como a otras personas que intentan aprovecharse del lugar.

Cada uno de los participantes exponía su ponencia y escuchaba la de los demás. Yo hablé de los Cisnes Negros, e intenté explicar que lo único que sé es que sabemos muy poco sobre ellos, pero que una de sus propiedades es que aparecen de modo subrepticio, y que el intento de platonizarlos conduce a mayores confusiones. Los militares entienden este tipo de cosas, y además esa idea se extendió hace poco en los círculos militares con la descripción de *lo desconocido desconocido* (en oposición a *lo desconocido conocido*). Pero yo había preparado mi charla (en cinco servilletas de papel, algunas manchadas) y estaba decidido a hablar de una nueva expresión que había acuñado para la ocasión: la *falacia lúdica*. Trataba de decir al público que no tendría que estar hablando en un casino porque esa falacia nada tenía que ver con la incertidumbre.

La incertidumbre del estudioso obsesivo

¿Qué es la falacia *lúdica*? «Lúdico» procede del latín *ludus*, que significa «juego».

Albergaba la esperanza de que los representantes del casino hablarían antes que yo, de modo que pudiera empezar por hostigarlos demostrando (con educación) que un casino era precisamente el sitio que *no* había que escoger para un debate como aquel, ya que la clase de riesgos a los que se enfrentan los casinos son muy insignificantes *fuera* del edificio, y su estudio no se puede transferir fácilmente. Mi idea es que el juego está *esterilizado* y domestica la incertidumbre. En el casino uno conoce las reglas, puede calcular las probabilidades, y el tipo de incertidumbre que tiene ante sí, como veremos más adelante, es *suave*, pues pertenece a Mediocristán. La declaración que había preparado es la siguiente: «El casino es el único entorno humano que conozco en el que las probabilidades son conocidas, de tipo gaussiano (la curva de campana) y casi computables». No se puede esperar que el casino pague apuestas a un millón por uno, ni que cambie repentinamente las reglas durante la partida; no hay ningún día en que salga el «36 negro» más del 95% de las veces.*

En la vida real uno desconoce las probabilidades; tiene que descubrirlas, pero las fuentes de la incertidumbre no están definidas. Los economistas, que consideran que los descubrimientos de los no economistas no tienen ningún valor, establecen una distinción artificial entre los riesgos knightianos (que se pueden computar) y la incertidumbre knightiana (que no se puede computar), los cuales deben su nombre a Frank Knight, quien redescubrió la idea de incertidumbre conocida, a la que le dio muchas vueltas, aunque puede que nunca asumiera ningún riesgo, o tal vez vivió junto a un casino. De haber corrido riesgos económicos o financieros, se habría dado cuenta de que estos riesgos «computables» están ausentes en gran medida de la vida real. Son artilugios de laboratorio.

Sin embargo, de forma automática y espontánea, asociamos la casualidad a estos juegos platónicos. Me irrita escuchar a las personas que, cuando se enteran de que estoy especializado en problemas del azar, enseguida me acosan con sus referencias a los dados. Dos ilustradores de una edición de bolsillo de uno de mis libros colocaron, espontánea e independientemente, un dado en la cubierta y al final de cada capítulo, lo cual me encolerizó. El editor, que conocía mi forma de pensar, les advirtió de que «evitaran la falacia lúdica», como si fuera una conocida violación intelectual. Lo sorprendente es que ambos reaccionaron diciendo: «Lo sentimos, pero no lo sabíamos».

Quienes pasan excesivo tiempo con la nariz pegada a los mapas tenderán a confundir el mapa con el territorio. Compremos una historia re-

---

* Mi colega Mark Spitznagel descubrió una versión marcial de la falacia lúdica: la lucha de competición organizada entrena al deportista para que se centre en la lucha, y, con el fin de no desconcentrarse, ignora la posibilidad de lo que no está permitido específicamente por las normas, como los golpes en la ingle, un cuchillo escondido, etc. Por tanto, quienes ganan la medalla de oro pueden ser precisamente aquellos que serán más vulnerables en la vida real. Asimismo, uno ve a personas de músculos enormes (con sus camisetas negras) que pueden impresionarle en el entorno artificial del gimnasio, pero que son incapaces de levantar una piedra.

ciente de la probabilidad y del pensamiento probabilístico: nos encontraremos con montones de nombres de supuestos «pensadores de la probabilidad», que en su totalidad basan sus ideas en estos constructos esterilizados. Hace poco observé qué era lo que se enseñaba a los universitarios en la asignatura de probabilidad, y me quedé horrorizado: les lavaban el cerebro con esa falacia lúdica y la descabellada curva de campana. Lo mismo ocurre con quienes se doctoran en el campo de la teoría de la probabilidad. Recuerdo un libro reciente de un reflexivo matemático, Amir Aczel, titulado *Chance*. Un libro excelente quizá, pero, al igual que todos los demás libros modernos, se basa en la falacia lúdica. Además, suponiendo que la casualidad nada tenga que ver con las matemáticas, la poca matematización que podemos hacer en el mundo real no adopta la suave aleatoriedad que representa la curva de campana, sino la salvaje aleatoriedad escalable. Lo que se puede matematizar normalmente es no gaussiano, sino mandelbrotiano.

Leamos ahora a cualquiera de los pensadores clásicos que tengan algo práctico que decir sobre el tema del azar, como Cicerón, y nos encontraremos con algo distinto: una idea de la probabilidad que es siempre confusa, como debe ser, ya que esa confusión es la propia naturaleza de la incertidumbre. La probabilidad es un arte; es hija del escepticismo, no una herramienta para personas que llevan la calculadora colgada del cinturón para satisfacer su deseo de producir cálculos y certezas deslumbrantes. Antes de que el pensamiento occidental se ahogara en su mentalidad «científica», lo que con arrogancia se llama la Ilustración, las personas preparaban su cerebro para que pensara, no para que computara. En un bello tratado del que ya nadie se acuerda, *Disertación sobre la búsqueda de la verdad*, publicado en 1673, el polemista Simon Foucher exponía su predilección psicológica por las certezas. Nos enseña el arte de dudar, cómo posicionarnos entre la duda y la creencia. «Uno tiene que salir de la duda para producir ciencia —dice—; pero pocas personas tienen en cuenta la importancia de no salir de ella prematuramente. [...] Es un hecho que uno sale de la duda sin darse cuenta.» Y además advierte: «Somos proclives al dogma desde que habitábamos en el seno materno».

Debido al error de la confirmación de que hablábamos en el capítulo 5, usamos el ejemplo de los juegos, qué teoría de la probabilidad acertó en el rastreo, y sostenemos que se trata de un caso general. Además, del mismo modo que tendemos a subestimar el papel de la suerte en la vida en general, tendemos a *sobreestimarlo* en los juegos de azar.

Quería gritar: «Este edificio está dentro del redil platónico; la vida se halla fuera de él».

Jugar con el dado malo

Me sorprendí un tanto al descubrir que el edificio se encontraba también fuera del redil platónico.

La gestión del riesgo del casino, aparte de establecer sus normas de juego, estaba destinada a reducir las pérdidas que ocasionaban los tramposos. No es necesario saber mucho sobre la teoría de la probabilidad para entender que el casino estaba lo suficientemente diversificado en las diferentes mesas como para no tener que preocuparse de la posibilidad de recibir un golpe por parte de un jugador de suerte extrema (el argumento de la diversificación que lleva a la curva de campana, como veremos en el capítulo 15). Todo lo que tenían que hacer era controlar las «ballenas», esos jugadores empedernidos traídos de Manila o Hong Kong a cargo del propio casino; las ballenas pueden manejar varios millones de dólares en una racha de juego. Libres de tramposos, la actuación de los jugadores individuales sería el equivalente a una gota en un cubo, haciendo que el conjunto se mantuviera muy estable.

Prometí no hablar de ninguno de los detalles del sofisticado sistema de vigilancia del casino; todo lo que se me permite decir es que me sentí transportado a una película de James Bond: me preguntaba si el casino era una imitación de las películas, o al revés. Pero, pese a tanta sofisticación, sus riesgos no tenían nada que ver con lo que se puede prever sabiendo que se trata de un casino. Y es que resultó que las cuatro mayores pérdidas que el casino sufrió o apenas pudo evitar quedaban completamente fuera de sus sofisticados métodos.

Primera. Perdieron unos cien millones de dólares cuando un tigre mutiló a un insustituible actor de su principal espectáculo (el espectáculo, *Siegfried & Roy*, había sido una importante atracción en Las Vegas). El artista había criado al tigre, que incluso había llegado a dormir en su habitación; hasta entonces, nadie sospechaba que el fuerte animal fuera a revolverse contra su amo. Al analizar los posibles escenarios, el casino llegó a pensar en que el animal saltara sobre el público, pero a nadie se le ocurrió cómo podían asegurar lo que iba a suceder.

Segunda. Un contratista contrariado resultó herido durante la construcción de un anejo al hotel. Se sintió tan ofendido por el acuerdo que le propusieron que intentó dinamitar el casino. Su plan era colocar explosivos alrededor de las columnas del sótano. El intento, por supuesto, fue abortado (de lo contrario, para emplear los argumentos del capítulo 8, no hubiéramos estado allí); pero me entraban escalofríos sólo de pensar que pudiera estar sentado sobre una pila de dinamita.

Tercera. Los casinos deben cumplimentar un impreso en el que el Servicio Interno de Ingresos documenta los beneficios de un jugador cuando superan una determinada cantidad. El empleado que se suponía que llevaba a correos dichos impresos los escondía en unas cajas debajo de su mesa, por razones totalmente inexplicables. Así lo hizo durante años sin que nadie se diera cuenta. El hecho de que el empleado se abstuviera de remitir los documentos era realmente imposible de predecir. El fraude (y la negligencia) fiscal es un delito grave, por lo que el casino se enfrentaba a la pérdida del permiso de juego o al oneroso coste económico de un cierre temporal. Evidentemente, la cosa terminó con que el casino pagó una multa enorme (cuyo importe no se hizo público), que fue la forma más afortunada de solucionar el problema.

Cuarta. Hubo una avalancha de otros sucesos peligrosos, como el secuestro de la hija del propietario del casino, quien, para reunir el dinero del rescate, tuvo que violar las leyes del juego y recurrir a los fondos del casino.

Conclusión: Un cálculo rápido demuestra que el valor en dólares de esos Cisnes Negros, los golpes ajenos al modelo y los golpes potenciales que acabo de esbozar, multiplica casi por mil los riesgos que se ajustan a un modelo. El casino gastó cientos de millones de dólares en la teoría del juego y la vigilancia de alta tecnología, pero los grandes riesgos surgieron del exterior de sus modelos.

Así es; y sin embargo el resto del mundo sigue aprendiendo sobre la incertidumbre y la probabilidad basándose en los ejemplos del juego.

Emerge lo superficial

Todos los temas de la primera parte son, en realidad, uno solo. Se puede pensar en un tema durante mucho tiempo, hasta el punto de quedar poseído por él. De algún modo, tenemos muchas ideas, pero no parece que estén explícitamente relacionadas; la lógica que las vincula se nos sigue ocultando. Pero en el fondo sabemos que todas ellas son *la misma* idea. Entretanto, los que Nietzsche llama *Bildungsphilisters,** o zafios doctos, obreros de la empresa del pensamiento, nos dicen que nos dispersamos entre diversos campos; y nosotros replicamos, en vano, que esas disciplinas son artificiales y arbitrarias. Luego les decimos que somos conductores de limusinas, y nos dejan solos; nos sentimos mejor porque no nos identificamos con ellos, y por tanto ya no tienen que amputarnos ninguna parte para caber en el lecho de Procusto de las disciplinas. Por último, un empujoncito y vemos que todo era un único problema.

Cierta tarde me encontraba en un cóctel en Múnich, en el piso de un antiguo historiador del arte que tenía en su biblioteca más libros de arte de los que yo imaginaba que existían. Estaba de pie saboreando un excelente Riesling en la esquina anglohablante del piso que se había formado espontáneamente, con la esperanza de alcanzar un estado en que pudiera empezar a hablar en mi personal alemán de imitación. Uno de los pensadores más perspicaces que conozco, el emprendedor informático Yossi Vardi, me dio pie a que resumiera «mi idea» mientras me sustentaba sobre una pierna. No era muy conveniente apoyarse en una sola pierna después de unos vasos de aromático Riesling, así que no conseguí improvisar. Al día siguiente sentí la experiencia de quien reacciona demasiado tarde. Salté de la cama con la siguiente idea: *lo superficial y lo platónico emergen de forma natural a la superficie*. Se trata de una simple extensión del problema del conocimiento. Es, sencillamente, que un lado de la biblioteca de

---

* Nietzsche alude con este término a los lectores de periódicos dados al dogma y los amantes de la ópera que tienen una exposición superficial a la cultura y escasa profundidad. Aquí extiendo el término al ignorante que se esconde en la academia, que carece de erudición por su falta de curiosidad, y se centra casi exclusivamente en sus ideas.

Eco, aquel que nunca vemos, tiene la propiedad de ser ignorado. Y es también el problema de la prueba silenciosa. Es la razón de que no veamos los Cisnes Negros: nos preocupamos por lo que ha sucedido, no por lo que pudiera ocurrir pero no ocurrió. Ahí está la razón de que platonifiquemos, vinculando los esquemas conocidos con los conocimientos bien organizados, hasta el punto de estar ciegos ante la realidad. Ahí está la razón de que nos traguemos el problema de la inducción, de que *confirmemos*. Ahí está la razón de que quienes «estudian» y van bien en los estudios tengan tendencia a sentir debilidad por la falacia lúdica.

Y ahí está la razón de que tengamos Cisnes Negros y nunca aprendamos del hecho de que ocurran, porque los que no ocurrieron eran demasiado abstractos. Gracias a Vardi hoy pertenezco al club de las personas de idea única.

Nos encantan lo tangible, la confirmación, lo palmario, lo real, lo visible, lo concreto, lo conocido, lo visto, lo vívido, lo visual, lo social, lo arraigado, lo que está cargado de sentimientos, lo destacado, lo estereotipado, lo enternecedor, lo teatral, lo romántico, lo superficial, lo oficial, la verborrea que suena a erudición, el pomposo economista gaussiano, las estupideces matematizadas, la pompa, la Académie Française, la Harvard Business School, el Premio Nobel, los trajes oscuros del hombre de negocios con camisa blanca y corbata de Ferragamo, el discurso emotivo, lo escabroso. Y sobre todo, somos partidarios de *lo narrado*.

Por desgracia, en la edición actual del género humano no estamos fabricados para entender asuntos abstractos: necesitamos el contexto. La aleatoriedad y la incertidumbre son abstracciones. Respetamos lo que ha ocurrido, al tiempo que ignoramos lo que *pudiera haber* ocurrido. En otras palabras, somos superficiales por naturaleza, pero no lo sabemos. Esto no supone un problema psicológico, procede de la principal propiedad de la información. Es más difícil ver el lado oscuro de la luna; arrojar luz sobre él requiere energía. De la misma forma, arrojar luz sobre lo no visto tiene su coste en esfuerzos, tanto computacionales como mentales.

La distancia de los primates

A lo largo de la historia se han establecido muchas distinciones entre formas superiores e inferiores de seres humanos. Para los antiguos griegos, existían ellos y los bárbaros, aquellos pueblos del Norte que emitían frases extrañas que a los áticos les sonaban como chillidos de animales. Para un inglés, una forma superior de vida era la del *gentleman;* contrariamente a la definición actual, la vida del *gentleman* discurría en la inactividad y se ajustaba a un código de conducta que incluía, además de los buenos modales, evitar el trabajo más allá de lo que una cómoda subsistencia exigiera. Los neoyorquinos diferencian entre quienes tienen un apartado de correos en Manhattan y quienes tienen una dirección de Brooklyn o, peor aún, de Queens. Para el primer Nietzsche, estaba lo apolíneo frente a lo dionisíaco; para el Nietzsche más conocido, estaba el *Übermensch,* algo que sus lectores interpretan de un modo que los define. Para un estoico moderno, un individuo superior suscribe un sistema noble de virtud que determina la elegancia de su comportamiento y la capacidad de separar los resultados de los esfuerzos. Todas estas distinciones tienen como objetivo alargar la distancia que media entre nosotros y nuestros parientes entre los primates. (Sigo insistiendo en que, cuando se trata de la toma de decisiones, la distancia entre nosotros y esos primos nuestros cubiertos de pelo es mucho más corta de lo que pensamos.)

Si buscamos un método sencillo que nos lleve a una forma de vida superior, tan alejada del animal como podamos conseguir, es posible que tengamos que «desnarrar», es decir, apagar el televisor, reducir al mínimo el tiempo dedicado a la lectura de la prensa e ignorar los *blogs.* Tendremos que entrenar nuestras habilidades para que controlen nuestras decisiones; separar un tanto el sistema 1 (el sistema heurístico o experiencial) de los importantes. Entrenarnos para distinguir *la diferencia entre lo sensacional y lo empírico.* Este aislamiento de la toxicidad del mundo tendrá un beneficio adicional: mejorará nuestro bienestar. Tengamos también en cuenta cuán superficiales somos con la probabilidad, la madre de todas las ideas abstractas. No hay que hacer mucho más para comprender mejor lo que nos rodea. Ante todo, evitemos el «tunelaje».

Asentemos aquí el puente que nos llevará al próximo punto que vamos a tratar. La ceguera platónica que he ilustrado con la historia del casino tiene otra manifestación: el centrarse. Saber centrarse es una gran virtud para quien se dedique a reparar relojes, para el cirujano cerebral o para el jugador de ajedrez. Pero lo último que hay que hacer cuando nos enfrentamos a la incertidumbre es «centrarnos» (debemos dejar que sea la incertidumbre la que se centre, no nosotros). Eso nos convierte en imbéciles y, como veremos en el apartado siguiente, se traduce en problemas de predicción. La predicción, no la narración, es la auténtica prueba de nuestra comprensión del mundo.

SEGUNDA PARTE
Simplemente no podemos predecir

Cuando pido a la gente que me digan tres tecnologías que se hayan aplicado recientemente y que hayan producido el mayor impacto en nuestro mundo, normalmente citan el ordenador, Internet y el rayo láser. Ninguna de las tres estaba prevista ni planeada; tampoco fueron apreciadas en el momento de su descubrimiento, y siguieron sin ser apreciadas hasta mucho después de sus primeros usos. Eran consiguientes. Eran Cisnes Negros. Evidentemente, tenemos la ilusión retrospectiva de su participación en algún plan maestro. Uno puede crear sus propias listas con resultados similares, ya sea con acontecimientos políticos, guerras o epidemias intelectuales.

Cabría esperar que nuestro registro de la predicción fuera horrible: el mundo es mucho, pero que mucho más complicado de lo que pensamos, lo cual no es ningún problema, excepto cuando la mayoría de nosotros no lo sabe. Cuando miramos al futuro, tendemos a «tunelar», comportándonos como de costumbre, sin tener en cuenta los Cisnes Negros, cuando de hecho no hay nada de usual en lo que al futuro se refiere. No es una categoría platónica.

Hemos visto lo bien que narramos hacia atrás, lo bien que inventamos historias que nos convencen de que comprendemos el pasado. Para muchos, el conocimiento tiene el notable poder de producir confianza, en vez de una aptitud que se pueda medir. Otro problema: el hecho de centrarse en lo regular (inconsiguiente), la platonificación que lleva a prever «según lo razonable».

Me parece escandaloso que, pese a los antecedentes empíricos, sigamos proyectando en el futuro como si supiéramos hacerlo a la perfección, empleando herramientas y métodos que excluyen los sucesos raros. La predicción está firmemente institucionalizada en nuestro mundo. Nos dejamos llevar por quienes nos ayudan a navegar, sea el adivino, el «prolijo» (y aburrido) académico o los funcionarios que usan unas matemáticas falsas.

De Yogi Berra a Henri Poincaré

El gran entrenador de béisbol Yogi Berra tiene su dicho particular: «Es difícil hacer predicciones, en especial sobre el futuro». Aunque no escribiera las obras que le permitirían ser considerado un filósofo, a pesar de su sabiduría y sus habilidades intelectuales, Berra puede afirmar que algo sabe sobre la aleatoriedad. Fue profesional de la incertidumbre, y, como jugador y entrenador de béisbol, se enfrentó a menudo a resultados aleatorios, unos resultados que no tenía más remedio que asumir.

De hecho, Yogi Berra no es el único pensador que reflexionó sobre cuánta parte del futuro escapa a nuestras habilidades. Muchos pensadores menos populares y menos expresivos, pero no menos competentes que él, han analizado nuestras limitaciones inherentes en este sentido, desde los filósofos Jacques Hadamard y Henri Poincaré (llamados normalmente matemáticos) hasta el filósofo Friedrich von Hayek (en general llamado, lamentablemente, economista) y el filósofo Karl Popper (conocido normalmente como filósofo). Podemos llamar a esto sin temor a equivocarnos la conjetura de Berra, Hadamard, Poincaré, Hayek y Popper, la cual impone unos límites estructurales e integrados al empeño de predecir.

«El futuro no es lo que solía ser», dijo Berra más adelante.* Parece que tuvo razón: las ganancias en nuestra capacidad para modelar (y predecir) el mundo pueden parecer pequeñas ante el incremento de la complejidad de éste, la cual implica un papel cada vez más importante de lo imprevisto. Cuanto mayor sea el papel que desempeñe el Cisne Negro, más difícil nos será preverlo. Lo siento.

Antes de pasar a los límites de la predicción, hablaremos de los logros de ésta y de la relación entre las ganancias en conocimientos y las consiguientes ganancias en confianza.

---

* Señalemos que estos dichos atribuidos a Yogi Berra pudieran ser apócrifos: fue el físico Niels Bohr quien dio con el primero, y muchos dieron con el segundo. De todos modos, siguen siendo la quintaesencia del *berraísmo*.

Capítulo 10
EL ESCÁNDALO
DE LA PREDICCIÓN

Bienvenida a Stanley - ¿Cuántos amantes tuvo? - Cómo ser economista, vestir un buen traje y hacer amigos - No es así, es «casi» así - Los ríos poco profundos pueden tener puntos de gran profundidad

Una tarde de marzo, unos cuantos hombres y mujeres estaban en la explanada que da a la bahía en el exterior de la Opera House de Sidney. Era casi el final del verano pero, pese al calor, los caballeros llevaban chaqueta. En este sentido, las mujeres iban más cómodas, aunque tenían que sufrir los problemas de movilidad que los altos tacones imponían.

Todos habían acudido a pagar el precio de la sofisticación. Pronto iban a escuchar durante varias horas a una serie de hombres y mujeres de corpulencia mayor de lo habitual cantar en ruso de forma interminable. Muchas de las personas aficionadas a la ópera tenían el aspecto de trabajar en las sucursales de J. P. Morgan, o en alguna otra institución financiera cuyos empleados experimentan una riqueza diferencial de la del resto de la población local, con las consiguientes presiones para que vivan siguiendo un complejo guión (vino y ópera). Pero yo no me encontraba allí para echar una miradilla a aquellos sofisticados de nuevo cuño. Había ido a ver la Opera House de Sidney, un edificio que ilustra todos los folletos turísticos sobre Australia. Es, en efecto, impresionante, aunque parece ese tipo de edificio que los arquitectos crean para impresionar a los demás arquitectos.

Aquel paseo vespertino por la muy placentera zona de Sidney llamada The Rocks fue un peregrinaje. Los australianos vivían con la ilusión de haber construido un monumento que perfilara su horizonte, pero lo que realmente habían hecho era construir un monumento a nuestra incapacidad para predecir, planificar y arreglárnoslas con nuestro *desconocimiento* del futuro: nuestra sistemática infravaloración de lo que el futuro nos tiene reservado.

En realidad, los australianos habían construido un símbolo de la arrogancia epistémica del género humano. La historia es la siguiente. La inauguración de la Opera House de Sidney estaba prevista para principios de 1963, con un coste de 7 millones de dólares australianos. Al final, abrió sus puertas más de diez años después y, aunque era una versión menos ambiciosa de lo que en un principio se había concebido, acabó por costar en torno a 104 millones de dólares australianos. Hay casos aún peores de fracasos en la planificación (concretamente el de la Unión Soviética), o de fracasos en la predicción (todos los acontecimientos históricos importantes); pero la Opera House de Sidney constituye un ejemplo estético (en principio, al menos) de las dificultades. La historia de esta ópera es la más suave de todas las distorsiones de que hablaremos en este apartado (no fue más que cuestión de dinero, y no supuso ningún derramamiento de sangre inocente). Pese a todo, es un caso emblemático.

Este capítulo se ocupa de dos temas. Primero, somos ostensiblemente arrogantes en lo que creemos que sabemos. Desde luego sabemos muchas cosas, pero tenemos una tendencia innata a pensar que sabemos un poco más de lo que realmente sabemos, lo bastante de ese *poco más* para que de vez en cuando nos encontremos con problemas. Veremos cómo podemos verificar, y hasta medir, esa arrogancia en nuestra propia sala de estar.

Segundo, veremos las implicaciones que esta arrogancia tiene para todas las actividades que tengan que ver con la predicción.

¿Por qué demonios predecimos tanto? Peor aún, y más interesante: ¿por qué no hablamos de la historia de nuestras predicciones? ¿Por qué no vemos que (casi) siempre nos perdemos los grandes acontecimientos? A esto lo llamo el escándalo de la predicción.

DE LA VAGUEDAD DEL RECUENTO DE AMANTES DE CATALINA

Analicemos lo que denomino *arrogancia epistémica*, literalmente nuestro orgullo desmedido en lo que se refiere a los límites de nuestro conocimiento. *Epistēmē* es una palabra griega que designa el conocimiento (poner un nombre griego a un concepto abstracto hace que suene importante). Es verdad, nuestro conocimiento crece, pero está amenazado por el mayor crecimiento de la confianza, que hace que nuestro crecimiento en el conocimiento sea al mismo tiempo un crecimiento en la confusión, la ignorancia y el engreimiento.

Imaginemos una habitación llena de gente y escojamos un número al azar. El número podría referirse a cualquier cosa: la proporción de corredores de Bolsa psicópatas de Ucrania occidental, las ventas de este libro durante los meses que contienen la letra *r*, el coeficiente intelectual medio de los editores de libros (o de quienes escriben sobre negocios), el número de amantes de Catalina II de Rusia, etc. Pidamos a cada una de las personas de la habitación que calcule de forma independiente un rango de posibles valores para ese número, dispuestos de tal forma que piensen que tienen el 98% de probabilidades de acertar y menos del 2% de probabilidades de equivocarse. En otras palabras, sea lo que sea lo que imaginen, hay un 2% de probabilidades de que quede fuera del rango que han imaginado. Por ejemplo:

«Estoy seguro en un 98% de que la población de Rajastán está entre 15 y 23 millones.»
«Estoy seguro en un 98% de que Catalina de Rusia tuvo entre 34 y 63 amantes.»

Podemos hacer inferencias sobre la naturaleza humana contando para ello cuántas personas de nuestra muestra erraron en su cálculo; posiblemente no serán más del 2% de los participantes. Observemos que los sujetos (nuestras víctimas) son libres para establecer la amplitud de su rango como quieran: no intentamos valorar sus conocimientos, sino *la evaluación que hacen de sus propios conocimientos*.

Y ahora, los resultados. Como ocurre con muchas cosas de la vida, el descubrimiento no estaba planeado; fue casual, sorprendente y llevó su tiempo digerirlo. Dice la leyenda que Albert y Raiffa, los investigadores que lo observaron, en realidad estaban buscando algo muy distinto, y más aburrido: cómo calculan los seres humanos las probabilidades en su toma de decisiones cuando interviene la incertidumbre (aquello que los doctos denominan *calibrar*). Los investigadores terminaron aturdidos. El índice de error del 2% resultó ser de cerca del 45% en la población analizada. Es muy revelador que la primera muestra la compusieran alumnos de la Harvard Business School, un género famoso no precisamente por su humildad ni su orientación introspectiva. Los másteres en administración de empresas son especialmente desagradables en este sentido, lo cual pudiera explicar el éxito que tienen en los negocios. Estudios posteriores hablan de mayor humildad o, mejor, de un menor grado de arrogancia, en otras poblaciones. Los conserjes y los taxistas suelen ser humildes. Los políticos y los ejecutivos de grandes empresas, bueno... lo dejaremos para más adelante.

¿Nos sentimos veinte veces demasiado cómodos con lo que sabemos? Eso parece.

Este experimento se ha repetido muchísimas veces, con diversas poblaciones, profesiones y culturas, y prácticamente todo psicólogo empírico y teórico de la decisión lo ha intentado en su clase, para demostrar a sus alumnos el gran problema de la humanidad: simplemente no somos lo bastante sabios para que se nos confíe el conocimiento. El pretendido índice de error del 2% normalmente resulta ser de entre el 15 y el 30%, dependiendo de la población y de la materia en cuestión.

Yo mismo he hecho la prueba y, evidentemente, fracasé, pese a que trataba a conciencia de ser humilde y establecer para ello un rango amplio; y sin embargo, esta infravaloración es, como veremos, el núcleo de mis actividades profesionales. Parece que este sesgo se presenta en todas las culturas, incluso en aquellas que favorecen la humildad; es posible que no exista una diferencia trascendental entre el centro de Kuala Lumpur y el antiguo asentamiento de Amioun, (hoy) en Líbano. Ayer por la tarde, dirigí un taller en Londres, y de camino a él había estado escribiendo mentalmente porque el taxista tenía una habilidad superior a la normal para «encontrar tráfico». Decidí hacer un pequeño experimento durante mi charla.

Pedí a los participantes que intentaran dar una cifra que representara el número de libros de la biblioteca de Umberto Eco, que, como sabemos de la introducción a la primera parte, contiene 30.000 volúmenes. De las sesenta personas presentes, ninguna estableció un rango lo bastante amplio para que incluyera ese número (el índice de error del 2% se convirtió en el 100%). Es posible que este caso sea anómalo, pero la distorsión se agrava con las cantidades que se salen de lo habitual. Resulta interesante que mis oyentes se equivocaran muy por encima o muy por debajo: unos fijaron sus rangos entre 2.000 y 4.000; otros, entre 300.000 y 600.000.

Como alguien señaló, es verdad que la naturaleza del test puede jugar sobre seguro, y para ello establecer el rango entre cero e infinito; pero esto ya no sería «calibrar»: esa persona no transmitiría ninguna información y, por tanto, no podría producir una decisión informada. En este caso es más honrado decir: «No quiero hacer trampas; no tengo pistas».

No es raro dar con contraejemplos, personas que se pasan en el sentido contrario y realmente sobreestiman el índice de error: tal vez tengamos un primo que pone especial cuidado en lo que dice, o quizá recordemos a aquel profesor de biología de la universidad que mostraba una humildad patológica; la tendencia de la que hablo aquí se refiere al promedio de la población, no a cada individuo concreto. Existen suficientes variaciones en torno al promedio como para garantizar algún que otro contraejemplo. Esas personas forman una minoría, y, lamentablemente, dado que no consiguen destacar con facilidad, no parece que desempeñen un papel demasiado influyente en la sociedad.

La arrogancia epistémica produce un efecto doble: sobreestimamos lo que sabemos e infravaloramos la incertidumbre, comprimiendo así la variedad de posibles estados inciertos (es decir, reduciendo el espacio de lo desconocido).

Las aplicaciones de esta distorsión se extienden más allá de la simple búsqueda del conocimiento: basta con que nos fijemos en la vida de quienes nos rodean. De hecho, lo más probable es que ello afecte a cualquier decisión referente al futuro. El género humano padece de una infravaloración crónica de la posibilidad de que el futuro se salga del camino inicialmente previsto (además de otros sesgos que a veces producen un efecto acrecentador). Para poner un ejemplo obvio, pensemos en cuántas personas se divorcian. Casi todas ellas saben que entre el 30 y el 50% de los matrimonios fracasan, algo que las partes implicadas no preveían mientras sellaban su vínculo matrimonial. Por supuesto que no va a ser éste «nuestro» caso porque «nos entendemos muy bien» (como si los demás cónyuges no se entendieran de ningún modo).

Recuerdo al lector que no estoy comprobando cuánto saben las personas, sino evaluando *la diferencia entre lo que realmente saben y cuánto creen que saben*. Recuerdo una medida que mi madre se inventó, para gastarme una broma, cuando decidí dedicarme a los negocios. Ella se mostraba irónica sobre mi (evidente) confianza, aunque no necesariamente dudaba de mi capacidad, y me encontró una forma de forrarme. ¿Cómo? Quien calculara cómo comprarme al precio que realmente valgo y me vendiera al que yo creo que valgo, se embolsaría una gran diferencia. Aunque sigo intentando convencerla de mi humildad e inseguridad interiores, ocultas tras una aparente confianza, y aunque sigo diciéndole que soy introspectivo, ella no abandona su escepticismo. Qué introspectivo ni qué niño muerto, todavía se burla mientras escribo estas líneas de que siempre voy un poco por delante de mí mismo.

RECUPERACIÓN DE LA CEGUERA DEL CISNE NEGRO

La sencilla prueba de la que acabamos de hablar indica la presencia en los seres humanos de una tendencia innata a subestimar las rarezas, o Cisnes Negros. Abandonados a nuestros propios recursos, solemos pensar que lo que ocurre cada diez años en realidad sólo ocurre una vez cada cien, y que, además, sabemos lo que pasa.

Este problema de cálculo erróneo es un poco más sutil. La realidad es que las rarezas no son tan sensibles a la infravaloración ya que son frágiles ante los errores de cálculo, lo cual puede actuar en ambos sentidos. Como veíamos en el capítulo 6, hay situaciones en las que las personas sobreestiman lo inusual o algún suceso inusual concreto (por ejemplo, cuando les llegan a la mente imágenes sensacionales); y como hemos visto, así es como prosperan las compañías aseguradoras. De modo que mi idea general es que estos sucesos son muy frágiles ante el *cálculo erróneo*, con una grave infravaloración general mezclada con alguna que otra sobreestimación grave.

Los errores empeoran en función de la distancia del suceso. Hasta ahora, sólo hemos considerado un índice de error del 2% en el juego que veíamos antes; pero si nos fijamos, por ejemplo, en situaciones en las que las probabilidades son de una entre cien, una entre mil o una entre un millón, entonces los errores son enormes. Cuantas más probabilidades haya, mayor será la arrogancia epistémica.

Señalemos aquí una peculiaridad de nuestro juicio intuitivo: aun en el caso de que viviéramos en Mediocristán, donde los grandes sucesos son raros (y en su mayoría intrascendentes), seguiríamos infravalorando los extremos: pensaríamos que son incluso más raros. Subestimamos nuestro índice de error incluso con las variables gaussianas. Nuestras intuiciones son submediocristanas. Pero no vivimos en Mediocristán. Los números que previsiblemente calcularemos a diario pertenecen en gran medida a Extremistán, es decir, están dirigidos por la concentración y sometidos a los Cisnes Negros.

Adivinar y predecir

No existe una diferencia efectiva entre que yo adivine una variable que no es aleatoria, pero para la que mi información es parcial o deficiente (como el número de amantes que desfilaron por la cama de Catalina II de Rusia), y predecir una variable aleatoria, como el índice de paro de mañana o el mercado de valores del año que viene. En este sentido, adivinar (lo que yo no sé, pero que alguien puede saber) y predecir (lo que aún no ha tenido lugar) son lo mismo.

Para apreciar un poco más la conexión entre adivinar y predecir, supongamos que en vez de intentar calcular el número de amantes de Catalina de Rusia, consideramos las cuestiones menos interesantes pero, para algunos, más importantes del crecimiento de la población para el siglo próximo, los beneficios de la Bolsa, el déficit de la seguridad social, el precio del petróleo, los resultados de la venta de aquella propiedad de nuestro bisabuelo, o las condiciones medioambientales de Brasil dentro de veinte años. O, si somos el editor del libro de Yevguenia Krasnova, tal vez necesitemos hacer una estimación de las posibles ventas futuras. Nos metemos en aguas cenagosas: pensemos simplemente que la mayoría de los profesionales que hacen predicciones también padecen el impedimento mental del que hablábamos antes. Además, a las personas que hacen previsiones profesionalmente a menudo les afectan *más* esos impedimentos que al resto de la gente.

LA INFORMACIÓN ES MALA PARA EL CONOCIMIENTO

Tal vez se pregunte el lector cómo afectan a la arrogancia epistémica el aprendizaje, la educación y la experiencia; es decir, qué puntuación sacarían las personas con estudios en la prueba anterior, en comparación con el resto de la población (utilizando como parámetro a Mijail, el taxista). Nos sorprenderá la respuesta: depende de la profesión. Primero voy a hablar de las ventajas que los «informados» tienen sobre el resto de nosotros en la decepcionante actividad de la predicción.

Recuerdo que en una visita a un amigo en un banco inversor de Nueva York, vi a un frenético personaje del tipo «máster del universo» dando vueltas por el vestíbulo, con una serie de auriculares inalámbricos enredados en sus orejas y un micrófono que sobresalía del lado derecho y que me impedía concentrarme en sus labios durante la conversación de veinte segundos que mantuve con él. Le pregunté a mi amigo para qué servía aquel artilugio. «Le gusta mantenerse en contacto con Londres», me dijo. Cuando se es un empleado y, por consiguiente, se depende del juicio de otras personas, el hecho de parecer atareado puede ayudarle a uno a reclamar para sí la responsabilidad de los resultados en un entorno aleatorio. La apariencia de estar absorbido por el trabajo refuerza la percepción de la causalidad, del vínculo que existe entre los resultados y el papel que uno ha desempeñado en ellos. Esto, por supuesto, se aplica aún más a los directores ejecutivos de las grandes empresas, que necesitan pregonar a bombo y platillo la relación entre su «presencia» y su «liderazgo» y los resultados de la empresa. No conozco ningún estudio que investigue qué utilidad tiene que esas personas inviertan su tiempo en conversar y absorber información de poca monta, como tampoco ha habido muchos escritores que hayan tenido el valor de preguntarse por la medida en que la actuación de los directores ejecutivos ha incidido en el éxito de la empresa.

Veamos un efecto importante de la información: el impedimento para el conocimiento.

Aristóteles Onassis, tal vez el primer magnate mediatizado, era famoso por ser rico, y por hacer ostentación de ello. Refugiado griego del sur de Turquía, marchó a Argentina, hizo mucho dinero con la importación de tabaco turco y luego se convirtió en magnate naviero. Fue vilipendiado cuando se casó con Jacqueline Kennedy, viuda del presidente estadounidense John F. Kennedy, lo cual llevó a la desconsolada Maria Callas a enclaustrarse en un piso de París a esperar que le llegara la muerte.

Si se estudia la vida de Onassis, a lo que dediqué parte de mis primeros años de madurez, se observa una interesante regularidad: «trabajar», en el sentido convencional, no era lo suyo. Ni siquiera disponía de mesa de trabajo, y no digamos un despacho. No sólo se dedicaba a hacer tratos y acuerdos, para lo cual no se necesita despacho, sino que también dirigía un imperio naviero, lo cual exige un control diario. Y sin embargo, su principal herramienta era una libreta, que contenía toda la información que necesitaba. Se pasó la vida intentando socializar con ricos y famosos, y a perseguir (y conquistar) mujeres. Normalmente se despertaba a mediodía. Si necesitaba consejo legal, citaba a sus abogados en algún club nocturno de París a las dos de la madrugada. Se decía que tenía un encanto irresistible, el cual le ayudó a sacar provecho de la gente.

Vayamos más allá de lo anecdótico. Es posible que haya aquí un efecto de «engaño por el azar», que hayamos establecido un vínculo causal entre el éxito de Onassis y su *modus operandi*. Quizá nunca sepa si Onassis fue una persona hábil o un hombre con suerte, aunque estoy convencido de que su encanto le abrió muchas puertas; pero puedo someter su forma de actuar a un examen riguroso, fijándome para ello en los estudios empíricos sobre el vínculo entre información y comprensión. Así pues, esta afirmación, *el conocimiento adicional de las minucias del transcurso diario puede ser inútil, y hasta tóxico*, es indirecta pero efectivamente comprobable.

Mostremos a dos grupos de personas una imagen desdibujada de una boca de incendios, lo bastante borrosa como para que no reconozcan de qué se trata. En el primer grupo, aumentaremos lentamente la resolución, en diez pasos. En el segundo, lo haremos más deprisa, en cinco pasos. Detengámonos en el punto en que ambos grupos han visto la misma imagen, y pidámosles que identifiquen qué es. Lo más probable es que los miembros del grupo que vio menos pasos intermedios reconozcan la boca de riego mucho antes. ¿Moraleja? Cuanta más información se nos da, más hipótesis formulamos en el camino, y peores serán. Se percibe más ruido aleatorio y se confunde con información.

El problema es que nuestras ideas son pegajosas: una vez que formulamos una teoría, no somos proclives a cambiar de idea, de ahí que a aquellos que tardan en desarrollar sus teorías les vayan mejor las cosas. Cuando nos formamos nuestras opiniones a partir de pruebas poco sólidas, tenemos dificultades para interpretar la posterior información que contradice tales opiniones, incluso si esta nueva información es claramente más exacta. Aquí intervienen dos mecanismos: el sesgo de la confirmación que veía-

215

mos en el capítulo 5, y la perseverancia en la creencia, la tendencia a no cambiar nuestras opiniones. Recordemos que tratamos las ideas como si fueran propiedades, por lo que nos será difícil desprendernos de ellas.

El experimento de la boca de riego se realizó por primera vez en la década de 1960, y desde entonces se ha repetido varias veces. Yo también he estudiado este efecto utilizando las matemáticas de la información: cuantos más conocimientos detallados obtiene uno de la realidad empírica, más verá el ruido (es decir, lo anecdótico) y pensará que se trata de auténtica información. Recordemos que estamos influenciados por lo sensacional. Escuchar las noticias en la radio cada hora es mucho peor para uno que leer un semanario, porque el intervalo más largo permite que la información se filtre un poco.

En 1965 Stuart Oskamp proporcionó a psicólogos clínicos una serie de archivos sucesivos, los cuales contenían cada vez más información sobre los pacientes. La habilidad de los psicólogos para diagnosticar no aumentaba a medida que se iba añadiendo información: simplemente se reafirmaban más en su diagnóstico inicial. Es verdad que no cabe esperar mucho de psicólogos como los de 1965, pero parece que estos resultados se repiten en todas las disciplinas.

Por último, en otro experimento revelador, el psicólogo Paul Slovic pidió a unos corredores de apuestas que escogieran, de entre 88 variables de carreras de caballos pasadas, aquellas que consideraran útiles para computar las probabilidades. Esas variables incluían todo tipo de información estadística sobre resultados anteriores. A los corredores se les facilitaron las diez variables más útiles, y se les pidió que predijeran el resultado de las carreras. Luego les dieron otras diez y se les pidió que hicieran de nuevo sus pronósticos. El aumento en el conjunto de información no se tradujo en una mayor precisión por parte de los corredores; por otro lado, la confianza que tenían en sus previsiones se incrementó notablemente. La información demostró ser tóxica. Me he pasado buena parte de la vida dándole vueltas a la creencia tan extendida entre los medianamente cultivados de que «más es mejor»: más es a veces mejor, pero no siempre. Esta toxicidad del conocimiento aparecerá en nuestra investigación del llamado experto o especialista.

Hasta el momento no hemos cuestionado la autoridad de los profesionales implicados, sino su capacidad para medir las fronteras de sus propios conocimientos. La arrogancia epistémica no excluye las destrezas. El fontanero casi siempre sabrá más de fontanería que el terco ensayista y operador matemático. El cirujano experto en hernias raramente sabrá menos de hernias que quien se dedique a la danza del vientre. Pero, por otro lado, sus probabilidades serán poco precisas; y ahí está lo inquietante: es posible que uno sepa mucho más sobre esa situación que el propio experto. Digan lo que digan, merece la pena cuestionar *el índice de error* del procedimiento del experto. No pongamos en entredicho su procedimiento, sólo su confianza. (Como alguien a quien la clase médica llevó al desánimo total, aprendí a ser cauteloso, y recomiendo a todo el mundo que lo sea: si entras en la consulta del médico con un síntoma, no escuches sus probabilidades de que *no* sea un cáncer.)

Separaré los dos casos de la forma que sigue. El caso suave: *la arrogancia en la presencia de (cierta) competencia*; y el caso grave: *la arrogancia mezclada con la incompetencia (el traje vacío, o el farsante)*. Hay algunas profesiones en las que uno sabe más que los expertos, que son, lamentablemente, personas por cuyas opiniones pagamos, en vez de que sean ellas quienes nos paguen por escucharlas. ¿Cuáles?

Lo que se mueve y lo que no se mueve

Existe una bibliografía muy amplia sobre el llamado problema del experto, en la cual se realizan pruebas empíricas a especialistas para verificar su actuación. Pero parece que al principio resulta confusa. Por un lado, algunos investigadores que tratan de desacreditar a los expertos, como Paul Meehl y Robyn Dawes, demuestran que el «experto» es lo más parecido al fraude: no rinde mejor que el ordenador que utilice un único sistema métrico, pues su intuición se entromete en el camino y le ciega. (Como ejemplo de ordenador que usa un único sistema métrico, la ratio de activos líquidos sobre la deuda funciona mejor que la mayoría de los analistas de crédito.) Por otro lado, hay una abundante literatura en que se demuestra que muchas personas pueden ganar al ordenador gracias a la intuición. ¿Quién tiene razón?

Debe de haber disciplinas que tengan auténticos expertos. Hagamos las siguientes preguntas: ¿quién prefiere el lector que le practique una operación en el cerebro, un periodista científico o un cirujano cerebral titulado? ¿Y de quién preferiría escuchar una previsión económica, de alguien doctorado en economía por alguna institución «prominente» como la Wharton School, o de un periodista económico? La respuesta a la primera pregunta es empíricamente obvia, pero no ocurre lo mismo con la segunda. Ya somos capaces de ver la diferencia entre el «saber cómo» y el «saber qué». Los antiguos griegos distinguían entre *technē* y *epistēmē*. La escuela empírica de medicina de Menodoto de Nicomedia y Heráclides de Tarento quería que sus practicantes se mantuvieran lo más cerca posible de la *technē* (es decir, el oficio), y lejos de la *epistēmē* (es decir, el «conocimiento», la «ciencia»).

El psicólogo James Shanteau emprendió la tarea de averiguar qué disciplinas tienen expertos y cuáles no. Observemos aquí el problema de la confirmación: si queremos demostrar que no hay expertos, entonces debemos ser capaces de encontrar *una* profesión en la que los expertos sean inútiles. Y podemos demostrar lo contrario del mismo modo. Pero hay una regularidad: tenemos profesiones en que los expertos desempeñan un papel, y otras donde no hay pruebas de la existencia de destrezas. ¿Cuál es cuál?

Expertos que tienden a ser expertos son los tasadores de ganado, los astrónomos, los pilotos de prueba, los tasadores del suelo, los maestros de ajedrez, los físicos, los matemáticos (cuando se ocupan de problemas matemáticos, no de problemas empíricos), los contables, los inspectores de granos, los intérpretes de fotografías, los analistas de seguros (que se ocupan de las estadísticas al estilo curva de campana).

Expertos que tienden a ser... no expertos son los agentes de Bolsa, los psicólogos clínicos, los psiquiatras, los responsables de admisión en las universidades, los jueces, los concejales, los selectores de personal, los analistas de inteligencia (la actuación de la CIA, pese a sus costes, es lastimosa). Añadiré los siguientes resultados de mi propio examen de la bibliografía: los economistas, los analistas financieros, los profesores de economía, los politólogos, los «expertos en riesgo», el personal del Banco para Acuerdos Internacionales, los insignes miembros de la Asociación Internacional de Ingenieros de las Finanzas y los consejeros económicos personales.

Es decir, *las cosas que se mueven*, y que por consiguiente requieren ciertos conocimientos, no suelen tener expertos, mientras que las que no se mueven al parecer cuentan con algunos expertos. En otras palabras, las profesiones que se ocupan del futuro y basan sus estudios en el pasado no repetible tienen un problema de expertos (con la excepción del tiempo climático y los negocios que impliquen procesos físicos a corto plazo, no procesos socioeconómicos). No estoy diciendo que quien se ocupa del futuro no ofrece nunca información valiosa (como señalaba antes, los periódicos pueden predecir el horario de los teatros bastante bien), sino que aquellos que no ofrecen un valor añadido tangible generalmente se ocupan del futuro.

Otra forma de enfocar esta cuestión es que las cosas que se mueven son a menudo proclives al Cisne Negro. Los expertos son personas cuyo centro de atención es muy limitado y que necesitan «tunelar». En las situaciones en que el tunelaje es seguro, porque los Cisnes Negros no son consiguientes, al experto le irá bien.

Robert Trivers, psicólogo evolucionista y hombre de una perspicacia fuera de lo común, tiene otra respuesta (llegó a ser uno de los pensadores evolucionistas de mayor influencia desde Darwin, con ideas que desarrolló mientras intentaba entrar en la Facultad de Derecho). Vincula dicha respuesta a la autodecepción. En los campos en que contamos con tradiciones ancestrales, como el del saqueo, sabemos predecir muy bien los resultados mediante la evaluación del equilibrio de poderes. Los seres humanos y los chimpancés pueden sentir de forma inmediata quién es el que domina, y hacer un análisis de costes y beneficios sobre si conviene atacar y llevarse los bienes y a las parejas. Una vez que empezamos el asalto, nos ponemos en la mentalidad ilusoria que nos hace ignorar la información adicional: lo mejor es evitar titubear durante la batalla. Por otro lado, a diferencia de los saqueos, las guerras a gran escala no son algo que esté presente en el patrimonio humano —nos resultan algo nuevo—; por eso tendemos a calcular mal su duración y a sobreestimar nuestro poder relativo. Recordemos en cuánto se subestimó la duración de la guerra de Líbano. Quienes lucharon en la Gran Guerra pensaban que sería un simple paseo. Lo mismo ocurrió con el conflicto de Vietnam, y así sucede con la guerra de Irak y con casi todos los conflictos actuales.

No podemos ignorar el autoengaño. El problema con los expertos es que no saben qué es lo que no saben. La falta de conocimiento y el engaño sobre la calidad de nuestros conocimientos van de la mano: el mismo proceso que hace que sepamos menos también hace que nos sintamos satisfechos con lo que sabemos.

A continuación, nos ocuparemos de las predicciones, pero no de su rango sino de su precisión, es decir, de la capacidad para predecir el propio número.

Cómo ser el último en reír

También podemos aprender sobre los errores de predicción a partir de las actividades comerciales. Los analistas cuantitativos disponemos de muchos datos sobre predicciones económicas y financieras, desde datos generales sobre grandes variables económicas hasta las predicciones y consejos bursátiles que ofrecen los «expertos» de la televisión o ciertas «autoridades». La abundancia de tales datos y la capacidad de procesarla en el ordenador hace que resulte de un valor incalculable para el empírico. De haber sido periodista o, Dios no lo quiera, historiador, hubiese tenido más problemas para comprobar la efectividad predictiva de estas discusiones verbales. No se pueden procesar los comentarios verbales en un ordenador, al menos no de forma fácil. Además, muchos economistas cometen el ingenuo error de formular muchas predicciones referentes a muchas variables, con lo que nos dan una base de datos de economistas y variables que nos permiten ver si ciertos economistas son mejores que otros (no hay diferencia consiguiente) o si existen variables en las que son más competentes (lamentablemente, ninguna es significativa).

Durante un tiempo ocupé un cargo desde el que podía observar muy de cerca nuestra capacidad de predicción. En mis días de operador de Bolsa a jornada completa, a las ocho y media de la mañana destellaban en la pantalla de mi ordenador, dos veces por semana, algunas cifras económicas que facilitaban el Departamento de Comercio, el del Tesoro, Industria o alguna honorable institución de este tipo. Nunca di con la pista de qué significaban aquellas cifras y nunca sentí la necesidad de molestarme en averiguarlo. De manera que no me preocupaba lo más mínimo de ellas, aunque no podía evitar oír que mis compañeros se apasionaban y hablaban un poco sobre lo que iban a significar esos números, aderezando con salsa verbal las previsiones. Entre tales cifras figuraban el índice de precios al consumo, los *nonfarm payrolls* (cambios en los datos sobre el empleo), el índice de principales indicadores económicos, las ventas de bienes duraderos (a los que los operadores de Bolsa llaman «chicas factibles»), el producto interior bruto (el más importante), y muchos indicadores más, los cuales generan diferentes grados de apasionamiento en función de su presencia en el discurso.

Los vendedores de datos te permiten echar un vistazo a las previsiones de «importantes economistas», personas (con traje) que trabajan para instituciones venerables como J. P. Morgan Chase o Morgan Stanley. Podemos observar cómo hablan estos economistas, cómo teorizan de forma elocuente y convincente. La mayoría de ellos ganan sueldos de siete cifras y gozan del rango de estrellas, con equipos de investigadores que mascan números y proyecciones. Pero las estrellas son lo bastante idiotas como para publicar las cifras que proyectan, con el fin de que la posteridad observe y valore su grado de competencia.

Y peor aún, muchas instituciones financieras elaboran cada fin de año folletos sobre las «Perspectivas para 200X», en los que se hacen predicciones para el año que empieza. No comprueban, claro está, qué tal resultaron sus previsiones *después* de haberlas formulado. Es posible que el público peque aún de mayor imbecilidad al creer en esas argumentaciones sin exigir las pruebas que exponemos a continuación (pese a ser muy sencillas, pocas son las que se han realizado). Una prueba empírica elemental es comparar a esos economistas estrella con un hipotético taxista (el equivalente de Mijail, del capítulo 1): se crea un agente sintético, alguien que tome el número más reciente como el mejor predictor del siguiente, al tiempo que se presume que tal agente no sabe nada. Luego, todo lo que hay que hacer es comparar los índices de error de los economistas célebres y los de nuestro agente sintético. El problema es que cuando uno está influido por las historias, se olvida de la necesidad de tal prueba.

Los sucesos son estrafalarios

El problema de la predicción es un poco más sutil. Procede sobre todo del hecho de que vivimos en Extremistán, no en Mediocristán. Nuestros predictores pueden valer para predecir lo habitual, pero no lo irregular, y aquí es donde en última instancia fracasan. Todo lo que hay que hacer es saltarse un movimiento de los tipos de interés, del 6 al 1% en una proyección a más largo plazo (lo que ocurrió entre 2000 y 2001), y todas las predicciones subsiguientes resultarán completamente ineficaces a la hora de corregir nuestros registros acumulados.

Estos errores acumulados dependen en gran medida de las grandes sorpresas, las grandes oportunidades. No sólo ocurre que los indicadores económicos, financieros y políticos las obvian, sino que los analistas se avergüenzan de decir a sus clientes algo que parezca estrafalario; y sin embargo, *resulta que los sucesos casi siempre son estrafalarios*. Además, como veremos en el apartado siguiente, los previsores económicos tienden a acercarse más entre sí que al producto resultante. Nadie quiere parecer estrafalario.

Dado que mis pruebas han sido informales, con fines comerciales y de entretenimiento, para mi propio consumo y no diseñadas para el público, utilizaré los resultados más formales de otros investigadores que realizaron el trabajo duro de ocuparse de la tediosa tarea que supone el proceso de publicación. Me sorprende que se haya hecho tan poca introspección para comprobar la utilidad de estas profesiones. Hay algunas —no muchas— pruebas formales en tres dominios: el análisis de inversiones, la ciencia política y la economía. No hay duda de que en unos pocos años dispondremos de más. O quizá no: es posible que los autores de esos artículos sean estigmatizados por sus colegas. De casi un millón de artículos publicados sobre política, finanzas y economía, sólo ha habido un reducido número de comprobaciones sobre la cualidad predictiva de este tipo de conocimientos.

Apiñarse como el ganado

Algunos investigadores han analizado el trabajo y la actitud de los analistas de inversiones, con resultados sorprendentes si se tiene en cuenta la arrogancia epistémica de esos operadores. En un estudio en que se les compara con los meteorólogos, Tadeusz Tyszka y Piotr Zielonka documentan que los analistas predicen peor al tiempo que tienen más fe en sus propias destrezas. De algún modo, la autoevaluación de los analistas no disminuía su margen de error después de sus fracasos en las predicciones.

El pasado julio me lamentaba yo de la escasez de este tipo de publicaciones ante Jean-Philippe Bouchaud, a quien visitaba en París. Es un hombre de aspecto juvenil que parece tener la mitad de mis años, aunque sólo es un poco más joven que yo; una circunstancia que medio en broma atribuyo a la belleza de la física. En realidad no es físico, sino uno de esos científicos cuantitativos que aplican los métodos de la física estadística a las variables económicas, campo que inició Benoît Mandelbrot a finales de la década de 1950. Esta comunidad profesional no emplea las matemáticas mediocristanas, de ahí que parezca que se ocupen de la verdad. Están completamente al margen de la clase dirigente de la economía y las finanzas de escuela de empresariales; sobreviven en los departamentos de física y matemáticas o, muy a menudo, en las sociedades comerciales (los comerciantes rara vez contratan a economistas para su propio consumo, sino que facilitan noticias para sus clientes menos sofisticados). Algunos de ellos trabajan también en sociología, con la misma hostilidad por parte de los «nativos». A diferencia de los economistas que lucen traje y tejen teorías, ellos usan métodos empíricos para observar los datos y no emplean la curva de campana.

Bouchaud me sorprendió con un artículo de investigación que un asistente en prácticas acababa de concluir bajo su supervisión y cuya publicación se acababa de acordar; analizaba con detalle dos mil predicciones formuladas por analistas de inversiones. Lo que demostraba era que esos analistas de agencias de corredores de Bolsa no predecían *nada;* una ingenua predicción que realizara alguien que tomara las cifras de un período como predictores del siguiente no sería notablemente peor. Sin embargo, los analistas están informados sobre los pedidos de las empresas, los próximos contratos y los gastos previstos, de modo que este conocimiento previo *debería* ayudarles a actuar considerablemente mejor que un previsor ingenuo que se fija en los datos pasados y no dispone de más información. Y peor aún, los errores de los predictores eran significativamente mayores que la diferencia media entre las predicciones individuales, lo cual indica un efecto de ir en manada. Normalmente, las predicciones deberían estar tan lejos unas de las otras como lo están del número previsto. Pero para comprender cómo se las arreglan tales personas para seguir en el negocio, y por qué no sufren graves crisis nerviosas (con pérdida de peso, conducta errática o alcoholismo agudo), debemos acudir a la obra del psicólogo Philip Tetlock.

«Casi» estaba en lo cierto

Tetlock estudió el trabajo de los «expertos» políticos y económicos. Pidió a varios especialistas que juzgaran la probabilidad de que ocurriera una serie de sucesos políticos, económicos y militares en un determinado período de tiempo (unos cinco años). Los resultados representaban un total de veintisiete mil predicciones, en las que intervinieron cerca de trescientos expertos. Los economistas constituían alrededor de la cuarta parte de la muestra. El estudio reveló que los índices de error de los expertos eran claramente muy superiores a lo que habían supuesto. La investigación planteaba el problema del experto: el hecho de que uno tuviera el título de doctor o sólo el de licenciado no suponía diferencia alguna. Los profesores con muchas publicaciones no mostraban ventaja alguna sobre los periodistas. La única regularidad que Tetlock descubrió fue el efecto negativo de la reputación sobre la predicción: quienes gozaban de gran reputación eran peores predictores que los desconocidos.

Pero el objetivo de Tetlock no estaba tanto en demostrar la auténtica competencia de los expertos (aunque, en este sentido, el estudio era bastante convincente) como en investigar por qué los expertos no se daban cuenta de que no eran tan buenos en el campo de su especialidad; en otras palabras, intentaba mostrar cómo tejían sus historias. Parecía que había cierta lógica en tal incompetencia, sobre todo en forma de defensa de las propias creencias o la protección de la autoestima. Así que Tetlock profundizó en los mecanismos con los que sus sujetos generaban explicaciones *ex post*.

Dejaré de lado el hecho de que los compromisos ideológicos influyen en nuestra percepción y dirigen los aspectos más generales de este punto ciego hacia nuestras propias predicciones.

Uno se dice a sí mismo que se trataba de otra cosa. Supongamos que no supimos predecir el debilitamiento y caída de la Unión Soviética (que ningún científico social vio venir). Es fácil proclamar que éramos excelentes especialistas en interpretar el funcionamiento político de la Unión Soviética, pero que los rusos, que lo eran en exceso, eran diestros en ocultarnos elementos económicos cruciales. De haber dispuesto de tal información económica, no hay ninguna duda de que hubiéramos sabido predecir la desaparición del régimen soviético. No es a nuestras habilidades a las que hay que culpar. Lo mismo se podría decir de nosotros si hubiéramos predicho una victoria aplastante de Al Gore sobre George W. Bush. No éramos conscientes de que la economía atravesara una situación tan mala; en realidad, parecía que este hecho se le ocultaba a todo el mundo. Sin embargo, tú no eres economista, y resulta que de lo que se trataba es de economía.

Invocas lo raro. Ha ocurrido algo que estaba fuera del sistema, fuera del ámbito de nuestra ciencia. Dado que no era predecible, no tenemos por qué culparnos. Fue un Cisne Negro y no se supone que debamos predecir los Cisnes Negros. Éstos, nos dice el NNT, son fundamentalmente impredecibles (pero luego pienso que el NNT nos preguntaría: «¿Por qué tenemos que confiar en las predicciones?»). Tales sucesos son «exógenos», procedentes del exterior de nuestra ciencia. O tal vez fuera un suceso de probabilidad muy, muy baja, una inundación de mil años, y tuvimos la desgracia de sufrirlo. Pero la próxima vez, no ocurrirá. Esta actitud de centrarse en lo establecido y de vincular la actuación de uno a un determinado guión es la forma en que los idiotas explican los fracasos de los métodos matemáticos en la sociedad. El modelo era correcto, funcionó bien, pero resultó que el juego fue diferente de lo previsto.

La defensa del «casi cierto». Retrospectivamente, con el beneficio de una revisión de valores y un esquema informativo, es fácil pensar que algo se salvó por los pelos. Dice Tetlock: «Los observadores de la antigua Unión Soviética que en 1988 pensaban que el Partido Comunista no podría ser apartado del poder, en 1993 o 1998 eran especialmente proclives a pensar que los partidarios de la línea dura del Kremlin estuvieron a punto de derrocar a Gorbachov en el intento de golpe de 1991, y lo habrían conseguido si los conspiradores hubiesen sido más resueltos y menos dados a la bebida, o si los oficiales militares clave hubiesen obedecido la orden de disparar contra los civiles que incumplieran la ley marcial, o si Yeltsin no hubiese actuado con tanta valentía».

Voy a ocuparme ahora de defectos más generales que este ejemplo pone al descubierto. Estos «expertos» pecaban de parciales: en las ocasiones en que estaban en lo cierto, lo atribuían a la profundidad de sus interpretaciones y su experiencia; cuando se equivocaban, había que culpar a la situación, que era inusual, o, peor aún, no reconocían que estaban equivocados y formulaban teorías al respecto. Les resultaba difícil aceptar que su comprensión era deficiente. Pero este atributo es común a todas nuestras actividades; hay algo en nosotros diseñado para proteger nuestra autoestima.

Los seres humanos somos víctimas de una asimetría en la percepción de los sucesos aleatorios. Atribuimos nuestros éxitos a nuestras destrezas; y nuestros fracasos, a sucesos externos que no controlamos, concretamente a la aleatoriedad. Nos sentimos responsables de todo lo bueno, pero no de lo malo. El 94% de los suecos creen que su habilidad para conducir los sitúa entre el 50% de los mejores conductores de Suecia; el 84% de los franceses piensan que su habilidad para hacer el amor los sitúa entre el 50% de los mejores amantes franceses.

El otro efecto de esta asimetría es que nos sentimos un tanto únicos, a diferencia de los demás, en quienes no percibimos esa asimetría. Me he referido antes a las expectativas irreales sobre el futuro que las personas tienen cuando se comprometen en matrimonio. Pensemos también en las familias que tunelan en su futuro y se encierran en su parcela pensando que van a vivir en ella de forma permanente, sin darse cuenta de que el resultado habitual de la vida sedentaria es funesto. ¿Es que no ven a esos agentes inmobiliarios de traje impecable merodear por sus propiedades en sus coches deportivos alemanes? Somos seres muy nómadas, mucho más de lo que planeamos serlo, y además a la fuerza. Pensemos cuántas personas que han perdido repentinamente su empleo pensaron que les iba a ocurrir tal cosa, ni tan siquiera unos días antes. O en cuántos drogadictos empezaron con la droga con la intención de engancharse a ella.

Se puede sacar otra lección del experimento de Tetlock. Éste descubrió lo que antes decía: que muchas estrellas de la universidad, o «colaboradores del mejor periodismo», no detectan mejor los cambios que se producen a su alrededor que el lector o el periodista medios del *New York Times*. Estos expertos, a veces exageradamente especializados, no superaban las pruebas de sus propias especialidades.

El erizo y la zorra. Tetlock distingue entre dos tipos de predictores, el erizo y la zorra, siguiendo una distinción que popularizó el ensayista Isaiah Berlin. Como en la fábula de Esopo, el erizo sabe una cosa; la zorra sabe muchas (son los tipos amoldables que necesitamos en la vida cotidiana). Muchos de los fallos en la predicción proceden de erizos que están casados mentalmente con un solo gran suceso Cisne Negro, una gran apuesta que no es previsible que se cumpla. El erizo es alguien que se centra en un suceso único, improbable y trascendental, y cae en la falacia narrativa que hace que un único resultado nos ciegue de tal forma que somos incapaces de imaginar otros.

Debido a la falacia narrativa, nos resulta más fácil entender a los erizos: sus ideas funcionan con sonidos perfectamente fragmentados. Su categoría cuenta con una gran representación entre la gente famosa; así que los famosos, como promedio, saben predecir peor que el resto de los predictores.

Hace mucho que evito a la prensa, porque cada vez que los periodistas escuchan mi historia de los Cines Negros, me piden que les dé una lista de futuros sucesos de gran impacto. Quieren que yo *prediga* esos Cisnes Negros. Curiosamente, en mi libro *¿Existe la suerte?: Las trampas del azar*, que se publicó una semana antes del 11 de septiembre de 2001, hablaba de la posibilidad de que un avión se estrellara contra el edificio en el que tengo mi despacho. De modo que, como es natural, se me preguntó «cómo preví el suceso». No lo predije: fue una casualidad. No juego a ser oráculo. Incluso recibí hace poco un correo en el que se me pedía que predijera los próximos diez Cisnes Negros. Son muchos los que no entienden mis ideas sobre el error de la especificidad, la falacia narrativa y la idea de la predicción. Contrariamente a lo que la gente pudiera esperar, no recomiendo que nadie se convierta en erizo; al contrario, debemos ser zorros de actitud abierta. Sé que la historia va a estar dominada por un suceso improbable; lo que no sé es, simplemente, cuál será ese suceso.

¿La realidad? ¿Para qué?

En la prensa económica no he visto ningún estudio formal y exhaustivo al estilo del de Tetlock. Pero, sospechosamente, tampoco he encontrado ningún artículo en que se pregone la capacidad de los economistas para producir proyecciones fiables. Así pues, decidí repasar los artículos y apuntes sobre economía que conseguí encontrar. En su conjunto no aportan pruebas convincentes de que los economistas, como comunidad, tengan la habilidad de predecir; y si alguna habilidad poseen, sus predicciones, en el mejor de los casos, son sólo *un poco* mejores que las hechas al azar, pero no lo bastante buenas para ayudar en decisiones difíciles.

La prueba más interesante de cómo se comportan los métodos académicos en el mundo real la llevó a cabo Spyros Makridakis, que dedicó parte de su carrera profesional a gestionar las competiciones entre los previsores que practican un «método científico» llamado econometría; un sistema que combina la teoría económica con las mediciones estadísticas. Dicho brevemente, hacía que las personas hicieran previsiones *sobre la vida real* y luego juzgaran su grado de acierto. Esto condujo a una serie de «competiciones M», que él mismo dirigió, junto con Michele Hibon, la más reciente de las cuales es la M3, concluida en 1999. Makridakis y Hibon llegaron a la triste conclusión de que «los métodos estadísticamente sofisticados o complejos no proporcionan necesariamente previsiones más precisas que las de los métodos más sencillos».

Yo tuve una experiencia similar en mis tiempos de analista cuantitativo: el científico extranjero con acento gutural que se pasa las noches frente al ordenador resolviendo complicados problemas matemáticos, raramente rinde más que el taxista que emplea los más sencillos métodos que tenga a su alcance. El problema es que nos centramos en la rara ocasión en que esos métodos funcionan, y casi nunca en los fallos, que son muchísimo más frecuentes que los aciertos. Sigo diciendo a quien quiera escucharme: «Hola, soy un tipo nada complicado y sensato de Amioun, Líbano, y me cuesta comprender por qué algo se considera valioso si exige el funcionamiento continuo del ordenador pero no me permite predecir mejor que cualquier otro tipo de Amioun». Las únicas reacciones que obtuve de mis colegas estaban relacionadas con la geografía y la historia de Amioun, más que con una explicación sensata de su trabajo. Una vez más, vemos aquí en funcionamiento la falacia narrativa, con la salvedad de que, en lugar de historias periodísticas, tenemos la situación más grave de los «científicos» con acento ruso que miran por el retrovisor, narran mediante ecuaciones y se niegan a mirar hacia delante porque temen marearse demasiado. El econometrista Robert Engel, por otro lado un caballero encantador, inventó un método estadístico muy complicado llamado GARCH, que le valió el Premio Nobel. Nadie lo probó para ver si tenía alguna validez en la vida real. Es más, métodos menos llamativos se comportaban mucho mejor, pero no le valieron a nadie el viaje a Estocolmo. Tenemos un problema de expertos en Estocolmo, del que me ocuparé en el capítulo 17.

Parece que esta ineptitud de los métodos complicados se aplica a todos los métodos. Otro estudio comprobó la eficacia de quienes practican la llamada teoría de juegos, cuyo representante más destacado es John Nash, el matemático esquizofrénico al que la película *Una mente maravillosa* hizo famoso. Lamentablemente, pese al atractivo intelectual de tales métodos y a la extraordinaria atención que les conceden los medios de comunicación, quienes los emplean no hacen predicciones mejores que las de los alumnos universitarios.

Existe otro problema, el cual es un tanto más inquietante. Makridakis y Hibon averiguaron que los estadísticos teóricos ignoraban las sólidas pruebas empíricas de sus estudios. Además, se encontraron con una sorprendente hostilidad hacia sus verificaciones empíricas. «En su lugar, [los estadísticos] se han dedicado a construir modelos más sofisticados sin tener en cuenta la capacidad de tales modelos para predecir con precisión datos de la vida real», dicen Makridakis y Hibon.

Tal vez alguien se encuentre con la siguiente tesis: es posible que las previsiones de los economistas creen una retroalimentación que anule su efecto (una tesis a la que se denomina crítica de Lucas, por el economista Robert Lucas). Supongamos que los economistas predicen una inflación; como respuesta a tal expectativa, la Reserva Federal interviene y la inflación disminuye. De modo que en economía no se puede juzgar la precisión de la predicción tal como se podría hacer con otros sucesos. Estoy de acuerdo, pero no creo que eso explique el fracaso de las predicciones que realizan los economistas. El mundo es excesivamente complicado para su disciplina.

Cuando el economista falla en sus predicciones sobre rarezas, a menudo invoca el tema de los terremotos o las revoluciones, y proclama que él no se ocupa de la geodesia, la ciencia meteorológica ni la política social, en vez de incorporar estos campos en sus estudios y admitir que su materia no existe de forma aislada. La economía es el más insular de los campos; es donde menos obras que no sean de economía se citan. Tal vez sea la materia que actualmente cuenta con mayor número de estudiosos ignorantes: el estudio sin la erudición y la curiosidad natural puede cerrarnos la mente y conducir a la fragmentación de las disciplinas.

«OTRO QUE NO SEA ÉSTE», ESO ESTUVO BIEN

Hemos utilizado la historia de la Opera House de Sidney como trampolín para hablar de la predicción. Vamos a abordar ahora otra constante de la naturaleza humana: un error sistemático que cometen los planificadores de proyectos, y que procede de una mezcla de la naturaleza humana, la complejidad del mundo y la estructura de las organizaciones. Para poder sobrevivir, las instituciones deben dar la apariencia, ante ellas mismas y ante los demás, de tener una «visión».

Los planes fracasan por lo que hemos llamado tunelaje, el olvido de las fuentes de incertidumbre ajenas al propio plan.

El escenario típico es el siguiente. Joe, escritor de ensayos, consigue un contrato para la publicación de un libro, cuyo plazo de entrega se establece en dos años a partir del presente día. El tema es relativamente fácil: la biografía autorizada del escritor Salman Rushdie, para la que Joe ha reunido muchos datos. Incluso ha seguido la pista de las antiguas novias de Rushdie y está entusiasmado ante la perspectiva de las agradables entrevistas que le aguardan. Dos años después, o menos, digamos tres meses, llama al editor para explicarle que se retrasará *un poco*. El editor lo veía venir; está acostumbrado a que los autores se retrasen. La editorial tiene miedo, porque *inesperadamente* el tema ha dejado de interesar a la opinión pública: preveía que el interés por Rushdie seguiría siendo elevado, pero la atención se ha esfumado, al parecer porque los iraníes, por alguna razón, perdieron interés en acabar con él.

Fijémonos en la fuente de la subestimación del biógrafo del tiempo necesario para completar la obra. Joe proyectó su propio plan, pero tuneló, pues no previó que surgieran algunos sucesos «externos» que iban a retrasar su trabajo. Entre esos sucesos externos estaban los atentados del 11-S, que le retrasaron varios meses; los viajes a Minnesota para atender a su madre enferma (que al final se repuso); y muchos más, como una ruptura sentimental (aunque no con una exnovia de Rushdie). «Fuera de esto», todo estaba en su plan; su propio trabajo no se apartó ni un ápice del programa. Joe no se siente responsable de su fallo.*

Lo inesperado tiene un efecto tendencioso en los proyectos. Pensemos en el caso de los constructores, los articulistas y los contratistas. Lo inesperado casi siempre actúa en un único sentido: mayores costes y más tiempo para la conclusión de la obra. En muy raras ocasiones, como la del Empire State Building, ocurre lo contrario: conclusión antes de lo previsto y a un precio menor (estas ocasiones son realmente excepcionales).

Podemos realizar experimentos para comprobar la repetibilidad y verificar si esos errores en la proyección forman parte de la naturaleza humana. Los investigadores han comprobado cuántos estudiantes calculan el tiempo necesario para terminar sus trabajos. En una prueba representativa, se dividió un grupo en dos partes, los optimistas y los pesimistas. Los alumnos optimistas prometieron terminar su trabajo en 26 días; los pesimistas, en 47. El tiempo medio de conclusión real resultó ser de 56 días.

El ejemplo de Joe el escritor no es grave. Lo he seleccionado porque se refiere a una tarea rutinaria y repetitiva; en este tipo de trabajos, nuestros errores de planificación son menos graves. Con proyectos que sean muy novedosos, como una invasión militar, una guerra generalizada o algo completamente nuevo, los errores se disparan. De hecho, cuanto más rutinaria sea la tarea, mejor aprendemos a predecir. Pero en nuestro entorno moderno siempre hay algo que no es rutinario.

Puede haber incentivos para que las personas acepten plazos de entrega más cortos, a fin de hacerse con el contrato del libro, o para que el constructor consiga nuestro adelanto de dinero y pueda emplearlo en sus próximas vacaciones en Antigua. Pero el problema de la planificación existe incluso cuando no hay incentivo para subestimar la duración (o los costes) de la tarea. Como decía antes, somos una especie con excesiva estrechez de miras para considerar la posibilidad de que los acontecimientos se salgan de nuestras proyecciones mentales; pero, además, nos centramos tanto en cuestiones internas del proyecto que no tenemos en cuenta la incertidum-

---

* El libro que el lector tiene entre sus manos se retrasó aproximada e «inesperadamente» quince meses.

bre externa, lo «desconocido desconocido», por así decirlo, el contenido de los libros no leídos.

Existe también el efecto del estudioso obsesivo, que nace de la eliminación mental de los riesgos que se salen de los modelos, o de *centrarnos* en lo que sabemos. Contemplamos el mundo desde el *interior* de un modelo. Pensamos que la mayoría de los retrasos y los excesos en los costes surgen de elementos inesperados que no formaban parte del plan —es decir, quedan fuera del modelo que tenemos entre manos—, como por ejemplo las huelgas, las restricciones de electricidad, los accidentes, el mal tiempo o el rumor de una invasión de marcianos. No parece que estos pequeños Cisnes Negros que amenazan con dificultar nuestros proyectos se tengan en cuenta. Son demasiado abstractos: no sabemos qué aspecto tienen ni podemos hablar de ellos de forma inteligente.

No podemos planificar de verdad porque no entendemos el futuro, lo cual no necesariamente es una mala noticia. Podríamos planificar *si tuviéramos en cuenta estas limitaciones*. No se requiere más que agallas.

La belleza de la tecnología: las hojas de cálculo de Excel

No hace tanto, digamos que en los tiempos anteriores al ordenador, las proyecciones eran vagas y cualitativas: había que hacer un esfuerzo mental para seguirles el rastro, y resultaba difícil proyectar escenarios futuros. Para iniciarse en tal actividad, hacían falta lápices, gomas, resmas de papel e inmensas papeleras. Añadamos a ello el amor del contable por el trabajo lento y tedioso. Dicho brevemente, la actividad de proyectar requería mucho esfuerzo, era indeseable y se iba al traste cuando uno dudaba de sí mismo.

Pero las cosas cambiaron con la invasión de la hoja de cálculo. Cuando la ponemos en manos de alguien que sabe de ordenadores tenemos una «proyección de las ventas» que, sin esfuerzo alguno, se proyecta hasta el infinito. Una vez que está en una página o en la pantalla del ordenador o, peor aún, en una presentación con PowerPoint, la proyección cobra vida propia, pierde su vaguedad y abstracción y se convierte en lo que los filósofos llaman reificación, algo investido de la calidad de concreto; así adquiere una vida nueva como objeto tangible.

Mientras sudábamos en el gimnasio del barrio, mi amigo Brian Hinchcliffe me propuso la siguiente idea. Tal vez la facilidad con que uno puede proyectar en el futuro arrastrando celdas en esas hojas de cálculo sea la responsable de que los ejércitos de previsores se sientan confiados al elaborar previsiones a más largo plazo (y siempre tunelando en sus supuestos). Nos hemos convertido en peores planificadores que los rusos soviéticos gracias a esos potentes programas informáticos, que se ponen en manos de quienes son incapaces de manejar sus conocimientos. Como ocurre con la mayoría de los comerciantes, Brian es un hombre de un realismo incisivo y a veces brutalmente doloroso.

Al parecer, aquí actúa un mecanismo mental clásico llamado anclaje. Para disminuir la ansiedad que nos produce la incertidumbre, tomamos un número y luego nos «anclamos» en él, como un objeto al que agarrarse en medio del vacío. Este mecanismo de anclaje lo descubrieron los padres de la psicología de la incertidumbre, Danny Kahneman y Amos Tversky, en los inicios de sus trabajos sobre heurística y sesgos. Funciona así: Kahneman y Tversky pedían a los sujetos de sus experimentos que hicieran girar la rueda de la fortuna. Los sujetos primero miraban el número que había en la rueda, *que sabían que era aleatorio*, y luego se les pedía que calcularan el número de países africanos que había en las Naciones Unidas. Quienes habían sacado un número bajo en la rueda decían una cantidad pequeña, y los que tenían un número alto hacían un cálculo superior.

De modo parecido, pidamos a alguien que nos diga los cuatro últimos dígitos de su número de la seguridad social. Luego digámosle que calcule el número de dentistas que hay en Manhattan. Descubriremos que, al hacerle consciente del número de cuatro dígitos, damos pie a una estimación relacionada con él.

Utilizamos puntos de referencia que tenemos en la cabeza, por ejemplo proyecciones sobre ventas, y empezamos a construir creencias en torno a ellos, porque se necesita menos esfuerzo mental para comparar una idea con un punto de referencia que para evaluarla en el absoluto (*sistema 1* en acción). No podemos trabajar sin un punto de referencia.

De modo que la introducción de un punto de referencia en la mente de quien hace previsiones obrará maravillas. Este factor es idéntico al punto de partida en una negociación mercantil: uno empieza con una cantidad elevada («Quiero un millón por esta casa»), y el postor responderá:

«Sólo daré ochocientos cincuenta mil». La discusión estará determinada por este nivel inicial.

El carácter de los errores de predicción

Al igual que muchas variables biológicas, la esperanza de vida pertenece a Mediocristán, es decir, está sometida a un azar moderado. No es escalable, ya que cuanto mayores nos hacemos, menos probabilidades tenemos de vivir. En un país desarrollado, se calcula que una niña recién nacida fallecerá a los 79 años, según las tablas que manejan las compañías de seguros. Cuando alcanza su 79º cumpleaños, su esperanza de vida, suponiendo que su salud se encuentre en los parámetros habituales, es de otros 10 años. A los 90 años, debería disponer de otros 4,7 años de vida. A los 100, 2,5 años. A los 119 años, si milagrosamente alcanza esa edad, le quedarían unos nueve meses. A medida que sobrevive a la que se espera que sea la fecha de su muerte, el número de años de vida que le pueden quedar disminuye. Esto ilustra la principal propiedad de las variables aleatorias relacionadas con la curva de campana. La expectativa condicional de vida adicional cae a medida que la persona va envejeciendo.

En los proyectos y empresas humanos no sucede así, ya que éstos, como decía en el capítulo 3, suelen ser escalables. Con las variables escalables, las de Extremistán, seremos testigos del efecto opuesto. Supongamos que se espera terminar un trabajo en 79 días, la misma expectativa que la niña recién nacida tiene en años. El día 79, si el trabajo no está terminado, se estimará que se necesitan otros 25 días para concluirlo. Pero el día 90, si el trabajo sigue sin terminar, habría que contar con otros 58 días. El día 100, con 89 días más. El día 119, se debería disponer de otros 149 días. El día 600, si no se ha concluido el trabajo, se estimará que se requieren 1.590 días más. Como vemos, *cuanto más se retrasa el proyecto, más se estima que se deberá esperar.*

Imaginemos que somos refugiados que esperamos regresar a nuestra tierra natal. Cada día que pasa estamos más lejos, no más cerca, del día del triunfal retorno. Lo mismo ocurre con la fecha de conclusión de nuestro siguiente teatro de la ópera. Si se esperaba que llevaría dos años, y tres años después seguimos haciendo preguntas, no esperemos que la obra se concluya pronto. Si las guerras duran un promedio de seis meses, y el conflicto que nos afecta lleva abierto dos años, aún tendremos unos cuantos años más de enfrentamientos. El conflicto árabe-israelí dura ya sesenta años, y sigue contando; pero hace sesenta años se consideró «un problema sencillo». (Recordemos siempre que, en un entorno moderno, las guerras duran más y en ellas muere más gente de lo que se suele planificar.) Otro ejemplo: supongamos que mandamos una carta al autor que más nos gusta, sabedores de que está muy ocupado y de que suele responder al cabo de dos semanas. Si tres semanas después nuestro buzón sigue vacío, no esperemos que la carta llegue al día siguiente; como promedio, tardará otras tres semanas. Si tres meses después aún no hemos recibido respuesta, tendremos que esperar otro año. Cada día nos acercará más a la muerte, pero nos alejará de la recepción de la carta.

Esta propiedad de la aleatoriedad escalable, sutil pero trascendental en extremo, es inusualmente contraintuitiva. Interpretamos mal la lógica de las grandes desviaciones de la norma.

Voy a entrar en mayores detalles sobre las propiedades de la aleatoriedad escalable en la tercera parte. Pero, de momento, digamos que son fundamentales para comprender el tema de la predicción.

No cruces el río si tiene, de media, un metro de profundidad

Las proyecciones de las empresas y de los gobiernos tienen un fallo adicional fácil de detectar: no adjuntan a sus escenarios un *índice de error posible*. Incluso en ausencia de Cisnes Negros, tal omisión sería un error.

En cierta ocasión, impartí una conferencia a entusiastas de la política en el Woodrow Wilson Center de Washington, D. C., en la que les reté a que fueran conscientes de nuestra debilidad para ver lo que tenemos por delante.

Los asistentes eran dóciles y callados. Lo que les estaba diciendo iba en contra de todo lo que pensaban y defendían; me había dejado llevar por mi agresivo mensaje, pero el público parecía atento, en comparación con las personas cargadas de testosterona con que uno se encuentra en el mundo de la empresa. Me sentía culpable por mi postura agresiva; apenas me hicieron pocas preguntas. La persona que había organizado la conferencia y me había invitado debía de haberles gastado una broma a sus colegas. Yo me mostraba como un ateo agresivo que se defendía ante un sínodo de cardenales, aunque prescindía de sus característicos eufemismos expresivos.

No obstante, algunas de las personas del público comprendieron el mensaje. Una de ellas (empleada de un organismo gubernamental) me explicó en privado, después de la conferencia, que en enero de 2004 su departamento preveía que dentro de veinticinco años el precio del petróleo sería de 27 dólares el barril, levemente superior al que alcanzaba en aquellos días. Seis meses después, en junio de 2004, cuando el precio del petróleo se duplicó, tuvieron que revisar su estimación y situarla en 54 dólares (actualmente, mientras escribo estas líneas, el precio del petróleo se acerca a los 79 dólares el barril). No habían caído en la cuenta de que, dado que su primera previsión erró tan pronto y tan destacadamente, hacer una segunda era absurdo, ni en que de algún modo había que poner en entredicho el empeño por predecir. ¡Y sus cálculos se referían a *veinticinco años*! Tampoco se les ocurrió que hay que tener en cuenta algo que se llama índice de error.*

Hacer previsiones sin incorporar un índice de error revela tres falacias, todas ellas fruto de la misma concepción falsa acerca del carácter de la incertidumbre.

La primera falacia es que *la variabilidad importa*. El primer error está en tomarse demasiado en serio una proyección, haciendo caso omiso de su precisión. Sin embargo, para los fines de la planificación, la precisión en la predicción importa mucho más que la propia predicción. Lo explicaré como sigue.

* Siempre se han tenido en cuenta los errores de predicción; en cambio, los precios de la materia prima han sido una gran trampa para los crédulos. Consideremos la previsión que hacían funcionarios de Estados Unidos en 1970 (y que firmaron los secretarios del Tesoro, de Estado, de Interior y de Defensa): «El precio estándar del crudo extranjero hacia 1980 puede bajar, pero en ningún caso va a experimentar una subida sustancial». Los precios del petróleo se multiplicaron por diez en 1980. Me pregunto si los actuales previsores carecen de curiosidad intelectual o si ignoran intencionadamente los errores de previsión.

Observemos también esta otra aberración: dado que el precio del petróleo aumenta el valor de sus existencias, las compañías petroleras están haciendo unas ganancias récord, y sus ejecutivos reciben unas pagas extra muy cuantiosas por «hacer un buen trabajo», como si fueran ellos quienes generan beneficios al *causar* la subida del precio del petróleo.

No cruces el río si tiene, de media, un metro de profundidad. Si a quien va a desplazarse a un destino remoto le decimos que se espera que la temperatura media sea de 22 ºC, con un índice de error de 10 ºC, se llevará un tipo de ropa diferente de la que se llevaría si le dijéramos que el margen de error es de sólo 1 ºC. Las políticas sobre las que tenemos que tomar decisiones dependen mucho más de la diversidad de posibles resultados que de la cifra final que se espera obtener. Cuando trabajaba en la banca, veía que la gente hacía proyecciones sobre la liquidez de las empresas sin envolverlas con la más fina capa de incertidumbre. Vayamos al agente de Bolsa y comprobemos qué método emplea para prever que las ventas dentro de diez años «calibrarán» sus métodos de valuación. Averigüemos cómo los analistas prevén los déficits del Estado. Vayamos a un banco o sigamos un programa de formación en análisis de inversiones, y veamos cómo enseñan a hacer supuestos: no enseñan a construir un índice de error en torno a esos supuestos; sin embargo, su índice de error es tan grande que es mucho más importante que la propia proyección.

La segunda falacia la encontramos en el hecho de no tener en cuenta la degradación de la predicción a medida que el período proyectado se alarga. No nos percatamos de la medida de la diferencia entre el futuro cercano y el futuro lejano. Sin embargo, la degradación en este tipo de predicciones a lo largo del tiempo se hace evidente con un simple examen introspectivo, sin tener que recurrir siquiera a artículos científicos, que por lo demás apenas se ocupan del tema. Pensemos en las previsiones, económicas o tecnológicas, que se hicieron en 1905 para el siguiente cuarto de siglo. ¿En qué medida coincidieron con lo que ocurrió en 1925? Si se quiere tener una experiencia convincente, basta con leer *1984*, de George Orwell. O fijémonos en predicciones más recientes, hechas en 1975 sobre perspectivas para el nuevo milenio. Han ocurrido muchas cosas y han aparecido muchas tecnologías que los previsores jamás imaginaron; de las previstas, fueron muchas más las que no ocurrieron ni aparecieron. Tradicionalmente, nuestros errores de previsión han sido enormes, y es posible que no existan razones para pensar que de repente nos encontramos en una situación más privilegiada para vislumbrar el futuro, en comparación con nuestros ciegos predecesores. Las previsiones de los burócratas se suelen emplear para aliviar la ansiedad, más que para una adecuada actuación política.

La tercera falacia, y quizá la más grave, se refiere a la falsa comprensión del carácter aleatorio de las variables que se predicen. Debido al Cisne Negro, estas variables pueden contener escenarios mucho más optimistas —o mucho más pesimistas— de lo que normalmente se espera. Recordemos de mi experimento con Dan Goldstein acerca de la especificidad de dominio de nuestras intuiciones, que tendemos a no cometer errores en Mediocristán, pero cometemos errores muy grandes en Extremistán pues no nos damos cuenta de las consecuencias del suceso raro.

¿Qué implicaciones conlleva esto? Pues que aunque estemos de acuerdo con cierta predicción, tendremos que considerar la posibilidad real de que exista una importante divergencia respecto a ella. Estas divergencias pueden alegrar al especulador, que no depende de unos ingresos fijos; pero el jubilado, con unos atributos de riesgo concretos, no se puede permitir tales variaciones. Aún más: utilizando el símil de la profundidad de un río, me atrevería a decir que, cuando nos sumergimos en una política, lo que importa son los cálculos que tiran a la baja (es decir, el caso peor), ya que el caso peor es mucho más trascendental que la propia previsión. Así ocurre sobre todo cuando el escenario malo no es aceptable. Pero la actual fraseología no permite lo que acabo de decir. En ningún caso.

Se dice a menudo que «de sabios es ver venir las cosas». Tal vez el sabio sea quien sepa que no puede ver las cosas que están lejos.

Búscate otro trabajo

Cuando pongo en entredicho el empeño de los previsores me enfrento a dos reacciones típicas: «¿Qué hay que hacer entonces? ¿Conoce usted alguna forma mejor de predecir?» y «Si tan inteligente es usted, muéstreme sus predicciones». En realidad, la segunda pregunta, que normalmente se hace de forma jactanciosa, pretende demostrar la superioridad del profesional y el emprendedor frente al filósofo, y la suelen formular sobre todo personas que no saben que fui operador de Bolsa. Si el hecho de haber ejercido la práctica diaria de la incertidumbre tiene alguna ventaja, es que uno no tiene que tragarse las estupideces de los burócratas.

Uno de mis clientes me preguntó cuáles eran mis predicciones. Cuando le dije que no tenía ninguna, se sintió ofendido y decidió prescindir de mis servicios. De hecho existe una rutina, un hábito nada introspectivo que hace que los negocios respondan cuestionarios y completen párrafos en los que se muestren sus «perspectivas». Nunca he tenido tales perspectivas y jamás he hecho predicciones profesionales; pero al menos *sé que no sé predecir*, y hay algunas personas (aquellas que me importan) que tienen eso por un activo.

Luego están aquellos que elaboran previsiones de forma acrítica. Cuando se les pregunta por qué predicen, responden: «Bueno, para eso nos pagan aquí».

Mi sugerencia: búscate otro trabajo.

Esta sugerencia no es demasiado exigente: a menos que uno sea un esclavo, presumo que dispone de cierto grado de control sobre la elección de su trabajo. De no ser así, estaríamos ante un problema de ética y, en este caso, un problema grave. Las personas que están atrapadas en sus empleos y que predicen porque «es su trabajo», cuando saben muy bien que su previsión es inútil, no son lo que yo llamaría éticas. Lo que hacen no se distingue de repetir mentiras porque «es su trabajo».

A cualquiera que cause daño por culpa de sus previsiones se le debería tratar como al loco o al mentiroso. Algunos previsores causan más daño a la sociedad que los delincuentes. Por favor, no conduzcamos un autobús escolar con los ojos vendados.

En JFK

En el aeropuerto JFK de Nueva York hay quioscos gigantescos con paredes repletas de revistas. Suelen ocuparse de ellos familias muy educadas del subcontinente indio (los padres, porque los hijos están en la Facultad de Medicina). Esas paredes le ofrecen a uno el corpus completo de lo que una persona «informada» necesita para «saber lo que pasa». Me pregunto cuánto tiempo requeriría leer cada una de esas revistas, excluidas las publicaciones periódicas sobre pesca y motociclismo (pero incluyendo las revistas del corazón; uno tiene derecho a reírse un rato). ¿Media vida? ¿Toda una vida?

Lamentablemente, todos esos conocimientos no ayudarían al lector a predecir lo que va a ocurrir mañana. En realidad, podrían disminuir su capacidad de previsión.

La Buenaventura, de Caravaggio. Siempre hemos desconfiado de quienes nos leen el futuro. En este cuadro, la muchacha le roba el anillo a la víctima.

Hay otro aspecto del problema de la predicción: sus limitaciones inherentes, aquellas que tienen poco que ver con la naturaleza humana, pues surgen de la propia naturaleza de la información en sí misma. He dicho que el Cisne Negro tiene tres atributos: la impredecibilidad, las consecuencias y la explicabilidad retrospectiva. Examinemos eso de la impredecibilidad.*

---

* Le debo al lector una respuesta sobre el número de amantes de Catalina. Sólo tuvo doce.

Capítulo 11
CÓMO BUSCAR CACA DE PÁJARO

La predicción de Popper sobre los predictores - Poincaré juega con las bolas de billar - A Von Hayek se le permite ser irreverente - Las máquinas de la previsión - Paul Samuelson quiere que seamos racionales - Cuidado con el filósofo - Exijamos algunas certezas

Hemos visto que: a) tendemos tanto a tunelar como a pensar «estrechamente» (la arrogancia epistémica), y b) nuestro registro de la predicción está calculado de forma muy exagerada: muchas personas que creen que no saben predecir de hecho no son capaces de hacerlo.

Vamos a profundizar ahora un poco más en las limitaciones estructurales no anunciadas de nuestra capacidad para predecir. Estas limitaciones pueden surgir no de nosotros, sino de la propia naturaleza de la misma actividad, que es demasiado complicada, no sólo para nosotros, sino para cualquier herramienta de que dispongamos o que podamos concebir que vamos a obtener. Algunos Cisnes Negros seguirán siendo difíciles de aprehender, con lo cual se desbaratan nuestras predicciones.

CÓMO BUSCAR CACA DE PÁJARO

En el verano de 1998 trabajaba yo en una institución financiera de propiedad europea, una institución que quería distinguirse por su rigor y visión de futuro. La unidad encargada de la actividad comercial tenía cinco directores, todos de aspecto adusto (siempre con traje azul oscuro, incluso los viernes, en que se permitía vestir de manera más informal), que debían reunirse a lo largo del verano para «formular el plan quinquenal». Se suponía que iba a ser un documento enjundioso, una especie de manual del usuario para la empresa. ¿Un plan que abarque cinco años?

241

Para un tipo profundamente escéptico respecto al planificador central, la idea resultaba ridícula: el crecimiento dentro de la empresa había sido orgánico e impredecible, de abajo arriba, no de arriba abajo. Se sabía perfectamente que el departamento más lucrativo de la empresa fue fruto de una llamada inesperada de un cliente que pidió una transacción económica específica pero extraña. La empresa se dio cuenta por casualidad de que podía montar una unidad que se ocupara exclusivamente de estas transacciones, ya que eran muy rentables, y pronto llegó a dominar sus actividades.

Los directores se desplazaron por todo el mundo para reunirse con sus iguales: Barcelona, Hong Kong, etc. Muchísimos kilómetros para muchísima verborrea. Huelga decir que solían verse privados de las horas necesarias de sueño. Ser ejecutivo no exige tener unos lóbulos frontales muy desarrollados, sino más bien una combinación de carisma, capacidad para aguantar el aburrimiento y la habilidad para cumplir superficialmente unos programas agobiantes. Añádase a estas tareas la «obligación» de asistir a representaciones de ópera.

Naturalmente, en esas reuniones los directores se dedicaban a intercambiar ideas sobre el futuro a medio plazo: querían tener «visión». Pero luego se produjo un suceso que no figuraba en el anterior plan quinquenal: el Cisne Negro del impago de los rusos en 1998 y la consiguiente caída bursátil en los mercados de la deuda latinoamericanos. Tuvo tal efecto en la empresa que, pese a que ésta aplicaba una estricta política de empleo respecto a los directores, ninguno de ellos seguía trabajando allí después de haber esbozado el plan quinquenal de 1998.

Y, sin embargo, estoy seguro de que quienes los sustituyeron se siguen reuniendo hoy para trabajar en el próximo «plan quinquenal». No aprendemos nunca.

Descubrimientos inesperados

El descubrimiento de la arrogancia epistémica humana, como veíamos en el capítulo anterior, fue supuestamente inesperado. Pero también lo fueron muchos otros descubrimientos. Muchos más de los que pensamos.

El modelo clásico de descubrimiento es el siguiente: se busca lo que se conoce (por ejemplo, una nueva ruta para llegar a las Indias) y se encuentra algo cuya existencia se ignoraba (América).

Si cree el lector que los inventos que tenemos a nuestro alrededor proceden de alguien sentado en un cubículo que va mezclando elementos como nunca antes se habían mezclado y sigue un horario fijo, piense de nuevo: casi todo lo actual es fruto de la serendipidad, un hallazgo fortuito ocurrido mientras se iba en busca de otra cosa. El término «serendipidad» [*serendipity*] lo acuñó en una carta el escritor Hugh Walpole, quien a su vez lo tomó de un cuento de hadas, «Los tres príncipes de Serendip». Estos príncipes «no dejaban de hacer descubrimientos, por azar o por su sagacidad, de cosas que no estaban buscando».

En otras palabras, encontramos algo que no estábamos buscando y que cambia el mundo; y una vez descubierto, nos preguntamos por qué «se tardó tanto» en llegar a algo tan evidente. Cuando se inventó la rueda no había ningún periodista presente, pero apuesto cualquier cosa a que las personas implicadas no se embarcaron en el proyecto de inventarla (ese gran motor del crecimiento) y luego fabricarla siguiendo un calendario. Y lo mismo ocurre con la mayoría de los inventos.

Sir Francis Bacon decía que los avances más importantes son los menos predecibles, aquellos que se sitúan «fuera del sendero de la imaginación». Bacon no fue el último intelectual en señalar tal idea, que sigue apareciendo, aunque para desvanecerse enseguida. Hace casi medio siglo, el novelista de grandes éxitos Arthur Koestler escribió todo un libro sobre ello, con el muy apropiado título de *Los sonámbulos*. Describe a los inventores como sonámbulos que tropiezan con los resultados y no se percatan de lo que tienen en las manos. Creemos que la importancia de los descubrimientos de Copérnico sobre los movimientos de los planetas era evidente para él y sus contemporáneos; pero llevaba muerto setenta y cinco años cuando las autoridades empezaron a sentirse molestas. Asimismo, pensamos que Galileo fue víctima de la misma ciencia; sin embargo, la Iglesia nunca lo tomó demasiado en serio. Al parecer fue el propio Galileo quien organizó el alboroto al levantar la perdiz. A finales del año en que Darwin y Wallace expusieron sus artículos sobre la evolución por selección natural que cambiaron nuestra visión del mundo, el presidente de la sociedad linneana, donde se presentaron los artículos, anunciaba que la sociedad no veía en ellos «ningún descubrimiento asombroso», nada concreto que pudiera revolucionar la ciencia.

Cuando nos llega el turno de predecir, nos olvidamos de la impredecibilidad. Por eso las personas que leen estas líneas e ideas semejantes, aunque estén completamente de acuerdo con ellas, son incapaces de tenerlas en cuenta cuando piensan sobre el futuro.

Tomemos un ejemplo espectacular de descubrimiento por serendipidad. Alexander Fleming estaba limpiando su laboratorio cuando observó que el moho de penicilio había contaminado uno de sus viejos experimentos. De ahí dedujo las propiedades antibacterianas de la penicilina, la razón de que muchos de nosotros sigamos vivos (incluido yo mismo, como decía en el capítulo 8, ya que la fiebre tifoidea suele ser fatal cuando no se trata). Es verdad que Fleming buscaba «algo», pero el descubrimiento en sí fue fruto de la serendipidad. Además, aunque desde la perspectiva que da la distancia su descubrimiento parece trascendental, pasó mucho tiempo hasta que los responsables de la sanidad se dieran cuenta de la importancia de lo que tenían entre manos. Hasta el propio Fleming perdió la fe en su idea antes de que fuera considerada de nuevo.

En 1965 dos radioastrónomos de Bell Labs de Nueva Jersey que estaban montando una gran antena se sintieron sorprendidos por un ruido de fondo, un siseo, como la interferencia que se oye cuando la recepción es mala. No podían eliminar el ruido, ni siquiera después de limpiar los excrementos de pájaro que había en la pantalla, pues estaban convencidos de que la caca de pájaro era la responsable del ruido. Tardaron un rato en averiguar que lo que estaban oyendo era el rastro del nacimiento del universo, la radiación cósmica de fondo de microondas. Este descubrimiento alentó de nuevo la teoría del *big bang*, una idea que antes habían postulado otros investigadores con escasa fortuna. En el sitio web de Bell Labs encontré los siguientes comentarios sobre cómo ese «descubrimiento» constituyó uno de los mayores avances del siglo:

> Dan Stanzione, por entonces presidente de Bell Labs y oficial jefe de operaciones de Lucent cuando se jubiló Penzias [uno de los radioastrónomos implicados en el descubrimiento], dijo que Penzias «encarna la creatividad y la excelencia técnica que constituyen el sello distintivo de Bell Labs». Aseguró

que era una figura del Renacimiento, un hombre que «amplió nuestra frágil comprensión de la creación y avanzó las fronteras de la ciencia en muchas áreas importantes».

¡Dichoso Renacimiento! Los dos tipos buscaban caca de pájaro. No sólo no buscaban nada remotamente parecido a la prueba del *big bang*, sino que, como suele ocurrir en estos casos, no vieron de inmediato la importancia de su descubrimiento. Lamentablemente, al físico Ralph Alpher, la persona que inicialmente concibió la idea, en un artículo del que era coautor junto con los pesos pesados George Gamow y Hans Bethe, le sorprendió que *The New York Times* recogiera el descubrimiento. En realidad, en los lánguidos artículos en que se postulaba el nacimiento del universo, los científicos dudaban de si aquel tipo de radiación se podría medir en algún momento. Como tan a menudo ocurre en los descubrimientos, quienes buscaban pruebas no las encontraron; quienes no las buscaban las hallaron, y fueron aclamados como descubridores.

Nos encontramos ante una paradoja. No sólo ocurre que, en general, quienes predicen no han conseguido prever los cambios drásticos fruto de descubrimientos impredecibles, sino que el cambio incremental ha resultado ser en general más lento de lo que los previsores esperaban. Cuando aparece una nueva tecnología, o subestimamos burdamente su importancia o la sobreestimamos gravemente. Thomas Watson, fundador de IBM, predijo en cierta ocasión que sólo necesitaríamos un puñado de ordenadores.

El hecho de que el lector probablemente esté leyendo estas líneas no en una pantalla, sino en las páginas de este artilugio anacrónico, el libro, parecerá una aberración a ciertos expertos de la «revolución digital». Que las lea en un inglés, francés, español o swahili arcaicos, descuidados e incoherentes, y no en esperanto, desafía las predicciones de hace medio siglo de que el mundo pronto se comunicaría en una *lingua franca* lógica, no ambigua y de diseño platónico. Asimismo, no pasamos largos fines de semana en naves espaciales como se preveía universalmente hace treinta años. En un ejemplo de arrogancia empresarial, después del primer alunizaje, la hoy desaparecida compañía aérea Pan Am reservó pasajes para viajes de ida y vuelta entre la Tierra y la Luna. Bonita previsión, con la salvedad de que la compañía no supo prever que desaparecería como tal no mucho después.

Una solución a la espera de un problema

Los ingenieros tienden a desarrollar herramientas por el placer de desarrollarlas, no para inducir a la naturaleza a que desvele sus secretos. Ocurre también que *algunas* de estas herramientas nos traen más conocimientos; debido al efecto de las pruebas silenciosas, nos olvidamos de las herramientas que tan sólo consiguieron que los ingenieros no vagaran por las calles. Las herramientas llevan a descubrimientos inesperados, los cuales llevan a su vez a otros descubrimientos inesperados. Pero rara vez parece que nuestras herramientas funcionen como se esperaba que lo hicieran, sino que es el gusto y el placer del ingeniero por construir juguetes y máquinas lo que contribuye al incremento de nuestros conocimientos. El conocimiento no progresa a partir de las herramientas diseñadas para verificar o respaldar teorías, sino todo lo contrario. No se construyó el ordenador para que nos permitiera desarrollar unas matemáticas nuevas, visuales y geométricas, sino con algún otro objetivo. Resultó que nos permite descubrir objetos matemáticos que pocas personas se preocupaban de buscar. Tampoco se inventó para poder chatear con nuestros amigos de Siberia, pero ha hecho que nazcan relaciones a larga distancia. Como ensayista, puedo garantizar que Internet me ha ayudado a extender mis ideas sorteando a los periodistas. Pero éste no era el propósito que dijo tener su diseñador militar.

El láser es un ejemplo perfecto de herramienta fabricada con un propósito concreto (en realidad, sin propósito alguno), que luego encontró aplicaciones en las que en su momento ni siquiera se soñó. Era la típica «solución que busca un problema». Entre sus primeras aplicaciones estuvo la de coser las retinas desprendidas. Medio siglo después, *The Economist* preguntaba a Charles Townes, presunto inventor del láser, si había pensado en las retinas. No lo había hecho. Estaba cumpliendo su deseo de separar los haces de luz, y eso fue todo. De hecho, sus colegas se burlaron un poco por la irrelevancia de su descubrimiento. Pero consideremos ahora los efectos del rayo láser en el mundo que nos rodea: discos compactos, correcciones oculares, microcirugía, almacenamiento y disposición de datos, todas ellas aplicaciones imprevistas de la tecnología.*

Construimos juguetes. Algunos de ellos cambian el mundo.

Seguir investigando

En el verano de 2005, estaba yo invitado por una empresa de biotecnología de California que se había encontrado con un éxito desmedido. Fui recibido con camisetas y pins en los que aparecía una imponente curva de campana y el anuncio de la formación del Club de las Colas Gruesas («cola gruesa» es el término técnico que equivale a Cisnes Negros). Era mi primer encuentro con una empresa que vivía a costa de los Cisnes Negros de tipo positivo. Me dijeron que dirigía la empresa un científico, quien, como tal, tenía el instinto de dejar que los científicos buscaran por donde su instinto los llevara. La comercialización venía después. Mis anfitriones, científicos en el fondo, entendían que la investigación implica un elevado grado de serendipidad, la cual puede compensar mucho, siempre que uno sepa hasta qué punto se puede basar el negocio en la serendipidad y estructurarlo en torno a este hecho. El Viagra, que cambió las perspectivas mentales y las costumbres sociales de los varones jubilados, se concibió como fármaco contra la hipertensión. Otro fármaco contra la hipertensión se tradujo en un medicamento para estimular el crecimiento del cabello. Mi amigo Bruce Goldberg, que sabe de aleatoriedad, llama «esquinas» a estas aplicaciones secundarias no intencionadas. Mientras muchos se preocupan por las consecuencias no previstas, éstas son lo que mejor sienta a los aventureros de la tecnología.

Aquella empresa parecía seguir implícita, aunque no explícitamente, el dicho de Louis Pasteur sobre la creación de la suerte mediante la simple ex-

---

* Gran parte del debate entre creacionistas y evolucionistas (en el que no intervengo) estriba en lo siguiente: los creacionistas creen que el mundo procede de algún tipo de diseño, mientras que los evolucionistas lo consideran resultado de cambios aleatorios debidos a un proceso que no tiene finalidad alguna. Sin embargo, resulta difícil contemplar un ordenador o un coche y considerarlos fruto de un proceso sin objetivo alguno. Pero lo son.

posición. «La suerte sonríe a los dispuestos», dijo Pasteur; y al igual que todos los grandes descubridores, él sabía bastante sobre los descubrimientos accidentales. La mejor forma de conseguir una exposición máxima es seguir investigando, reunir oportunidades (hablaré de ello más adelante).

Prever la divulgación de una tecnología implica prever un elevado grado de modas pasajeras y de contagio social, que se sitúan fuera de la utilidad objetiva de la propia tecnología (suponiendo que exista algo que se pueda denominar utilidad objetiva). ¡Cuántas ideas sumamente útiles han acabado en el cementerio, por ejemplo la de la Segway, una motocicleta que, según se profetizó, iba a cambiar la morfología de las ciudades! Mientras rumiaba estas líneas, en el quiosco de un aeropuerto observé la cubierta de la revista *Time*, en la que se anunciaban los «inventos significativos» del año. Parecía que esos inventos eran significativos para la fecha en que fue editada la revista, o tal vez para un par de semanas después. Los periodistas pueden enseñarnos a *no* aprender.

CÓMO PREDECIR NUESTRAS PREDICCIONES

Esto nos lleva al ataque de sir *Doktor* Karl Raimund Popper al historicismo. Como decía en el capítulo 5, ésta fue su idea más importante, pero sigue siendo la más desconocida. La gente que no conoce su obra tiende a centrarse en la falsación popperiana, que trata de la verificación o no verificación de las afirmaciones. Este hecho oscurece la que era la idea central del filósofo: hizo del *escepticismo* un método, hizo del escéptico alguien constructivo.

Del mismo modo que Karl Marx escribió, con gran irritación, una diatriba llamada *La miseria de la filosofía* como respuesta a *La filosofía de la miseria* de Proudhon, Popper, irritado por algunos de los filósofos de su tiempo que creían en la interpretación científica de la historia, escribió, siguiendo con los juegos de palabras, *La miseria del historicismo* (que en inglés se tradujo como *La pobreza del historicismo*).*

---

* Recordemos del capítulo 4 que Algazel y Averroes se intercambiaban insultos mediante el título de los libros. Tal vez algún día tenga la suerte de leer un ataque a este libro en una diatriba que se llame *El cisne blanco*.

La teoría de Popper se refiere a las limitaciones en la previsión de los acontecimientos históricos y a la necesidad de rebajar disciplinas «blandas» como la historia y la ciencia social a un nivel levemente por encima de la estética y el entretenimiento, como el coleccionismo de mariposas o monedas. (Popper, que había recibido una educación vienesa clásica, no llegó tan lejos; yo sí. Soy de Amioun.) Lo que aquí llamamos ciencias históricas blandas son los estudios dependientes de la narrativa.

La tesis central de Popper es que, para predecir los sucesos históricos, es necesario predecir la innovación tecnológica, algo en sí mismo fundamentalmente impredecible.

¿«Fundamentalmente» impredecible? Explicaré a qué se refiere empleando un esquema moderno. Consideremos la siguiente propiedad del conocimiento: si esperamos saber con certeza *mañana* que nuestro novio nos ha estado engañando, entonces *hoy* sabemos con certeza que nuestro novio nos está engañando y pasaremos a la acción *hoy* y, por ejemplo, con un par de tijeras y con todo el enfado posible le cortaremos por la mitad todas sus corbatas de Ferragamo. No nos diremos: «Esto es lo que averiguaré mañana, pero hoy es distinto, de modo que voy a ignorar la información y disfrutar de la cena». Esta idea se puede generalizar a todas las formas de conocimiento. De hecho, en estadística hay una ley llamada la *ley de expectativas iteradas*, que aquí esbozo en su forma más fuerte: si espero esperar algo en una fecha futura, entonces ya espero algo ahora.

Pensemos de nuevo en la rueda. Si somos un pensador histórico de la Edad de Piedra al que se le pide que prediga el futuro en un informe exhaustivo para el planificador jefe tribal, debemos proyectar el invento de la rueda, de lo contrario nos perderemos prácticamente toda la acción. Ahora bien, si podemos profetizar la invención de la rueda, ya sabemos qué aspecto tiene ésta y, por consiguiente, *sabemos cómo* construirla, así que ya estamos en el buen camino. Al Cisne Negro hay que preverlo.

Pero existe una forma más débil de esta ley del conocimiento iterado. Se puede formular como sigue: *para entender el futuro hasta el punto de ser capaz de predecirlo, uno necesita incorporar elementos de ese mismo futuro.* Si sabemos del descubrimiento que vamos a realizar en el futuro, entonces ya casi lo hemos hecho. Supongamos que somos un reputado estudioso del Departamento de Predicciones de la Universidad Medieval, especialista en la proyección de la historia futura (en nuestro caso, el remoto siglo XX). Deberíamos dar con la invención de la máquina de vapor, la electricidad, la bomba atómica e Internet, además de con la introducción del masaje en los aviones y esa extraña actividad llamada reunión de negocios, en la que unos hombres bien alimentados, pero sedentarios, dificultan voluntariamente su circulación sanguínea con un caro artilugio al que llaman corbata.

Esta incapacidad no es trivial. El mero conocimiento de que se ha inventado algo a menudo conduce a una serie de inventos de naturaleza similar, pese a que no se haya divulgado ni el menor detalle del primer invento (no hay necesidad de encontrar a los espías para colgarlos en la plaza pública). En matemáticas, una vez que se anuncia la demostración de algún teorema arcano, frecuentemente somos testigos de la proliferación de demostraciones similares salidas de ninguna parte, con alguna que otra acusación de filtraciones y plagio. Es posible que no exista plagio: la información de que existe la solución es en sí misma gran parte de la solución.

Por la misma lógica, no nos es fácil concebir los inventos futuros (si lo fuera, ya se habrían inventado). El día en que seamos capaces de prever los inventos, viviremos en un estado en el que todo lo concebible se habrá inventado. Esta situación nos trae a la memoria esa historia apócrifa de 1899 según la cual el presidente de la oficina de patentes de Estados Unidos dimitió porque consideró que ya no quedaba nada por descubrir, excepto que en aquel día la dimisión estaría justificada.*

Popper no fue el primero en buscar los límites de nuestro conocimiento. En Alemania, en los últimos años del siglo XIX, Emil du Bois-Reymond sostenía que *ignoramus et ignorabimus,* somos ignorantes y lo seguiremos siendo. De un modo u otro, sus ideas cayeron en el olvido. Pero no antes de provocar una reacción: el matemático David Hilbert se dispuso a desafiarle con la elaboración de un listado de problemas que los matemáticos tendrían que resolver a lo largo del siglo siguiente.

También Du Bois-Reymond estaba equivocado. Ni siquiera sabemos comprender bien lo no conocible. Pensemos en las afirmaciones que hacemos sobre cosas que nunca llegaremos a saber: con toda seguridad subes-

---

* Estas afirmaciones no son infrecuentes. Por ejemplo, el físico Albert Michelson imaginaba, hacia finales del siglo XIX, que lo que nos quedaba por descubrir en las ciencias de la naturaleza no era más que ajustar en unas décimas nuestras precisiones.

timamos qué conocimientos es posible que adquiramos en el futuro. Auguste Comte, fundador de la escuela positivista, a la que (injustamente) se acusa de pretender convertir en ciencia todo lo que está a la vista, declaró que la humanidad ignoraría siempre la composición química de las estrellas fijas. Pero, como señala Charles Sanders Pierce, «apenas se había secado la tinta en el papel impreso cuando se descubrió el espectroscopio, y ocurrió que aquello que él consideraba absolutamente imposible de conocer estaba a punto de formularse con certeza». Paradójicamente, otras proyecciones de Comte referentes a lo que llegaríamos a descubrir sobre el funcionamiento de la sociedad eran burda, y peligrosamente, exageradas. Suponía que la sociedad era como un reloj que nos desvelaría sus secretos.

Resumiré mis ideas en este punto: la predicción exige saber de las tecnologías que se descubrirán en el futuro. Pero este mismo conocimiento nos permitiría, casi de forma automática, empezar a desarrollar directamente esas tecnologías. Ergo, no sabemos lo que sabremos.

Algunos podrían decir que, tal como está formulada, la argumentación parece obvia, que siempre pensamos que hemos alcanzado el conocimiento definitivo; pero no nos damos cuenta de que esas sociedades pasadas de las que nos reíamos pensaban lo mismo. Mi razonamiento es trivial, entonces ¿por qué no lo tenemos en cuenta? La respuesta está en una patología de la naturaleza humana. ¿Recuerda el lector los debates psicológicos sobre las asimetrías en la percepción de las destrezas que expuse en el capítulo anterior? Vemos los fallos en los demás, pero no los nuestros. Una vez más parece que funcionamos a la perfección como máquinas del autoengaño.

LA ENÉSIMA BOLA DE BILLAR

Generalmente se considera que Henri Poincaré, pese a su fama, fue un pensador científico infravalorado, debido a que pasó casi un siglo hasta que sus ideas fueron apreciadas. Tal vez fuera el último gran matemático pensador (o posiblemente al revés, un pensador matemático). Cuando veo una camiseta con el icono moderno de Albert Einstein, no puedo evitar pensar en Poincaré: Einstein es merecedor de nuestra reverencia, pero ha desplazado a muchos otros que también la merecen. Hay poco espacio en nuestra conciencia; estamos siempre ante lo de «el ganador se lo lleva todo».

Decoro al estilo Tercera República

Una vez más, Poincaré ocupa su propio lugar en la historia. Recuerdo que mi padre me recomendaba sus ensayos, no sólo por su contenido científico, sino por la extraordinaria calidad de su prosa. El gran maestro escribió esas maravillas como artículos en serie y las compuso como discursos extemporáneos. Como ocurre con toda obra maestra, hay en ellas una mezcla de repeticiones, digresiones y técnicas que un editor del estilo «yo también» y de mente predispuesta condenaría; pero todo ello hace que su texto sea aún más legible, gracias a su férrea coherencia de pensamiento.

A sus treinta y tantos años, Poincaré se convirtió en un prolífico ensayista. Parecía tener prisa: de hecho murió prematuramente, a los cincuenta y ocho años. Era tal la urgencia que lo acosaba que ni se preocupaba de corregir los errores tipográficos y gramaticales de sus textos, ni siquiera

Monsieur le professeur Henri Poincaré. De un modo u otro, se ha dejado de fabricar a este tipo de pensador. *Cortesía de Université Nancy-2.*

cuando los veía, pues consideraba que hacerlo era un flagrante desperdicio de su tiempo. Ya no existen genios de ese tipo, o ya no les dejan escribir a su manera.

La reputación de Poincaré como pensador menguó rápidamente después de su muerte. La idea que nos ocupa tardó casi un siglo en resurgir, aunque presentada de otra forma. Sin duda cometí un gran error al no leer sus ensayos con detenimiento cuando era joven, pues en su magistral *La science et l'hypothèse*, que descubrí más tarde, menosprecia airadamente el uso de la curva de campana.

Repetiré que Poincaré fue un auténtico filósofo de la ciencia: su actitud filosofante provenía del hecho de haber sido testigo de los límites de dicha materia, que es de lo que se ocupa la filosofía. Me encanta fastidiar a los intelectuales franceses diciéndoles que Poincaré es el filósofo francés que prefiero. «¿Filósofo él? ¿A qué se refiere, *monsieur*?» Siempre resulta frustrante explicar a la gente que los pensadores a los que colocan sobre el pedestal, como Henri Bergson o Jean-Paul Sartre, son en gran medida resultado de las modas, y que no se pueden comparar a Poincaré en lo que se refiere a la auténtica influencia que perdurará en los siglos venideros. De hecho, hay aquí un escándalo de predicción, ya que es el Ministerio de Educación Nacional francés quien decide quién es filósofo y qué filósofos hay que estudiar.

Observo la fotografía de Poincaré. Era un caballero patricio de la Tercera República francesa, de formación sólida y que impresionaba por su barba y su corpulencia; un hombre que vivió y respiró la ciencia general, profundizó en su materia y dominó una asombrosa amplitud de conocimientos. Formaba parte de la clase de mandarines que ganaron respetabilidad a finales del siglo XIX: de clase media alta, con poder pero no exageradamente ricos. Su padre era médico y profesor de medicina; su tío, un destacado científico y administrador; y su primo Raymond llegó a presidente de la República. Era la época en que los nietos de hombres de negocios y ricos terratenientes se decantaban por profesiones intelectuales.

Sin embargo, me cuesta mucho imaginarlo en una camiseta, o sacando la lengua como hace Einstein en esa conocida fotografía. Hay en él algo que nada tiene de juguetón, una dignidad al estilo de la Tercera República.

En su época, todo el mundo pensaba que era el rey de las matemáticas y de la ciencia, excepto, naturalmente, algunos matemáticos de miras estrechas como Charles Hermite, que lo consideraban demasiado intuitivo, demasiado intelectual o demasiado «gesticulante». Cuando los matemáticos tachan a alguien de «gesticulante», significa que esa persona tiene: a) perspicacia, b) realismo, c) algo que decir, y que d) está en lo cierto, porque eso es lo que los críticos dicen cuando no encuentran nada más negativo. Un movimiento de cabeza de Poincaré impulsaba o frustraba toda una carrera. Muchos sostienen que fue él quien descubrió la relatividad, antes que Einstein —y que éste tomo de él la idea—, pero que no hizo por ello aspaviento alguno. Tales afirmaciones las hacen, claro está, los franceses, pero parece que existe cierta confirmación por parte del amigo y biógrafo de Einstein, Abraham Pais. Poincaré era demasiado aristocrático, tanto por sus orígenes como por su porte, para litigar sobre la propiedad de un descubrimiento.

Poincaré ocupa un lugar fundamental en este capítulo porque vivió en una época en que se había producido un progreso intelectual extremadamente rápido en los campos de la predicción (pensemos en la mecánica celestial). La revolución científica nos llevó a pensar que teníamos las herramientas que nos permitirían agarrar el futuro. Se había terminado la incertidumbre. El universo era como un reloj y, con el estudio de sus piezas, podríamos hacer proyecciones hacia el futuro. Sólo era preciso representar por escrito los modelos correctos y que los ingenieros hicieran los cálculos. El futuro no era más que la mera prolongación de nuestras certezas tecnológicas.

El problema de los tres cuerpos

Poincaré fue el primer matemático de renombre que comprendió y explicó que en nuestras ecuaciones hay unos límites naturales. Introdujo las no linealidades, pequeños efectos que pueden conducir a graves consecuencias, una idea que después se hizo popular, tal vez demasiado popular, como teoría del caos. ¿Qué tiene de ponzoñoso esta popularidad? La tesis de Poincaré se refiere exclusivamente a los límites que las no linealidades imponen a la predicción; no son una invitación a utilizar las técnicas matemáticas para hacer predicciones amplias. Las matemáticas nos pueden mostrar con mucha claridad sus propios límites.

Hay (como de costumbre) en esta teoría algo inesperado. Poincaré aceptó inicialmente participar en un concurso que organizó el matemático Gösta Mittag-Leffer para celebrar el sesenta aniversario del rey Oscar de Suecia. La memoria de Poincaré, que versaba sobre la estabilidad del sistema solar, ganó el premio, que por entonces representaba el mayor honor científico (eran los felices tiempos anteriores a los premios Nobel). Sin embargo, surgió un problema cuando un corrector matemático, al comprobar la memoria antes de su publicación, se dio cuenta de que había un error de cálculo que, tras ser considerado, llevaba a la conclusión contraria: la impredecibilidad o, más técnicamente, la no integrabilidad. Discretamente se retiró la memoria y se reeditó un año después.

El razonamiento de Poincaré era simple: cuando se proyecta hacia el futuro se necesita un grado creciente de precisión sobre la dinámica del proceso que se está modelando, ya que el índice de error crece rápidamente. El problema es que no se puede establecer esa precisión ajustada, porque la degradación de la predicción se acrecienta bruscamente: al final tendríamos que calcular el pasado con una precisión infinita. Poincaré demostró todo esto con un ejemplo muy sencillo, ampliamente conocido como el «problema de los tres cuerpos». Si en un sistema solar sólo tenemos dos planetas, sin nada más que afecte a su curso, entonces se puede predecir indefinidamente el comportamiento de ambos planetas sin ningún problema. Pero añadamos un tercer cuerpo entre los planetas, por ejemplo un cometa, muchísimo más pequeño. Inicialmente, el tercer cuerpo no producirá ningún movimiento, no tendrá efecto alguno; después, con el tiempo, sus efectos sobre los otros dos cuerpos pueden ser explosivos. Pequeñas diferencias en la situación de ese diminuto cuerpo al final determinarán el futuro de los grandes y poderosos planetas.

La explosiva dificultad de la predicción se debe a que los mecanismos se complican, aunque sea un poco. Nuestro mundo, lamentablemente, es mucho más complicado que el problema de los tres cuerpos: contiene mucho más que esos tres objetos. Estamos ante lo que hoy se llama un sistema dinámico; y el mundo, como veremos, es un sistema demasiado dinámico.

Imaginemos la dificultad de predecir como si se tratara de las ramas que brotan de un árbol: en cada horqueta tenemos una multiplicación de nuevas ramas. Para entender cómo es posible que nuestras intuiciones sobre esos efectos multiplicadores no lineales sean más bien débiles, consi-

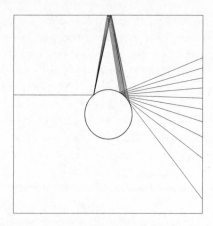

FIGURA 2. Un lector de mi manuscrito original, David Cowan, tuvo la amabilidad de dibujar esta imagen de la dispersión, que muestra cómo, en el segundo rebote, las variaciones en las condiciones iniciales pueden llevar a resultados extremadamente divergentes. La imprecisión inicial en el ángulo se multiplica, de ahí que cada rebote adicional se magnifique aún más. Esto provoca un grave efecto multiplicador donde el error crece de forma desproporcionada.

deremos la siguiente historia sobre el tablero de ajedrez. Su inventor exigió la siguiente recompensa: un grano de arroz por el primer cuadro, dos por el segundo, cuatro por el tercero, ocho, luego dieciséis, y así sucesivamente, doblando siempre la cantidad anterior, hasta llegar al cuadro sesenta y cuatro. El rey le garantizó que le retribuiría como pedía, creyendo que el inventor solicitaba una miseria; pero pronto se dio cuenta de que había sido burlado. Tal cantidad de arroz excedía a cualquier posible reserva.

La dificultad multiplicativa que lleva a la necesidad de una precisión cada vez mayor en los supuestos se puede ilustrar con el siguiente ejercicio sencillo, referente a la predicción de los movimientos de las bolas de billar sobre la mesa. Empleo el ejemplo tal como lo computó el matemático Michael Berry. Si conocemos un conjunto de parámetros básicos sobre la bola en reposo y calculamos la resistencia de la mesa (algo muy elemental) junto con la fuerza del impacto, entonces es bastante fácil predecir qué ocurrirá con el primer golpe. El segundo impacto resulta más complicado, pero también se puede calcular: hay que poner mayor cuidado en nuestro conocimiento de los estados iniciales, y se requiere mayor precisión. El problema es que para computar correctamente el noveno impacto, debemos tener en cuenta el tirón gravitacional de alguien que esté de pie junto a la mesa (los cálculos de Berry utilizan un peso de menos de 75 kilos). Y para computar el impacto cincuenta y seis, cada una de las partículas elementales del universo debe estar presente en nuestros supuestos. Un electrón que se encuentre en el límite del universo, a diez mil millones de años luz de nuestra planeta, debe figurar en los cálculos, pues ejerce un efecto significativo en los resultados. Ahora bien, pensemos en la carga adicional que supone tener que incorporar predicciones sobre *dónde estarán estas variables en el futuro*. Predecir el movimiento de una bola sobre una mesa de billar exige conocer la dinámica de todo el universo, hasta el último de los átomos. Podemos predecir fácilmente los movimientos de grandes objetos, como los planetas (aunque sin adentrarnos mucho en el futuro), pero los entes más pequeños pueden ser difíciles de entender, y además son mucho más numerosos que los grandes.

Observemos que esta historia de las bolas de billar da por supuesto un mundo simple y llano; ni siquiera tiene en cuenta esos peligrosos asuntos sociales que el libre albedrío posiblemente conlleva. Las bolas de billar no tienen mente propia. Nuestro ejemplo tampoco tiene en cuenta la relatividad y los efectos cuánticos. Además, no hemos empleado la idea (que los farsantes suelen invocar) llamada «principio de incertidumbre». No nos ocupamos de las limitaciones de la precisión en las mediciones realizadas a nivel subatómico. Sólo nos ocupamos de las bolas de billar.

En un sistema dinámico, donde consideramos algo más que una bola en sí misma y donde las trayectorias dependen en cierto sentido unas de otras, la capacidad para proyectar en el futuro no sólo se reduce, sino que queda sometida a una limitación fundamental. Poincaré defendía que sólo podemos trabajar con asuntos cualitativos: se puede *hablar* de alguna propiedad de los sistemas, pero no podemos computarla. Podemos pensar con rigor, pero no podemos emplear números. Poincaré llegó a inventar un campo para este fenómeno, el análisis *in situ*, que hoy forma parte de la topología. La predicción y la previsión son un asunto más complicado de lo que se suele aceptar, pero sólo alguien que sepa de matemáticas puede entenderlo. Aceptarlo exige a la vez comprensión y coraje.

En la década de 1960, el meteorólogo del MIT Edward Lorenz redescubrió por sí mismo lo que Poincaré había deducido, y una vez más, fue un descubrimiento casual. Estaba elaborando un modelo informático de la dinámica del tiempo climático, para lo cual realizó una simulación en que se proyectaba un sistema climático a unos cuantos días por delante. Luego intentó repetir la simulación con el mismo modelo y con lo que creía que eran los mismos parámetros de *input*, pero obtuvo unos resultados completamente distintos. Inicialmente lo atribuyó a un problema informático o a un error de cálculo. En aquellos días, los ordenadores eran unas máquinas pesadas y lentas que en nada se parecían a las que hoy tenemos, de modo que los usuarios estaban muy limitados por el tiempo. Posteriormente, Lorenz se dio cuenta de que tales divergencias no eran fruto del error, sino de un pequeño redondeo en los parámetros del *input*. Tal fenómeno vino a conocerse como el efecto mariposa, pues una mariposa que moviera sus alas en la India podría causar un huracán en Nueva York dos años después. Los descubrimientos de Lorenz despertaron el interés por el campo de la teoría del caos.

Naturalmente, los investigadores encontraron antecedentes del descubrimiento de Lorenz, no sólo en la obra de Poincaré, sino también en la del perspicaz e intuitivo Jacques Hadamard, que pensaba en lo mismo en torno a 1898, y luego siguió viviendo casi otros setenta años: murió a los noventa y ocho.*

Siguen ignorando a Hayek

Los hallazgos de Popper y de Poincaré limitan nuestra capacidad para ver en el futuro, haciendo de éste un reflejo muy complicado del pasado, si es que existe tal reflejo. Una sólida aplicación al mundo social procede de un amigo de sir Karl Popper, el economista intuitivo Friedrich Hayek. Hayek es uno de los pocos miembros célebres de su «profesión» (junto con J. M. Keynes y G. L. S. Shackle) que se centra en la auténtica incertidumbre, en las limitaciones del conocimiento, es decir, en los libros no leídos de la biblioteca de Eco.

---

* Existen otros límites que no he intentado siquiera plantear en estas páginas. Por ejemplo, no me refiero al tipo de incomputabilidad que suele llamarse completitud NP (*NP completeness*).

En 1974 recibió el Premio del Banco de Suecia en Ciencias Económicas a la Memoria de Alfred Nobel, pero si se lee su discurso de aceptación, uno se queda un tanto sorprendido. Se titula, significativamente, «La ficción del conocimiento», y en él habla de otros economistas y de la idea del planificador. Hayek criticaba el uso de las herramientas características de la ciencia pura en las ciencias sociales, y lo hacía de forma deprimente, justo antes de la gran eclosión de tales métodos en economía. Posteriormente, el extendido uso de complicadas ecuaciones hizo que el medio en que se mueven los pensadores empíricos fuese peor que de lo que era antes del discurso de Hayek. Todos los años aparece un artículo o un libro cuyos autores se lamentan del sino de la economía y sus intentos por imitar la física. El último que he leído dice que los economistas deberían aspirar al papel de modestos filósofos y no al de grandes sacerdotes. Pero son recomendaciones que entran por una oreja y salen por la otra.

Para Hayek, una auténtica previsión se hace orgánicamente por medio de un sistema, no por decreto. Una única institución, por ejemplo, el planificador central, no puede *agregar* los conocimientos precisos: faltarán muchos fragmentos importantes de información. Pero la sociedad en su conjunto podrá integrar en su funcionamiento estas múltiples piezas de información. La sociedad como totalidad piensa fuera de lo establecido. Hayek atacaba el socialismo y gestionaba la economía como un producto de lo que yo he llamado *conocimiento del estudioso obsesivo* o *platonicidad*: debido al crecimiento del conocimiento científico, sobreestimamos nuestra capacidad para entender los sutiles cambios que acontecen en el mundo, así como la importancia que hay que dar a cada uno de ellos. Hayek llamó acertadamente a este fenómeno «cientifismo».

Esta dolencia está gravemente integrada en nuestras instituciones, motivo por el cual temo tanto a los gobiernos como a las grandes empresas (resulta difícil distinguir entre unos y otras). Los gobiernos hacen previsiones y las empresas realizan proyecciones; todos los años, diversos analistas proyectan el nivel de los tipos de interés de las hipotecas y el estado de la Bolsa para el final del año siguiente. Las empresas sobreviven no porque hayan hecho buenas previsiones, sino porque, al igual que los directores ejecutivos que visitaban Wharton de los que hablé antes, es posible que hayan tenido suerte. Y, como le ocurre al propietario de un restaurante, es posible que se hagan daño a sí mismas, pero no a nosotros: quizá nos ayudan y subvencionan nuestro consumo mediante el regalo de ciertos bienes, como las llamadas telefónicas baratas al resto del mundo financiadas mediante la inversión exagerada en la era del punto com. Los consumidores podemos dejar que prevean todo lo que quieran si eso es lo que necesitan para trabajar. Dejemos que sean ellas mismas las que se cuelguen si así lo desean.

En realidad, como decía en el capítulo 8, los neoyorquinos nos beneficiamos de la quijotesca y exagerada confianza de las grandes empresas y de los empresarios de la restauración. Éste es el beneficio del capitalismo del que la gente menos habla.

Pero las empresas pueden quebrar cuantas veces quieran, ya que subvencionando a los consumidores transfieren su riqueza a nuestro bolsillo; cuantas más bancarrotas haya, mejor para nosotros (a menos que sean «demasiado grandes para caer» y requieran ayudas, argumento que avalaría que las empresas quiebren antes). El Estado es algo más serio, y debemos asegurarnos de que no corremos con los gastos de su locura. Como individuos, nos debería encantar el libre mercado, porque quienes operan en él pueden ser tan incompetentes como quieran.

La única crítica que se le puede hacer a Hayek es que establece una distinción tajante de carácter cualitativo entre las ciencias sociales y la física. Demuestra que los métodos de la física no se trasladan a sus hermanos de la ciencia social, y culpa de ello a la mentalidad de orientación ingenierística. Pero Hayek escribía en un momento en que la física, la reina de la ciencia, parecía que pasaba como un bólido por nuestro mundo. Resulta que hasta las ciencias naturales son mucho más complicadas que todo esto. Hayek tenía razón en lo referente a las ciencias sociales, así como al confiar en los científicos puros más que en los teóricos sociales; pero lo que dijo sobre la debilidad del conocimiento social se aplica a cualquier conocimiento. A todos sin excepción.

¿Por qué? Porque a partir del problema de la confirmación podemos decir que sabemos muy poco sobre nuestro mundo natural; hacemos publicidad de los libros leídos y nos olvidamos de los no leídos. La física ha tenido éxito, pero no es más que un estrecho campo de la ciencia pura en el que hemos tenido éxito, y la gente tiende a generalizar ese éxito a toda la ciencia. Es preferible llegar a entender mejor el cáncer o el (altamente no lineal) tiempo atmosférico que el origen del universo.

Cómo no ser un estudioso obsesivo

Profundicemos un poco más en el problema del conocimiento y sigamos con la comparación entre Tony el Gordo y el doctor John del capítulo 9. ¿Los estudiosos entusiastas y maniáticos tunelan, es decir, se centran en categorías escuetas y olvidan las fuentes de la incertidumbre? Recordemos del prólogo la presentación que hacía de la platonificación como un enfoque de arriba abajo en un mundo compuesto de esas escuetas categorías.*

Pensemos en un ratón de biblioteca que decide aprender una lengua nueva. Va a aprender, por ejemplo, serbocroata o cungo leyendo una gramática de cabo a rabo y memorizando las reglas. Tendrá la impresión de que alguna autoridad gramatical superior fijó las normas lingüísticas para que la gente iletrada pudiera después hablar esa lengua. En realidad, las lenguas crecen de forma orgánica; la gramática es algo que personas que no tienen nada más apasionante que hacer en la vida codifican en un libro. Si el escolástico va a memorizar las declinaciones, el aplatónico que no sea un estudioso obsesivo adquirirá, digamos, el serbocroata reuniendo potenciales amigas en bares de las afueras de Sarajevo, o hablando con los taxistas, para luego (si es necesario) ajustar las reglas a los conocimientos que ya posee.

Pensemos de nuevo en el planificador central. Como ocurre con la lengua, no existe una autoridad gramatical que codifique los sucesos sociales y económicos; pero intentemos convencer al burócrata o al científico social de que es posible que el mundo no quiera seguir sus ecuaciones «científicas». De hecho, los pensadores de la escuela austríaca, a la que Hayek pertenecía, usaban las designaciones de forma *tácita* o *implícita* precisamente para aludir a esa parte del conocimiento que no se puede poner por escrito, pero cuya represión debemos evitar. Establecían la distinción que antes veíamos entre «saber cómo» y «saber qué», siendo esta última más escurridiza y dada a la torpeza.

Para decirlo con mayor claridad, el platónico va de arriba abajo, es formulaico, de mente cerrada, interesado y de naturaleza mercantil; el aplatónico va de abajo arriba, es de mente abierta, escéptico y empírico.

---

* Esta idea asoma aquí y allá a lo largo de la historia con distintos nombres. Alfred North Whitehead, por ejemplo, la llamaba la «falacia de la concreción mal ubicada», el error de confundir un modelo con la entidad física que pretende describir.

La razón de que haya escogido al gran Platón se hace evidente con el siguiente ejemplo de su pensamiento: Platón pensaba que deberíamos usar ambas manos con la misma destreza. Lo contrario no «tendría sentido». Pensaba que favorecer una extremidad sobre la otra era una deformación producto de la «locura de madres y niñeras». Le preocupaba la asimetría, y proyectaba en la realidad sus ideas sobre la elegancia. Tuvimos que esperar hasta Louis Pasteur para entender que las moléculas químicas eran diestras o zurdas, y que esto importaba considerablemente.

Se pueden encontrar ideas similares en varias ramas inconexas del pensamiento. Los primeros fueron (como de costumbre) los empíricos, cuya aproximación médica de abajo arriba, libre de teorías y «basada en pruebas» se asociaba sobre todo con Filno de Cos, Serapión de Alejandría y Glaucias de Tarento, a quien después convirtió al escepticismo Menodoto de Nicomedia, y hoy famoso por su practicante vocal, nuestro amigo el gran filósofo escéptico Sexto Empírico. Como veíamos antes, Sexto fue quizás el primero en descubrir el Cisne Negro. Los empíricos practicaban las «artes médicas» sin basarse en el razonamiento; querían beneficiarse de las observaciones al azar tratando de adivinar, y para ello experimentaban y probaban hasta que descubrían algo que funcionaba. Su teorización era mínima.

Sus métodos se retoman hoy como medicina basada en pruebas, después de dos milenios de persuasión. Pensemos que antes de que se supiera de la existencia de las bacterias, y del papel que desempeñan en las enfermedades, los médicos criticaban la costumbre de lavarse las manos porque para ellos *no tenía sentido*, pese a la evidencia de una disminución significativa en el número de muertos en los hospitales. Ignaz Semmelweis, el médico de mediados del siglo XIX que promovió la idea de lavarse las manos, no fue reivindicado hasta décadas después de su muerte. Del mismo modo, quizá «no tenga sentido» que la acupuntura funcione, pero si el hecho de introducir una aguja en el dedo gordo del pie alivia sistemáticamente el dolor (en pruebas empíricas debidamente realizadas), entonces podría ser que haya funciones demasiado complicadas para que las podamos entender; por tanto sigamos de momento como estamos, aunque siempre con la mente abierta.

El libertarismo académico

Para repetir lo que dice Warren Buffet, no le preguntemos al peluquero si debemos cortarnos el pelo, ni preguntemos al académico si lo que hace es relevante. Así que voy a concluir esta exposición del libertarismo de Hayek con la observación que sigue. Como he dicho, el problema del conocimiento organizado es que hay alguna que otra divergencia de intereses entre las asociaciones académicas y el propio conocimiento. No puedo entender de ninguna manera por qué los libertarios actuales no se procuran un puesto de titular en los claustros (salvo, quizá, porque muchos libertarios ya son académicos). Hemos visto que las empresas pueden quebrar, mientras que los gobiernos permanecen. Pero mientras los gobiernos permanecen, a los funcionarios se les puede bajar de categoría y a los congresistas y senadores se les puede dejar sin cargo tras el resultado de las elecciones siguientes. En la universidad, un puesto de titular en el claustro es para siempre: el negocio del conocimiento tiene unos «propietarios» permanentes. Simplemente, el charlatán es más producto del control que de la libertad y la ausencia de estructura.

Predicción y libre albedrío

Si conocemos todas las condiciones posibles de un sistema físico, podemos, en teoría (aunque, como hemos visto, no en la práctica), proyectar su conducta hacia el futuro. Pero esto sólo se refiere a los objetos inanimados. Con las cuestiones sociales, nos encontramos con un escollo. Proyectar el futuro cuando están implicados los seres humanos es algo radicalmente diferente *si los consideramos seres vivos y dotados de libre albedrío*.

Si puedo predecir todas las acciones del lector en unas determinadas circunstancias, entonces es posible que éste no sea tan libre como piensa. Es un autómata que reacciona a los estímulos del entorno, esclavo del destino. Y la ilusión de libre albedrío se podría reducir a una ecuación que describe el resultado de las interacciones entre las moléculas. Sería como estudiar la mecánica de un reloj: un genio con conocimientos exhaustivos de las condiciones iniciales y las cadenas causales sería capaz de extender sus conocimientos al futuro de las acciones *del lector*. ¿No sería algo agobiante?

Sin embargo, si creemos en el libre albedrío no podemos creer de verdad en la ciencia social y la proyección económica. No podemos prever cómo actuarán las personas. Excepto, por supuesto, si existe algún truco, y este truco es la cuerda de la que cuelga la economía neoclásica. Presumamos simplemente que los individuos serán *racionales* en el futuro y, por consiguiente, predecibles. Existe un estrecho vínculo entre la racionalidad, la predictibilidad y la docilidad matemática. Un individuo racional realizará un conjunto *exclusivo* de acciones en unas circunstancias específicas. Hay una y sólo una respuesta a la pregunta de cómo actuarían las personas «racionales» que satisfacen sus mejores intereses. Los actores racionales deben ser coherentes: no pueden preferir las manzanas a las naranjas, las naranjas a las peras, y luego las peras a las manzanas. Si lo hicieran, sería difícil generalizar su conducta. También sería difícil proyectar ésta en el tiempo.

En la economía ortodoxa, la racionalidad se convirtió en una camisa de fuerza. Los economistas platonificados ignoraban el hecho de que las personas pudieran preferir hacer algo más que maximizar sus intereses económicos. Esto condujo a unas técnicas matemáticas como la «maximización» o la «optimización», sobre las que Paul Samuelson construyó gran parte de su obra. La optimización consiste en encontrar la política matemáticamente óptima que un agente económico pueda desear. Por ejemplo, ¿cuál es la cantidad «óptima» que se debe invertir en acciones? Esto implica unas complicadas matemáticas y, por consiguiente, levanta una barrera a la entrada de los estudiosos no formados en matemáticas. No sería yo el primero en decir que esta optimización atrasó la ciencia social, al reducirla de la disciplina intelectual y reflexiva en que se estaba convirtiendo a un intento de constituirse en «ciencia exacta». Por «ciencia exacta» entiendo un problema de ingeniería mediocre para aquellos que quieren simular que están en el Departamento de Física: la llamada envidia a la física. En otras palabras, un fraude intelectual.

La optimización es un ejemplo de modelado estéril del que volveremos a hablar en el capítulo 17. No tenía un uso práctico (y ni siquiera teórico), y de ahí que se convirtiera principalmente en una competición por ocupar posiciones académicas, una manera de hacer que las personas compitieran con la fuerza matemática. La tragedia es que se dice que Paul Samuelson, de mente rápida, es uno de los estudiosos más inteligentes de su generación. Éste fue sin duda un caso de inteligencia muy mal invertida. Lo habitual era que Samuelson intimidara a quienes cuestionaban sus técnicas diciéndoles: «Quienes saben, hacen ciencia; los demás hacen metodología». Quien supiera matemáticas, podría «hacer ciencia». Esto recuerda a los psicoanalistas que silencian a sus críticos acusándolos de tener problemas con su padre. Lamentablemente, eran Samuelson y la mayoría de sus seguidores quienes no *sabían* matemáticas, o no sabían cómo utilizar las que pudieran saber, cómo aplicarlas a la realidad. Sólo sabían las matemáticas suficientes para que los cegaran.

Lo trágico fue que, antes de la proliferación de los sabios ciegos e idiotas, hubo auténticos pensadores que habían iniciado una obra interesante, como J. M. Keynes, Friedrich Hayek y el gran Benoît Mandelbrot, todos los cuales fueron desplazados porque alejaban la economía de la precisión de la física mediocre. Algo muy triste. Un gran pensador subestimado es G. L. S. Shackle, hoy casi completamente desconocido, que introdujo la idea de «desconocimiento», es decir, los libros no leídos de la biblioteca de Umberto Eco. Rara vez se encuentran referencias a sus libros, que yo tuve que comprar en librerías de viejo de Londres.

Legiones de psicólogos empíricos de la escuela de la heurística y la parcialidad han demostrado que el modelo de conducta racional en condiciones de incertidumbre no sólo es una burda imprecisión, sino todo un error como descripción de la realidad. Los hallazgos de esos psicólogos también preocupan a los economistas platonificados, porque revelan que hay diversas formas de ser irracional. Tolstoi decía que las familias felices son todas iguales, mientras que las infelices lo son cada una a su manera. Se ha demostrado que las personas cometen errores como el de preferir las manzanas a las naranjas, las naranjas a las peras y *las peras a las manzanas*, en función de cómo se les formulen las preguntas relevantes. La secuencia es importante. Además, como hemos visto con el ejemplo del anclaje, las estimaciones que los sujetos hacen sobre el número de dentistas de Manhattan están influidas por el numero aleatorio que se les acaba de mostrar (el *anclaje*). Dada la aleatoriedad del anclaje, nos encontraremos con ella en las estimaciones. Por ello, cuando las personas toman decisiones incoherentes, el núcleo central de la optimización económica falla. Ya no podemos producir una «teoría general», y sin ella no podemos predecir.

Tenemos que aprender a vivir sin una teoría general, ¡por Plutón!

EL VERDAZUL DE LA ESMERALDA

Recordemos el problema del pavo: contemplamos el pasado y deducimos una regla sobre el futuro. Bien, los problemas de proyectar desde el pasado pueden ser aún peores de lo que hemos descubierto, porque los mismos datos del pasado pueden confirmar una teoría y también la radicalmente opuesta. Si sobrevivimos hasta mañana, podría significar que a) somos más proclives a ser inmortales, o bien que b) estamos más cerca de la muerte. Ambas conclusiones se basan exactamente en los mismos datos. Si so-

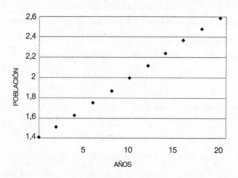

FIGURA 3. Una serie de una población bacterial al parecer creciente (o de récords de ventas, o de cualquier variable observada a lo largo del tiempo, por ejemplo, la cantidad total de alimento que recibe el pavo del capítulo 4).

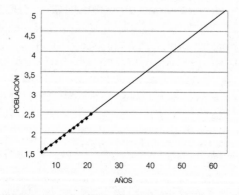

FIGURA 4. Facilidad para seguir la tendencia: hay un modelo lineal y sólo uno que se ajusta a los datos. Podemos proyectar una continuación hacia el futuro.

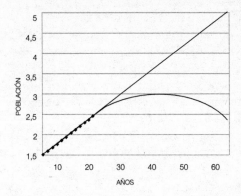

FIGURA 5. Nos fijamos en una escala más amplia. Otros modelos también encajan muy bien.

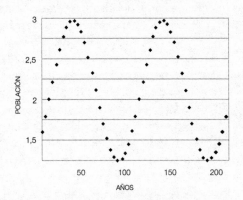

FIGURA 6. El auténtico «proceso generador» es extremadamente simple, pero no tenía nada que ver con un modelo lineal. Algunas de sus partes parecen ser lineales, pero nos engaña la extrapolación en una línea directa.*

* Estas gráficas también ilustran una versión estadística de la falacia narrativa (encontramos un modelo que se ajusta al pasado). La «regresión lineal» o «*R-square*», en última instancia nos puede engañar más allá de lo imaginable, hasta el punto en que ya no resulta divertido. Podemos ajustar la parte lineal de la curva y hablar de una elevada regresión lineal, lo que significa que nuestro modelo se ajusta muy bien a los datos y tiene elevados poderes de predicción. Pura palabrería: sólo ajustamos el segmento lineal de la serie. Recordemos siempre que la regresión lineal no vale para Extremistán: sólo es buena para la promoción académica.

mos el pavo al que se alimenta durante un largo período, podemos suponer ingenuamente que la alimentación *confirma nuestra seguridad*, o bien ser astutos y pensar que ello *confirma el peligro* de que se nos convierta en una suculenta cena. La conducta pasada de un empalagoso conocido puede indicar el genuino afecto que nos tiene y su preocupación por nuestro bienestar; pero también puede confirmar su deseo mercenario y calculador de hacerse un día con nuestro negocio.

El pasado no sólo puede ser engañoso, sino que también hay muchos grados de libertad en la interpretación que hacemos de los sucesos pasados.

Para la versión técnica de esta idea, imaginemos una serie de puntos sobre un papel que representen un número a lo largo del tiempo; la gráfica se parecería a la figura 1 y mostraría los primeros mil días del capítulo 4. Supongamos que el profesor del instituto nos dice que prolonguemos la serie de puntos. Con un modelo lineal, es decir, utilizando una regla, sólo podemos ir en línea recta, una *única* línea recta desde el pasado al futuro. El modelo lineal es único. Hay una y sólo una línea recta que se pueda proyectar a partir de una serie de puntos. Pero se puede poner más difícil. Si no nos limitamos a una línea recta, nos encontramos con que hay una inmensa familia de curvas que pueden cumplir la tarea de unir los puntos. Si proyectamos desde el futuro en línea recta, seguimos una tendencia. Pero las futuras desviaciones posibles del camino que viene del pasado son infinitas.

Esto es lo que el filósofo Nelson Goodman llamaba el misterio de la inducción: proyectamos una línea recta sólo porque tenemos en la cabeza un modelo lineal; el hecho de que un número haya aumentado sistemáticamente a lo largo de mil días nos debería dar mayor seguridad de que va a aumentar en el futuro. Pero si pensamos en un modelo no lineal, éste podría confirmar que el número debería disminuir el día mil uno.

Supongamos que observamos una esmeralda. Ayer y anteayer era verde. Hoy sigue siendo verde. Normalmente esto confirmaría la propiedad «verde»: podemos presumir que la esmeralda será verde mañana. Pero para Goodman, la historia del color de la esmeralda podría confirmar igualmente la propiedad «verdazul». ¿Qué es la propiedad llamada verdazul? La propiedad verdazul de la esmeralda es ser verde hasta una determinada fecha, por ejemplo, el 31 de diciembre de 2006, y que a partir de entonces sea azul.

El misterio de la inducción es otra versión de la falacia narrativa: nos enfrentamos a una infinidad de «historias» que explican lo que hemos visto. La gravedad del misterio de la inducción de Goodman está en lo que sigue: si ya no existe ni una sola forma de «generalizar» a partir de lo que vemos, de hacer una inferencia sobre lo desconocido, entonces ¿cómo debemos operar? La respuesta, evidentemente, será que debemos emplear el «sentido común», pero es posible que nuestro sentido común no esté tan bien desarrollado con respecto a algunas variables de Extremistán.

ESA GRAN MÁQUINA DE LA PREDICCIÓN

El lector tiene todo el derecho a preguntar: «Entonces, NNT, ¿por qué demonios planificamos?». Algunos lo hacen para obtener ganancias económicas, otros porque es «su trabajo». Pero también nosotros lo hacemos con estas intenciones, y además espontáneamente.

¿Por qué? La respuesta tiene que ver con la naturaleza humana. Es posible que la planificación figure entre el conjunto de elementos que nos hace humanos, concretamente, nuestra conciencia.

Se supone que en nuestra tendencia a proyectar las cosas hacia el futuro hay una necesidad evolutiva, que rápidamente voy a resumir aquí, pues puede tratarse de una excelente candidata a la explicación, una magnífica conjetura, aunque, dado que está vinculada a la evolución, voy a ser cauto.

La idea, tal como la expuso el filósofo Daniel Dennett, sería como sigue: ¿cuál es el uso más potente de nuestro cerebro? Es precisamente la capacidad de proyectar conjeturas hacia el futuro y practicar el juego contrafactual: «Si le doy a alguien un puñetazo en la nariz, me lo devolverá enseguida o, lo que es peor, llamará a su abogado de Nueva York». Una de las ventajas de hacerlo es que podemos dejar que sean nuestras conjeturas las que mueran en nuestro lugar. Usada correctamente y en lugar de reacciones más viscerales, la capacidad de proyectar con eficacia nos libera de la selección natural inmediata y de primer orden, a diferencia de otros organismos más primitivos que eran vulnerables a la muerte y sólo crecieron por la mejora de la dotación genética mediante la selección de los mejores. En cierto sentido, el hecho de proyectar nos permite engañar a la evolución; ahora se produce en nuestra cabeza, como una serie de proyecciones y de escenarios contrafactuales.

Se supone que esta misma capacidad para jugar mentalmente con conjeturas, aun en el caso de que nos libere de las leyes de la evolución, es producto de ésta; es como si la evolución nos hubiera colocado una larga correa, mientras que el resto de los animales viven atados cortos y quedan reducidos a la dependencia de su entorno. Para Dennett, nuestros cerebros son «máquinas de previsión»; la mente y la conciencia humanas son propiedades emergentes, aquellas propiedades que son necesarias para nuestro desarrollo acelerado.

¿Por qué escuchamos a los expertos y sus predicciones? Una posible explicación es que la sociedad descansa sobre la especialización, la efectiva división de los conocimientos. Uno no acude a la Facultad de Medicina en el momento en que se encuentra con un grave problema de salud; es más económico (y desde luego más seguro) consultar a alguien que ya lo haya hecho. Los médicos escuchan a los mecánicos (no por cuestiones de salud, sino cuando tienen problemas con el coche); los mecánicos escuchan a los médicos. Tenemos una tendencia natural a escuchar al experto, incluso en campos en los que es posible que éstos no existan.

Capítulo 12
LA EPISTEMOCRACIA,
UN SUEÑO

Esto no es más que un ensayo - Niños y filósofos contra adultos y no filóso-
fos - La ciencia como empeño autista - También el pasado tiene un pa-
sado - Errar en la previsión y vivir una vida larga y feliz (si es que uno
sobrevive)

Alguien que tenga un elevado grado de arrogancia epistémica no es demasiado visible, como el tímido en un cóctel. No estamos predispuestos a res-
petar a los humildes, aquellos que tratan de suspender el juicio. Hoy en día
existe la llamada *humildad epistémica*. Pensemos en alguien que sea muy introspectivo y al que le torture la conciencia de su propia ignorancia. Carece del coraje del idiota, pero tiene las raras agallas para decir: «No lo sé». No
le importa parecer loco ni, peor aún, ignorante. Duda, no se compromete,
y le preocupan las consecuencias de estar equivocado. Introspecciona, introspecciona e introspecciona, hasta llegar al agotamiento físico y nervioso.

Esto no significa necesariamente que no tenga confianza, sólo que
piensa que sus conocimientos son sospechosos. A ese individuo lo deno-
minaré *epistémico*; a la provincia en que las leyes se estructuran teniendo
en mente este tipo de falibilidad humana la llamaré *epistemocracia*.

El principal epistemócrata moderno es Montaigne.

Monsieur de Montaigne, epistemócrata

A los treinta y ocho años, Michel Eyquem de Montaigne se retiró a su fin-
ca campestre, en el suroeste de Francia. Montaigne, que en francés antiguo
significa «montaña», era el nombre de la propiedad. La zona es conocida
hoy día por los vinos de Burdeos, pero en los tiempos de Montaigne pocas
personas invertían su energía mental y su sofisticación en el vino. Mon-

taigne tenía tendencias estoicas, aunque no se sentía arrastrado con fuerza hacia esas ideas. Lo que pretendía era escribir una modesta serie de «intentos», es decir, ensayos. La propia palabra *ensayo* transmite la idea de algo provisional, especulativo y no definitivo. Montaigne conocía bien a los clásicos y deseaba meditar sobre la vida, la muerte, la educación, el conocimiento y algunos de los aspectos más interesantes de la naturaleza humana (se preguntaba, por ejemplo, si los tullidos tenían más libido debido a la mejor circulación de la sangre en sus órganos sexuales).

La torre que se convirtió en su estudio estaba repleta de inscripciones de máximas latinas y griegas, casi todas referentes a la vulnerabilidad del conocimiento humano. A través de sus ventanas se gozaba de una amplia vista de las colinas de los alrededores.

El tema de Montaigne era, oficialmente, él mismo, pero esto era en su mayor parte una forma de facilitar el debate; no era como esos ejecutivos de empresa que escriben biografías para dar jactanciosa muestra de sus méritos y logros. Le interesaba principalmente *descubrir* cosas sobre sí mismo, hacer que descubriéramos cosas sobre él mismo, y exponer cuestiones que se pudieran generalizar a todo el género humano. Entre las inscripciones que figuraban en su estudio había una observación del poeta latino Terencio: *Homo sum, humani a me nil alienum puto* («Hombre soy, y nada de lo humano me es ajeno»).

La lectura de Montaigne resulta refrescante después de las variantes de la educación moderna, ya que aceptaba por completo la debilidad humana y comprendía que ninguna filosofía podía ser efectiva a menos que tuviera en cuenta las imperfecciones humanas profundamente arraigadas, los límites de nuestra racionalidad, los fallos que nos hacen humanos. No es que fuera por delante de su tiempo; más acertado sería decir que los últimos eruditos (que abogaban por la racionalidad) iban por detrás.

Era un tipo inteligente y reflexivo cuyas ideas no surgían en su tranquilo estudio, sino mientras montaba a caballo. Hacía largas excursiones y regresaba con ideas. Montaigne no fue ni un académico de la Sorbona ni un hombre de letras profesional, y *no* fue ninguna de las dos cosas en dos planos. En primer lugar, era una persona emprendedora; había sido funcionario autorizado para resolver pleitos y demandas antes de que llegaran a los tribunales, hombre de negocios y alcalde de Burdeos antes de retirarse a meditar sobre su vida y, ante todo, sobre sus propios conocimientos. En segundo lugar, era antidogmático: un escéptico con encanto, un escritor falible, evasivo, personal e introspectivo, y, principalmente, alguien que, siguiendo la gran tradición clásica, deseaba ser un hombre. De haber vivido en otra época, hubiera sido un escéptico empírico: tenía tendencia escépticas de la variedad pirroniana, del tipo antidogmático, como Sexto Empírico, particularmente en su conciencia de la necesidad de suspender el juicio.

La epistemocracia

Todos tenemos una idea de la utopía. Para muchos significa igualdad, justicia universal, ausencia de opresión, liberación del trabajo (para algunos, ésta sería la sociedad más modesta, aunque no más admirable, sin trenes de cercanías y sin abogados pegados al móvil). Para mí, la utopía es una epistemocracia, una sociedad en la que cualquier persona de rango es un epistemócrata, y donde los epistemócratas consiguen que se les elija. Sería una sociedad gobernada sobre la base de la conciencia de la ignorancia, no del conocimiento.

Lamentablemente, para ejercer la autoridad uno no puede aceptar su propia falibilidad. Simplemente, las personas necesitan estar cegadas por el conocimiento: estamos hechos para seguir a los líderes que sepan aglutinar a las personas, porque las ventajas de estar en grupos eliminan las desventajas de estar solo. Nos ha sido más rentable unirnos y seguir por la dirección equivocada que estar solos en la correcta. Quienes siguieron al idiota autoritario, y no al sabio introspectivo, nos transmitieron algunos de sus genes. Esta circunstancia queda manifiesta en una patología social: los psicópatas congregan a seguidores.

De vez en cuando, encontramos miembros de la especie humana con tanta superioridad intelectual que son capaces de cambiar de parecer sin ningún esfuerzo.

Observemos aquí la siguiente asimetría del Cisne Negro. Creo que el lector puede estar totalmente seguro de *algunas* cosas, y así debería ser. Puede estar más seguro de la desconfirmación que de la confirmación. A Karl Popper se le acusó de fomentar la duda sobre uno mismo, al tiempo que escribía en un tono agresivo y contundente (una acusación que a veces hacen a este autor personas que no siguen mi lógica del empirismo es-

273

céptico). Afortunadamente, desde los tiempos de Montaigne hemos aprendido mucho sobre cómo llevar a cabo la empresa escéptico-empírica. La asimetría del Cisne Negro nos permite estar seguros *de lo que está mal*, no de lo que pensamos que está bien. En cierta ocasión preguntaron a Karl Popper si uno «podía falsar la falsación» (en otras palabras, si se podía ser escéptico ante el escepticismo). Su respuesta fue que echaba a los alumnos de sus clases por hacerle preguntas mucho más inteligentes que ésta. Era duro, sir Karl.

EL PASADO DEL PASADO Y EL FUTURO DEL PASADO

Algunas verdades sólo alcanzan a los niños; los mayores y los no filósofos están absortos en las minucias de la vida práctica y deben preocuparse de «cosas serias», de modo que abandonan esas ideas por cuestiones aparentemente más relevantes. Una de estas verdades se refiere a la mayor diferencia de textura y calidad entre el pasado y el futuro. Llevo toda la vida estudiando esta distinción, de ahí que hoy la comprenda mejor que en mi infancia, pero ya no la contemplo con la misma viveza.

La única forma de poder imaginar un futuro «similar» al pasado es presumiendo que será una proyección *exacta* de éste y, por consiguiente, predecible. Del mismo modo que sabemos con cierta precisión cuándo nacimos, deberíamos saber con la misma precisión cuándo moriremos. La idea del futuro mezclado con el *azar*, y no como una extensión determinista de nuestra percepción del pasado, es una operación mental que nuestra mente no sabe realizar. El azar nos resulta demasiado confuso para que sea una categoría en sí mismo. Existe una asimetría entre el pasado y el futuro, y es demasiado sutil para que la comprendamos de forma natural.

La primera consecuencia de esta asimetría es que, en la mente de las personas, la relación entre el pasado y el futuro no aprende de la relación entre el pasado y el pasado anterior. Hay un punto negro: cuando pensamos en mañana no lo enmarcamos desde la perspectiva de lo que pensábamos ayer y anteayer. Debido a este defecto introspectivo no conseguimos aprender de la diferencia que existe entre nuestras predicciones pasadas y los subsiguientes resultados. Cuando pensamos en mañana, simplemente lo proyectamos como un día más.

Ese pequeño punto negro tiene otras manifestaciones. Si vamos al zoo del Bronx podremos ver cómo viven su ajetreada vida social nuestros parientes cercanos, los primates. También veremos a masas de turistas riéndose de la caricatura de los seres humanos que representan los primates de rango inferior. Imaginemos ahora que formamos parte de una especie de nivel superior (digamos que somos un «auténtico» filósofo o una persona realmente sabia) que es mucho más sofisticada que la de los primates humanos. No hay duda de que nos reiríamos de las personas que se ríen de los primates no humanos. Y es evidente que a esas personas que se divierten con los simios nunca se les ocurrirá la idea de que alguien pueda observarlos de la forma en que ellos observan a los simios; de ser así, aparecería la autocompasión. Y dejarían de reírse.

En consecuencia, un elemento de la mecánica según la cual la mente humana aprende del pasado nos hace creer en soluciones definitivas; pero no pensamos que quienes nos precedieron también creían que tenían soluciones definitivas. Nos reímos de los demás, y no nos percatamos de la posibilidad de que en un tiempo no muy remoto alguien esté igualmente justificado para reírse de nosotros. Esta conciencia conllevaría el razonamiento recursivo, o de segundo orden, de que hablaba en el prólogo, algo que no sabemos hacer muy bien.

Los psicólogos no han investigado ni etiquetado aún este bloqueo sobre el futuro, pero al parecer es algo similar al autismo. Algunas personas autistas pueden poseer una elevada inteligencia matemática o técnica. Sus destrezas sociales son deficientes, pero no es ésta la raíz de su problema. No saben ponerse en la piel de los otros, son incapaces de ver el mundo desde la perspectiva de los demás. Los ven como objetos inanimados, como máquinas, movidos por unas normas explícitas. Son incapaces de realizar operaciones mentales tan sencillas como la de «él sabe que yo no sé que yo sé», y es esta incapacidad la que obstaculiza sus destrezas sociales. (Resulta interesante que las personas autistas, cualquiera que sea su «inteligencia», también sean incapaces de entender la incertidumbre.)

Del mismo modo que al autismo se le llama «ceguera de la mente», a esta incapacidad para pensar de forma dinámica, de situarse uno respecto a un observador futuro, se la debería llamar «ceguera ante el futuro».

Predicción, falsa predicción y felicidad

He buscado en la literatura sobre la ciencia cognitiva estudios acerca de la «ceguera ante el futuro», pero no he encontrado nada. Sin embargo, en la literatura sobre la felicidad sí encontré un análisis de los errores crónicos de predicción que nos hacen felices.

El error de predicción funciona como sigue. Estamos a punto de comprarnos un coche nuevo. Será algo que nos cambiará la vida, nos situará en un estatus superior, y hará que el viaje al trabajo sea una fiesta. Es tan silencioso que apenas podemos asegurar que el motor está en marcha, de modo que podremos escuchar los nocturnos de Rachmaninov mientras conducimos. Este coche nuevo nos provocará un sentimiento de satisfacción permanente. La gente dirá «¡mira!, ¡vaya coche!» cada vez que nos vea. Sin embargo, olvidamos que la última vez que nos compramos un coche también teníamos las mismas expectativas. No prevemos que el efecto del coche nuevo acabará por menguar y que regresaremos a la situación inicial, como hicimos la última vez. Unas pocas semanas después de que hayamos sacado el coche nuevo del concesionario, se nos irá haciendo aburrido. De haberlo previsto, seguramente no lo habríamos comprado.

Estamos a punto de cometer un error de predicción que ya habíamos cometido. Y, sin embargo, ¡sería tan fácil la introspección!

Los psicólogos han estudiado este error de predicción en sucesos agradables y desagradables. Sobreestimamos los efectos que ambos tipos de sucesos futuros producirán en nuestra vida. Parece que nos encontremos en un aprieto psicológico que nos hace actuar de tal modo. A este aprieto Danny Kahneman lo llama «utilidad prevista» y Dan Gilbert, «previsión afectiva». La idea no es tanto que tendamos a errar en la predicción de nuestra felicidad futura, sino que no aprendemos de forma recursiva de las experiencias pasadas. Las pruebas de la existencia de un bloqueo y de ciertas distorsiones mentales se manifiestan en el hecho de que no sabemos aprender de los errores pasados al proyectar el futuro de nuestros estados afectivos.

Sobreestimamos en mucho la duración del efecto de la desgracia en nuestra vida. Creemos que la pérdida de nuestra fortuna o de la posición que ocupamos será devastadora, pero probablemente estamos equivocados. Lo más probable es que nos adaptemos a cualquier cosa, como seguramente hicimos en desventuras pasadas. Sentiremos un aguijonazo, pero no será tan terrible como imaginamos. Este tipo de error en la previsión puede tener una finalidad: motivarnos a realizar actos *importantes* (como comprar coches nuevos o hacernos ricos) y a evitar correr riesgos innecesarios. Y esto forma parte de un problema más general: al parecer, los seres humanos de vez en cuando nos autoengañamos un poco. Según la teoría del autoengaño de Trivers, se supone que éste nos orienta favorablemente hacia el futuro. Pero el autoengaño no es una característica deseable fuera de su ámbito natural. Nos previene frente a ciertos riesgos innecesarios; pero, como veíamos en el capítulo 6, no abarca toda una avalancha de riesgos modernos que no tememos porque no son vívidos, como los riesgos en las inversiones, los peligros medioambientales o la seguridad a largo plazo.

Heleno y las profecías inversas

Si nuestra profesión es la del vidente, la de describir el futuro a otros mortales menos privilegiados, se nos juzgará por el acierto de nuestras previsiones.

Heleno, de la *Ilíada*, era un vidente de distinto tipo. Hijo de Príamo y Hécuba, era el hombre más inteligente del ejército troyano. Fue él quien, bajo el efecto de la tortura, dijo a los aqueos cómo iban a tomar Troya (al parecer no predijo que él mismo sería capturado). Pero esto no era lo que le distinguía. Heleno, como otros videntes, era capaz de predecir el *pasado* con gran precisión, sin que nadie le diera ningún detalle al respecto. Es decir, predecía en sentido inverso.

Nuestro problema no es sólo que no conocemos el futuro, sino que tampoco sabemos mucho del pasado. Necesitamos urgentemente a alguien como Heleno si queremos conocer la historia. Veamos cómo.

El cubito que se derrite

Consideremos el siguiente experimento del pensamiento que he tomado prestado de mis amigos Aaron Brown y Paul Wilmott:

Operación 1 (el cubito que se derrite): imaginemos un cubito de hielo y pensemos cómo se puede derretir en las próximas dos horas, mientras jugamos un par de rondas de póquer con los amigos. Intentemos imaginar la forma del charco resultante.

Operación 2 (¿de dónde salió el agua?): imaginemos un charco de agua en el suelo. A continuación, intentemos reconstruir en nuestra mente la forma del cubito de hielo que en cierto momento pudo ser. Pensemos que es posible que el charco no proceda de un cubito de hielo.

La segunda operación es más difícil. No hay duda de que Heleno tuvo que ser muy diestro.

La diferencia entre estos dos procesos está en lo siguiente. Si disponemos de los modelos correctos (y de un poco de tiempo, y siempre que no tengamos nada más que hacer), podemos predecir con gran precisión que el cubito se va a derretir (se trata de un problema específico de ingeniería sin complejidad alguna, más fácil que el que implicaba el de las bolas de billar). Sin embargo, a partir del charco de agua se pueden construir infinitos cubitos posibles, si es que realmente hubo ahí un cubito de hielo. Al primer sentido, del cubito al charco, lo llamamos el *proceso hacia delante*. El segundo, el *proceso hacia atrás*, es muchísimo más complicado. El proceso hacia delante se usa generalmente en física e ingeniería; el proceso hacia atrás, en los planteamientos históricos, no repetibles y no experimentales.

En cierto sentido, las limitaciones que nos impiden desfreír un huevo también impiden la historia de la ingeniería inversa.

Ahora bien, vamos a aumentar un poco la complejidad de ambos problemas dando por supuesta la no linealidad. Tomemos el paradigma que se suele llamar «la mariposa de la India» del descubrimiento de Lorenz que expusimos en el capítulo anterior. Como hemos visto, un pequeño *input* en un sistema complejo puede provocar grandes resultados no aleatorios, dependiendo de unas condiciones muy especiales. Una sola mariposa que bata sus alas en Nueva Delhi podría ser la *causa* segura de un huracán en Carolina del Norte, aunque quizás el huracán no se desate hasta un par de años después. Sin embargo, *a partir de la observación de un huracán en Carolina del Norte* es dudoso que podamos concebir las causas con alguna precisión: hay miles de billones de seres minúsculos como las mariposas que baten las alas en Tombuctú, o los perros salvajes que estornudan en

Australia, que podrían haber sido la causa del huracán. El proceso de la mariposa al huracán es mucho más simple que el proceso inverso *desde* el huracán *a* la potencial mariposa.

La confusión entre ambos está desastrosamente extendida en la cultura común. Esta imagen de la «mariposa de la India» ha engañado al menos a un cineasta. Por ejemplo, *Le battement d'ailes du papillon*, una película francesa de un tal Laurent Firode, trata de alentar a las personas a que se centren en las cosas pequeñas que pueden cambiar el curso de sus vidas. Puesto que un suceso pequeño (el pétalo que cae al suelo y nos llama la atención) puede llevarnos a escoger una y no otra persona con la que compartir la vida, deberíamos centrarnos en esos pequeños detalles. Ni el cineasta ni los críticos se daban cuenta de que hablaban del proceso hacia atrás; hay billones de estas cosas pequeñas en el transcurso de un solo día, y analizarlas todas está fuera de nuestro alcance.

Una vez más, la información incompleta

Tomemos un ordenador personal. Podemos utilizar una hoja de cálculo para generar una secuencia aleatoria, una sucesión de puntos a la que podemos llamar historia. ¿Cómo? El programa informático responde a una ecuación muy complicada de naturaleza no lineal que produce unas cifras que parecen aleatorias. La ecuación es muy simple: si la sabemos, podemos predecir la secuencia. Sin embargo, para el ser humano es casi imposible plantear la ecuación al revés y predecir más secuencias. Estoy hablando de un programa informático instalado en un ordenador de una línea (llamado *tent map* o mapa-tienda) que genera unos cuantos puntos, pero no sobre los miles de millones de sucesos simultáneos que constituyen la historia real del mundo. En otras palabras, aun en el caso de que la historia fuera una serie no aleatoria generada por alguna «ecuación del mundo», dado que una ingeniería inversa de este tipo de ecuación no parece que esté dentro de las posibilidades humanas, habrá que considerarla aleatoria y no deberá llevar el nombre de «caos determinista». Los historiadores deberían mantenerse fuera de la teoría del caos y de las dificultades de la ingeniería inversa, excepto para hablar de las propiedades generales del mundo y descubrir los límites de lo que no pueden saber.

Esto me lleva a un problema mayor referente a la tarea del historiador. Formularé el problema fundamental de la práctica como sigue: si en teoría la aleatoriedad es una propiedad intrínseca, en la práctica es una *información incompleta*, lo que en el capítulo 1 llamaba *opacidad*.

Quienes no practican la aleatoriedad no entienden la sutileza. Me ocurre a menudo que, cuando el público de mis conferencias me oye hablar de la incertidumbre y la aleatoriedad, los filósofos, y a veces los matemáticos, me dan la lata sobre lo menos relevante, concretamente sobre si la aleatoriedad a la que me refiero es la «auténtica aleatoriedad» o más bien el «caos determinista» disfrazado de aleatoriedad. Un auténtico sistema aleatorio es de hecho aleatorio, y no tiene unas propiedades predecibles. Un sistema caótico tiene unas propiedades completamente predecibles, pero son difíciles de conocer. Así que les doy una doble respuesta.

a) En la práctica no existe diferencias funcionales entre ambas ya que nunca conseguiremos establecer tal distinción: la diferencia es matemática, no práctica. Si veo a una mujer embarazada, el sexo del niño que lleva en su seno es para mí una cuestión puramente aleatoria (un 50% para cada sexo); pero no para el ginecólogo, que podría haber hecho una ecografía. En la práctica, la aleatoriedad es fundamentalmente información incompleta.

b) El mero hecho de que una persona esté hablando de las diferencias implica que nunca ha tomado una decisión significativa en condiciones de incertidumbre, y ésta es la razón de que no se percate de que en la práctica son indistinguibles.

La aleatoriedad es, en última instancia, incognoscible. El mundo es opaco, y las apariencias nos engañan.

Eso que llaman conocimiento

Una última palabra sobre la historia.

La historia es como un museo adonde uno puede ir a ver la reposición del pasado y degustar el encanto de tiempos anteriores. Es un espejo fantástico en el que podemos ver nuestras propias narraciones. Incluso podemos rastrear el pasado mediante el análisis del ADN. Soy aficionado a la historia literaria. La historia antigua satisface mi deseo de construir mi propia autonarración, mi identidad, mi deseo de establecer contacto con mis (complicadas) raíces del Mediterráneo oriental. Incluso prefiero las explicaciones de los libros más antiguos, y manifiestamente menos precisos, a las de los modernos. De entre los autores que he releído (la prueba definitiva de si a uno le gusta un escritor es si lo relee), me vienen a la cabeza los siguientes: Plutarco, Livio, Suetonio, Diodoro Sículo, Gibbon, Carlyle, Renan y Michelet. Estas versiones son claramente subestándar, comparadas con las obras actuales; son en gran medida anecdóticas, y están llenas de mitos. Ya lo sé.

La historia es útil para sentir la emoción de conocer el pasado, pero no para la narración, suponiendo que siga siendo una narración inocua. Uno debería aprender con mucha precaución. La historia ciertamente no es un lugar donde teorizar o del que derivar conocimientos generales, como tampoco está destinada a ayudar en el futuro, si no se hace con cierta cautela. De la historia podemos sacar una confirmación negativa, cuyo valor es incalculable, pero a la vez nos llevamos muchos conocimientos ilusorios.

Esto me lleva una vez más a Menodoto y el tratamiento del problema del pavo y de cómo no hacer del pasado nuestra debilidad. El planteamiento que el médico empírico hacía del problema de la inducción era *conocer* la historia sin teorizar a partir de ella. Aprendamos a leer la historia, obtengamos cuantos conocimientos podamos, no descartemos lo anecdótico, pero no establezcamos ningún vínculo causal, no empleemos demasiado la ingeniería inversa; y si lo hacemos, no formulemos grandes teorías científicas. Recordemos que los escépticos empíricos sentían respeto por la costumbre: la usaban como elemento por defecto, como base de la acción, pero sólo para esto. A este limpio enfoque del pasado lo llamaban *epilogismo.* *

Pero la mayoría de los historiadores tienen otra opinión. Consideremos *¿Qué es la historia?*, la representativa introspección de Edward Hallett Carr. Se ve que el autor toma la causalidad como un aspecto fundamental de su trabajo. Pero podemos remontarnos aún más: Heródoto, con-

---

* Es posible que Yogi Berra tuviera su propia teoría del epilogismo cuando decía: «Es mucho lo que se puede observar simplemente mirando».

siderado el padre de esta materia, definía su propósito en el inicio de su obra:

> Preservar el recuerdo de los hechos de los griegos y los bárbaros, «y en particular, más que cualquier otra cosa, dar una *causa* [la cursiva es mía] de sus luchas».

Lo mismo se aprecia en todos los teóricos de la historia, sean Ibn Jaldún, Marx o Hegel. Cuanto más intentamos convertir la historia en algo que no sea una enumeración de explicaciones de las que poder disfrutar con una teorización mínima, más problemas se nos plantean. ¿Tan infectados estamos por la falacia narrativa?*

Es posible que tengamos que esperar a una generación de historiadores escéptico-empíricos capaces de comprender la diferencia entre un proceso que va hacia delante y uno que va en sentido contrario.

Del mismo modo que Popper atacaba a los historiadores por sus afirmaciones sobre el futuro, yo me he limitado a exponer cuán endeble es el planteamiento histórico para conocer el propio *pasado*.

Después de esta exposición sobre la ceguera ante el futuro (y ante el pasado), veamos qué podemos hacer al respecto. Sorprendentemente, existen medidas muy prácticas que podemos tomar. Vamos a analizarlas en el capítulo siguiente.

---

* Cuando se observa el pasado, conviene evitar las analogías ingenuas. Muchos son los que han comparado a los Estados Unidos de hoy con la antigua Roma, tanto desde la perspectiva militar (la destrucción de Cartago se invocó a menudo como incentivo para la destrucción de los regímenes enemigos) como desde la social (las interminables y reiteradas advertencias sobre el próximo declive y la consiguiente caída). Por ello, debemos tener muchísimo cuidado cuando trasladamos conocimientos desde un entorno simple que se acerca más al tipo 1, como el que había en la Antigüedad, al tipo 2 actual, un sistema complejo con sus intrincadas redes de vínculos informales. Otro error consiste en sacar conclusiones superficiales de la ausencia de una guerra nuclear, ya que, partiendo de la teoría de Casanova expuesta en el capítulo 8, repito que no estaríamos aquí de haberse producido una guerra nuclear, y no es buena idea derivar una «causa» cuando nuestra supervivencia está condicionada a esa causa.

Capítulo 13
APELES EL PINTOR, O QUÉ HACEMOS SI NO PODEMOS PREDECIR*

Habría que cobrar los consejos - Ahí va mi opinión - Nadie sabe nada, pero, al menos, él lo sabe - Ir a las fiestas

ACONSEJAR ES BARATO, MUY BARATO

No es buena costumbre llenar nuestros textos de citas de destacados pensadores, a no ser para burlarse de ellos o para ofrecer una referencia histórica. Tienen «sentido», pero las máximas grandilocuentes se introducen en nuestra credibilidad y no siempre superan las pruebas empíricas. Por eso escojo la siguiente declaración del gran filósofo Bertrand Russell, precisamente porque no estoy de acuerdo con ella:

> La exigencia de certeza es natural en el hombre; no obstante, es un vicio intelectual. Si vamos a llevar a nuestros hijos de merienda un día en que no esté claro qué tiempo va a hacer, nos exigirán una respuesta dogmática sobre si hará buen día o lloverá, y les decepcionaremos cuando no podamos estar seguros. [...]
>
> Pero los hombres, a menos que estén *formados* [la cursiva es mía] para suspender el juicio en ausencia de pruebas, se verán descarriados por los petulantes profetas. [...] Para el aprendizaje de cada una de las virtudes hay una disciplina apropiada, y para aprender a suspender el juicio la mejor disciplina es la filosofía.

---

* En este capítulo se presenta una conclusión general para aquellos que a estas alturas dicen: «Taleb, entiendo lo que quieres decir, pero ¿qué debería hacer yo?». Mi respuesta es que si el lector sabe lo que quiero decir, ha llegado prácticamente adonde yo quería que llegara. Pero ahí va un recordatorio.

Tal vez se sorprenda el lector de que yo no esté de acuerdo. Es difícil no estarlo en que la exigencia de la certeza es un vicio intelectual. Donde disiento es en que no creo que los logros acumulados de la «filosofía» del dar consejos nos ayuden a abordar el problema; tampoco creo que las virtudes se puedan enseñar *fácilmente*; y además yo no apremio a las personas para que eviten emitir un juicio. ¿Por qué? Porque debemos ocuparnos de los seres humanos como seres humanos. No podemos *enseñar* a las personas a suspender el juicio, porque los juicios están integrados en la forma en que vemos los objetos. No vemos un «árbol», sino un árbol bonito o feo. Sin un esfuerzo muy grande y paralizante no es posible separar los pequeños valores que otorgamos a las cosas. Asimismo, no es posible conservar en la mente una situación sin cierto grado de parcialidad. Algo de nuestra querida naturaleza humana hace que queramos creer; pero ¿qué?

Desde Aristóteles, los filósofos nos han enseñado que somos animales muy reflexivos, y que sabemos aprender mediante el razonamiento. Se tardó un tanto en descubrir que efectivamente pensamos, pero que nos va mejor el narrar hacia atrás para hacernos la ilusión de que comprendemos y dar cobertura a nuestras acciones pasadas. En el momento en que olvidamos tal realidad, llegó la «Ilustración» para metérnosla en la cabeza por segunda vez.

Prefiero situar a los seres humanos en un nivel ciertamente por encima de otros animales conocidos, pero desde luego no al mismo nivel que el hombre del Olimpo ideal, capaz de absorber las afirmaciones filosóficas y actuar en consecuencia. De hecho, si la filosofía fuera *tan* efectiva, el apartado de autoayuda de la librería del barrio serviría en alguna medida para consolar a las almas que sufren, pero no sirve. Cuando estamos en tensión, nos olvidamos de filosofar.

Concluiré este apartado con las dos lecciones siguientes, una muy breve (para los asuntos menores) y otra más extensa (para las decisiones grandes y de importancia).

Estar loco en los lugares precisos

La lección breve es: *¡seamos humanos!* Aceptemos que ser humanos implica cierto grado de arrogancia epistémica en la gestión de nuestros asuntos, y no nos avergoncemos de ello. No intentemos suspender siempre el juicio; las opiniones son la materia de la vida. No tratemos de evitar la predicción; sí, después de esta diatriba sobre la predicción *no* voy a urgir al lector a que deje de ser idiota. Que lo sea en los lugares adecuados.*

Lo que debemos evitar es la dependencia innecesaria de las predicciones dañinas a gran escala, pero sólo de éstas. Evitemos los grandes asuntos que pueden herir nuestro futuro; engañémonos en cosas pequeñas, no en las grandes. No escuchemos a los previsores económicos ni a los predictores de las ciencias sociales (no son más que animadores), pero hagamos nuestras propias previsiones para aquella merienda. Exijamos, por todos los medios, la certeza para la próxima merienda; pero evitemos las previsiones que el gobierno hace sobre la seguridad social para el año 2040.

Aprendamos a clasificar las creencias no según su verosimilitud, sino según el daño que puedan causar.

Estar preparado

Es posible que el lector se sienta mareado al leer sobre estos fracasos generales en la predicción del futuro, y se pregunte qué puede hacer. Pero si lanzamos la idea de la predictibilidad completa, hay muchas cosas que hacer, siempre y cuando permanezcamos conscientes de sus límites. Saber que no podemos predecir no significa que no nos podamos beneficiar de la impredecibilidad.

En resumen: estemos preparados. La predicción estrecha de miras produce un efecto analgésico o terapéutico. Seamos conscientes del efecto entumecedor de los números mágicos. Estemos preparados para todas las eventualidades importantes.

La idea de accidente positivo

Recordemos a los empíricos, aquellos miembros de la escuela griega de la medicina empírica. Pensaban que debemos tener una actitud abierta ante

* Dan Gilbert demostró en un famoso artículo, «How Mental Systems Believe», que no somos escépticos por naturaleza, y que el hecho de no creer exige un gasto de esfuerzo mental.

nuestros diagnósticos médicos, para permitir que la suerte desempeñe su papel. Un paciente se puede curar gracias a la suerte, por ejemplo, al tomar unos determinados alimentos que resulta que son la cura de su enfermedad, de forma que el tratamiento se puede usar con otros pacientes posteriores. El accidente *positivo* (como los fármacos contra la hipertensión que producían unos beneficios secundarios que llevaron al Viagra) constituía el método de descubrimiento médico fundamental de los empíricos.

Esto mismo se puede generalizar a la vida: debemos maximizar la serendipidad que nos rodea.

Sexto Empírico cuenta también la historia de Apeles el pintor, quien cuando estaba pintando un caballo, quiso pintar también la espuma de su boca. Después de intentarlo con denuedo y de hacer un desastre, se rindió y, presa de la irritación, tomó la esponja que empleaba para limpiar los pinceles y la tiró contra el cuadro. En el punto en que dio la esponja quedó una representación perfecta de la espuma.

El ensayo y el error significa no cejar en los intentos. En *El relojero ciego*, Richard Dawkins ilustra brillantemente esta idea del mundo sin un gran diseño, impulsado por unos cambios pequeños, incrementales y aleatorios. Señalemos un ligero desacuerdo por mi parte que no cambia mucho la historia: el mundo más bien se mueve gracias a *grandes* cambios incrementales y aleatorios.

En efecto, tenemos dificultades psicológicas e intelectuales con el método del ensayo y el error, así como para aceptar que las series de pequeños fracasos son necesarias en la vida. Mi colega Mark Spitznagel entendía que los seres humanos tenemos un complejo mental ante los fallos. Su lema era: «Es necesario que nos encante perder». De hecho, la razón de que me sintiera de inmediato como en casa en Estados Unidos está precisamente en que la cultura de este país alienta el proceso del fracaso, a diferencia de las culturas de Europa y Asia, donde el fracaso se afronta como un estigma y es motivo de vergüenza. La especialidad de Estados Unidos es asumir esos pequeños riesgos en nombre del resto del mundo, lo cual explica la desproporcionada participación de este país en las innovaciones. Una vez que una idea o un producto se «establecen», luego se perfeccionan.

La volatilidad y el riesgo del Cisne Negro

A la gente le suele dar vergüenza el hecho de perder, de modo que se entregan a estrategias que producen muy poca volatilidad pero conllevan el riesgo de una gran pérdida, como la de recoger una moneda de cinco centavos delante de una apisonadora. En la cultura japonesa, que se adapta mal a la aleatoriedad y no está preparada para comprender que un mal rendimiento puede ser fruto de la mala suerte, las pérdidas pueden empañar gravemente la reputación de la persona. La gente odia la volatilidad, de ahí que adopten estrategias expuestas a encontronazos y que, en ocasiones, ante una gran pérdida, llevan al suicidio.

Además, este equilibrio entre la volatilidad y el riesgo puede asomar en profesiones que aparentemente son estables, como lo fue trabajar en IBM hasta la década de 1990. Una vez despedido, el empleado se enfrenta a un completo vacío: ya no está capacitado para nada más. Lo mismo ocurre con quienes trabajan en industrias protegidas. Por otro lado, los consultores pueden tener unos ingresos volátiles, pues los de sus clientes aumentan y disminuyen, pero corren un menor riesgo de morir de hambre, ya que sus destrezas coinciden con la demanda: *fluctuat nec mergitur* (fluctúa pero no se hunde). Asimismo, las dictaduras que no parecen ser volátiles, como, por ejemplo, las de Siria y Arabia Saudí, se enfrentan a un mayor riesgo de caos que, pongamos por caso, Italia, ya que ésta lleva viviendo en un estado de confusión política desde la Segunda Guerra Mundial. Me di cuenta de este problema en la industria de las finanzas, en las que vemos a los banqueros «conservadores» sentados sobre una pila de dinamita, pero engañándose a sí mismos porque sus operaciones parecen flojas y carentes de volatilidad.

La estrategia de la haltera

Estoy intentando generalizar la idea de la «haltera» (barra del levantador de pesas) que yo empleaba cuando trabajaba de operador de Bolsa, y que consiste en lo siguiente. Si sabemos que somos vulnerables a los errores de predicción, y si aceptamos que la mayor parte de las «medidas de riesgo» contienen imperfecciones debido al Cisne Negro, entonces nuestra estrategia es mostrarnos tan hiperconservadores e hiperagresivos como podamos, en vez de ser medianamente agresivos o conservadores. En lugar de destinar el dinero a inversiones de «riesgo medio» (¿cómo sabemos que es un riesgo medio?, ¿por lo que dicen los «expertos» que buscan un empleo fijo?), debemos colocar una parte, digamos que entre el 85 y el 90%, en instrumentos extremadamente seguros, por ejemplo las letras del Tesoro, una clase de instrumentos tan seguros como los que seamos capaces de encontrar en todo el planeta. El restante 10 o 15% lo colocaremos en apuestas extremadamente especulativas lo más apalancadas posible (como las opciones), en especial carteras de capital de riesgo.* De esta manera no dependemos de los errores de la gestión del riesgo; ningún Cisne Negro nos puede hacer daño más allá de nuestro «suelo», los ahorros que tenemos en inversiones sumamente seguras. O, lo que es lo mismo, podemos tener una cartera especulativa y asegurarla (si es posible) contra, por ejemplo, pérdidas superiores al 15%. Así «cortamos» nuestro riesgo incomputable, aquel que nos resulta perjudicial. En vez de correr un riesgo medio, corremos un riesgo elevado por un lado, y ninguno por el otro. El promedio será un riesgo medio, pero éste constituye una exposición positiva al Cisne Negro. Dicho más técnicamente, se trata de una combinación «convexa». Veamos cómo se puede implementar esto en todos los aspectos de la vida.

«Nadie sabe nada»

Se dice que el legendario guionista William Goldman gritaba «Nadie sabe nada» cuando se refería a la previsión de ventas de las películas. Pero el lector se podrá preguntar cómo alguien de tanto éxito como Goldman puede calcular lo que conviene hacer sin formular predicciones. La respuesta

* Asegurémonos de que tenemos muchas de esas pequeñas apuestas y de que no nos ciega la viveza de un único Cisne Negro. Tengamos de estas pequeñas apuestas tantas como podamos. Incluso las empresas de capital de riesgo se tragan la falacia narrativa a partir de unas cuantas historias que para ellas «tienen sentido» porque no tienen tantas apuestas como debieran. Si las empresas de capital de riesgo son rentables, no es por las historias que tienen en la cabeza, sino porque están expuestas a sucesos raros no planificados.

se halla en lo que se entiende como lógica de los negocios en la cabeza. Goldman sabía que no podía prever los sucesos individuales, pero era muy consciente de que lo impredecible, concretamente el hecho de que una película fuera un éxito, le reportaría unos grandísimos beneficios.

Por eso la segunda lección es más agresiva: realmente podemos sacar provecho del problema de la predicción y de la arrogancia epistémica. De hecho, sospecho que los negocios de mayor éxito son precisamente aquellos en que se sabe trabajar con la impredecibilidad inherente, e incluso explotarla.

Recordemos lo que decía sobre la empresa biotecnológica cuyos gestores entendían que la esencia de la investigación está en los desconocidos desconocidos. Además, observemos que se aprovechaban de las «esquinas», esos billetes de lotería gratuitos que hay en el mundo.

Éstos son los trucos (modestos). Pero señalemos que cuanto más modestos sean, más efectivos serán.

a) *Primero, establecer una distinción entre* las contingencias positivas y las negativas. Debemos aprender a distinguir entre aquellos empeños humanos en los que la carencia de predictibilidad puede ser (o ha sido) extremadamente beneficiosa, y aquellos en los que la incapacidad de entender el futuro fue perjudicial. Hay Cisnes Negros tanto positivos como negativos. William Goldman estaba en el negocio del cine, un negocio de Cisne Negro positivo. Ahí la incertidumbre compensaba de vez en cuando.

Un negocio de Cisne Negro negativo es aquel en que lo inesperado puede golpear con fuerza y herir de gravedad. Si trabajamos en el ejército, en los seguros contra catástrofes o en la seguridad nacional, sólo nos enfrentamos a inconvenientes. Asimismo, como veíamos en el capítulo 7, si estamos en la banca y en las entidades de crédito, es previsible que los resultados sorpresa nos sean negativos. Prestamos dinero y, en el mejor de los casos, recuperamos el préstamo; pero podemos perder todo el dinero si el prestatario falla. En caso de que el prestatario alcance un gran éxito económico, no es previsible que nos ofrezca un dividendo adicional.

Además del cine, otros ejemplos de negocios de Cisne Negro positivo son algunos sectores de la edición, la investigación científica y el capital de riesgo. En estos negocios, uno pierde poco para ganar mucho. Tenemos poco que perder por libro y, por razones completamente inesperadas, cualquier libro dado puede despegar. Los inconvenientes son pequeños y se controlan con facilidad. El problema de los editores, claro está, es que tienen que abonar los libros de forma regular, con lo que sus ventajas son más limitadas y sus inconvenientes grandísimos. (Si pagamos diez millones de dólares por un libro, nuestro Cisne Negro es que no sea un éxito de ventas.) Asimismo, aunque la tecnología puede suponer grandes beneficios, pagar toda la historia contada a bombo y platillo puede reducir la parte positiva y aumentar en extremo la negativa. Es el capitalista de riesgo que invirtió en una compañía especulativa y vendió sus acciones a inversores sin imaginación quien se beneficia del Cisne Negro, no los inversores del «yo también».

En estos negocios, uno tiene suerte si no sabe nada, en particular si los demás tampoco saben nada, pero no son conscientes de ello. Y como mejor nos irán las cosas es si sabemos dónde se encuentra nuestra ignorancia, si somos los únicos que miramos los libros no leídos, por decirlo de alguna manera. Esto encaja con la estrategia de la «haltera» en virtud de la cual nos exponemos al máximo a los Cisnes Negros positivos, al tiempo que seguimos siendo paranoicos sobre los negativos. Para exponerse al Cisne Negro positivo, no hace falta comprender con precisión la estructura de la incertidumbre. Me resulta difícil explicar que cuando tenemos una pérdida limitada debemos ponernos tan agresivos, tan especulativos y, a veces, tan «irracionales» como podamos.

Los pensadores medianamente cultivados establecen una analogía entre este tipo de estrategia y la de reunir «billetes de lotería». Es un completo error. En primer lugar, los billetes de lotería no tienen unos beneficios escalables: lo que puedan rendir tiene un límite superior conocido. Aquí se aplica la falacia lúdica: la escalabilidad de los beneficios de la vida real comparados con los de la lotería hace que el beneficio sea ilimitado o tenga un límite desconocido. En segundo lugar, los billetes de lotería tienen unas reglas conocidas y unas posibilidades bien expuestas y de estilo laboratorio; aquí no conocemos las reglas pero nos podemos beneficiar de esta incertidumbre adicional, ya que no nos puede perjudicar sino sólo beneficiar.*

b) *No busquemos lo* preciso *ni lo* local. Simplemente, no seamos de mentalidad cerrada. El gran descubridor que fue Pasteur, quien dio con la idea de que la suerte favorece a los preparados, comprendió que uno no busca algo concreto cada mañana, sino que trabaja con ahínco para permitir que la contingencia entre en su vida profesional. Como decía Yogi Berra, otro gran pensador: «Hay que tener mucho cuidado si no se sabe adónde se va, porque es posible que no se llegue».

Asimismo, no intentemos predecir Cisnes Negros precisos; eso suele hacernos más vulnerables a los que no hemos previsto. Mis amigos Andy Marshall y Andrew Mays, del Departamento de Defensa, se enfrentan al mismo problema, ya que el ejército tiende a invertir recursos en prever los próximos problemas. Estos pensadores abogan por lo contrario: invertir en estar preparados, no en la predicción.

Recordemos que la vigilancia infinita es sencillamente imposible.

---

* Hay una cuestión epistemológica más delicada. Recordemos que en un virtuoso negocio de Cisne Negro, lo que el pasado no desveló es casi seguro que va a ser bueno para nosotros. Si observamos los beneficios pasados de las empresas biotecnológicas, no se observa en ellas grandes éxitos de ventas, pero como existe la posibilidad de hallar una cura para el cáncer (o para el dolor de cabeza, la calvicie, la falta de sentido del humor, etc.), hay una pequeña probabilidad de que las ventas en esta industria puedan resultar gigantescas, muchas mayores de lo que cabría esperar. Por otro lado, pensemos en el negocio del Cisne Negro negativo. Lo más probable es que los logros que observemos sobreestimen las propiedades. Recordemos el rápido desarrollo de los bancos en 1982: un observador ingenuo podía pensar que eran más rentables de lo que parecían. Las compañías de seguros son de dos tipos: el tipo común diversificable que pertenece a Mediocristán (por ejemplo, el seguro de vida), y los riesgos más críticos y explosivos proclives al Cisne Negro que normalmente se venden a las reaseguradoras. Según dicen los datos, las reaseguradoras han perdido dinero durante los últimos veinte años, pero, a diferencia de los banqueros, son lo suficientemente introspectivas como para saber que en realidad hubiera podido ser mucho peor, porque en las dos últimas décadas no hubo ninguna gran catástrofe, y basta con una de ellas por siglo para poder despedirse de los negocios. Muchos académicos de las finanzas que se dedican a «valorar» los seguros parece que lo han olvidado.

c) *Aprovechemos cualquier oportunidad, o cualquier cosa que parezca serlo*. Éstas son raras, mucho más de lo que pensamos. Recordemos que los Cisnes Negros tienen un primer paso obligatorio: debemos estar expuestos a ellos. Muchas personas no se dan cuenta de que han tenido un golpe de suerte cuando lo experimentan. Si un gran editor (o un gran tratante de arte, un ejecutivo de la industria cinematográfica, un célebre banquero, un gran pensador) sugiere una cita, cancelemos cualquier cosa que hayamos planeado: es posible que nunca más se nos abra esa ventana. A veces me sorprendo de que sean pocas las personas que se dan cuenta de que estas oportunidades no brotan de los árboles. Recojamos todos los billetes gratuitos que no sean de lotería (esos cuyos beneficios son a largo plazo) que podamos y, una vez que empiecen a ser rentables, no los descartemos. Trabajemos con ahínco, no en algo pesado, repetitivo o mecánico, sino en perseguir esas oportunidades y maximizar la exposición a ellas. Esto hace que el hecho de vivir en ciudades grandes tenga un valor incalculable, porque aumentamos las probabilidades de encuentros con la serendipidad. La idea de asentarse en una zona rural alegando que «en la era de Internet» hay buenas comunicaciones, nos aleja de esa fuente de incertidumbre positiva. Los diplomáticos comprenden esto muy bien: las conversaciones informales en los cócteles suelen derivar en grandes avances, y no la seca correspondencia o las conversaciones telefónicas. Vayamos a las fiestas. Si somos científicos, tal vez captemos una observación que prenda la mecha de nuevas investigaciones. Y si somos autistas, mandemos a nuestros colegas a esos eventos.

d) *Tengamos cuidado con los planes precisos de los gobiernos*. Como decíamos en el capítulo 10, dejemos que los gobiernos predigan (ello hace que los funcionarios se sientan mejor consigo mismos y justifica su existencia), pero no nos creamos nada de lo que dicen. Recordemos que a estos funcionarios les interesa sobrevivir y autoperpetuarse, no llegar a la verdad. Esto no significa que los gobiernos sean inútiles, sólo que uno debe mantenerse alerta ante sus efectos secundarios. Por ejemplo, quienes regulan el negocio de la banca son propensos a sufrir un grave problema de experto, y tienden a asumir riesgos de forma temeraria (pero oculta). Andy Marshall y Andy Mays me preguntaron si el sector privado sabría prever mejor. Lamentablemente, no. Una vez más, recordemos la historia de los bancos que esconden riesgos explosivos en sus carteras. No es buena idea fiarse de las corporaciones en asuntos tales como los sucesos raros, porque la actuación de esos ejecutivos no es observable a corto plazo, y además apostarán por el sistema que muestre buenos rendimientos para así poder recibir su paga extra anual. El talón de Aquiles del capitalismo es que si se hace que las empresas compitan, a veces es la que está más expuesta al Cisne Negro negativo la que parecerá estar en mejores condiciones de sobrevivir. Recordemos también de la nota a pie de página sobre el descubrimiento de Ferguson, en el capítulo 1, que los mercados no son buenos predictores de las guerras. Ninguno en particular es un buen indicador de nada. Lo siento.

e) Como dijo en cierta ocasión el gran filósofo de la incertidumbre Yogi Berra, «hay personas a las que, si no aún lo saben, no se lo puedes decir». *No desperdiciemos el tiempo intentando luchar contra los vaticinadores, los analistas de Bolsa, los economistas y los científicos sociales, a no ser para gastarles alguna broma.* Es muy fácil reírse de ellos, y muchos se enfadan enseguida. No tiene sentido lamentarse de la impredecibilidad: la gente seguirá haciendo previsiones de forma alocada, especialmente si se les paga por ello, y no se puede acabar con los fraudes institucionalizados. Si alguna vez tenemos que hacer caso de una previsión, no olvidemos que su precisión se degrada con el paso del tiempo.

Si oímos que un «prominente» economista emplea la palabra *equilibrio*, o la expresión *distribución normal*, no discutamos con él; limitémonos a ignorarle, o intentemos colarle un ratón debajo de la camisa.

La gran asimetría

Todas estas recomendaciones tienen un punto en común: la asimetría. Pensemos en las situaciones donde las consecuencias favorables sean mucho mayores que las desfavorables.

Se trata de la idea de los *resultados asimétricos*, que es la idea central de este libro: nunca llegaremos a conocer lo desconocido ya que, por definición, es desconocido. Sin embargo, siempre podemos imaginar cómo podría afectarme, y sobre este hecho debería basar mis decisiones.

A esta idea se la suele llamar erróneamente la apuesta de Pascal, por el filósofo y matemático (reflexivo) Blaise Pascal. Éste expuso algo así: no sé si Dios existe, pero sé que nada tengo que ganar por ser ateo si no existe, mientras que tengo mucho que perder si Dios existe. Así pues, esto justifica mi creencia en Dios.

La argumentación de Pascal está gravemente viciada desde el punto de vista teológico: hay que ser muy ingenuo para pensar que Dios nos castigará por nuestras falsas creencias. A menos que, naturalmente, uno adopte la muy restrictiva idea de un Dios ingenuo. (Se dijo que Bertrand Russell afirmó que Dios tendría que haber creado a los locos para que la argumentación de Pascal se sostuviera.)

Pero la idea que se esconde detrás de la apuesta de Pascal tiene unas aplicaciones fundamentales fuera de la teología, pues lleva consigo toda la idea de conocimiento. Elimina la necesidad de entender las probabilidades de un suceso raro (el conocimiento que podamos tener de ellas tiene unas limitaciones fundamentales), y por tanto podemos centrarnos en las compensaciones y los beneficios de un suceso cuando tiene lugar. Las probabilidades de los sucesos raros no son computables; el efecto que un suceso produce en nosotros es considerablemente más fácil de afirmar (cuanto más raro sea el suceso, más confusas serán las probabilidades). Podemos tener una idea clara de las consecuencias de un suceso, aun en el caso de que no sepamos la probabilidad de que ocurra. Desconozco las probabilidades de que se produzca un terremoto, pero puedo imaginar cómo afectaría a San Francisco si se produjera. Esta idea según la cual para tomar una decisión tenemos que centrarnos en las consecuencias (que podemos conocer) más que en la probabilidad (que no podemos conocer) es la *idea fundamental de la incertidumbre*. Gran parte de mi vida se basa en ella.

Sobre esta idea se puede construir toda una teoría general de la toma de decisiones. Todo lo que hay que hacer es mitigar las consecuencias. Como dije antes, si mi cartera de valores está expuesta a un crac de la Bolsa, cuyas probabilidades no puedo computar, todo lo que tengo que hacer es disponer de un seguro, o salirme de la Bolsa e invertir las cantidades que no estoy dispuesto a perder en modo alguno en valores menos arriesgados.

De hecho, si el libre mercado ha tenido éxito es precisamente porque permite el proceso de ensayo y error que yo llamo «ajustes estocásticos» por parte de los operadores individuales en competencia que caen en manos de la falacia narrativa, pero que en realidad forman parte colectiva de un gran proyecto. Progresivamente vamos aprendiendo a practicar los ajustes estocásticos aunque sin saberlo, gracias a emprendedores excesivamente confiados, inversores ingenuos, ávidos banqueros de inversión y agresivos capitalistas de riesgo, reunidos todos ellos por el sistema de libre mercado. En el capítulo siguiente expongo por qué soy optimista respecto al hecho de que la academia esté perdiendo su poder y su capacidad para poner camisas de fuerza a los conocimientos, y de que se generen más conocimientos fuera de lo establecido, al estilo *wiki* (un sitio web cuyo contenido puede editar cualquiera que tenga acceso a él).

Al final, es la historia la que nos empuja, aunque seguimos pensando que tenemos las riendas en nuestras manos.

Como resumen de este largo apartado sobre la predicción diré que podemos delimitar fácilmente las razones de que no podamos averiguar qué es lo que pasa. Tales razones son: a) la arrogancia epistémica y nuestra correspondiente ceguera ante el futuro; b) la idea platónica de las categorías, o de que las personas se ven engañadas por las reducciones, en particular si poseen un título académico en una disciplina libre de expertos; y, finalmente, c) unas herramientas de inferencia defectuosas, en particular las herramientas libres de Cisnes Negros de Mediocristán.

En el apartado que sigue entraremos en mayores detalles, mucho mayores, sobre estas herramientas de Mediocristán, sobre la «fontanería», por decirlo de algún modo. Tal vez algunos lectores lo entenderán como un apéndice; a otros les puede parecer el núcleo del libro.

TERCERA PARTE
Aquellos cisnes grises de Extremistá

Ha llegado el momento de abordar con cierto detalle cuatro elementos finales que afectan a nuestro Cisne Negro.

Primo, he dicho antes que el mundo avanza con mayor celeridad hacia Extremistán, que cada vez está menos gobernado por Mediocristán (en realidad, esta idea es mucho más sutil). Voy a mostrar cómo ocurre así como las diferentes ideas que tenemos sobre la formación de la desigualdad. *Secondo*, he venido describiendo la curva de campana gaussiana como un error contagioso y grave, y ya es hora de que analicemos este punto con cierta profundidad. *Terzo*, expondré lo que denomino aleatoriedad mandelbrotiana o fractal. Recordemos que para que un suceso sea un Cisne Negro, no sólo tiene que ser raro, o disparatado; debe ser inesperado, ha de situarse fuera de nuestro túnel de posibilidades. Debe ser nuestra debilidad. En realidad, muchos sucesos raros pueden mostrarnos su estructura: no es fácil computar su probabilidad, pero sí hacerse una idea *general* sobre la probabilidad de que ocurran. Podemos convertir estos Cisnes Negros en «cisnes grises» reduciendo su efecto sorpresa. La persona consciente de la posibilidad de tales sucesos puede llegar a pertenecer a la variedad de quienes no sienten debilidad por ellos.

Por último, expondré las ideas de aquellos filósofos que se centran en la falsa incertidumbre. He organizado este libro de forma que los apartados más técnicos (pero no esenciales) aparezcan aquí; el lector atento puede saltárselos sin por ello perderse nada, en especial los capítulos 15, 17 y la segunda mitad del 16. Advertiré al lector con notas a pie de página. Quien esté menos interesado en la mecánica de las desviaciones puede pasar directamente a la cuarta parte.

Capítulo 14

DE MEDIOCRISTÁN
A EXTREMISTÁN, IDA Y VUELTA

Prefiero a Horowitz - Cómo caer en desgracia - La cola larga - Preparé-
monos para algunas sorpresas - No se trata sólo de dinero

Veamos cómo un mundo que es cada vez más obra del hombre puede evo-
lucionar y alejarse de la aleatoriedad suave para acercarse a la desenfrena-
da. En primer lugar, expondré cómo llegamos a Extremistán. Luego observaremos esta evolución.

El mundo es injusto

¿Es el mundo así de injusto? Me he pasado la vida estudiando el azar, practicando el azar, odiando el azar. Cuanto más tiempo pasa, peores me parecen las cosas, más miedo siento, más me disgusta la madre naturaleza.
Cuanto más pienso en mi tema, más pruebas veo de que el mundo que tenemos en nuestra mente parece más aleatorio que el día anterior, y que
los seres humanos parecen estar hoy aún más engañados por él que ayer.
Es algo insoportable. Me resulta doloroso escribir estas líneas, pues siento
que el mundo me da asco.

Dos científicos «blandos» han propuesto unos modelos intuitivos para
el desarrollo de esta injusticia: uno es un economista al uso; el otro, sociólogo. Ambos simplifican un poco demasiado. Expongo sus ideas porque
son fáciles de comprender, no por la calidad científica de sus reflexiones ni
por las consecuencias de sus descubrimientos; luego mostraré la historia tal
como se ve desde la posición estratégica de los científicos naturales.

Empezaré con el economista Sherwin Rosen. A principios de la década de 1980, escribió varios artículos sobre la «economía de las superestrellas». En uno de ellos manifestaba la ira que le producía que un jugador de

baloncesto pudiera ganar 1,2 millones de dólares al año, o un famoso de la televisión, 2 millones. Para hacerse una idea de cómo crece esta concentración —es decir, de cómo nos alejamos de Mediocristán— pensemos que los famosos de la televisión y las estrellas del deporte (también en Europa) tienen hoy día, sólo dos décadas después, unos contratos por valor de cientos de millones de dólares. El límite se sitúa (de momento) unas veinte veces por encima del de hace dos décadas.

Según Rosen, esta injusticia tiene su origen en un efecto torneo: alguien que es marginalmente «mejor» puede llevarse fácilmente todo el bote, sin dejar nada para los demás. Utilizando una argumentación del capítulo 3, la gente prefiere pagar 10,99 dólares por un disco de Horowitz, a pagar 9,99 por el de algún esforzado pianista. ¿Preferiríamos pagar 13,99 dólares por leer a Kundera a pagar 1 dólar por leer a algún escritor desconocido? De modo que parece una especie de torneo cuyo ganador se lo lleva todo, sin necesidad de ganar por mucho.

Pero en la hermosa argumentación de Rosen no aparece el papel de la suerte. El problema reside en la idea de «mejor», esa atención a las destrezas que al parecer llevan al éxito. Los resultados aleatorios, o una situación arbitraria, también pueden explicar el éxito, y dar el empuje inicial que lleva al resultado del «ganador se lo lleva todo». Una persona se puede situar un tanto por delante por razones completamente aleatorias; pero como nos gusta imitar a los demás, la seguimos en manada. Se subestima mucho la realidad del contagio.

Para escribir estas líneas empleo un Macintosh, después de pasarme años utilizando los productos de Microsoft. La tecnología de Apple es inmensamente mejor; sin embargo fue el *software* de peor calidad el que se impuso. ¿Cómo? Suerte.

El efecto Mateo

Más de una década antes de Rosen, el sociólogo de la ciencia Robert K. Merton expuso su idea del efecto Mateo, según el cual las personas toman de los pobres para dárselo a los ricos.* Observó la actuación de los cientí-

---

* De estas leyes escalables ya se hablaba en las Escrituras: «Porque al que tiene se le dará y abundará; pero a quien no tiene, aun lo que tiene se le quitará» (Mateo, 25,29).

ficos y demostró que una ventaja inicial le sigue a uno durante toda la vida. Consideremos el siguiente proceso.

Imaginemos que alguien escribe un artículo académico en el que cita a cincuenta personas que han trabajado en el tema y han aportado materiales de fondo para su estudio; supongamos, para hacerlo sencillo, que todas ellas reúnen los mismos méritos. Otro investigador que trabaje exactamente en el mismo tema citará de forma aleatoria a tres de esas cincuenta personas en su bibliografía. Merton demostró que muchos académicos citan referencias sin haber leído la obra original: leen un artículo y sacan sus propias citas de entre las fuentes de ese artículo. De modo que un tercer investigador que lea el segundo artículo selecciona para *sus* citas a los tres autores antes citados. Estos tres autores recibirán cada vez mayor atención ya que sus nombres se van asociando con mayor derecho al tema en cuestión. La diferencia entre los tres ganadores y los otros miembros del grupo original es, en su mayor parte, cuestión de suerte: fueron escogidos inicialmente no por su mayor destreza, sino sencillamente por la forma en que sus nombres aparecían en la bibliografía anterior. Gracias a su fama, estos académicos de éxito seguirán escribiendo artículos y les será fácil publicar su obra. El éxito académico es en parte (pero en parte importante) una lotería.*

Es fácil comprobar el efecto de la reputación. Una forma de hacerlo sería buscar artículos que fueran obra de científicos famosos cuya identidad hubiera sido modificada por error, y que fuesen rechazados. Podríamos verificar cuántos de estos rechazos se subsanaban una vez restablecida la identidad del autor. Señalemos que a los eruditos se les juzga ante todo por las veces que su obra es citada en la de otras personas, y así se forman las camarillas de personas que se citan mutuamente (es aquello de «si me citas, te cito»).

Al final, los autores que no son citados a menudo abandonan la partida y se ponen a trabajar para el Estado, por ejemplo (si son de carácter discreto), o para la Mafia, o para una empresa de Wall Street (si tienen un ele-

* Gran parte de la importancia que la precocidad tiene en la carrera del investigador se puede deber a la errónea interpretación del perverso papel que desempeña este efecto, especialmente cuando cuenta con el apoyo de la parcialidad. Hay muchos contraejemplos, incluso en campos destinados a ser un mero «juego de niños», como el de las matemáticas, que ilustran la falacia de la edad; sencillamente, es necesario tener éxito pronto, y, en este caso, incluso muy pronto.

vado nivel de hormonas). Quienes reciben un buen empuje al principio de su carrera académica seguirán gozando de constantes ventajas acumulativas a lo largo de la vida. Al rico le resulta más fácil hacerse más rico; al famoso, hacerse más famoso.

En sociología, los efectos Mateo llevan el nombre menos literario de «ventaja acumulativa». Esta teoría se puede aplicar fácilmente a las empresas, a los hombres de negocios, a los actores, a los escritores y a cualquiera que se beneficie del éxito pasado. Si uno consigue publicar en *The New Yorker* porque el color de su membrete llamó la atención del editor, que en esos momentos estaba pensando en las musarañas, la recompensa resultante te puede acompañar toda la vida. Y lo que es más importante, acompañará a *otros* durante toda la vida. El fracaso también es acumulativo; es previsible que los perdedores pierdan también en el futuro, aunque no tengamos en cuenta el mecanismo de la desmoralización que puede exacerbarlo y causar fracasos adicionales.

Observemos que el arte, dada su dependencia del boca a boca, es extremadamente propenso a estos efectos de ventaja acumulativa. En el capítulo 1 hablaba de los grupos, y de cómo el periodismo ayuda a perpetuar esos grupos. Nuestras opiniones sobre el mérito artístico son el resultado del contagio arbitrario, más aún de lo que lo son nuestras ideas políticas. Una persona escribe una reseña de un libro; otra la lee y escribe un comentario que usa los mismos argumentos. Enseguida tenemos varios cientos de reseñas que en realidad se reducen, por su contenido, a no más de dos o tres, porque hay mucho solapamiento. Para un ejemplo anecdótico, léase *Fire the Bastards!,* cuyo autor, Jack Green, recoge sistemáticamente las críticas de la novela de William Gaddis *The Recognitions*. Green demuestra claramente que los autores de las críticas del libro anclan éstas en otras críticas, y revela una potente influencia mutua, incluso en su forma de redactar. Este fenómeno recuerda la actitud gregaria de los analistas financieros de que hablaba en el capítulo 10.

La llegada de los medios de comunicación modernos ha acelerado estas ventajas acumulativas. El sociólogo Pierre Bourdieu señalaba que existe un vínculo entre la mayor concentración de éxito y la globalización de la cultura y la vida económica. Pero no pretendo actuar aquí de sociólogo, sólo demostrar que los elementos impredecibles pueden influir en los resultados sociales.

La idea de la ventaja acumulativa de Merton tiene un precursor más general, el «apego preferencial», que expondré a continuación cambiando la cronología (pero no la lógica). A Merton le interesaba el aspecto social del conocimiento, no la dinámica de la aleatoriedad social; por eso sus estudios se apartaron de la investigación sobre la dinámica del azar en las ciencias más matemáticas.

Lingua franca

La teoría del apego preferencial es omnipresente en sus aplicaciones: puede explicar por qué el tamaño de una ciudad pertenece a Extremistán, por qué el vocabulario se concentra en torno a una pequeña cantidad de palabras, o por qué el tamaño de las poblaciones de bacterias puede variar muchísimo.

En 1922 los científicos J. C. Willis y G. U. Yule publicaron un artículo en *Nature* que marcó un hito. Llevaba por título «Some Statistics of Evolution and Geographical Distribution in Plants and Animals, and Their Significance». Willis y Yule advirtieron que en la biología actuaban las llamadas leyes potenciales, semejantes a la aleatoriedad escalable de la que hablaba en el capítulo 3. Estas leyes potenciales (de las que facilitaré mayor información técnica en el capítulo siguiente) las había observado anteriormente Vilfredo Pareto, quien descubrió que se aplicaban a la distribución de los ingresos. Más tarde, Yule expuso un sencillo modelo que mostraba cómo se pueden generar las leyes potenciales. Su tesis era la siguiente: supongamos que las especies se dividen en dos a un ritmo constante, con lo que van surgiendo nuevas especies. Cuánto más rico en especies sea un género, más rico tenderá a ser, siguiendo la misma lógica que el efecto Mateo. Pero advirtamos que en el modelo de Yule las especies nunca se extinguen.

Durante la década de 1940, un lingüista de Harvard, George Zipf, analizó las propiedades del lenguaje y se encontró con una regularidad empírica que hoy se denomina ley de Zipf, la cual, por supuesto, no es una ley (y si lo fuera, no sería de Zipf). No es más que otra forma de pensar el proceso de la desigualdad. Los mecanismos que Zipf describió son los siguientes: cuanto más se usa una palabra, menos difícil resulta usarla de nuevo, de manera que en nuestro diccionario privado escogemos las palabras en función de su uso pasado. Esto explica por qué de las sesenta mil principales palabras de la lengua inglesa, sólo unos cientos de ellas son utilizadas en los textos escritos, y que aparezca un número aún menor en las conversaciones cotidianas. De modo parecido, cuantas más personas se congregan en una determinada ciudad, mayores son las probabilidades de que un foráneo escoja esa ciudad para vivir. Lo grande se hace mayor y lo pequeño sigue siendo pequeño, o se hace relativamente menor.

Un ejemplo perfecto del apego preferencial se puede ver en el uso cada vez más extendido de la lengua inglesa como *lingua franca,* aunque no por sus cualidades intrínsecas, sino porque las personas necesitamos usar una única lengua, o apegarnos a una tanto como podamos, cuando mantenemos una conversación. De modo que cualquiera que sea la lengua que parezca imponerse, enseguida atraerá a las personas en masa; su uso se extenderá como una plaga, y las otras lenguas pronto se verán desplazadas. A menudo me sorprendo al escuchar conversaciones entre personas de dos países vecinos, por ejemplo, entre un turco y un iraní, o un libanés y un chipriota, que se comunican en un mal inglés, ayudándose de las manos para recalcar lo que dicen y buscando aquellas palabras que les salen de la garganta después de un gran esfuerzo físico. Hasta los miembros del ejército suizo emplean el inglés (no el francés) como *lingua franca* (sería divertido escucharles). Pensemos que una minoría muy pequeña de estadounidenses de ascendencia noreuropea son de Inglaterra; tradicionalmente, los grupos étnicos preponderantes son de extracción alemana, irlandesa, holandesa, francesa y de otros países del norte de Europa. Pero todos estos grupos, debido a que hoy día usan el inglés como lengua principal, tienen que estudiar las raíces de su lengua adoptiva y desarrollar una asociación cultural con partes de una determinada y húmeda isla, así como con su historia, sus tradiciones y sus costumbres.

Ideas y plagas

El mismo modelo se puede emplear para las plagas y la concentración de ideas. Pero existen ciertas restricciones en la naturaleza de la epidemia que debo exponer aquí. Las ideas no se extienden sin seguir alguna forma o estructura. Recordemos lo que decíamos en el capítulo 4 sobre cómo nos preparamos para hacer inferencias. Del mismo modo que tendemos a generalizar ciertas cosas y no otras, parece que hay unas «cuencas de atracción» que nos dirigen hacia determinadas creencias. Algunas ideas acabarán siendo contagiosas, pero no otras; algunas formas de supersticiones se extenderán, pero otras no; algunos tipos de creencias religiosas dominarán, pero otras no. Dan Sperber, antropólogo, científico cognitivo y filósofo, propone la idea siguiente sobre la epidemiología de las representaciones. Lo que las personas llaman «memes», ideas que se extienden y que compiten entre sí utilizando a las personas como portadoras, no son realmente como los genes. Las ideas se extienden porque, lamentablemente, tienen como portadores a agentes egoístas interesados en ellas, e interesados en deformarlas en el proceso de reproducción. No hacemos una tarta con el único propósito de reproducir una receta: intentamos hacer *nuestra* propia tarta, empleando ideas de los demás para mejorarla. Los seres humanos no somos fotocopiadoras. De ahí que las categorías mentales contagiosas sean aquellas en las que estamos preparados para creer, incluso tal vez programados para creer. Para que sea contagiosa, una categoría mental debe estar de acuerdo con nuestra naturaleza.

NADIE ESTÁ A SALVO EN EXTREMISTÁN

Hay algo extremadamente ingenuo en todos estos modelos de la dinámica de la concentración que he expuesto, en especial los socioeconómicos. Por ejemplo, la idea de Merton, aunque incluye la suerte, carece de una capa adicional de azar. En todos estos modelos el ganador sigue siéndolo. Ahora bien, es posible que un perdedor siempre lo siga siendo, pero al ganador lo puede desbancar alguien nuevo surgido de la nada. Nadie está a salvo.

Las teorías del apego preferencial son intuitivamente atractivas; pero no explican la posibilidad de ser suplantado por unos recién llegados, lo que todo escolar conoce como el declive de las civilizaciones. Pensemos en la lógica de las ciudades: ¿qué le ocurrió a Roma, que en el siglo I d.C. tenía una población de 1,2 millones de personas, para que acabara con una población de doce mil personas en el siglo III? ¿Cómo fue posible que Baltimore, en su día una importante ciudad estadounidense, se convirtiera en una reliquia? ¿Y cómo fue que Nueva York llegó a eclipsar a Filadelfia?

Un francés de Brooklyn

Cuando empecé a operar con divisas extranjeras, hice amistad con un tipo llamado Vincent que tenía todo el aspecto de un comerciante de Brooklyn, hasta las peculiaridades de Tony el Gordo, con la salvedad de que hablaba la versión francesa del inglés de Brooklyn. Vincent me enseñó algunos trucos. Dos de sus lemas eran: «Entre los operadores de Bolsa puede haber príncipes, pero nadie llega a rey», y «A las personas con que uno se encuentra mientras asciende, nunca se las encontrará cuando baje».

Cuando yo era pequeño había teorías sobre la lucha de clases y las batallas que libraban individuos inocentes contra las poderosas y gigantescas corporaciones, capaces de engullir el mundo. Cualquiera que tuviera hambre de cultura se alimentaba de esas teorías, herederas de la creencia marxista en que los medios de explotación se autoalimentan, y los poderosos se hacen cada vez más poderosos, incrementando así la injusticia del sistema. Pero bastaba con que uno mirara a su alrededor para ver cómo aquellas empresas grandes y monstruosas caían como moscas. Hagamos un corte transversal de las empresas dominantes en un momento dado; muchas de ellas habrán desaparecido varias décadas después, mientras que empresas de las que nadie oyó hablar nunca habrán aparecido en escena, salidas de algún garaje de California o de una habitación de algún colegio mayor universitario.

Consideremos la aleccionadora estadística siguiente. De las 500 mayores empresas de Estados Unidos en 1957, únicamente 75 seguían formando parte del selecto Standard and Poor's 500 cuarenta años después. Sólo unas pocas habían desaparecido en fusiones; las demás se habían reducido o habían quebrado.

Lo interesante es que casi todas estas grandes corporaciones estaban ubicadas en el país más capitalista de la Tierra, Estados Unidos. Cuanto más socialista era la orientación de un país, más fácil les resultaba permanecer a las grandes empresas. ¿Por qué fue el capitalismo (y no el socialismo) el que destruyó a esos ogros?

En otras palabras, si uno deja solas a las empresas, éstas tienden a ser devoradas. Los partidarios de la libertad económica sostienen que las corporaciones de talante ávido y bestial no significan amenaza alguna, porque la competencia las mantiene a raya. Lo que vi en Wharton School me convenció de que la auténtica razón incluye una gran parte de algo más: el azar.

Pero cuando se habla del azar (cosa que no se suele hacer), las personas normalmente sólo se fijan en su propia suerte. Sin embargo, la suerte *de los demás* cuenta mucho. Es posible que otra empresa tenga la suerte de que un producto sea un éxito de ventas, con lo que desplazará a los actuales ganadores. El capitalismo es, entre otras cosas, la revitalización del mundo gracias a la oportunidad de tener suerte. Ésta es el gran igualador, porque casi todo el mundo se puede beneficiar de ella. Los gobiernos socialistas protegían a sus monstruos y, al hacerlo, abortaban a los posibles recién llegados.

Todo es transitorio. La suerte hizo y deshizo Cartago; hizo y deshizo Roma.

Decía antes que la aleatoriedad es mala, pero no siempre ocurre así. La suerte es mucho más igualitaria que, incluso, la inteligencia. Si a las personas se las recompensara estrictamente según sus habilidades, las cosas serían aún más injustas ya que no escogemos nuestras habilidades. El azar produce el efecto benéfico de volver a barajar las cartas de la sociedad, para poder ganar al afortunado de siempre.

En las artes, las modas cumplen el mismo cometido. El recién llegado se puede beneficiar de una moda, dado que los seguidores se multiplican gracias a una epidemia al estilo del apego preferencial. ¿Qué ocurre entonces? Que también él se convierte en historia. Es muy interesante observar a los autores aclamados de una determinada época y ver cuántos se han borrado de nuestra memoria. Es algo que ocurre hasta en países como Francia, donde el Estado apoya las reputaciones establecidas, del mismo modo que apoya a las grandes empresas con problemas.

Cuando voy a Beirut, suelo ver en casa de mis parientes los restos de una colección de «libros Nobel», que se distinguían por estar encuadernados en piel blanca. Algunos vendedores hiperactivos consiguieron en su día llenar las bibliotecas particulares con estos volúmenes de bella factura; mucha gente compra libros con fines decorativos, y quieren que el criterio de selección sea sencillo. El criterio que ofrecía esta serie era la edición de una obra de un premio Nobel de Literatura al año, una forma sencilla de construir la biblioteca definitiva. Se suponía que la serie se actualizaba todos los años, pero creo que la empresa dejó de funcionar en la década de 1980. Siento una punzada cada vez que veo esos libros. ¿Se oye hablar hoy mucho de Sully Prudhomme (el primer ganador del Nobel de Literatura), Pearl Buck (escritora estadounidense), Romain Rolland, Anatole France (ambos fueron los escritores franceses más famosos de su generación), Saint John Perse, Roger Martin du Gard o Frédéric Mistral?

La cola larga

He dicho que nadie está a salvo en Extremistán. También se puede decir lo contrario: que nadie está amenazado de una extinción total. Nuestro entorno actual permite que el niño aguarde su oportunidad en la antecámara del éxito (mientras hay vida, hay esperanza).

Esta idea la rescató recientemente Chris Anderson, uno de los pocos que comprenden que la dinámica de la concentración fractal tiene otra capa de aleatoriedad, y la unió a su idea de la «cola larga», que expondré enseguida. Anderson tiene la suerte de no ser un estadístico profesional (las personas que han tenido la desgracia de pasar por una formación estadística convencional creen que vivimos en Mediocristán). Supo contemplar la dinámica del mundo con una mirada nueva.

Es verdad, la Red produce una aguda concentración. Un gran número de usuarios visitan unos pocos sitios, como por ejemplo Google, que, en el momento de escribir estas líneas, domina por completo el mercado. En ningún otro momento de la historia, una empresa se ha hecho tan dominante con tanta rapidez: Google puede atender desde personas de Nicaragua hasta personas del suroeste de Mongolia o de la costa oeste de Estados Unidos, sin tener que preocuparse por los operadores telefónicos, los envíos, las entregas ni la fabricación. Es el estudio de casos definitivo sobre «el ganador se lo lleva todo».

Pero la gente se olvida de que, antes de Google, Alta Vista dominaba el mercado de los buscadores. Estoy preparado para revisar la metáfora de Google y sustituirla por un nuevo nombre en futuras ediciones de este libro.

Lo que Anderson vio es que la Red causa algo *más* que la concentración: permite la formación de una reserva de protoGoogles que están a la espera. También fomenta el *Google inverso*, es decir, permite que las personas que poseen una especialidad técnica encuentren un público pequeño y estable.

Recordemos el papel que la Red desempeñó en el éxito de Yevguenia Krasnova. Gracias a Internet, la escritora pudo soslayar a los editores convencionales. Su editor de gafas de color rosa ni siquiera se hubiera dedicado a ese negocio de no haber sido por la Red. Supongamos que Amazon.com no existe, y que hemos escrito un sofisticado libro. Lo más probable es que una librería muy pequeña que sólo contenga 5.000 libros no tenga ningún interés en dejar que nuestra «prosa de bella factura» ocupe un espacio en el estante de los libros de mejor calidad. Y una gran librería como la estadounidense Barnes & Noble puede contener 130.000 volúmenes, lo cual sigue siendo insuficiente para dar cabida a títulos marginales. De modo que nuestra obra ha nacido muerta.

No ocurre lo mismo con quienes venden por Internet. Una librería de la Red puede contener un número casi infinito de libros, ya que no es necesario tenerlos físicamente en el almacén. De hecho, nadie necesita tenerlos físicamente, ya que pueden seguir en formato digital hasta que haya necesidad de imprimirlos, un negocio emergente llamado imprimir según demanda.

De modo que, como autores de ese pequeño libro, nos podemos sentar, esperar nuestra oportunidad, estar disponibles en los buscadores, y quizá beneficiarnos de una epidemia ocasional. De hecho, la calidad de la lectura ha mejorado de forma destacada en los últimos años gracias a la disponibilidad de esos libros más sofisticados. Se trata de un medio fértil para la diversidad.*

Muchas personas me llaman para que hable de la idea de la cola larga, que parece ser exactamente lo opuesto a la concentración que implica la

---

* El hecho de que en la Red las cosas vayan de abajo arriba hace que los críticos de los libros deban rendir más cuentas. Antes los escritores se veían impotentes y vulnerables ante la arbitrariedad de los críticos, que pueden distorsionar sus mensajes y, gracias al sesgo de la confirmación, poner al descubierto puntos débiles irrelevantes, pero hoy los autores cuentan con mucho más poder. En vez de quejarse al editor, pueden colgar en la Red su propia crítica de una crítica. Si el ataque es personal, pueden replicar también de forma personal y atacar directamente la credibilidad del crítico, asegurándose de que su declaración aparezca rápidamente en una búsqueda de Internet o en Wikipedia, la enciclopedia que parte de los detalles para llegar a los conceptos.

escalabilidad. La cola larga implica que los tipos pequeños controlan, colectivamente, un amplio sector de la cultura y el comercio, debido a los nichos y las subespecialidades que hoy pueden sobrevivir gracias a Internet. Pero, curiosamente, también puede implicar un amplio margen de desigualdad: una gran base de tipos pequeños y un número muy reducido de supergigantes representan una parte de la cultura mundial, mientras que algunos de los tipos pequeños ascienden de vez en cuando para desbancar a los ganadores. (Esto es la «doble cola»: una cola larga con los tipos pequeños y una cola pequeña con los tipos grandes.)

El papel de la cola larga es fundamental para cambiar la dinámica del éxito, ya que desestabiliza al bien asentado ganador y lo sustituye por otro. Dicho brevemente, esto será siempre Extremistán, gobernado por la concentración de la aleatoriedad de tipo 2; pero será un Extremistán en perpetuo cambio.

La aportación de la cola larga no es aún numérica; sigue confinada en la Red y es un comercio *on-line* a pequeña escala. Pero imaginemos cómo puede afectar la cola larga al futuro de la cultura, la información y la vida política. Nos podría liberar de los partidos políticos dominantes, del sistema académico, de los grupos de prensa, de cualquier cosa que hoy esté en manos de una autoridad anquilosada, engreída e interesada. La cola larga contribuirá al fomento de la diversidad cognitiva. Un momento importante del año 2006 fue cuando encontré en mi buzón el borrador de un libro llamado *Cognitive Diversity: How Our Individual Differences Produce Collective Benefits*, de Scott Page. El autor analiza los efectos de la diversidad cognitiva en la resolución de problemas, y demuestra que la variabilidad en las opiniones y los métodos es el motor de las actividades aleatorias o no planificadas. Funciona como la evolución. Al subvertir las estructuras también nos libramos de la *forma única* platonificada de hacer las cosas; al final debería imponerse el empírico que prescinde de teorías y parte de los detalles para llegar a los conceptos.

En resumen, la cola larga es un producto secundario de Extremistán que lo hace algo menos injusto: el mundo no es menos injusto para el tipo pequeño, pero ahora resulta extremadamente injusto para el gran hombre. Nadie está realmente afianzado. El tipo pequeño es muy subversivo.

La globalización ingenua

Nos deslizamos hacia el desorden, pero no necesariamente un desorden malo. Esto implica que veremos más períodos de calma y estabilidad, en los que la mayoría de los problemas se concentrarán en un pequeño número de Cisnes Negros.

Pensemos en la naturaleza de las guerras pasadas. El siglo XX no fue el más mortífero (en porcentajes sobre la población total), pero trajo algo nuevo: el principio de la guerra de Extremistán, una pequeña probabilidad de conflicto que degenera en la total aniquilación del género humano, un conflicto del que nadie está a salvo en ninguna parte.

Un efecto similar se está produciendo en la vida económica. En el capítulo 3 hablaba de la globalización; aquí está, pero no siempre para bien: crea una fragilidad entrelazada, al tiempo que reduce la volatilidad y da apariencia de estabilidad. En otras palabras, crea unos Cisnes Negros devastadores. Nunca antes hemos vivido bajo la amenaza de un colapso total. Las instituciones financieras se han ido fusionando en un número menor de grandes bancos. Casi todos los bancos están hoy interrelacionados. De manera que la ecología financiera se está hinchando hasta formar bancos gigantescos, incestuosos y burocráticos (a menudo gaussianizados en sus cálculos del riesgo: cuando cae uno, caen todos.)* Al parecer, la mayor concentración entre los bancos surte el efecto de hacer menos probables las crisis financieras, pero cuando éstas se producen, son de escala más global y nos golpean con mucha fuerza. Hemos pasado de una ecología diversificada de pequeños bancos, con políticas de crédito diferentes, a una

* Por si no teníamos bastantes problemas, los bancos son hoy mucho más vulnerables al Cisne Negro y a la falacia narrativa que antes, y además cuentan con personal científico para que se ocupe de las exposiciones al riesgo. La gigantesca empresa J. P. Morgan puso en peligro a todo el mundo al introducir en los años noventa el RiskMetrics, un falso método destinado a gestionar los riesgos de las personas, que causó el uso generalizado de la falacia lúdica, y llevó al poder a los doctores John en lugar de a los escépticos Tony el Gordo. (Se ha ido extendiendo un método similar llamado «Value-at-Risk», que se basa en la medición cuantitativa del riesgo.) Asimismo, cuando observo los riesgos de la institución Fanny Mae, patrocinada por el Estado, se me antoja que está asentada sobre un barril de dinamita, vulnerable al menor contratiempo. Pero no hay por qué preocuparse: su numeroso personal científico considera que esos sucesos son «improbables».

estructura más homogénea de empresas semejantes entre sí. Es verdad que hoy tenemos menos fallos, pero cuando se cometen… tiemblo de pensarlo. Repito: tendremos menos crisis, pero serán más graves. Cuanto más raro es el suceso, menos sabemos acerca de sus probabilidades, lo cual significa que cada vez sabemos menos sobre la posibilidad de una crisis.

Sin embargo, tenemos cierta idea de cómo se produciría una crisis de este tipo. Una red es el ensamblaje de unos elementos llamados nodos que están conectados entre sí mediante un vínculo; los aeropuertos del mundo son una red, al igual lo son la World Wide Web, las conexiones sociales y las redes eléctricas. Hay una rama de la investigación que se denomina «teoría de las redes» y que estudia la organización de este tipo de redes así como los vínculos entre sus nodos, entre cuyos investigadores figuran Duncan Watts, Steven Strogatz, Albert-László Barabási y muchos más. Todos ellos entienden las matemáticas de Extremistán y la inadecuación de la campana de Gauss. Han desvelado la siguiente propiedad de las redes: hay una concentración en unos cuantos nodos que constituye las conexiones centrales. Las redes tienen una tendencia natural a organizarse en torno a una arquitectura extremadamente concentrada: algunos nodos están muy conectados; otros, sólo un poco. La distribución de estas conexiones tiene una estructura escalable como la que presentaremos en los capítulos 15 y 16. La concentración de este tipo no se limita a Internet; aparece en la vida social (un pequeño número de personas están conectadas a otras), en las redes eléctricas, en las redes de comunicación. Parece que esto hace que las redes sean más robustas: los insultos aleatorios a muchas de las partes de la red no tendrán consecuencia alguna ya que lo previsible es que golpeen en un punto débilmente conectado. Pero también hace que las redes sean más vulnerables a los Cisnes Negros. Pensemos simplemente en qué ocurriría si hubiera un problema con un nodo importante. El apagón que se produjo en el noreste de Estados Unidos en agosto de 2003, con su consiguiente caos, es un ejemplo perfecto de lo que podría ocurrir si uno de los grandes bancos se fuera a pique hoy mismo.

Pero los bancos están en una situación muchísimo peor que Internet. La industria financiera no tiene una cola larga importante. Nos iría mucho mejor si hubiera una ecología distinta, donde las instituciones financieras quebraran de vez en cuando y enseguida fueran sustituidas por otras nuevas, lo que sería un reflejo de los negocios por Internet y la capacidad de recuperación de la economía por Internet. O si hubiera una cola larga de agentes y funcionarios del Estado que acudieran a revigorizar las burocracias.

CAMBIOS PARA ALEJARSE DE EXTREMISTÁN

Inevitablemente, existe una creciente tensión entre nuestra sociedad, llena de concentración, y la idea clásica que tenemos de la mediocridad áurea, la media dorada, por lo que es posible que se realicen esfuerzos para darle la vuelta a esa concentración. Vivimos en una sociedad de «una persona, un voto», donde se han establecido los impuestos progresivos precisamente para debilitar a los ganadores. De hecho, quienes se encuentran en la base de la pirámide social pueden reescribir fácilmente las reglas de la sociedad con el fin de impedir que la concentración los perjudique. Pero para ello no hace falta votar, la religión puede mitigar el problema. Pensemos que antes del cristianismo en muchas sociedades los poderosos tenían muchas esposas, con lo que impedían a los del escalón más bajo acceder a ellas, una situación que no difiere mucho de la exclusividad reproductora de los machos alfa en muchas comunidades. Pero el cristianismo cambió por completo esa situación gracias a la regla de «un hombre, una esposa». Más tarde, el islamismo situó el máximo de esposas por varón en cuatro. El judaísmo, que había sido poligénico, se hizo monógamo en la Edad Media. Se puede decir que tal estrategia ha tenido éxito: la institución del matrimonio rigurosamente monógamo (sin ninguna concubina oficial, como en los tiempos de los griegos y los romanos), incluso cuando se practica «a la francesa», favorece la estabilidad social, ya que en los niveles inferiores no existe ningún grupo de varones airados y privados de la sexualidad que alienten la revolución con el único propósito de poder aparearse.

Pero creo que el énfasis en la desigualdad económica, a expensas de otros tipos de desigualdad, es fastidioso en extremo. La justicia no es un asunto exclusivamente económico: lo va siendo cada vez menos a medida que satisfacemos nuestras necesidades materiales básicas. Lo que importa es la jerarquía, ya que siempre habrá superestrellas. Es posible que los soviéticos echaran abajo la estructura económica, pero fomentaron su propio tipo de superhombre. Lo que no se suele entender, o se niega (debido

315

a sus inquietantes implicaciones), es la ausencia de relevancia del *tipo medio* en la producción intelectual. La participación desproporcionada de un grupo reducido en la influencia intelectual es aún más perturbadora que la distribución desigual de la riqueza porque, contrariamente a las diferencias en los ingresos, ninguna política social puede eliminarla. El comunismo supo esconder o comprimir las diferencias en los ingresos, pero no pudo eliminar el sistema de superestrellas en la vida intelectual.

Michael Marmot, de los Whitehall Studies, ha demostrado que quienes ocupan los puestos superiores de la jerarquía viven más tiempo, incluso cuando tienen que adaptarse a la enfermedad. El impresionante trabajo de Marmot demuestra que el rango social puede afectar por sí mismo a la longevidad. Se calculó que los actores que consiguen el Oscar tienden a vivir una media de cinco años más que sus iguales no oscarizados. Las personas pertenecientes a sociedades que tienen un gradiente social más bajo viven más años. Los ganadores acaban con sus iguales, del mismo modo que quienes viven en comunidades con un elevado gradiente social son menos longevos, sea cual sea su situación económica.

No sé cómo se podría remediar esta situación (a no ser mediante las creencias religiosas). ¿Es posible asegurarse contra al éxito desmoralizador de nuestros iguales? ¿Habría que prohibir los premios Nobel? Está demostrado que el premio Nobel en Economía no ha sido bueno para la sociedad o el conocimiento, pero incluso los premiados por *auténticas* aportaciones a la medicina o la física desplazan con excesiva rapidez de nuestra conciencia a otras personas, a quienes les roban la longevidad. Extremistán va a seguir existiendo, así que tenemos que vivir con él y dar con los trucos que lo hagan más agradable.

Capítulo 15

LA CURVA DE CAMPANA, ESE GRAN FRAUDE INTELECTUAL*

No merece una copita de pastis - *El error de Quételet - El hombre medio es un monstruo - Vamos a deificarlo - Sí o no - Un experimento no tan literario*

Olvidemos todo lo que hayamos escuchado sobre estadística o teoría de la probabilidad en la universidad. Si nunca asistimos a clases de estas materias, mucho mejor. Empecemos por el principio.

LO GAUSSIANO Y LO MANDELBROTIANO

En diciembre de 2001, me encontraba de paso en el aeropuerto de Frankfurt, en un viaje de Oslo a Zúrich.

Disponía de mucho tiempo, y además era una magnífica oportunidad para comprar chocolate negro europeo, especialmente desde que he conseguido convencerme de que las calorías de los aeropuertos no cuentan. El cajero me dio, entre otras cosas, un billete de diez marcos que era idéntico a la copia (ilegal) que aparece a continuación. Los billetes de diez marcos dejarían de circular en pocos días, pues iba a entrar en circulación el euro. Lo guardé como un recuerdo de despedida. Antes de la llegada del euro, Europa contaba con muchas monedas, algo que era bueno para los impresores, los cambistas y, por supuesto, quienes operaban con ellas, como este (más o menos) humilde escritor. Mientras me tomaba el chocolate negro europeo y contemplaba con nostalgia el billete, casi me atraganté. De re-

---

* El lector no técnico (o intuitivo) puede saltarse este capítulo, ya que entra en detalles sobre la curva de campana. También se lo pueden saltar quienes pertenezcan a la afortunada categoría de los que nada saben sobre esa curva.

El último billete de diez marcos, donde aparecen Gauss y, a su izquierda, la curva de campana de Mediocristán.

pente me di cuenta, por primera vez, de que en el billete había algo curioso. Llevaba el retrato de Carl Friederich Gauss y una imagen de su famosa campana.

La sorprendente paradoja de este asunto es que el último objeto posible que se puede vincular con la divisa alemana sea precisamente esa curva: en la década de 1920 el *Reichsmark* (como se llamaba antes la moneda) pasó de cuatro por dólar a *cuatro billones* por dólar en el transcurso de unos pocos años, lo cual demuestra que la curva de campana no tiene sentido como descripción de la aleatoriedad de las fluctuaciones en las divisas. Todo lo que se necesita para rechazar la curva de campana es que un movimiento de ese tipo se produzca una vez, y sólo una vez (basta pensar en las consecuencias). Pero ahí estaban la curva de campana y, junto a ella, *Herr Professor Doktor* Gauss, un hombre poco atractivo, de facciones un tanto duras y desde luego alguien con quien no me apetecería pasar el tiempo holgazaneando en una terraza, tomando *pastis* y charlando de lo que se nos ocurriera.

Lo increíble es que la campana de Gauss la utilizan como herramienta de medición del riesgo esos directores y banqueros centrales que visten traje oscuro y hablan tediosamente sobre las divisas.

El incremento en la disminución

Como ya he dicho, el punto principal de la teoría gaussiana es que la mayoría de las observaciones giran en torno a lo mediocre, el promedio; las probabilidades de una desviación van disminuyendo a medida que nos alejamos del promedio. Si tenemos que quedarnos con una única información, sería la siguiente: el drástico incremento de la velocidad de disminución de las probabilidades a medida que nos alejamos del centro, o promedio. Observemos la lista reproducida más abajo como ilustración de lo que digo. Tomo un ejemplo de una cantidad gaussiana, como la altura, y la simplifico un poco para hacerla más ilustrativa. Supongamos que la altura media (de hombres y mujeres) es de 1,67 metros, o 5 pies y 7 pulgadas. Consideremos que lo que aquí llamo *unidad de desviación* son 10 centímetros. Veamos los incrementos por encima de 1,67 metros y pensemos en las probabilidades de que alguien tenga esta altura.*

10 centímetros más alto que la media (es decir, más de 1,77 m, o 5 pies y 10 pulgadas): 1 entre 6,3

20 centímetros más alto que la media (es decir, más de 1,87 m, o 6 pies y 2 pulgadas): 1 entre 44

30 centímetros más alto que la media (es decir, más de 1,97 m, o 6 pies y 6 pulgadas): 1 entre 740

40 centímetros más alto que la media (es decir, más de 2,07 m, o 6 pies y 9 pulgadas): 1 entre 32.000

50 centímetros más alto que la media (es decir, más de 2,17 m, o 7 pies y 1 pulgada): 1 entre 3.500.000

60 centímetros más alto que la media (es decir, más de 2,27 m, o 7 pies y 5 pulgadas): 1 entre 1.000.000.000.

70 centímetros más alto que la media (es decir, más de 2,37 m, o 7 pies y 9 pulgadas): 1 entre 780.000.000.000

80 centímetros más alto que la media (es decir, más de 2,47 m, u 8 pies y 1 pulgada): 1 entre 1.600.000.000.000.000

90 centímetros más alto que la media (es decir, más de 2,57 m, u 8 pies y 5 pulgadas): 1 entre 8.900.000.000.000.000.000

* Para simplificar, he amañado un poco los números.

100 centímetros más alto que la media (es decir, más de 2,67 m,
    u 8 pies y 9 pulgadas): 1 entre 130.000.000.000.000.000.000.000
... y
110 centímetros más alto que la media (es decir, más de 2,77 m,
    o 9 pies y 1 pulgada): 1 entre 36.000.000.000.000.000.000.000.
    000.000.000.000.000.000.000.000.000.000.000.000.000.000.000.
    000.000.000.000.000.000.000.000.

Observemos que muy pronto, después de 22 desviaciones, o 220 centímetros más alto que la media, las probabilidades alcanzan un *googol*, que equivale a un 1 seguido de 100 ceros.

El objetivo de esta lista es ilustrar la aceleración. Fijémonos en la diferencia de probabilidades entre 60 y 70 centímetros más alto que la media: por un simple incremento de 4 pulgadas (10,16 centímetros), pasamos de 1 entre 1.000 millones de personas a 1 entre 780.000 millones. Y el salto entre 70 y 80 centímetros: con 4 pulgadas (10,16 centímetros) más sobre la media, pasamos de 780.000 millones a un 1.600 billones.*

Esta pronunciada disminución de las probabilidades de encontrar algo es lo que nos permite ignorar las rarezas. Sólo una curva puede producir esa disminución, y es la curva de campana (y sus hermanas no escalables).

Lo mandelbrotiano

En comparación, fijémonos en las probabilidades de ser rico en Europa. Supongamos que ahí la riqueza sea escalable, es decir, mandelbrotiana. (No es una descripción exacta de la riqueza en Europa; está simplificada para resaltar la lógica de la distribución escalable.)**

---

* Uno de los aspectos que peor se entienden de la campana de Gauss es su fragilidad y vulnerabilidad en la estimación de los sucesos cola. Las probabilidades de un movimiento de sigma 4 son el doble de las de un sigma 4,15. Las probabilidades de uno de sigma 20 son un billón de veces superiores a los de uno de sigma 21. Esto significa que un pequeño error en la medición de sigma llevará a una subestimación masiva de la probabilidad. Sobre algunos sucesos podemos errar un billón de veces.

** Mi tesis principal, que de una u otra forma he ido repitiendo en la tercera parte, es la que sigue. Todo se simplifica, conceptualmente, cuando consideramos que hay dos, y

Distribución escalable de la riqueza

Personas con un patrimonio neto superior a 1 millón de euros:
   1 entre 62,5
Superior a 2 millones de euros: 1 entre 250
Superior a 4 millones de euros: 1 entre 1.000
Superior a 8 millones de euros: 1 entre 4.000
Superior a 16 millones de euros: 1 entre 16.000
Superior a 32 millones de euros: 1 entre 64.000
Superior a 320 millones de euros: 1 entre 6.400.000

La velocidad de la disminución aquí se mantiene constante (o no disminuye). Cuando doblamos la cantidad de dinero reducimos la incidencia por un factor de cuatro, cualquiera que sea el nivel, tanto si estamos en 8 millones de euros como si estamos en 16. Esto, dicho en pocas palabras, ilustra la diferencia entre Mediocristán y Extremistán.

Recordemos del capítulo 3 la diferencia entre lo escalable y lo no escalable. La escalabilidad significa que no existe viento en contra que nos haga ir más despacio.

Evidentemente, el Extremistán mandelbrotiano puede adoptar muchas formas. Consideremos la riqueza en una versión extremadamente concentrada de Extremistán; allí, si doblamos la riqueza, reducimos a la mitad la incidencia. El resultado es cuantitativamente diferente del ejemplo anterior, pero obedece a la misma lógica.

Distribución fractal de la riqueza con grandes desigualdades

Personas con un patrimonio superior a 1 millón de euros: 1 entre 63
Superior a 2 millones de euros: 1 entre 125
Superior a 4 millones de euros: 1 entre 250
Superior a 8 millones de euros: 1 entre 500
Superior a 16 millones de euros: 1 entre 1.000

---

sólo dos, paradigmas posibles: el no escalable (como el gaussiano) y *otro* (como la aleatoriedad mandelbrotiana). El rechazo de la aplicación del no escalable es suficiente, como veremos más adelante, para *eliminar una determinada visión del mundo*. Es como el empirismo negativo: determinando lo que es un error conozco mucho.

Superior a 32 millones de euros: 1 entre 2.000
Superior a 320 millones de euros: 1 entre 20.000
Superior a 640 millones de euros: 1 entre 40.000

Si la riqueza fuera gaussiana, observaríamos la siguiente divergencia desde 1 millón de euros.

Distribución de la riqueza si se asume la ley de Gauss

Personas con un patrimonio superior a 1 millón de euros: 1 entre 63
Superior a 2 millones de euros: 1 entre 127.000
Superior a 3 millones de euros: 1 entre 14.000.000.000
Superior a 4 millones de euros: 1 entre 886.000.000.000.000.000
Superior a 8 millones:
       1 entre 16.000.000.000.000.000.000.000.000.000.000
Superior a 16 millones: 1 entre… *ninguno de mis ordenadores es capaz de hacer el cómputo.*

Lo que quiero demostrar con estas listas es la diferencia cualitativa de los paradigmas. Como he dicho, el segundo paradigma es escalable; no tiene viento en contra. Señalemos que otra expresión para referirse a lo escalable son las leyes potenciales.

El solo hecho de saber que estamos en un entorno de leyes potenciales no nos dice mucho. ¿Por qué? Porque tenemos que medir los coeficientes en la vida real, algo mucho más difícil que con un esquema gaussiano. Sólo lo gaussiano muestra sus propiedades con cierta rapidez. El método que yo propongo es una forma general de ver el mundo, más que una solución precisa.

Lo que hay que recordar

Recordemos esto: las variaciones de la curva de campana gaussiana se enfrentan a un viento en contra que hace que las probabilidades disminuyan a un ritmo cada vez mayor a medida que nos alejamos de la media, mientras que las variaciones «escalables», o «mandelbrotianas», no tienen esta restricción. Esto es la mayor parte de lo que necesitamos saber.*

La desigualdad

Observemos con mayor detalle la naturaleza de la desigualdad. En el esquema de Gauss, la desigualdad disminuye a medida que las desviaciones se hacen mayores, a causa del incremento en el ritmo de la disminución. No ocurre lo mismo con lo escalable: la desigualdad permanece invariable. La desigualdad entre los superricos es la misma que la desigualdad entre los simplemente ricos: no desacelera.**

Consideremos este efecto. Tomemos una muestra al azar de dos personas cualesquiera de Estados Unidos que juntas ganen un millón de dólares al año. ¿Cuál es el reparto más probable de sus respectivos ingresos? En Mediocristán, la combinación más probable es la de medio millón para cada una. En Extremistán sería de 50.000 dólares para una, y 950.000 para la otra.

La situación es aún más sesgada en el caso de la venta de libros. Si le digo al lector que dos escritores venden un total de un millón de ejemplares de sus libros, la combinación más probable es 993.000 ejemplares ven-

---

* Observemos la posibilidad de que las variables no sean infinitamente escalables: puede existir un límite superior muy, pero que muy remoto, pero no sabemos dónde está, de modo que tratamos una situación dada como si fuera infinitamente escalable. Técnicamente no se puede; pero este límite superior es lo bastante grande como para tratarlo como si no existiera. Además, quién sabe, al reeditar el libro podríamos venderlo dos veces a la misma persona, o hacer que esa persona viera la misma película dos veces.

** Cuando revisaba el borrador de este libro, en agosto de 2006, me alojaba en un hotel de Dedham, Massachusetts, cerca del campamento de verano de uno de mis hijos. Allí me intrigó un tanto la abundancia de personas obesas que merodeaban por el vestíbulo y provocaban problemas en las subidas y bajadas de los ascensores. Resulta que estaban celebrando la convención anual de la NAFA (la Asociación Nacional de Aceptación de la Grasa, en sus siglas inglesas). Como la mayoría de los miembros eran extremadamente obesos, me sentía incapaz de calcular qué delegado era el de mayor peso: entre los de mucho peso se imponía cierta forma de igualdad (alguien que hubiera pesado mucho más que las personas que vi habría fallecido ya). Estoy seguro de que en la convención de la imaginaria NARA (la Asociación Nacional de la Aceptación de la Riqueza), una persona eclipsaría a las demás e, incluso entre los superricos, un porcentaje muy pequeño representaría una gran parte de la riqueza total.

didos del libro de uno de los autores, y 7.000 del otro. Esta probabilidad es mucho mayor que la de la venta de 500.000 ejemplares de cada libro. *Para cualquier total cuantioso, la división será cada vez más y más asimétrica.*

¿Por qué sucede así? El problema de la altura da pie a una comparación. Si dijese que la altura total de dos personas suma 4,20 metros, el lector identificaría como división más probable una altura de 2,10 metros para cada persona, no de 60 centímetros para una y 3,60 metros para la otra, ¡ni siquiera 1,80 y 2,40! Es tan raro que las personas alcancen los 2,40 metros de altura que esa combinación resultaría imposible.

Extremistán y la regla del 80/20

¿Ha oído hablar alguna vez el lector de la regla del 80/20? Es la rúbrica habitual de una ley potencial; en realidad todo empezó cuando Vilfredo Pareto hizo la observación de que el 80% de las tierras de Italia pertenecían al 20% de la población. Algunos emplean la regla para dar a entender que el 80% del trabajo lo realiza el 20% de las personas. O que el 80% del esfuerzo incide sólo en un 20% de los resultados, y viceversa.

Hablando de axiomas, éste no se formuló para que fuera el que más nos impresionara: es lo podríamos llamar sin problema la regla del 50/1, es decir, el 50% del trabajo es obra del 1% de los trabajadores. Esta formulación hace que el mundo parezca aún más injusto, pero las dos fórmulas son exactamente iguales. ¿Cómo? Bueno, si existe la desigualdad, entonces aquellos que constituyen el 20% en la regla del 80/20 también contribuyen desigualmente: sólo unos pocos producen la mayor parte de los resultados. Esto rebaja el cálculo a alrededor de una persona entre cien, que contribuye un poco más que la mitad del total.

La regla del 80/20 es sólo metafórica; no es una regla, y mucho menos una ley rígida. En el negocio editorial de Estados Unidos, las proporciones se aproximan más al 97/20 (es decir, el 97% de las ventas de libros son obra del 20% de los autores); y la situación es aún peor si nos centramos en la no ficción (20 libros entre cerca de 8.000 representan la mitad de las ventas).

Observemos en este punto que no todo es incertidumbre. En algunas situaciones podemos encontrarnos con una concentración, del tipo 80/20, con propiedades muy previsibles y manejables, que permite una clara toma de decisiones, porque podemos identificar *de antemano* dónde está el significati- vo 20%. Estas situaciones son muy fáciles de controlar. Por ejemplo, Malcolm Gladwell escribió en un artículo publicado en *The New Yorker* que la mayo- ría de los malos tratos a los presos son atribuibles a un número muy reducido de guardias depravados. Separemos a esos guardias y el índice de malos tratos en las prisiones descenderá drásticamente. (En el mundo de la edición, por otro lado, uno no sabe de antemano qué libro es el que va a ganar los garban- zos. Lo mismo ocurre con las guerras, pues no se sabe con anterioridad qué conflicto va a causar la muerte de un parte de los habitantes del planeta.)

El árbol y el bosque

Llegados a este punto, voy a resumir y repetir las argumentaciones hechas a lo largo del libro. Las mediciones de la incertidumbre que se basan en la curva de campana simplemente ignoran la posibilidad, y el impacto, de los grandes saltos o las discontinuidades y, por consiguiente, no se pueden aplicar en Extremistán. Utilizarlas es como centrar la mirada en un árbol y no ver el (frondoso) bosque. Aunque las grandes desviaciones impredeci- bles son raras, no se pueden ignorar como rarezas porque, acumulativa- mente, su impacto es grande.

La forma gaussiana tradicional de observar el mundo empieza por cen- trarse en lo corriente, y luego se ocupa de las excepciones o las llamadas rare- zas, como algo secundario. Pero hay una segunda forma, que toma lo excep- cional como punto de partida y trata lo corriente como algo subordinado.

He insistido en que hay dos variedades de aleatoriedad, cualitativamen- te distintas, como el aire y el agua. Una no se preocupa de los extremos; a la otra la impactan gravemente. Una no genera Cisnes Negros; la otra, sí. Para hablar de un gas no podemos emplear las mismas técnicas que emplearía- mos para hablar de un líquido. Y si pudiéramos, no llamaríamos al plan- teamiento «una aproximación». Un gas no se «aproxima» a un líquido.

El enfoque gaussiano puede ser muy útil en las variables en que exista una razón verosímil para que la mayor no esté demasiado alejada de la me- dia. Si la gravedad hace que las cifras desciendan, o si existen limitaciones físicas que impiden observaciones muy grandes, acabamos en Mediocristán. Si hay unas fuerzas de equilibrio potentes que devuelven las cosas a su sitio de forma rápida una vez que las condiciones se apartan del equilibrio, entonces podemos utilizar de nuevo el planteamiento gaussiano. De lo contrario, olvidémonos. Ésta es la razón de que gran parte de la economía se base en la idea de equilibrio: entre otros beneficios, nos permite tratar los fenómenos económicos como si fueran gaussianos.

Observemos que no le estoy diciendo al lector que el tipo de aleatoriedad de Mediocristán no permita *algunos* extremos. Pero son tan raros que no desempeñan un papel importante en el total. El efecto de esta clase de extremos es lastimosamente pequeño, y disminuye a medida que nuestra población aumenta.

Para decirlo de un modo algo más técnico, si tenemos un surtido de gigantes y enanos, es decir, de observaciones, con independencia de sus múltiples órdenes de magnitud, podemos seguir aún en Mediocristán. ¿Cómo? Supongamos que tenemos una muestra de mil personas, con un amplio espectro que va del enano al gigante. Lo más probable es que veamos muchos gigantes en esa muestra, no sólo alguno de vez en cuando. En nuestra media no influirá el gigante adicional ocasional porque se espera que algunos de estos gigantes formen parte de la muestra, y es probable que la media sea alta. En otras palabras, la mayor observación no se puede alejar mucho del promedio. Éste siempre contendrá ambos tipos, gigantes y enanos, de modo que ninguno será demasiado raro, a menos que consigamos un megagigante o un microenano en algún caso muy raro. Esto sería Mediocristán con una gran unidad de desviación.

Señalemos una vez más el siguiente principio: cuanto más raro es el suceso, mayor será el error en nuestra estimación de su probabilidad, incluso utilizando la campana de Gauss.

Permítame el lector que le demuestre que la campana de Gauss elimina la aleatoriedad de la vida (de ahí que sea tan popular). Nos gusta porque hace posible las certezas. ¿Cómo? Mediante los promedios, como expondré a continuación.

De cómo tomar café puede ser algo seguro

Recordemos de la exposición sobre Mediocristán del capítulo 3 que ninguna observación particular va a incidir en nuestro total. Esta propiedad será más importante a medida que aumente el tamaño de nuestra población. Los promedios se harán más y más estables, hasta el punto de que todas las muestras parecerán idénticas.

Me he tomado muchas tazas de café en mi vida (es mi principal adicción), pero nunca he visto que una taza diera un salto de 60 centímetros sobre la mesa, ni que el café salpicara este original sin intervención alguna (ni siquiera en Rusia). En efecto, haría falta algo más que una modesta adicción al café para ser testigo de tal suceso; requeriría quizá más vidas de las que se puedan concebir (las probabilidades son muy pocas, una entre tantos ceros que me sería imposible escribir la cifra durante mi tiempo libre).

Sin embargo, la realidad física hace posible que mi taza de café dé un salto, algo muy improbable pero posible. Las partículas no dejan de saltar a nuestro alrededor. ¿Por qué la taza, compuesta de partículas que saltan, no va a saltar? La razón es, simplemente, que para que salte sería necesario que todas las partículas saltaran en el *mismo* sentido, y hacerlo en marcha cerrada varias veces seguidas (con un movimiento compensatorio de la mesa en sentido contrario). El billón de partículas de la taza de café no va a saltar en el mismo sentido; esto no va a ocurrir en toda la existencia del universo. De modo que puedo colocar la taza con toda seguridad en el borde de la mesa, y preocuparme de fuentes más serias de la incertidumbre.

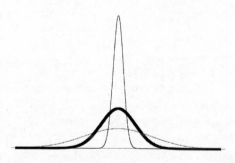

FIGURA 7. Cómo funciona la ley de los grandes números. En Mediocristán, a medida que nuestra muestra aumenta, el promedio observado se presentará cada vez con menos dispersión: como podemos ver, la distribución será cada vez más estrecha. Dicho en pocas palabras, así es como funciona (o se supone que funciona) toda la teoría estadística. La incertidumbre de Mediocristán se desvanece con el promedio. Esto ilustra la manida «ley de los grandes números».

La seguridad de mi taza de café ilustra cómo mediante el promedio se puede domar la aleatoriedad de lo gaussiano. Si mi taza fuera una gran partícula, o se comportara como tal, entonces su salto sería un problema. Pero la taza es la suma de millones de partículas muy pequeñas.

Los operadores de los casinos comprenden esto muy bien, de ahí que nunca (si hacen bien las cosas) pierdan dinero. Se limitan a no permitir que un jugador haga una apuesta enorme, y a que, en su lugar, haya muchos jugadores que hagan una serie de apuestas de tamaño reducido. Los jugadores pueden apostar un total de 20 millones de dólares, pero no hay que preocuparse por la salud del casino: las apuestas son, como media, de 20 dólares, por ejemplo; el casino limita las apuestas a un máximo que permita que sus propietarios puedan dormir por la noche. De modo que las variaciones en las ganancias del casino van a ser ridículamente pequeñas, sea cual sea la actividad total del juego. No veremos a nadie que salga del casino con mil millones de dólares; nunca, mientras exista el universo.

Lo anterior es una aplicación de la ley suprema de Mediocristán: cuando hay muchos jugadores, el impacto de uno de ellos en el total sólo podrá ser diminuto.

La consecuencia de esto es que las variaciones en torno a la media gaussiana, también llamadas «errores», no son preocupantes. Son fluctuaciones domesticadas en torno a la media.

El amor a las certezas

Si el lector ha asistido alguna vez a una (aburrida) clase de estadística en la universidad, no entendió mucho de lo que parecía apasionar al profesor, y se preguntó qué significaba la «desviación típica», no tiene por qué preocuparse. La idea de desviación típica no tiene sentido fuera de Mediocristán. Es evidente que el lector hubiera sacado mejor provecho de la asistencia a clases sobre la neurobiología de la estética de la danza en el África poscolonial, algo que es fácil de entender empíricamente.

Las desviaciones típicas no existen fuera de lo gaussiano o, si existen, no importan y no explican mucho. Pero las cosas no son así de fáciles. Los miembros de la familia gaussiana (que incluye a varios amigos y parientes, como la ley de Poisson) son la única clase de distribuciones para cuya descripción basta la desviación típica (y la media). No se necesita nada más. La curva de campana satisface el reduccionismo del iluso.

Hay otras ideas que tienen poca o ninguna importancia fuera de lo gaussiano: la *correlación* y, peor aún, la *regresión*. Pero están profundamente arraigadas en nuestros métodos; es difícil hablar de negocios sin oír la palabra *correlación*.

Para ver cuán sin sentido puede ser la correlación fuera de Mediocristán, tomemos una serie histórica que implique dos variables que sean manifiestamente de Extremistán, como los mercados de bonos y valores, o los precios de unos valores, o dos variables como, por ejemplo, los cambios en las ventas de libros infantiles en Estados Unidos y la producción de fertilizantes en China; o los precios inmobiliarios en la ciudad de Nueva York y las beneficios de la Bolsa de Mongolia. Midamos la correlación entre los pares de variables en diferentes subperíodos, pongamos por caso para 1994, 1995, 1996, etc. Es probable que la medida de la correlación muestre una grave inestabilidad, lo cual dependerá del período al que se ha aplicado. Sin embargo, hablamos de la correlación como si fuera algo real, y así la hacemos tangible, la investimos de una propiedad física, la reificamos.

La misma ilusión de reificación afecta a lo que llamamos desviaciones «medias». Tomemos cualquier serie de precios o valores históricos. Dividámoslos en subsegmentos y midamos su desviación «típica». ¿Sorprendidos? Cada muestra tendrá una desviación «típica» diferente. Entonces, ¿por qué hablamos de desviaciones típicas? Vete a saber.

Señalemos en este punto que, como ocurre con la falacia narrativa, cuando observamos datos pasados y computamos una única correlación o desviación típica, no percibimos tal inestabilidad.

De cómo provocar catástrofes

Si empleamos la expresión *estadísticamente importante*, tengamos cuidado con las ilusiones de las certezas. Lo más probable es que alguien se haya fijado en los errores de su observación y haya supuesto que son gaussianos, lo cual necesita un contexto gaussiano, concretamente Mediocristán, para que sea aceptable.

Para mostrar cuán endémico es el problema del mal uso de lo gaussiano, y cuán peligroso puede ser, consideremos un (aburrido) libro que lleva por título *Catastrophe*, del juez Richard Posner, escritor prolífico. Posner se lamenta de la equivocada interpretación que los funcionarios hacen de lo aleatorio y recomienda, entre otras cosas, que los responsables del Estado aprendan estadística… de los economistas. Parece que el juez Posner intente fomentar las catástrofes. Sin embargo, pese a ser una de esas personas que debería dedicar más tiempo a leer y menos a escribir, puede ser también un pensador agudo, profundo y original; como ocurre con muchas personas, sencillamente no es consciente de la distinción entre Mediocristán y Extremistán, y cree que la estadística es una «ciencia», nunca un fraude. Si el lector se topa con él, adviértale, por favor, de estas cosas.

EL MONSTRUO MEDIO DE QUÉTELET

Esta monstruosidad llamada campana de Gauss no es cosa de Gauss. Trabajó en ella, pero él era un matemático que se ocupaba de una cuestión teórica, y no formulaba teorías sobre la estructura de la realidad como hacían los científicos de mente estadística. En *Apología de un matemático*, G. H. Hardy escribía:

> Las «auténticas» matemáticas de los «auténticos» matemáticos, las matemáticas de Fermat y Euler, de Gauss, Abel y Riemann, son casi completamente «inútiles» (y así ocurre tanto con las matemáticas «aplicadas « como con las «puras»).

Como ya he dicho, la curva de campana fue principalmente obra de un jugador, Abraham de Moivre (1667-1754), refugiado calvinista francés que pasó la mayor parte de su vida en Londres, y que hablaba un inglés con mucho acento. Pero es Quételet, y no Gauss, quien figura como uno de los tipos más destructivos de la historia del pensamiento, como veremos a continuación.

A Adolphe Quételet (1796-1874) se le ocurrió la idea de un ser humano físicamente medio, *l'homme moyen*. Nada había de *moyen* en Quételet, «hombre de grandes pasiones creadoras, un hombre creativo lleno de energía». Escribió poesía y hasta fue coautor de una ópera. El problema básico de Quételet estaba en que era matemático, no científico empírico, pero no lo sabía. Encontró armonía en la curva de campana.

El problema se plantea en dos niveles. *Primo*, Quételet tenía una idea normativa: hacer que el mundo se ajustara a su media, que para él era lo «normal». Sería fantástico poder ignorar la contribución al total de lo inusual, lo «no normal», el Cisne Negro.

Secondo, había un grave problema empírico asociado. Quételet veía curvas de campana por doquier. Lo cegaban las curvas de campana y, según he visto, una vez más, cuando se nos mete una de esas curvas en cabeza es difícil erradicarla. Más tarde, Frank Ysidro Edgeworth hablaría del «quételismo» para referirse al grave error de ver curvas de campana por todas partes.

La áurea mediocridad

Quételet ofreció un producto de primera necesidad para el apetito ideológico de su tiempo. Vivió entre 1796 y 1874, así que pensemos en la lista de sus contemporáneos: Saint-Simon (1760-1825), Pierre-Joseph Proudhon (1809-1865) y Karl Marx (1818-1883), cada uno de los cuales creó una versión distinta del socialismo. Todos lo que vivieron esos tiempos posteriores a la Ilustración añoraban la áurea mediocridad, la media áurea: en la riqueza, en la altura, en el peso, etc. Esa añoranza contiene cierta parte de ilusión mezclada con una buena cantidad de armonía y… platonicidad.

Siempre recuerdo la máxima de mi padre de que *in medio stat virtus*, «la virtud está en la moderación». Bueno, durante mucho tiempo éste fue el ideal; se llegó a pensar que la mediocridad, en ese sentido, era áurea. Una mediocridad que lo abarcaba todo.

Pero Quételet llevó la idea a un nivel distinto. Reuniendo estadísticas, empezó a crear estándares de «medias». El tamaño del pecho, la altura, el peso de los niños al nacer…, pocas cosas escapaban a sus *estándares*. Descubrió que las desviaciones de la norma se hacían exponencialmente más raras a medida que aumentaba la magnitud de la desviación. Luego, después de concebir la idea de las características físicas de *l'homme moyen*, *monsieur* Quételet pasó a los temas sociales. *L'homme moyen* tenía sus hábitos, su consumo, sus métodos.

A través de su constructo de *l'homme moyen physique* y *l'homme moyen moral*, el hombre medio física y moralmente, Quételet creó un rango de desviación desde el promedio que sitúa a todas las personas a la izquierda o a la derecha del centro y, realmente, castiga a quienes se encuentran ocupando el extremo derecho o el izquierdo de la curva de campana estadística. Se convirtieron en *anormales*. Es evidente que esto inspiró a Marx, quien cita a Quételet y su idea de hombre normal medio: «Se deben minimizar las desviaciones societales en lo que se refiere, por ejemplo, a la distribución de la riqueza», escribe en *Das Kapital*.

Hay que dar cierto crédito a la clase científica dominante en los tiempos de Quételet: al principio no aceptó la argumentación de éste. Augustin Cournot, filósofo, matemático y economista, para empezar, no creía que se pudiera establecer un ser humano estándar sobre una base puramente cuantitativa. Tal estándar dependería del atributo en consideración. Una medición en un ámbito puede diferir de la que se realice en otro ámbito. ¿Cuál deberá ser la estándar? *L'homme moyen* sería un monstruo, decía Cournot. Explicaré este punto como sigue.

Suponiendo que haya algo de deseable en el hecho de ser un hombre medio, éste deberá tener una especialidad no concretada para la que esté mejor dotado que otras personas (no puede ser promedio en todo). El pianista tocaría, como promedio, mejor el piano, pero estaría por detrás de la norma en, por ejemplo, montar a caballo. El dibujante tendría mejores destrezas para dibujar, y así sucesivamente. *La idea de un hombre considerado promedio es diferente de la de un hombre que está en la media en todo lo que hace*. De hecho, un ser humano exactamente medio debería ser mitad macho y mitad hembra. Quételet se olvidó de este punto.

El error de Dios

Un aspecto mucho más inquietante de lo dicho es que, en la época de Quételet, el nombre que se daba a la distribución gaussiana era *la loi des erreurs*, la ley de los errores, ya que una de su primeras aplicaciones fue la distribución de los errores en las mediciones astronómicas. ¿Se siente el lector tan preocupado como yo? La divergencia de la media (aquí también de la mediana) se trataba precisamente como un error. No es de extrañar que a Marx le encantaran las ideas de Quételet.

Este concepto despegó con rapidez. Se confundía el *debería* con el *es*, y éste, con el visto bueno de la ciencia. La idea del hombre medio está incardinada en la cultura que asistía al nacimiento de la clase media europea, la emergente cultura posnapoleónica del comerciante, reacia a la riqueza excesiva y al esplendor cultural. De hecho, se presume que el sueño de una sociedad con unos resultados comprimidos se corresponde con las aspiraciones de un ser humano racional que se enfrenta a la lotería genética. Si uno tuviera que escoger una sociedad en la que nacer en su próxima vida, sin saber qué resultados le esperaban, se da por supuesto que no lo echaría a la suerte; preferiría vivir en una sociedad en la que no hubiera resultados divergentes.

Un efecto gracioso de la glorificación de la mediocridad fue la creación en Francia de un partido político llamado «poujadismo», que aglutinaba inicialmente un movimiento de comerciantes de ultramarinos. Era el cálido apiñamiento de los medio favorecidos, que confiaban en ver cómo el universo se reducía a su rango (un ejemplo de revolución no proletaria). Tenía la mentalidad del comerciante de ultramarinos, y se servía de herramientas matemáticas. ¿Es que Gauss proporcionó las matemáticas a los tenderos?

Poincaré de nuevo

El propio Poincaré recelaba de lo gaussiano. Imagino que, cuando le expusieron este y otros planteamientos similares, se sintió intranquilo. Pensemos que, en sus inicios, lo gaussiano estaba dirigido a medir los errores astronómicos, y que las ideas de Poincaré acerca de la modelación de la mecánica celeste inspiraban un sentimiento de profunda incertidumbre.

Poincaré escribió que uno de sus amigos, un anónimo «físico eminente», se le quejaba de que los físicos tendieran a utilizar la campana de Gauss porque pensaban que los matemáticos la consideraban una necesidad matemática; los matemáticos la empleaban porque creían que los físicos pensaban que era un hecho empírico.

Eliminar la influencia injusta

Permítame el lector que en este punto afirme que, salvo en lo que a la mentalidad del tendero se refiere, creo de veras en el valor de lo medio y de la mediocridad: ¿qué humanista no desea minimizar la discrepancia entre los seres humanos? Nada hay más repugnante que el desconsiderado ideal del superhombre. Mi auténtico problema es epistemológico. La realidad no es Mediocristán, por eso deberíamos aprender a vivir con ella.

«Los griegos lo hubieran deificado»

La lista de personas que van por el mundo con la curva de campana pegada a la cabeza, gracias a su pureza platónica, es increíblemente larga.

Sir Francis Galton, primo de Charles Darwin y nieto de Erasmus Darwin, tal vez fue, junto con su primo, uno de los últimos caballeros científicos independientes; una categoría que también incluyó a lord Cavendish, lord Kelvin, Ludwig Wittgenstein (a su manera) y, en cierta medida, a nuestro superfilósofo Bertrand Russell. Aunque John Maynard Keynes no estaba exactamente en esa categoría, su pensamiento es la personificación de ella. Galton vivió en la época victoriana, cuando los herederos y las personas de buen vivir podían, entre otras cosas como montar a caballo o cazar, llegar a ser pensadores, científicos o (en el caso de los menos dotados) políticos. Fue una época que ofrece motivos para la nostalgia: la autenticidad de quien se dedicaba a la ciencia por la ciencia misma, sin unas motivaciones profesionales directas.

Lamentablemente, entregarse a la ciencia por amor al conocimiento no significa que uno haya tomado la dirección correcta. Después de encontrar y absorber la distribución «normal», Galton se enamoró de ella. Se decía que había exclamado que si los griegos la hubieran conocido, la hubiesen deificado. Es posible que su entusiasmo haya contribuido a la prevalencia del uso de lo gaussiano.

Galton no tuvo la suerte de contar con bagaje matemático alguno, pero tenía una rara obsesión por la medición. Desconocía la ley de los grandes números, pero la redescubrió a partir de los propios datos. Construyó el *quincunx*, una máquina parecida al *flipper*, que demuestra el desarrollo de la curva de campana y de la cual hablaré unos párrafos más adelante. Es verdad que Galton aplicó la curva de campana a campos como el de la genética y el de la herencia, en los que su uso estaba justificado. Pero su entusiasmo contribuyó a llevar los métodos estadísticos nacientes a los temas sociales.

Sólo «sí o no», por favor

Hablemos ahora de la magnitud de los daños. Si nos ocupamos de la inferencia cualitativa, como en psicología o medicina, buscando respuestas de «sí o no», a las que no pueden aplicarse las magnitudes, entonces podemos presumir que estamos en Mediocristán sin graves problemas. El impacto de lo improbable no puede ser muy grande: se tiene cáncer o no, se está embarazada o no, etc. Los grados de mortalidad o de embarazo no son relevantes (a menos que se trate de una epidemia). Pero si de lo que se trata es de totales, donde las magnitudes sí importan, como los ingresos, nuestra riqueza, los beneficios de una cartera de valores, o las ventas de un libro, entonces tendremos un problema y obtendremos la distribución equivocada si usamos la campana de Gauss, pues no pertenece a este campo. Un solo número puede desbaratar todas nuestras medias; una sola pérdida puede acabar con todo un siglo de ganancias. Ya no podemos decir: «Es una excepción». La afirmación: «Bueno, puedo perder dinero» no es informativa a menos que asignemos una cantidad a esa pérdida. Podemos perder todo nuestro patrimonio, o sólo una fracción de nuestros ingresos diarios; hay una diferencia.

Esto explica por qué la psicología empírica y sus ideas sobre la naturaleza humana, que he expuesto en apartados anteriores, mantienen su robustez ante el error de utilizar la curva de campana; además son afortunadas, ya que la mayor parte de sus variables permiten la aplicación de la estadística gaussiana convencional. Al medir cuántas personas de una muestra tienen un sesgo, o cometen un error, estos estudios normalmente buscan un resultado de sí o no. Ninguna observación particular podrá, por sí misma, trastocar sus hallazgos generales.

A continuación voy a pasar a una exposición *sui generis* de la idea de la curva de campana.

Un experimento de pensamiento (literario) sobre la procedencia de la curva de campana

Imaginemos una máquina *flipper* como la que representa la figura 8. Lanzamos 32 bolas dando por supuesto que se trata de un tablero bien equilibrado, de modo que la bola tenga las mismas probabilidades de caer a la derecha o a la izquierda cuando la golpee el taco. El resultado que esperamos es que muchas bolas caigan en las columnas del centro, y que su número disminuirá a medida que vayamos pasando a las columnas más alejadas de aquél.

A continuación, imaginemos lo que en alemán se llama un *Gedanken*, un experimento de pensamiento. Un hombre tira al aire una moneda y, después de cada lanzamiento, da un paso a la izquierda o a la derecha, según salga cara o cruz. A esto se le llama «andar aleatorio», pero no necesariamente tiene que ver con andar. Sería lo mismo si, en vez de dar un paso a la izquierda o a la derecha, ganáramos o perdiéramos un dólar según el caso, y lleváramos la cuenta de la cantidad acumulada que tenemos en el bolsillo.

Supongamos que apunto al lector a una apuesta (legal) donde las probabilidades no están ni a su favor ni en su contra. Tiramos una moneda al aire. Si sale cara, gana un dólar; si sale cruz, pierde un dólar.

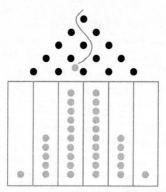

Figura 8. El *quincux* (simplificado): una máquina flipper. Soltemos las bolas de forma que, con cada golpe, caigan aleatoriamente a la derecha o a la izquierda. El resultado que la figura representa es el más probable, y se parece mucho a la curva de campana (también llamado distribución gaussiana). *Cortesía de Alexander Taleb.*

336

Después del primer lanzamiento, ganará o perderá.

En el segundo lanzamiento, el número de posibles resultados se duplica. Caso uno: ganar, ganar. Caso dos: ganar, perder. Caso tres: perder, ganar. Caso cuatro: perder, perder. Cada uno de estos casos tiene unas probabilidades equivalentes; la combinación de una única ganancia y una única pérdida tiene una incidencia dos veces mayor porque los casos dos y tres, ganar-perder y perder-ganar, conllevan el mismo resultado. Y ahí está la clave de lo gaussiano. Buena parte del centro desaparece, y ya veremos que hay mucho en el centro. De modo que, si jugamos por un dólar la ronda, después de dos rondas tendremos un 25% de probabilidades de ganar o perder dos dólares, pero un 50% de no tener ni pérdidas ni ganancias.

Hagamos otra ronda. El tercer lanzamiento dobla de nuevo el número de casos, de manera que nos enfrentamos a ocho posibles resultados. El caso 1 (que en el segundo lanzamiento era ganar, ganar) se diversifica en ganar, ganar, ganar y ganar, ganar, perder. Hemos añadido un ganar o perder al final de cada uno de los resultados anteriores. El caso 2 se diversifica en ganar, perder, ganar y ganar, perder, perder. El caso 3 se diversifica en perder, ganar, ganar y perder, ganar, perder. El caso 4 se diversifica en perder, perder, ganar y perder, perder, perder.

Tenemos ahora ocho casos, todos igualmente probables. Observemos que de nuevo podemos agrupar los resultados regulares en los que una ganancia elimina una pérdida. (En el *quincunx* de Galton, dominan las situaciones en que la bola cae a la izquierda y luego a la derecha, o viceversa, de modo que uno acaba con muchas en el centro.) El total, o lo acumulado, es como sigue: 1) *tres ganancias;* 2) dos ganancias, una pérdida; total, *una ganancia;* 3) dos ganancias, una pérdida; total, *una ganancia;* 4) una ganancia, dos pérdidas, total, *una pérdida;* 5) dos ganancias, una pérdida; total, *una ganancia;* 6) dos pérdidas, una ganancia; total, *una pérdida;* 7) dos pérdidas, una ganancia; total, *una pérdida;* y, por último, 8) *tres pérdidas.*

De entre los ocho casos, el de tres ganancias se produce una vez. El de tres pérdidas, una vez. El de una pérdida en total (una ganancia, dos pérdidas), tres veces. El de una ganancia en total (una pérdida, dos ganancias), tres veces.

Juguemos otra ronda, la cuarta. Habrá dieciséis resultados igualmente probables. Tendremos un caso de cuatro ganancias, un caso de cuatro pérdidas, cuatro casos de dos ganancias, cuatro casos de dos pérdidas, y seis casos de ni pérdidas ni ganancias.

El *quincunx* (el nombre procede de la palabra latina que significa cinco) del ejemplo del *flipper* muestra la quinta ronda, con sesenta y cuatro posibilidades, todas ellas fáciles de calcular. Ésta era la idea que se ocultaba en el *quincunx* que empleaba Francis Galton. Galton pecaba tanto de ser poco perezoso como de ser un tanto ajeno a las matemáticas; en vez de construir el artilugio, podría haber trabajado con un álgebra más sencilla, o quizás haber emprendido un experimento de pensamiento como éste.

Sigamos jugando. Continuemos hasta llegar a cuarenta rondas. Se pueden realizar en pocos minutos, pero necesitaremos una calculadora para averiguar el número de resultados, que ponen a prueba nuestro sencillo experimento de pensamiento. Tendremos unas 1.099.511.627.776 combinaciones posibles, más de un billón. No nos molestemos en hacer el cálculo a mano, es dos multiplicado por sí mismo cuarenta veces, ya que cada rama se duplica en cada coyuntura. (Recordemos que añadimos una ganancia y una pérdida al final de las alternativas de la tercera ronda para pasar a la cuarta, doblando así el número de alternativas.) De estas combinaciones, sólo una llegará al punto más alto de cuarenta, y sólo una al más bajo de cuarenta. El resto se situará por el medio, en este caso cero.

Podemos observar ya que en este tipo de aleatoriedad los extremos son sumamente raros. Una probabilidad de entre las 1.099.511.627.776 posibles es obtener el mismo resultado en cuarenta lanzamientos. Si realizamos el ejercicio de cuarenta lanzamientos, uno por hora, las probabilidades de conseguir alcanzar el extremo de 40 resultados idénticos seguidos son tan pocas que serían necesarios muchos intentos de cuarenta lanzamientos para verlo. Suponiendo que nos tomamos algún descanso para comer, hablar con los amigos y compañeros de habitación, tomarnos una cerveza y dormir, podemos esperar que un resultado de llegar al extremo de 40 (en uno u otro sentido) nos costara cuatro millones de vidas de lo que suele ser una existencia media. Y consideremos lo siguiente. Supongamos que jugamos una ronda más, hasta un total de 41; sacar 41 caras supondría ocho millones de vidas. Pasar de 40 a 41 reduce a la mitad las probabilidades. Éste es un atributo clave del esquema no escalable que analiza la aleatoriedad: las desviaciones típicas disminuyen a un ritmo creciente. Sacar 50 caras seguidas supondría cuatro mil millones de vidas.

Figura 9. **Número de lanzamientos con ganancia.** Resultado de cuarenta lanzamientos. Vemos cómo emerge la protocampana.

No estamos aún plenamente en una campana de Gauss, pero nos acercamos a ella peligrosamente. Estamos aún en lo protogaussiano, pero ya podemos ver lo esencial. (En realidad, nunca encontraremos una campana gaussiana pura ya que es una forma platónica; nos acercamos un poco más pero no podemos alcanzarla.) Sin embargo, como podemos ver en la figura 9, empieza a emerger la conocida forma de campana.

¿Cómo podremos acercarnos aún más a la campana de Gauss perfecta? Puliendo el proceso de lanzamiento. Podemos lanzar 40 veces a 1 dólar el lanzamiento, o 4.000 veces a 10 centavos el lanzamiento, y sumar los resultados. El riesgo esperado es más o menos el mismo en ambas situaciones, lo cual constituye una trampa. En la diferencia entre los dos conjuntos de lanzamientos se intuye un pequeño problema. Multiplicamos el número de apuestas por 100, pero dividimos el tamaño de la apuesta por 10; no busquemos ahora una razón, simplemente supongamos que son «equivalentes». El riesgo total es equivalente, pero ahora hemos abierto la posibilidad de ganar o perder 400 veces seguidas. Las probabilidades son de un 1 seguido de 120 ceros, es decir de una entre 1.000. 000. 000. 000. 000. 000. 000. 000. 000. 000. 000. 000. 000. 000. 000. 000. 000. 000. 000. 000. 000. 000. 000. 000. 000. 000. 000. 000. 000. 000. 000. 000. 000. 000. 000. 000. 000.

Sigamos un poco más el proceso. Pasamos de 40 lanzamientos a 1 dólar cada uno a 4.000 lanzamientos a 10 centavos, a 400.000 lanzamientos a 1 centavo, acercándonos cada vez más a una campana gaussiana. La figura 10 muestra los resultados, que van de -40 a 40, con-

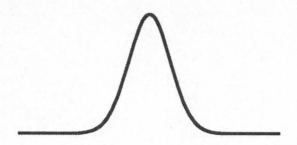

FIGURA 10. **Una versión más abstracta:** la curva de Platón. Un número infinito de lanzamientos.

cretamente ochenta puntos marcados. El siguiente paso será llegar a los 8.000 puntos.

Sigamos. Podemos tirar 4.000 veces apostando la décima parte de 1 centavo. ¿Qué tal 400.000 veces a 1/1.000 de centavo? Como forma platónica, la curva gaussiana pura es principalmente lo que ocurre cuando tenemos una infinidad de lanzamientos por ronda, con apuestas infinitesimalmente pequeñas. No nos preocupemos de visualizar los resultados, ni siquiera de entenderlos. Ya no podemos seguir hablando de un tamaño «infinitesimal» de la apuesta (pues tenemos una infinidad de éstas, y estamos en lo que los matemáticos llaman un esquema continuo). La buena noticia es que existe un sustituto.

Hemos pasado de una apuesta sencilla a algo completamente abstracto. Nos hemos ido de las observaciones al reino de las matemáticas. En matemáticas, las cosas llevan en sí una pureza .

Ahora bien, se supone que no existe algo completamente abstracto, *por lo tanto, por favor, no intentemos ni siquiera hacer el esfuerzo de comprender la figura 10.* Basta con que seamos conscientes de su uso. Imaginémoslo como un termómetro: no se supone que, para poder hablar de la temperatura, debamos entender qué *significa*. Sólo necesitamos conocer la correspondencia que hay entre la temperatura y la comodidad (o alguna otra consideración empírica). Veintidós grados corresponde a un tiempo bueno; veinte bajo cero no es algo que pueda encantar a alguien. No tenemos por qué preocuparnos de la velocidad real de las colisiones entre las partículas, que es lo que explica la temperatura de forma más técnica. Los grados son, en cierto sentido, un medio con el que nuestra mente traduce a cifras ciertos fenómenos externos. Asimismo, la campana de Gauss está planteada de tal manera que el 68,2% de las observaciones se sitúan entre las desviaciones típicas de -1 y +1 respecto a la media. Repito: no intentemos siquiera comprender si la *desviación típica* es una *desviación media;* no lo es, pero mucha gente (demasiada) que emplea la expresión *desviación típica* no entiende este punto. La desviación típica no es más que un número conforme al cual equilibramos las cosas, una cuestión de mera correspondencia *si los fenómenos fueran gaussianos.* A estas desviaciones típicas a menudo se las denomina «sigma». También se habla de «varianza» (es lo mismo: la varianza es el cuadrado de sigma, es decir, de la desviación típica).

Observemos la simetría de la curva. Obtenemos los mismos resultados tanto si sigma es positiva como si es negativa. Las probabilidades de caer a −4 sigmas son las mismas que las de superar 4 sigmas, en este caso 1 entre 32.000 veces.

Como puede ver el lector, el aspecto principal de la campana de Gauss es, como he estado diciendo, que la mayor parte de las observaciones se sitúan en torno a lo mediocre, la media, mientras que las probabilidades de una desviación disminuyen de forma cada vez más rápida (exponencialmente) a medida que nos alejamos de la media. Si debemos retener algo en la memoria, recordemos esta drástica disminución de velocidad en las probabilidades a medida que nos apartamos del promedio. Las rarezas son cada vez más improbables. Podemos ignorarlas con toda seguridad.

Esta propiedad también genera la ley suprema de Mediocristán: dada la escasez de grandes desviaciones, su aportación al total será evanescentemente pequeña.

En el ejemplo sobre la altura que poníamos más arriba en este mismo capítulo, empleaba yo unidades de desviación de diez centímetros, y demostraba que la incidencia disminuía a medida que aumentaba la altura. Eran desviaciones de una sigma. La tabla de la altura también sirve de ejemplo de la operación de «escalar a una sigma», tomando sigma como unidad de medida.

Esos supuestos reconfortantes

Señalemos los supuestos principales que establecimos en el juego de lanzar la moneda y que nos llevaron a lo protogaussiano, o aleatoriedad suave.

Primer supuesto fundamental: los lanzamientos son independientes. La moneda no tiene memoria. El hecho de que salga cara o cruz en un lanzamiento no cambia las probabilidades de sacar cara o cruz en el siguiente. No nos hacemos «mejores» lanzadores con el tiempo. Si introducimos la memoria o las destrezas en el lanzamiento, toda la estructura gaussiana se tambalea.

Recordemos lo que decíamos en el capítulo 14 sobre el apego preferencial y la ventaja acumulativa. Ambas teorías establecen que ganar hoy hace más probable que ganemos en el futuro. Por consiguiente, las probabilidades dependen de la historia, y el primer supuesto básico que lleva a la campana de Gauss falla en la realidad. En los juegos, evidentemente, no se supone que las ganancias pasadas se traduzcan en una mayor probabilidad de ganancias futuras, cosa que no ocurre en la vida real, de ahí que me dé miedo enseñar sobre la probabilidad basándome en los juegos. Pero cuando el ganar lleva a más ganar, tenemos muchísimas más probabilidades de ver cuarenta ganancias seguidas que con un método protogaussiano.

Segundo supuesto fundamental: no existen saltos «bruscos». La medida del paso en el elemento constitutivo del andar aleatorio básico siempre se conoce: es un paso. No existe incertidumbre alguna respecto al tamaño del paso. No encontramos situaciones en las que el movimiento varíe de manera drástica.

Recordemos que si cualquiera de estos dos supuestos no se cumple, nuestros movimientos (o los lanzamientos de la moneda) no conducirán de forma acumulativa a la curva de campana. Dependiendo de lo que ocurra, pueden llevar a la extrema aleatoriedad de estilo mandelbrotiano y escala invariable.

«La ubicuidad de la campana de Gauss»

Uno de los problemas con que me suelo encontrar es que, siempre que digo a alguien que la campana de Gauss no está omnipresente en la vida real, sino sólo en la mente de los estadísticos, se me exige que lo «demuestre» —algo fácil de hacer, como veremos en los dos capítulos siguientes—, pero nadie ha conseguido demostrar lo contrario. En cuanto sugiero un proceso que no sea gaussiano, se me pide que justifique tal sugerencia y que, más allá de los fenómenos, «exponga la teoría en que me baso». En el capítulo 14 veíamos los modelos del rico que se hace más rico, modelos que proponíamos con el fin de justificar que no debemos emplear la campana de Gauss. Los modeladores se vieron obligados a formular teorías sobre posibles modelos que generen lo escalable, como si tuvieran que pedir disculpas por ello. ¡Dichosa teoría! Aquí se me presenta un problema epistemológico, el de la necesidad de justificar el fracaso del mundo en parecerse a un modelo idealizado que alguien ciego a la realidad ha conseguido alentar.

En vez de estudiar los modelos posibles que generen aleatoriedad que no sea del tipo de la curva de campana, con lo que cometeríamos el mismo error de teorizar a ciegas, mi teoría consiste en hacer lo contrario: conocer la curva de campana tan profundamente como sea capaz y determinar dónde se puede aplicar y dónde no. Yo sé dónde está Mediocristán. Creo que a menudo (no, casi siempre) son los usuarios de la curva de campana quienes no la entienden bien, y tienen que justificarla, no al revés.

La ubicuidad de la campana de Gauss no es una propiedad del mundo, sino un problema de nuestra mente que surge del modo en que contemplamos aquél.

En el próximo capítulo, abordaremos la invarianza de escala de la naturaleza y nos ocuparemos de las propiedades de lo fractal. En el capítulo que lo sigue, analizaremos el mal uso de lo gaussiano en la vida socioeconómica y «la necesidad de formular teorías».

A veces me pongo un poco sentimental, porque he dedicado buena parte de mi vida a reflexionar sobre este problema. Desde que empecé a hacerlo, y a dirigir una serie de experimentos de pensamiento como he hecho más arriba, no he encontrado en ningún momento de mi vida a ninguna persona del mundo de los negocios o de la estadística que fuera intelectualmente coherente y aceptara el Cisne Negro, a la vez que rechazaba lo gaussiano y las herramientas gaussianas. Muchas personas aceptaban mi idea de Cisne Negro pero no sabían llevarla a su conclusión lógica, es decir, que en la aleatoriedad no podemos usar una única medida llamada desviación típica (a la que llamamos «riesgo»), porque no podemos esperar que una respuesta sencilla caracterice la incertidumbre. Para dar el paso siguiente se necesita coraje, compromiso y capacidad para unir los puntos, un deseo de comprender por completo lo aleatorio. También supone que no podemos aceptar como palabra revelada la sabiduría de otras personas. Luego me encontré con físicos que habían rechazado las herramientas de Gauss, pero habían caído en otro pecado: la credulidad en unos modelos predictivos precisos, en su mayor parte elaboraciones en torno al apego preferencial del capítulo 14, otra forma de platonicidad. No pude encontrar a nadie con profundidad y técnica científica que observara el mundo de la aleatoriedad y comprendiera su naturaleza, que contemplara los cálculos como una ayuda, no como una meta importante. Me llevó casi quince años encontrar a ese pensador, el hombre que hizo que muchos cisnes fueran grises: Mandelbrot, el gran Benoît Mandelbrot.

Capítulo 16
LA ESTÉTICA DE LO ALEATORIO

La biblioteca de Mandelbrot - ¿Estaba ciego Galileo? - Perlas al cerdo - La autoafinidad - Cómo se puede complicar el mundo de forma sencilla o, quizá, simplificarlo de forma complicada

EL POETA DE LO ALEATORIO

Aquella tarde yo olía, con gesto melancólico, los viejos libros de la biblioteca de Benoît Mandelbrot. Era un caluroso día de agosto de 2005, y el calor agudizaba el olor a moho de la cola de los viejos libros franceses, que traía consigo una fuerte nostalgia olfativa. Por lo general consigo frenar tales excursiones nostálgicas, pero no cuando me llegan en forma de música u olor. El aroma de los libros de Mandelbrot era el de la literatura francesa, de la biblioteca de mis padres, de las horas pasadas en las librerías en mi adolescencia, cuando la mayor parte de los libros que me rodeaban estaban (¡ay!) en francés, cuando creía que la literatura estaba por encima de todo. (No he tenido contacto con muchos libros franceses desde que era adolescente.) Por muy abstracto que yo quisiera ser, la literatura tenía una encarnación física, tenía olor, y eso era lo que ocurría.

La tarde era también sombría, porque Mandelbrot se mudaba, precisamente cuando se me había concedido el derecho de llamarlo a horas intempestivas en caso de que tuviera alguna pregunta que hacerle, por ejemplo la de por qué las personas no se daban cuenta de que el 80/20 podía ser el 50/1. Mandelbrot había decidido mudarse a la zona de Boston, no para jubilarse, sino para trabajar en un centro de investigaciones patrocinado por un laboratorio nacional. Se trasladaba a un apartamento de Cambridge, y abandonaba su gran casa en la zona residencial de Wetchester, Nueva York, de ahí que me ofreciera quedarme con la parte que me apeteciera de sus libros.

Hasta los títulos de los libros sonaban a nostalgia. Llené una caja con títulos franceses, como un ejemplar de 1949 de *Matière et mémoire*, de Henri Bergson, que al parecer Mandelbrot compró cuando era estudiante (¡qué olor!).

Después de mencionar su nombre a diestro y siniestro a lo largo de este libro, voy a presentar por fin a Mandelbrot, sobre todo como la primera persona con título académico con quien siempre hablé de la aleatoriedad sin sentirme defraudado. Otros matemáticos de la probabilidad solían remitirme sin más a teoremas de nombre ruso como «Sobolev», «Kolgomorov», la medida de Wiener, sin los cuales estaban perdidos; les costaba mucho llegar al núcleo del tema o salir de su estrecha caja el tiempo suficiente para considerar sus fallos empíricos. Con Mandelbrot, las cosas eran diferentes: era como si ambos procediéramos del mismo país, como si nos hubiéramos encontrado después de años de frustrante exilio, y al final pudiéramos hablar en nuestra lengua materna sin tensiones. Es el único profesor de carne y hueso que he tenido (mis profesores suelen ser los libros de mi biblioteca). Yo sentía demasiado poco respeto por los matemáticos que se ocupaban de la incertidumbre y la estadística para considerar a ninguno de ellos mi profesor; pensaba que los matemáticos, formados para las certezas, nada tenían que hacer en el campo de lo aleatorio. Mandelbrot me demostró que estaba equivocado.

Mandelbrot habla un francés preciso y formal fuera de lo común, muy similar al de los levantinos de la generación de mis padres o al de los aristócratas del Viejo Mundo. Por ello, cuando en alguna ocasión oía su inglés con acento pero muy estándar y coloquial, me sonaba raro. Mandelbrot es alto y grueso, lo que le da un aire infantil (aunque nunca le he visto tomarse una comida copiosa) y tiene una sólida presencia física.

Desde fuera, se diría que lo que Mandelbrot y yo tenemos en común es una incertidumbre disparatada, Cisnes Negros e ideas estadísticas aburridas (y a veces menos aburridas). Pero, aunque somos colaboradores, no es ésta la materia de nuestras principales conversaciones. Hablamos sobre todo de temas literarios y estéticos, o de chascarrillos históricos sobre personas de un refinamiento intelectual extraordinario. Digo refinamiento, no logros. Mandelbrot podía contar muchas cosas sobre la excepcional diversidad de personas célebres con las que había trabajado durante el siglo pasado; pero en cierto modo, yo estoy programado para considerar a los personajes de la ciencia menos interesantes que a los coloristas eruditos. Al igual que a mí, a Mandelbrot le interesan los individuos urbanos que combinan rasgos que normalmente parece imposible que coexistan. Una persona de la que suele hablar es el barón Pierre Jean de Menasce, a quien conoció en Princeton en la década de 1950, donde De Menasce compartía habitación con el físico Oppenheimer. De Menasce es exactamente el tipo de persona que me interesa, la encarnación de un Cisne Negro. Procedía de una opulenta familia judía de mercaderes de Alejandría que, como todos los levantinos sofisticados, hablaba francés e italiano. Sus antepasados habían adoptado una grafía veneciana para su nombre árabe, añadiendo de paso un título nobiliario, y se codeaban con la realeza. De Menasce no sólo se convirtió al cristianismo, sino que llegó a ser sacerdote dominico y un gran erudito en lenguas semíticas y persas. Mandelbrot no dejaba de preguntarme sobre Alejandría, porque siempre buscaba ese tipo de personajes.

La verdad es que los personajes intelectualmente sofisticados eran exactamente lo que yo buscaba en la vida. A mi estudioso y erudito padre —que, de estar vivo, sólo tendría dos semanas más que Benoît M.— le gustaba la compañía de los cultos sacerdotes jesuitas. Recuerdo que esos visitantes jesuitas ocupaban mi silla en la mesa. Recuerdo también que uno estaba licenciado en medicina y doctorado en física, pero enseñaba arameo en el Instituto de Lenguas Orientales de Beirut. Es posible que su trabajo anterior fuera el de profesor de física en algún instituto de enseñanza media, y el anterior, tal vez en la Facultad de Medicina. Este tipo de erudición impresionaba a mi padre mucho más que el trabajo científico tipo cadena de montaje. Es posible que lleve en mis genes algo que me aleje del *Bildungsphilister* (el hombre integrado, se diría hoy).

Mandelbrot se asombraba a menudo del temperamento de los eruditos de altos vuelos y de los científicos notables aunque no tan famosos, como su viejo amigo Carleton Gajdusek, un hombre que lo impresionaba por su habilidad para desvelar las causas de las enfermedades tropicales; pero pese a ello no parecía que tuviera ganas de pregonar su asociación con aquellos que consideraba grandes científicos. Tardé cierto tiempo en descubrir que había trabajado con una lista impresionante de científicos, al parecer de todos los campos, algo que esos a quienes les encanta darse tono mencionando a gente importante no hubieran dejado de repetir. Aunque llevo trabajando con él varios años, no fue hasta el otro día, mientras charlaba con su esposa, cuando descubrí que había sido colaborador del psicólogo Jean Piaget durante dos años. También me sorprendí cuando me enteré de que había trabajado con el gran historiador Fernand Braudel, pero éste no parecía interesar a Mandelbrot. Tampoco tenía interés en hablar de John von Neuman, con quien había trabajado como colaborador de posdoctorado. Su jerarquía estaba invertida. En cierta ocasión le pregunté por Charles Tresser, un físico desconocido que conocí en una fiesta y que escribía artículos sobre la teoría del caos e incrementaba sus ingresos como investigador elaborando pastelitos en una tienda que regentaba cerca de la ciudad de Nueva York. Fue categórico: «*un homme extraordinaire*», dijo; no dejaba de elogiar a Tresser. Pero cuando le pregunté por un determinado personaje famoso, respondió: «Es el típico *bon élève*, un alumno que obtiene buenas notas, sin profundidad, ni visión». El personaje en cuestión era un Premio Nobel.

LA PLATONICIDAD DE LOS TRIÁNGULOS

Veamos, pues, por qué llamo a todo esto aleatoriedad mandelbrotiana o fractal. Todas las piezas del rompecabezas han sido expuestas por otros pensadores, sean Platón, Yule o Zipf; pero fue Mandelbrot quien: a) unió los puntos, b) vinculó la aleatoriedad a la geometría (y dentro de ésta, a una rama especial) y c) llevó el tema a su conclusión natural. En efecto, muchos matemáticos son hoy famosos en parte porque él desenterró sus obras para apoyar sus tesis, que es la estrategia que yo estoy siguiendo en este libro. «Tuve que inventarme a mis predecesores para que la gente me tomara en serio», me dijo en cierta ocasión, y así empleó la credibilidad de los peces gordos como artilugio retórico. Casi siempre podemos husmear en nuestros predecesores acerca de cualquier idea. Siempre podemos encontrar a alguien que haya trabajado sobre una parte de nuestra tesis y emplear como apoyo su contribución; ni siquiera Charles Darwin, de quien los científicos incultos dicen que «inventó» la supervivencia de los mejor adaptados, fue el primero en hablar de ella. En la introducción de *El origen de las especies* escribe que los hechos que expone no son necesariamente originales; lo interesante según él eran las consecuencias (dicho así, con esa modestia victoriana). Al final, quienes prevalecen son quienes deducen las consecuencias y el grado de importancia de las ideas, viendo así su auténtico valor. Son quienes pueden hablar del tema.

Pasemos, pues, a describir la geometría mandelbrotiana.

La geometría de la naturaleza

Los triángulos, los cuadrados, los círculos y los otros conceptos geométricos que a muchos nos hacen bostezar en clase pueden ser ideas hermosas y puras, pero parece que están más en la mente de los arquitectos y diseñadores, en los edificios de arte moderno y en los maestros, que en la naturaleza. Y está bien que así sea, aun cuando la mayoría de nosotros no seamos conscientes de ello. Las montañas no son triángulos ni pirámides; los árboles no son círculos; las líneas rectas casi nunca se ven. La madre naturaleza no asistió a clases de geometría en el instituto ni leyó los libros de Euclides de Alejandría. Su geometría es irregular, pero tiene una lógica propia y fácil de comprender.

He dicho que parece que estamos inclinados de forma natural a platonificar, y a pensar exclusivamente desde la perspectiva del material estudiado: nadie, sea un albañil o un filósofo natural, puede escapar fácilmente de la esclavitud de tal condicionamiento. Pensemos que Galileo, por otro lado demoledor de falsedades, escribió lo siguiente:

> El gran libro de la naturaleza está siempre abierto ante nuestros ojos y en él está escrita la verdadera filosofía. [...] Pero no lo podremos leer si antes no hemos aprendido la lengua y los caracteres con que está escrito. [...] Está escrito en lenguaje matemático, y los caracteres son triángulos, círculos y otras figuras geométricas.

¿Estaba ciego? Ni siquiera el gran Galileo, con toda su supuesta independencia de criterio, fue capaz de contemplar la madre naturaleza con una mirada limpia. Imagino que tendría ventanas en su casa y que se aventuraría a salir de ella de vez en cuando; debería haber sabido que los triángulos no se encuentran fácilmente en la naturaleza. Se nos lava el cerebro con mucha facilidad.

O somos ciegos o incultos, o ambas cosas. Resulta evidente que la geometría de la naturaleza no es la de Euclides, pero nadie, casi nadie, se ha dado cuenta.

Esta ceguera (física) es idéntica a la falacia lúdica que nos lleva a pensar que los casinos representan la aleatoriedad.

La fractalidad

Pero hagamos una descripción de los fractales. Luego veremos cómo se vinculan con lo que llamamos leyes potenciales, o leyes escalables.

Fractal es una palabra que acuñó Mandelbrot para describir la geometría de lo áspero y *roto* (del latín *fractus*, raíz de *fracturado*). La *fractalidad* es la repetición de patrones geométricos a diferentes escalas, desvelando así versiones cada vez más pequeñas de sí mismos. Las partes pequeñas se parecen, en cierto grado, al todo. Intentaré demostrar en este capítulo que los fractales se aplican a la rama de la incertidumbre que debería llevar el nombre de Mandelbrot: la aleatoriedad mandelbrotiana.

Las venas de las hojas parecen ramas; las ramas, árboles; las piedras, pequeñas montañas. Cuando un objeto cambia de tamaño no se produce un cambio cualitativo. Si contemplamos la costa de Gran Bretaña desde un avión, se parece a lo que vemos cuando la observamos en un mapa a través de una lupa. Este tipo de autoafinidad implica que se puede usar una regla de iteración aparentemente corta y simple —sea en un ordenador o, de forma más aleatoria, en la madre naturaleza— para construir formas de una complejidad aparentemente grande. Esto puede resultar muy útil para los gráficos realizados por ordenador, pero lo más importante es que así es como funciona la naturaleza. Mandelbrot diseñó el objeto matemático hoy conocido como conjunto de Mandelbrot, el objeto más famoso de la historia de las matemáticas. Se hizo popular entre los seguidores de la teoría del caos porque genera imágenes de una creciente complejidad, utilizando para ello una regla recursiva aparentemente minúscula (*recursivo* significa que algo se puede reaplicar a sí mismo de manera infinita). Podemos contemplar el conjunto en resoluciones cada vez más pequeñas sin llegar *nunca* al límite: seguiremos viendo formas reconocibles. Las formas nunca son las mismas, pero tienen una afinidad mutua, un gran parecido.

Estos objetos desempeñan un papel en la estética. Consideremos las siguientes aplicaciones:

Artes visuales: La mayoría de objetos generados por ordenador se basan hoy en alguna versión de los fractales mandelbrotianos. También podemos ver fractales en la arquitectura, la pintura y muchas obras de arte visual, aunque no han sido incorporados de forma consciente por el autor.

Música: Tarareemos despacio las cuatro notas con que se inicia la *Quinta sinfonía* de Beethoven: *ta-ta-ta-ta.* Luego sustituyamos cada nota por la misma secuencia de cuatro notas, de modo que acabamos en un compás de dieciséis notas. Veremos (o, mejor, oiremos) que cada onda más pequeña se parece a la mayor original. Bach y Mahler, por ejemplo, componían submovimientos que se parecen a los movimientos mayores de los que forman parte.

Poesía: La poesía de Emily Dickinson, por ejemplo, es fractal: lo grande se parece a lo pequeño. Según un crítico, tiene «un ensamblaje elaborado conscientemente de dicciones, metros, retórica, gestos y tonos».

Al principio, los fractales hicieron de Benoît M. un paria entre la clase dirigente de las matemáticas. Los matemáticos franceses se horrorizaron. ¿Qué? ¿Imágenes? *Mon dieu!* Era como pasar una película porno a una asamblea de devotas abuelas ortodoxas orientales en mi ancestral pueblo de Amioun. Así, Mandelbrot pasó un tiempo como refugiado intelectual en el centro de estudios de IBM, en el norte de Nueva York. Era una situación de «a la m. el dinero», ya que IBM dejaba que hiciera lo que le apeteciese.

Pero las personas corrientes (sobre todo los estrafalarios informáticos) entendieron el tema. El libro de Mandelbrot, *La geometría fractal de la naturaleza*, causó un revuelo extraordinario cuando apareció, hace veinticinco años. Se extendió a través de los círculos artísticos y llegó a los estudios de estética, al diseño arquitectónico, incluso a grandes aplicaciones industriales. A Benoît M. se le llegó a ofrecer un puesto de profesor de medicina. Al parecer, los pulmones son mutuamente semejantes. A sus charlas acudía todo tipo de artistas, lo que le valió el apodo de la «estrella de rock de las matemáticas». La era del ordenador lo ayudó a convertirse en el matemático más influyente de la historia, en lo que a la aplicación de su obra se refiere, mucho antes de que fuera aceptado en la torre de marfil. Veremos que, además de su universalidad, su obra tiene una peculiaridad inusual: destaca por lo fácil que resulta entenderla.

Unas palabras sobre su biografía. Mandelbrot llegó a Francia desde Varsovia en 1936, a los doce años. Debido a las vicisitudes de una vida clandestina durante la ocupación nazi de Francia, se libró de parte de la educación gala convencional, con sus repetitivos ejercicios de álgebra, y en gran medida fue un autodidacta. Luego recibió una profunda influencia de su tío Szolem, destacado miembro de la clase dirigente matemática francesa y titular del Collège de France. Benoît M. se afincó más tarde en Estados Unidos, donde trabajó durante la mayor parte de su vida como científico industrial, con algunos trabajos académicos transitorios y variados.

El ordenador desempeñó dos papeles en la nueva ciencia que Mandelbrot ayudó a concebir. En primer lugar, los objetos fractales, como hemos visto, se pueden generar mediante una regla simple aplicada a sí misma, lo cual los hace ideales para la actividad automática de un ordenador (o de la madre naturaleza). En segundo lugar, en la generación de las intuiciones visuales hay una dialéctica entre el matemático y los objetos generados.

Veamos ahora cómo todo esto nos lleva a la aleatoriedad. De hecho, Mandelbrot inició su carrera con la probabilidad.

Aproximación visual a Extremistán/Mediocristán

Observo la alfombra de mi estudio. Si la examino con el microscopio, veré una superficie muy accidentada. Si la miro con lupa, la superficie será más lisa, sin dejar de ser desigual en buena medida. Pero cuando la miro estando de pie, parece uniforme: casi tan lisa como una hoja de papel. La alfombra en el nivel de la vista corresponde a Mediocristán y la ley de los grandes números: veo la suma de las ondulaciones, y éstas *se planchan*. Es como la aleatoriedad gaussiana; la razón de que mi taza de café no dé saltos es que la suma de todas sus partículas móviles se suaviza. Asimismo, llegamos a las certezas mediante la adición de pequeñas incertidumbres gaussianas: ésta es la ley de los grandes números.

La gaussiano no es similar a sí mismo, y de ahí que mi taza de café no vaya saltando por mi mesa.

Pensemos ahora en una excursión montaña arriba. Por mucho que ascendamos, la superficie de la tierra seguirá siendo irregular. Así ocurre incluso a una altura de 9.000 metros. Cuando sobrevolamos los Alpes, seguimos viendo montañas irregulares, y no pequeñas piedras. Por eso algunas superficies no son de Mediocristán, y el hecho de cambiar la resolución no las hace mucho más lisas. (Observemos que este efecto sólo desaparece cuando alcanzamos alturas mucho mayores. Nuestro planeta le parecerá liso a quien lo observe desde el espacio, pero porque es demasiado pequeño. Si fuera un planeta mayor, entonces tendría montañas que harían del Himalaya un enano y, para que pareciera más liso, habría que observarlo desde una distancia mayor. Del mismo modo, si la población del planeta fuera mayor, aun conservando la misma riqueza media, sería probable que existiera alguien cuyo patrimonio superara en mucho al de Bill Gates.)

Las figuras 11 y 12 ilustran lo dicho. Un observador que mire la primera imagen podría pensar que se ha caído al suelo la tapa del objetivo de una cámara fotográfica.

FIGURA 11. Aparentemente, se ha caído al suelo la tapa de un objetivo. Veamos ahora la página siguiente.

FIGURA 12. El objeto no es realmente una tapa. Estas dos fotografías ilustran la invarianza de la escala: el terreno es fractal. Comparémoslo con objetos fabricados por el hombre, como un coche o una casa. *Fuente: profesor Stephen W. Wheatcraft, University of Nevada, Reno.*

Recordemos lo que decíamos de la costa de Gran Bretaña. Si la contemplamos desde el avión, sus contornos no son tan distintos de los que vemos en la costa. El cambio en la escala no altera las formas ni su grado de homogeneidad.

Perlas al cerdo

¿Qué tiene que ver la geometría fractal con la distribución de la riqueza, el tamaño de las ciudades, los beneficios en los mercados financieros, el número de bajas en una guerra o el tamaño de los aviones? Unamos los puntos.

La clave es que *el fractal tiene mediciones numéricas o estadísticas que (en cierto modo) se conservan a través de las escalas:* la ratio es la misma, a diferencia de lo que ocurre con el modelo gaussiano. En la figura 13 se presenta otra visión de esta autosimilitud. Como veíamos en el capítulo 15, los superricos son parecidos a los ricos, sólo que más ricos: la riqueza es independiente de la escala o, dicho con mayor precisión, depende de una escala desconocida.

354

En la década de 1960, Mandelbrot expuso sus ideas sobre los precios de las materias primas y los valores financieros a la clase dominante de la economía, y todos los economistas financieros se sintieron apasionados. En 1963, el por entonces decano de la University of Chicago Graduate School of Business, George Shultz, le ofreció una cátedra. Es el mismo George Shultz que después fue secretario de Estado de Ronald Reagan.

Shultz lo llamó una tarde para retirar la oferta.

En el momento de escribir estas líneas, cuarenta y cuatro años después, nada ha ocurrido en la estadística de las ciencias sociales —a excepción de algún jugueteo superficial que trata el mundo como si únicamente estuviéramos sometidos a una aleatoriedad suave— y, pese a ello, se han ido repartiendo premios Nobel. Han aparecido artículos que aportaban pruebas de que Mandelbrot estaba equivocado, escritos por personas que no entienden la tesis central de este libro: uno siempre puede fabricar datos «que corroboren» que el proceso subyacente es gaussiano, buscando para ello períodos que no tengan sucesos raros, del mismo modo que se puede encontrar una tarde en la que nadie mate a nadie y utilizarlo como «prueba» de una conducta honesta. Repetiré que, debido a la asimetría de la inducción, del mismo modo que es más fácil rechazar la inocencia que aceptarla, es más fácil rechazar un curva de campana que aceptarla; y al revés, es más difícil rechazar un fractal que aceptarlo. ¿Por qué? Porque un suceso particular puede desbaratar la tesis de que nos enfrentamos a una curva de Gauss.

En resumen, hace cuatro décadas, Mandelbrot ofreció perlas a los economistas y a los ignorantes ansiosos de hacer currículum, unas perlas que rechazaron porque las ideas eran demasiado buenas para ellos. Eran, como reza el dicho, *margaritas ante porcos*, perlas a los cerdos.

En el resto de este capítulo explicaré cómo puedo refrendar los fractales de Mandelbrot en cuanto representación de gran parte de la aleatoriedad sin tener que aceptar necesariamente su uso preciso. Los fractales deben ser el elemento por defecto, la aproximación, el esquema. No solucionan el problema del Cisne Negro y no convierten todos los Cisnes Negros en sucesos predecibles, pero mitigan de modo significativo el problema del Cisne Negro, al hacer que esos grandes sucesos sean concebibles. (Los hacen grises. ¿Por qué grises? Porque sólo lo gaussiano nos da certezas. Volveremos a ello más adelante.)

La lógica de la aleatoriedad fractal (con una advertencia)*

En las listas de riqueza que expuse en el capítulo 15 he mostrado la lógica de una distribución fractal: si la riqueza se duplica y pasa de un millón a dos, la incidencia de personas con al menos esa cantidad de dinero se corta en cuatro, que es exponente de dos. Si el exponente fuera uno, entonces la incidencia de esa riqueza o más se cortaría en dos. Al exponente se le llama «potencia» (de ahí que algunos empleen la expresión *ley potencial*). Vamos a llamar «excedencia» al número de ocurrencias superiores a un determinado nivel: una excedencia de dos millones es el número de personas

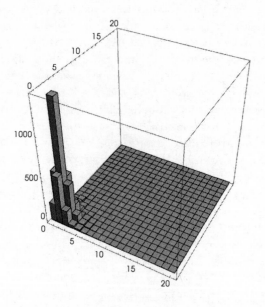

Figura 13: La montaña estadística fractal pura. El grado de desigualdad será el mismo en las dieciséis subsecciones del gráfico. En el mundo gaussiano, las disparidades en la riqueza (o cualquier otra cantidad) disminuyen cuando observamos el extremo superior, de ahí que los multimillonarios sean más iguales entre sí que los millonarios, y los millonarios más iguales en su relación mutua que la clase media. Esta falta de igualdad en todos los niveles de riqueza es, dicho en dos palabras, la autosimilitud estadística.

* El lector no técnico se puede saltar lo que queda de capítulo.

con una riqueza mayor de dos millones. Una propiedad importante de estos fractales (u otra forma de expresar su principal propiedad, la escalabilidad) es que la ratio de dos excedencias* será la ratio de los dos números elevada a la potencia negativa del exponente. Vamos a ilustrarlo. Supongamos que «pensamos» que sólo de 96 libros se venderán más de 250.000 ejemplares al año (que es lo que ocurrió el año pasado), y que «pensamos» que el exponente está en torno a 1,5. Podemos extrapolar y calcular que de alrededor de 34 libros se venderán más de 500.000 ejemplares, es decir, 96 veces $(500.000/250.000)^{-1,5}$. Podemos seguir, y observar que de 8 libros se deberían vender más de un millón de ejemplares, esto es, 96 veces $(1.000.000/250.000)^{-1,5}$.

Tabla 2. Supuestos exponentes para varios fenómenos

Fenómeno	Supuesto exponente (aproximación vaga)
Frecuencia de uso de las palabras	1,2
Número de visitas a los sitios web	1,4
Número de libros vendidos en Estados Unidos	1,5
Llamadas telefónicas recibidas	1,22
Magnitud de los terremotos	2,8
Diámetro de los cráteres de la Luna	2,14
Intensidad de las erupciones solares	0,8
Intensidad de las guerras	0,8
Patrimonio de los estadounidenses	1,1
Número de personas por apellido	1
Población de las ciudades de Estados Unidos	1,3
Movimientos de la Bolsa	3 (o inferior)
Tamaño de las empresas	1,5
Personas muertas en atentados terroristas	2 (pero posiblemente un exponente mucho más bajo)

Fuente: M. E. J. Newman (2005) y cálculos del propio autor.

Permítame el lector que muestre los diferentes exponentes medidos para una variedad de fenómenos.

* Con el uso de la simetría también podríamos analizar las incidencias por debajo de ese número.

Déjeme que le diga por adelantado que estos exponentes significan muy poco desde la perspectiva de la precisión numérica. Enseguida veremos por qué, pero de momento señalemos simplemente que no *observamos* estos parámetros; sencillamente los adivinamos, o los inferimos para la información estadística, lo que a veces hace que resulte difícil conocer los auténticos parámetros, si es que realmente existen. Examinemos en primer lugar las consecuencias prácticas de un exponente.

Tabla 3. El significado del exponente

Exponente	Participación del 1 % superior	Participación del 20 % superior
1	99,99 %*	99,99 %
1,1	66 %	86 %
1,2	47 %	76 %
1,3	34 %	69 %
1,4	27 %	63 %
1,5	22 %	58 %
2	10 %	45 %
2,5	6 %	38 %
3	4,6 %	34 %

* Es evidente que, en una muestra finita, no aparece el 100 %.

La tabla 3 ilustra el impacto de lo altamente improbable. Muestra las aportaciones al total del 1% y del 20% superiores. Cuanto menor es el exponente, mayores son esas aportaciones. Pero observemos cuán sensible es el proceso: entre 1,1 y 1,3 pasamos del 66% del total al 34%. Una diferencia de sólo 0,2 en el exponente cambia el resultado de forma drástica, y esta diferencia puede proceder de un simple error de medición. No es una diferencia trivial: basta pensar en que no tenemos una idea precisa de cuál es el exponente porque no lo podemos medir directamente. Todo lo que hacemos es calcular a partir de datos anteriores, o apoyarnos en teorías que permiten construir algún tipo de modelo que nos dé alguna idea; pero estos modelos pueden esconder defectos que nos impidan aplicarlos ciegamente a la realidad.

Así pues, tengamos presente que el exponente 1,5 es una aproximación, que es difícil de computar, que no lo obtenemos de los dioses, al menos no fácilmente, y que tendremos un monstruoso error en la muestra. Observaremos que el número de libros de los que se venden más de un millón de ejemplares no siempre va a ser 8: podría ser tan elevado como 20, o tan bajo como 2.

Y lo que es más importante, este exponente empieza a aplicarse a partir de cierto número denominado «cruce» (*crossover*), y está referido a números mayores que dicho cruce. Puede empezar en los 200.000 libros, o quizá sólo en 400.000. Asimismo, la riqueza tiene unas propiedades diferentes respecto a, supongamos, 600 millones de dólares, cuando la desigualdad crece, que las que presenta por debajo de esta cantidad. ¿Cómo sabemos dónde se encuentra el punto de cruce? Esto plantea un problema. Mis colegas y yo trabajamos con unos veinte millones de datos financieros. Todos disponíamos del mismo conjunto de datos, pero nunca nos pusimos de acuerdo sobre cuál era exactamente el exponente de nuestros conjuntos. Sabíamos que los datos revelaban una ley potencial fractal, pero descubrimos que no se podía dar un número exacto. Sin embargo, lo que sabíamos —*que la distribución es escalable y fractal*— era suficiente para que pudiéramos operar y tomar decisiones.

El problema del límite superior

Algunas personas han estudiado y aceptado lo fractal «hasta cierto punto». Sostienen que la riqueza, la venta de libros y los beneficios de la Bolsa tienen un determinado nivel en que las cosas dejan de ser fractales. Lo que proponen es el «truncamiento». Estoy de acuerdo en que hay un nivel donde la fractalidad *puede* cesar, pero ¿dónde? Decir que existe un límite superior *pero no sé a qué altura se encuentra*, y decir que *no existe límite alguno* tienen en la práctica las mismas consecuencias. Proponer un límite superior es altamente inseguro. Podríamos decir: vamos a establecer el límite superior de la riqueza en 150.000 millones de dólares en nuestros análisis. Entonces, otro podría decir: ¿por qué no 151.000 millones? O ¿por qué no 152.000 millones? También podemos considerar que la variable es ilimitada.

Cuidado con la precisión

La experiencia me ha enseñado algunos trucos: cualquier exponente que yo intente medir es probable que sea sobreestimado (recordemos que un exponente más elevado implica un papel menor para las grandes desviaciones); y es previsible que lo que vemos sea menos del estilo Cisne Negro que lo que no vemos. A esto lo llamo el problema de la mascarada.

Imaginemos que genero un proceso que tiene un exponente de 1,7. No vemos lo que hay dentro del motor, sólo los datos que salen. Si le pregunto al lector cuál es el exponente, lo más probable es que calcule en torno al 2,4. Y lo haría así aun en el caso de que dispusiera de un millón de puntos de datos. La razón es que un proceso fractal tarda mucho en desvelar sus propiedades, y por ello subestimamos la gravedad del impacto.

A veces, un fractal nos puede llevar a creer que es gaussiano, en particular cuando el punto de corte empieza en un número alto. Con las distribuciones fractales, las desviaciones extremas de este tipo son lo suficientemente raras como para ofuscarnos: no reconocemos la distribución como fractal.

Regreso al charco de agua

Como hemos visto, tenemos problemas para conocer los parámetros de cualquier modelo que supongamos que rige el mundo. Lo mismo ocurre con Extremistán; aquí asoma de nuevo el problema de la inducción, esta vez de forma aún más significativa que en cualquier otro momento de este libro. Simplemente, si un mecanismo es fractal puede originar errores grandes; por consiguiente es posible que existan grandes desviaciones, pero será difícil determinar con cierta exactitud en qué medida son posibles y con qué frecuencia se pueden producir. Es algo parecido al problema del charco de agua: lo ha podido generar una multitud de cubitos de hielo. Como alguien que va de la realidad a los modelos explicativos posibles, me enfrento a un aluvión de problemas completamente distintos de los de aquellos que hacen el recorrido inverso.

Acabo de leer tres libros de «ciencia popular» que resumen los estudios sobre sistemas complejos: *Ubiquity*, de Mark Buchanan; *Critical Mass*, de

Philip Ball; y *Why Most Things Fail*, de Paul Ormerod. Estos tres autores presentan el mundo de las ciencias sociales como algo lleno de leyes potenciales, una idea con la que estoy completamente de acuerdo. Dicen también que existe una *universalidad* en muchos de estos fenómenos, que hay una hermosa similitud entre diversos procesos de la naturaleza y el comportamiento de los grupos sociales, punto en el que coincido. Basan sus estudios en las diversas teorías de las redes y demuestran la maravillosa correspondencia que hay entre los llamados fenómenos críticos de las ciencias sociales y la autoorganización de los grupos sociales. Reúnen los procesos que generan avalanchas, contagios sociales y lo que ellos llaman cascadas informativas, y aquí también estoy de acuerdo.

La universalidad es una de las razones de que los físicos encuentren particularmente interesante que las leyes potenciales estén asociadas a puntos críticos. Hay muchas situaciones, tanto en la teoría de los sistemas dinámicos como en la mecánica estadística, donde muchas de las propiedades de la dinámica en torno a puntos críticos son independientes de los detalles del sistema dinámico subyacente. El exponente en el punto crítico puede ser el mismo para muchos sistemas del mismo grupo, aunque muchos otros aspectos del sistema sean diferentes. Estoy casi de acuerdo con esta idea de universalidad. Por último, los tres autores nos animan a aplicar las técnicas de la física estadística, evitando, como si de la peste se tratara, la econometría y las distribuciones no escalables de estilo gaussiano, en lo que no podría estar yo más de acuerdo.

Pero los tres autores, al producir, o fomentar, la precisión, caen en la trampa de no diferenciar entre los procesos que van hacia delante y los que van hacia atrás (entre el problema y el problema inverso); en mi opinión, el mayor pecado científico y epistemológico. No son los únicos: casi todos los que trabajan con datos pero no toman decisiones a partir de ellos tienden a caer en el mismo pecado, una variación de la falacia narrativa. En ausencia de un proceso de retroalimentación, nos fijamos en los modelos y pensamos que confirman la realidad. Creo en las ideas de estos tres libros, pero no en la forma en que se utilizan, y desde luego no con la precisión que los autores les atribuyen. De hecho, la teoría de la complejidad nos debería hacer *más* cautos ante la defensa científica de unos modelos de la realidad. No se consigue con ello que todos los cisnes sean blancos; lo previsible es que los haga grises, y sólo grises.

Como he dicho antes, el mundo, en el sentido epistemológico, es literalmente un lugar distinto para el empirista que desde los detalles llega al concepto. No podemos permitirnos el lujo de sentarnos a interpretar la ecuación que rige el universo; nos limitamos a observar los datos y elaborar un supuesto sobre cuál pueda ser el proceso real, y luego «calibramos» ajustando nuestra ecuación de acuerdo con la información adicional. Cuando se nos presentan los sucesos, comparamos lo que vemos con lo que esperábamos ver. Descubrir que la historia va hacia delante, y no hacia atrás, suele ser un proceso humillante, en particular para quien sea consciente de la falacia narrativa. Del mismo modo que uno piensa que los hombres de negocios tienen un ego muy grande, estas personas a menudo se ven humilladas por quienes les recuerdan la diferencia entre la decisión y los resultados.

De lo que estoy hablando es de la opacidad, de lo incompleto de la información, de la invisibilidad del generador del mundo. La historia no nos desvela su mente; debemos adivinar qué hay dentro de ella.

De la representación a la realidad

La idea anterior reúne todas las partes de este libro. Muchos estudian psicología, matemáticas o teoría evolutiva y buscan la forma de aplicar sus ideas a los negocios; en cambio, yo propongo todo lo contrario: estudiar la intensa, inexplorada y humillante incertidumbre de los mercados de valores como medio para generar ideas sobre la naturaleza de la aleatoriedad que sea aplicable a la psicología, la probabilidad, las matemáticas, la teoría de la decisión e incluso la física estadística. El lector se dará cuenta de las taimadas manifestaciones de la falacia narrativa, de la falacia lúdica, y de los grandes errores de la platonicidad, que supone ir de la representación a la realidad.

Cuando me encontré con Mandelbrot por primera vez le pregunté por qué un científico asentado como él, que debía de tener mejores cosas que hacer en la vida, se interesaba por un tema tan vulgar como el de las finanzas. Yo creía que las finanzas y la economía no eran más que un lugar donde uno aprendía a partir de fenómenos empíricos y llenaba su cuenta bancaria de *j*... dinero, antes de salir en busca de cosas mayores y mejores. La respuesta de Mandelbrot fue: «Los *datos*, toda una mina de datos». En efecto, todo el mundo olvida que Mandelbrot empezó en economía, antes de pasarse a la física y la geometría de la naturaleza. Trabajar con tal abundancia de datos nos resulta humillante, pues nos lleva a intuir el siguiente error: que tomamos el camino que va de la representación a la realidad en sentido equivocado.

El problema de la *circularidad de la estadística* (que también podemos llamar el razonamiento del retroceso estadístico) es el siguiente. Supongamos que necesitamos datos del pasado para averiguar si una probabilidad es gaussiana, fractal o alguna otra cosa. Deberemos establecer si disponemos de suficientes datos en los que asentar nuestra tesis. ¿Cómo sabemos si tenemos datos suficientes? Por la distribución de la probabilidad, una distribución nos dice si contamos con las datos suficientes para «construir confianza» sobre lo que inferimos. Si es una campana de Gauss, bastarán unos pocos puntos (una vez más, la ley de los grandes números). ¿Y cómo sabemos si la distribución es gaussiana? Bueno, pues por los datos. De manera que necesitamos que los datos nos digan cuál es la distribución de la probabilidad, y que una distribución de la probabilidad nos diga cuántos datos necesitamos. Esto origina un grave razonamiento de retroceso.

Este retroceso no se produce si *suponemos de antemano* que la distribución es gaussiana. Ocurre que, por alguna razón, lo gaussiano muestra sus propiedades de forma bastante fácil. No ocurre lo mismo con las distribuciones de Extremistán. De modo que parece conveniente seleccionar lo gaussiano al tiempo que se invoca alguna ley general. Precisamente por esta razón, la distribución gaussiana se emplea por defecto. Como no dejo de repetir, presumir su aplicación de antemano puede funcionar en un pequeño número de campos, como la estadística de la delincuencia y los índices de mortalidad, en cuestiones que pertenecen a Mediocristán. Pero no en los datos históricos de atributos desconocidos, y no para asuntos de Extremistán.

Entonces, ¿por qué los estadísticos que trabajan con datos históricos no son conscientes de este problema? En primer lugar, no les gusta oír que el problema de la inducción ha terminado con toda su empresa. En segundo lugar, no se enfrentan a los resultados de sus predicciones de forma rigurosa. Como veíamos con la competición de Makridakis, se asientan en la falacia narrativa, y no quieren oír que así es.

Vamos a dar un paso más en este problema. Como señalaba antes, muchísimos modelos de moda intentan explicar la génesis de Extremistán. De hecho, se agrupan en dos grandes clases, aunque se da algún que otro enfoque distinto. La primera clase incluye el modelo estilo «el rico se hace más rico» (o «lo mayor se hace mayor»), un modelo que se emplea para explicar el apiñamiento de las personas alrededor de las ciudades, el dominio de Microsoft y VHS en el mercado (frente a Apple y Betamax), la dinámica de la reputación académica, etc. La segunda clase se refiere a lo que generalmente se llama «modelos de filtración», que no se ocupan de la conducta del individuo, sino más bien del terreno en que éste opera. Cuando vertemos agua sobre una superficie porosa, la estructura de esta superficie importa más que el líquido. Cuando un grano de arena choca contra un montón de otros granos de arena, el modo en que esté organizado el terreno es lo que determina si se va a producir un alud.

La mayoría de los modelos, claro está, intentan ser predictivos con toda precisión, no sólo descriptivos; y eso es algo que me encoleriza. Existen buenas herramientas para ilustrar la génesis de Extremistán, pero insisto en que el «generador» de la realidad no parece que las obedezca con la suficiente precisión como para que las haga útiles en la predicción precisa. Al menos a juzgar por todo lo que se encuentra en la actual literatura sobre el tema de Extremistán. Nos enfrentamos una vez más a un grave problema de calibración, por lo que sería una buena idea evitar los errores habituales que se cometen al calibrar un proceso no lineal. Recordemos que los procesos no lineales tienen mayores grados de libertad que los lineales (como veíamos en el capítulo 11), con la implicación de que corremos un gran riesgo si utilizamos el modelo equivocado. Si embargo, de vez en cuando uno se encuentra con libros o artículos en que se aboga por la aplicación a la realidad de los modelos de la física estadística. Los buenos libros como el de Philip Ball ilustran e informan, pero no deberían llevar a modelos cuantitativos precisos. No nos fiemos de ellos.

Pero veamos qué *podemos* aprovechar de estos modelos.

De nuevo, una buena solución

En primer lugar, al dar por supuesto un escalable, acepto que es posible un número arbitrariamente grande. En otras palabras, las desigualdades no deberían cesar por encima de un determinado límite máximo *conocido*.

Supongamos que del libro *El código Da Vinci* se vendieron 60 millones de ejemplares. (De la Biblia se han vendido unos 1.000 millones de ejemplares, pero vamos a ignorarlo y limitar nuestro análisis a los libros laicos, obra de autores individuales.) Aunque no sabemos de ningún libro laico que haya vendido 200 millones de ejemplares, podemos considerar que la posibilidad no es cero. Es pequeña, pero no cero. Por cada tres éxitos de ventas del estilo *El código Da Vinci*, podría haber un superéxito de ventas que, aunque de momento no se ha producido ninguno, no podemos descartar. Y por cada quince *códigos Da Vinci*, habrá un superéxito del que se vendan, por ejemplo, 500 millones de ejemplares.

Apliquemos la misma lógica a la riqueza. Supongamos que la persona más rica del mundo posee 50.000 millones de dólares. Existe una probabilidad no descartable de que el año próximo aparezca alguien de no se sabe dónde con 100.000 millones. Por cada persona con más de 50.000 millones, podría haber una con 100.000 millones de dólares o más. Hay una probabilidad mucho menor de que haya alguien con más de 200.000 millones de dólares, un tercio de la probabilidad anterior, pero con todo, no es cero. Hay incluso una minúscula, pero no cero, probabilidad de que exista alguien que tenga más de 500.000 millones de dólares.

Esto me dice lo siguiente: puedo realizar inferencias a partir de cosas que no veo en mis datos, pero estas cosas deben seguir perteneciendo al ámbito de las posibilidades. Hay por ahí un éxito de ventas invisible, uno que está ausente en los datos del pasado pero con el que debemos contar. Recordemos lo que decía en el capítulo 13: esto hace que la inversión en un libro o un fármaco sea mejor de lo que las estadísticas sobre los datos pasados puedan indicar. Pero puede hacer que las pérdidas en la Bolsa sean peores de lo que los datos pasados muestren.

Las guerras son fractales por naturaleza. Puede haber una guerra en la que mueran más personas que en la devastadora Segunda Guerra Mundial; no es probable, pero no es una probabilidad cero, aunque tal guerra nunca se haya producido en el pasado.

En segundo lugar, mostraré un ejemplo tomado de la naturaleza que nos ayudará a entender lo relativo a la precisión. Una montaña se parece de algún modo a una piedra: tiene una afinidad con ella, un parecido familiar, pero no es idéntica. La palabra que describe tales parecidos es *autoafín*, no la exacta *autosimilar*; pero Mandelbrot tuvo problemas para transmitir la idea de afinidad, y se extendió el término *autosimilar* con su connotación de parecido preciso, más que parecido familiar. Como ocurre con la montaña y la piedra, la distribución de la riqueza por encima de mil millones de dólares no es exactamente la mismo que por debajo de mil millones, pero ambas distribuciones tienen «afinidad».

En tercer lugar, decía antes que existen infinidad de artículos en el mundo de la ecofísica (la aplicación de la física estadística a los fenómenos sociales y económicos) cuyo objetivo es esa calibración, sacar números del mundo de los fenómenos. Muchos intentan ser predictivos. Lamentablemente, no podemos predecir las «transiciones» a crisis o plagas. Mi amigo Didier Sornette trata de construir modelos predictivos, lo cual me encanta, aunque yo no los puedo utilizar para hacer predicciones; pero, por favor, no se lo digan; quizá dejara de construirlos. El hecho de que yo no los pueda usar como él pretende no invalida su trabajo, sólo hace que las interpretaciones requieran un razonamiento abierto, a diferencia de los modelos de la economía convencional, que están viciados en sus cimientos. Es posible que nos las apañemos con algunos de los fenómenos de Sornette, pero no con todos.

¿DÓNDE ESTÁ EL CISNE GRIS?

He escrito todo un libro sobre el Cisne Negro. Y no es porque esté enamorado del Cisne Negro; como humanista, lo odio. Odio la mayor parte de las injusticias y los daños que provoca. De modo que me gustaría eliminar muchos Cisnes Negros o, al menos, mitigar sus efectos y estar protegido de ellos. La aleatoriedad fractal es una forma de reducir estas sorpresas, de hacer que parezca posible que algunos de estos cisnes, por así decirlo, nos hagan conscientes de sus consecuencias, hacerlos grises. *Pero la aleatoriedad fractal no produce respuestas precisas.* Los beneficios actúan como sigue. Si sabemos que la Bolsa *se puede* desplomar, como lo hizo en

1987, entonces un suceso de este tipo no es un Cisne Negro. El crac de 1987 no es una rareza, si utilizamos un fractal de exponente tres. Si sabemos que las empresas de biotecnología pueden producir un fármaco que sea todo un superéxito, mayor que todos los conocidos hasta la fecha, entonces no será un Cisne Negro, y no nos sorprenderemos si tal fármaco llega a aparecer.

Los fractales de Mandelbrot nos permiten dar cuenta de unos pocos Cisnes Negros, pero no de todos. Decía antes que algunos Cisnes Negros surgen porque ignoramos las fuentes de la aleatoriedad. Otros aparecen cuando sobreestimamos el exponente fractal. Un cisne gris se refiere a sucesos extremos modelables; un Cisne Negro, a desconocidos desconocidos.

Me senté a hablar de todo esto con el gran hombre y, como de costumbre, nuestra charla se convirtió en un juego lingüístico. En el capítulo 9 expuse la distinción que los economistas hacen entre la incertidumbre knightiana (incomputable) y el riesgo knightiano (computable); esta distinción no puede ser una idea tan original que esté ausente de nuestro vocabulario, así que la buscamos en francés. Mandelbrot mencionó a uno de sus amigos y héroe prototípico, el aristocrático matemático Marcel-Paul Schützenberger, exquisito erudito que (como este autor) se aburría fácilmente y no sabía ocuparse de problemas más allá del punto en que los beneficios disminuían. Schützenberger insistía en la precisa distinción que en francés existe entre *hasard* y *fortuit*. *Hasard*, del árabe *az-zahr*, implica, como *alea*, los dados —la aleatoriedad tratable—; *fortuit* es mi Cisne Negro: lo puramente accidental e imprevisto. Buscamos en el diccionario *Petit Robert*; efectivamente, ahí está la distinción. *Fortuit* parece corresponder a mi opacidad epistémica, *l'imprevu et non quantifiable; hasard*, al tipo más lúdico de incertidumbre que proponía el Chevalier de Méré en la primera obra sobre el juego. Es de notar que los árabes puedan haber introducido otra palabra en la empresa de lo incierto: *rizk*, que significa «propiedad».

Repito: Mandelbrot se ocupa de cisnes grises; yo lo hago del Cisne Negro. De manera que Mandelbrot domesticó muchos de mis Cisnes Negros, pero no todos ellos, no por completo. Sin embargo su método nos deja un rayo de esperanza, una forma de empezar a pensar sobre los problemas de la incertidumbre. Uno está sin duda más seguro si sabe dónde se encuentran los animales salvajes.

Capítulo 17

LOS LOCOS DE LOCKE, O LAS CURVAS DE CAMPANA EN LOS LUGARES EQUIVOCADOS*

¿Qué? - Cualquiera puede llegar a presidente - El legado de Alfred Nobel - Aquellos tiempos medievales

Tengo en casa dos estudios: uno auténtico, con libros y material literario interesantes; el otro, no literario, donde no me gusta trabajar, y al que relego los asuntos más prosaicos y que menos atención me exigen. En el segundo hay una pared cubierta de libros sobre estadística e historia de la estadística, libros que nunca he tenido la valentía de quemar o tirar, pese a que me parecen sumamente inútiles fuera de sus aplicaciones académicas (Carnéades, Cicerón y Foucher saben más de la probabilidad que todos estos seudosofisticados volúmenes). No los puedo utilizar en clase porque me prometí que jamás volvería a enseñar basura, aunque me muriera de hambre. ¿Por qué no los puedo usar? Porque ninguno de esos libros trata de Extremistán. Ninguno. Los pocos que lo hacen no son obra de estadísticos, sino de físicos estadísticos. Enseñamos a la gente métodos de Mediocristán y los aligeramos en Extremistán. Es como elaborar un medicamento para plantas y aplicárselo a los seres humanos. No es de extrañar que corramos el mayor de los peligros: manejamos *asuntos que pertenecen a Extremistán, pero tratados como si pertenecieran a Mediocristán*, como una «aproximación».

Cientos de miles de alumnos de las facultades de Económicas y departamentos de Ciencias Sociales de Singapur a Urbana-Champaign, así como gente del mundo de los negocios, siguen estudiando métodos «cien-

---

* Ésta es una sencilla ilustración de la tesis general de este libro acerca de las finanzas y la economía. Si el lector no cree en la aplicación de la curva de campana a las variables sociales, y si, como ocurre con muchos profesionales, está convencido de que la teoría financiera «moderna» es una peligrosa ciencia basura, se puede saltar el capítulo.

tíficos», todos basados en el método gaussiano, todos incrustados en la falacia lúdica.

En este capítulo analizamos los desastres que surgen de la aplicación de unas matemáticas falsas a la ciencia social. El auténtico tema podría ser los peligros que para nuestra sociedad representa la academia sueca que concede los premios Nobel.

Sólo cincuenta años

Volvamos a la historia de mi vida en los negocios. Fijémonos en la gráfica de la figura 14. En los últimos cincuenta años, los diez días más extremos en las Bolsas representan la mitad de los beneficios. Diez días en cincuenta años. Y mientras tanto, lo único que hacemos es estar de cháchara.

Es evidente que quienquiera que exija algo más que el elevado número de seis sigma como prueba de que las Bolsas pertenecen a Extremistán necesita que le revisen la cabeza. Son muchos los artículos en que se demuestra la inadecuación de la familia gaussiana de distribuciones y la naturaleza escalable de las Bolsas. Recordemos que, a lo largo de los años, yo mismo he realizado estadísticas retrospectivas y prospectivas sobre 20 millones de conjuntos de datos, las cuales me hicieron despreciar profundamente a cualquiera que hablara de las Bolsas desde la perspectiva gaussiana. Pero a las personas les cuesta dar el salto hasta las consecuencias de este conocimiento.

Lo más extraño es que la gente de negocios normalmente coincide conmigo cuando me oyen hablar o escuchan mis tesis. Pero al día siguiente regresan al despacho y vuelven a las herramientas gaussianas tan enraizadas en sus costumbres. Sus mentes dependen del dominio, de modo que pueden practicar el razonamiento crítico en una conferencia, sin hacerlo en el despacho. Además, las herramientas gaussianas les proporcionan números, que siempre son «mejor que nada». La consiguiente medición de la incertidumbre futura satisface nuestro deseo de simplificar, aunque ello suponga constreñir en un único número cuestiones que son demasiado ricas para que puedan ser descritas de este modo.

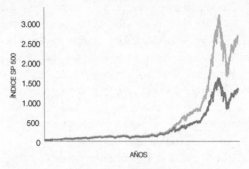

FIGURA 14. Si eliminamos los diez mayores movimientos de un día de la Bolsa de Estados Unidos durante los últimos cincuenta años, observamos una inmensa diferencia en los beneficios; y, pese a ello, las finanzas convencionales consideran que estos saltos de un día son meras anomalías. (Ésta es sólo una de las muchas pruebas. Aunque resulta muy convincente tras una lectura superficial, hay otras mucho más convincentes desde un punto de vista matemático, por ejemplo la incidencia de los sucesos de 10 sigma.)

La traición del empleado

Terminaba el capítulo 1 con la crisis bursátil de 1987, lo que me permitió abordar de forma agresiva mi idea del Cisne Negro. Inmediatamente después del crac, cuando afirmé que quienes utilizaban las sigmas (es decir, las desviaciones típicas) como medida del grado de riesgo y de la aleatoriedad eran unos charlatanes, todo el mundo coincidió conmigo. Si el mundo de las finanzas fuera gaussiano, un episodio como el crac (más de veinte desviaciones típicas) se produciría varios miles de millones de veces lo que abarca la vida del universo (observemos el ejemplo de la altura del capítulo 15). Según las circunstancias de 1987, las personas aceptaron que los sucesos raros tienen lugar y son la principal fuente de incertidumbre. Ocurría sencillamente que no estaban dispuestas a abandonar el método gaussiano como principal herramienta de medición (»Oye, que no tenemos nada más»). La gente quiere un número al que anclarse; pero los dos métodos son lógicamente incompatibles.

Aunque entonces no lo sabía, 1987 no fue la primera vez que la idea de lo gaussiano demostraba ser una locura. Mandelbrot propuso lo escalable a la clase dirigente de la economía en torno a 1960, y les demostró que *en aquel entonces* la campana de Gauss no se ajustaba a los precios. Pero una vez que remitió su apasionamiento, se dieron cuenta de que deberían aprender de nuevo su oficio. Uno de los influyentes economistas de la época, el difunto Paul Cootner, escribió: «Mandelbrot, como antes el primer ministro Churchill, no nos prometió la utopía, sino sangre, sudor, gran esfuerzo y lágrimas. Si tiene razón, casi todas nuestras herramientas estadísticas son obsoletas [o] carecen de sentido». Yo propongo dos correcciones a la declaración de Cootner. Primera, sustituir *casi todas* por *todas*. Segunda: no estoy de acuerdo con lo de la sangre y el sudor. La aleatoriedad de Mandelbrot me parece considerablemente más fácil de entender que la estadística convencional. Quien se inicie desde cero en este negocio, que no se apoye en las viejas herramientas teóricas, y que no confíe demasiado en la certidumbre.

Cualquiera puede llegar a presidente

Y ahora una breve historia del Premio Nobel de Economía, que el Banco de Suecia estableció en honor de Alfred Nobel, quien tal vez, según su familia, que desea que se dejen de otorgar los premios, esté hoy revolviéndose en su tumba. Un activista miembro de la familia llama al premio un golpe de relaciones públicas por parte de los economistas que pretenden situar su campo a una altura que no se merece. El premio ha recaído en pensadores de gran valor, hay que reconocerlo, como el psicólogo empírico Daniel Kahneman y el reflexivo economista Friederich Hayek. Pero la comisión ha caído en la costumbre de conceder premios Nobel a quienes «aportan rigor» al proceso con la seudociencia y las falsas matemáticas. *Después* del crac bursátil premiaron a dos teóricos, Henry Markowitz y William Sharpe, quienes construyeron modelos hermosamente platónicos sobre una base gaussiana, contribuyendo con ello a lo que se llama teoría de la cartera de valores moderna. Sencillamente, si se eliminan sus supuestos gaussianos y se tratan los precios como escalables, sólo queda pura palabrería. La Comisión de los Nobel podría haber comprobado los modelos de Sharpe y Markowitz —funcionan como esos remedios de charlatanes que se venden en Internet—, pero parece que en Estocolmo nadie pensó en ello. La comisión tampoco nos pidió a los profesionales nuestra opinión; en lugar de ello, se apoyó en un proceso de investigación académico que, en algunas disciplinas, puede estar corrompido hasta la médula. Después de aquel premio, predije: «En un mundo en que estos dos obtienen el Nobel, puede ocurrir cualquier cosa. Cualquiera puede llegar a presidente».

Así pues, el Banco de Suecia y la Academia Nobel son responsables en gran medida de haber refrendado el uso de la teoría gaussiana en la cartera de valores moderna, ya que ambas instituciones la consideran un perfecto enfoque para cubrirse las espaldas. Los vendedores de *software* han vendido métodos «avalados por premios Nobel» por millones de dólares. ¿Cómo podría equivocarse uno con su uso? Lo extraño es que todos los que habitan el mundo de los negocios sabían de partida que la idea era un fraude, pero la gente se acostumbra a estos métodos. Se dice que Alan Greenspan, presidente del banco de la Reserva Federal, espetó: «Prefiero la opinión del operador de Bolsa a la del matemático». Entretanto, se empezó a extender la teoría de la cartera de valores moderna. Voy a repetir lo que sigue hasta que me quede afónico: lo que determina el sino de una teoría en la ciencia social es el contagio, no su validez.

Fue más tarde cuando me di cuenta de que los catedráticos de finanzas formados en los métodos gaussianos acaparaban las facultades de Económicas y, por consiguiente, los másteres en administración de empresas; sólo en Estados Unidos producían cerca de cien mil estudiantes al año, todos con el cerebro lavado por una falsa teoría sobre la cartera de valores. No había observación empírica que pudiera detener la plaga. Parecía mejor enseñar a los estudiantes una teoría basada en lo gaussiano que no enseñarles teoría alguna. Parecía más «científico» que darles lo que Robert C. Merton (hijo del sociólogo Robert K. Merton del que hablamos antes) llamaba la «anécdota». Merton escribió que antes de la teoría de la cartera de valores, las finanzas eran «una serie de anécdotas, reglas generales y manipulación de los datos contables». La teoría de la cartera de valores permitía la «posterior evolución desde este popurrí conceptual a una rigurosa teoría económica». Para darnos cuenta del grado de gravedad intelectual implícito, y para comparar la economía neoclásica con una ciencia más honesta, consideremos esta afirmación del padre de la medicina moderna, Claude Bernard, del siglo XIX: «De momento, hechos; pero después, con aspiraciones científicas». Habría que mandar a los economistas a la Facultad de Medicina.

De modo que el método gaussiano* impregnó nuestras culturas empresarial y científica, y expresiones como *sigma, varianza, desviación típica, correlación, R cuadrado* y la epónima *ratio de Sharpe*, todas ellas vinculadas a lo gaussiano, invadieron la jerigonza. Si leemos un folleto sobre fondos de inversión mobiliaria, o la publicidad de un fondo de protección, lo más probable es que, entre otra información, nos ofrezcan alguna especie de resumen cuantitativo que supuestamente mide el «riesgo». Esta medida estará basada en alguna de las palabras anteriores derivadas de la curva de campana y similares. Hoy, por ejemplo, la política de inversión en fondos de pensiones y la elección de los fondos las investigan «consultores» que parten de la teoría de la cartera de valores. Si surge algún problema siempre pueden alegar que se basaron en un método científico estándar.

Más horror

Las cosas empeoraron mucho en 1997. La academia sueca concedió otra ronda de premios Nobel basados en el método gaussiano a Myron Scholes y Robert C. Merton, que habían mejorado una vieja fórmula matemática y la habían hecho compatible con las grandes teorías existentes sobre el equilibrio financiero general, de ahí que resultara aceptable para la clase dirigente de la economía. La fórmula ahora era «usable». Tenía una larga lista de «precursores», entre los que figuraba el matemático y jugador Ed Thorp, que había escrito el éxito de ventas *Beat the Dealer*, sobre cómo ganar en el *blackjack*; pero la gente creía que Scholes y Merton habían inventado esa fórmula, cuando de hecho se limitaron a hacerla aceptable. Con esa fórmula me ganaba yo la vida. Los operadores de Bolsa, que siempre parten de los detalles para llegar a la teoría, conocen sus trucos mejor que los académicos, a fuerza de pasarse las noches preocupados por sus

* Es cierto que se ha jugueteado con lo gaussiano, utilizando métodos como los saltos «complementarios», las pruebas del estrés, el cambio de régimen o los alambicados métodos conocidos como GARCH (o de heroscedasticidad condicional autorregresiva), pero, aunque suponen un gran esfuerzo, estos métodos no consiguen abordar los fallos fundamentales de la campana de Gauss. No son métodos de escala invariante. Esto, en mi opinión, puede explicar los fracasos de tan sofisticados métodos en la vida real, como demuestra la competición de Makridakis.

riesgos; con la salvedad de que algunos de ellos sabían expresar sus ideas en términos técnicos, de modo que yo sentía que los representaba. Scholes y Merton hicieron que la fórmula dependiera del método gaussiano, pero sus «precursores» no la sometían a tal tipo de restricción.*

Los años posteriores al crac me resultaron entretenidos, desde el punto de vista intelectual. Asistí a conferencias sobre finanzas y matemáticas de la incertidumbre; ni una sola vez me encontré con un conferenciante, fuera o no premio Nobel, que supiera lo que decía cuando hablaba de la probabilidad, de modo que con mis preguntas podía conseguir que alucinaran. Ellos «trabajaban a fondo en las matemáticas», pero cuando les preguntabas de dónde sacaban las probabilidades, su explicación ponía de manifiesto que habían caído en la falacia lúdica: había esa extraña cohabitación de destrezas técnicas y falta de comprensión que se da entre quienes son admitidos en un determinado campo del saber sin demasiados méritos por su parte. Ni una sola vez recibí una respuesta inteligente ni que reflejara más de lo que en ella misma se contenía. Dado que ponía en entredicho por completo sus empeños, es comprensible que me llevara todo tipo de insultos: «obsesivo», «comercial», «filosófico», «ensayista», «ocioso», «repetitivo», «profesional» (en la academia, se considera un insulto), «académico» (en el mundo de los negocios, se considera un insulto). Ser el blanco de airados insultos no está tan mal; uno se puede acostumbrar enseguida a ello y centrarse en lo que *no* se dice. Los operadores bursátiles están formados para vérselas con las diatribas. Si trabajas en la caótica Bolsa, alguien que esté de muy mal humor porque pierde dinero puede maldecirte sin parar hasta que se le resientan las cuerdas vocales, luego se olvida de ello y, una hora después, te invita a su fiesta de Navidad. Así que uno se hace inmune a los insultos, sobre todo si aprende a imaginar que la persona que los profiere es una variante de un ruidoso simio que apenas sabe controlarse. Para imponer nuestros argumentos, basta con mantener la compostura, sonreír y centrarse en analizar a quien habla, no su mensaje.

* Más técnicamente, recordemos mi carrera como profesional de las opciones. Una opción no sólo se beneficia a plazo muy corto de los Cisnes Negros, sino que lo hace de forma desproporcionada, algo que la fórmula de Scholes y Merton no recoge. El beneficio de la opción es tan elevado que uno no tiene por qué depender de las probabilidades: puede equivocarse con ellas, pero conseguir un beneficio de proporciones monstruosas. A esto lo he llamado «doble burbuja»: menospreciar la probabilidad y los beneficios.

Un ataque personal contra un intelectual, no contra una idea, es altamente halagador. Indica que la persona no tiene nada inteligente que decir sobre nuestro mensaje.

Después de escuchar una de mis charlas, el psicólogo Philip Tetlock (el estudioso del trabajo de los expertos de quien hablábamos en el capítulo 10) dijo que le había impresionado la presencia de un agudo estado de disonancia cognitiva entre el público. Pero la forma en que las personas resuelven esta tensión cognitiva puede variar mucho, ya que golpea en el mismo núcleo de todo lo que se les ha enseñado y en los métodos que practican, y además se dan cuenta de que seguirán practicándolos. Era sintomático que casi todos los que denostaban mis ideas atacaran una forma deformada de ellas, por ejemplo «todo es aleatorio e impredecible» en vez de «es en gran medida aleatorio», o que se sintieran confundidos al mostrarme que la curva de campana funciona en algunos ámbitos físicos. Algunos incluso tuvieron que cambiar mi biografía. En una mesa redonda que se celebró en Lugano, Myron Scholes cayó en un estado de ira, y fue a buscar una versión modificada de mis ideas. Yo veía el dolor en su rostro. Una vez, en París, un destacado miembro de la clase dirigente de las matemáticas que había invertido parte de su vida en una minúscula sub-sub-propiedad de lo gaussiano estalló, en el preciso momento en que yo mostraba las pruebas empíricas del papel de los Cisnes Negros en la Bolsa. Scholes se puso rojo de ira, le costaba respirar y empezó a lanzarme insultos por haber desacralizado aquella institución, por no tener *pudeur*, para dar mayor fuerza a sus insultos, gritaba: «¡Soy miembro de la Academy of Science!». (Al día siguiente se agotó la traducción francesa de mi libro.) Mi mejor anécdota versa sobre Steve Ross, un economista considerado intelectualmente superior a Scholes y Merton y con fama de exquisito discutidor, que refutó mis ideas apuntando a pequeños errores o aproximaciones en mi exposición tales como: «Markowitz no fue el primero que...», con lo cual certificaba que no tenía respuesta para mi tesis principal. Otros que habían dedicado gran parte de su vida a estas ideas recurrieron al vandalismo en la Red. Los economistas suelen invocar un extraño razonamiento de Milton Friedman según el cual los modelos no tienen por qué basarse en supuestos realistas para ser aceptables, con lo que se les da permiso para producir representaciones matemáticas de la realidad gravemente defectuosas. El problema, claro está, es que estas gaussianizaciones no tienen unos supuestos realistas y no producen resultados fiables. No son ni realistas ni predictivas. Observemos también un sesgo mental que yo encuentro en este caso: las personas confunden un suceso cuya probabilidad es pequeña, por ejemplo, de una en veinte años, con un suceso que ocurre periódicamente. Creen que están seguras si sólo se hallan expuestas a él cada diez años.

Me costó lo mío transmitir el mensaje sobre la diferencia entre Mediocristán y Extremistán. Muchos de los argumentos que se me presentaban hablaban de que la sociedad se las ha arreglado bien con la campana de Gauss; basta con observar las entidades de crédito, etc.

El único comentario que me pareció aceptable fue: «Tiene usted razón; debemos recordar las deficiencias de estos métodos, pero no puede usted arrojar al bebé junto con el agua de la bañera», refiriéndose a que debía aceptar su limitadora distribución gaussiana al tiempo que aceptaba que se podían producir grandes desviaciones (no se daba cuenta de la incompatibilidad de ambos planteamientos. Era como si uno estuviera medio muerto). Ninguno de estos usuarios de la teoría de la cartera de valores explicó, en veinte años de debate, *cómo* podían aceptar el esquema gaussiano y también las grandes desviaciones. Ninguno.

La confirmación

En todos esos casos vi suficientes errores de la confirmación como para que Karl Popper se levantara enfurecido. La gente solía encontrar datos en los que no había saltos ni sucesos extremos, y así me mostraban una «prueba» de que se podía emplear el método gaussiano. Era exactamente como mi «prueba» de que O. J. Simpson no es un asesino, del capítulo 5. Todo el empeño estadístico confundía la ausencia de pruebas con la prueba de la ausencia. Además, la gente no entendía la asimetría elemental que ello implicaba: sólo se necesita una única observación para rechazar el método gaussiano, pero millones de observaciones no van a confirmar por completo la validez de su aplicación. ¿Por qué? Porque la campana de Gauss no permite las grandes desviaciones, pero las herramientas de Extremistán, la alternativa, no dejan de aceptar extensiones largas y pausadas.

Yo no sabía que la obra de Mandelbrot importara fuera de la estética y de la geometría. A diferencia de él, yo no estaba condenado al ostracismo: contaba con mucha aprobación por parte de los profesionales y de quienes toman las decisiones, aunque no de su personal de investigación.

Pero, de repente, recibí la justificación más inesperada.

NO ERA MÁS QUE UN CISNE NEGRO

Robert Merton hijo y Myron Scholes fueron los socios fundadores de la gran empresa de especulación en Bolsa llamada Long-Term Capital Management, o LTCM, de la que hablé en el capítulo 4. La formaban una serie de personas de brillante currículum, procedentes de los niveles más altos de la academia. Se les consideraba unos genios. Las ideas de la teoría de la cartera de valores inspiraron su gestión del riesgo de resultados posibles, gracias a sus sofisticados «cálculos». De ese modo consiguieron agrandar la falacia lúdica hasta proporciones industriales.

Entonces, durante el verano de 1998, se produjo una combinación de grandes sucesos, cuyo origen estaba en la crisis económica que sufría Rusia, y que escapaba a los modelos de aquellos genios. Era un Cisne Negro. LTCM quebró y casi arrastró con ella a todo el sistema financiero, pues las denuncias fueron masivas. Sus modelos descartaban la posibilidad de grandes desviaciones, de ahí que se permitieran asumir una cantidad de riesgos fenomenal. Las ideas de Merton y Scholes, así como las de la teoría de la cartera de valores moderna, empezaban a quebrarse. La magnitud de las pérdidas fue espectacular: llegaron a tal punto que no pudimos ignorar el debate intelectual. Muchos amigos y yo mismo pensábamos que los teóricos de la cartera de valores estaban abocados al destino de las tabacaleras: ponían en peligro los ahorros de las personas y pronto se les pediría cuentas por las consecuencias de sus métodos de inspiración gaussiana.

No ocurrió nada de eso.

En las escuelas con máster en administración de empresas se siguió enseñando la teoría de la cartera de valores. Y la fórmula de la opción siguió llevando el nombre de Black-Scholes-Merton, en vez de revertir a sus verdaderos propietarios, Louis Bachelier, Ed Thorp y otros.

Cómo «demostrar» las cosas

Merton hijo es un representante de la escuela de economía neoclásica, que, como hemos visto con LTCM, representa con mucha fuerza los peligros del conocimiento platonificado.* Al observar su metodología, veo el siguiente patrón. Empieza con unos supuestos rígidamente platónicos y completamente irrealistas, tales como las probabilidades gaussianas, junto con muchas otras también perturbadoras. Luego, a partir de esos supuestos, genera «teoremas» y «pruebas». Las matemáticas son ajustadas y elegantes. Los teoremas son compatibles con otros teoremas de la teoría de la cartera de valores moderna, compatibles a su vez con otros teoremas, y así construye una gran teoría de cómo las personas consumimos, ahorramos, afrontamos la incertidumbre, gastamos y proyectamos el futuro. Merton presume que conocemos la probabilidad de los sucesos. Siempre está presente esa repulsiva palabra: *equilibrio*. Pero todo el edificio es como un juego completamente cerrado, como el Monopoly con todas sus reglas.

El estudioso que aplique esta metodología se parece a la definición que Locke ofrece del loco: alguien «que razona correctamente a partir de premisas erróneas».

Ahora bien, las matemáticas elegantes tienen esta propiedad: son perfectamente correctas, no al 99%. Tal propiedad apela a unos mecanismos de la mente que no se ocupan de las ambigüedades. Lamentablemente, tenemos que hacer trampas en alguna parte para conseguir que el mundo se ajuste a las matemáticas perfectas. Sin embargo, en la cita de Hardy veíamos que los matemáticos profesionales «puros» son de lo más honesto.

De modo que cuando las cosas se complican es cuando alguien como Merton intenta ser matemático y hermético, en vez de centrarse en el ajuste a la realidad.

Aquí es donde aprendemos de la mente de los militares y de quienes tienen responsabilidades referentes a la seguridad. No les importa el razo-

* Escojo a Merton porque me parece muy ilustrativo del oscurantismo de sello académico. Descubrí sus puntos flacos en una carta airada y amenazante que me remitió, y que me dio la impresión de que el autor no estaba muy familiarizado con nuestra forma de tratar las opciones, el tema de sus trabajos. Parecía que pensaba que los operadores de Bolsa se basan en una «rigurosa» teoría económica, como si las aves tuvieran que estudiar (mala) ingeniería para poder volar.

namiento lúdico «perfecto»: quieren supuestos ecológicos realistas. En última instancia, lo que les importa es la vida.

En el capítulo 11 decía que quienes iniciaron el juego del «pensamiento formal» elaborando premisas falsas con el fin de generar teorías «rigurosas» fueron Paul Samuelson, profesor de Merton, y, en el Reino Unido, John Hicks. Estos dos echaron por tierra las ideas de John Maynard Keynes, intentando formalizarlas (a Keynes le interesaba la incertidumbre, y se lamentaba de las certezas que cerraban la mente inducidas por modelos). Otros partícipes de la empresa del pensamiento formal fueron Kenneth Arrow y Gerard Debreu. Los cuatro fueron premios Nobel. Los cuatro se encontraban en un estado engañoso por efecto de las matemáticas, lo que Dieudonné llamaba «la música de la razón», y yo denomino la locura de Locke. A todos ellos se les puede acusar con seguridad de haber inventado un mundo imaginario, un mundo que se entregaba a sus matemáticas. El perspicaz estudioso Martin Shubik, que sostenía que el grado de abstracción excesiva de estos modelos, unos pasos más allá de la necesidad, los hace totalmente inútiles, se encontró en el ostracismo, destino habitual de los disidentes.*

Si cuestionamos lo que hacen estos investigadores, como yo hice con Merton hijo, nos van a pedir «pruebas rigurosas». Ellos establecen las reglas del juego, y tenemos que jugar según éstas determinen. Con mis antecedentes de profesional para quien el principal activo es ser capaz de trabajar con unas matemáticas confusas pero empíricamente aceptables, no puedo aceptar una simulación de la ciencia. Prefiero un oficio sofisticado, basado en las trampas, a una ciencia fracasada que busca certezas. ¿O es que esos constructores de modelos neoclásicos podrían hacer algo peor? ¿Podrían estar implicados en lo que el obispo Huet llama la fabricación de certezas?

---

* La medicina medieval también se basaba en las ideas del equilibrio, cuando era una materia que partía de las teorías para llegar a los detalles, con lo que se asemejaba a la teología. Afortunadamente, quienes la practicaban dejaron el negocio, pues no podían competir con los cirujanos, que partían de los detalles para formular teorías: antiguos barberos impulsados por la ecología que ganaban experiencia clínica, y después de los cuales nació una ciencia clínica aplatónica. Si sigo vivo hoy, es porque la medicina escolástica, que va de la teoría a los casos, se quedó sin clientes hace unos cuantos siglos.

Tabla 4. Dos formas de abordar la aleatoriedad

Empirismo escéptico y la escuela aplatónica	El enfoque platónico
Interesado en lo que se encuentra fuera del redil platónico.	Se centra en el interior del redil platónico.
Respeto por quienes tienen agallas para decir «no lo sé».	«Sigues criticando los modelos. Estos modelos son todo lo que tenemos.»
Tony el Gordo.	Doctor John.
Considera los Cisnes Negros una fuente dominante de aleatoriedad.	Considera las fluctuaciones corrientes una fuente dominante de aleatoriedad, con saltos como una de sus consecuencias.
Del detalle al concepto.	Del concepto al detalle.
Normalmente no viste traje (excepto en los entierros).	Luce traje oscuro y camisa blanca; habla en un tono tedioso.
Prefiere estar más o menos en lo cierto.	Prefiere estar exactamente equivocado.
Teorización mínima; considera que el teorizar es una enfermedad que hay que combatir.	Todo debe encajar en un modelo grande, general y socioeconómico y en «el rigor de la teoría económica»; frunce el entrecejo ante lo «descriptivo».
No cree que podamos computar fácilmente las probabilidades.	Monta todo su aparato sobre el supuesto de que podemos computar las probabilidades.
Modelo: Sexto Empírico y la escuela de medicina empírica, de mínima teoría y basada en las pruebas.	Modelo: la mecánica de Laplace, el mundo y la economía como un reloj.
Desarrolla intuiciones a partir de la práctica, va de las observaciones a los libros	Se basa en los artículos científicos, va de los libros a la práctica
No está inspirado por ninguna ciencia, utiliza unas matemáticas y unos métodos de computación confusos.	Inspirado por la física, se basa en las matemáticas abstractas.
Ideas basadas en el escepticismo, en los libros no leídos de la biblioteca.	Ideas basadas en las creencias, en lo que piensa que sabe.
Asume Extremistán como punto de partida.	Asume Mediocristán como punto de partida.
Oficio sofisticado.	Ciencia pobre.
Pretende estar aproximadamente en lo cierto entre un amplio conjunto de eventualidades.	Pretende estar perfectamente en lo cierto en un estrecho modelo, dentro de unos supuestos precisos.

Veamos.

El empirismo escéptico aboga por el método opuesto. Me importan más las premisas que las teorías, y quiero minimizar la dependencia de éstas, mantener los pies en el suelo y evitar las sorpresas. Quiero estar más o menos en lo cierto antes que exactamente equivocado. La elegancia de las teorías muchas veces indica platonicidad y debilidad: nos invita a buscar la elegancia por la elegancia. Una teoría es como un medicamento (o un gobierno): a menudo inútil, a veces necesario, siempre interesado y, de vez en cuando, letal. Así que hay que usarlo con precaución, moderación y bajo la atenta supervisión de una persona mayor.

La distinción que se establece en la tabla 4 entre mi empírico escéptico y moderno y lo que las marionetas de Samuelson representan se puede generalizar a las demás disciplinas.

He expuesto mis ideas partiendo de las finanzas porque ahí fue donde las pulí. Analicemos ahora una categoría de personas de las que se espera que sean más serias: los filósofos.

Capítulo 18
LA INCERTIDUMBRE
DEL FARSANTE

Filósofos fuera de lugar - Incertidumbre acerca (principalmente) del almuerzo - Lo que no me preocupa - Educación e inteligencia

Este último capítulo de la tercera parte se centra en una importante ramificación de la falacia lúdica: cómo aquellos cuyo trabajo consiste en hacernos conscientes de la incertidumbre nos fallan y, de refilón, nos dirigen hacia falsas certezas.

RESTAURACIÓN DE LA FALACIA LÚDICA

He explicado la falacia lúdica con el ejemplo del casino, y he insistido en que la aleatoriedad esterilizada de los juegos no se parece a la de la vida real. Observemos de nuevo la figura 7 del capítulo 15. Los dados se compensan tan deprisa que puedo decir con certeza que el casino me va a ganar muy pronto en, supongamos, la ruleta, ya que el ruido se anulará, aunque no las destrezas (de ahí la ventaja del casino). Cuanto más extendemos el período (o reducimos el tamaño de las apuestas), menor es la aleatoriedad de estos constructos del juego, en virtud del promedio.

La falacia lúdica está presente en los siguientes sistemas basados en el azar: el andar sin rumbo fijo, echar los dados, lanzar la moneda al aire, el infame «cara o cruz» digital expresado como 0 o 1, el movimiento browniano (que se corresponde con el movimiento de las partículas de polen en el agua) y ejemplos similares. Estos sistemas generan un tipo de aleatoriedad que ni siquiera puede calificarse como tal; sería más adecuado hablar de *protoaleatoriedad*. En el fondo, todas las teorías construidas en torno a la falacia lúdica ignoran una capa de incertidumbre. Y lo peor es que quienes las proponen no lo saben.

Una grave aplicación de esta atención a la incertidumbre pequeña frente a la grande se refiere al manido *principio de la incertidumbre mayor*.

Encontrar al farsante

El principio de la incertidumbre mayor establece que, en la física cuántica, no se pueden medir ciertos pares de valores (con precisión arbitraria), tales como la posición y el momento de las partículas. Llegaremos a un límite inferior de medición: lo que ganamos en la precisión de uno, lo perdemos en el otro. De ahí que haya una incomprensible incertidumbre que, en teoría, desafiará a la ciencia y permanecerá siempre como una incertidumbre. Esta incertidumbre mínima la descubrió Werner Heisenberg en 1927. Me parece ridículo decir que el principio de incertidumbre tiene algo que ver con la incertidumbre. ¿Por qué? En primer lugar, esta incertidumbre es gaussiana. Como término medio, acabará desapareciendo (recordemos que el peso de cualquier persona no cambiará significativamente el peso total de mil personas). Es posible que siempre estemos inseguros acerca de las posiciones futuras de las partículas pequeñas, pero estas incertidumbres son muy pequeñas y muy numerosas, y se compensan, ¡por Plutón, claro que se compensan! Obedecen la ley de los grandes números de la que hablábamos en el capítulo 15. La mayoría de los otros tipos de aleatoriedad no se compensan. Si algo hay en este planeta que no sea tan incierto, es el comportamiento de una serie de partículas subatómicas. ¿Por qué? Porque, como he dicho antes, cuando observamos un objeto formado por un conjunto de partículas las fluctuaciones de éstas tienden a equilibrarse.

Pero los sucesos políticos, sociales y climáticos no tienen esta práctica propiedad, y es evidente que no los podemos predecir, así que cuando vemos a los «expertos» que exponen los problemas de la incertidumbre desde la perspectiva de las partículas subatómicas, podemos estar seguros que el experto es un farsante. De hecho, ésta podría ser la mejor forma de identificar a un farsante.

A menudo oigo decir a las personas: «¡Claro que existen límites a nuestro conocimiento!»; pero luego, cuando intentan explicar que «no podemos modelarlo todo», invocan el principio de la mayor incertidumbre (he oído a estos tipos argumentos idénticos a los que el economista Myron

Scholes expone en sus conferencias). Pero estoy aquí, en Nueva York, en agosto de 2006, intentando ir a mi ancestral pueblo de Amioun, en Líbano. El aeropuerto de Beirut está cerrado debido al conflicto entre Israel y la milicia chiita de Hezbolá. No hay ningún plan que me informe de cuándo va a terminar la guerra, si es que termina. No puedo averiguar si mi casa sigue en pie, si Amioun aparece aún en el mapa (recordemos que la casa familiar ya fue destruida una vez). No puedo prever si la guerra va a degenerar en algo aún más grave. Al observar las consecuencias de la guerra, con todos mis parientes, amigos y propiedades expuestos a ellas, me enfrento a *auténticos* límites del conocimiento. ¿Alguien sabría explicarme por qué he de preocuparme de las partículas subatómicas que, de todos modos, convergen en una campana de Gauss? Las personas no podemos prever cuánto tiempo seremos felices con los objetos recién adquiridos, cuánto va durar nuestro matrimonio, cómo será nuestro próximo trabajo; pero lo que citamos como «límites de la predicción» son las partículas subatómicas. No queremos ver el mamut que tenemos ante nosotros y en su lugar nos ocupamos de algo que ni con un microscopio podríamos ver.

¿Los filósofos pueden ser peligrosos para la sociedad?

Voy a ir aún más lejos: las personas que se preocupan de los centavos y no de los dólares pueden ser peligrosas para la sociedad. No tienen mala intención pero, invocando el razonamiento de Bastiat del capítulo 8, son una amenaza para nosotros. Echan a perder nuestros estudios sobre la incertidumbre y se centran en lo insignificante. Nuestros recursos (tanto cognitivos como científicos) son limitados. Quienes nos distraen aumentan el riesgo de los Cisnes Negros.

Merece la pena que, más adelante, analicemos esta mercantilización de la idea de incertidumbre como síntoma de la ceguera ante el Cisne Negro.

Dado que las personas que se ocupan de las finanzas y la economía están absortas en el sistema gaussiano hasta el punto de atragantarse con él, busqué economistas financieros con inclinaciones filosóficas, para ver cómo su razonamiento crítico les permite abordar este problema. Encontré pocos. Uno de ellos obtuvo el doctorado en filosofía y después, cuatro años más tarde, en finanzas; publicaba artículos sobre ambas materias, además de numerosos libros de texto sobre finanzas. Pero me decepcionó: parecía que había compartimentado sus ideas sobre la incertidumbre, de forma que tenía dos profesiones: la filosofía y las finanzas cuantitativas. El problema de la inducción, Mediocristán, la opacidad epistémica o el ofensivo supuesto de lo gaussiano no se le planteaban como auténticos problemas. Sus numerosos libros de texto metían a machamartillo los métodos gaussianos en la cabeza de los estudiantes, como si su autor hubiese olvidado que era filósofo. Pero recordaba enseguida que lo era cuando escribía textos de filosofía sobre asuntos al parecer eruditos.

La propia especificidad del contexto lleva a la gente a tomar el ascensor para llegar al gimnasio y ejercitarse con el aparato en el que simulamos que subimos escaleras. El caso del filósofo es muchísimo más peligroso, porque agota nuestras reservas de razonamiento crítico en un ocupación estéril. A los filósofos les gusta practicar el razonamiento filosófico sobre asuntos del estilo «yo también» que otros filósofos llaman filosofía, y cuando salen de esos temas, se dejan la mente en la puerta.

El problema de la práctica

Pese a todo lo que clamo contra la curva de campana, la platonicidad y la falacia lúdica, mi problema principal no se halla tanto en los estadísticos; al fin y al cabo, son personas que computan, no filósofos. Deberíamos ser mucho menos tolerantes con los filósofos, con sus concienzudos burócratas que nos cierran la mente. Los filósofos, perros guardianes del pensamiento crítico, tienen obligaciones que trascienden las de otras profesiones.

¿CUÁNTOS WITTGENSTEIN PUEDEN BAILAR EN LA CABEZA DE UN ALFILER?

Una serie de personas vestidas modestamente (pero de aspecto meditabundo) se reúnen en una habitación, observando en silencio al conferenciante invitado. Todas son filósofos profesionales que asisten al prestigioso coloquio que cada semana se celebra en una universidad de la zona de Nueva York. El conferenciante se sienta y hunde la nariz en un pliego de folios escritos a máquina, que va leyendo con voz monótona. Es difícil seguirle, así que me dedico a soñar despierto y pierdo el hilo. Puedo decir vagamente que la exposición gira en torno a cierto debate «filosófico» sobre unos marcianos que nos invaden la mente y controlan nuestra voluntad, al tiempo que impiden que nos enteremos de ello. Parece que existen varias teorías referentes a esta idea, pero la opinión del conferenciante difiere de las de otros que han escrito sobre el tema. Dedica cierto tiempo a destacar los puntos más personales de su investigación sobre esos secuestradores marcianos. Después de su monólogo (cincuenta y cinco minutos de lectura incesante del material mecanografiado), hay un pequeño descanso, luego otros cincuenta y cinco minutos de exposición sobre unos marcianos que implantan *chips* y otras descabelladas conjeturas. De vez en cuando se menciona a Wittgenstein (uno siempre puede citar a Wittgenstein, ya que es lo suficientemente vago como para que siempre parezca relevante).

Todos los viernes, a las cuatro de la tarde, la nómina de estos filósofos es ingresada en sus respectivas cuentas. Una parte fija de sus ingresos, en torno a una media del 16%, irá a parar a la Bolsa en forma de inversión automática en el plan de pensiones de la universidad. Estas personas están empleadas profesionalmente en la empresa que se dedica a cuestionar lo que damos por supuesto; están formadas para discutir sobre la existencia de Dios o de los dioses, la definición de verdad, la rojez de lo rojo, el significado del significado, la diferencia entre las teorías semánticas de la verdad, las representaciones conceptuales y no conceptuales… Sin embargo, creen ciegamente en la Bolsa y en las habilidades del gestor de su plan de pensiones. ¿Por qué lo hacen? Porque aceptan que eso es lo que la gente debe hacer con sus ahorros, porque los «expertos» así se lo dicen. Dudan de sus propios sentidos, pero ni por un segundo dudan de sus compras automáticas en la Bolsa. Esta dependencia del dominio del escepticismo no se distingue de la referente a los médicos (como veíamos en el capítulo 8).

Más allá de esto, es posible que crean sin cuestionárselo que podemos predecir los sucesos sociales, que el Gulag te endurecerá un poco, que los políticos están más enterados de lo que pasa que sus chóferes, que el presidente de la Reserva Federal salvó la economía, y muchas cosas más de este estilo. También es posible que crean que la nacionalidad es algo que importa (siempre anteponen «francés», «alemán» o «estadounidense» al nombre de un filósofo, como si ello tuviera algo que ver con lo que sea que la persona en cuestión quiera decir). El rato que se pasa con estas personas, cuya curiosidad se centra en temas bien clasificados en el estante, resulta sofocante.

¿Dónde está Popper cuando se le necesita?

Confío en que haya afianzado lo bastante la idea de que, como profesional, mi pensamiento está enraizado en la creencia de que no podemos ir de los libros a los problemas, sino al contrario, de los problemas a los libros. Este planteamiento elimina gran parte de la verborrea que se emplea para construirse una carrera. El estudioso no debería ser una herramienta de la biblioteca para construir otra biblioteca, como en el chiste de Daniel Dennett.

Lo que aquí expongo ya lo dijeron antes los filósofos, claro está, al menos los que lo son de verdad. La siguiente observación es una de las razones de que sienta un enorme respeto por Karl Popper; es una de las pocas citas de este libro que no ataco:

> La degeneración de las escuelas filosóficas es a su vez consecuencia de la errónea creencia según la cual se puede filosofar sin haberse visto empujado a hacerlo por problemas ajenos a la filosofía. [...] *Los genuinos problemas filosóficos siempre hunden sus raíces fuera de la filosofía y mueren si esas raíces se secan* [la cursiva es mía]. [...] Son unas raíces que fácilmente olvidan aquellos filósofos que «estudian» filosofía en vez de verse abocados a ella por la presión de problemas no filosóficos.

Este razonamiento puede explicar el éxito de Popper fuera de la filosofía, en particular entre científicos, operadores de Bolsa y responsables de la toma de decisiones, así como su relativo fracaso en el seno de aquélla. (Sus compañeros filósofos raramente lo estudian; prefieren escribir ensayos sobre Wittgenstein.)

Deseo señalar también que no quiero entrar en debates filosóficos respecto a mi idea del Cisne Negro. Lo que entiendo por platonicidad no es tan metafísico. Muchas personas han discutido conmigo sobre si estoy en contra del «esencialismo» (es decir, las cosas que sostengo no tienen una esencia platónica), si creo que las matemáticas funcionarían en un universo alternativo o algo parecido. Dejemos las cosas claras. Soy un profesional que no cree en el sinsentido; no estoy diciendo que las matemáticas no se correspondan con una estructura objetiva de la realidad; mi tesis es que, desde una perspectiva epistemológica, colocamos el carro delante del caballo, y que, del espacio de las matemáticas posibles, nos arriesgamos a usar el equivocado y a dejarnos cegar por él. Creo sinceramente que hay algunas matemáticas que funcionan, pero no se encuentran a nuestro alcance tan fácilmente como les parece a los «confirmadores».

El obispo y el analista

Me irritan muy a menudo aquellos que atacan al obispo pero de algún modo confían en el analista de inversiones, aquellos que ejercen su escepticismo contra la religión pero no contra los economistas, los científicos sociales y los falsos estadísticos. Mediante el sesgo de la confirmación, estas personas nos dicen que la religión fue horrible para la humanidad, y cuentan las muertes que se produjeron con la Inquisición y las diversas guerras de religión. Pero no nos dicen cuántas fueron las víctimas del nacionalismo, de la ciencia social y de la teoría política en el régimen estalinista o durante la guerra de Vietnam. Ni siquiera los curas se dirigen a los obispos cuando están enfermos: a quien primero consultan es al médico. En cambio, nosotros nos detenemos en los despachos de muchos seudocientíficos y «expertos» sin alternativa. Ya no creemos en la infalibilidad papal; pero parece que creemos en la infalibilidad del Nobel, como veíamos en el capítulo 17.

Más fácil de lo que pensamos: el problema de la decisión bajo el escepticismo

He estado repitiendo que existe un problema con la inducción y el Cisne Negro. En realidad, las cosas son mucho peores: es posible que tengamos un problema aún mayor con el falso escepticismo:

a) nada puedo hacer respecto a que el sol salga mañana (por mucho que lo intente);

b) nada puedo hacer sobre si hay o no otra vida;

c) nada puedo hacer sobre la posibilidad de que los marcianos se adueñen de mi cerebro.

Pero tengo muchas formas de evitar ser un imbécil. Es algo que sólo requiere proponérselo.

Concluyo la tercera parte reiterando que mi antídoto contra los Cisnes Negros es precisamente no mercantilizar mi pensamiento. Pero esta actitud sirve, más allá de para evitar ser un imbécil, como protocolo de actuación: no sobre cómo pensar, sino sobre cómo convertir el pensamiento en acción y descubrir qué conocimientos merecen la pena. Veamos qué hacer y qué no hacer con todo esto en el apartado con que concluye este libro.

CUARTA PARTE
Fin

Capítulo 19
MITAD Y MITAD, O CÓMO SER ECUÁNIME CON EL CISNE NEGRO

La otra mitad - Acordémonos de Apeles - Cuando perder el tren puede ser doloroso

Llegó el momento de decir unas palabras para concluir.

Durante la mitad del tiempo soy hiperescéptico; durante la otra mitad, sostengo certezas y puedo ser intransigente al respecto, con una actitud muy terca. Evidentemente, soy hiperescéptico donde otros, en particular aquellos a quienes llamo *Bildungsphilisters*, son crédulos, y crédulo donde otros parecen escépticos. Soy escéptico sobre la confirmación (pero sólo cuando los errores se pagan caros), no sobre la desconfirmación. Disponer de muchos datos no proporciona confirmación, pero un solo ejemplo puede desconfirmar. Soy escéptico cuando sospecho una aleatoriedad desmedida, crédulo cuando entiendo que la aleatoriedad es suave.

La mitad del tiempo odio los Cisnes Negros; la otra mitad, me encantan. Me gusta la aleatoriedad que produce la textura de la vida, los accidentes positivos, el éxito de Apeles el pintor, las posibles dotes por las que uno no tiene que pagar. Pocos entienden la belleza de la historia de Apeles; de hecho, la mayoría de las personas evitan el error reprimiendo el Apeles que hay en ellas.

La mitad del tiempo soy hiperconservador en la dirección de mis propios asuntos; la otra mitad, hiperagresivo. Puede que esto no parezca excepcional, excepto que mi conservadurismo se aplica a lo que los demás llaman asumir riesgos, y mi agresividad, a áreas en las que los otros recomiendan precaución.

Me preocupan muy poco los pequeños fracasos, pero mucho los grandes y potencialmente terminales. Me preocupa más la «prometedora» Bolsa, en particular las acciones «seguras», que las operaciones especulativas:

las primeras presentan unos riesgos invisibles; las segundas no dan sorpresas, ya que uno sabe lo volátiles que son y puede limitar su inversión a pequeñas cantidades.

Me preocupan menos los riesgos anunciados y sensacionales, más los maliciosos y ocultos. Temo menos el terrorismo que la diabetes, menos aquellas cosas que la gente suele temer porque son temores obvios, y más aquello que se sitúa fuera de nuestra conciencia y discurso común (debo confesar también que no me preocupo mucho: procuro preocuparme de cosas sobre las que pueda hacer algo). Me preocupa menos la vergüenza que perder una oportunidad.

En última instancia, en todo ello hay una norma trivial sobre la toma de decisiones: soy muy agresivo cuando puedo quedar expuesto a Cisnes Negros positivos —cuando un fracaso sería de escasa trascendencia—, y muy conservador cuando estoy bajo la amenaza de un Cisne Negro negativo. Soy muy agresivo cuando un error de un modelo puede beneficiarme, y paranoico cuando el error puede hacer daño. Tal vez esto no sea muy interesante, pero es exactamente lo que los demás no hacen. En las finanzas, por ejemplo, la gente emplea teorías endebles para gestionar sus riesgos y somete a un escrutinio «racional» las ideas estrafalarias.

Parte del tiempo soy intelectual; la otra parte, un profesional que no cree en el sinsentido. No creo en el sinsentido y soy práctico en las cuestiones académicas, e intelectual en lo que a la práctica se refiere.

La mitad del tiempo soy superficial, la otra mitad quiero evitar esa superficialidad. Soy superficial cuando se trata de la estética; evito la superficialidad en el contexto de riesgos y beneficios. Mi esteticismo hace que anteponga la poesía a la prosa, los griegos a los romanos, la dignidad a la elegancia, la elegancia a la cultura, la cultura a la erudición, la erudición al conocimiento, el conocimiento al intelecto, el intelecto a la verdad. Pero sólo en asuntos que estén libres de Cisnes Negros. Tendemos a ser muy racionales, excepto cuando se trata del Cisne Negro.

La mitad de las personas que conozco me llaman irreverente (el lector ya ha visto mis comentarios sobre sus profesores platonificados), la otra mitad me llama adulador (también habrá visto el lector la devoción que siento por Huet, Bayle, Popper, Poincaré, Montaigne, Hayek y otros).

La mitad del tiempo odio a Nietzsche, la otra mitad me gusta su prosa.

En cierta ocasión recibí uno de esos consejos que te cambian la vida, un consejo que, al igual que el que recibía de un amigo en el capítulo 3, me parece aplicable, sabio y empíricamente válido. Mi compañero de estudios en París, Jean-Olivier Tedesco, más tarde novelista, me dijo cuando me disponía a correr para no perder el metro: «Yo no corro para tomar el tren».

Desdeñemos el destino. He aprendido a resistirme a correr para seguir cualquier plan preestablecido. Puede parecer un consejo tonto, pero funciona. En la negativa a correr para tomar el tren me he dado cuenta del auténtico valor de la *elegancia* y la estética en la conducta, esa sensación de ostentar el control de mi tiempo, mis planes y mi vida. *Perder el tren sólo produce dolor al que corre para tomarlo.* Asimismo, no ajustarse a la idea de éxito que los demás esperan de uno sólo es doloroso si eso es lo que se anda buscando.

Si así lo decide, uno se coloca *por encima* de la febril competitividad de la vida moderna y de la jerarquía, no *fuera* de ellas.

Dejar un trabajo bien pagado, si es por decisión *propia*, parecerá más beneficioso que la utilidad del dinero en ello implicado (puede parecer una locura, pero lo he intentado, y funciona). Éste es el primer paso hacia el echarle al destino la maldición del estoico. Uno tiene mucho más control de su vida si decide por sí mismo y según su criterio.

La madre naturaleza nos ha dado algunos mecanismos de defensa; como en la fábula de Esopo, uno de ellos es nuestra capacidad de considerar que las uvas que no alcanzamos, o que no conseguimos alcanzar, están verdes. Pero resulta aún más gratificante un rechazo y desdén *previos* agresivamente estoicos. Seamos agresivos; seamos el que dimite, si tenemos agallas para ello.

Es más difícil perder en un juego que uno mismo haya planteado.

Desde la perspectiva del Cisne Negro, esto significa que estamos expuestos a lo improbable sólo si dejamos que éste nos controle. Uno siempre controla lo que hace; hagamos, pues, de ello nuestro fin.

FIN

Pero todas estas ideas, toda esta filosofía de la inducción, todos estos problemas relativos al conocimiento, todas estas desmedidas oportunidades y temibles posibles pérdidas, todo ello pierde trascendencia ante la siguiente consideración metafísica.

Muchas veces me desconcierta que las personas podamos tener un día horrible o enfadarnos porque nos sintamos engañados por una mala comida, un café frío, un rechazo social o un gesto de pésima educación. Recordemos lo que decía en el capítulo 8 sobre la dificultad de ver las auténticas probabilidades de los sucesos que rigen nuestra vida. Tardamos muy poco en olvidar que el simple hecho de estar vivos es un elemento de extraordinaria buena suerte, un suceso remoto, una ocurrencia del azar de proporciones monumentales.

Imaginemos una mota de polvo junto a un planeta de un tamaño mil millones de veces superior al de la Tierra. La mota de polvo representa las probabilidades de nuestro nacimiento; el inmenso planeta sería las probabilidades en contra de éste. Así que dejemos de preocuparnos por menudencias. No seamos como el ingrato al que le regalan un castillo y se preocupa por la humedad del cuarto de baño. Dejemos de mirarle los dientes al caballo regalado: recordemos que somos un Cisne Negro. Y gracias por haber leído mi libro.

EPÍLOGO
Los Cisnes Blancos de Yevguenia

Yevguenia entró en el largo estado de hibernación que era necesario para escribir otro libro. Se quedó en la ciudad de Nueva York, donde le era más fácil encontrar la tranquilidad y estar a solas con el texto. Era la manera más fácil de concentrarse después de prolongados períodos en los que se veía rodeada de multitudes y con la confianza de que podía correr hacia Nero para hacerle una observación maliciosa, tal vez humillarlo o posiblemente recuperarlo. Canceló su cuenta de correo electrónico, pasó a escribir a mano pues lo encontraba más relajante, y contrató a una secretaria para que le mecanografiara el texto. Dedicó ocho años a escribir, borrar y corregir; dio rienda suelta a sus ocasionales enfados con la secretaria, entrevistó a otras secretarias y reescribió el textos sosegadamente. Su apartamento estaba lleno de humo, con papeles tirados por todas las esquinas. Como ocurre con todos los artistas, al concluir el libro se sentía insatisfecha; pero notaba que había llegado mucho más hondo que con el primero. Se reía de la gente que encomiaba su obra anterior, porque ahora le parecía aburrida, terminada precipitadamente y llena de impurezas.

Cuando apareció el nuevo libro, titulado acertadamente *El bucle*, Yevguenia tuvo la suficiente sensatez para evitar a la prensa e ignorar las críticas que le hacían, y permaneció aislada del mundo exterior. Como su editor esperaba, las críticas fueron laudatorias. Pero, sorprendentemente, el libro se vendía poco. «Quizá la gente habla de él sin haberlo leído», pensó el editor. Los fans de Yevguenia llevaban años esperándolo y hablando de él. El editor, que ahora poseía una extensa colección de gafas de color rosa y llevaba un ritmo de vida extravagante, había invertido todo su capital en Yevguenia. No tenía ningún otro éxito ni lo esperaba. Necesitaba que las cosas le fueran muy bien para poder pagar su villa de Carpentras, en la Provenza, y las cuotas establecidas en el acuerdo económico con su sorprendida esposa, así como para comprarse un Jaguar descapotable (rosa). Estaba seguro de que había dado en la diana con el tan esperado libro de Yevguenia, y no podía entender por qué casi todo el mundo lo consideraba una obra maestra pero nadie lo compraba. Un año y medio después, *El bucle* ya no se vendía. El editor, en esa época con graves problemas económicos, creyó que sabía la razón: el libro era «*jo...mente* largo»; Yevguenia debería haber escrito un libro más breve. Después de un balsámico episodio lacrimoso, Yevguenia pensó en los personajes de las lluviosas novelas de George Simenon y Graham Greene. Vivían en un estado de entumecedora y segura mediocridad. Lo mediocre tenía encanto, pensaba Yevguenia, y siempre había preferido el encanto a la belleza.

Así que el segundo libro de Yevguenia fue también un Cisne Negro.

POSFACIO
De la robustez y la fragilidad: reflexiones filosóficas y empíricas más profundas

Sección 1

APRENDER DE LA MADRE NATURALEZA, LA MÁS VIEJA Y SABIA

Cómo hacer amigos entre los paseantes - A propósito de hacerse abuela - Los encantos de eco-Extremistán - Nunca se es lo suficientemente pequeño - Elegancia soviético-harvardiana

Escribo este epílogo tres años después de haber terminado *El cisne negro*, cuyo texto mantengo intacto aquí salvo por algunas pocas notas aclaratorias a pie de página. Desde entonces, he escrito una docena de trabajos «académicos» en torno a ciertos aspectos de la idea misma del Cisne Negro. Son de lectura rematadamente aburrida, pues casi todos los artículos académicos se hacen para aburrir, impresionar, obtener credibilidad, intimidar incluso, o presentarse en encuentros y congresos, pero no para ser leídos salvo por crédulos (o detractores) o, peor aún, por estudiantes de posgrado. Aprovecho, además, para dar más destacado protagonismo a la cuestión de «qué hacer a partir de aquí»: me tomo, pues, la libertad de dar un consejo y, quién sabe, puede que hasta alguno de ustedes lo siga. En definitiva, este breve ensayo final me permitirá profundizar en ciertos puntos. Al igual que el texto principal, el principio de este epílogo será lo que podríamos decir más «literario», para ir volviéndose progresivamente más técnico a medida que avancen las páginas.

Debo la idea de este largo capítulo final (casi un libro dentro de otro) a Danny Kahneman, con quien tanto yo como mis ideas tenemos contraídas más deudas que con ninguna otra persona en este planeta. Él fue quien me convenció de que tenía la obligación de intentar hacer que alguien siga mis consejos.

Durante los últimos tres años, mi vida ha experimentado algunos cambios... para mejor en su mayoría. Un libro guarda cierta similitud con las fiestas, pues aumenta también las probabilidades de que su autor tenga encuentros con la serendipidad. Incluso consigue que lo inviten a más fiestas. En mis días de oscuridad, me llamaban agente de Bolsa en París (algo tremendamente *vulgaire* allí), filósofo en Londres (entiéndase, demasiado teórico), profeta en Nueva York (refiriéndose, con tono de desprecio, a mi por entonces falsa profecía) y economista en Jerusalén (en el sentido de algo muy materialista). Y, de pronto, había pasado a verme sumido en el estrés de convivir con los totalmente inmerecidos laureles de profeta en Israel (porque entendían que mi proyecto era muy, pero que muy ambicioso), *philosophe* en Francia, economista en Londres y corredor de Bolsa en Nueva York (donde tal actividad goza de impoluta respetabilidad).

Toda esa publicidad vino acompañada también de cartas y mensajes llenos de insultos e intimidaciones, una amenaza de muerte que yo recuerde (de parte de exempleados de la quebrada Lehman Brothers* y que, por cierto, me resultó francamente halagadora) y algo peor aún que cualquier aviso o amago de violencia: constantes solicitudes de entrevistas por parte de periodistas turcos y brasileños. Tuve que dedicar mucho tiempo a escribir notas personalizadas declinando educadamente invitaciones para cenar con trajeadas personalidades del momento, con trajeadas arqueopersonalidades, con trajeadas protopersonalidades y con miembros de una especie tan desagradable como la de los trajeados que se las dan de importantes mencionando continuamente a otras personas que sí lo son. Pero esa nueva situación también reportó algunos beneficios. Entré en contacto con personas de ideas afines a las mías —gente que ni en sueños habría imaginado en el pasado que llegaría a conocer algún día, o mentes concomitantes que ni siquiera pensaba que existían, en disciplinas completamente ajenas a las de mis círculos normales— que me ayudaron a avanzar en mis propósitos aportando ideas de lo más inesperado para mí. Me comuniqué en muchos casos con personas a quienes admiraba y cuyo traba-

---

* Lehman Brothers era una institución financiera con unas imponentes oficinas centrales que entró súbitamente en bancarrota durante la crisis de 2008.

jo conocía bien, y que pasaron a ser colaboradores y críticos habituales; siempre recordaré la ilusión que me hizo recibir un mensaje de correo electrónico inesperado de Spyros Makridakis (el de las «competiciones M» descritas en el capítulo 10), ese gran desenmascarador de las falsas previsiones, u otro de Jon Elster, académico de una erudición y una intuición inusuales que ha integrado la sabiduría de los antiguos en el pensamiento de la ciencia social moderna. He conocido a novelistas y a pensadores filosóficos cuyas obras ya había leído y admiraba, como Louis de Bernières, Will Self, Jon Gray (el filósofo, no el psicólogo mediático) o lord Martin Rees; en los cuatro casos tuve la curiosa necesidad de pellizcarme para creerme de verdad que les estaba oyendo hablar conmigo de *mi propio* libro.

Luego, a través de un largo encadenamiento de amigos de amigos, *cappuccinos*, vinos de postre y controles de seguridad en los aeropuertos, llegué a aceptar y entender la fuerza del saber oral, pues las conversaciones son infinitamente más potentes que la correspondencia sin más. Las personas nos decimos cosas cara a cara que jamás expresaríamos por escrito. Conocí a Nouriel Roubini (quien, que yo sepa, fue el único economista profesional que *realmente* predijo la crisis de 2008, y es quizás el único pensador independiente en todo ese sector de actividad). También descubrí a una variedad de personas cuya existencia desconocía: concretamente, la de los *buenos* economistas (es decir, los que aplican un buen criterio científico), como Michael Spence y Barkley Rosser. También Peter Bevelin y Yechezkel Zilber continuaron abasteciéndome de artículos y trabajos que yo andaba buscando sin saberlo: el primero de ellos, desde la biología, y el segundo, desde la ciencia cognitiva. Con ese ligero impulso suyo lograron reorientar el curso de mi pensamiento y encaminarlo en la dirección apropiada.

Así que he estado dialogando con mucha gente. Mi problema es que sólo he encontrado a dos personas que puedan mantener una conversación y una larga (y pausada) caminata al mismo tiempo: Spyros Makridakis y Yechezkel Zilber. Lamentablemente, la mayoría de las personas caminan demasiado deprisa y confunden el andar con el ejercicio, sin entender que caminar es algo que ha de hacerse despacio, a un paso tal que uno se olvide incluso de que está andando. De ahí que me vea en la necesidad de ir y regresar repetidas veces a Atenas (donde vive Spyros) para deleitarme en mi actividad favorita: la de ser un paseante.

Mis errores

Y, claro está, la gente examina el texto hasta con lupa si es necesario. Pero, tras analizar mensajes e informes diversos, no tengo la sensación de que necesite retractarme de nada de lo incluido en la versión inicial, ni de corregir ningún error (más allá de los de carácter tipográfico o de alguna que otra imprecisión a propósito de datos y hechos menores), salvo por dos cuestiones relacionadas. El primer fallo me lo señaló Jon Elster. Yo había escrito que los análisis históricos están dominados por la falacia narrativa porque creía que no existía forma alguna de contrastar empíricamente una hipótesis histórica mediante la predicción y la falsación. Elster me explicó que hay situaciones en las que la teoría histórica puede escapar a la falacia narrativa y estar sujeta a la refutación empírica: concretamente, en ámbitos en los que estamos descubriendo (en el presente) documentos y yacimientos arqueológicos que aportan información susceptible de contradecir una determinada narración.

Fue así, gracias a su aclaración, como me di cuenta de que la historia del pensamiento árabe no era tan definitiva y que yo había caído en la trampa de ignorar los continuos cambios que se producen en la historia *pasada*, sin percatarme de que el pasado también es, en buena medida, una predicción. Descubrí (accidentalmente) que me había dejado llevar por la visión convencional aceptada en los manuales académicos sobre filosofía árabe, una opinión contradicha por los documentos existentes. Había exagerado la importancia del debate entre Averroes y Algazel. Como todos, yo también pensaba que éste, primero, era muy importante, y, segundo, había supuesto el fin de la *falasifah*. Sin embargo, resultó ser una de las concepciones erróneas recientemente desacreditadas por algunos investigadores (como Dimitri Gutas y George Saliba). La mayoría de quienes teorizaban sobre la filosofía árabe no sabían el idioma, de modo que dejaban muchas cosas al albur de su imaginación (como Leo Strauss, por ejemplo). Me siento un poco avergonzado, porque el árabe es una de mis lenguas maternas y, aun así, no se me ocurrió mejor idea que hablar de oídas, a partir de fuentes de décima mano elaboradas por estudiosos analfabetos en dicho idioma (aunque suficientemente confiados y carentes de erudición como para no darse cuenta de ello). Me tragué el sesgo de la confirmación sobre el que ha escrito Gutas: «Es como si siempre partiéramos de una idea preconcebida de lo que la filosofía árabe debería decir para concentrarnos a continuación únicamente en aquellos pasajes que parecen confirmar ese sesgo, con lo que a su vez corroboran (aunque sólo en apariencia) la idea preconcebida tomando como base los propios textos».

Una vez más, cuidado con la historia.

Robustez y fragilidad

Tras terminar *El cisne negro*, pasé algún tiempo meditando sobre los puntos que planteaba en el capítulo 14 referidos a la fragilidad de ciertos sistemas con elevada concentración y con ilusiones de estabilidad, que me habían convencido de que el sistema bancario era la madre de todos los desastres anunciados. Ya expliqué en el capítulo 6, a raíz del artículo sobre las matriarcas elefantes, que los mayores son naturalmente quienes mejor enseñan sensatez y prudencia, sencillamente porque es posible que hayan ido acumulando trucos y herramientas heurísticas invisibles que escapan a nuestro paisaje epistémico: trucos que les ayudaron a sobrevivir en un mundo que es más complejo de lo que creemos que somos capaces de comprender. Así que ser viejo implica un mayor grado de resistencia a los Cisnes Negros, si bien, como ya vimos con la historia del problema del pavo, no es ninguna garantía absoluta: más edad significa casi siempre más solidez, pero tener más años no significa necesariamente ser perfecto. En cualquier caso, unos miles de millones de años son una prueba infinitamente más válida que unos miles de días de supervivencia, y, en ese sentido, el sistema más antiguo del que disponemos es, sin duda, la Madre Naturaleza.

Ése era, en cierto sentido, el razonamiento sobre el que se asentaba el argumento *epilogista* de los empiristas médicos del Levante posclásico (como Menodoto de Nicomedia), que fueron los únicos practicantes de su campo que fusionaron el escepticismo con la toma de decisiones en el mundo real. También fueron el único grupo de personas que usó la filosofía para algo útil. Su propuesta fue la *historia* (así, en la forma latina del término): el máximo registro de datos con la mínima interpretación y teorización posibles, una descripción de los hechos sin el *porqué* y sin universales. Su forma de saber no teórico fue denigrada por los escolásticos medievales, partidarios de un aprendizaje más explícito. Para éstos, la *historia*, el mero registro de los hechos, era inferior a la *philosophia* o la *scientia*. Pensemos que incluso la filosofía había tenido más que ver hasta entonces con la sabiduría de la toma de decisiones (no como hoy, que está ligada más bien al hecho de impresionar a un tribunal de plaza de profesorado) y la medicina era el lugar donde tal sabiduría se ponía en práctica (y se aprendía): *medicina soror philosophiae*, «la medicina, hermana de la filosofía».*

Desde los tiempos de la Escolástica, el saber formalizado ha venido atribuyendo una categoría secundaria a cualquier enfoque que prefiera los particulares a los universales, y esto repercute inevitablemente en la postergación de la experiencia y la edad (la acumulación «excesiva» de particulares) en beneficio de quienes, como el doctor John, tienen un título universitario del máximo rango. Esta forma de actuar tal vez haya funcionado bien en el caso de la física clásica, pero no resulta igual de positiva en el terreno de lo complejo; de hecho, ha matado a muchos pacientes en la historia de la medicina, sobre todo, antes del nacimiento de la medicina clínica, y está ocasionando elevados daños en el ámbito social, especialmente en el momento actual.

Los contenidos centrales que los maestros de la vieja escuela nos comunican son, por emplear términos religiosos, dogmas (reglas que tenemos que ejecutar aunque no las entendamos) y no kerigmas (reglas que comprendemos y que tienen una finalidad que está clara para nosotros).

La Madre Naturaleza es sin duda un sistema complejo, con redes de interdependencia, no linealidades y una robusta ecología (pues, si no, ya habría explotado hace mucho tiempo). Es una persona anciana, muy

---

* El empirismo no consiste en no tener teorías, creencias, ni causas y efectos, sino en no dejarse engañar, en contar con un sesgo decidido de antemano a propósito de dónde queremos que se sitúe nuestro error o, lo que es lo mismo, de dónde localizaremos nuestro elemento por defecto. Ante una serie de hechos o datos, un empirista toma por defecto la suspensión de la creencia (de ahí el vínculo entre empirismo y la aún más antigua tradición escéptica pirroniana), mientras que otros prefieren tomar por defecto una caracterización o una teoría. De lo que se trata, en resumidas cuentas, es de evitar el *sesgo de la confirmación* (los empiristas prefieren errar por el lado del sesgo de la desconfirmación/falsación, que ellos mismos descubrieron ya más de mil quinientos años antes que Karl Popper).

anciana, y con una memoria impecable. La Madre Naturaleza no contrae Alzheimer: de hecho, existen indicios de que ni siquiera los seres humanos perderían tan fácilmente su funcionalidad cerebral con la edad si siguieran un régimen de ejercicio y ayuno estocásticos, dieran largos paseos, evitaran el azúcar, el pan, el arroz blanco y las inversiones en Bolsa, y se abstuvieran de ir a clases de economía o de leer cosas como el *New York Times*.

Permítanme que resuma aquí mis ideas acerca de cómo trata la Madre Naturaleza con la cuestión del Cisne Negro, tanto con el positivo como con el negativo: ella sabe mucho mejor que nosotros, los humanos, cómo sacar partido de los Cisnes Negros positivos.

La redundancia como seguro

En primer lugar, *a la Madre Naturaleza le gustan las redundancias*, y en concreto, tres tipos diferentes de superfluidad. El primero y más sencillo de entender es el de la redundancia defensiva: esa clase de superfluidad que, cual si de una póliza de seguros se tratara, nos permite sobrevivir frente a la adversidad gracias a nuestra disposición de partes corporales de sobra. Fijémonos en el cuerpo humano. Tenemos dos ojos, dos pulmones, dos riñones e incluso dos cerebros (a excepción, posiblemente, de los altos ejecutivos de empresa), y cada uno de esos elementos tiene más capacidad de la que se necesita en circunstancias corrientes. Así pues, la redundancia *equivale a* una especie de seguro, y las ineficiencias aparentes están relacionadas con los costes de mantenimiento de esas partes sobrantes o de repuesto, y con la energía necesaria para mantenerlas activas a pesar de su inutilidad presente.

Lo diametralmente opuesto a la redundancia es la optimización ingenua. Yo siempre voy por ahí recomendando a quienes me quieran oír que no vayan a clases de economía (ortodoxa) y que digan que la economía nos fallará y hará que explotemos todos (y, como veremos, disponemos ya de pruebas de que nos ha fallado; pero, como también decía en el texto original de este libro, ni siquiera las necesitábamos: bastaba con que nos fijáramos en la falta de rigor científico... y ético). El motivo es el siguiente: la economía está fundada en buena medida en nociones de optimización ingenua, (mal) matematizadas por Paul Samuelson; y toda esa matematización contribuyó extraordinariamente a construir una sociedad proclive al error. A un economista le resultaría *ineficiente* mantener dos pulmones y dos riñones: imagínense los costes que supone el transporte de tan pesados órganos a lo largo y ancho de la sabana. Pero la optimización que él propone acabaría por matarnos después del primer accidente, la primera «rareza». Además, pensemos que si entregáramos la Madre Naturaleza a los economistas, ésta acabaría también por suprimir los riñones individuales: dado que no los necesitamos continuamente, resultaría más «eficiente» que cada uno de nosotros vendiera los suyos propios y utilizara un riñón central alquilado a tiempo parcial. También podríamos prestar nuestros ojos por la noche, pues no precisamos de ellos para soñar.

Casi todas las grandes ideas (y algunas de las no tan grandes) de la economía convencional se vienen abajo con la sola modificación (o «perturbación», como se suele decir) de alguno de sus supuestos: por ejemplo, al cambiar un parámetro o al convertirlo en aleatorio cuando la teoría lo había supuesto hasta entonces fijo y estable. Eso es lo que, en la jerga de la disciplina, denominamos «aleatorización». En esto consiste el estudio del error de modelo y el examen de las consecuencias de tales cambios (de hecho, mi especialidad académica oficial recibe en la actualidad el nombre formal de error de modelo o «riesgo de modelo»). Por ejemplo, si un modelo del riesgo asume que el tipo de aleatoriedad considerado es propio de Mediocristán, ignorará las grandes desviaciones y estimulará la construcción de una gran cantidad de riesgo que también ignorará a su vez las grandes desviaciones; en consecuencia, la gestión del riesgo será defectuosa. De ahí que yo mismo usara la metáfora del «barril de dinamita» sobre el que dije que se asentaba Fannie Mae (otra empresa que ya ha quebrado).

Como ejemplo adicional de error de modelo mayúsculo, tomemos la noción de ventaja comparativa supuestamente descubierta por Ricardo y sobre la que se mueven los engranajes de la globalización. La idea consiste en que cada país debería centrarse —como diría un consultor— en «aquello que se le da mejor» (o, más exactamente, en aquello en lo que pierde el menor número de oportunidades); así que un país debería especializarse en vino y otro en prendas de vestir, aun cuando a uno de ellos tal vez se le den mejor las dos cosas. Pero introduzcamos algunas perturbaciones y escenarios alternativos: consideremos qué ocurriría al país que se especializase en vino si el precio de este bien fluctuase. Basta con una simple perturbación en torno a ese supuesto (como, por ejemplo, la de considerar que el precio del vino es aleatorio y puede experimentar variaciones del más puro estilo de Extremistán) para que lleguemos a una conclusión opuesta a la de Ricardo. A la Madre Naturaleza no le gusta la especialización excesiva, pues ésta limita la evolución y debilita los animales.

Esto también explica por qué consideré que las ideas actuales sobre la globalización (como las promovidas por el periodista Thomas Friedman) se pasan un poco de ingenuas y resultan demasiado peligrosas para la sociedad si no tomamos en cuenta los efectos secundarios. La globalización puede transmitirnos una impresión de eficiencia, pero el apalancamiento operativo y los grados de interacción entre las diferentes partes propiciarán pequeñas grietas en algún punto que se propagarán luego a todo el sistema. El resultado vendría a ser como el del cerebro que es presa de un ataque epiléptico porque demasiadas células se disparan al mismo tiempo. Y pensemos que nuestro cerebro (un sistema complejo que funciona bien) no está «globalizado», o como mínimo, no lo está de forma ingenua.

La misma idea es aplicable a la deuda: ésta nos vuelve frágiles, muy frágiles, ante las perturbaciones, sobre todo, cuando sustituimos Mediocristán por Extremistán como escenario supuesto. Actualmente, en las escuelas de negocios y las facultades de administración de empresas aprendemos el arte de tomar préstamos (enseñado por los mismos profesores que enseñan la curva de la campana de Gauss —ese gran fraude intelectual—, entre otras pseudociencias), que es contrario a las tradiciones históricas en general, pues todas las culturas mediterráneas desarrollaron a lo largo del tiempo uno u otro dogma contra el endeudamiento. *Felix qui nihil debet* reza el proverbio romano: «Feliz el que nada debe». Las abuelas que sobrevivieron a la Gran Depresión habrían aconsejado justo lo contrario del endeudamiento: la redundancia; nos habrían animado a acumular renta en efectivo durante varios años antes de asumir ningún riesgo personal (que es, exactamente, la idea de la haltera que yo propongo en el capítulo 11, consistente en mantener elevadas reservas de efectivo al tiempo que se asumen otros riesgos más agresivos, aunque sólo con una pequeña porción de la cartera de inversiones). Si los bancos hubieran obrado siempre así, jamás habría habido crisis bancarias en la historia.

Disponemos de sobrados documentos desde los tiempos de los babilonios que nos muestran los males de la deuda; las religiones de Oriente

409

Próximo prohibieron el endeudamiento. Esto me sugiere que uno de los fines de la religión y la tradición tal vez haya sido el de hacer cumplir interdictos con la mera intención de proteger a las personas de su propia arrogancia epistémica. ¿Por qué? Endeudarse supone un posicionamiento fuerte de cara al futuro y un grado elevado de confianza en las predicciones. Si tomamos prestados cien dólares y los invertimos en un proyecto, seguiremos debiendo cien dólares aunque ese proyecto fracase (eso sí, nos irá mucho mejor en el caso de que tenga éxito). Así pues, la deuda es peligrosa si pecamos de exceso de confianza en el futuro y somos ciegos ante los Cisnes Negros, algo que, por cierto, todos tendemos a ser. Y predecir es perjudicial porque las personas (y, especialmente, los gobiernos) *toman prestado* en respuesta a una predicción (o usan ésta como excusa cognitiva para tomar prestado). Mi «escándalo de la predicción» (o, lo que es lo mismo, el caso de las predicciones falaces que parecen formularse simplemente para satisfacer necesidades psicológicas) se ve agravado por el «escándalo del endeudamiento»: tomar prestado nos vuelve más vulnerables a los errores de predicción.

Lo grande es feo... y frágil

En segundo lugar, *a la Madre Naturaleza no le gustan las cosas demasiado grandes*. El animal terrestre de mayor tamaño es el elefante y hay un motivo para ello. Si yo, en un arrebato descontrolado, abatiera un elefante a tiros, posiblemente iría a la cárcel y mi madre me recriminaría a gritos mi acción, pero difícilmente perturbaría la ecología de la Madre Naturaleza. Sin embargo, los acontecimientos han venido a confirmar mi argumento del capítulo 14 acerca de los bancos (en el que yo decía que, si abatiéramos a tiros a un gran banco, «temblaríamos al pensar en las consecuencias», ya que «si uno cae, caen todos»): una quiebra bancaria (la de Lehman Brothers en septiembre de 2008) hizo que se derrumbara todo el edificio. La Madre Naturaleza no limita las interacciones entre entidades; simplemente, limita el tamaño de sus unidades. (De ahí que mi propuesta al respecto no sea la de frenar la globalización y prohibir Internet; como veremos, se lograría mucha más estabilidad impidiendo que los gobiernos ayuden a las empresas cuando éstas se hacen grandes y facilitando esas ventajas al pez chico.)

Pero existe otra razón por la que resulta recomendable que las estructuras creadas por el hombre no se vuelvan excesivamente grandes. El concepto de «economías de escala» (según el cual, las compañías ahorran dinero cuando aumentan de tamaño y, por consiguiente, se hacen más eficientes) suele ser un factor impulsor aparente de muchas expansiones y fusiones empresariales. Tiene una presencia preponderante en la conciencia colectiva sin que existan pruebas que lo respalden; de hecho, la evidencia disponible sugeriría más bien lo contrario. Pero, por motivos evidentes, la gente continúa embarcándose en las mencionadas fusiones, y éstas no son buenas para las empresas, sino para las plusvalías que se obtienen con ellas en Wall Street; una compañía que se agranda es una buena noticia para su director o su directora gerente. Soy consciente de que al volverse más grandes, las empresas parecen hacerse más «eficientes», pero también son mucho más vulnerables a las contingencias externas, esas que conocemos comúnmente como «Cisnes Negros» a raíz de cierto libro publicado con ese título. Y todo bajo la falsa ilusión de una mayor estabilidad. Añádase a ello el hecho de que, cuando las compañías son grandes, están obligadas a optimizar para dar gusto a los analistas de Wall Street. Estos últimos (consultores avalados por másteres de administración de empresas y otra gente de parecida índole) presionan a las compañías para que vendan el riñón extra y renuncien a ese seguro a fin de aumentar sus «ganancias por acción» y de «mejorar su balance de resultados», lo que, en última instancia, contribuye a su bancarrota.

Charles Tapiero y yo hemos mostrado matemáticamente que cierta clase de errores imprevistos y conmociones aleatorias hacen muchísimo más daño a los organismos de gran tamaño que a otros más pequeños. En otro artículo, computamos los costes de dicho tamaño para la sociedad en general; no olvidemos que las empresas, al caer, nos cuestan dinero.

El problema de los gobiernos es que tienden a apoyar a esos frágiles organismos «porque emplean a muchos trabajadores» y porque cuentan con *lobbies* y grupos de presión favorables (ambos, factores que pertenecen a esa clase de cacareadas aportaciones falsas pero visibles que tanto deploraba Bastiat). Las grandes empresas obtienen apoyo estatal y se van volviendo progresivamente más voluminosas y frágiles, y, en cierto sentido, acaban siendo ellas quienes dirigen el gobierno (otra de las visiones proféticas de Karl Marx y Friedrich Engels). Por su parte, las peluquerías y las pequeñas empresas en general quiebran sin que nadie se preocupe por ellas; éstas sí que están obligadas a ser eficientes y a obedecer las leyes de la naturaleza.

Cambio climático y contaminadores «demasiado grandes»

Me han preguntado a menudo cómo podrían afectar la idea del Cisne Negro y mi trabajo sobre la toma de decisiones en condiciones de opacidad al tratamiento del cambio climático. La postura que sugiero se fundamentaría tanto sobre la ignorancia como sobre la deferencia ante la prudencia de la Madre Naturaleza, que es más vieja y sabia que nosotros, y ha demostrado ser mucho más inteligente que los científicos. Aún no entendemos lo suficiente acerca de la Madre Naturaleza como para jugar con ella; tampoco me fío de los modelos utilizados para predecir el cambio climático. Nos enfrentamos, simplemente, a una serie de no linealidades y de magnificaciones de errores provenientes de los llamados efectos mariposa que vimos en el capítulo 11 y que, de hecho, fueron descubiertos por Lorenz empleando modelos de predicción meteorológica. Unas mínimas modificaciones en las entradas del modelo, debidas por ejemplo a errores de medición, pueden producir proyecciones sumamente divergentes, y eso suponiendo (con mucha generosidad) que manejamos las ecuaciones correctas.

Llevamos años contaminando y causando un gran daño al medio ambiente, pero los científicos que en la actualidad elaboran esos complejos modelos predictivos no dieron la cara en su momento intentando impedir que generáramos y acumuláramos esos riesgos (en esto, se parecen a esos «expertos del riesgo» en el campo de la economía que siempre andan librando guerras pasadas); y son esos mismos científicos los que ahora tratan de imponernos soluciones. De todos modos, el escepticismo sobre los modelos aquí propuestos no se traduce en las mismas recomendaciones propugnadas por los antiecologistas y los fundamentalistas promercados. Todo lo contrario: necesitamos ser hiperconservacionistas en el terreno ecológico, pues no sabemos *con qué* podemos estar haciendo daño ahora mismo. Ésa es la política prudente en condiciones de ignorancia y opacidad epistémica. Hay una respuesta muy sensata para quienes dicen que «no tenemos prueba alguna de que estemos dañando la naturaleza»: «tampoco tenemos constancia alguna de que no estemos dañándola». La carga de la prueba no recae en el conservacionista ecológico, sino en aquel que altera un sistema antiguo preexistente. Además, no deberíamos «tratar de corregir» el daño infligido, pues muy posiblemente podríamos estar creando otro problema sobre el que apenas conocemos nada actualmente.

Una solución práctica que se me ha ocurrido, basada en la no linealidad del daño (desde el supuesto de que ese daño se incrementa desproporcionadamente con las cantidades liberadas) y que recurre al mismo razonamiento matemático que me llevó a concebir mi oposición a lo «demasiado grande», es la diseminación del daño entre los contaminadores, suponiendo, desde luego, que sea realmente necesario contaminar. Procedamos a realizar el siguiente experimento imaginario:

Caso 1: Administramos al paciente una dosis de cianuro, cicuta u otra sustancia venenosa, suponiendo que todas ellas son igualmente nocivas y que, a efectos del presente experimento, hay ausencia de superaditividad (es decir, que no se producen efectos sinérgicos).

Caso 2: Administramos al paciente la décima parte de una dosis de cada una de las diez sustancias seleccionadas de ese tipo, de manera que sumen la misma cantidad total de veneno.

Evidentemente, podemos ver que el caso 2, consistente en distribuir el veneno ingerido entre diversas sustancias, es, en el peor de los casos, igual de nocivo (si todas las sustancias venenosas actúan del mismo modo) y, en el mejor, el más próximo a la inocuidad para el paciente.

Densidad de las especies

A la Madre Naturaleza no le gusta el exceso de conectividad y globalización (ya sea biológica, cultural o económica). Uno de los privilegios del que tuve el placer de gozar a consecuencia de este libro fue el de conocer a Nathan Myrrhvold, el tipo de persona del que desearía que se hicieran clones para tener una copia aquí, en Nueva York, otra en Europa y otra en el Líbano. Empecé a reunirme con él de manera regular; cada uno de esos encuentros ha desembocado en una gran idea o en el redescubrimiento de las mías propias a través del cerebro de una persona más inteligente que yo (de hecho, bien podría decirse que él ha sido coautor de mi libro). El pro-

413

blema es que, a diferencia de Spyros y del reducido número de personas que son como él en ese aspecto, Myrrhvold no mantiene sus conversaciones mientras pasea (aunque me he encontrado con él en excelentes restaurantes).

Myrrhvold me enseñó una manera adicional de interpretar y demostrar de qué modo la globalización nos conduce a Extremistán: la noción de la densidad de las especies. Por decirlo en términos simples, los entornos grandes admiten una mayor *escalabilidad* que los pequeños, lo que permite que los peces grandes se hagan aún mayores a costa de los chicos, gracias al mecanismo de apego preferencial que vimos en el capítulo 14. Tenemos indicios de que las islas pequeñas cuentan con muchas más especies por metro cuadrado que las extensas y, por supuesto, que los continentes. Cuanto más viajemos por el planeta, más agudas serán las epidemias: contaremos con una población de gérmenes dominada por un reducido número de especies, y el microbio asesino que prospere como tal se propagará a gran escala con mayor eficacia. La vida cultural estará dominada por menos personas: ya tenemos menos libros por lector en inglés que en italiano (aunque esto incluya también los libros malos). Las empresas serán aún más desiguales en cuanto a su tamaño. Y las modas pasajeras serán más intensas. También lo serán los pánicos bancarios, por descontado.

Repito, no digo que tengamos que detener la globalización y prohibir los viajes. Tan sólo necesitamos ser conscientes de los efectos secundarios, de aquello a lo que renunciamos a cambio de lo que obtenemos, y hay muy pocas personas que lo sean. Yo, por mi parte, sí veo los riesgos de que un extraño y grave virus se propague por todo el planeta.

Los otros tipos de redundancia

Hay otras categorías de superfluidad, más complejas y sutiles, que explican cómo sacan partido los elementos de la naturaleza de los Cisnes Negros positivos (y cómo consiguen disponer de un kit de herramientas adicional para sobrevivir a los negativos). Hablaré de ellas muy brevemente, pues constituyen el tema sobre el que se erigirá principalmente mi próximo trabajo sobre el aprovechamiento de los Cisnes Negros a través de la introducción de *ajustes* o de la domesticación de la incertidumbre.

La redundancia funcional, estudiada por los biólogos, obra del modo siguiente: a diferencia de la superfluidad de órganos (la disponibilidad de partes sobrantes allí donde dos o más elementos idénticos pueden desarrollar una misma función), muy a menudo se da el caso de que una misma función puede ser ejercida por dos estructuras diferentes. A veces, se emplea el término *degeneración* (acuñado por Gerald Edelman y Joseph Gally) para referirse a ese fenómeno.

Hay otra redundancia: la que se da cuando un órgano puede emplearse para desarrollar una determinada función que no es su función principal actual. Mi amigo Peter Bevelin vincula esta idea a las «enjutas de San Marcos», a las que se refirió Steven Jay Gould en un conocido ensayo: el espacio necesariamente existente entre los arcos de la catedral veneciana de San Marcos ha propiciado un arte que hoy resulta de central importancia en nuestra experiencia estética cuando visitamos ese monumento. Pues bien, cuando se da lo que hoy llamamos el *efecto enjuta*, un derivado auxiliar de una cierta adaptación desemboca en una nueva función. También es posible concebir esa adaptación como poseedora de una función potencial latente que puede activarse cuando se halla en el entorno apropiado.

La mejor forma de ilustrar esa superfluidad es mediante un aspecto de la historia de la vida del pintoresco filósofo de la ciencia Paul Feyerabend. Feyerabend padecía impotencia permanente por culpa de una herida de guerra, pero se casó en cuatro ocasiones y era mujeriego hasta el punto de dejar tras de sí un largo reguero de novios y esposos desolados a quienes había arrebatado las parejas, así como una lista igualmente larga de corazones rotos, incluidos los de muchas de sus estudiantes (en su tiempo, a los profesores aún se les permitían ciertos privilegios, sobre todo a los catedráticos de filosofía extravagantes como él). Ése fue un logro particularmente asombroso dada su impotencia. Así que tuvo que haber otras partes de su cuerpo con las que lograra satisfacer aquello que las mujeres que se sentían atraídas por aquel hombre buscaban en él.

La Madre Naturaleza creó inicialmente la boca para comer, tal vez también para respirar y, quizá, para alguna otra función relacionada con la existencia de la lengua. Luego, surgieron nuevas funciones que, muy probablemente, no formaban parte del plan inicial. Algunas personas usan la boca y la lengua para besar, o para hacer algo más íntimo a lo que Feyerabend aparentemente sabía recurrir.

Durante los tres últimos años, me ha obsesionado la idea de que, en condiciones de limitaciones epistémicas (entiéndase, de cierta opacidad acerca del futuro), no puede haber progreso (ni supervivencia) sin la presencia de uno de esos tipos de redundancia. Y es que hoy no sabemos lo que podemos necesitar mañana. Esto se contradice frontalmente con la noción de diseño teleológico que todos aprendimos leyendo a Aristóteles, la cual, a su vez, conformó el pensamiento árabe-occidental medieval. Para Aristóteles, un objeto tenía una finalidad clara fijada por su diseñador. Un ojo era para ver; una nariz, para oler. Ése es un argumento racionalista, una manifestación más de lo que yo llamo platonicidad. Pero cualquier cosa que tenga un uso secundario (que no habíamos incluido en el paquete inicialmente contratado) brindará una oportunidad adicional en el momento en que surja una aplicación hasta entonces desconocida o en que aparezca un nuevo entorno. ¡El organismo con el mayor número de usos secundarios será el que más se beneficiará de la aleatoriedad ambiental y de la opacidad epistémica!

Tomemos el caso de la aspirina. Hace cuarenta años, la razón de ser de la aspirina era su efecto antipirético (reductor de la fiebre). Más tarde, fue utilizada por su efecto analgésico (reductor del dolor). También ha sido empleada por sus propiedades antiinflamatorias. Y actualmente se usa mayormente como vasodilatador con el fin de evitar que se reproduzcan ataques cardiacos en pacientes que ya los han sufrido (o para prevenir que se produzcan por primera vez en personas que aún no los han padecido). Lo mismo se puede decir de casi todos los fármacos: muchos acaban usándose por sus propiedades secundarias o terciarias.

Ahora mismo, acabo de echar un vistazo a la mesa de mi despacho de negocios (que no es el literario, pues yo separo lo funcional de lo estético). Tengo un ordenador portátil apoyado sobre un libro, porque me gusta darle algo de inclinación al teclado. El libro es una biografía en francés de la apasionada Lou Andreas Salomé (amiga de Nietzsche y de Freud) que puedo afirmar con casi total seguridad que jamás leeré; lo seleccioné para ese menester por su óptimo grosor. Esto me lleva a reflexionar sobre lo estúpido que resulta pensar que los libros sólo son para leer o que podrían ser sustituidos sin más por archivos electrónicos. Pensemos en el sinfín de redundancias funcionales que nos proporcionan los libros. No podemos impresionar a los vecinos con archivos electrónicos. Tampoco podemos levantar nuestro ego con archivos electrónicos. Los objetos parecen tener funciones auxiliares, invisibles pero significativas, de las que no somos conscientes, pero que los hacen prosperar como tales objetos. Y, en según qué ocasiones (como sucede con los libros decorativos), la función auxiliar se convierte en la principal.

Así pues, cuando disponemos de muchas redundancias funcionales, el efecto neto de la aleatoriedad es positivo, pero siempre con una condición: que dicha aleatoriedad pueda beneficiarnos más de lo que pueda perjudicarnos (un argumento que, en un sentido más técnico, denomino *convexidad hacia la incertidumbre*). Éste es sin duda el caso de muchas aplicaciones de ingeniería, en las que unas herramientas surgen de otras.

Otra actividad en la que me hallo actualmente absorto es el estudio de la historia de la medicina, una disciplina que procedió penosamente bajo esa falsa ilusión aristotélica de finalidad y sometida al dictado de los métodos racionalistas de Galeno, que mataron a tantas personas mientras los médicos creían que las estaban curando. Nuestra psicología conspira contra nosotros mismos: a las personas nos gusta ir hacia un destino preciso antes que enfrentarnos a cierto grado de incertidumbre, aunque éste sea beneficioso. Y la investigación misma, la forma en que se diseña y se financia, parece ser teleológica, orientada a resultados precisos en vez de a la búsqueda de la máxima exposición posible a horquetas o bifurcaciones en nuestro camino.

He bautizado esta idea con otros nombres más complejos (además del de *convexidad*), como el de *opcionalidad* —pues el azar nos da la opción de llevarnos algún regalo—, pero ésta es una parte en la que aún estoy trabajando. El progreso que emerge del segundo tipo de aleatoriedad es lo que yo llamo *ajustes* (o *bricolaje*), que será el tema de mi próximo libro.

Distinciones sin diferencia, diferencias sin distinción

He aquí un beneficio más de la duplicación. A lo largo de este libro, me he centrado en la ausencia de distinciones prácticas entre nociones tan diversas como la suerte, la incertidumbre, la aleatoriedad, la información incompleta y los sucesos fortuitos, usando el simple criterio de la predictibilidad, que hace que todos ellos sean funcionalmente iguales. La probabilidad puede consistir en grados de fe o de creencia, en algo que utilizamos para hacer una apuesta, o en algo más físico relacionado con el verdadero azar (el denominado «óntico», como veremos más adelante). Parafraseando a Gerd Gigerenzer, una «probabilidad del 50 % de que mañana llueva» en Londres puede significar que lloverá la mitad del día, mientras que en Alemania signifique que la mitad de los expertos creen que lloverá (y en Brooklyn, añado yo, que el mercado de apuestas en el bar está de tal modo que hay que pagar 50 centavos para ganar un dólar apostando a que llueve).

Para los científicos, el tratamiento es siempre el mismo. Usamos la misma ecuación para describir una distribución de probabilidad con independencia de si la probabilidad es un grado de creencia o algo diseñado por Zeus porque creemos que es él quien decide el resultado de los dados. Para nosotros, los probabilistas (las personas que trabajamos con la probabilidad en un contexto científico), la probabilidad de un suceso —la definamos como la definamos— no es más que la asignación a éste de un peso entre 0 y 1, al que denominamos la medida del conjunto en cuestión. Asignar nombres y símbolos diferentes para cada tipo de probabilidad distraería demasiado nuestra atención e impediría la transferencia de resultados analíticos de un campo a otro.

Pero, para un filósofo, la cosa es totalmente distinta. Yo almorcé en dos ocasiones —separadas por tres años de diferencia— con el filósofo (analítico) Paul Boghossian: la primera, tras la finalización de la primera edición de *El cisne negro*; la segunda, al terminar el presente posfacio. Durante la primera conversación, él me dijo que, desde un punto de vista filosófico, es un error mezclar la probabilidad entendida como medida del grado racional de creencia de alguien con la probabilidad entendida como una propiedad de los sucesos mundanos. A mi entender, eso significaba que no deberíamos usar el mismo lenguaje matemático (por ejemplo, el mismo símbolo, p) ni la misma ecuación para los diferentes tipos de probabilidad. Pasé tres años preguntándome si él tenía razón o no, si ésta era una *redundancia buena*. Luego, volví a almorzar con él, aunque en un restaurante mejor (y más acogedor).

Me advirtió entonces de una expresión que emplean los filósofos: «la distinción sin diferencia». Fue ahí cuando me di cuenta de lo siguiente: hay distinciones que los filósofos usan y que tienen sentido filosófico, pero que no parecen tener sentido en la práctica, y que, aun así, pueden resultar necesarias para profundizar en una idea y podrían incluso tener sentido en la práctica si se diera un cambio de entorno.

Consideremos, si no, lo contrario: las diferencias sin distinción. Éstas pueden ser brutalmente engañosas. La gente usa el mismo término, *medición*, para medir una mesa con una regla y para medir el riesgo, cuando este segundo cálculo es una predicción o algo parecido. Y la palabra *medición* transmite una falsa ilusión de conocimiento que puede ser fuente de una grave distorsión: veremos aquí que, psicológicamente, somos muy vulnerables a los términos que utilizamos y a cómo enmarcamos la realidad. En definitiva, si usáramos el concepto de *medición* para la mesa y el de *predicción* para el riesgo, no veríamos explotar tantos pavos por culpa de Cisnes Negros.

Las mezclas de vocabulario han sido muy habituales a lo largo de la historia. Permítanme que retome la idea del azar y la probabilidad. En cierto momento de la historia, se usaba la misma palabra latina, *felix* (de *felicitas*), para designar tanto a la persona afortunada como a la feliz. (La fusión de felicidad y suerte era explicable en un contexto como el de la Antigüedad, pues la diosa Felicitas representaba ambas cosas.) La palabra inglesa *luck* («suerte») proviene del germánico *Glück*, felicidad. Un antiguo habría considerado inútil cualquier distinción entre ambos conceptos, pues todas las personas afortunadas parecen felices; no se le habría ocurrido que alguien pueda ser feliz sin tener buena suerte en la vida. Pero en un contexto moderno, necesitamos extraer y separar la suerte de la felicidad (la utilidad de la probabilidad) para efectuar un análisis psicológico de la toma de decisiones. (Bien es cierto que no es fácil desenredar un concepto del otro simplemente observando cómo las personas toman decisiones en un entorno probabilístico. Los individuos pueden temer tanto a las cosas negativas que puedan sucederles que tiendan a pagar una sobretasa para asegurarse, y eso, a su vez, podría inducirnos erróneamente a pensar que creen que el suceso adverso es altamente probable.) Hoy podemos ver que la ausencia de esa precisión en el lenguaje de los antiguos lo hace bastante confuso para nosotros; pero para los antiguos, establecer la distinción que nosotros establecemos habría sido una redundancia.

Sólo comentaré brevemente la crisis de 2008 (que se produjo tras la publicación del libro y que fue muchas cosas, pero *en ningún caso* un Cisne Negro, sino solamente el producto de la fragilidad de unos sistemas erigidos sobre la ignorancia —y la negación— de la noción misma de los sucesos de tipo Cisne Negro. Cualquiera sabe con casi total certeza que un avión pilotado por un incompetente acabará por estrellarse.)

¿Por qué brevemente? *Primo*, éste no es un libro de economía, sino un trabajo sobre el carácter incompleto del conocimiento y sobre los efectos de la incertidumbre de impacto elevado; da la casualidad de que los economistas son la especie más ciega a la existencia de Cisnes Negros que puebla este planeta. *Secundo*, prefiero hablar de sucesos *antes* (y no *después*) de que tengan lugar. Pero la población en general confunde lo prospectivo con lo retrospectivo. Los mismos periodistas, economistas y expertos políticos que no vieron venir la crisis proporcionaron abundantes análisis a posteriori acerca de su inevitabilidad. El otro motivo, el de verdad, es que la crisis de 2008 no tiene para mí el suficiente interés intelectual: no hay nada en los acontecimientos y su posterior evolución que no hubiera ocurrido ya antes a una escala más reducida (por ejemplo, en el caso de los bancos que perdieron en 1982 hasta el último centavo que habían ganado hasta entonces). Esa crisis no fue más que una oportunidad financiera para mí, como comentaré más adelante. Lo cierto es que releí mi libro y no encontré nada que añadir al texto, nada con lo que no nos hubiéramos encontrado ya en un momento u otro de la historia en el caso de otras debacles anteriores, nada de lo que hubiera aprendido alguna cosa. Nada, por desgracia.

El corolario es evidente: dado que la crisis de 2008 no tiene nada de nuevo, nada aprenderemos tampoco de ella y seguiremos cometiendo el mismo error en el futuro. Y hay indicios de ello en el momento mismo en el que escribo: el FMI continúa emitiendo predicciones (sin reparar en que las anteriores no funcionaron y que los pobres «primos» que se fiaron de ellas van a meterse en un buen lío... una vez más); los profesores de economía siguen usando el paradigma gaussiano; y la actual administración estadounidense está nutridamente poblada de especialistas en exacerbar el error de modelo hasta proporciones industriales y en hacer que nos basemos en modelos incluso mucho más que antes.*

Y, sin embargo, la crisis nos ofrece un ejemplo claro de la necesidad de robustez que vale la pena comentar aquí.

Durante los últimos 2.500 años de recopilación y registro de ideas, sólo los tontos y los platónicos (o, peor aún, los miembros de esa especie particular formada por los presidentes y consejeros de administración de los bancos centrales) han creído en las utopías prediseñadas. Veremos en el apartado dedicado al Cuarto Cuadrante que, de lo que se trata, no es de corregir errores y eliminar la aleatoriedad de la vida social y económica a través de la política monetaria, las subvenciones, etc. *Se trata, simplemente, de dejar que las equivocaciones y los errores de cálculo humanos permanezcan confinados dentro de unos límites*, y de impedir que se extiendan al conjunto del sistema, como la Madre Naturaleza ya lo impide en su seno. Reducir la volatilidad y la aleatoriedad corriente aumenta nuestra exposición a los Cisnes Negros: sólo sirve para crear una calma artificial.

Mi sueño sería que hubiera una verdadera epistemocracia, es decir, una sociedad robusta frente a los errores de los expertos, a los errores de predicción y a la *hibris* (o el orgullo desmedido); una sociedad que pueda ser resistente a la incompetencia de los políticos, los reguladores, los economistas, los presidentes y consejeros de los bancos centrales, los banqueros, los analistas de políticas públicas y los epidemiólogos. No podemos hacer que los economistas sean más científicos; no podemos hacer que los seres humanos sean más racionales (sea lo que sea que signifique tal cosa); no podemos hacer que desaparezcan las modas pasajeras. La solución es incluso sencilla en cuanto logramos aislar los errores dañinos, como veremos en el Cuarto Cuadrante que presentaré más abajo.

Así que, actualmente, me encuentro dividido entre a) mis ganas de pasar tiempo rumiando mis ideas en cafés europeos y en la tranquilidad de

---

* Es evidente que la totalidad de los miembros del *establishment* del mundo de la economía (formado por el millón aproximado de personas en todo el planeta que se dedican a algún aspecto del análisis, la planificación, la gestión de riesgos y la predicción económicas) acabaron convertidos en pavos por culpa de un error tan simple como el de no comprender la estructura de Extremistán, de los sistemas complejos y de los riesgos ocultos, al tiempo que confiaban en estúpidos indicadores y predicciones de riesgos; y todo ello, a pesar de la experiencia pasada, como si nada de eso hubiera fallado ya antes.

mi estudio, o buscando a personas con las que pueda conversar paseando tranquilamente por algún agradable escenario urbano, y b) la sensación de deber que me llama a dedicarme al activismo dirigido a robustecer la sociedad, hablando con personas carentes de interés y sumergiéndome en la cacofonía del antiestético mundo periodístico y mediático, yendo a Washington para ver a farsantes trajeados por las calles, teniendo que defender mis ideas esforzándome al mismo tiempo por pulir y disimular el poco respeto que le tengo a toda esa gente. Esto ha sido muy negativo para mi vida intelectual. Pero existen ciertos trucos. Uno muy útil, según pude descubrir por mí mismo, consiste en no escuchar la pregunta del entrevistador y responderle cualquier cosa en la que uno haya estado pensando recientemente. Por sorprendente que parezca, ni los entrevistadores ni la audiencia nota la ausencia de correlación entre pregunta y respuesta.

Una vez me seleccionaron para formar parte de un grupo de cien personas que debíamos reunirnos en Washington para debatir durante dos días cómo resolver los problemas de la crisis iniciada en 2008. Casi todos los peces gordos fueron invitados. Tras una hora de encuentro, y durante un discurso del primer ministro de Australia, tuve que salir de la sala porque ya no podía soportar más el tormento. La espalda empezó a dolerme de tanto mirar los rostros de aquellas personas. La esencia del problema era que ninguna de ellas conocía la esencia del problema.

Todo esto me ha convencido de que hay una única solución para el mundo y que ésta debe diseñarse siguiendo unas líneas muy simples de robustez frente a los Cisnes Negros; si no, explotará.

Así que actualmente estoy sin compromiso. He vuelto a mi biblioteca. Ni siquiera estoy experimentando frustración alguna, ni siquiera me importa cómo pueden hacer los pronosticadores que la sociedad salte por los aires, y ni siquiera pueden ya irritarme los crédulos de la aleatoriedad (antes al contrario), y todo ello gracias seguramente a otro descubrimiento ligado a una aplicación particular del estudio de los sistemas complejos, a Extremistán y a esa ciencia de las caminatas.

Sección 2

POR QUÉ DOY TODOS ESOS PASEOS, O DE CÓMO SE VUELVEN FRÁGILES LOS SISTEMAS

Aprendamos de nuevo a caminar - De templanza no sabía nada - ¿Atraparé a Bob Rubin? Extremistán y los viajes con Air France

UNAS CUANTAS HALTERAS MÁS

Gracias, de nuevo, a la difusión que ha tenido el libro, fui alertado sobre un nuevo aspecto acerca de la robustez en sistemas complejos, una advertencia que me llegó de la más inesperada de las fuentes. La idea provino de dos autores y profesionales del *fitness* que integraron las nociones de aleatoriedad y Extremistán (aunque de la variedad Cisne Gris) en nuestra forma de entender la dieta y el ejercicio humanos. Curiosamente, la primera de esas personas, Art de Vany, es la misma que estudió Extremistán en el terreno de las películas (véase el capítulo 3). La segunda, Doug McGuff, es médico. Y ambos pueden hablar de forma física con toda propiedad, en especial Art, quien, a sus setenta y dos años, tiene el aspecto que un dios griego tendría con cuarenta y dos. Ambos hicieron referencia a ideas de *El cisne negro* en sus obras y propusieron otras vinculadas con ellas; y yo no era en absoluto consciente de ello.

Luego, para mayor vergüenza mía, descubrí lo siguiente. Me había pasado la vida reflexionando sobre la aleatoriedad; había escrito tres libros sobre cómo abordarla (uno de ellos técnico); me vanagloriaba de ser experto en el tema del azar desde toda clase de enfoques (desde el matemático hasta el psicológico); y había pasado por alto algo tan crucial como que los organismos vivos (da igual que hablemos del cuerpo humano como de

423

la economía) *necesitan* variabilidad y aleatoriedad. Más aún, necesitan la variabilidad propia de Extremistán: ciertos elementos estresantes extremos. Sin ella, se tornan frágiles. Eso era algo que se me había escapado por completo.*

Los organismos, por usar la metáfora de Marco Aurelio, necesitan convertir los obstáculos en combustible, tal como hace el fuego.

Embrutecido por el entorno cultural y por mi educación, vivía bajo la ilusión de que el ejercicio y la nutrición constantes eran buenos para la salud. No me había dado cuenta de que, con ello, estaba cayendo en los argumentos racionalistas malignos, en la proyección platónica de nuestros deseos en el mundo. Peor aún, me habían lavado el cerebro a pesar de que yo ya tenía todos los hechos y los datos en mi cabeza.

A partir de los modelos de depredador-presa (el tipo de dinámica de la población conocido como Lotka-Volterra), yo sabía ya que las poblaciones experimentan variabilidad del estilo de Extremistán y que, en consecuencia, los predadores pasan necesariamente por períodos alternantes de copiosidad y hambre. Entre ellos estamos nosotros, los humanos; por lo tanto, hemos tenido que ser diseñados para experimentar tanto el hambre como la abundancia extremas. Así que nuestra ingesta de alimento tenía que ser fractal. Ni una sola de las personas que promueve la idea de las «tres comidas al día» y del «comer con moderación» la ha contrastado empíricamente para ver si esa práctica resulta más saludable que los ayunos intermitentes seguidos por copiosos festines.**

Pero las religiones de Oriente Próximo (el judaísmo, el islam y el cristianismo ortodoxo) sí lo sabían, desde luego (como también sabían la necesidad de evitar las deudas), y por eso imponían días de ayuno.

---

* Hay que diferenciar entre los elementos estresantes y la exposición tóxica que debilita los organismos, como en el caso de la radiación que comenté en el capítulo 8 con la historia de las ratas.

** Este problema tiene una dimensión que entra dentro del terreno de la sociología de la ciencia. El periodista y divulgador científico Gary Taubes me ha convencido de que la mayoría de las recomendaciones dietéticas (referidas a la reducción de grasas en las dietas) son contrarias a la evidencia disponible. Puedo entender que alguien tenga ciertas creencias sobre cuestiones naturales sin justificarlas empíricamente; las que ya no comprendo son aquellas creencias que contravienen tanto las pruebas de la naturaleza como las de la ciencia.

También sabía yo que el tamaño de las piedras y los árboles era fractal hasta cierto punto (llegué incluso a escribir sobre ello en el capítulo 16). La mayor parte del tiempo, nuestros ancestros tenían que levantar piedras muy ligeras, elementos no muy estresantes para ellos; sólo una o dos veces por década, se veían en la necesidad de levantar una piedra de enormes dimensiones. Así que ¿de dónde habrá salido esa idea sobre las bondades del ejercicio «constante»? Nadie se dedicaba en el Pleistoceno a hacer 42 minutos diarios de *jogging*, tres veces a la semana, ni a levantar pesas todos los martes y viernes con un intimidador (aunque, por lo demás, simpático) entrenador personal, ni a jugar a tenis todos los sábados por la mañana a las once en punto. Ni siquiera los cazadores. Más bien, pasábamos de un extremo al otro: en aquella época los humanos esprintábamos cuando nos perseguían o cuando éramos nosotros los que perseguíamos (y muy de vez en cuando, nos veíamos obligados a correr haciendo un esfuerzo extenuante hasta el extremo), y pasábamos el resto del tiempo deambulando sin rumbo fijo. Las maratones son una abominación moderna (sobre todo, cuando se practican sin estímulos emocionales).

He aquí otra aplicación de la estrategia de la haltera: mucha ociosidad con alguna intensidad elevada intercalada de vez en cuando. Los datos muestran que las caminatas largas (muy largas) combinadas con ejercicio de alta intensidad funcionan mejor que correr sin más.

No estoy hablando de las «caminatas a buen ritmo» de las que a veces leemos en la sección de salud del *New York Times*. Me refiero a caminar sin hacer ningún esfuerzo.

Pensemos, además, en la correlación negativa entre gasto e ingestión de calorías: cazábamos en respuesta al hambre; no desayunábamos para ir a cazar, sino que la caza acentuaba nuestros déficits energéticos.

Si privamos a un organismo de elementos estresantes, afectamos a su epigenética y a su expresión génica: algunos genes son sobrerregulados (o infrarregulados) en contacto con el entorno. Una persona que nunca se enfrenta a ningún elemento estresante no sobrevivirá a un posible encuentro con alguno de ellos. Consideremos, si no, lo que le sucede a la fuerza de una persona cuando ésta pasa un año entero en cama, o lo que le ocurriría a alguien que haya crecido en un ambiente estéril si un día sube al metro de Tokio, donde los pasajeros viajan apretados como sardinas.

¿Por qué estoy utilizando argumentos evolucionistas? No porque la evolución sea óptima, sino por razones puramente epistemológicas: las de cómo abordar un sistema complejo con vínculos causales opacos e interacciones enrevesadas. La Madre Naturaleza no es perfecta, pero, hasta el momento, ha demostrado ser más inteligente que los seres humanos, y sin duda mucho más que los biólogos. De ahí que mi enfoque consista en combinar la investigación basada puramente en pruebas (despojadas de toda teoría biológica) con el principio apriorístico de que nadie tiene más autoridad que la Madre Naturaleza.

Tras mi particular momento de revelación, decidí emprender un estilo de vida acorde con una estrategia de la haltera propia de Extremistán y bajo la guía de Art de Vany: paseos largos, muy largos, lentos, meditativos (o conversacionales), en un entorno urbano estimulante, pero jalonados de brevísimos *sprints* ocasionales (y aleatorios), para los que me motivaba imaginándome —indignado— que perseguía al banquero mafioso Robert Rubin con un gran bastón, tratando de darle caza y una buena ración de justicia humana. Acudía sin ninguna regularidad, aleatoriamente, a instalaciones donde pudiera practicar el levantamiento de pesas a fin de hacer gimnasia puramente estocástica (normalmente, en los hoteles, cuando estaba de viaje). Como los sucesos de tipo Cisne Gris, esos períodos de levantamiento de pesas eran muy, pero que muy raros, aunque sumamente efectivos; los realizaba tras un día de semiayuno y me dejaban totalmente agotado. A continuación, llevaba una vida completamente sedentaria durante semanas, en las que me hacía asiduo de las mesas de los cafés. Incluso la duración de los períodos de gimnasia era aleatoria, aunque, en su mayoría, eran muy breves, de menos de quince minutos. En esos momentos, buscaba minimizar el aburrimiento y no dejaba de mostrarme muy amable con los empleados de los gimnasios, que calificaban de «errático» mi patrón de ejercitación. También me sometía a veces a cierta variabilidad térmica exponiéndome al frío extremo sin abrigo. Gracias a los viajes transcontinentales y al *jet lag*, pasaba períodos de privación del sueño seguidos de otros de descanso excesivo. Cuando viajaba a sitios con buenos restaurantes (por ejemplo, a Italia), comía en cantidades que habrían impresionado al mismísimo Tony el Gordo, pero luego pasaba un tiempo saltándome comidas sin sufrir por ello. Fue entonces, tras dos años y medio de tan aparentemente «insano» régimen, cuando empecé a apreciar cambios significativos en mi propio físico con acuerdo a todos los criterios posibles: ausencia de tejido adiposo innecesario, presión sanguínea de un joven de veintiún años de edad, y otros fenómenos por el estilo. Ahora también tengo una mente más clara y mucho más aguda.

Así pues, la idea principal consiste en renunciar a duración a cambio de intensidad (a cambio de una ganancia hedónica). Recordemos el razonamiento que expuse en el capítulo 6 a propósito de los efectos hedónicos. Del mismo modo que las personas prefieren las pérdidas grandes pero repentinas a las pequeñas pero regulares, del mismo modo que nos insensibilizamos al dolor cuando traspasamos un cierto umbral, también las experiencias desagradables —como hacer ejercicio sin estímulos externos (en un gimnasio, por ejemplo) o pasar tiempo en Nueva Jersey— deben ser tan concentradas e intensas como resulte posible.

Otra manera de ver la conexión de lo anterior con la idea del Cisne Negro es la siguiente. La termodinámica clásica produce variaciones gaussianas, mientras que las variaciones informativas son propias de Extremistán. Me explico. Si usted considera su dieta y su ejercicio como simples déficits y excedentes de energía, y aplica una ecuación directa de calorías ingeridas y calorías quemadas, acabará por caer en la trampa de especificar erróneamente el sistema en forma de vínculos causales y mecánicos simples. Su ingestión de alimento se convierte así en el equivalente de llenar el depósito de combustible de su BMW nuevo. Si, por el contrario, usted concibe la comida y el ejercicio como señales metabólicas activadoras, generadoras de cascadas y no linealidades metabólicas potenciales (resultantes de unos efectos de red), y con una serie de vínculos recursivos, entonces bienvenido sea a la complejidad, o, lo que es lo mismo, a Extremistán. Tanto la comida como los momentos de ejercicio proporcionan a su cuerpo información acerca de los elementos estresantes presentes en el entorno. Como he venido diciendo hasta aquí, la aleatoriedad informativa es propia de Extremistán. La medicina cayó en la trampa de recurrir a la termodinámica simple, con la misma envidia de la física, la misma mentalidad y las mismas herramientas con las que los economistas afrontaron en su momento el análisis de la economía, concibiéndola como una red de vínculos simples.* Y tanto los seres humanos como las sociedades son sistemas complejos.

* Las ecuaciones financieras usadas por los villanos del «andar aleatorio» se basan en la difusión del calor.

427

Ahora bien, estas ideas sobre el estilo de vida no proceden de la mera autoexperimentación ni de ninguna teoría salida de la cabeza de un curandero. Todos los resultados estaban perfectamente previstos a partir de la investigación basada en pruebas y sometida a revisión de iguales que teníamos ya a nuestra disposición. El hambre (o el déficit energético episódico) fortalece el cuerpo y el sistema inmune, y ayuda a rejuvenecer las células del cerebro, a debilitar las cancerosas y a prevenir la diabetes. El problema era simplemente que el pensamiento actual no sintonizaba con la investigación empírica (algo similar a lo que sucede con la economía). Yo fui capaz de recrear el 90 % de los beneficios del estilo de vida cazador-recolector con un mínimo esfuerzo, sin comprometer un estilo de vida moderno, rodeado de la estética de un entorno urbano (la naturaleza me aburre sobremanera y prefiero pasear por el barrio judío de Venecia que pasar un tiempo en Bora Bora).*

Si aplicáramos ese mismo argumento en la vida económica, podríamos reducir un 90 % de los riesgos de Cisne Negro hoy presentes en ella... simplemente, eliminando la deuda especulativa.

Lo único que falta actualmente en mi vida es el pánico: pánico como el que me provocaría, por ejemplo, encontrarme con una serpiente gigante en mi biblioteca, o ver al economista Myron Schole entrar armado hasta los dientes en mi dormitorio en plena noche. Carezco de lo que el biólogo Robert Sapolsky llama el aspecto beneficioso del estrés agudo, comparado con el aspecto perjudicial del estrés monótono y aburrido (un ejemplo más de haltera, pues la ausencia generalizada de estrés salpicada de breves momentos de estrés extremo es infinitamente mejor que el hecho de vivir con algo de estrés —como el provocado por las preocupaciones hipotecarias— todo el tiempo).

* El argumento que tan a menudo se oye, según el cual las personas primitivas vivían *de media* menos de treinta años, ignora la distribución de edades en torno a ese promedio; la esperanza de vida tiene que ser analizada condicionalmente. Muchos individuos tenían una muerte temprana a causa de heridas y lesiones; pero otros muchos vivían vidas muy largas (y sanas). Éste es exactamente el error elemental de quien es «engañado por la aleatoriedad» (y se fía fundamentalmente de la «media» despreciando la varianza) que induce a tantas y tantas personas a infravalorar los riesgos en el mercado bursátil.

Hay quien ha argüido que los beneficios que mi salud ha experimentado se deben a las largas caminatas, de entre diez y quince horas semanales aproximadamente (aunque nadie me ha explicado por qué deberían contar como ejercicio físico, ya que camino muy pausadamente), mientras que otros dicen que la raíz de esos beneficios está en mis pocos minutos de *sprint*; he tenido el mismo problema para explicar la inseparabilidad de ambos extremos que tuve para explicar las desviaciones económicas. Si tenemos elementos estresantes agudos seguidos de períodos de descanso, ¿cómo podemos separar el estrés de la recuperación posterior? Extremistán se caracteriza por ambos extremos diametralmente opuestos: una cuota elevada de bajo impacto y una cuota baja de impacto elevado. Pensemos que la presencia de concentración (en este caso, de gasto de energía) requiere que un número elevado de observaciones no contribuyan a nada más que a la dilución de aquélla, del mismo modo que la condición que permite explicar la volatilidad del mercado por los auges repentinos de éste (hasta el punto, por ejemplo, de que un solo día represente la mitad de la varianza de todo un período de cinco años) exige que la mayoría de los demás días se mantengan en niveles sumamente tranquilos. Si uno de cada millón de escritores suma la mitad de las ventas, es necesario que otros muchos no vendan ningún libro.

Ésa es la trampa del pavo de la que hablaré más adelante: los filisteos (y los presidentes de la Reserva Federal) confunden los períodos de baja volatilidad (causada por las políticas de estabilización) con períodos de bajo riesgo, y no con virajes hacia Extremistán.

Bienvenidos al Extremistán gris. No interfieran demasiado en el sistema complejo que la Madre Naturaleza les ha dado: sus cuerpos.

Cuidado con la estabilidad manufacturada

Aplicando una variante de ese mismo razonamiento, es posible ver que el miedo a la volatilidad que he mencionado antes y que nos lleva a interferir en la naturaleza hasta el punto de imponer la «regularidad» nos vuelve más frágiles en toda una serie de terrenos. La prevención de pequeños incendios forestales allana el camino para que se produzcan otros mucho más extremos; la administración de antibióticos cuando no son necesarios nos hace más vulnerables a las epidemias graves (y quizás a la más considerable de todas, la gran infección que será resistente a todos los antibióticos conocidos y viajará a bordo de Air France).

Esto me lleva a hablar de otro organismo: la vida económica. Nuestra aversión a la variabilidad y nuestro deseo de orden (y el hecho de que nuestros actos obedezcan a esos sentimientos) han contribuido a precipitar graves crisis. Agrandar algo artificialmente (en lugar de dejar que muera prematuramente si no es capaz de sobrevivir a los elementos estresantes) lo hace cada vez más vulnerable a un colapso muy grave (como mostré al apuntar la correlación positiva entre la vulnerabilidad a los Cisnes Negros y el incremento de tamaño). Otra de las cosas que vimos en la debacle de 2008: el gobierno estadounidense (o, mejor dicho, la Reserva Federal) llevaba años tratando de aplanar el ciclo económico y, con ello, nos había dejado crecientemente expuestos a una desintegración severa. Ése es el argumento que justifica mi oposición a las políticas de «estabilización» y de fabricación artificial de un entorno no volátil. Más adelante, me extenderé sobre esta cuestión. De momento, comentaré algunas cosas acerca de la idea misma del Cisne Negro que no parecen penetrar nuestra conciencia con facilidad. Como era de prever.

MARGARITAS ANTE PORCOS*

Cómo no vender libros en los aeropuertos - Agua mineral en el desierto - Cómo denigrar las ideas de otras personas y triunfar en el intento

Permítanme que comience de nuevo. *El cisne negro* es un libro sobre limitaciones epistémicas trascendentales: me refiero tanto a los límites del conocimiento de raíz psicológica (como la *hibris* y los sesgos) como a los de naturaleza filosófica (matemática), y tanto a los individuales como a los colectivos. Hablo de «trascendentales» porque me centro en los sucesos raros que acarrean consecuencias importantes, pues nuestro conocimiento (tanto empírico como teórico) queda desarmado por ellos: cuanto más remotos son los sucesos, menos podemos predecirlos, pese a ser los que mayor impacto tienen. Así pues, *El cisne negro* trata del error humano en algunos terrenos, error inflado por una larga tradición de cientificismo y por una plétora de información que alimenta la confianza sin incrementar el conocimiento. Aborda el problema de los expertos: el perjuicio ocasionado por la confianza en los charlatanes de aspecto científico, vengan o no equipados con ecuaciones, o en los científicos convencionales que, aun sin ser charlatanes, sí pecan de confiar en sus métodos más de lo que sería justificable conforme a la evidencia disponible. El foco de atención está puesto, pues, en el hecho de no ser el pavo en aquellos lugares en los que eso importa, si bien nada de malo hay en ser imbécil allí donde tal cosa no acarrea consecuencias.

PRINCIPALES ERRORES A LA HORA DE ENTENDER EL MENSAJE

Enunciaré brevemente algunas de las dificultades típicas a la hora de entender el mensaje y las ideas de este libro, dificultades con las que, por lo

---

* La manera latina de decir «margaritas a los cerdos».

general, se han encontrado los profesionales del ámbito (mucho más, sorprendentemente, que el lector desinteresado, el *amateur*, mi amigo). He aquí una lista:

1) Confundir el Cisne Negro (así, con mayúsculas) con el problema lógico. (Equivocación cometida por intelectuales británicos; los intelectuales de otros países no saben suficiente filosofía analítica como para incurrir en ese error.)*

2) Decir que con los mapas que teníamos estábamos mejor que sin ningún mapa. (Esto lo decían personas sin experiencia cartográfica, «expertos» en riesgos o, peor aún, empleados del Banco de la Reserva Federal de los Estados Unidos.)

Este último es el más extraño de los errores. No conozco a muchas personas que estén dispuestas a subir a bordo de un avión con destino al aeropuerto de La Guardia en Nueva York pilotado por un comandante que se empeñe en utilizar un plano del aeropuerto de Atlanta «porque no tiene otra cosa a mano». En un caso así, las personas que tengan un cerebro operativo preferirían ir en coche, subirse a un tren o quedarse en casa. Pero en cuanto esas mismas personas se sitúan en un contexto económico, todas prefieren usar profesionalmente en Extremistán los indicadores y medidas creados para Mediocristán, escudándose en que «no tenemos otra cosa». La idea —tan ampliamente aceptada por nuestras abuelas— de que debemos elegir un destino para el que dispongamos de un buen mapa (y no viajar primero y, luego, buscar «el mejor» mapa disponible) es ajena a los doctores y las doctoras en ciencias sociales.

3) Creer que un Cisne Negro debería ser un Cisne Negro para todos los observadores. (Error cometido por personas que no han pasado mucho tiempo en Brooklyn y carecen del conocimiento del ambiente de la calle y de la inteligencia social necesaria para darse cuenta de que *algunas* personas son muy crédulas.)

4) No comprender el valor de los consejos en negativo («no hagas») y escribirme pidiéndome algo «constructivo» o un «siguiente paso». (Error

---

* La mayoría de los intelectuales continúa atribuyendo la expresión «cisne negro» a Popper o a Mill, o, en ocasiones, a Hume, a pesar de la cita de Juvenal. La expresión latina «*niger Cygnus*» podría ser incluso más antigua, posiblemente, de origen etrusco.

cometido habitualmente por presidentes de grandes empresas y por quienes querrían serlo algún día.)*

5) No entender que no hacer nada puede ser mucho más preferible que hacer algo potencialmente dañino. (Error cometido por la mayoría de las personas que no son abuelas.)

6) Aplicar a mis ideas etiquetas (como *escepticismo*, *colas gruesas*, *leyes de potencias*) sacadas de la estantería de un supermercado e identificar esas ideas con tradiciones de investigación inadecuadas (o, peor aún, afirmar que lo que yo aplicaba era la «lógica modal», la «lógica difusa», o cualquier otra cosa que al comentarista de turno le sonara vagamente familiar). (Error cometido por titulados universitarios de ambas costas.)

7) Pensar que *El cisne negro* trata de los errores que se cometen al usar la curva de campana, que supuestamente todo el mundo conocía ya, y que tales errores pueden remediarse sustituyendo un número del conjunto de Mandelbrot por otro. (Error en el que incurre la especie pseudocientífica de los profesores titulares de finanzas, como, por ejemplo, Kenneth French.)

8) Asegurar en 2008 que «todo esto ya lo sabíamos» o que «no hay nada de nuevo» en mi idea, para quedar luego atrapados por la crisis que estalló inmediatamente después. (Error cometido por el mismo tipo de profesores titulares que el antes mencionado, aunque éstos en concreto fueron a trabajar a Wall Street y ahora están arruinados.)

9) Confundir mi idea con el concepto de falsación de Popper, o tomar cualquiera de mis ideas y encajarla en una categoría prefabricada que suene familiar. (Errores cometidos, en su mayor parte, por sociólogos, por profesores de ciencia política de Columbia y por otros que tratan de ser intelectuales multidisciplinares aprendiendo palabras de moda en Wikipedia.)

---

* Una confusión frecuente: la gente cree que lo que sugiero es que los agentes apuesten por que los Cisnes Negros tendrán lugar, cuando lo que digo en realidad es que deberían evitar la posibilidad de que ellos mismos exploten en el caso de que se produzca un Cisne Negro. Como veremos en la sección 4, abogo por la omisión, no por la comisión. La diferencia es enorme, pero me he sentido completamente abrumado ante la inmensa cantidad de personas que se preguntaban si uno puede «morir desangrado» apostando a que acaecerán Cisnes Negros, como Nero, Giovanni Drogo o el pobre científico que tenía un cuñado rico. Estas personas han elegido como lo han hecho por razones existenciales, que no necesariamente económicas, aun cuando la economía de su estrategia tenga sentido para un colectivo.

10) Tratar las probabilidades (de estados futuros) como si fueran medibles, como si habláramos de la temperatura o del peso de la hermana de cualquiera de ustedes. (Personas que estudiaron un doctorado en el MIT o algo parecido, y que luego fueron a trabajar a otra parte y que actualmente dedican tiempo a leer *blogs.*)

11) Gastar energías en aclarar la diferencia entre aleatoriedad óntica y epistémica (entre el azar auténtico y el provocado por la información incompleta) en vez de centrarse en algo más trascendental como es la diferencia entre Mediocristán y Extremistán. (Personas sin un *hobby*, sin problemas personales, sin amor y con demasiado tiempo libre.)

12) Pensar que lo que yo digo es «no predigan» o «no utilicen modelos» en vez de «no usen predicciones estériles con un enorme error» y «no usen modelos en el Cuarto Cuadrante». (Error propio de la mayoría de las personas que se ganan la vida pronosticando.)

13) Creer equivocadamente que lo que yo vengo a decir es que «las desgracias ocurren», en vez de «aquí es donde ocurren las desgracias». (Muchos de los antiguos directivos perceptores de bonificaciones y primas.)*

Mi verdadero amigo, en realidad, es el *amateur* inteligente, curioso y de mentalidad abierta. Para mí fue una agradable sorpresa descubrir que el *amateur* sofisticado que usa los libros para instruirse a sí mismo, y el periodista (a menos, claro está, que trabaje para el *New York Times*), podían entender mi idea mucho mejor que los profesionales. Los lectores profesionales, menos auténticos, leen demasiado rápido o tienen intereses preconcebidos. Cuando leen por «trabajo» o con la finalidad de afianzar su estatus (para escribir una reseña, por ejemplo), y no para satisfacer una curiosidad genuina, los lectores que acumulan demasiado bagaje (o quizá no el suficiente) tienden a leer con rapidez y eficiencia, escudriñando términos del argot y aprestándose a establecer conexiones con ideas preenvasadas. Esto hizo que, ya desde un primer momento, las ideas expresadas en *El cisne negro* acabasen comprimidas dentro de un marco conocido y *co-*

* Si la mayoría de las personas que han confundido el mensaje parecen trabajar en el mundo de la economía y las ciencias sociales, pero su peso proporcional en el conjunto de los lectores es mucho más reducido, es porque otros miembros de la sociedad que no arrastran tal bagaje captan el mensaje del libro casi de inmediato.

moditizado, como si mis posturas pudiesen comprimirse y encajar dentro de las versiones convencionales del escepticismo, el empirismo, el esencialismo, el pragmatismo, el falsacionismo popperiano, la incertidumbre knightiana, la economía conductual, las leyes de potencias, la teoría del caos, etc. Pero el *amateur* salvó mis ideas. Gracias, lector.

Como ya escribí en su momento, perder un tren sólo duele si comenzamos a correr tras él. Yo no pretendía crear un superventas (pensaba que ya había tenido uno con mi libro anterior y sólo quería producir algo que fuera real), así que me vi obligado a lidiar con un aluvión de agobiantes efectos secundarios. Observé el tratamiento inicial dispensado al libro a raíz de su estatus de bestseller, encasillado en las librerías entre los «libros de ideas» de no ficción, mediático hasta la médula, castrado por un corrector editorial exhaustivo y «competente», y vendido en aeropuertos a hombres de negocios «inteligentes». Dar un libro real a estos ilustrados filisteos culturales (comúnmente llamados lectores de libros de ideas) es como servir un Burdeos añejo a quienes habitualmente beben Coca-Cola Light y escuchar sus comentarios al respecto. Su queja típica es que echan a faltar una serie de «pasos ejecutables» del estilo de los que se exponen en los libros de dietas, o unas «mejores herramientas predictivas», algo muy propio del perfil de quienes acaban convirtiéndose en víctimas típicas del Cisne Negro. Aquí mismo veremos, además, que los charlatanes proporcionan unos muy solicitados consejos en positivo (qué hacer) porque las personas, aquejadas de una dolencia similar al sesgo de la confirmación, no valoran en general los consejos en negativo (qué no hacer). De ahí que un consejo sobre «cómo no arruinarse» no parezca válido. Y, sin embargo, y dado que, con el paso del tiempo, sólo un reducido grupo de compañías no se van a pique, evitar la muerte es el mejor —y más robusto— de los consejos posibles. (Es un consejo particularmente bueno cuando nuestros competidores están pasando ya serias dificultades y nosotros podemos saquear legalmente sus negocios.)* Por otra parte, muchos lectores (por ejemplo, los que trabajan en labores de predicción o en banca) a menudo no compren-

* He aquí una anécdota que ayuda a explicar la crisis de 2008. Un tal Matthew Barrett, expresidente de Barclays Bank y del Bank of Montreal (instituciones ambas que

den que el «paso ejecutable» que les corresponde dar es, simplemente, el de abandonar su profesión y dedicarse a algo más ético.

Además de jugar con (y aprovecharse de) nuestros sesgos mentales y de decir a la gente lo que ésta quiere oír, estos «libros de ideas» suelen revestir sus mensajes de un aborrecible tono investigativo y de autoridad, como si fueran informes de una empresa de consultoría empeñada en hacernos creer que nos está diciendo más de lo que realmente nos dice. Yo mismo ideé un simple test de compresión a partir de una versión de lo que se denomina la complejidad de Kolmogorov, una medida de cuánto puede reducirse un mensaje sin perder su integridad: cuál es la longitud mínima posible a la que podemos reducir un libro sin que se eche a faltar ninguna parte del mensaje que pretendía transmitir ni de sus efectos estéticos. Mi amigo, el novelista Rolf Dobelli (a quien no parece que le guste pasear pausadamente, pues siempre me arrastra con él a hacer excursiones por los Alpes), que es dueño de una empresa que elabora resúmenes de libros y los vende a hombres y mujeres de negocios muy ocupados, me convenció de que el propósito de su compañía es noble y elevado, pues casi todos los libros de negocios pueden ser reducidos y compactados en unas pocas páginas sin pérdida alguna en su mensaje ni en su esencia; sin embargo, las novelas y los tratados filosóficos no pueden comprimirse.

Así pues, un ensayo filosófico es un comienzo, no un final. En mi caso, la misma meditación prosigue de un libro a otro, a diferencia de la obra de un autor de libros de no ficción, que va tocando, por ejemplo, temas distintos y periodísticamente acotados. Yo quiero que mi contribución sea una forma nueva de ver el conocimiento, el inicio mismo de una larga investigación, el principio de algo real. De hecho, ahora mismo (cuando se cumplen ya unos cuantos años de vida de mi libro) estoy contento de ver cómo

---

explotaron por culpa de haber estado expuestas a Extremistán usando métodos de gestión del riesgo propios de Mediocristán), se quejó tras los acontecimientos de 2008 y 2009 de que *El cisne negro* no le dijo nada acerca de lo que «debía hacer a propósito de todo aquello» y que él no podía «dirigir un negocio» preocupándose al mismo tiempo de los riesgos de Cisne Negro. Esta persona nunca ha oído hablar de la noción de fragilidad y robustez ante las desviaciones extremas (algo que ilustra perfectamente mi idea de que la evolución no progresa mediante la enseñanza y el aprendizaje, sino mediante la destrucción).

se ha difundido la idea entre los lectores inteligentes y reflexivos, de cómo ha servido de inspiración a estudiosos de ideas afines a las mías para ir más allá, poniendo los cimientos de nuevos estudios en epistemología, en ingeniería, en educación, en defensa, en investigación de operaciones, en estadística, en teoría política, en sociología, en estudios del clima, en medicina, en derecho, en estética y en seguros (aunque no tanto en el ámbito en el que *El cisne negro* tenía una casi instantánea justificación del más puro estilo Cisne Negro: el de la economía).

Tuve la fortuna de que sólo hicieran falta un par de años (y una grave crisis financiera) para que la República de las Letras se diera cuenta de que *El cisne negro* era un relato filosófico.

Cómo purgar nuestros crímenes

Mis ideas pasaron por dos fases diferenciadas tras la publicación del libro. Durante la primera de ellas, coincidiendo con el momento en que la obra entró en la lista de las más vendidas en casi todos los países donde se publicó, muchos científicos sociales y profesionales de las finanzas cayeron en la trampa de refutarme con el único argumento de que estaba vendiendo demasiados ejemplares y de que mi libro era accesible a muchos lectores. Por consiguiente, decían ellos, era imposible que en él se reflejara ninguna idea original y sistemática: se trataba de una simple «popularización» que no merecía la pena leer y, menos aún, comentar.

El primer cambio de régimen se produjo a raíz de la publicación de la primera parte de un trabajo matemático, empírico y académico, más dificultoso, que expuse en una docena de artículos en diversas revistas especializadas: se trataba de una especie de intento por mi parte de expiar el crimen de haber vendido demasiados libros.* A partir de ahí, silencio.

* Hasta el momento, son unos catorce artículos académicos (pero muy, muy aburridos). (¡Son aburridos tanto de leer como de escribir!) Pese a todo, el número sigue creciendo y se vienen publicando a un ritmo de unos tres al año. Taleb (2007), Taleb y Pilpel (2007), Goldstein y Taleb (2007), Taleb (2008), Taleb (2009), Taleb, Goldstein y Spitznagel (2009), Taleb y Pilpel (2009), Mandelbrot y Taleb (2010), Makridakis y Taleb (2010), Taleb (2010), Taleb y Tapiero (2010a), Taleb y Tapiero (2010b), Taleb y Douady (2010), y Goldstein y Taleb (2010).

En el momento en que esto escribo, sigo sin tener refutación alguna; de hecho, mi artículo sobre el Cuarto Cuadrante publicado en el *International Journal of Forecasting* (y que simplifico en el presente posfacio) aportaba pruebas incontrovertibles de que la mayoría (o, quizá, la totalidad) de los artículos «rigurosos» de economía que emplean elaboradas técnicas estadísticas no constituyen más que pura palabrería, partícipes como son de una estafa colectiva (con difusión de responsabilidades), inutilizable para cualquier tipo de gestión de riesgos. Es evidente que, hasta ahora, y a pesar de alguna que otra campaña de desprestigio (o, mejor dicho, de algún que otro conato de tal campaña), encabezada por lo general por expeces gordos de Wall Street o por bebedores de Coca-Cola Light, nadie ha conseguido presentar una refutación formal (o siquiera informal) de la idea: ni de los argumentos lógico-matemáticos, ni de los argumentos empíricos.

De lo que sí me percaté, entre tanto, fue de la existencia de algo muy valioso en el envasado mismo de la idea de Cisne Negro. Del mismo modo que, en *¿Existe la suerte?: Las trampas del azar*, yo había sostenido (inicialmente, a partir de mi experiencia personal) que hablar de un «70 % de probabilidades de supervivencia» es infinitamente diferente que hablar de un «30 % de probabilidades de morir», también me di cuenta de que decir a los investigadores «aquí es donde vuestros métodos funcionan muy bien» resulta muchísimo mejor que decirles «esto es lo que no sabéis». Así que, cuando expuse ante el que, hasta entonces, había sido el público más hostil del mundo, los miembros de la Asociación Estadística Estadounidense, un mapa con los cuatro cuadrantes diciéndoles que sus conocimientos funcionaban maravillosamente bien en tres de los cuadrantes, pero que deberían andarse con mucho cuidado en el cuarto de ellos, pues es allí donde anidan y crían los Cisnes Negros, recibí muestras instantáneas de aprobación y apoyo, ofertas de amistad permanente, refrescos (Coca-Cola Light), invitaciones a asistir a sus sesiones, e incluso abrazos. De hecho, fue a partir de ahí cuando una serie de artículos de investigación empezaron a usar mis trabajos sobre la ubicación del Cuarto Cuadrante y algunos otros aspectos. Ellos trataron de convencerme de que los estadísticos no eran responsables de aquellas aberraciones: que éstas respondían a las malas artes de la gente de las ciencias sociales que aplica métodos estadísticos sin entenderlos (algo que yo mismo pude verificar horrorizado más tarde, mediante experimentos formales, como veremos más adelante).

El segundo cambio de régimen se produjo con la crisis de 2008. A mí me seguían invitando a acudir a debates, pero dejé de aceptar tales invitaciones, pues empezó a resultarme muy difícil escuchar aquellos complejos argumentos y reprimir al mismo tiempo la sonrisa (burlona incluso) que me inspiraban. ¿Una sonrisa de qué? Bueno, de reivindicación de mis ideas. No me refiero a la reivindicación intelectual de ganar un debate, no: el mundo académico, como bien descubrí entonces, no cambia de opinión por voluntad propia, salvo tal vez en ciertas ciencias reales como la física. Era un sentimiento diferente: cuesta centrarse en una conversación —sobre todo, si es matemática— cuando has apostado contra la representación del mundo con la que trabaja el investigador que trata de decirme que estoy «equivocado» y has ganado personalmente una cantidad centenares de veces superior al salario anual de éste.

Una travesía del desierto

Y es que yo había pasado por un difícil momento psicológico tras la publicación de *El cisne negro*, lo que los franceses llaman una *traversée du désert*, que es lo que se experimenta cuando uno sufre la desecación y la desorientación propias de cruzar un desierto en busca de un destino desconocido, o de una tierra más o menos prometida. Pasé un momento duro, en el que no dejaba de gritar «¡fuego!, ¡fuego!, ¡fuego!», a todas horas, tratando de alertar de los riesgos ocultos en el sistema, para ver luego cómo la gente ignoraba el contenido y se limitaba sencillamente a criticar la exposición, como si alguien me recriminara mi mala dicción de la palabra «fuego». Por ejemplo, el comisario de un congreso conocido como TED (una monstruosidad que convierte a científicos y pensadores en animadores de baja estofa, cual artistas circenses) se quejó de que el estilo de mi presentación no se ajustaba a sus gustos en cuanto a pulidez y elegancia, y excluyó mi comunicación sobre Cisnes Negros y fragilidad de las publicadas en la página web del evento. Evidentemente, él mismo trataría posteriormente de atribuirse el mérito de que yo pudiera hacer públicas mis advertencias antes de la crisis de 2008.*

---

* Aunque la de ese personaje es un tanto extrema, esta falsedad no es en absoluto inhabitual. Muchas personas intelectualmente honradas a las que yo ya había advertido y

La mayoría de los argumentos ofrecidos fueron del tipo «los tiempos han cambiado», invocando «la gran moderación» de un tal Ben Bernanke (presidente de la Reserva Federal en el momento de escribir estas líneas), quien cayó de bruces en la trampa del «pavo antes del día de Acción de Gracias», típica de quien no entiende que la caída de la volatilidad diaria marca justamente la puerta de entrada a Extremistán.

Por otra parte, cuando yo clamaba contra los modelos, los científicos sociales no cesaban de repetir que ellos ya lo sabían y que hay un dicho que reza que «todos los modelos están equivocados, pero algunos son útiles», sin entender que el problema de verdad estriba en el hecho de que «algunos son dañinos». Muy dañinos. Como diría Tony el Gordo, «hablar no cuesta dinero». Así que Mark Spitznagel y yo reanudamos nuestro negocio dedicado a «robustecer» a los clientes frente al Cisne Negro (es decir, a ayudarlos a aproximarse a la estrategia de la haltera del capítulo 11). Estábamos convencidos de que el sistema bancario iba a venirse abajo vencido por el peso de los riesgos ocultos, y de que tal eventualidad no sería más que un cisne blanco. De hecho, su color iba pasando del gris al blanco a medida que el sistema acumulaba más y más riesgos. Cuanto más tuviéramos que aguardar a que se produjera, más grave sería. El desmoronamiento tuvo lugar aproximadamente un año y medio después de la publicación del libro. Llevábamos mucho tiempo esperándolo y apostando contra el sistema bancario (y protegiendo a nuestros clientes robusteciéndolos frente al Cisne Negro), pero la recepción de ese Cisne Negro (y la ausencia de toda refutación que no fuese ad hóminem) hizo que creciera considerablemente más que nunca nuestra preocupación por la necesidad de protección.

Como Anteo, que perdía fuerzas cuando dejaba de tocar el suelo, yo también necesitaba el contacto con el mundo de verdad, con algo real y aplicado, en vez de concentrarme tanto en ganar debates y en tratar de convencer a las personas de la validez de mi argumento (casi siempre, las personas sólo se dejan convencer de aquello que ya saben). Asomar la ca-

---

que habían leído mi libro me culparon posteriormente de no haberles dicho nada acerca de la inminente crisis: el problema era que no se acordaban de ello. Es difícil que un cerdo recientemente ilustrado sobre un determinado tema recuerde que ya había visto una margarita en el pasado, pero que entonces no sabía lo que era.

beza al mundo real, poner mi vida en sintonía con mis ideas dedicándome a la intermediación financiera, tuvo un efecto terapéutico, más allá incluso del de la reivindicación de mis ideas; el simple hecho de que yo mismo hubiera respaldado mis palabras con una operación inversora a mi nombre me dio fuerzas para que aquello no me importara. Unos meses antes de la llegada de la crisis de 2008, en una fiesta, fui agredido por un psicólogo de Harvard que, al parecer, y pese a su desconocimiento de la teoría de la probabilidad, tenía algún tipo de cuenta pendiente conmigo y con mi libro. (Los detractores más resentidos y enconados tienden a ser aquellos que tienen un producto que compite con el mío en los estantes de las librerías.) El hecho de tener aquella transacción anotada en mis libros contables me permitió reírme de él (o, lo que es aún peor, me hizo sentir cierta complicidad con él, gracias a su ira). Me pregunto qué habría sucedido con el estado psicológico de otro autor de un libro como el mío, que fuera idéntico a mí en todos los sentidos salvo en el hecho de que no tuviera implicación alguna en las transacciones financieras y en la asunción de riesgos. Cuando uno acompaña las palabras con hechos, tanto si tiene éxito como si no, se siente más indiferente y más robusto frente a la opinión de las personas: más libre, más real.

Finalmente, sí saqué algo positivo de mis debates: la evidencia de que los sucesos de tipo Cisne Negro están causados en buena medida por personas que utilizan indicadores que las superan con mucho y que les infunden una falsa confianza basada en unos resultados falsos. Además de mi aturdimiento en torno al por qué las personas usan medidas propias de Mediocristán en entornos en los que aquéllas ya no son aplicables, y creen incluso en ellas, presentía la existencia de un problema mucho más amplio, como era el hecho de que casi ninguna de las personas que trabajaban *profesionalmente* con medidas e indicadores probabilísticos sabían de qué estaban hablando, algo que confirmé a partir de mi participación en debates y paneles con muchos peces gordos de ese campo, cuatro de ellos (como mínimo) con «nobeles» de economía. En serio. Y ése era un problema medible y muy fácil de contrastar empíricamente. Muchos «genios», académicos y estudiantes del ámbito de las finanzas podían usar y escribir trabajos y más trabajos utilizando la noción de «desviación típica» sin comprender intuitivamente lo que ésta significa, y podíamos hacer que cayeran en su propio error formulándoles preguntas elementales acerca del

significado conceptual real, no matemático, de sus números. Y bien que les hicimos caer. Dan Goldstein y yo llevamos a cabo experimentos con profesionales que empleaban herramientas probabilísticas y descubrimos, con asombro, que hasta un 97 % de ellos fallaban preguntas elementales.*
Emre Soyer y Robin Hogarth retomaron posteriormente la cuestión y la probaron con el uso de las técnicas de un aborrecible campo llamado econometría (un campo que no sobreviviría al más mínimo examen verdaderamente científico): de nuevo, comprobaron que la mayoría de los investigadores no comprenden las herramientas que utilizan.

Ahora que me he desahogado a propósito de la recepción del libro, entremos en territorio más analítico.

* Dan Goldstein y yo venimos colaborando desde hace algún tiempo y llevando a cabo experimentos sobre las intuiciones humanas con respecto a diferentes clases de aleatoriedad. Él tampoco es de los que caminan despacio.

Sección 4

EL ASPERGER Y EL CISNE NEGRO ONTOLÓGICO

¿A los estudiosos obsesivos les cuesta más ver los cisnes? Las habilidades sociales en Extremistán - Sobre la inmortalidad del doctor Greenspan

Si *El cisne negro* trata de las limitaciones epistémicas, podemos deducir que los Cisnes Negros no son fenómenos definidos objetivamente, como pueden ser la lluvia o un accidente de tráfico, sino simplemente hechos no esperados por un observador *en particular*.

Me pregunto, entonces, por qué tantas personas (por lo demás) inteligentes han cuestionado tan alegremente que ciertos sucesos, como la Primera Guerra Mundial o el atentado del 11 de septiembre de 2001 contra el World Trade Center, fuesen Cisnes Negros alegando que *algunas personas* los predijeron. Ni que decir tiene que el atentado del 11 de septiembre fue un Cisne Negro para las víctimas que murieron en él; si no, no se habrían expuesto a semejante riesgo. Pero, desde luego, no fue un Cisne Negro para los terroristas que lo planearon y lo perpetraron. He pasado ya mucho tiempo fuera de la sala de levantamiento de pesas repitiendo que *lo que es un Cisne Negro para el pavo no lo es para el carnicero*.

Lo mismo es aplicable a la crisis de 2008, que sin duda fue un Cisne Negro para casi todos los economistas, los periodistas y los financieros de este planeta (incluyendo, como era de prever, a Robert Merton y a Myron Scholes, los pavos del capítulo 17), pero ciertamente no para este autor. (Por cierto, y como ilustración de otro error común, casi ninguno de los —muy pocos— que parecían haber «predicho» el suceso predijeron su profundidad. Veremos que, debido a lo atípico de los sucesos en Extremistán, el Cisne Negro no hace referencia únicamente al hecho de que se produzca cierto acontecimiento, sino también a su profundidad y a sus consecuencias.)

Esa idea de un supuesto Cisne Negro *objetivo*, que sería el mismo para todos los observadores, además de responder a una interpretación totalmente errónea del argumento, parece estar peligrosamente relacionada con el problema del subdesarrollo de una facultad humana conocida bajo las denominaciones de «teoría de la mente» o «psicología popular». Algunas personas (en general) inteligentes presentan un déficit de esa capacidad humana para imputar a otras un conocimiento que es diferente del suyo propio. Éstas, según los investigadores, son las personas que normalmente vemos dedicadas a la ingeniería o que pululan por los despachos de los departamentos universitarios de física. Ya vimos a una de ellas, el doctor John, en el capítulo 9.

Podemos practicar una prueba del subdesarrollo de la teoría de la mente en un niño empleando una variante de la «prueba de la falsa creencia». Se hace pasar a dos niños a una habitación. Uno de ellos coloca un juguete bajo la cama y abandona la estancia. Durante su ausencia, el segundo niño (el sujeto propiamente dicho) saca el objeto de allí y lo esconde en una caja. Entonces se le pregunta al sujeto: «Cuando vuelva a la habitación, ¿por dónde buscará el juguete el otro niño?». Quienes tienen, pongamos por caso, unos cuatro años de edad (que es cuando empieza a desarrollarse la teoría de la mente), eligen la caja, mientras que los niños de más edad responden correctamente que el otro niño lo buscará bajo la cama. A partir de esa edad aproximada, los niños comienzan a darse cuenta de que otra persona puede estar privada de la información de la que ellos disponen y puede tener creencias que son diferentes de las suyas propias. Pues bien, esta prueba ayuda a detectar formas leves de autismo: por muy elevada que sea la inteligencia de la persona, a muchas puede resultarles difícil ponerse en el lugar de otras e imaginar el mundo sobre la base de la información de la que disponen esas otras personas. Existe, en realidad, un nombre para la afección de una persona que puede ser funcional en general, pero que padece una forma leve de autismo de esa clase: síndrome de Asperger.

El psicólogo Simon Baron-Cohen ha llevado a cabo numerosas investigaciones que sustentan la existencia de una distinción entre extremos diametralmente opuestos en el temperamento de las personas con respecto a dos facultades: la habilidad para sistematizar y la habilidad para sentir empatía y entender a los demás. Según los estudios de Baron-Cohen, las personas puramente sistematizadoras padecen una falta de teoría de la mente; se ven atraídas hacia las ingenierías y otras ocupaciones similares (y cuando fracasan en ellas, hacia la economía matemática, por ejemplo). Las mentes que destacan en el apartado de la empatía pivotan hacia profesiones más sociales (o literarias). Tony el Gordo caería por supuesto dentro de esta última categoría más social. Los varones están sobrerrepresentados en la categoría sistematizadora; las mujeres predominan en el otro extremo.

No perdamos de vista el nada sorprendente (aunque muy trascendental) hecho de que las personas con síndrome de Asperger sienten una aversión muy elevada a la ambigüedad.

Los estudios realizados muestran que los académicos están sobrerrepresentados en la categoría de los sistematizadores, incapaces de ver los Cisnes Negros; son las personas que bauticé como «locos de Locke» en el capítulo 17. No he visto todavía ninguna prueba formal de la conexión directa entre la imbecilidad ante el Cisne Negro y la mentalidad sistematizadora, salvo un cálculo que George Martin y yo llevamos a cabo en 1998, en el que hallamos evidencias de que todos los profesores de economía financiera y cuantitativa de las grandes universidades cuya actividad estudiamos y que habían participado en transacciones de compraventa de fondos de cobertura (*hedge funds*) habían acabado apostando *contra* Cisnes Negros y, con ello, exponiéndose a explosiones. Esa preferencia no era aleatoria, pues sólo entre un tercio y la mitad de los no profesores utilizaban ese estilo de inversión por aquel entonces. Los más conocidos de esos académicos eran (una vez más) los laureados «nobeles» Myron Scholes y Robert C. Merton, a quienes se diría que Dios creó con el fin de que yo pudiera ilustrar mi argumento a propósito de la ceguera ante los Cisnes Negros.* Ambos experimentaron problemas durante la crisis —comenta-

* Robert Merton, el villano del capítulo 17, una persona de mentalidad reputadamente mecanicista (que se extiende incluso a su interés por las maquinarias en general y a su utilización de metáforas mecánicas para representar la incertidumbre), parece haber sido creado con el único propósito de proporcionar un ejemplo ilustrativo óptimo de la imbecilidad peligrosa ante los Cisnes Negros. Tras la crisis de 2008, defendió la asunción de riesgos incitada por los economistas ofreciendo como argumento que aquel desastre «era un Cisne Negro» simplemente porque no lo vio venir; así que, según él, las teorías

dos ya en aquel capítulo— que terminaron por hacer caer su empresa Long-Term Capital Management. Nótese que estas personas que tanto se escandalizan cuando se dice que el Asperger es un estado no compatible con la asunción de riesgos y con el análisis de riesgos no explícitos que se salen de los modelos, dados sus correspondientes peligros para la sociedad, son las mismas que se opondrían sin reservas a utilizar una persona afectada por un déficit visual grave para conducir un autobús escolar. Lo que vengo a decir es que, de igual manera que leo a Milton, a Homero, a Taha Husain y a Borges (que eran ciegos), pero que preferiría que ninguno de ellos me llevara en coche por la autopista de Niza a Marsella, también opto por utilizar las herramientas que fabrican los ingenieros, aunque prefiera que las decisiones arriesgadas de la sociedad las gestione alguien que no esté afectado por ningún tipo de ceguera ante el riesgo.

LA «CEGUERA ANTE EL FUTURO» CONTRAATACA

Recordemos ahora la dolencia, descrita en el capítulo 12, consistente en no transferir apropiadamente aprendizajes entre pasado y futuro, una afección parecida al autismo por la que las personas no son capaces de ver las relaciones de segundo orden: el sujeto no usa la relación entre el pasado del pasado y el futuro del pasado para proyectarla a la conexión entre el pasado del presente y el futuro del presente. Pues bien, un caballero llamado Alan Greenspan, expresidente del Banco de la Reserva Federal de los Estados Unidos, acudió al Congreso a explicar que la crisis bancaria, que tanto él como su sucesor (Bernanke) ayudaron a provocar, no podía haber sido prevista porque «nunca antes había ocurrido». Ni uno solo de los congresistas fue lo suficientemente inteligente para gritar: «Alan Greenspan, aunque usted nunca se ha muerto después de ochenta años ni una sola vez, ¿significa eso que usted es inmortal?». El abyecto Robert Rubin, el

---

estaban bien. No se le ocurrió dar el salto mental necesario para entender que, dado que no supimos ver venir esos sucesos, necesitamos robustecernos frente a ellos. Lo normal es que las personas de ese tipo acaben expulsadas del acervo genético; sin embargo, sus puestos como profesores titulares y catedráticos les permiten mantenerse en él durante un tiempo artificialmente más prolongado.

banquero mafioso (y exsecretario del Tesoro) al que yo trataba de dar caza en la sección 2 utilizó el mismo argumento, pero lo peor de su caso era que él mismo había escrito un extenso libro sobre la incertidumbre (que, por aquellas ironías del destino, fue editado por la misma compañía y el mismo personal que *El cisne negro*).*

Descubrí (aunque para entonces ya ni siquiera me sorprendí de ello) que ningún investigador había comprobado si, en economía, pueden predecirse grandes desviaciones a partir de grandes desviaciones pasadas: es decir, si las grandes desviaciones tienen predecesoras. Ése es uno de los tests elementales que se echan en falta en la disciplina, tan elemental como comprobar si un paciente respira o si una bombilla está bien enroscada; pero, como es característico en este campo, nadie parece haber intentado siquiera crear y aplicar uno. No hay que hacer mucha introspección para darse cuenta de que los grandes sucesos no tienen grandes padres: la Primera Guerra Mundial no tuvo una predecesora; nadie podría haber adivinado el crac de 1987, en el que el mercado cayó casi un 23 % en un solo día, a partir de su peor predecesor, que era una pérdida diaria de en torno al 10 %. Y esto es aplicable a la mayoría de los hechos excepcionales de esa clase, por supuesto. Mis resultados indicaban que los sucesos regulares pueden predecir sucesos regulares, pero que los sucesos extremos (quizá porque son más agudizados cuando la gente no está preparada para ellos) casi nunca pueden predecirse a partir de una confianza estrecha en el pasado.

El hecho de que esta idea no resulte obvia a tantas y tantas personas no deja de asombrarme. Es particularmente sorprendente que se realicen las llamadas «pruebas de estrés», para las que se toma la peor desviación *pasa-*

---

* El argumento puede utilizarse en realidad para dar rienda suelta al riesgo moral y a la especulación fraudulenta (disimulada bajo un disfraz probabilístico). Rubin se había embolsado más de 100 millones de dólares de los ingresos de Citigroup por ganancias de inversiones en riesgos ocultos que sólo estallan ocasionalmente. Pero cuando el que «explotó» fue él mismo, puso la consabida excusa: «Nunca antes había ocurrido». Él retuvo su dinero; nosotros, los contribuyentes (entre los que se incluyen maestros de escuela y peluqueros) tuvimos que rescatar la compañía y pagar las pérdidas. Eso es lo que yo llamo el elemento de riesgo moral inherente a pagar primas y bonificaciones a personas que no son robustas ante los Cisnes Negros, y de quienes sabemos *de antemano* que no lo son. Este «*de antemano*» es lo que me indigna.

da posible como suceso sobre el que anclar una proyección de la peor desviación futura posible, sin pensar que tales pruebas habrían fracasado a la hora de explicar esa desviación pretérita si se hubieran usado como método de pronóstico el día anterior al acaecimiento de ese suceso «ancla» del pasado.*

Las personas que así piensan tienen doctorados en economía; algunas son profesores y catedráticos (uno de ellos incluso es el presidente de la Reserva Federal en el momento en que escribo esto). ¿Acaso las titulaciones universitarias avanzadas hacen que la gente se vuelva ciega a tan elementales nociones?

De hecho, el poeta latino Lucrecio —que no estudió en ninguna facultad de administración de empresas— escribió que siempre creemos que el mayor objeto de cualquier clase que hemos visto en nuestra vida es el mayor posible: *et omnia de genere omni / maxima quae vivit quisque, haec ingentia fingit.*

LA PROBABILIDAD TIENE QUE SER SUBJETIVA**

Esto plantea un problema que merece la pena sondear en cierta profundidad. El hecho de que muchos investigadores no caigan inmediatamente en la cuenta de que el Cisne Negro se corresponde principalmente con un mapa incompleto del mundo, o que algunos de ellos tengan que recalcar ese carácter subjetivo del concepto (Jochen Runde, por ejemplo, escribió un muy esclarecedor ensayo sobre la idea del Cisne Negro, en el que, sin embargo, creyó necesario hacer lo indecible por resaltar el aspecto subjetivo de ésta), nos lleva al problema histórico que encontramos en la definición misma de la probabilidad. La investigación en este campo siguió sien-

* Es, en realidad, la ausencia de una representación de orden superior (la incapacidad para aceptar preguntas del tipo «¿mi método de evaluación de lo que es correcto o incorrecto es correcto o incorrecto?»), que, como veremos en la sección siguiente, resulta de central importancia cuando tratamos con la probabilidad, lo que hace que los doctores John sientan debilidad por las medidas y los indicadores y crean en ellos sin dudar de sus creencias. No logran entender la metaprobabilidad, la probabilidad de orden superior: es decir, la probabilidad de que la probabilidad que están usando no sea Verdad.

** El lector no técnico debería saltarse el resto de esta sección.

do ajena a la noción de que dos personas pueden tener dos visiones distintas del mundo y las pueden expresar como probabilidades diferentes. Así que los investigadores científicos tardaron un tiempo en aceptar la idea «no aspergeriana» de que diferentes personas, aun siendo igualmente racionales todas ellas, asignarán potencialmente probabilidades distintas a diferentes estados futuros del mundo. Esto es lo que llamamos la «probabilidad subjetiva».

La probabilidad subjetiva fue formulada por Frank Plumpton Ramsey en 1925 y por Bruno de Finetti en 1937. Estos dos gigantes intelectuales entendieron que la probabilidad puede ser representada como una cuantificación del grado de creencia o de fe subjetiva del observador (que asigna un número entre 0 y 1 a la intensidad de su fe en que acaezca un determinado suceso), quien la expresa tan racionalmente como desee dentro de ciertas restricciones. Estas condiciones de coherencia en la toma de decisiones son bastante obvias: no se puede apostar a que existe una probabilidad del 60 % de que nieve mañana *y* otra probabilidad del 50 % de que no caerá copo alguno. El agente está obligado a no infringir el conocido como argumento de la succión financiera (o condición del *Dutch book*): no puede expresar sus probabilidades de manera incoherente realizando una serie de apuestas que encierren la posibilidad de una determinada pérdida, por ejemplo, actuando como si las probabilidades de contingencias separadas pudieran sumar más del 100 %.

Existe otra diferencia relevante aquí, como es la que existe entre la aleatoriedad «verdadera» (la equivalente, por así decirlo, a que Dios lance un dado) y la resultante de las que yo denomino limitaciones epistémicas, es decir, la ausencia de conocimiento. La llamada incertidumbre ontológica (u óntica), por oposición a la epistémica, es ese tipo de aleatoriedad en el que el futuro no está implícito en el pasado (ni en ninguna otra cosa). Es creada a cada minuto por la complejidad de nuestras acciones, lo que hace que su incertidumbre sea mucho más fundamental que la epistémica que se deriva de las imperfecciones del conocimiento.

Esto significa que tales sistemas (denominados «no ergódicos») carecen de un largo plazo (a diferencia de los «ergódicos»). En un sistema ergódico, las probabilidades de lo que puede acaecer a largo plazo no están influidas por sucesos que puedan tener lugar (por ejemplo) el año que viene. Alguien puede hacerse muy rico jugando a la ruleta en el casino, pero, si continúa jugando, y dado que la casa cuenta con ventaja, acabará arruinándose. Quien no sea muy avezado en estas lides terminará cayendo. Así pues, los sistemas ergódicos son, en promedio, invariantes a las trayectorias o caminos que se sigan en el ínterin: se observa en ellos, pues, lo que los investigadores llaman una ausencia de «dependencia del camino». Un sistema no ergódico, por el contrario, carece de propiedades reales a largo plazo: éste sí es proclive a la dependencia del camino.

Creo que la distinción entre incertidumbre epistémica y óntica es importante desde el punto de vista filosófico, pero absolutamente irrelevante en el mundo real. Cuesta muchísimo desentrañar la incertidumbre epistémica de la más fundamental. Estamos, pues, ante un caso de «distinción sin diferencia» que (a diferencia de los mencionados anteriormente) puede llevarnos a engaño porque nos distrae de los que son los problemas reales: los profesionales del ramo le dan una importancia exagerada en vez de centrarse en las restricciones epistémicas. Recordemos que el escepticismo tiene un coste, pero que debería estar disponible cuando se necesite.

En la práctica, no existe el «largo plazo»; lo que importa es lo que sucede antes de ese largo plazo. El problema de usar la noción de «largo plazo», o de lo que los matemáticos denominan la propiedad asintótica (lo que ocurre cuando extendemos algo hasta el infinito), es que tiende a volvernos ciegos a lo que ocurre antes del largo plazo, algo que comentaré más adelante cuando hable de las *preasintóticas*. Cada función tiene su preasintótica diferente, que depende de la velocidad de la convergencia hacia esa asíntota. Pero, por desgracia, y como nunca dejo de repetir a mis estudiantes, *la vida se desarrolla en la preasíntota*, y no en ningún largo plazo platónico, y algunas propiedades que rigen en la preasíntota (o el corto plazo) pueden ser acusadamente divergentes de aquellas otras que tengan lugar en el largo plazo. Así que la teoría, aun en el caso de que funcione, se enfrenta a una realidad a corto plazo más texturizada. Pocos entienden que, en general, no existe un *largo plazo* alcanzable salvo en forma de un constructo matemático para resolver ecuaciones; para asumir la existencia de tal largo plazo en un sistema complejo, habría que suponer también que nada nuevo surgirá entre tanto en él. Podríamos, además, disponer de un modelo perfecto del mundo, despojado de toda incertidumbre con respecto a la analítica de la representación, que, no obstante, estuviera afectado por una pequeña imprecisión en uno de los parámetros de las entradas de dicho modelo. Recordemos el efecto mariposa de Lorenz del capítulo 11. Esa minúsculamente pequeña incertidumbre en relación al más nimio de los parámetros podría extenderse, a partir de la presencia de no linealidades, hasta convertirse en una incertidumbre enorme en relación a los resultados de salida del modelo. Los modelos climáticos, por ejemplo, están influidos por tales no linealidades, y aun en el caso de que contáramos con el modelo correcto (algo que, evidentemente, no es así), una pequeña modificación en uno de los parámetros (lo que llamamos calibración) bastaría para invertir por completo las conclusiones.

Hablaremos más largo y tendido de las preasintóticas cuando analicemos las distinciones entre diferentes clases de distribuciones de probabilidad. Por el momento, diré que muchas de estas distinciones matemáticas y filosóficas son exageradamente rimbombantes, propias del más puro estilo soviético-harvardiano, impuestas sobre la realidad *desde arriba* por personas que parten de un modelo y categorizan a partir de él, en lugar de partir de la realidad (*desde abajo*) y estudiar qué encaja en ella.

La probabilidad, en un termómetro

Esta distinción, de la que se hace un mal uso en la práctica, se asemeja a otra separación defectuosa comentada anteriormente: la que se establece entre lo que los economistas llaman el riesgo knightiano (computable) y la incertidumbre knightiana (imposible de calcular). Tal distinción presupone que hay algo computable, cuando, en realidad, todo es más o menos incalculable (y más aún los sucesos raros). Hay que estar mal de la cabeza para creer que las probabilidades de sucesos futuros son «mesurables» en el mismo sentido en que la temperatura es medible con un termómetro. Veremos en la sección siguiente que las probabilidades reducidas son menos computables, y que esto importa cuando las recompensas asociadas son trascendentales.

Otra deficiencia que tengo que apuntar aquí está relacionada con una tradición investigadora en ciencias sociales que es extrañamente poco realista y rigurosa, la de las «expectativas racionales», que nos muestra a unos observadores que convergen racionalmente hacia la misma inferencia cuando se les suministran los mismos datos, aun cuando las hipótesis iniciales de cada uno de ellos fuesen marcadamente diferentes (una convergencia que procede a través de un mecanismo de actualización conocido como inferencia bayesiana). ¿Por qué es poco rigurosa? Porque basta un somero vistazo para darse cuenta de que, en la realidad, las personas no convergen hacia las mismas opiniones. Esto se debe en parte, como vimos en el capítulo 6, a distorsiones psicológicas como el sesgo de la confirmación, que ocasionan una interpretación divergente de los datos. Pero existe también un motivo matemático por el que las personas no convergen hacia un mismo parecer: si usted está usando una distribución de probabilidad propia de Extremistán y yo estoy empleando una que es más característica de Mediocristán (o de un lugar distinto a Extremistán), entonces jamás convergeremos, por la sencilla razón de que si usted toma Extremistán como supuesto, usted no actualiza (no cambia de opinión) tan rápidamente. Por ejemplo, si usted supone un contexto propio de Mediocristán y no es testigo de ningún Cisne Negro, es posible que acabe por desechar la posibilidad de que tal cosa se produzca nunca. Pero no lo hará si asume que nos encontramos en Extremistán.

En conclusión, asumir que la «aleatoriedad» no es epistémica y subjetiva (o dar exagerada importancia a la distinción entre «aleatoriedad ontológica» y «aleatoriedad epistémica») implica la existencia de cierto autismo científico —de cierto anhelo de sistematización— y una incomprensión fundamental de la aleatoriedad misma. Significa presuponer que un observador puede alcanzar la omnisciencia y puede computar probabilidades con perfecto realismo y sin infringir las reglas de coherencia. Lo que queda fuera de todo eso pasa a ser «azar» (o algo con otro nombre, quizá) que resulta de unas fuerzas aleatorias imposibles de reducir mediante el conocimiento y el análisis.

Hay ahí un interrogante que merece la pena explorar: ¿por qué demonios hay personas adultas que, no sólo aceptan sin desternillarse de la risa esos métodos de estilo soviético-harvardiano que se imponen desde arriba, sino que incluso van a Washington a construir políticas basadas en ellos y contrarias al registro histórico de los hechos (si no es, tal vez, para hacer que los lectores de libros de historia se rían de ellas y diagnostiquen nuevas afecciones psiquiátricas)? Y, por la misma regla de tres, ¿por qué aceptamos por defecto el supuesto de que todas las personas experimentan los acontecimientos de la misma manera? ¿Por qué llegamos incluso a tomarnos en serio una noción como la de la probabilidad «objetiva»?

Tras esta incursión en la psicología de la percepción de la dinámica del tiempo y los acontecimientos, pasemos ahora a nuestro punto central, el núcleo mismo de nuestro programa: aquello que he bautizado agresivamente como el problema filosófico más útil de todos. El más útil, muy a nuestro pesar.

EL PROBLEMA (TAL VEZ) MÁS ÚTIL DE LA HISTORIA DE LA FILOSOFÍA MODERNA

Lo pequeño quizá no sea la cuestión, después de todo - Dónde encontrar el tocador - Predice y morirás - Sobre autobuses escolares y libros de texto inteligentes

Voy a ser rotundo. Antes de *El cisne negro* (y los artículos relacionados que publiqué), la mayor parte de la epistemología y la teoría de la decisión era, para cualquier agente del mundo real, un cúmulo de puros prolegómenos y juegos mentales. Casi toda la historia del pensamiento trata de lo que sabemos (o creemos que sabemos). *El cisne negro* es *el primerísimo intento* (que yo sepa) en la historia del pensamiento dirigido a proporcionar un mapa de dónde nos hace daño lo que no sabemos, destinado a fijar límites sistemáticos a la fragilidad del saber, y pensado para ofrecer las ubicaciones exactas en las que tales mapas dejan de funcionar.

Respondiendo a la «crítica» más habitual de parte de los economistas y los (hoy arruinados) banqueros que mencioné en la sección 3, no estoy diciendo que «las desgracias ocurren» y ya está, sino que «las desgracias ocurren en el Cuarto Cuadrante», una afirmación que difiere tanto de la anterior como la prudencia y la cautela son distintas de la paranoia.

Además, y para ser más agresivo aún, si bien límites como los atribuidos a Gödel comportan consecuencias filosóficas inmensas, aunque no podemos hacer gran cosa al respecto, yo creo que los límites del conocimiento empírico y estadístico que he mostrado aquí tienen una sensible (cuando no vital) importancia y que podemos hacer mucho con ellos en lo que a soluciones se refiere, categorizando decisiones basadas en la gravedad del error de estimación potencial del producto de la probabilidad por la consecuencia. Por ejemplo, podemos usarlo para construir una sociedad

455

más segura: para robustecer todo aquello que cae dentro del Cuarto Cuadrante.

VIVIR EN DOS DIMENSIONES

Un problema enojoso donde los haya en la historia del pensamiento humano es el consistente en hallar una posición en la frontera entre el escepticismo y la credulidad, o en aprender a cómo creer y a cómo *no* creer. Y a cómo tomar decisiones basadas en esas creencias, dado que las creencias sin decisiones son simplemente estériles. Así que no estoy hablando de un problema epistemológico (es decir, centrado en lo que es verdadero o falso), sino de un problema de decisión, acción y compromiso.

Está claro que no se puede funcionar dudando de todo, pero tampoco podemos sobrevivir creyéndonoslo todo. Sin embargo, el tratamiento filosófico del problema ha sido sumamente incompleto hasta el momento, y lo peor es que no ha mejorado apenas con el paso de los siglos (suponiendo que haya mejorado algo). Una clase de pensadores (es el caso de los cartesianos, o incluso de los escépticos académicos de hace dieciocho siglos) comenzó a rechazarlo todo de entrada y a su manera, y algunos más radicales todavía, como los pirronianos, rechazaron tanto que llegaron incluso a rechazar el escepticismo por considerarlo demasiado dogmático. La otra clase de pensadores, la de los escolásticos medievales o los pragmatistas contemporáneos, parte del carácter fijo de las creencias (o de algunas de ellas). Pero mientras que los medievales se detienen ahí, en una actitud muy aristotélica, los pragmatistas de la primera época, liderados por el gran pensador que fue Charles Sanders Peirce, proporcionaron un rayo de esperanza. Ellos propusieron actualizar y corregir las creencias en una especie de trabajo en continuo progreso (aunque bajo una estructura conocida de probabilidad, ya que Peirce creía en la existencia y en la posibilidad de alcanzar un estado ergódico de convergencia a largo plazo con la verdad). Esa rama del pragmatismo (llamada inicialmente *pragmaticismo*) concebía el conocimiento como una interacción rigurosa entre antiescepticismo y falibilismo, o, lo que es lo mismo, entre las dos categorías del «de qué dudar» y el «qué aceptar». La aplicación a mi campo (el de la probabilidad) y, quizás, a la versión más sofisticada del programa se encuentra en las densas, difíciles, profundas y brillantes incursiones de Isaac Levi en la teoría de la decisión, armado con nociones como el corpus de creencias, el compromiso doxástico, el distanciamiento con respecto a la expectativa, y las probabilidades «credales».

Tal vez sea un rayo de esperanza, pero no se acerca ni por asomo a algo que pueda ser de utilidad.

Pensemos en lo que sería vivir en un espacio tridimensional bajo la falsa ilusión de estar ubicados solamente en dos dimensiones. Tal vez la cosa no fuera mal si fuéramos lombrices, pero, desde luego, tendríamos un serio problema si fuéramos aves. Evidentemente, no seríamos consciente del truncamiento y, por muy sofisticados que tratáramos de ser, nos veríamos abocados a no poder aclarar infinidad de misterios sin añadir una dimensión. Y, obviamente, nos sentiríamos impotentes en más de una ocasión. Pues una suerte así corrió el conocimiento durante todos estos siglos, mientras estuvo encerrado en dos dimensiones demasiado simplistas como para ser de utilidad alguna fuera de las aulas. Desde Platón, sólo los filósofos han dedicado tiempo a discutir qué era la Verdad y hay una razón para ello: se trata de un debate inutilizable en la práctica. Centrándose en la distinción entre verdadero y falso, la epistemología se mantuvo (salvo en muy escasas excepciones) prisionera de un marco bidimensional intranscendente y tremendamente incompleto. La tercera dimensión perdida en este caso es, por supuesto, la consecuencia de la Verdad y la gravedad de lo Falso: la expectativa. O, dicho de otro modo, *la recompensa de la decisión*, el impacto y la magnitud del resultado de tal decisión. A veces, uno puede estar equivocado, pero el error en cuestión puede resultar intranscendente. O uno puede estar en lo cierto, pero a propósito, por ejemplo, de un tema como el del sexo de los ángeles, que posiblemente no tenga utilidad alguna más allá del terreno de lo que podríamos llamar la «filatelia» intelectual.

La noción simplificada, «filisteizada», academizada y glorificada de prueba o «evidencia» pasa a ser inútil. En lo que a los Cisnes Negros respecta, uno actúa para protegerse de los negativos (o para exponerse a los positivos) aun cuando *no se tenga evidencia* alguna de que puedan producirse, del mismo modo que registramos a las personas en busca de armas antes de que suban a un avión aunque *no tengamos evidencia* alguna de que son terroristas. Este énfasis en nociones prefabricadas y comoditizadas como la de «evidencia» es uno de los problemas de las personas que aseguran obrar con «rigor» y que, aun así, se arruinan llegado el momento.

La idea de «prueba» resulta ya bastante problemática en un mundo probabilístico, pero en un mundo de Cisnes Negros, esos problemas empeoran (y mucho).

De hecho, no conozco casi ninguna decisión que esté basada en nociones de lo Verdadero y lo Falso.

En cuanto comenzamos a examinar la recompensa (el resultado) de las decisiones, vemos con claridad que las consecuencias de algunos errores pueden ser benignas, pero las de otros pueden ser graves. Y ya sabemos bastante bien en qué grupo caerá cada uno de ellos antes incluso de empezar. Sabemos qué errores son trascendentales y cuáles no lo son tanto.

Pero, antes de nada, fijémonos en un grave problema relacionado con la derivación de conocimientos acerca de las probabilidades.

La dependencia de la teoría en el caso de los sucesos raros

Durante mi período del *desierto*, cuando era objeto de insultos tan fuertes como entretenidos, debatí en una ocasión con un caballero empleado entonces por una empresa llamada Lehman Brothers. Dicho caballero había hecho unas declaraciones para el *Wall Street Journal* en las que afirmaba que los sucesos que habíamos observado en agosto de 2007 deberían de haberse producido una vez cada diez mil años. A decir verdad, tuvimos tres sucesos de ese tipo tres días seguidos. El *Wall Street Journal* publicó su foto y, si nos fijamos en ella, podemos decir sin temor a equivocarnos que se trata de alguien que «no parece tener diez mil años de edad». Así que ¿de dónde habría sacado esa probabilidad de «una vez cada diez mil años»? Desde luego, no de su experiencia personal; y, por supuesto, no de los archivos de Lehman Brothers: su empresa no existía desde hacía diez milenios y, como es lógico y evidente, no siguió existiendo otros diez mil años, pues quebró al poco de nuestro debate. Así pues, ya sabemos que él estaba deduciendo tan reducidas probabilidades a partir de una teoría. *Cuanto más remoto el suceso, menos datos empíricos podemos haber obtenido sobre él (a partir del muy generoso supuesto de que el futuro se parecerá al pasado) y más necesitamos recurrir a una teoría.*

Pensemos que la frecuencia de sucesos raros no puede estimarse a partir de la observación empírica por la sencilla razón de que *son raros*. Necesitamos, pues, una representación previa de éstos en forma de modelo; cuanto más raro sea el suceso, mayor será el error en la estimación efectuada a partir de métodos inductivos convencionales (como, por ejemplo, el muestreo de frecuencias obtenidas del recuento de casos pasados), y por lo tanto, mayor será también la dependencia que se tenga de una representación a priori que extrapole hacia el espacio de los sucesos de probabilidad baja (y que, necesariamente, no se observan a menudo).*

Pero el problema del a priori está siempre presente, incluso cuando salimos del ámbito de las probabilidades reducidas. Parece destacado para el caso de los sucesos raros, pero invade todo el conocimiento probabilístico en general. Presentaré a continuación dos versiones en las que he estado trabajando con dos colaboradores, Avital Pilpel, un filósofo de la ciencia (camina deprisa), y Raphael Douady, un matemático (que es alguien con quien se puede pasear muy bien a veces, cuando no está ocupado).

Epiménides el Cretense

Avital Pilpel y yo expresamos el argumento circular en cuestión formulándolo en forma de problema epistémico de la gestión del riesgo, pero el problema puede ser generalizado para cualquier forma de conocimiento probabilístico. Se trata de un problema de *autorreferencia* generada por las medidas de probabilidad.

Podemos enunciarlo de la forma siguiente. Si necesitamos datos para obtener una distribución de probabilidad que nos permita medir el conocimiento sobre la conducta futura de dicha distribución a partir de sus resultados pasados, y si, al mismo tiempo, precisamos de una distribución de probabilidad para calcular la suficiencia de datos y si es o no predictiva del futuro, entonces nos enfrentamos a un grave bucle circular. Se trata de un problema de autorreferencia afín al de Epiménides de Cnosos, cuando

* El «a priori» que uso aquí difiere de la creencia «a priori» de naturaleza filosófica, pues se trata de un punto de partida teórico y no de una creencia inmodificable por la experiencia.

afirmó que todos los cretenses (incluyéndose a sí mismo) eran unos mentirosos. De hecho, es incómodamente próximo al de la situación de Epiménides, ya que las distribuciones de probabilidad se usan para evaluar el grado de verdad, pero no pueden reflejar su propio grado de verdad y validez. Y, a diferencia de otros muchos problemas de autorreferencia, los relacionados con la evaluación del riesgo tienen graves consecuencias. El problema se agudiza con las probabilidades pequeñas.

Un teorema de indecidibilidad

Este problema de autorreferencia, publicado en colaboración con Pilpel tras la aparición de *El cisne negro*, pasó desapercibido como tal. Así que Raphael Douady y yo reformulamos matemáticamente el problema filosófico, que parece así infinitamente más devastador en cuanto a sus implicaciones prácticas que el problema de Gödel.

De las personas que conozco, Raphael es tal vez el hombre con la más vasta erudición matemática: puede que tenga mayor cultura matemática que nadie en nuestra época contemporánea, con la única excepción, quizá, de su ya desaparecido padre, Adrien Douady.

En el momento de escribir este posfacio, es posible que hayamos producido ya una prueba formal por medio de las matemáticas, y en concreto, de una rama de las matemáticas llamada «teoría de la medida», que fue usada por los franceses para inyectar rigor en las matemáticas de la probabilidad. El artículo lleva el título provisional de «Undecidability: On the inconsistency of estimating probabilities from a sample without binding a priori assumptions on the class of acceptable probabilities» («Indecidibilidad: De la incoherencia de estimar probabilidades a partir de una muestra sin supuestos aprioiísticos vinculantes sobre la clase de probabilidades aceptables»).

Son las consecuencias...

Por otra parte, en la vida real, no nos importa la probabilidad cruda y simple (es decir, si un suceso ocurre o no): nos preocupan las consecuencias (el tamaño del suceso; cuánta destrucción total de vidas, de riqueza u otras pérdidas se derivan de él; cuánto beneficio reportará un suceso beneficioso). Dado que, cuanto menos frecuente sea el suceso, más graves serán sus consecuencias (pensemos, simplemente, que la inundación del siglo es más grave —y menos frecuente— que la inundación de la década, o que se distribuyen más ejemplares del mayor superventas del último decenio que del superventas del año), nuestra estimación de la *contribución* del suceso raro va a ser enormemente defectuosa (la contribución es el resultado del producto de la probabilidad por el efecto; multipliquémoslo por el error de estimación); y nada hay que pueda remediarlo.*

Así pues, cuanto más raro el suceso, menos sabemos de su papel y más necesitamos compensar esa deficiencia con una teoría que extrapole y generalice. Ésta tendrá una falta de rigor directamente proporcional a la presunta rareza del hecho. De ahí que los errores teórico y de modelo sean más trascendentales en las colas, y que (y ésta es la buena noticia) *algunas representaciones sean más frágiles que otras.*

Ya he mostrado que este error es más grave en Extremistán, donde los sucesos tienen más consecuencias, debido a la ausencia de escala o de un techo asintótico para la variable aleatoria. En Mediocristán, domina el efecto colectivo de los sucesos regulares y las excepciones son bastante intrascendentes en comparación: conocemos su efecto y éste es muy leve porque resulta posible diversificar gracias a la «ley de los grandes números». Me van a permitir que les ponga algunos ejemplos más de Extremistán. Menos del 0,25 % de todas las compañías registradas en el mundo concentran aproximadamente la mitad de la capitalización bursátil; apenas sí llega a un minúsculo porcentaje de las novelas totales del planeta las que acumulan más o menos la mitad de las ventas de libros de ficción; menos del 0,1 % de los fármacos generan algo más de la mitad de las ventas de la industria farmacéutica; y menos del 0,1 % de los sucesos riesgosos ocasionan al menos la mitad de los daños y las pérdidas.

* Curiosamente, el famoso artículo del reverendo Bayes que está en el origen de lo que hoy llamamos la inferencia bayesiana no nos daba una «probabilidad», sino una esperanza (una media esperada). Los estadísticos tienen ciertas dificultades con el concepto, así que separaron la probabilidad de la recompensa... ¡por desgracia!, porque eso provocó la cosificación del concepto de probabilidad, olvidándose de que éste no es natural.

De la realidad a la representación*

Permítanme que adopte una perspectiva diferente. El paso de la teoría al mundo real presenta dos dificultades diferenciadas: los problemas inversos y las preasintóticas.

Los problemas inversos. Recuerden que resulta mucho más difícil regenerar un cubito de hielo a partir del charco de agua procedente de su deshielo previo (ingeniería inversa) que predecir la forma que tendrá el charco al derretirse el cubito. De hecho, no hay una única solución: el cubito puede adoptar muy diversas formas. Me he dado cuenta de que el método soviético-harvardiano de ver el mundo (a diferencia del estilo de Tony el Gordo) nos induce a caer en el error de confundir esas dos flechas direccionales (de cubito a charco y de charco a cubito). Se trata de una manifestación más del error de la platonicidad, de pensar que la forma platónica que tenemos en mente es la que estamos observando al mirar por la ventana. Hay sobradas muestras de la confusión entre esas dos flechas en la historia de la medicina, esa medicina racionalista basada en la teleología aristotélica a la que me refería anteriormente. Esta confusión se basa en el razonamiento siguiente. Suponemos que conocemos la lógica que subyace a un determinado órgano, para qué función se creó, y, por ello, asumimos también que podemos usar esa lógica para el tratamiento del paciente. En medicina, ha costado mucho que nos despojáramos de nuestras teorías sobre el cuerpo humano. Pero sigue siendo muy fácil construir una teoría en nuestra cabeza, o tomarla de Harvard, y luego proyectarla sobre el mundo. Las cosas son muy simples a partir de ahí.

Este problema de la confusión entre las dos flechas es muy grave en el caso de la probabilidad y, en concreto, en el de las probabilidades pequeñas.**

---

* El lector inteligente que capta bien la idea de que los sucesos raros no son computables puede saltarse las partes restantes de esta sección, que serán especialmente técnicas. Están pensadas para demostrar algo a quienes han estudiado ya demasiado como para ser capaces de ver las cosas con claridad.

** El que sigue es un argumento sumamente técnico (que el lector se puede saltar). El problema de la distribución desconocida se asemeja, en cierto sentido, a la dificultad central de la lógica señalada por Bertrand Russell con el problema de las afirmaciones del tipo «este enunciado es verdadero»: un enunciado no puede contener su propio predicado de verdad. Necesitamos aplicar la solución de Tarski: para todo lenguaje, habrá un me-

Como ya mostramos con el caso del teorema de indecidibilidad y del argumento de la autorreferencia, en la vida real no observamos distribuciones de probabilidad. Solamente observamos sucesos. Así que puedo reformular los resultados de la forma siguiente: no conocemos las propiedades estadísticas... hasta después de sucedido el hecho, por supuesto. Para cada conjunto dado de observaciones, hay muchas distribuciones estadísticas que pueden corresponder a los mismos valores observados exactos: cada una arrojaría extrapolaciones diferentes más allá del conjunto de sucesos del que se derivaron inicialmente. El problema inverso es más agudo cuantas más teorías (más distribuciones) pueden encajar en un conjunto de datos, sobre todo, en presencia de no linealidades o de distribuciones no parsimoniosas.* Cuando existen no linealidades, se produce una auténtica explosión en el número de familias de modelos/parametrizaciones posibles.**

---

talenguaje que se ocupe de los predicados de verdad o falsedad acerca de ese lenguaje. Con la probabilidad, simplemente ocurre que una metaprobabilidad asigna grados de crédito a todas las probabilidades (o, dicho en un sentido más general, una distribución de probabilidad tiene que estar subordinada a una distribución de metaprobabilidad que atribuya, por ejemplo, la probabilidad de que una distribución de probabilidad sea incorrecta). Pero, por fortuna, yo he podido expresar esto mediante las herramientas matemáticas disponibles. Ya he jugado con este problema de la metadistribución en el pasado, en mi libro *Dynamic Hedging* (1997). Empecé a asignar un índice de error a la distribución gaussiana (haciendo que mi verdadera distribución saliera de dos o más de tipo gaussiano, con parámetros diferentes cada una de ellas) y esto me dio como resultado unas distribuciones anidadas que, a su vez, producían de forma casi invariable una clase u otra de Extremistán. Así que, a mi juicio, la varianza de la distribución es, epistemológicamente hablando, una medida de la ausencia de conocimiento acerca de la media; de ahí que la varianza de la varianza sea, epistemológicamente también, una medida de la ausencia de conocimiento acerca de la ausencia de conocimiento de la media (y que la varianza de la varianza sea análoga al cuarto momento de la distribución y de su curtosis, lo que hace que tal incertidumbre sea fácil de expresar matemáticamente. Esto muestra que: colas gruesas = ausencia de conocimiento sobre la ausencia de conocimiento).

  * Una distribución gaussiana es parsimoniosa (sólo tiene dos parámetros que encajar). Pero el problema de añadir capas de posibles saltos, cada una de ellas con una probabilidad diferente, abre infinitas posibilidades de combinaciones de parámetros.

  ** Uno de los comentarios más habituales (aunque inútiles) que oigo por ahí es que la «estadística robusta» puede aportarnos algunas soluciones en ese sentido. Y yo me pregunto cómo el uso de tales técnicas puede crear información donde no hay ninguna.

Ahora bien, el problema se vuelve más interesante en ciertos terrenos. Recordemos el problema de Casanova del capítulo 8. En entornos que tienden a producir Cisnes Negros negativos y ninguno positivo (entornos que calificamos de «negativamente sesgados»), el problema de las probabilidades pequeñas empeora. ¿Por qué? Es obvio que los sucesos catastróficos estarán necesariamente ausentes de los datos, ya que la supervivencia de la variable misma dependerá de ese efecto. Por consiguiente, tales distribuciones harán posible que el observador se vuelva proclive a la sobreestimación de la estabilidad y a la infravaloración de la volatilidad y el riesgo potenciales.

Este punto (el de que las cosas tienen un sesgo inherente a parecer más estables y menos arriesgadas en el pasado, y que eso hace que nos llevemos sorpresas) es un aspecto que conviene tomarse muy en serio, sobre todo en el campo de la medicina. La historia de las epidemias, estudiada de manera circunscrita y restringida, no permite sugerir los riesgos de la gran plaga que ha de venir y dominar el planeta. Estoy convencido, además, de que comportándonos con el medio ambiente como lo estamos haciendo, subestimamos considerablemente la inestabilidad potencial que experimentaremos en algún momento y lugar por culpa de los daños acumulados que hemos infligido a la naturaleza.

Un ejemplo de este argumento se está desarrollando ahora mismo. En el momento de escribir estas líneas, el mercado bursátil ha demostrado ya ser mucho (muchísimo) más arriesgado de lo que hicieron creer a tantos y tantos jubilados inocentes con discursos históricos sobre los cien años de datos precedentes. Ha caído cerca del 23 % en la década concluida en 2010, cuando los charlatanes de las finanzas les dijeron a esos mismos jubilados que el incremento previsto durante ese mismo período de tiempo era de en torno al 75 %. Esto ha acabado causando la ruina de muchos planes de pensiones (y de la mayor empresa automovilística del mundo), que se creyeron a pies juntillas aquel relato «empírico»; y, por supuesto, ha provocado que muchas personas decepcionadas hayan tenido que retrasar su jubilación. Pensemos que somos muy crédulos y que tenderemos a gravitar hacia *aquellas variables que son inestables pero parecen estables*.

Preasintóticas. Volvamos sobre la platonicidad con un análisis de las preasintóticas, de lo que ocurre a corto plazo. Desde luego, las teorías son un mal punto de partida, pero pueden ser aún peores en situaciones en las que han sido deducidas dentro de unas condiciones idealizadas —las de la asíntota— pero que son usadas fuera de esa asíntota (es decir, fuera de su límite, ya sea lo infinito o lo infinitesimal). Mandelbrot y yo mostramos que algunas propiedades asintóticas funcionan bien preasintóticamente en Mediocristán, lo que explica por qué les va tan bien a los casinos; sin embargo, las cosas son distintas en Extremistán.

La mayoría de la educación estadística está basada en estas propiedades asintóticas (platónicas), pero nosotros vivimos en el mundo real, que rara vez se parece a la asíntota. Los teóricos de la estadística lo saben (o afirman saberlo), pero no así el usuario corriente de la estadística que se refiere a la «evidencia» a la hora de escribir artículos y trabajos. Además, esto viene a complicar lo que denominé la falacia lúdica: la mayor parte de lo que hacen los estudiantes de estadística matemática es asumir la existencia de una estructura similar a las estructuras cerradas de los juegos, dotada normalmente de una probabilidad conocida a priori. Pero el problema al que nos enfrentamos no es tanto el de realizar cómputos una vez conocidas las probabilidades, como el de hallar la verdadera distribución para el horizonte en cuestión. Muchos de nuestros problemas de conocimiento provienen de esa tensión entre el a priori y el a posteriori.

Prueba en carne propia

No hay manera fiable de computar probabilidades pequeñas. Ya argumenté filosóficamente la dificultad de calcular las probabilidades de los sucesos raros. Usando casi todos los datos económicos disponibles —y utilicé datos de economía porque es ahí donde están los más limpios y depurados— mostré la imposibilidad de calcular *a partir de los datos* la medida de cuán alejados de la distribución gaussiana estaban. Existe una medida denominada curtosis por la que el lector no tiene que preocuparse, pero que representa «cómo son de gruesas las colas» de la distribución, es decir, hasta qué punto desempeñan un papel los sucesos raros. Pues bien, tras diez mil datos y cuarenta años de observaciones diarias, ¡una sola observación representa el 90 % de la curtosis total! El error de muestreo es demasiado considerable para poder realizar inferencia estadística alguna acerca de lo (más o menos) no gaussiano que es algo, lo que significa que, si omitimos un solo número, omitimos la totalidad de ellos. La inestabilidad de la curtosis implica que habría que desestimar toda una clase de medidas estadísticas. Esto demuestra que todo lo que descanse sobre la «desviación típica», la «varianza», la «desviación mínimo-cuadrática», etc., es una falacia.

Además, también mostré que es imposible usar fractales para obtener unas probabilidades aceptablemente precisas, por la sencilla razón de que un cambio muy pequeño en lo que yo denominé el «exponente de la cola» en el capítulo 16, proveniente del error de observación, repercutiría en un cambio de las probabilidades multiplicado por diez, o quizá más.

Implicación de todo esto: la necesidad de evitar la exposición a probabilidades pequeñas en un cierto terreno. Sencillamente, no podemos computarlas.

LA FALACIA DE LA PROBABILIDAD DEL SUCESO ÚNICO

Recordemos que, en el capítulo 10, a propósito del ejemplo de la conducta de la esperanza de vida, comentaba que la expectativa condicional de vida adicional cae a medida que la persona avanza en edad (cuanto más viejos nos hacemos, menor es el número de años que se espera que nos quedan por vivir; esto se deduce del hecho de que existe un techo «blando» para la edad que un ser humano puede llegar a alcanzar). Expresada en unidades de desviaciones típicas, la expectativa condicional de una variable gaussiana mediocristaní, condicionada a que no sea menor que un valor umbral de 0, es 0,8 (desviaciones típicas). Si la supeditamos a que no sea menor que un umbral de 1, será 1,52. Si la condición es que no sea menor que 2, será 2,37. Como pueden ver, la primera y la segunda cifras de cada uno de esos pares deberían converger entre sí a medida que las desviaciones se van haciendo más elevadas, de manera que, condicionadas a que no sean menores que 10 desviaciones típicas, las desviaciones típicas esperadas de una variable aleatoria serán justamente 10.

En Extremistán, las cosas funcionan de modo distinto. La expectativa condicional de un incremento en una variable aleatoria no converge hacia el umbral a medida que la variable se amplía. En el mundo real, por ejemplo en el caso de la rentabilidad de las acciones (y en el de todas las variables económicas), la expectativa para una pérdida cuando está condicionada a que no sea menor de 5 unidades será (usando cualquier unidad de medida, pues eso poco importa) de unas 8 unidades. Si la condición es que la operación genere un mínimo de 50 unidades, la expectativa debería ser aproximadamente de 80 unidades. Y si nos vamos hasta el extremo de agotar la muestra, poniendo como condición que la operación media ocasione una pérdida no inferior a 100 unidades, la expectativa será de ¡250 unidades! Esto es extensible a todos los ámbitos en los que he hallado muestras suficientes, y nos indica que «no» existen los fracasos típicos «ni» los éxitos típicos. Puede que seamos capaces de predecir que habrá una guerra, ¡pero no seremos capaces de calcular su efecto! Si establecemos la condición de que, como mínimo, matará a 5 millones de personas, la contienda bélica debería acabar con aproximadamente 10 millones de vidas (o más). Si condicionamos la expectativa a que la guerra en cuestión matará al menos a 500 millones de personas, entonces sería de esperar que sacrificara mil millones de vidas humanas (o más, no lo sabemos). Es posible que pronostiquemos correctamente que una persona cualificada se hará «rica», pero, si partimos de la condición de que sí se enriquecerá, su patrimonio puede alcanzar el millón de dólares, los 10 millones, los mil millones, los 10.000 millones... no hay una cifra típica. Disponemos de datos, por ejemplo, sobre predicciones de ventas de fármacos... condicionadas a que las predicciones sean realmente acertadas. Las estimaciones de ventas no guardan correlación alguna con las ventas reales: en los casos de algunos fármacos de los que se predijo correctamente que tendrían éxito comercial, las ventas fueron inicialmente subestimadas en hasta 22 veces su volumen real final.

Esta ausencia de sucesos «típicos» en Extremistán es lo que convierte a algo como los llamados «mercados de predicciones» (en los que se supone que los participantes apuestan a que se producirán unos sucesos u otros) en una idea absolutamente ridícula, pues en ellos los sucesos son considerados como algo binario. «Una guerra», entendida como hecho aislado, carece de sentido: hace falta estimar sus daños, y ningún daño es típico. Muchos predijeron que la Primera Guerra Mundial tendría lugar, pero nadie previó realmente su magnitud. Uno de los motivos por los que la economía no funciona es que la literatura económica es ciega casi por completo a esa cuestión.

Por eso, la metodología de Ferguson (mencionada en el capítulo 1) para el análisis de la predicción de sucesos según aparece reflejada en el precio de los bonos de guerra tiene más sentido que el mero recuento de predicciones, porque un bono (que no deja de reflejar los costes de la guerra para los gobiernos implicados en ella) tiene un precio pensado para cubrir la probabilidad de un suceso *multiplicada por* las consecuencias de éste, y no solamente la probabilidad del suceso. No deberíamos centrarnos, pues, en si alguien «predijo» un suceso, si su predicción no incluía unas consecuencias asociadas.

Relacionado con esta falacia anterior está el error de pensar que lo que mi mensaje dice es que estos Cisnes Negros son necesariamente más probables de lo que se asume a través de los métodos convencionales. En su mayor parte, son *menos* probables, pero tienen efectos más grandes. Pensemos que, en un entorno en el que el ganador se lo lleva todo, como puede ser el del mundo del arte, las probabilidades de éxito son bajas, ya que el número de personas que triunfan es menor, pero la recompensa es desproporcionadamente elevada. Por lo tanto, en un entorno de distribución de colas gruesas, los sucesos raros pueden ser menos frecuentes (su probabilidad es más reducida), pero son tan impactantes que su aportación al pastel total es más sustancial.

La aclaración es matemáticamente simple, pero no es fácil de detectar. Siempre disfruto pasando a mis estudiantes de posgrado en matemáticas la siguiente prueba (para que la respondan intuitivamente, al momento). En un mundo gaussiano, la probabilidad de sobrepasar una desviación típica está en torno al 16%. ¿Qué probabilidades hay de sobrepasarla en una distribución de colas más gruesas (con la misma media y la misma varianza)? La respuesta correcta: menores, no mayores (el número de desviaciones desciende, pero los pocos sucesos que sí tienen lugar importan más). Es desconcertante comprobar que la mayoría de los estudiantes no aciertan en su respuesta.

Volvamos ahora sobre las pruebas de estrés. En el momento de escribir este breve ensayo final, el gobierno estadounidense está sometiendo a las instituciones financieras a pruebas de esfuerzo o de resistencia asumiendo desviaciones amplias y contrastando los resultados con la capitalización de dichas compañías. Pero el problema es el siguiente: ¿de dónde sacaron las cifras? ¿Del pasado? Ése es un gran fallo, pues el pasado, como ya hemos visto, no supone indicio alguno de las desviaciones futuras en Extremistán. Y esto se debe al carácter atípico de las desviaciones extremas. Mi experiencia con las pruebas de estrés es que revelan poco acerca de los riesgos. Pero los riesgos pueden usarse para evaluar el grado del error de modelo.

Psicología de la percepción de las desviaciones

Fragilidad de las intuiciones a propósito de la tipicidad de la operación. Dan Goldstein y yo realizamos una serie de experimentos sobre las intuiciones de los agentes a propósito de tales expectativas condicionales. Formulamos preguntas del tipo siguiente: ¿cuál es la estatura media de los seres humanos que superan los seis pies (1,83 metros) de altura? ¿Cuál es el peso medio de las personas que superan las 250 libras (113 kilogramos) en la báscula? Probamos con un conjunto de variables de Mediocristán, incluidas las ya mencionadas de la estatura y el peso, a las que añadimos la edad, y pedimos a una serie de participantes que calcularan variables de Extremistán, como la capitalización de mercado (¿cuál es el tamaño medio de las compañías con una capitalización superior a los 5.000 millones de dólares?) y el buen o mal rendimiento en Bolsa. Los resultados muestran claramente que las intuiciones humanas son buenas en lo que respecta a Mediocristán, pero terroríficamente malas en lo tocante a Extremistán. El problema es que casi toda la vida económica se desarrolla en Extremistán. No tenemos una buena intuición de la atipicidad de las grandes desviaciones. Eso explica tanto la asunción estúpida de riesgos como el punto hasta el que las personas son capaces de subestimar las oportunidades.

El encuadre de los riesgos. Ya mostré anteriormente con mi ejemplo de los índices de supervivencia, que unos enunciados equivalentes desde el punto de vista matemático pueden no serlo desde el psicológico. Peor aún, incluso los profesionales se engañan y basan sus decisiones sobre esos errores de percepción suyos. Nuestra investigación muestra que la manera de encuadrar un riesgo influye marcadamente en la manera de entenderlo. Si les decimos a los inversores que, de media, pierden todo su dinero cada treinta años, será más probable que inviertan que si les decimos que tendrán un 3,3 % de probabilidades de perder cierta cantidad cada año.

Lo mismo sucede con los viajes en avión. Hemos formulado la siguiente pregunta a participantes en experimentos: «Está usted de vacaciones en un país extranjero y se está planteando volar con una línea aérea local para visitar una isla especial. Las estadísticas sobre seguridad indican que, si usted vuela una vez al año con esa aerolínea, sufrirá de media un accidente cada mil años. Si usted no hace ese viaje, es harto improbable que vuelva a visitar esa parte del mundo nunca más. ¿Tomaría ese vuelo?». Todos los interpelados respondieron que sí. Pero cuando modificamos la segunda frase por la formulación siguiente, «las estadísticas sobre seguridad indican que, de media, uno de cada mil vuelos de esta aerolínea ha sufrido un accidente», sólo el 70 % de los participantes dijeron que sí subirían a ese avión. En ambos casos, la probabilidad de accidente es de una sobre mil; lo que sucede es que la segunda formulación suena sencillamente más arriesgada.

EL PROBLEMA DE LA INDUCCIÓN Y LA CAUSACIÓN EN EL DOMINIO DE LO COMPLEJO

¿Qué es la complejidad? Trataré de simplificar las cosas utilizando una definición funcional de la complejidad (y desechando otras más complejas, valga la redundancia). Un dominio complejo es aquel que se caracteriza por lo siguiente: un elevado grado de interdependencia temporal (una variable depende de sus cambios pasados), horizontal (las variables dependen unas de otras) y diagonal (la variable A depende de la historia pasada de la variable B) entre sus elementos. Como consecuencia de esta interdependencia, los mecanismos están sujetos a bucles de retroalimentación de refuerzo positivo, que causan «colas gruesas». Inhiben, por lo tanto, la operatividad del teorema del límite central, el cual, como vimos en el capítulo 15, decreta colas finas de Mediocristán a partir de la suma y la agregación de elementos, y origina así una «convergencia hacia un sistema gaussiano». Por decirlo en términos no tan especializados, con el tiempo se exacerban algunas operaciones en lugar de apagarse por la intervención de fuerzas de contrapeso. Finalmente, acabamos teniendo no linealidades que acentúan el grosor de las colas.

Así pues, la complejidad implica Extremistán. (Lo contrario no es necesariamente cierto.)

Como investigador, me he centrado únicamente en el elemento extremistaní de la teoría de la complejidad y he ignorado los otros elementos, salvo como refuerzo para mis ideas sobre la impredictibilidad. Pero la complejidad tiene también otras consecuencias para los análisis convencionales y para la causación.

La inducción

Fijémonos de nuevo, desde una perspectiva un tanto distinta, en el problema de la «inducción». En un entorno moderno, la inducción pasa a ser algo más que arcaica y convierte el problema del Cisne Negro en más grave aún de lo que ya es. Sencillamente, en un dominio complejo, el debate entre inducción y deducción adquiere una relevancia demasiado marginal con respecto a los problemas reales (salvo para un subconjunto limitado de variables, y aun así); toda esa distinción aristotélica pasa por alto una dimensión importante (similar a la comentada anteriormente a propósito de la atipicidad de los sucesos en Extremistán). Incluso otras nociones, como la de «causa», adquieren un significado diferente, especialmente en presencia de causalidad circular y de interdependencia.* El equivalente probabilístico es el paso de un modelo convencional de «andar aleatorio» (con una variable aleatoria moviéndose en un terreno fijo y sin interactuar con otras variables a su alrededor) a los modelos de la percolación (donde el terreno mismo es estocástico, con diferentes variables actuando las unas sobre las otras).

---

* Una de las consecuencias que la ausencia de «tipicidad» de un suceso tiene para la causalidad es la siguiente. Digamos que un suceso causa una «guerra». Como ya hemos visto, esa guerra seguirá sin estar definida, ya que puede matar a tres millones de personas o a mil millones. Así que, incluso en situaciones en las que podemos detectar causas y efectos, será poco lo que sabremos, porque el efecto no dejará de ser atípico. He tenido serios problemas para explicar esto a los historiadores (salvo a Niall Ferguson) y a los politólogos (salvo a Jon Elster). Por favor, expliquen este concepto (con muy buenos modales) a su profesor de estudios en Oriente Medio y Próximo.

Conducir el autobús escolar con los ojos vendados

Por desgracia, en el momento en que escribo esto, el *establishment* económico continúa ignorando la presencia de complejidad y el efecto degradador de la predictibilidad que ésta tiene. No me voy a dejar llevar demasiado por mi indignación: en vez de atravesar un segundo *deserto*, Mark Spitznagel y yo estamos diseñando otro programa de gestión del riesgo para robustecer carteras de valores frente al error de modelo, un error que procede principalmente del error del gobierno a la hora de proyectar déficits, lo que desencadena una asunción excesiva de deudas y una posible hiperinflación.

Yo estuve una vez en el Foro Económico Mundial de Davos; en una de mis sesiones, ejemplifiqué así la interdependencia en un sistema complejo y la consiguiente degradación de la predicción: el desempleo generado en Nueva York por las pérdidas de Wall Street, que se propagó y generó desempleo a su vez en, por ejemplo, China, y que luego se propagó de vuelta a Nueva York generando allí más desempleo adicional, no es analizable analíticamente porque los ciclos de retroalimentación producían errores de estimación monstruosamente grandes. Aludí a la noción de «convexidad», es decir, a la idea de una respuesta no lineal desproporcionada a raíz de una variación en un insumo, pues las herramientas de medición de índices de error saltan por los aires en presencia de la convexidad. Stanley Fisher, presidente del banco central de Israel y antiguo pez gordo del FMI, amén de coautor de un manual de macroeconomía clásico, se acercó a hablar conmigo tras la sesión para criticar mi argumento de que tales ciclos de retroalimentación originan impredictibilidad. Me explicó que disponíamos de matrices de insumo-producto (*input-output*) que servían para calcular tales retroalimentaciones y citó trabajos de gente laureada con el «Nobel» en economía. El economista en cuestión debía de ser un tal Wassily Leontief, supongo. Le lancé aquella mirada de «es usted un arrogante, pero no sabe lo suficiente para comprender que ni siquiera está equivocado» (ni que decir tiene que Fisher fue uno de los que no vio venir la crisis). Resultó difícil hacer entender el mensaje de que, aunque los métodos econométricos podían rastrear los efectos de los ciclos de retroalimentación en tiempos normales (como es natural, porque los errores son pequeños entonces), esos mismos modelos no nos indicaban nada acerca de las grandes perturbaciones. Y no me cansaré de repetirlo: las grandes perturbaciones lo son todo en Extremistán.

El problema es que, si estoy en lo cierto, deberíamos prescindir del manual de Fisher y de los de sus colegas, como también deberíamos prescindir de casi todos los métodos de predicción que utilizan ecuaciones matemáticas.

Intenté explicar los problemas de los errores que se observan en la política monetaria cuando existen no linealidades: en esos casos, continuamos añadiendo dinero sin resultado alguno... hasta que estalla la hiperinflación. O nada. En definitiva, no deberíamos entregar a los gobiernos unos juguetes que no entienden.

EL CUARTO CUADRANTE, LA SOLUCIÓN AL MÁS ÚTIL DE LOS PROBLEMAS*

¿Aristóteles caminaba despacio? - ¿Seguirán ellos los principios? - Cómo confeccionar un esquema de Ponzi y que le reconozcan el mérito

Es mucho más sensato asumir riesgos que podemos medir que medir los riesgos que estamos asumiendo.

Hay una localización concreta en el mapa, el Cuarto Cuadrante, en la que el problema de la inducción, esa gran trampa oculta del empirismo, cobra vida: el lugar en el que, repito, la ausencia de evidencias no coincide con la evidencia de la ausencia. Esta sección nos permitirá basar nuestra decisión en cimientos epistemológicos más firmes.

David Freedman, D.E.P.

En primer lugar, necesito rendir homenaje a alguien con quien el saber tiene una gran deuda. El recientemente desaparecido estadístico de Berkeley, David Freedman, quien desveló tal vez mejor que nadie los defectos del conocimiento estadístico y la inaplicabilidad de algunos de los métodos, me envió un regalo de despedida. Estaba prevista su participación en el encuentro de la Asociación Estadística Estadounidense que mencioné antes, pero anuló su asistencia debido a una enfermedad. Aun así, me previno sobre aquel congreso con un mensaje que cambió el curso de la idea del

---

* Quienes no estén involucrados en las ciencias sociales, la administración de empresas o, algo peor aún, el diseño y gestión de políticas públicas, deberían saltarse esta sección. La sección 7 será menos prosaica.

Cisne Negro: «Ve preparado; te van a dar una serie de argumentos interesados y tienes que darles respuesta». La lista de dichos argumentos figuraba ya en uno de sus libros, en un apartado titulado «La respuesta de los modeladores». A continuación, reproduzco la mayoría de ellos.

La respuesta de los modeladores: «Todo eso ya lo sabemos. No hay nada perfecto. Los supuestos son razonables. Los supuestos no importan. Los supuestos son conservadores. No se puede demostrar que los supuestos sean erróneos. Sólo estamos haciendo lo que hace todo el mundo. Se trata de que, con nosotros, el decisor esté en mejor situación para decidir que sin nosotros. Los modelos no son inútiles del todo. Se trata de sacar el máximo partido a los datos de los que disponemos. Para avanzar hay que establecer supuestos. Hay que dar a los modelos el beneficio de la duda. ¿Y qué daño hacen?».

Aquello me dio la idea de encarar la cuestión diciendo a los estadísticos y estadísticas allí presentes que «aquí es donde vuestros modelos funcionan», y no con la actitud recriminatoria («lo que hacéis es un error») que yo había estado empleando hasta entonces. Fue ese cambio de estilo lo que me valió los abrazos y las abundantes provisiones de Coca-Cola Light de los que hablé anteriormente, y lo que me ayudó a conseguir que se entendiera mi mensaje. Los comentarios de David también me inspiraron para que me centrara más en la iatrogenia, el daño ocasionado por la obsesión por el uso de modelos cuantitativos.

David Freedman falleció a las pocas semanas de aquel encuentro.* Gracias, David. Tú estuviste ahí cuando el Cisne Negro te necesitaba. Descansad en paz tú y tu recuerdo.

Y esto nos lleva a la solución. Tras toda esta indecidibilidad, la situación no es en absoluto funesta. ¿Por qué? Porque, sencillamente, podemos construir un mapa que nos indique dónde son más graves esos errores: algo que nos diga con qué debemos andarnos con especial cuidado.

* David me dejó un segundo regalo sorpresa, el mejor que nadie me hizo durante mi particular *desierto*: escribió, en un artículo póstumo, que «los esfuerzos de los estadísticos por refutar a Taleb han resultado ser poco convincentes», una sola frase que hizo cambiar el panorama y anuló cientos de páginas de ataques principalmente ad hóminem, pues alertó a los lectores de que en ellos no había refutación alguna y de que las críticas no estaban sustanciadas. Basta una sola frase como ésa para poner un mensaje de vuelta en su lugar.

Cuando observamos el generador de sucesos, podemos distinguir de antemano qué entorno puede producir grandes sucesos (Extremistán) y cuál no (Mediocristán). Ése es el único supuesto a priori que necesitamos tener. El único.

Pues bien, eso es todo.

I. El primer tipo de decisión es simple y conduce a una exposición «binaria»: es decir, sólo nos importa si algo es verdadero o falso. Que sea muy verdadero o muy falso no nos reporta beneficios ni perjuicios adicionales. Las exposiciones binarias no dependen del mayor o menor impacto de los sucesos, pues su recompensa está limitada. Una mujer está embarazada o no: si está «tremendamente embarazada», la recompensa será la misma que si estuviera «ligeramente embarazada». Un enunciado es «verdadero» o «falso» con cierto intervalo de confianza. (Yo los denomino M0, ya que, técnicamente hablando, dependen de lo que se llama el momento central cero, es decir, de la probabilidad de los sucesos, y no de su magnitud [sólo nos importa la probabilidad «cruda»]). Un experimento biológico en el laboratorio y una apuesta con un amigo sobre el resultado de un partido de fútbol pertenecen a esta categoría.

Es evidente que los resultados binarios no son muy preponderantes en la vida real; existen sobre todo en los experimentos de laboratorio y en los trabajos de investigación. En la vida, las recompensas suelen ser de rango abierto o, cuando menos, variables.

II. El segundo tipo de decisión es más complejo y entraña exposiciones de rango más abierto. No nos importan solamente la frecuencia o la probabilidad, sino también la repercusión o, lo que resulta más complejo aún, cierta función de esa consecuencia. De manera que existe una capa adicional de incertidumbre del impacto. Una epidemia o una guerra pueden ser leves o graves. Cuando invertimos, no nos importan las veces que ganemos o perdamos, sino lo acumulado, la expectativa: el producto de las veces que ganemos o perdamos *multiplicadas* por la cantidad ganada o perdida. Hay decisiones más complejas todavía (por ejemplo, cuando andamos mezclados con la deuda), pero me las saltaré aquí.

También nos interesa:

A. Qué generadores de sucesos pertenecen a Mediocristán (es decir, si

477

es casi imposible que se produzcan grandes desviaciones), un supuesto a priori.

B. Qué generadores de sucesos pertenecen a Extremistán (es decir, si son posibles —o incluso probables— las desviaciones muy grandes).

Todo esto nos proporciona los cuatro cuadrantes del mapa.

UN MAPA PARA EL CUARTO CUADRANTE

Primer Cuadrante. Recompensas binarias simples en Mediocristán: predecir es seguro, la vida es fácil, los modelos funcionan, todos deberíamos estar contentos. Estas situaciones, por desgracia, son más habituales en los laboratorios y en los juegos que en la vida real.

Rara vez observamos algo así en las recompensas asociadas a la toma de decisiones económicas. Ejemplos: algunas decisiones médicas (con respecto a un único paciente, no a una población), apuestas en los casinos, mercados de predicciones.

Tabla 1: Cuadro de decisiones por recompensa

M0 «Verdadero/falso»	M1 Expectativas
Resultados médicos para una persona	Epidemias (número de personas infectadas)
Experimentos psicológicos (respuestas de «sí» o «no»)	Éxito intelectual y artístico (definido por el volumen de ventas de libros, el número de citas que se hacen de ellos, etc.)
Vida/muerte (para una sola persona, no para *n* personas)	Efectos del clima (cualquier sistema métrico cuantitativo)
Apuestas simétricas en la ruleta	Daños de una guerra (número de bajas y víctimas)
Mercados de predicciones (número de víctimas)	Seguridad, terrorismo, catástrofes naturales
	Gestión del riesgo general
	Finanzas: realización de una inversión no apalancada (por ejemplo, un plan de jubilación)
	Seguros (medidas de las pérdidas esperadas)
	Economía (política)
	Casinos

Segundo Cuadrante. Recompensas complejas en Mediocristán: los métodos estadísticos pueden funcionar satisfactoriamente, pero existen algunos riesgos. El uso de modelos de Mediocristán puede no ser una panacea, debido a las preasintóticas, a la ausencia de independencia y al error de modelo. Hay problemas evidentes en este sector, pero han sido abordados extensamente en la bibliografía especializada y, en particular, en los trabajos de David Freedman.

Tercer Cuadrante. Recompensas simples en Extremistán: equivocarse no es muy perjudicial porque la posibilidad de que se produzcan sucesos extremos no repercute en las recompensas. No hay que preocuparse demasiado por los Cisnes Negros.

Cuarto Cuadrante, el territorio del Cisne Negro. Recompensas complejas en Extremistán: aquí es donde reside el problema; también hay oportunidades presentes. Tenemos que evitar la predicción de recompensas remotas, aunque no necesariamente la de las más corrientes. Las recom-

Tabla 2: Los cuatro cuadrantes

	I Recompensas simples	II Recompensas complejas
A Mediocristán	Primer cuadrante *Sumamente seguro*	Segundo cuadrante (Más o menos) seguro
B Extremistán	Tercer cuadrante *Seguro*	Cuarto cuadrante *Territorio del Cisne Negro*

pensas de partes remotas de la distribución son más difíciles de pronosticar que las de las partes más próximas.*

En realidad, el Cuarto Cuadrante consta de dos sectores, según si las exposiciones son a Cisnes Negros positivos o a Cisnes Negros negativos. Aquí me centraré en el sector de los negativos (el aprovechamiento del positivo es demasiado obvio y ya hablé de él al explicar la historia de Apeles el pintor en el capítulo 13).

Mi recomendación, pues, es que nos desplacemos del Cuarto Cuadrante hacia el Tercero. No es posible cambiar la distribución; lo que sí se puede es cambiar la exposición, como comentaré en la próxima sección.

Lo que puedo decir a grandes trazos sobre el Cuarto Cuadrante es que todo el escepticismo relacionado con el problema del Cisne Negro debería concentrarse ahí. Un principio general es que, mientras que en los tres primeros cuadrantes podemos emplear *el mejor* modelo (o la mejor teoría) que podamos encontrar y confiar en él, ese modo de obrar es peligroso en el Cuarto Cuadrante: ninguna teoría ni modelo debería ser mejor que otra u otro.

Dicho de otro modo, el Cuarto Cuadrante es el territorio *en el que se agudiza la diferencia entre la ausencia de evidencias y la evidencia de la ausencia.*

Veamos, a continuación, cómo podemos salir del Cuarto Cuadrante o cómo podemos mitigar sus efectos.

---

* Éste es un verdadero a priori filosófico, ya que, cuando asumimos que los sucesos pertenecen a Extremistán (por la ausencia de estructura ante la aleatoriedad), ninguna observación empírica adicional puede hacernos cambiar de opinión, dado que la propiedad de Extremistán consiste en ocultar la posibilidad de sucesos de tipo Cisne Negro (lo que anteriormente denominé el problema de la mascarada).

Sección 7
QUÉ HACER CON EL CUARTO CUADRANTE

No usar el mapa equivocado: la noción de iatrogenia

Así pues, lo que puedo hacer por el momento es producir una serie de reglas fronéticas (en el sentido aristotélico de la *frónesis*, la prudencia en la toma de decisiones). En el dilema que presento a continuación se compendia tal vez la historia de mi vida. Parafraseando a Danny Kahneman, por consuelo psicológico algunas personas preferirían usar un mapa de los Pirineos cuando anduvieran perdidas en los Alpes que no usar ninguno. No actúan así de forma explícita, pero aún les va peor cuando tienen que tratar con el futuro y utilizan medidas del riesgo: antes se decantan por un pronóstico defectuoso que por ninguno. Así que, pocas cosas ayudan más a que un «primo» asuma más riesgos que cuando se le facilita un indicador o medida probabilístico. Yo tenía pensado hacer una prueba con Dan Goldstein (como parte de nuestros programas de investigación general dedicados a comprender las intuiciones de los seres humanos en Extremistán). Danny (alguien con quien se puede caminar muy bien, aunque nunca lo hace sin rumbo fijo, «paseando» sin más) insistió en que no era necesario que nosotros lleváramos a cabo nuestros propios experimentos: hay ya sobrados estudios sobre anclaje que demuestran lo tóxico que resulta facilitar a alguien una estimación numérica errónea del riesgo. Numerosos experimentos aportan pruebas de que los profesionales están significativamente influidos por números que saben que son irrelevantes para su decisión, como cuando se pide a alguien que escriba las cuatro últimas cifras de su número de la seguridad social antes de dar una estimación numérica de operaciones de mercado potenciales. Cuando a unos jueces alemanes —personas respetabilísimas donde las haya— se les pidió en un estudio que tiraran unos dados antes de dictar sentencia, se comprobó que las sumas de dinero que acababan estipulando en sus veredictos eran un 50 % más altas de media cuando en los dados había salido previamente una cifra alta, y esto sin que ellos mismos fueran conscientes de ello.

Consejo en negativo

Es muy simple: no se metan en el Cuarto Cuadrante, el territorio del Cisne Negro. De todos modos, cuesta mucho seguir este sensato consejo.

Los psicólogos distinguen entre actos por comisión (aquello que hacemos) y actos por omisión. Aunque éstos vienen a ser equivalentes a lo que en economía se conoce como el balance de resultados (un dólar no perdido es un dólar ganado), en nuestras mentes no los tratamos igual. No obstante, como ya he dicho, las recomendaciones del tipo «no hagas…» son empíricamente más robustas. ¿Cómo se logra vivir mucho tiempo? Evitando la muerte. Pero las personas en general no se dan cuenta de que el éxito consiste principalmente en eludir las pérdidas y no en tratar de obtener beneficios.

Los consejos en positivo suelen ser terreno propio del charlatán. Las librerías están repletas de libros sobre cómo alguien logró tener éxito; casi no hay ninguno con títulos como *Lo que aprendí al arruinarme*, o *Diez errores que usted puede evitar en la vida*.

Ligada a esta necesidad de consejos en positivo está nuestra preferencia por *hacer algo antes que no hacer nada*, incluso en casos en los que hacer algo resulta perjudicial.

Estuve recientemente en un programa de televisión y uno de esos expertos farsantes de «traje vacío» no dejó de insistir para que le diera consejos precisos sobre cómo salir de la crisis. Me resultó imposible transmitir mi propio consejo sobre «qué no hacer», o señalar que mi campo es el de la evitación del error y no la cirugía de urgencias, pero que la mía podía ser una disciplina muy completa e igual de valiosa. De hecho, he pasado doce años tratando de explicar que, en muchos casos, era mejor (y más prudente) carecer de modelos que disponer de las acrobacias matemáticas que ya teníamos.

Por desgracia, esa falta de rigor está presente por doquier en el lugar donde menos la esperaríamos: la ciencia institucionalizada. A la ciencia (especialmente, en su versión académica) nunca le han gustado los resultados negativos, y menos aún que se expongan y se publiciten sus propios límites. El sistema retributivo de sus profesionales no está establecido para propiciar algo así. El científico obtiene respeto realizando ejercicios de funambulismo o practicando deportes espectáculo (es decir, siguiendo los pasos apropiados para convertirse en «el Einstein de la economía» o en «el nuevo Darwin»), en vez de aportando algo real a la sociedad mediante el derribo de mitos o la catalogación de las fronteras de nuestros conocimientos.

Permítanme que vuelva sobre el límite de Gödel. Hay casos en los que aceptamos los límites del conocimiento, por ejemplo, cuando pregonamos a los cuatro vientos el importantísimo «avance» que supone el límite matemático de Gödel porque hace gala de una formulación elegante y de una gran destreza matemática; sin embargo, la importancia de ese límite queda muy empequeñecida ante nuestros límites prácticos a la hora de pronosticar los cambios del clima, las crisis, la agitación social o la suerte que correrán los fondos de donaciones dedicados a financiar la investigación de tan «elegantes» límites futuros. Por eso afirmo que mi solución sobre el Cuarto Cuadrante es el más aplicado de esos límites.

La iatrogenia y la etiqueta del nihilismo

Consideremos el caso de la medicina (esa hermana de la filosofía), que sólo empezó a salvar vidas hace menos de un siglo (y estoy siendo bastante generoso) y en menor medida que la inicialmente pregonada en la literatura popular, ya que las caídas en las cifras de mortalidad parecen deberse mucho más a la concienciación sobre las condiciones higiénicas y al descubrimiento (azaroso) de los antibióticos que a las contribuciones terapéuticas propiamente dichas. Los médicos, impulsados por esa horrorosa ilusión de control, pasaron muchísimo tiempo matando pacientes sin caer en la cuenta de que «no hacer nada» podía ser una opción válida (era considerada una alternativa «nihilista»); y los estudios recopilados por Spyros Makridakis muestran que todavía siguen haciéndolo hasta cierto punto, concretamente, en lo que se refiere al «sobrediagnóstico» de ciertas enfermedades.

La de nihilismo ha sido una etiqueta empleada siempre con ánimo de hacer daño. Los profesionales que eran conservadores y valoraban la posibilidad de dejar que la naturaleza hiciera su trabajo, o que declaraban abiertamente los límites de nuestra comprensión médica, fueron acusados hasta la pasada década de 1960 de «nihilismo terapéutico». Se tenía por «anticientífico» no seguir unos procedimientos basados en un conocimiento incompleto del cuerpo humano: el decir «éste es el límite y aquí es donde termina mi corpus de conocimientos». Ese mismo sambenito ha sido utilizado contra mí mismo por parte de defraudadores intelectuales empeñados en vender sus productos.

El propio término *iatrogenia* (es decir, el estudio del daño ocasionado por el sanador) no es un vocablo que esté muy extendido: yo nunca lo he oído mencionar fuera del campo de la medicina. A pesar de la obsesión que he tenido toda la vida con lo que se conoce como el error de tipo I (o falso positivo), no fue hasta fecha reciente cuando aprendí el concepto de daño iatrogénico gracias a una conversación con el ensayista Bryan Appleyard. ¿Cómo puede una idea tan importante como ésa seguir oculta a nuestra conciencia? Incluso en medicina (en la medicina moderna, me refiero) un concepto tan antiguo como el de «no hacer daño» no se introdujo hasta fecha muy tardía. El filósofo de la ciencia Georges Canguilhem se preguntaba por qué la idea no nos llegó hasta finales de los años cincuenta del siglo XX. Esto, para mí, es un misterio: cómo han podido los profesionales provocar daño durante tanto tiempo en nombre del conocimiento sin dejar de salirse con la suya.

Lamentablemente, las investigaciones sobre el tema nos han mostrado que los hallazgos relacionados con la iatrogenia son meros redescubrimientos de saberes pasados que habíamos perdido después de que la ciencia se hubiera vuelto demasiado arrogante a raíz de la Ilustración. Una vez más comprobamos que nuestros antiguos sabían más que nosotros: los griegos, los romanos, los bizantinos y los árabes sentían un respeto intrínseco por los límites del conocimiento. Hay un tratado del filósofo y médico árabe medieval Al-Ruhawi en el que se pone de manifiesto la familiaridad que estas culturas mediterráneas tenían con la iatrogenia. Yo mismo he especulado también en el pasado con la posibilidad de que la religión salvara vidas apartando al paciente del médico. Uno podía satisfacer su ilusión de control acudiendo al templo de Apolo en vez de al médico. Lo interesante es que los antiguos mediterráneos posiblemente entendieran muy bien los pros y los contras y aceptaran la religión en parte como una herramienta con la que domar la ilusión del control.

Nada se puede hacer con el conocimiento a menos que se sepa dónde se detiene éste y cuáles son los costes de usarlo. La ciencia postilustrada y la hija de ésta, la ciencia superestrella, tuvieron la fortuna de funcionar bien en la física (lineal), la química y la ingeniería. Pero llega un punto en el que tenemos que renunciar a la elegancia para centrarnos en algo que se ha venido desechando desde hace mucho tiempo: por una parte, en los mapas que nos muestren lo que los conocimientos y los métodos actuales no pueden hacer por nosotros, y, por otra, en un estudio riguroso de la iatrogenia científica generalizada o, lo que es lo mismo, del daño que la ciencia puede generar (y, si es posible, exponiendo el daño que la ciencia ya ha ocasionado). Para mí ése sería el más respetable de los propósitos.

Iatrogenia de los reguladores. Desgraciadamente, el llamamiento a una mayor regulación (incondicional) de la actividad económica parece haberse convertido en una respuesta normal. Mis peores pesadillas han tenido que ver con los resultados de la obra de los reguladores. Fueron ellos quienes promovieron el recurso a las calificaciones de las agencias de crédito y a la «medición del riesgo» que contribuyó a fragilizar el sistema cuando los banqueros lo utilizaron para construir y afianzar posiciones que acabaron echándose a perder. Pero cada vez que se presenta un problema, hacemos eso tan soviético-harvardiano que es pedir más regulación, lo que propicia que se enriquezcan muchos banqueros de inversiones, abogados y exreguladores metidos a asesores de Wall Street. También favorecen los intereses de otros colectivos.

REGLAS FRONÉTICAS: ¿QUÉ ES PRUDENTE HACER (O NO HACER) EN LA VIDA REAL PARA MITIGAR EL CUARTO CUADRANTE SI NO PODEMOS RECURRIR A HALTERAS?

La vía más obvia para salir del Cuarto Cuadrante es el «truncamiento», es decir, la reducción de ciertas exposiciones mediante la adquisición de un seguro (si éste está disponible), adoptando la estrategia de la «haltera» descrita en el capítulo 13. Pero si no tenemos la posibilidad de emplear halteras y no podemos evitar la exposición, como es el caso, por ejemplo, con los problemas climáticos, con las epidemias y con otros elementos similares de la tabla previa, entonces podemos suscribir las siguientes reglas de «prudencia» para incrementar la robustez.

1. Tengamos respeto por el tiempo y por el conocimiento no demostrativo.
Recuerden mi consideración por la Madre Tierra, simplemente en virtud de su edad. Cualquier serie de datos en el Cuarto Cuadrante tarda mucho, muchísimo más tiempo, en revelar sus propiedades. Ya he clamado repetidas veces contra el hecho de que las retribuciones de los ejecutivos bancarios (situados de pleno en el Cuarto Cuadrante) se efectúen conforme a una ventana temporal a corto plazo (anual, por ejemplo) por cosas que explotan cada cinco, diez o quince años, lo que origina un desequilibrio entre la ventana de observación utilizada y la ventana de la que debería ser la duración suficiente para que se revelen las propiedades reales. Muchos banqueros se enriquecen a pesar de procurar rentabilidades negativas a largo plazo para sus empresas.

Siempre es preferible optar por aquellas cosas que funcionan desde hace mucho tiempo, pues es más probable que ya hayan alcanzado su estado ergódico. Y, de todos modos, en el peor de los casos, el problema sería que no sabemos cuánto durarán.*

Recordemos que la carga de la prueba recae en quien perturba un sistema complejo y no en la persona que protege el *statu quo*.

---

* La mayor parte de la campaña de desprestigio que mencioné anteriormente se fundamenta sobre una representación errónea del rendimiento y las propiedades aseguradoras que tienen las estrategias de cobertura o protección como las de la haltera o el «robustecimiento de carteras», relacionadas ambas con las ideas del Cisne Negro; una representación errónea que quizá resulta creíble por el hecho de que, cuando se realizan observaciones a corto plazo de las rentabilidades, no se aprecia nada relevante salvo unas variaciones frecuentes superficiales (principalmente pérdidas). La gente se olvida sencillamente de acumular de forma apropiada y recuerda las frecuencias en vez del total. Las rentabilidades reales, según la prensa, fueron aproximadamente del 60 % en 2000 y de más del 100 % en 2008, con pérdidas y ganancias relativamente suaves por lo demás, así que sería muy fácil inferir que las rentabilidades totales estarían situadas en magnitudes de tres cifras para el conjunto de la pasada década (a fin de cuentas, bastaría con un único buen salto, ¿no?). Sin embargo, el índice Standard and Poor's 500 cayó un 23 % durante ese mismo período decenal.

2. Evitemos la optimización; aprendamos a amar la redundancia.
He hablado de la redundancia y la optimización en la sección 1. He aquí algunas cosas más al respecto de ambas.

La redundancia (entendida como el hecho de tener ahorros y dinero en efectivo guardados bajo el colchón de casa) es lo contrario del endeudamiento. Los psicólogos nos dicen que el enriquecimiento no da la felicidad... si uno se gasta sus ahorros. Pero si los esconde bajo el colchón, se vuelve menos vulnerable a un Cisne Negro.

Además, por ejemplo, uno puede adquirir un seguro (o construirlo) para robustecer una cartera de valores.

Tampoco la sobreespecialización es una buena idea. Pensemos, si no, en qué puede pasarle a cualquiera de nosotros si su tipo de ocupación desaparece por completo. A una analista de Wall Street (de las que se dedican a los pronósticos) que haga pluriempleo al mismo tiempo como bailarina de la danza del vientre le irá mucho mejor en caso de crisis financiera que a otra persona que sólo sea una analista.

3. Evitar la predicción de recompensas de probabilidad reducida, pero no necesariamente la de las de probabilidad corriente.
Evidentemente, las recompensas de sucesos remotos son más difíciles de predecir.

4. Cuidado con la «atipicidad» de los sucesos remotos.
Existen unos métodos para crédulos (o «primos») llamados «análisis de escenarios» y «pruebas de estrés» que, por lo general, suelen estar basados en el pasado (o en alguna teoría «que tiene sentido»). Pero (y ya mostré anteriormente cómo) los déficits pasados no pueden predecir los déficits subsiguientes, así que desconocemos cuál es el nivel de estrés que debemos comprobar en esas pruebas. Tampoco los «mercados de predicciones» funcionan aquí, pues las apuestas no protegen frente a una exposición de rango abierto. Tal vez funcionen para una elección binaria, pero no en el Cuarto Cuadrante.

5. Cuidado con el riesgo moral asociado a los pagos de primas extraordinarias.
Nada hay más óptimo que cobrar una serie de primas apostando a unos riesgos ocultos en el Cuarto Cuadrante hasta que la cosa explota para, a

continuación, huir del escenario del crimen dejando una carta de agradecimiento. Esto es lo que se llama el argumento del riesgo moral. Los banqueros siempre son ricos gracias a este error de encaje en la percepción de bonificaciones. Al final, es la sociedad la que acaba pagándolo. Lo mismo sucede con los altos ejecutivos de empresa.

6. *Evitar ciertos instrumentos métricos del riesgo.*

Los sistemas métricos convencionales —que se basan en suponer que el escenario imperante es el de Mediocristán— ajustados para desviaciones grandes no funcionan. Ésa es la trampa en la que caen los primos: es un error que está mucho más extendido que algo tan simple como suponer que la distribución en cuestión es distinta de la curva de campana gaussiana. Términos como «desviación típica» no son estables y no miden nada en el Cuarto Cuadrante. Tampoco lo hacen la «regresión lineal» (los errores están en el Cuarto Cuadrante), el índice de Sharpe, la cartera óptima de Markowitz, el análisis de la varianza, el mínimo cuadrático y, literalmente, cualquier cosa sacada mecánicamente de un manual de estadística. Mi problema en ese sentido es que muchas personas pueden estar de acuerdo conmigo y aceptan el papel de los sucesos raros, y aun así, continúan usando esos instrumentos métricos, lo que me impulsa a preguntarme si no estaré ante un caso de psicopatología.

7. *¿Cisne Negro positivo o negativo?*

Está claro que el Cuarto Cuadrante puede suponer exposiciones positivas o negativas al Cisne Negro; si la exposición es negativa, es más probable que la medición de operaciones pasadas nos lleve a subestimar la media real y que, por ese mismo motivo, el potencial total esté mal calculado.

La esperanza de vida de los seres humanos no es tan larga como sospechamos (en condiciones de globalización) porque en los datos falta algo fundamental: la gran epidemia que está por venir (y que anulará por mucho los avances obtenidos momentáneamente con remedios como los antibióticos). Lo mismo ocurre, como ya vimos, con la rentabilidad de las inversiones arriesgadas.

Por otra parte, la historia pasada de las empresas dedicadas a la investigación dibuja una imagen menos halagüeña del futuro. Y, sin embargo, una compañía biotecnológica se enfrenta (normalmente) a una incertidumbre positiva, mientras que un banco se enfrenta casi exclusivamente a *shocks* o impactos negativos.

Los errores de modelo benefician a quienes se exponen a Cisnes Negros positivos. En mi nueva investigación, hablo precisamente de ello distinguiendo entre aquellas personas que son «cóncavas» al error de modelo y aquellas que son «convexas» a dicho tipo de error.

8. No confundir ausencia de volatilidad con ausencia de riesgo.
Los instrumentos métricos convencionales que usan la volatilidad como indicador de la estabilidad nos engañan, porque la evolución hacia Extremistán viene marcada por una reducción de la volatilidad... y un mayor riesgo de grandes saltos. Esto ha inducido a engaño a todo un presidente de la Reserva Federal como Ben Bernanke... y a todo el sistema bancario en su conjunto. Y volverá a engañar.

9. Cuidado con la manera de presentar las cifras sobre riesgo.
Ya expuse anteriormente los resultados que muestran que la percepción del riesgo está sujeta a problemas de encuadre que son particularmente agudos en el Cuarto Cuadrante. Son mucho más benignos, eso sí, en todos los demás sectores.

LOS DIEZ PRINCIPIOS DE UNA SOCIEDAD ROBUSTA FRENTE AL CISNE NEGRO*

Escribí los «diez principios» siguientes pensando principalmente en cómo debía afrontarse el Cuarto Cuadrante desde la vida económica tras la crisis.

1. Lo frágil debería quebrarse pronto, cuando aún es pequeño.
Nada debería llegar nunca a hacerse «demasiado grande para caer». La evolución en la vida económica ayuda a que los actores que acumulan la mayor cantidad de riesgos ocultos acaben convirtiéndose en los más grandes de todos.

2. Nada de socializar pérdidas ni de privatizar ganancias.
Lo que necesite ser rescatado debería nacionalizarse y lo que no precisa de rescate alguno debería ser libre, pequeño y arriesgado. Hemos acabado por adoptar lo peor del capitalismo y del socialismo. En Francia, en la pasada década de 1980, los socialistas intervinieron la banca. En Estados Unidos, en la primera década del nuevo milenio, ha sido la banca la que ha intervenido el Estado. Esto es surrealista.

3. Nunca deberíamos entregar un nuevo vehículo a quienes conducían un autobús escolar con los ojos vendados (y lo estrellaron).
El *establishment* económico (universidades, reguladores, banqueros centrales, autoridades gubernamentales, organizaciones diversas regidas y po-

---

* Esta sección fue publicada en forma de artículo de opinión en el *Financial Times* en 2009. Algún corrector (quien, huelga decirlo, no se había leído *El cisne negro*) cambió mi fórmula «robusta frente al Cisne Negro» por «a prueba de Cisnes Negros». No existe nada a prueba de Cisnes Negros; con que sea robusto, ya es bastante bueno.

bladas por economistas) perdió su legitimidad con la quiebra del sistema en 2008. Es irresponsable y estúpido depositar nuestra confianza en su capacidad para sacarnos de este embrollo. También es una irresponsabilidad escuchar el consejo de los «expertos en riesgo» y de los académicos de las escuelas de negocios y las facultades de administración de empresas, que continúan promocionando sus instrumentos de medición (esos que ya nos fallaron, como el «Value-at-Risk»).

4. No dejar que nadie que cobre una prima «por incentivos» administre una central nuclear... ni nuestros riesgos financieros.
Lo más probable es que alguien así termine por recortar toda clase de gastos en seguridad para poder declarar «beneficios» a partir del dinero ahorrado, presentando tal estrategia como «conservadora». Las primas no tienen en cuenta los riesgos ocultos de explosión.

5. Compensar complejidad con simplicidad.
La complejidad derivada de la globalización y de una vida económica sumamente interconectada en red tiene que ser compensada con la simplicidad en los productos financieros. La economía compleja es ya en sí una forma de apalancamiento. Es el apalancamiento de la eficiencia. Añadir endeudamiento a ese sistema origina giros salvajes y peligrosos y no deja margen alguno al error. Los sistemas complejos sobreviven gracias a la amplitud de espacio para la maniobra y a la redundancia, no a la deuda y la optimización. El capitalismo no puede evitar las modas pasajeras ni las burbujas. Las burbujas en los mercados de valores (como la de 2000) han demostrado ser leves; las de la deuda son feroces.

6. No dar cartuchos de dinamita a los niños, aunque vengan con una etiqueta de advertencia.
Hay que prohibir los productos financieros complejos porque nadie los entiende, y pocas personas son lo suficientemente racionales como para saber algo así. Tenemos que proteger a los ciudadanos de sí mismos, de los banqueros que les venden productos «de cobertura», y de los reguladores crédulos que hacen caso a los teóricos económicos.

7. Sólo los esquemas de Ponzi deberían depender de la confianza. Los gobiernos nunca deberían tener la obligación de «restablecer la confianza».

En un esquema de Ponzi (el más famoso de los cuales ha sido el perpetrado por Bernard Madoff), una persona pide en préstamo o toma directamente fondos de un nuevo inversor para pagar lo que ya debe a un inversor veterano que trata de salir de allí recuperando lo que invirtió.

Los rumores en cascada son un producto de los sistemas complejos. Los gobiernos no pueden frenar los rumores. Sencillamente, necesitamos ponernos en una situación que nos permita ignorar los rumores, ser robustos frente a ellos.

8. No administrar más droga a un adicto que ya padece un síndrome de abstinencia.

Recurrir al apalancamiento para curar los problemas generados por un exceso de apalancamiento no es homeopatía: es negación. La crisis de la deuda no es un problema temporal, sino estructural. Necesitamos rehabilitación.

9. Los ciudadanos no deberían depender de los activos financieros como reserva de valor para el futuro ni tampoco deberían fiarse del consejo «experto» (y falible) de cara a la jubilación.

Deberíamos «desfinancierizar» la vida económica. Deberíamos aprender a no usar los mercados como si fueran nuestros almacenes de valor: no hallaremos en ellos las certezas que los ciudadanos normales pueden necesitar, por mucho que nos digan las opiniones «expertas». Las inversiones deberían hacerse por diversión. Los ciudadanos deberían experimentar preocupación a propósito de sus empresas y actividades profesionales (lo que sí controlan) y no por sus inversiones (que no pueden controlar).

10. Hacer una tortilla con los huevos que hemos roto.

Al final, la crisis de 2008 no era un problema que pudiéramos arreglar con unas pocas reparaciones improvisadas, como tampoco podemos reparar un barco con unos pocos parches provisionales si la quilla está podrida. Necesitamos reconstruir la quilla con materiales nuevos (y más fuertes); tendremos que rehacer el sistema antes de que éste se rehaga por su propia cuenta. Demos el paso voluntario hacia una economía robusta ayudando a que lo que tenga que romperse se rompa por sí solo, convirtiendo deuda en valor, marginando al *establishment* de la economía y de las facultades y escuelas de administración de empresas, clausurando el «Nobel» en economía, prohibiendo las adquisiciones apalancadas, poniendo a los banqueros en su sitio, recuperando las primas que dimos a quienes nos metieron en esto (reclamando la restitución de los fondos abonados, por ejemplo, a Robert Rubin o a los banqueros mafiosos cuya riqueza ha sido subvencionada por maestros y maestras de escuela contribuyentes) y enseñando a las personas a navegar por un mundo con menos certezas.

Veremos emerger entonces una vida económica de características más próximas a las de nuestro entorno biológico: empresas más pequeñas, una ecología más rica, ningún apalancamiento especulativo... un mundo en el que los emprendedores (no los banqueros) asuman los riesgos y en el que las compañías nazcan y mueran a diario sin convertirse en noticia de primera plana por ello.

Pues bien, tras esta incursión en la economía de los negocios, pasemos finalmente a algo menos vulgar.

Sección 9
AMOR FATI: CÓMO VOLVERNOS INDESTRUCTIBLES

Y ahora, amigo lector, ha llegado el momento de separarnos de nuevo.

Me encuentro en Amioun, el pueblo de mis antepasados. Mis dieciséis tatarabuelos y tatarabuelas, mis ocho bisabuelos y bisabuelas, y mis dos abuelos y mis dos abuelas están enterrados en esta zona, casi todos ellos dentro de un radio de unos seis kilómetros. Y eso sin contar a mis tíos abuelos, mis primos y otros parientes. Todos ellos descansan en cementerios ubicados entre olivares en el valle de Koura, al pie del monte Líbano, que se alza tan espectacular que uno puede ver la nieve ahí arriba a apenas treinta kilómetros de distancia.

Hoy, al anochecer, he ido a San Sergio (llamado localmente Mar Sarkis, un topónimo arameo), el cementerio de mi rama de la familia, para saludar a mi padre y a mi tío Dédé, a quien tanto desagradaba mi descuidada manera de vestir durante mis días de lucha y disturbios. Estoy seguro de que Dédé sigue enfadado conmigo; la última vez que me vio en París me dejó caer que yo iba vestido como un australiano y se quedó tan ancho. Así que el motivo real de mi visita al camposanto tenía un trasfondo más egoísta: quería prepararme para el lugar a donde iré dentro de un tiempo.

Ése es mi plan B. Allí estaba, observando detenidamente la posición de mi propia tumba. Un Cisne Negro no puede destruir tan fácilmente a un hombre que tiene una idea acerca de cuál será su destino final.

Me sentí robusto.

Últimamente, me llevo conmigo a Séneca en todos mis viajes para leerlo en su versión original: he vuelto a aprender latín. Su lectura en inglés —ese idioma profanado por los economistas y por los burócratas del Banco de la Reserva Federal estadounidense— no me parecía apropiada. No en estos momentos. Sería como leer a Yeats en suajili.

Séneca fue el gran maestro y practicante del estoicismo. Él transformó el carácter teórico del estoicismo grecofenicio convirtiéndolo en un programa práctico y moral de vida, un camino para alcanzar el *summum bonum*, expresión intraducible que representa una vida de cualidades morales supremas según las percibían los romanos. Pero, más allá incluso de esa meta inalcanzable, Séneca da consejos prácticos, tal vez los únicos que puedo ver trasladados de las palabras a la realidad. Séneca fue quien (con alguna que otra ayuda de Cicerón) enseñó a Montaigne que *filosofar es aprender a morir*. Séneca fue quien enseñó a Nietzsche el *amor fati*, «el amor al destino», que impulsó a este último a sobreponerse a la adversidad, al maltrato que le dispensaron sus críticos y a su propia enfermedad ignorando todo eso hasta el punto de que le resultara aburrido incluso.

Para Séneca, el estoicismo es una manera de afrontar la pérdida y de hallar formas de superar nuestra aversión a dicha pérdida, es decir, de ser menos dependientes de lo que ya tenemos. Recordemos la «teoría de las perspectivas» formulada por Danny Kahneman y sus colaboradores: si le regalo a alguien una bonita casa y un Lamborghini, le ingreso un millón de dólares en su cuenta bancaria y le facilito una red social, pero luego, unos meses más tarde, se lo quito todo, ese alguien estará mucho peor que si no le hubiera sucedido nada desde un principio.

La credibilidad de Séneca como filósofo moral radica (para mí) en el hecho de que, a diferencia de otros filósofos, él no menospreció el valor de la riqueza o de la propiedad porque fuera pobre. De Séneca se dice, de hecho, que era uno de los hombres más acaudalados de su tiempo. Simplemente, se preparaba a sí mismo a diario para perderlo todo en cualquier momento. A diario. Aunque sus detractores aseguren que, en la vida real, no era el sabio estoico que afirmaba ser, sobre todo, por su costumbre de seducir a mujeres casadas (con maridos no estoicos), lo cierto es que se acercó mucho a esa condición. Siendo el hombre poderoso que era, tenía ciertamente muchos detractores, y si no llegó a cumplir con su propio ideal estoico, se aproximó mucho más a él que sus contemporáneos. Y del mismo modo que cuesta más tener buenas cualidades cuando se es rico que cuando se es pobre, también resulta más difícil ser estoico cuando uno es una personalidad adinerada, poderosa y respetada que cuando uno está en la indigencia, la miseria y la más triste soledad.

«Nihil perditi»

En la Epístola IX de Séneca, el país de Estilbón es invadido por Demetrio, llamado «devastador de ciudades». Los hijos y la esposa de Estilbón mueren asesinados. A Estilbón le preguntan cuáles han sido sus pérdidas. «*Nihil perditi*», no he perdido nada, responde. «*Omnia mea mecum sunt!*», todos mis bienes están aquí conmigo. Aquel hombre había alcanzado la autosuficiencia estoica, la robustez frente a los sucesos adversos: la *apatheia*, en argot estoico. Dicho de otro modo, *él no consideraba ya como un bien suyo nada que pudieran arrebatarle.*

Y eso incluía a su propia mujer. La disposición de Séneca a perderlo todo se hacía extensible a su propia vida. Al sospechar que podía haber tomado parte en una conspiración, el emperador Nerón le pidió que se suicidara. En la historia ha quedado escrito que él mismo llevó a cabo su suicidio de manera ejemplar, impasible, como si hubiera estado preparado para ello toda su vida.

Séneca concluía sus ensayos (escritos en el género epistolar) con la palabra *vale*, traducida a menudo (y erróneamente) como «adiós». El vocablo latino tiene la misma raíz que «valor» y significa tanto «sean fuertes (es decir, robustos)» como «sean valiosos (o dignos)». *Vale.*

GLOSARIO

Aleatoriedad como información incompleta: Lo que no se puede adivinar es aleatorio porque el conocimiento que tengo de las causas es incompleto, aunque no necesariamente porque el proceso tenga unas propiedades auténticamente impredecibles.

Argumento del retraimiento estadístico (o problema de la circularidad de la estadística): Necesitamos datos para descubrir la distribución de la probabilidad. ¿Cómo sabemos si contamos con los suficientes? Por la distribución de la probabilidad. Si es gaussiana, bastarán unos pocos. ¿Cómo se sabe que es gaussiana? Por los datos. Por eso necesitamos que los datos nos digan qué distribución de la probabilidad debemos asumir, y que una distribución de la probabilidad nos diga cuántos datos necesitamos. Esto causa el grave argumento de la regresión, que es algo que se sortea desvergonzadamente recurriendo al método gaussiano y similares.

Arrogancia epistémica: Medir la diferencia entre lo que uno realmente sabe y lo mucho que piensa que sabe. El exceso implica arrogancia; el defecto, humildad. El epistemócrata es alguien de humildad epistémica, que cuestiona en grado sumo sus propios conocimientos.

Ceguera ante el Cisne Negro: La infravaloración del papel del Cisne Negro, y la sobreestimación ocasional de uno en concreto.

Ceguera ante el futuro: Nuestra incapacidad natural para tener en cuenta las propiedades del futuro, como el autismo, que impide que uno considere la existencia de la mente de los demás.

Cisne gris mandelbrotiano: Cisnes Negros que de algún modo podemos tener en cuenta (terremotos, bestsellers, crisis bursátiles) pero de los que no pueden entenderse totalmente sus propiedades ni elaborar unos cálculos precisos.

Conocimiento del estudioso obsesivo: La creencia de que lo que no se puede platonificar no existe en absoluto, o que su consideración no merece la pena.

Desdén por lo abstracto: Favorecer el pensamiento contextualizado frente a asuntos más abstractos, aunque más relevantes. «La muerte de un niño es una tragedia; la muerte de un millón, una estadística.»

Disciplina narrativa: La disciplina que consiste en ajustar al pasado una historia convincente y que suene bien. Lo contrario de la disciplina experimental.

Distorsión retrospectiva: Examinar los sucesos pasados sin ajustarse al paso posterior del tiempo. Conduce a la ilusión de la predictibilidad posterior.

Distribución de la probabilidad: El modelo usado para calcular las probabilidades de los diferentes sucesos, la forma en que se «distribuyen». Cuando decimos que un suceso se distribuye de acuerdo con la curva de campana, nos referimos a que la curva de campana de Gauss puede contribuir a aportar probabilidades de diversas ocurrencias.

Engañados por la aleatoriedad: La confusión general entre la suerte y el determinismo, que conduce a una serie de supersticiones con consecuencias prácticas, como la creencia de que los ingresos mayores que se perciben en algunas profesiones son fruto de las destrezas, cuando hay en ellos un componente importante de suerte.

Epilogismo: Método libre de teoría que consiste en contemplar la historia mediante la acumulación de hechos con una mínima generalización, y siendo conscientes de los efectos secundarios de las pretensiones causales.

Error de la confirmación (o confirmación platónica): Buscamos ejemplos que confirmen nuestras creencias, nuestra construcción (o modelo), y los encontramos.

Escándalo de la predicción: El escaso registro de predicción de algunas entidades de previsión (en particular las disciplinas narrativas) mezclado con un comentario ampuloso y una falta de conciencia de sus nefastos antecedentes.

Estrategia al estilo Apeles: La estrategia de buscar beneficios mediante la recopilación de accidentes positivos, maximizando la exposición a los «Cisnes Negros buenos».

Estrategia de la haltera: Método que consiste en adoptar a la vez una actitud defensiva y otra excesivamente agresiva, protegiendo nuestros activos de todas las fuentes de incertidumbre al tiempo que se invierte una pequeña parte en estrategias de alto riesgo.

Extremistán: La provincia donde se puede concebir que una única observación influya en el total.

Falacia de las pruebas silenciosas: Cuando contemplamos la historia, no vemos la totalidad de la misma, sino sólo las partes más rosadas del proceso.

Falacia del billete de lotería: La ingenua analogía que equipara una inversión en la recogida de Cisnes Negros positivos con la acumulación de billetes de lotería. Los billetes de lotería no son escalables.

Falacia del viaje de ida y vuelta: La confusión entre la ausencia de pruebas de Cisnes Negros (o alguna otra cosa) y las pruebas de la ausencia de Cisnes Negros (o alguna otra cosa). Afecta a los estadísticos y a otras personas que han perdido parte de su capacidad de razonamiento al resolver demasiadas ecuaciones.

Falacia lúdica (o incertidumbre del estudioso obsesivo): La manifestación de la falacia platónica en el estudio de la incertidumbre, basando los estudios de la probabilidad en el reducido mundo del juego y los dados. La aleatoriedad aplatónica tiene una capa adicional de incertidumbre referente a las reglas del juego en la vida real. La curva de campana (gaussiana), o GFI (gran fraude intelectual), es la aplicación de la falacia lúdica a la aleatoriedad.

Falacia narrativa: Nuestra necesidad de ajustar una historia o un patrón a una serie de hechos conectados o desconectados. La aplicación estadística es el procesado y análisis de datos.

Filisteo cultural: Un filisteo con cultura superficial y no genuina. Nietzsche empleó este término (*Bildungsphilister*) para referirse al lector de prensa propenso al dogma y al amante de la ópera con una exposición superficial a la cultura. Yo lo extiendo al investigador usuario de la palabra de moda en campos no experimentales, que carece de imaginación, curiosidad, erudición y cultura, y está muy estrechamente centrado en sus ideas, en su «disciplina». Esto le impide ver los conflictos que se dan entre sus ideas y la textura del mundo.

Incertidumbre del iluso: Las personas que abren túneles en las fuentes de la incertidumbre, haciendo de fuentes precisas como el principio de la gran incertidumbre, o de algo similar, asuntos menos trascendentales para la vida real; se preocupan de las partículas subatómicas al tiempo que olvidan que no podemos predecir las crisis futuras.

Libertario académico: Alguien (como yo mismo) que considera que el conocimiento está sometido a unas reglas estrictas pero no a la autoridad institucional, ya que el conocimiento organizado busca la perpetuación de sí mismo, y no necesariamente la verdad (como ocurre con los gobiernos). La academia puede padecer un agudo **problema del experto** (véase), que produce un conocimiento maquillado pero falso, sobre todo en las **disciplinas narrativas** (véase), y puede ser una fuente importante de Cisnes Negros.

Loco de Locke: Alguien que hace un razonamiento impecable y riguroso a partir de premisas falsas (como Paul Samuelson, Robert Merton hijo y Gerard Debreu), con lo que produce unos modelos de incertidumbre falsos que nos hacen vulnerables a los Cisnes Negros.

Mediocristán: La provincia dominada por lo mediocre, con pocos éxitos o fracasos extremos. Ninguna observación particular puede afectar significativamente al conglomerado. La curva en forma de campana se asienta en Mediocristán. Existe una diferencia cualitativa entre los métodos gaussianos y las leyes escalables, similar a la que pueda haber entre el gas y el agua.

Opacidad epistémica: La aleatoriedad es el resultado de una información incompleta en algún nivel. Funcionalmente es indistinguible de la aleatoriedad «verdadera» o «física».

Platonicidad: La atención centrada en los objetos puros, bien definidos y fácilmente discernibles, como los triángulos, o en ideas más sociales como la amistad o el amor, al precio de ignorar esos objetos de estructura aparentemente más confusa y menos manejables.

Problema de la inducción: La extensión lógico-filosófica del problema del Cisne Negro.

Problema de la ingeniería inversa: Es más fácil predecir que un cubito de hielo se derretirá hasta formar un charco que, observando el charco, adivinar la forma del cubito que lo pueda haber causado. Este «problema inverso» hace de las disciplinas y las versiones narrativas (como las historias) algo sospechoso.

Problema del traje vacío (o «problema del experto»): Algunos profesionales no tienen unas habilidades diferenciadas de las del resto de la población pero, por una razón u otra, y en contra de sus logros empíricos, se cree que son expertos: psicólogos clínicos, economistas académicos, «expertos» en riesgo, estadísticos, analistas políticos, «expertos» financieros, analistas militares, ejecutivos jefe, etc. Disfrazan su experiencia con un lenguaje hermoso, argot y matemáticas, y suelen vestir trajes caros.

Problema ético del Cisne Negro: Debido al carácter irrepetible del Cisne Negro, existe una asimetría entre las recompensas de aquellos que previenen y las de aquellos que curan.

Redil platónico: El punto en que nuestra representación platónica entra en contacto con la realidad y podemos observar los efectos secundarios de los modelos.

NOTAS

Detrás del telón: notas adicionales, comentarios técnicos, referencias y lecturas recomendadas

Separo los temas por su contenido; así, las referencias generales se encontrarán sobre todo en el capítulo en el que aparecen por primera vez. Prefiero emplear aquí una secuencia lógica en lugar de ajustarme a la división por capítulos.

PRÓLOGO Y CAPÍTULO 1

Curva de campana: Cuando digo *curva de campana* me refiero a la campana de Gauss, alias distribución normal. Todas las curvas tienen forma de campana, de modo que aquí se trata de un apodo. Además, cuando hablo de la *cuenca de Gauss* me refiero a todas las distribuciones que son similares y en las cuales lo improbable es intrascendental y de bajo impacto (dicho más técnicamente, no escalable: todos los momentos son finitos). Observemos que la representación de la curva de campana en forma de histograma oculta la contribución del suceso remoto, y como tal un suceso será un punto en el extremo derecho o el extremo izquierdo más alejados del centro.

Diamantes: Véase Eco (2002).

Platonicidad: Me refiero a correr el riesgo de usar una forma equivocada, no a que las formas no existan. No estoy en contra de los esencialismos; suelo ser escéptico sobre nuestra ingeniería inversa y la identificación de la forma correcta. Es un problema inverso.

Empirista: Si me defino como empirista, o como filósofo empírico, es simplemente porque desconfío de las generalizaciones confirmatorias y de la teorización apresurada. No confundamos esto con la tradición empirista británica. Además, muchos estadísticos, como veremos con la competición de Makridakis, se definen como «investigadores» empíricos, pero de hecho son todo lo contrario: ajustan las teorías al pasado.

Mención de Cristo: Véase *La guerra de los judíos*, de Flavio Josefo.

La Gran Guerra y la predicción: Ferguson (2006b).

Sesgo a posteriori (distorsión retrospectiva): Véase Fischhoff (1982b).

Fracturas históricas: Braudel (1985), pág. 169, cita un pasaje poco conocido de

Gautier: «"Esta larga historia —escribió Emile-Félix Gautier— se prolongó durante muchos siglos, más que toda la historia de Francia. Con el encuentro de la primera espada árabe, la lengua y el pensamiento griegos, toda aquella herencia se esfumó, como si nunca hubiese existido"». Para debates sobre la discontinuidad, véanse también Gurvitch (1957), Braudel (1953) y Harris (2004).

La extensión de las religiones como éxitos de ventas: Veyne (1971). Véase también Veyne (2005).

El agrupamiento en las opiniones políticas: Pinker (2002).

Categorías: Rosch (1973, 1978). Véase también *Kant y el ornitorrinco*, de Umberto Eco.

Historiografía e historia de la filosofía: Bloch (1953), Carr (1961), Gaddis (2002), Braudel (1969, 1990), Bourdé y Martin (1989), Certeau (1975) y *Muqaddamat*, de Ibn Jaldún, ilustran la búsqueda de la causalidad, que ya veíamos en Heródoto. Sobre la filosofía de la historia, véanse Aron (1961) y Fukuyama (1992). Sobre ideas posmodernas, véase Jenkins (1991). En la segunda parte expongo que los historiógrafos no son conscientes de la diferencia epistemológica entre los procesos que avanzan y los que retroceden (es decir, entre la proyección y la ingeniería inversa).

Información y mercado de valores: Véanse Shiller (1981, 1989), Delong y otros (1991) y Cutler y otros (1989). La magnitud de los movimientos bursátiles no tiene una «razón», sólo una «explicación» artificiosa.

Del valor descriptivo de los cracs: Véanse Galbraith (1997), Shiller (2000) y Kindleberger (2001).

CAPÍTULO 3

Películas: Véase De Vany (2002). Sobre el contagio en la compra de música, véase también Salganik y otros (2006).

La religión y los dominios del contagio: Véase Boyer (2001).

La sabiduría (locura) de las multitudes: Colectivamente, es posible por igual que nos hagamos más sabios o más locos. Podemos tener intuiciones colectivas sobre los asuntos relacionados con Mediocristán, como el del peso de un buey (Surowiecki, 2004), pero mi conjetura es que fracasamos en predicciones más complicadas (las variables económicas por las que las multitudes caen en patologías: dos cabezas son peor que una). Sobre los errores de decisión y sus grupos, véase Sniezek y Buckley (1993). Un clásico: *Extraordinary Popular Delusions and the Madness of Crowds*, de Charles Mackay.

El incremento en la gravedad de los sucesos: Zajdenweber (2000).

La vida moderna: El novelista del siglo xix Émile Zola se alegró de la llegada del mercado de la cultura a finales de la década de 1800, del cual fue uno de los primeros beneficiarios. Predijo que la habilidad del escritor y el artista para explotar el sistema comercial les libraría de la dependencia de los caprichos del mecenas. Pero, lamentablemente, aquello estuvo acompañado de una concentración más severa: muy poca gente se beneficiaba del sistema. Lahire (2006) demuestra que, a lo largo de la historia, muchos escritores han perecido de hambre. Destacan los muchos datos que tenemos sobre la tradición literaria en Francia.

CAPÍTULO 4

Titanic: La cita pertenece a la ponencia de Dave Ingram en el Simposio sobre Gestión del Riesgo Empresarial, celebrado en Chicago el 2 de mayo de 2005. Para más detalles sobre LTCM, véanse Lowenstein (2000) y Dunbar (1999).

Exposición de Hume: Hume (1748, 2000).

Sexto Empírico: «Creo que es fácil refutar el método de la inducción (επαγωγη). Y es que, dado que quieren que los universales sean convincentes a partir de los particulares, lo harán analizando todos los particulares o algunos de ellos. Pero si se limitan a algunos, la inducción será endeble, pues puede ocurrir que algunos particulares de los omitidos en la inducción sean contrarios al universal; y si se analizan todos, emprenderán una tarea imposible, ya que los particulares y el infinito son indeterminados. Así pues, creo que, cualquiera que sea el caso, esa inducción se tambalea». *Outline of Pyrrhonism*, libro II, pág. 204 (trad. cast.: *Esbozos pirrónicos*).

Bayle: El *Dictionnaire historique et critique* es extenso (doce volúmenes, cerca de 6.000 páginas) y pesa (unos 20 kilos), pero, pese a todo, fue en su día un éxito de ventas intelectual, antes de que los *philosophes* lo suplantaran. Se puede bajar de la Bibliothèque Nationale francesa en <www.bn.fr>.

La inspiración de Hume en Bayle: Véase Popkin (1951, 1955). Cualquier lectura del obispo Huet (más adelante) desvelará las semejanzas con Hume.

Pensadores anteriores a Bayle: *Dissertation sur la recherche de la verité*, Simon Foucher, escrita hacia el año 1673. Su lectura es una delicia. Hace que la tradición de la heurística y de los sesgos parezca la continuación del ambiente revolucionario precientífico de la época anterior a la Ilustración.

El obispo Huet y el problema de la inducción: «Las cosas no se pueden conocer con perfecta certeza porque sus causas son infinitas», escribía Huet en su *Tratado* *filosófico de la debilidad del espíritu humano*. Huet, antiguo obispo de Arranches, escribió esta obra con el seudónimo de Théocrite de Pluvignac, *seigneur* de la Roche, *gentilhomme* de Périgord. El capítulo contiene otra exposición exacta de lo que más tarde llegó a conocerse como el «problema de Hume». Ocurría esto en 1690, cuando el futuro David Home (luego Hume) no había cumplido los veintidós años, por lo que no pudo influir en *monsieur* Huet.

La obra de Brochard: La primera vez que me encontré con una mención de la obra de Brochard (1888) fue en *Ecce homo* de Nietzsche, en un comentario donde este autor describe a los escépticos como conversadores categóricos. «Un magnífico estudio de Victor Brochard, *Les sceptiques grecs*, en el que se utilizan mucho también mis *Laertiana*. ¡Los escépticos, el único tipo *respetable* entre el pueblo de los filósofos, pueblo de doble sentido y hasta de quíntuple!» *Más* curiosidades: Brochard fue maestro de Proust (véase Kristeva, 1998).

Parece que Brochard entendió el problema de Popper (varias décadas antes del nacimiento de éste). Expone las ideas del empirismo negativo de Menodoto de Nicomedia en términos similares a lo que hoy denominaríamos empirismo «popperiano». Me pregunto si Popper sabía algo de Menodoto. No parece que lo cite en parte alguna. Brochard publicó su tesis doctoral, *De l'erreur*, en 1878 en la Universidad de París, sobre el tema del error: estupendamente moderno.

Epilogismo: Poco conocemos de Menodoto, salvo los ataques de que fueron objeto sus creencias por parte de su detractor Galeno en la versión latina que se conserva de *Esbozo del empirismo (Subfiguratio empirica)*, de difícil traducción:

> *Memoriam et sensum et vocans* epilogismum *hoc tertium, multotiens autem et preter memoriam nihil aliud ponens quam* epilogismum. (Además de la percepción y el recuerdo, el tercer método es el *sentido* del *epilogismo*, pues, recuerdo aparte, el practicante no tiene nada más que los *sentidos* del *epilogismo*); corrección de Perilli.

Pero hay esperanza. Perilli (2004) dice que, según una carta del traductor Is-haq Bin Hunain, es posible que en algún lugar exista una «transcripción» en árabe de la obra de Menodoto, que algún estudioso debería buscar.

Pascal: También Pascal tenía sus ideas sobre el problema de la confirmación y la asimetría de la inferencia. En su prefacio al *Traité du vide*, escribe (y aquí traducimos):

> En su juicio de que la naturaleza no tolera el vacío, sólo se referían a la naturaleza en el estado en que la conocían, ya que, decir tal y de forma general, no sería suficiente para ser testigo de ello en cien diferentes encuentros, ni en mil, ni en cualquier otro número por grande que fuera, ya que sería un caso único que negaría la definición general, y si uno era contrario, sólo uno...

Biógrafo de Hume: Mossner (1970). Para una historia del escepticismo, véanse las clases de Victor Cousin *Leçons d'histoire de la philosophie à la Sorbonne* (1828) y *Les philosophes classiques*, de Hippolyte Taine, 9ª ed. (1868, 1905). Popkin (2003) es una versión moderna. Véanse también Heckman (2003) y Bevan (1913). No he visto nada en la filosofía moderna de la probabilidad que esté relacionado con la indagación escéptica.

Sexto: Véanse Popkin (2003), Sexto, House (1980), Bayle, Huet, Annas y Barnes (1985) y la introducción de Julia Anna y Barnes a Sexto Empírico (2000). Favier (1906) es difícil de encontrar; la única copia que localicé, gracias a los esfuerzos de Gur Huberman, estaba medio apolillada: parece que no se ha consultado en los últimos cien años.

Menodoto de Nicomedia y el matrimonio entre el empirismo y el escepticismo: Según Brochard (1887), Menodoto es el responsable de la mezcla del empirismo con el pirronismo. Véase también Favier (1906). Sobre el escepticismo ante esta idea, véanse Dye (2004) y Perilli (2004).

La función, no la estructura; el trípode empírico: Hay tres fuentes, y sólo tres, en las que la experiencia se puede basar: la observación, la historia (es decir, la observación registrada) y el juicio por analogía.

Algazel: Véase su *Tahafut al falasifah*, que Averroes, alias Ibn-Rushd, rebate en *Tahafut Atthafut*.

Los escépticos religiosos: Existe también una tradición judía medieval, con el poeta de lengua árabe Yehuda Halevi. Véase Floridi (2002).

Algazel y la causalidad última/próxima: «[…] el hecho de que determinen, únicamente a partir de la observación, la naturaleza de la relación necesaria entre la causa y el efecto, como si uno pudiera no ser testigo del efecto sin la causa atribuida de la causa sin el mismo efecto» (*Tahafut*).

En el centro del pensamiento de Algazel está la idea de que si uno bebe porque tiene sed, no debe verse la sed como una causa *directa*. Es posible que se aplique un esquema más amplio; de hecho, *existe*, pero sólo lo pueden entender quienes estén familiarizados con el pensamiento evolutivo. Para una versión moderna de lo próximo, véase Tinbergen (1963, 1968). En cierto sentido, Algazel parte de Aristóteles para atacarlo. En su *Física*, Aristóteles ya había observado la distinción entre los diferentes tipos de causa (formal, eficaz, final y material).

Debates modernos sobre la causalidad: Véanse Reichenbach (1938), Granger (1999) y Pearl (2000).

Los niños y la inducción natural: Véanse Gelman y Coley (1990), Gelman y Hirschfeld (1999) y Sloman (1993).

La inducción natural: Véanse Hespos (2006), Clark y Boyer (2006), Inagaki y

Hatano (2006), Reboul (2006). Véase el resumen de obras anteriores en Plotkin (1998).

Capítulos 5-7

«Economistas»: Por «economistas» entiendo a los miembros de la clase dirigente de la corriente oficial neoclásica de la economía y las finanzas ubicada en las universidades, no a grupos alternativos como las escuelas austríaca o poskeynesiana.

Números pequeños: Tversky y Kahneman (1971), Rabin (2000).

Especificidad del dominio: Williams y Connolly (2006). La podemos ver en el normalmente interpretado hasta la exageración Wason Selection Test: Wason (1960, 1968). Véanse también Shaklee y Fischhoff (1982), Barron Beaty y Hearsly (1988). «They knew better» de Kahneman, en Gilovich y otros (2002).

Updike: La nota publicitaria es de Jaynes (1976).

Especialización hemisférica del cerebro: Gazzaniga y LeDoux (1978), Gazzaniga y otros (2005). Además, Wolford, Miller y Gazzaniga (2000) demuestran el ajuste de probabilidades por parte del hemisferio cerebral izquierdo. Cuando se proporciona al cerebro derecho, pongamos por caso, una palanca que produce unos resultados deseables un 60% de las veces, y otra palanca que proporciona el 40%, el cerebro derecho presionará correctamente la primera palanca como opción óptima. Si, por otro lado, se proporcionan al cerebro izquierdo las mismas opciones, presionará la primera palanca el 60% de las veces, y la otra el 40%: se negará a aceptar el azar. Goldberg (2005) sostiene que la especialidad sigue líneas diferentes: el trastorno del hemisferio izquierdo no provoca graves efectos en los niños, a diferencia de lo que ocurre con las lesiones en el hemisferio derecho, mientras que en las personas mayores ocurre todo lo contrario. Agradezco a Elkhonon Goldberg que me remitiera a la obra de Snyder: Snyder (2001). El experimento es de Snyder y otros (2003).

Elección de calcetines y explicación de la sustitución de elementos viejos: El experimento de los calcetines se expone en Carter (1999); el artículo original parece que es de Nisbert y Wilson (1977). Véase también Montier (2007).

Astebro: Astebro (2003). Véase «Searching for the Invisible Man», *The Economist*, 9 de mayo de 2006. Para entender cómo la confianza exagerada de los emprendedores puede explicar el alto nivel de fracaso, véase Camerer (1995).

Dopamina: Burger y Graves (1997), entre otros muchos artículos. Sobre la asimetría de la dopamina, véase también Mohr y otros (2003).

Entropía e información: Evito a propósito la idea de entropía porque la forma en que normalmente se formula hace que se ajuste mal al tipo de aleatoriedad que experimentamos en la vida real. La entropía de Tsallis funciona mejor con colas gruesas.

Notas sobre George Perec: Eco (1994).

Narratividad y la ilusión de comprender: Wilson, Gilbert y Centerbar (2003): «La teoría de la desesperanza ha demostrado que si las personas creen que no pueden controlar ni predecir sus entornos, corren el riesgo de sufrir graves déficits motivacionales y cognitivos, como la depresión». Sobre el hecho de llevar un diario, véase Wilson (2002) o Wegner (2002).

Ejemplo de E. M. Forster: Referencia en Margalit (2002).

Carácter nacional: Sobre la medida de las variaciones individuales, véanse Terracciano y otros (2005) y Robins (2005). La ilusión del rasgo de nacionalidad, al que normalmente llamo la «heurística de la nacionalidad», guarda relación efectiva con el efecto halo: véanse Rosenzweig (2006) y Cialdini (2001). Sobre la ontología de la nacionalidad, véase Anderson (1983).

Sesgo de la coherencia: Lo que los psicólogos llaman sesgo de la coherencia es el efecto de revisar los recuerdos con el fin de que tengan sentido respecto a la información posterior. Véase Schacter (2001).

La memoria considerada no como almacenamiento en el ordenador: Rose (2003), Nader y LeDoux (1999).

El mito de la memoria reprimida: Loftus y Ketcham (2004).

Ajedrecistas y desconfirmación: Cowley y Byrne (2004).

Problema de Quine: Davidson (1983) defiende el escepticismo local, pero está en contra del total.

Narratividad: Observemos que mi exposición aquí no es existencial, sino simplemente práctica, de ahí que mi idea sea contemplar la narratividad como una compresión informativa, sin ningún carácter filosófico (como si un yo es secuencial o no). Existe toda una literatura sobre el «yo narrativo» (Bruner, 2002) o sobre si es necesario: véase Strawson (1994) y su ataque en Strawson (2004). El debate: Schechtman (1997), Taylor (1999) y Phelan (2005). Síntesis en Turner (1996).

Los «posmodernos» y la deseabilidad de las narraciones: Véanse McCloskey (1990) y Frankfurter y McGoun (1996).

Narratividad de los refranes y proverbios: Los psicólogos llevan tiempo analizando la credulidad de las personas en los enclaves sociales respecto a proverbios que les suenen bien. Por ejemplo, desde la década de 1960 se han realizado experimentos a cuyos sujetos se les pregunta si creen que un proverbio es correcto, mientras a otro grupo se les presenta el significado opuesto. Para una exposición de los divertidísimos resultados, véase Myers (2002).

La ciencia como narrativa: Los artículos científicos pueden tener éxito por el mismo sesgo de la narratividad que «constituye una historia». Hay que llamar la atención. Bushman y Wells (2001).

Descubrir las probabilidades: Barron y Erev (2003) demuestran que las probabilidades se subestiman cuando no se exponen explícitamente. Véase también comunicación personal con Barron.

Riesgo y probabilidad: Véanse Slovic, Fischhoff y Lichtenstein (1976), Slovic y otros (1977) y Slovic (1987). Sobre el riesgo como análisis y el riesgo como teoría del sentimiento, véanse Slovic y otros (2002, 2003) y Taleb (2004c). Véanse también Bar-Hilel y Wagenaar (1991).

Vínculo entre la falacia narrativa y el conocimiento clínico: Dawes (1999) tiene un mensaje para los economistas: véase aquí su obra sobre las entrevistas y la invención de una narrativa. Sobre el efecto retrospectivo, véase también Dawes (2001).

Dos sistemas de razonamiento: Véase Soman (1996, 2002) y el sumario en Kahneman y Frederic (2002). El discurso de Kahneman al recibir el premio Nobel lo resume todo; se puede encontrar en <www.nobel.se>. Véase también Stanovich y West (2000).

El riesgo y los sentimientos: Dado el creciente interés actual por el papel de los sentimientos en la conducta, existe una bibliografía cada vez más extensa sobre dicho papel, tanto en la asunción de riesgos como su elusión: teoría del «riesgo como sentimiento». Véanse Lowenstein y otros (2001) y Slovic y otros (2003a). Para un estudio al respecto, véase Slovic y otros (2003b) y también Slovic (1987). Para una exposición del «efecto heurístico», véase Finucane y otros (2000). Sobre la modularidad, véase Bates (1994).

Sentimientos y cognición: Sobre los efectos de los sentimientos sobre la cognición, véase LeDoux (2002). Sobre el riesgo, véase Bechara y otros (1994).

Disponibilidad heurística (de cuán fácilmente las cosas nos vienen al pensamiento): Véase Tversky y Kahneman (1973).

Incidencia real y catástrofes: Para un debate exhaustivo, véase Albouy (2002), Zajdenweber (2000) o Sunstein (2002).

Explotación del terrorismo de lo sensacional: Véase el ensayo en Taleb (2004c).

Libros generales sobre la psicología de la toma de decisiones (heurística y parcialidades): Baron (2000) es el que aborda el tema de forma más exhaustiva. Kunda (1999) es un resumen desde el punto de vista de la psicología social (por desgracia, el autor falleció prematuramente); más breve: Plous (1993). También Dawes (1988) y Dawes (2001). Señalemos que algunos de los artículos originales están compilados, afortunadamente, en Kahneman y otros (1982), Kahneman y Tversky (2000), Gilovich y otros (2002) y Slovic

(2001a y 2001b). Para una versión sobre la intuición, véase también Myers (2002); y para una exposición ecológica del tema, Gigerenzer y otros (2000). La exposición más completa sobre economía y finanzas es Montier (2007), donde se compilan sus hermosos trabajos resumen de los que me abastecí durante los últimos cuatro años (aunque el autor no es académico, va directamente al grano). Para una selección de artículos técnicos, véanse también Camerer, Loewenstein y Rabin (2004). Dawes (2001) es una reseña recomendable sobre el conocimiento clínico «experto».

Exposiciones más generales sobre la psicología de la decisión: Klein propone (1998) un modelo de intuición alternativo. Sobre la manipulación social, véase Cialdini (2001). Obra más especializada, Camerer (2003) se centra en la teoría del juego.

Ensayos críticos generales y libros sobre la ciencia cognitiva: Newell y Simon (1972), Varela (1988), Fodor (1983), Marr (1982), Eysenck y Keane (2000), Lakoff y Johnson (1980). La *MIT Enciclopedia of Cognitive Science* contiene reseñas de diversos autores.

Teoría evolutiva y dominios de la adaptación: Véanse los originales Wilson (2000), Kreps y Davies (1993) y Burnham (1997, 2003). Muy ameno: Burnham y Phelan (2000). En Trivers (2002) está la compilación de la obra de Robert Trivers. Sobre las guerras, véase también Wrangham (1999).

Política: «El cerebro político: un estudio reciente sobre las imágenes del cerebro demuestra que nuestras preferencias políticas son producto del sesgo de confirmación inconsciente», de Michael Shermer, *Scientific American*, 26 de septiembre de 2006.

La neurobiología sobre la toma de decisiones: Para una comprensión general de nuestros conocimientos sobre la arquitectura del cerebro: Gazzaniga y otros (2002). Gazzaniga (2005) aporta resúmenes de algunos temas. Más popular: Carter (1999). También recomendables: Ratey (2001), Ramachandran (2003), Ramachandran y Blakeslee (1998), Carter (1999, 2002), Conlan (1999), el muy ameno Lewis, Amino y Lannon (2000) y Goleman (1995). Sobre la probabilidad y el cerebro, véase Glimcher (2002). Sobre el cerebro emocional, los tres libros de Damasio (1994, 2000, 2003), además de LeDoux (1998) y el más detallado LeDoux (2002), son los clásicos. Véase también el más reducido Evans (2002). Sobre el papel de la visión en la estética, y también en la interpretación, véase Zeki (1999).

Obras generales sobre la memoria: En psicología, Schacter (2001) es una obra crítica de los sesgos de la memoria con vínculos con los efectos a posteriori. En neurobiología, véanse Rose (2003) y Squire y Kandel (2000). Baddeley (1997) es un manual general sobre la memoria (en el ámbito de la psicología empírica).

Colonias intelectuales y vida social: Véase la exposición de Collins (1998) de los «linajes» de los filósofos (aunque no creo que fuera lo bastante consciente del problema de Casanova para tener en cuenta los sesgos que hacen que la obra de los filósofos en solitario tenga menos probabilidades de sobrevivir). Para una ilustración de la agresividad de los grupos, véase Uglow (2003).

Obra de Hyman Minsky: Minsky (1982).

Asimetría: La teoría de la probabilidad (Kahneman y Tversky [1979] y Tversky y Kahneman [1992]) explica la asimetría entre los sucesos aleatorios buenos y malos, pero también demuestra que el dominio negativo es convexo, mientras que el positivo es cóncavo, lo cual significa que una pérdida de 100 es menos dolorosa que 100 pérdidas de 1, pero una ganancia de 100 es también mucho menos agradable que 100 veces una ganancia de 1.

Correlatos neurales de la asimetría: Véase el trabajo de Davidson en Goleman (2003), Lane y otros (1997) y Gehring y Willoughby (2002). Csikszentmihalyi (1993, 1998) explica con mayor detalle el atractivo de las compensaciones sistemáticas con su teoría del «fluir».

Recompensas pospuestas y sus correlatos neurales: McLure y otros (2004) demuestra la activación del cerebro en el córtex al tomar la decisión de posponer, y da ideas sobre el impulso límbico que se esconde detrás de la inmediatez y la actividad cortical en la posposición. Véanse también Loewenstein y otros (1992), Elster (1998) y Berridge (2005). Sobre la neurología de las preferencias en el mono capuchino, véase Chen y otros (2005).

Sangrar o estallar: Gladwell (2002) y Taleb (2004c). El estrés puede explicar por qué el sangrar es doloroso; Sapolsky y otros (2003) y Sapolsky (1998). Sobre cómo las empresas prefieren los beneficios constantes, véase Degeorge y Zeckhauser (1999). Poética de la esperanza: Mihailescu (2006).

Discontinuidades y saltos: Según la clasificación de René Thom constituyen siete clases; Thom (1980).

Evolución y probabilidades pequeñas: Consideremos también la ingenua idea evolutiva que plantea la «optimalidad» de la selección. El fundador de la sociobiología, el gran E. O. Wilson, no está de acuerdo con tal optimalidad en lo que a los sucesos raros se refiere. En Wilson (2002), escribe:

> Es evidente que el cerebro humano evolucionó para comprometerse emocionalmente sólo con un pequeño trozo de la geografía, una franja limitada de parientes, y dos o tres generaciones en el futuro. No mirar más hacia delante ni más hacia atrás es elemental en el sentido darwiniano. *Estamos inclinados de forma innata a ignorar cualquier posibilidad distante que no requiera análisis alguno. Se trata, dice la gente, de puro sentido común.* ¿Por qué pensamos con tal cortedad de miras?
>
> La razón es sencilla: es una parte integrada de nuestra herencia paleolítica. Duran-

te cientos de miles de años, quienes trabajaban para obtener ganancias a corto plazo dentro de un pequeño círculo de familiares y amigos vivieron más y dejaron una mayor descendencia, incluso en los casos en que sus afanes colectivos provocaban que sus gobernantes e imperios se desmoronaran a su alrededor. La idea de futuro que pudiera haber salvado a sus distantes descendientes requería una visión de futuro y un altruismo generalizado intrínsecamente difícil de reunir.

Véase también Miller (2000): «La evolución no tiene previsión. Carece de la visión a largo plazo del director de un laboratorio farmacológico. Una especie no puede reunir capital de riesgo para pagar las facturas de su equipo de investigadores […] Esto hace que sea difícil explicar las innovaciones».

Observemos que ninguno de los dos autores tiene en cuenta mi argumentación de la edad.

CAPÍTULO 8

Las pruebas silenciosas reciben los nombres de *clase de referencia errónea* en el desagradable campo de la filosofía de la probabilidad, *sesgo antrópico* en física y *sesgo de la supervivencia* en estadística (los economistas gozan del interesante atributo de haberlo descubierto unas cuantas veces al tiempo que los desorientaba gravemente).

Confirmación: En su *Ensayo sobre la verdad*, Bacon dice: «No existe placer comparable al de encontrarse afianzado sobre la base de la verdad (una colina que no hay que defender y donde el aire es siempre claro y sereno), y ver los errores, las divagaciones, las neblinas y las tempestades en el valle que se abre a nuestros pies». Estas palabras demuestran fácilmente que las grandes intenciones pueden llevar a la falacia de la confirmación.

Bacon no entendió a los empiristas: Iba en busca del punto medio. Decía también su *Ensayo sobre la verdad*:

> Hay tres fuentes del error y tres especies de falsa filosofía: la sofista, la empírica y la supersticiosa. […] Aristóteles es el mejor representante de la primera, pues con su lógica corrompió la filosofía natural, de ahí que formara el mundo de las categorías. […] Tampoco hay que insistir mucho en su frecuente recurso al experimento en sus libros sobre los animales, sus problemas y otros tratados, pues ya había tomado su decisión, sin haber consultado adecuadamente a la experiencia como base de sus decisiones y axiomas. […] La escuela empírica produce dogmas de una naturaleza más deformada y monstruosa que la de la escuela sofista o teórica; no está fundada a la luz de las nociones comunes (la cual, por pobre y supersticiosa que sea, no deja de ser en cierto sentido universal y de tendencia general), sino en la reducida oscuridad de unos pocos experimentos.

La idea falsa de Bacon puede ser la razón de que nos costara cierto tiempo entender que trataba la historia (y los experimentos) como una mera y vaga «orientación», es decir, la epilogía.

El mundo de la edición: Allen (2005), Klebanoff (2002), Epstein (2001), De Bellaigue (2004) y Blake (1999). Para un listado divertido de rechazos, véanse Bernard (2002) y White (1982). El recuerdo de Korda (Korda [2000]) añade cierto color al tema. Estos libros son anecdóticos, pero veremos más adelante que los libros siguen unas estructuras constantes de escala invariable, con la implicación de un grave papel para la aleatoriedad.

Sesgo antrópico: Véase la magnífica y exhaustiva exposición en Bostrom (2002). En física, véanse Barrow y Tipler (1986) y Rees (2004). Sornette (2004) considera que la derivación de la supervivencia de Gott es una ley potencial (*power law*). En economía, Sullivan y otros (1999) habla del sesgo de la supervivencia. Véase también Taleb (2004a). Estudios que ignoran los sesgos y formulan conclusiones inadecuadas: Stanley y Danko (1996) y el más alocado Stanley (2000).

Los manuscritos y los fenicios: Sobre la supervivencia y la ciencia, véase Cisne (2005). Obsérvese que el artículo tiene en cuenta la supervivencia física (como un fósil), no la cultural, lo cual implica una parcialidad en la selección. Cortesía de Peter Bevelin.

Ley de la eponimia de Stigler: Stigler (2002).

Estadística sobre el libro francés: *Lire*, abril de 2005.

Por qué importa la dispersión: Más técnicamente, la distribución del *extremum* (es decir, el máximo o el mínimo) de una variable aleatoria depende más de la varianza del proceso que de su media. Es más probable que alguien cuyo peso tienda a fluctuar mucho nos muestre una fotografía suya en que aparezca muy delgado, que que lo haga alguien cuyo peso sea como promedio más bajo pero permanezca constante. La media (léase destrezas) a veces desempeña un papel muy, pero que muy pequeño.

Registro fósil: Agradezco al lector Frederick Colbourne sus comentarios sobre este tema. La literatura lo llama el «empuje de lo reciente», pero tiene problemas para calcular los efectos, debido a los desacuerdos. Véase Jablonski y otros (2003).

Conocimientos públicos no descubiertos: Hay aquí otra manifestación de las pruebas silenciosas: uno puede realizar trabajo de laboratorio sentado en el sillón, para lo cual basta con unir trozos y retazos de investigaciones realizadas por personas que trabajan alejadas entre sí y no mantienen ninguna conexión. Mediante el análisis bibliográfico, es posible encontrar vínculos entre la información publicada que los investigadores no habían descubierto previamente. Yo «descubrí» la reivindicación del sillón en Fuller (2005). Sobre otros descubrimientos interesantes, véanse Spasser (1997) y Swanson (1986a, 1986b, 1987).

Delito: La definición de «delito» económico es algo que se da a posteriori. Las reglamentaciones, una vez que se aplican, no tienen efecto retrospectivo, de modo que muchas actividades que producen beneficios nunca se sancionan.

Bastiat: Véase Bastiat (1862-1864).

Casanova: Agradezco al lector Milo Jones que me informara sobre el número exacto de volúmenes. Véase Masters (1969).

Problema del punto de referencia: Tener en cuenta información pasada exige pensar en términos *condicionales*, una forma de pensar que, por raro que parezca, muchos científicos (en especial los mejores) son incapaces de manejar. La diferencia entre ambas posibilidades se llama probabilidad condicional. Computamos la probabilidad de la supervivencia *condicionada* al propio hecho de que aparezcamos en la muestra. Dicho de modo más claro, no se pueden computar las probabilidades si nuestra supervivencia forma parte de la condición de la realización del proceso.

Plagas: Véase McNeill (1976).

Capítulo 9

Inteligencia y Nobel: Simonton (1999). Si los resultados del coeficiente intelectual guardan correlación, lo hacen de forma muy débil con los éxitos subsiguientes.

«Incertidumbre»: Knight (1923). La definición que doy de tal riesgo (Taleb, 2007c) es que se trata de una situación normativa en la que podemos estar seguros sobre las probabilidades, es decir, no sobre las metaprobabilidades. En cambio, si la aleatoriedad y el riesgo son producto de la opacidad epistémica, la dificultad para ver las causas, entonces la distinción es necesariamente una bobada. Cualquiera que lea a Cicerón lo reconocerá como su probabilidad; véase opacidad epistémica en su *De Divinatione, Liber primus*, LVI, 127:

> Qui enim teneat causas rerum futurarum, idem necesse est omnia teneat quae futura sint. Quod cum nemo facere nisi deus possit, relinquendum est homini, ut signis quibusdam consequentia declarantibus futura presentiat.

«Quien conoce las causas comprenderá el futuro, con la salvedad de que nadie que no sea Dios posee tal facultad...»

Filosofía y epistemología de la probabilidad: Laplace. *Tratado*, Keynes (1920),

De Finetti (1931), Kyburg (1983), Levi (1970), Ayer, Hacking (1990, 2001), Gillies (2000), Von Mises (1928), Von Plato (1994), Carnap (1950), Cohen (1989), Popper (1971), Eatwell y otros (1987) y Gigerenzer y otros (1989).

Historia de los conocimientos y los métodos estadísticos: No he encontrado ninguna obra inteligente en la historia de la estadística, es decir, una obra que no sea presa de la falacia lúdica o del gaussianismo. Para una exposición convencional, véanse Bernstein (1996) y David (1962).

Obras generales sobre la teoría de la probabilidad y la información: Cover y Thomas (1991); menos técnico pero excelente, Bayer (2003). Para una visión probabilística de la teoría de la información: el póstumo Jaynes (2003) es el único libro matemático aparte de la obra de Finetti que puedo recomendar al lector común, debido a su enfoque bayesiano y a la alergia del autor al formalismo del sabio idiota.

Póquer: Escapa de la falacia lúdica; véase Taleb (2006a).

Enfoque normativo de Platón sobre las manos izquierda y derecha: Véase McManus (2002).

Bildungsphilister de Nietzsche: Véanse Van Tongeren (2002) y Hicks y Rosenberg (2003). Obsérvese que, dado el sesgo de la confirmación, los académicos dirán que los intelectuales «carecen de rigor», y aportarán ejemplos de quienes carecen de él, no de quienes lo poseen.

Libros de economía que tratan de la incertidumbre: Carter y otros (1962), Shackle (1961, 1973), Hayek (1994). Hirshleifer y Riley (1992) encaja la incertidumbre en la economía neoclásica.

Incomputabilidad: Sobre los terremotos, véase Freedman y Stark (2003) (cortesía de Gur Huberman).

Academia y filisteísmo: Existe una falacia que se muerde la cola: si academia significa rigor (cosa de la que dudo, pues lo que yo vi que se llamaba «revisión entre iguales» es muy a menudo una farsa), no académico no implica ausencia de rigor. ¿Por qué dudo del «rigor»? El sesgo de la confirmación nos muestra sus aportaciones pero, pese al elevado número de académicos en activo, sólo una fracción relativamente pequeña de nuestros resultados procede de ellos. Una cantidad desproporcionadamente alta de contribuciones procede de investigadores independientes y de los llamados, sin el menor respeto, aficionados: Darwin, Freud, Marx, Mandelbrot, incluso el primer Einstein. El influjo de un académico suele ser accidental. Así ocurría también en la Edad Media y en el Renacimiento; véase Le Goff (1985). Asimismo, las grandes pensadores de la Ilustración (Voltaire, Rousseau, Holbach, Diderot, Montesquieu) eran todos ellos no académicos, en un momento en que la academia era grande.

Exceso de confianza: Albert y Raiffa (1982) (aunque parece que el artículo quedó prácticamente en el anonimato durante diez años antes de su publicación formal). Lichstenstein y Fischhoff (1977) demostraron que el exceso de confianza puede recibir el influjo de la dificultad del tema en cuestión; lo típico es que disminuya y se convierta en un defecto de confianza en los asuntos sencillos (compárese con Armelius [1979]). Desde entonces, muchos artículos han intentado fijar las condiciones de los fallos o de la robustez de la calibración (se trate de formación en tareas, de aspectos ecológicos del dominio, del nivel de educación o de la nacionalidad): Dawes (1980), Koriat, Lichtenstein y Fischhoff (1980), Mayseless y Kruglansky (1987), Dunning y otros (1990), Ayton y McClelland (1997), Gervais y Odean (1999), Griffin y Varey (1996), Juslin (1991, 1993, 1994), Juslin y Olsson (1997), Kadane y Lichstenstein (1982), May (1986), McClelland y Bolger (1994), Pfeifer (1994), Russo y Schoernaker (1992), Klayman y otros (1999). Obsérvese la (inesperada) disminución de la confianza exagerada en las decisiones de grupo: véase Sniezek y Henry (1989), y soluciones en Plouss (1995). En este punto desconfío de la distinción entre Mediocristán y Extremistán y de la desigualdad de las variables. Lamentablemente, no encontré ningún artículo en que se haga esta distinción. También hay soluciones en Stoll (1996) y Arkes y otros (1987). Sobre el exceso de confianza en las finanzas, véase Thorley (1999) y Barber y Odean (1999). Sobre los efectos a través de fronteras, Yates y otros (1996, 1998), Angele y otros (1982). Para la confianza exagerada y la desconfianza simultánea, véase Erev, Wallsten y Budescu (1994).

Frecuencia frente a probabilidad; el problema ecológico: Hoffrage y Gigerenzer (1988) creen que el exceso de confianza es menos importante cuando el problema se expresa en frecuencias y no en probabilidades. De hecho, ha habido un debate sobre la diferencia entre «ecología» y laboratorio; véanse Gigerenzer y otros (2000), Gigerenzer y Richter (1990) y Gigerenzer (1991). Somos «rápidos y frugales» (Gigerenzer y Goldstein [1996]). Por lo que al Cisne Negro se refiere, estos problemas de ecología no se plantean: no vivimos en un entorno en el que se nos suministren frecuencias o, más en general, para el que estemos bien preparados. También en ecología, Spariosu (2004) sobre el aspecto lúdico, Cosmides y Toby (1990). Leary (1987) sobre las ideas brunswikianas, además de Brunswik (1952).

Carencia de conciencia de ignorancia: «En resumen, el mismo conocimiento que subyace a la capacidad de producir juicios correctos es también el conocimiento que subyace a la capacidad de reconocer los juicios correctos. Care-

519

cer del primero significa ser deficiente en el segundo». De Kruger y Dunning (1999).

El problema del experto aislado: Creo que el problema del experto no se distingue del efecto Mateo y las colas gordas (o *fat tails*) (insistiremos más en ello), pero no encontré tal relación en la literatura sobre sociología y psicología.

El conocimiento clínico y sus problemas: Véanse Meehl (1954) y Dawes, Faust y Meehl (1989). Muy ameno es el ensayo «Why I Do Not Attend Case Conferences» en Meehl (1973). Véase también Wagenaar y Keren (1985, 1986).

Analistas financieros, gregarismo y predicciones: Véanse Guedj y Bouchaud (2006), Abarbanell y Bernard (1992), Chen y otros (2002), De Bondt y Thaler (1990), Easterwood y Nutt (1999), Friesen y Weller (2002), Foster (1977), Hong y Kubik (2003), Jacob y otros (1999), Lim (2001), Liu (1988), Maines y Hand (1996), Mendenhall (1991), Mikhail y otros (1997, 1999), Zitzewitz (2001), y El-Galfy y Forbes (2005). Sobre una comparación (desfavorable) con las previsiones meteorológicas: Tyszka y Zielonka (2002).

Economistas y predicciones: Tetlock (2005), Makridakis y Hibon (2000), Makridakis y otros (1982), Makridakis y otros (1993), Gripaios (1994), Armstrong (1978, 1981); y refutaciones de McNees (1978), Tashman (2000), Blake y otros (1986), Onkal y otros (2003), Gillespie (1979), Baron (2004), Batchelor (1990, 2001), Dominitz y Grether (1999). Lamont (2002) busca factores de reputación: los previsores establecidos empeoran cuando formulan predicciones más radicales para llamar la atención, lo cual es coherente con el efecto erizo de Tetlock. Ahiya y Doi (2001) buscan la conducta gregaria en Japón. Véanse McNees (1995), Remus y otros (1997), O'Neill y Desai (2005), Bewley y Fiebig (2002), Angner (2006), Bénassy-Quéré (2002); Brender y Pisani (2001) se fijan en el consenso de Bloomberg; De Bondt y Kappler (2004) dicen que hay pruebas de una débil persistencia de cincuenta y dos años de datos, pero yo vi las diapositivas en una presentación, nunca en un artículo, que después de dos años es posible que nunca se haga realidad. Exceso de confianza, Braun y Yaniv (1992). Para una exposición intelectual general, véase Hahn (1993). Más general, Clamen (1986, 1989). Sobre la teoría de juegos, Green (2005).

Muchos operadores de Bolsa, como James Montier, y muchos periódicos y revistas (como *The Economist*) realizan tests de predicción informales. En su conjunto, se deben tomar en serio ya que abarcan más variables.

Cultura popular: En 1931 Edward Angly expuso las predicciones que había hecho el presidente Hoover en un libro titulado *Oh Yeah?* Otro divertido libro es Cerf y Navasky (1998), de donde, incidentalmente, saqué la historia de las previsiones sobre el precio del petróleo antes de 1973.

Efectos de la información: El artículo principal es Bruner y Potter (1964). Agradezco a Danny Kahneman que me hablara de este artículo. Véanse también Montier (2007), Oskamp (1965) y Benartzi (2001). Estos sesgos se convierten en información ambigua (Griffin y Tversky [1992]). Sobre cómo no consiguen desaparecer con la experiencia y la formación, véanse Kahneman y Tversky (1982) y Tversky y Kahneman (1982). Sobre cómo se acepta la información coherente con las preferencias, mientras que la no coherente es procesada de forma crítica, véase Kunda (1990).

Falacia de la planificación: Kahneman y Tversky (1979) y Buehler, Griffin y Ross (2002). La falacia de la planificación muestra un sesgo coherente en la capacidad planificadora de las personas, incluso en asuntos de naturaleza repetible, aunque es más exagerado con los sucesos no repetibles.

Guerras: Trivers (2002).

¿Hay incentivos para el retraso?: Flyvbjerg y otros (2002).

Oskamp: Oskamp (1965) y Montier (2007).

***Epistēmē* frente a *technē*:** La distinción tiene su origen en Aristóteles, pero aparece y desaparece; su reaparición más reciente está en explicaciones como las del conocimiento tácito en el «saber cómo». Véanse Ryle (1949), Polanyi (1958/1974) y Mokyr (2002).

Catalina la Grande: El número de amantes está sacado de Rounding (2006).

Esperanza de vida: <www.annuityadvantage.com/lifeexpectancy.htm>. Para los trabajos, he utilizado una probabilidad de exceso respecto al exponente de ley potencial de 3/2: $f = Kx^{3/2}$. De modo que la expectativa condicional de x será, sabiendo que x es mayor que a:

$$E[x \,|\, x > a] = \frac{\int_a^\infty x f(x)\,dx}{\int_a^\infty f(x)\,dx}$$

Capítulos 11-13

Serendipidad: Véanse Koestler (1959) y Rees (2004). Rees tiene también unas ideas muy sólidas sobre la posibilidad de predecir. Véanse también los comentarios de Popper en Popper (2002) y Waller (2002a), Cannon (1940), Mach (1986) (citado en Simonton [1999]) y Merton y Barber (2004). Para una síntesis, véase Simonton (2004). Sobre la serendipidad en la medicina y la anestesiología, véase Vale y otros (2005).

«Hombre del Renacimiento»: Véase <www.bell-labs.com/project/feature/archives/cosmology/>.

Láser: Como suele ocurrir, existe una polémica sobre quién fue el inventor de esta tecnología. Después de un descubrimiento de éxito, enseguida se encuentra a sus precursores, debido a la distorsión retrospectiva. Charles Townsend recibió el premio Nobel, pero fue demandado por su alumno Gordon Gould, quien decía que fue él quien de hecho realizó el trabajo (véase *The Economist*, 9 de junio de 2005).

Darwin/Wallace: Quammen (2006).

Ataque de Popper al historicismo: Véase Popper (2002). Obsérvese que aquí reinterpreto la idea de Popper en un estilo moderno, utilizando mis propias experiencias y conocimientos, y sin ocuparme de los comentarios sobre la obra de Popper (por tanto, con la consiguiente falta de fidelidad a su mensaje). En otras palabras, éstos no son argumentos directamente expuestos por Popper, sino míos en gran medida y formulados siguiendo una estructura popperiana. La expectativa condicional de una expectativa incondicional es una expectativa incondicional.

Previsiones de futuro hechas cien años antes: Bellamy (1891) ilustra nuestras proyecciones mentales del futuro. Sin embargo, es posible que algunas historias sean exageradas. «¡Otro mito de las patentes patentemente falso! ¿Realmente hubo alguna vez un funcionario de patentes que dimitiera porque pensaba que ya no quedaba nada por inventar? Una vez que se empieza con ellos, estos mitos cobran vida propia.» *Skeptical Inquirer*, mayo-junio de 2003.

Observación de Pierce: Olsson (2006), Pierce (1955).

Predecir y explicar: Véase Thom (1993).

Poincaré: El problema de los tres cuerpos se puede encontrar en Barrow-Green (1996), Rollet (2005) y Galison (2003). Sobre Einstein, Pais (1982). Revelaciones más recientes en Hladik (2004).

Bolas de billar: Berry (1978) y Pisarenko y Sornette (2004).

Exposición muy general sobre la «complejidad»: Benkirane (2002), Scheps (1996) y Ruelle (1991). Sobre los límites, Barrow (1998).

Hayek: Véase <www.nobel.se>. Véase Hayek (1945, 1994). ¿Es que los mecanismos no son corregidos por las teorías de personas influyentes, sino por la mortalidad de los operadores o bien, lo que es aún más grave, porque se prescinde de ellos? Lamentablemente, debido al contagio, parece que hay muy poca lógica en la forma en que las cosas mejoran; la suerte interviene en cómo evolucionan las ciencias blandas. Sobre los efectos de red en los «intelectuales y el socialismo», y sobre la distribución de la ley potencial en la influencia, debido al aspecto libre de escala de las conexiones —y la consiguiente arbitrariedad—, véase Ormerod (2006). Parece que Hayek ha sido prisionero de la antigua diferenciación de Weber entre *Natur-*

wissenschaften y *Geisteswissenschaften,* cosa que, afortunadamente, no ocurre con Popper.

Insularidad de los economistas: Pieters y Baumgartner (2002). Un aspecto bueno de la insularidad de los economistas es que ellos me pueden ofender cuanto quieran sin ninguna consecuencia: parece que sólo los economistas leen a otros economistas (de modo que es posible que escriban artículos para que otros economistas los lean). Para una exposición más general, véase Wallerstein (1999). Obsérvese que Braudel combatió la «historia económica». Era historia.

La economía como religión: Nelson (2001) y Keen (2001). Sobre la metodología, véase Blaug (1992). Sobre grandes sacerdotes y filósofos menores, véase Boettke, Coyne y Leeson (2006). Señalemos que las obras de Gary Becker y los platonistas de la Escuela de Chicago están todas viciadas por el sesgo de la confirmación: Becker se apresura a mostrar situaciones en las que las personas se mueven por incentivos económicos, pero no habla de los casos (muchísimo más numerosos) en los que a las personas no les importan tales incentivos materialistas.

El libro más agudo que conozco sobre economía es Gave y otros (2005), porque trasciende de las categorías construidas del discurso económico académico (uno de los autores es el periodista Anatole Kaletsky).

Teoría general: Este hecho no ha disuadido a los «teóricos generales». En un largo vuelo de Ginebra a Nueva York, un personaje de la variedad platonificadora me explicó que hay que rechazar las ideas de Kahneman y sus colegas porque no nos permiten desarrollar una teoría general del equilibrio, y producen «preferencias incoherentes con el tiempo». Durante un minuto pensé que estaba de broma: culpaba a las ideas de los psicólogos y a la incoherencia humana de interferir en la capacidad que él poseía para construir su modelo platónico.

Samuelson: Sobre su optimización, véase Samuelson (1983). También Stiglitz (1994).

El dogma de Platón sobre la simetría del cuerpo: «Ateniense extranjero a Cleinias: Se supone que por naturaleza la mano derecha y la izquierda se adaptan de forma diferente al diverso uso que de ellas hacemos, mientras que no se halla diferencia alguna en el uso de los pies y de las extremidades inferiores; pero en el uso de las manos, estamos, por así decirlo, mutilados por los antojos de niñeras y madres; porque, aunque nuestras diversas extremidades están equilibradas por la naturaleza, creamos en ellas una diferencia debido a los malos hábitos», en *Las leyes* de Platón. Véase McManus (2002).

Empresas farmacéuticas: Según me dijeron, otras empresas de este tipo las dirigen personas comerciales que dicen a los investigadores dónde existe una «necesidad en el mercado», y les piden que «inventen» fármacos y remedios de acuerdo con esa necesidad, lo cual coincide con los métodos de los analistas de inversiones peligrosamente engañosos de Wall Street. Formulan las proyecciones como si supieran lo que van a encontrar.

Modelos de beneficios por innovaciones: Sornette y Zajdenweber (1999) y Silverberg y Verspagen (2005).

Evolución de correa corta: Dennett (2003) y Stanovich y West (2000).

Montaigne: No nos enteramos de mucho en las biografías de un ensayista personal; hay cierta información en Frame (1965) y Zweig (1960).

Proyectabilidad y la paradoja del verdazul: Véase Goodman (1955). Véase también una aplicación (o, quizás, una falsa aplicación) en King y Zheng (2005).

Construccionismo: Véanse Berger y Luckmann (1966) y Hacking (1999).

Certificación frente a auténticas destrezas o conocimientos: Véase Donhardt (2004). Hay también una protección de franquicia. Es posible que los matemáticos no sean una herramienta tan necesaria para la economía, excepto para proteger la franquicia de aquellos economistas que saben matemáticas. En los tiempos de mi padre, el proceso de selección de los jerarcas se basaba en los conocimientos de latín (o griego). De modo que la clase de los alumnos preparados para ocupar los puestos superiores se asentaba en los clásicos y conocían algunas disciplinas interesantes. También se les formaba en la visión altamente probabilística de las cosas de Cicerón, y se les seleccionaba por su erudición, que si bien tiene pequeños efectos secundarios, nos permite tratar asuntos confusos. Mi generación fue seleccionada en función de las destrezas matemáticas; a uno le iban bien las cosas si tenía la mentalidad del ingeniero. El resultado fueron unos jerarcas de mentalidad matemática, lógica y altamente estructurada y, en consecuencia, la selección de sus iguales se basará en estos criterios. Así que los artículos sobre economía y ciencias sociales gravitaban hacia lo altamente matemático, y para proteger su franquicia colocaban elevadas barreras matemáticas a su entrada. Era incluso posible difuminar al público general que es incapaz de frenarnos. Otro efecto de la protección de franquicia es que podría haber alentado que se colocara «en lo alto» a esos investigadores idiotas pero con aire de sabios y carentes de erudición y que, en consecuencia, eran insulares, provincianos y próximos a otras disciplinas.

Libertad y determinismo: Una idea especulativa en Penrose (1989), donde sólo los efectos cuánticos (con la indeterminación ahí percibida) pueden justificar la conciencia.

Proyectabilidad: La singularidad que presume menos ignorantes o una menor destrucción mutua.

Teoría del caos y la confusión hacia delante/hacia atrás: *Le battement d'ailes du papillon*, de Laurent Firode (2000).

Autismo y percepción de la aleatoriedad: Véase Williams y otros (2002).

Errores de previsión y falsa previsión en los estados hedónicos: Wilson, Meyers y Gilbert (2001), Wilson, Gilbert y Centerbar (2003), y Wilson y otros (2005). Ellos lo llaman «evanescencia emocional».

Predicción y conciencia: Véase la idea de «acerca de» en Dennett (1995, 2003) y Humphrey (1992). Sin embargo, Gilbert (2006) cree que no somos los únicos animales que prevén, lo cual es falso, como bien se ha demostrado. Suddendorf (2006) y Dally, Emery y Clayton (2006) demuestran que los animales también hacen previsiones.

Comentario de Russell a la apuesta de Pascal: Ayer (1988) lo presenta como una comunicación privada.

Historia: Carr (1961), Hexter (1979) y Gaddis (2002). Pero, en general, tengo problemas con los historiadores, porque a menudo confunden los procesos que van hacia delante y los que van hacia atrás. Véase *Ubiquity*, de Mark Buchanan, y la un tanto confusa exposición de Niall Ferguson en *Nature*. Ninguno de los dos parece darse cuenta del problema de la calibración en las leyes potenciales. Véase también Ferguson, *Why did the Great War?* para juzgar la amplitud de los problemas referentes al hacia delante y hacia atrás.

Sobre una tendencia nomológica, es decir, el intento de trascender la causa para llegar a una teoría general, véase *Muqaddamah*, de Ibn Jaldún. Véase también *Filosofía de la historia*, de Hegel.

Emoción y cognición: Zajonc (1980, 1984).

Seguros contra catástrofes: Froot (2001) sostiene que los seguros contra sucesos remotos tienen un precio excesivo. Cómo llegó a esta conclusión sigue siendo incierto (tal vez mediante complicadas operaciones informáticas), pero las compañías de reaseguros no han ganado ni un centavo con seguros de precio excesivo.

Posmodernos: Parece que los posmodernos no son conscientes de las diferencias que existen entre narración y predicción.

Suerte y serendipidad en la medicina: Vale y otros (2005). En la historia, véase Cooper (2004). Véase también Ruffié (1977). Más en general, véase Roberts (1989).

Predicción afectiva: Véanse Gilbert (1991), Gilbert y otros (1993) y Montier (2007).

Este apartado servirá también para otro propósito. Siempre que hablo del Cisne Negro, la gente suele contarme anécdotas. Pero no son más que anécdotas de corroboración: lo que hay que demostrar es que *en su conjunto* el mundo está dominado por los sucesos de Cisne Negro. Para mí, el rechazo de la aleatoriedad no escalable es suficiente para establecer el papel y la importancia de los Cisnes Negros.

Efectos Mateo: Véase Merton (1968, 1973a, 1988). Marcial, en sus *Epigramas:* «Semper pauper eris, si pauper es, Aemiliane./ Dantur opes nullis (nunc) nisi divitibus». (*Epigr.* V, 81). Véase también Zuckerman (1997, 1998).

La ventaja acumulativa y sus consecuencias sobre la justicia social: Reseña en DiPetre y otros (2006). Véanse también Brookes-Gun y Duncan (1994), Broughton y Mills (1980), Dannefer (2003), Donhardt (2004), Hannon (2003) y Huber (1998). Sobre cómo se puede explicar la precocidad, véase Elman y O'Rand (2004).

Concentración e imparcialidad en las carreras profesionales: Cole y Cole (1973), Cole (1970), Conley (1999), Faia (1975), Seglen (1992), Redner (1998), Lotka (1926), Fox y Kochanowski (2004) y Huber (2002).

«El ganador se lo lleva todo»: Rosen (1981), Frank (1994), Frank y Cook (1995) y Attewell (2001).

Artes: Bourdieu (1996), Taleb (2004e).

Guerras: La guerra se concentra según un modo propio de Extremistán: Lewis Fry Richardson señalaba el siglo pasado la desigualdad en la distribución de las bajas (Richardson [1960]).

Guerras modernas: Arkush y Allen (2006). En el estudio de los maoríes, el patrón de lucha con garrotes se mantuvo durante siglos; las herramientas modernas causan de 20.000 a 50.000 muertes al año. Simplemente, no estamos hechos para la guerra técnica. Para una versión anecdótica y causal de la historia de una guerra, véase Ferguson (2006).

Índice S&P 500: Véase Rosenzweig (2006).

La cola larga: Anderson (2006).

Diversidad cognitiva: Véase Page (2007). Sobre el efecto de Internet en las escuelas, véase Han y otros (2006).

Cascadas: Véase Schelling (1971, 1978) y Warts (2002). Sobre las cascadas de información en economía, véanse Bikhchandani, Hirshleifer y Welch (1992) y Shiller (1995). Véase también Surowiecki (2004).

Imparcialidad: Algunos investigadores, como Frank (1999), consideran que el éxito arbitrario y aleatorio de los demás no difiere de la contaminación, que necesita la aplicación de una tasa. De Vany, Taleb y Spitznagel (2004) proponen una solución basada en el mercado al problema del reparto, basándose en el proceso del seguro voluntario y productos derivados.

Las matemáticas del apego preferencial: Este razonamiento enfrentó a Mandelbrot con el científico cognitivo Herbert Simon, que en 1955 formalizó las ideas de Zipf en un artículo (Simon [1955]), que luego vino a conocerse como el modelo de Zipf-Simon. ¡Hay que dejar que la gente pierda popularidad!

Concentración: Price (1970), «Desviación de Zipf» de Simon, Simon (1955). Sobre la bibliometría más general, véase Price (1976) y Glänzel (2003).

Regreso a la destrucción creativa: Véase Schumpeter (1942).

Redes: Barabási y Albert (1999), Albert y Barabási (2000), Strogatz (2001, 2003), Callaway y otros (2000), Newman y otros (2000), Newman, Watts y Strogatz (2000), Newman (2001), Watts y Strogatz (1998), Watts (2002, 2003) y Amaral y otros (2000). Se supone que empezaron con Milgram (1967). Véase también Barbour y Reinert (2000), Barthélémy y Amaral (1999). Sobre las infecciones, véase Boots y Sasaki (1999). Sobre las extensiones, véase Bhalla e Iyengar (1999). Capacidad de recuperación, Cohen y otros (2000), Barabási y Bonabeu (2003), Barabási (2002) y Banavar y otros (2000). Leyes potenciales y la Red, Adamic y Huberman (1999) y Adamic (1999). Estadística de Internet: Huberman (2001), Willinger y otros (2004) y Faloutsos, Faloutsos y Faloutsos (1999). Sobre el ADN, véase Vogelstein y otros (2000).

Crítica autoorganizada: Bak (1996)

Pioneros de las colas gruesas: Sobre la riqueza, Pareto (1896), Yule (1925, 1944). No tan pionero, Zipf (1932, 1949). Sobre lingüística, véase Mandelbrot (1952).

Pareto: Véase Bouvier (1999).

Endógeno frente a exógeno: Sornette y otros (2004).

Obra de Sperber: Sperber (1996a, 1996b, 1997).

Regresión: Si el lector oye la expresión «menor regresión de cuadrado», debe ser precavido ante las afirmaciones que la sigan. Presume que nuestros errores se borran rápidamente, por lo que infravalora el error posible total y, con ello, sobreestima los conocimientos que se pueden derivar de los datos.

La idea de límite central: Se suele confundir: lleva mucho tiempo alcanzar el límite central (dado que no vivimos en la asíntota, tenemos problemas). Todas las diversas variantes aleatorias en suma se convierten en gaussianas, como vimos en el ejemplo del capítulo 16: empezábamos con +1 y -1, que se llama empate de Bernouilli, y luego sumábamos las ganancias de los 40 lanzamientos. La adición es aquí clave, ya que consideramos los resultados de sumar los 40 pasos, que es donde el método gaussiano, en el primer y segundo aspectos centrales, se convierte en lo que se llama una «distribución». (Una distribución nos dice la probable dispersión, o distribución, de nuestros resultados.) Sin embargo, pueden llegar ahí a diferente velocidad. A esto se lo llama el teorema del límite central: si añadimos variables aleatorias surgidas de esos saltos controlados individuales, llegamos al sistema gaussiano.

¿Dónde no funciona el límite central? Si en lugar de esos supuestos centrales tenemos saltos de tamaño aleatorio, entonces el sistema no es gaussiano. Además, algunas veces convergemos muy despacio hacia éste. Sobre el preasintotismo y la escalabilidad, Mandelbrot y Taleb (2007a), Bouchard y Potters (2003). Sobre el problema de trabajar fuera de las asíntotas, Taleb (2007).

Aurea mediocritas: Perspectiva histórica, en Naya y Pouey-Mounou (2005), acertadamente llamada *Éloge de la médiocrité*.

Reificación (hipostatización): Lukacz, en Bewes (2002).

Catástrofes: Posner (2004).

Concentración y vida económica moderna: Zajdenweber (2000).

Elección de la estructura de la sociedad y los resultados comprimidos: El artículo clásico es Rawls (1971), si bien Frohlich, Oppenheimer y Eavy (1987a, 1987b), así como Lissowsky, Tyszka y Okrasa (1991), contradicen la idea de la deseabilidad del velo de Rawls (aunque mediante el experimento). Las personas preferimos la máxima media de ingresos sometida a un límite inferior antes que alguna forma de igualdad para el tipo pobre de entorno, y desigualdad para el tipo rico de entorno.

Contagio gaussiano: Quételet en Stigler (1986). Francis Galton (citado en *La domesticación del azar*, de Ian Hacking): «No sé prácticamente de nada que pueda impresionar tanto la imaginación como la hermosa forma del orden cósmico expresada por la "ley del error"».

El sinsentido de la «varianza finita»: Asociado al teorema del límite central hay un supuesto llamado «varianza finita», algo más bien más técnico: ninguno de los pasos constituyentes pueden tener un valor infinito si los elevamos al cuadrado o multiplicamos por sí mismos. Deben quedar delimitados en un determinado número. Aquí simplificamos haciendo de todos ellos un único paso, o desviación típica finita. Pero el problema es que algunos beneficios fractales pueden tener una varianza finita, pero sin llevarnos allí de inmediato. Véase Bouchaud y Potters (2003).

Logaritmo normal: Hay una variedad intermedia que se llama logaritmo normal, que destacó Gibrat a principios del siglo XX (véase Sutton [1997]), en un intento por explicar la distribución de la riqueza. En este esquema no se trata tanto de que los ricos se hacen más ricos, en una situación pura de apego preferencial, sino de que si nuestra riqueza está en 100 variaremos por 1, pero cuando nuestra riqueza está en 1.000, variaremos por 10. Los cambios relativos de nuestra riqueza son gaussianos. De manera que el logaritmo normal se parece superficialmente a los fractales, en el sentido de que puede resistir determinadas grandes desviaciones, pero es peligroso porque al final éstas disminuyen rápidamente. La introducción del logaritmo normal fue un muy mal arreglo, pero permitía ocultar los fallos del método gaussiano.

Extinciones: Sterelny (2001). Sobre las extinciones de fracturas abruptas, véase Courtillot (1995) y Courtillot y Gaudemer (1996). Saltos: Eldredge y Gould.

LOS FRACTALES, LAS LEYES POTENCIALES Y LAS DISTRIBUCIONES LIBRES DE ESCALA

Definición: Técnicamente, $P_{>x} = Kx^{-\alpha}$, donde α es el exponente de la ley potencial. Se dice que es libre de escala cuando no tiene una escala característica: la desviación relativa de $\frac{P_{>x}}{P_{>nx}}$ no depende de x sino de n, siendo x «grandes números». Ahora bien, en la otra clase de distribución, aquella que intuitivamente puedo describir como no escalable, con la forma típica $p(x) = \text{Exp}[-ax]$, la escala será a.

El problema de «cuán grande»: Y ahora el problema que se suele interpretar mal. Es posible que esta escalabilidad se detenga en algún lugar, pero no sé dónde, de modo que podría considerarla infinita. Las afirmaciones *muy grande y no sé cuán grande* e *infinitamente grande* son epistemológicamente sustituibles. Podría haber un punto en el que la distribución cambiara. Así se verá cuando nos fijemos en ellas de forma más gráfica.

Log $P > x = -\alpha$ Log $X + C'$ para una escalable. Si hacemos un gráfico logarítmico (es decir, con $P > x$ y x en una escala logarítmica), como en las figuras 15 y 16, deberíamos ver una línea recta.

Fractales y leyes potenciales: Mandelbrot (1975, 1982). Schroeder (1991) es imprescindible. El original inédito *The Paretian Heritage*, de Chipman (Chipmanc[2006]), es la mejor reseña que jamás he visto. Véase también Mitzenma her (2003).

«Llegar muy cerca de la teoría correcta y captar su aplicación exacta son dos cosas muy distintas, como bien nos enseña la historia de la ciencia. En todo lo importante, siempre ha habido alguien que lo ha dicho antes pero no lo ha descubierto» (Whitehead [1925]).

Los fractales en la poesía: Sobre la cita de Dickinson, véase Fulton (1998).

La lacunaridad: Brockman (2005). En las artes, Mandelbrot (1982).

Los fractales en medicina: «New Tool to Diagnose and Treat Breast Cancer», *Newswise*, 18 de julio de 2006.

Libros de referencia generales sobre física estadística. El más completo (en relación con las colas gruesas) es Sornette (2004). Véase también Voit (2001) o, sobre precios financieros y econofísica, el mucho más profundo Bouchaud y Potters (2002). Sobre la teoría de la «complejidad», libros técnicos: Bocarra (2004), Strogatz (1994), el popular Ruelle (1991), y también Prigogine (1996).

Procesos de ajuste: Sobre la filosofía del problema, Taleb y Pilpel (2004). Véase también Pisarenko y Sornette (2004), Sornette y otros (2004) y Sornette e Ide (2001).

El salto Poisson: A veces la gente propone una distribución gaussiana con una pequeña probabilidad de un «salto Poisson». Puede no estar mal, pero ¿cómo sabemos lo largo que va a ser el salto? Es posible que los datos pasados no nos digan la longitud del salto.

Efecto de la muestra pequeña: Weron (2001). Officer (1972) apenas aborda este problema.

Recursividad de la estadística: Taleb y Pilpel (2004), Blyth y otros (2005).

Biología: Los modernos pioneros de la biología molecular, Salvador Luria y Max Delbrück, fueron testigos de un fenómeno de agrupamiento con la ocasional aparición de mutantes extremadamente grandes en una colonia bacterial, mayores que todas las demás bacterias.

Termodinámica: La maximización de la entropía sin las limitaciones de un segundo momento lleva a una distribución estable de Levy (tesis de Mandelbrot de 1952; véase Mandelbrot [1997a]). La idea de entropía más sofisticada de Tsallis lleva a la distribución T de Student.

Cadenas de imitación y patologías: Una cascada informativa es un proceso donde un agente puramente racional elige una determinada opción ignorando su propia información privada (o juicio) para seguir la de los demás. El lector corre, y yo lo sigo, porque es posible que conozca un peligro que a mí se me escapa. Es eficiente hacer lo que hagan los demás en vez de tener que reinventar la rueda cada vez que la necesitemos. Pero el seguir la conducta de los demás puede llevar a cadenas de imitación: en poco tiempo, todo el mundo está corriendo en el mismo sentido, y puede que por razones espurias. Esta conducta provoca las burbujas en los mercados de valores y la formación de modas culturales de carácter masivo. Bikhchandani y otros (1992). En psicología, véase Hansen y Donoghue (1977). En biología y selección, Dugatkin (2001), Kirpatrick y Dugatkin (1994).

La crítica autoorganizada: Bak y Chen (1991), Bak (1996).

Variables económicas: Bundt y Murphy (2006). La mayoría de las variables eco-

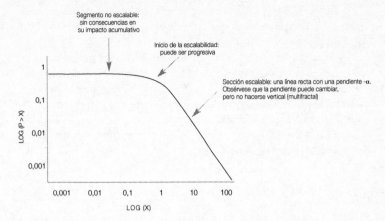

FIGURA 15. Distribución típica con colas de ley potencial (aquí una distribución de T de Student).

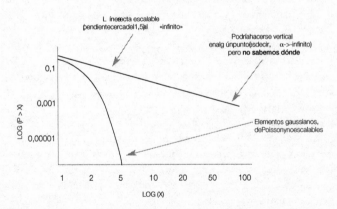

FIGURA 16. Los dos exhaustivos dominios de la atracción: línea vertical o recta con pendientes de infinito negativo o de α negativa constante. Observemos que, dado que las probabilidades deben sumar hasta 1 (incluso en Francia), no puede haber otras alternativas a las dos cuencas, de ahí que las reduzca exclusivamente a estas dos.

Mis ideas se simplifican mucho con esta bien delimitada polarización, a lo cual se añade el problema de no saber en qué cuenca nos encontramos, debido a la escasez de datos sobre el extremo derecho.

nómicas parecen seguir una distribución «estable», incluidas el cambio de divisas, el PIB, la provisión de dinero, los tipos de interés (a corto y largo plazo) y la producción industrial.

Los estadísticos que no aceptan la escalabilidad: Razonamiento erróneo confundido con un error de muestra en las colas: Perline (2005), por ejemplo, no entiende la diferencia entre ausencia de pruebas y pruebas de la ausencia.

La serie del tiempo y la memoria: Uno puede tener una «memoria fractal», es decir, el efecto de los sucesos pasados sobre el presente produce un impacto que tiene una «cola». Disminuye como ley potencial, no exponencialmente.

La obra de Marmott: Marmott (2004).

CAPÍTULO 18

Economistas: Weintraub (2002), Szenberg (1992).

La teoría de la cartera de valores y las finanzas modernas: Markowitz (1952, 1959), Huang y Litzenberger (1988) y Sharpe (1994, 1996). La denominada ratio de Sharpe no tiene sentido fuera de Mediocristán. El contenido del libro de Steve Ross (Ross [2004]) sobre «las finanzas neoclásicas» se desvanece por completo si consideramos Extremistán en vez de las elegantes matemáticas y las hermosas teorías que van de arriba abajo. «Anecdote» de Merton hijo, en Merton (1992).

Obsesión por la medición: Muchas veces se me remite a Crosby (1997) como prueba convincente de que la medición fue un gran logro, sin saber que se aplicaba a Mediocristán y sólo a Mediocristán. Bernstein (1996) comete el mismo error.

Las leyes potenciales en las finanzas: Mandelbrot (1963), Gabaix y otros (2003) y Stanley y otros (2000). Kaizoji y Kaizoji (2004), Véhel y Walter (2002). Precios del suelo: Kaizoji (2003). Magistral: Bouchaud y Potters (2003).

El *equity premium puzzle* (el rompecabezas que supone la elevada compensación que obtienen los inversores por mantener activos de riesgo): Si aceptamos las colas gruesas, no existe tal rompecabezas. Benartzi y Thaler (1995) dan una explicación psicológica, sin darse cuenta de que la varianza no es la medida. Lo mismo hacen muchos otros.

Covered writes (venta de una opción contra la posición en el instrumento subyacente): Un juego de idiotas ya que uno corta por lo alto: si lo alto está en peligro, la acción debería repuntar mucho más de lo que intuitivamente se acepta. Sobre un error representativo, véase Board y otros (2000).

La familia Nobel: «Nobel Descendant Slams Economics Prize», *The Local*, 28 de septiembre de 2005, Estocolmo.

Doble burbuja: El problema de los derivados financieros es que, si el valor subyacente tiene unas colas gruesas suaves y sigue una suave ley potencial (es decir, un exponente de cola de tres o superior), el derivado va a producir unas colas mucho más gruesas (si la compensación es al cuadrado, el exponente de la cola de la cartera de derivados será la mitad que el original). Esto hace que la ecuación Black-Scholes-Merton sea doblemente inapropiada.

Quiebra de Poisson: La mejor forma de entender los problemas de Poisson como sustituto de un escalable es calibrar un Poisson y computar los errores de la muestra. Lo mismo se aplica a métodos como el GARCH: se comportan bien en la muestra, pero horriblemente mal fuera de ella (incluso una volatilidad o una desviación media histórica anterior de tres meses superará una prueba GARCH de órdenes superiores).

Por qué el Nobel: Derman y Taleb (2005), Haug (2007).

Claude Bernard y la medicina experimental: «Empiricism pour le présent, avec direction a aspiration scientifique pour l'avenir». De Claude Bernard, *Principe de la médecine expérimentale*. Véanse también Fagot-Largeault (2002) y Ruffié (1977). Medicina moderna basada en pruebas: Ierodiakonou y Vandenbroucke (1993) y Vandenbroucke (1996) exponen un enfoque escolástico de la medicina.

CAPÍTULO 19

Cita de Popper: De *Conjectures and Refutations*,* págs. 95-97.

Paradoja de la lotería: Éste es un ejemplo de eruditos que no entienden el alto impacto del suceso raro. Hay un famoso acertijo filosófico llamado «paradoja de la lotería», que originariamente planteó el lógico Henry Kyburg (véase Rescher [2001] y Clark [2002]) y que reza como sigue: «No creo que cualquier billete vaya a ganar en la lotería, sino que todos los billetes van a ganar en la lotería». Para mí (y para una persona normal) esta afirmación no parece que tenga en sí nada de extraño. Pero para el filósofo académico formado en la lógica clásica, se trata de una paradoja. Sin embargo sólo es una paradoja si uno intenta meter de soslayo afirmaciones de probabilidad en la lógica al uso que data de Aristóteles y es del tipo *todo o nada*. Y la aceptación o el rechazo del tipo *todo o nada* («creo» o «no creo») no sirven para lo altamente improbable. Necesitamos sombras de creencia, grados de fe en una afirmación que no sean del 100 % ni del 0 %.

---

* Trad. cast.: *Conjeturas y refutaciones*, Barcelona, Paidós, 1994.

Una última consideración filosófica. Para mi amigo operador de Bolsa y erudito talmúdico, el rabino Tony Glickman, la vida es convexa y hay que verla como una serie de derivados financieros. Dicho claramente, cuando cortamos la exposición negativa, limitamos nuestra vulnerabilidad al conocimiento (Taleb [2005]).

BIBLIOGRAFÍA

Abardanell, Jeffery S. y Victor L. Bernard, «Test of Analysts' Overreaction/Underreaction of Earnings Information as an Explanation for Anomalous Stock Price Behavior», *Journal of Finance*, nº 47, 1992, págs. 1.181-1.207.

Aczel, Amir D., *Chance: A Guide to Gambling, Love, the Stock Market, and Just About Everything Else*, Nueva York, Thunder's Mouth Press, 2004.

Adamic, Lada, «The Small World Web», *Lecture Notes in Computational Science*, nº 1696, 1999, págs. 443-452.

Adamic, Lada y Bernardo A. Huberman, «The Nature of Markets in the World Wide Web», *Quarterly Journal of Electronic Commerce*, nº 1, 1999, págs. 5-12.

Albert, R. y A.-L. Barabási, «Topology of Evolving Networks: Local Events and Universality», *Physical Review Letters*, nº 85, 2000, págs. 5.234-5.237.

Albert, R., H. Jeong y A.-L. Barabási, «Error and Attack Tolerance of Complex Networks», *Nature*, nº 406, 2000, págs. 378-382.

Albouy, François-Xavier, *Le temps des catastrophes*, París, Descartes and Cie, 2002.

Al-Ghazali, «Mikhtarat Min Ahthar Al-Ghazali», en Jamil Saliba, *Tarikh Al Falsafa Al Arabiah*, Beirut, Al Sharikah Al Ahlamiah Lilk-itab, 1989.

Allen, Mark S., «Transformations in Maori Warfare: Toa, Pa, and Pu», en Elizabeth N. Arkush y Mark W. Allen, 2006.

Allen, Michael, *The Truth About Writing*, Wiltshire, Kingsfield Publications, 2003.

—, *On the Survival of Rats in the Slushpile: Essays and Criticism*, Wiltshire, Kingsfield Publications, 2005.

Allport, D. A., «The State of Cognitive Psychology», *Quarterly Journal of Experimental Psychology*, nº 27, 1975, págs. 141-152.

Allwood, C. M. y H. Montgomery, «Response Selection Strategies and Realism of Confidence Judgments», *Organizational Behavior and Human Decision Processes*, nº 39, 1987, págs. 365- 383.

Alpert, M. y H. Raiffa, «A Progress Report on the Training of Probability Assessors», en D. Kahneman, P. Slovic y A. Tversky (comps.), 1982.

Amaral, L. A. N., A. Scala, M. Barthélémy y H. E. Stanley, «Classes of Behavior of Small-world Networks», *Proceedings of the National Academy of Science*, nº 97, 2000, págs. 11.149-11.152.

Anderson, Benedict, *Imagined Communities*, Nueva York, Verso, 1983 (trad. cast.: *Comunidades imaginadas*, México, Fondo de Cultura Económica, 1993).

Anderson, Chris, *The Long Tail*, Nueva York, Hyperion, 2006.

Anderson, N. H., «A Cognitive Theory of Judgment and Decision», en B. Brehmer, H. Jungermann, P. Lourens y G. Sevón (comps.), *New Directions in Research on Decision Making*, Amsterdam, North-Holland, 1986.

Angele, U., B. Beer-Binder, R. Berger, C. Bussmann, H. Kleinbölting y B. Mansard, *Über- und Unterschätzung des eigenen Wissens in Abhängigkeit von Geschlecht und Bildungsstand (Overestimation and Underestimation of One's Knowledge as a Function of Sex and Education)*, manuscrito no publicado, University of Konstanz, República Federal Alemana, 1982.

Angner, Erik, «Economists as Experts: Overconfidence in Theory and Practice», *Journal of Economic Methodology*, vol. 13, n⁰ 1, 2006, págs. 1-24.

Annas, Julia y Julian Barnes, *Modes of Skepticism*, Cambridge, Cambridge University Press, 1985.

Arkes, H. R., C. Christensen, C. Lai y C. Blumer, «Two Methods of Reducing Overconfidence», *Organizational Behavior and Human Decision Processes*, n⁰ 39, 1987, págs. 133-144.

Arkes, H. R. y K. R. Hammond, *Judgement and Decision Making: An Interdisciplinary Reader*, Cambridge, Cambridge University Press, 1986.

Arkush, Elizabeth N. y Mark W. Allen (comps.), *The Archaeology of Warfare: Prehistories of Raiding and Conquest*, Gainesville, University of Florida Press, 2006.

Armelius, B. y K. Armelius, «The Use of Redundancy in Multiple-cue Judgements: Data from a Suppressor-variable Task», *American Journal of Psychology*, n⁰ 87, 1974, págs. 385-392.

Armelius, K., «Task Predictability and Performance as Determinants of Confidence in Multiple-cue Judgements», *Scandinavian Journal of Psychology*, n⁰ 20, 1979, págs. 19-25.

Armstrong, J. Scott, «Are Econometricians Useful? Folklore Versus Fact», *Journal of Business*, vol. 51, n⁰ 4, 1978, págs. 549-564.

—, «How Expert Are the Experts?», *Inc.*, diciembre de 1981, págs. 15-16.

Aron, Raymond, *Dimensions de la conscience historique*, París, Agora, 1961 (trad. cast.: *Dimensiones de la conciencia histórica*, Madrid, Tecnos, 1962).

Arrow, Kenneth, «Economic Theory and the Postulate of Rationality», en J. Eatwell, M. Milgate y P. Newman (comps.), 1987, vol. 2, págs. 69-74.

Arthur, Brian W., *Increasing Returns and Path Dependence in the Economy*, Ann Arbor, University of Michigan Press, 1994.

Astebro, Thomas, «The Return to Independent Invention: Evidence of Unrealistic Optimism, Risk Seeking or Skewness Loving?», *Economic Journal*, vol. 113, n⁰ 484, 2003, págs. 226-239.

Ashiya, Masahiro y Takero Doi, «Herd Behavior of Japanese Economists», *Journal of Economic Behavior and Organization*, nº 46, 2001, págs. 343-346.

Attewell, P., «The Winner-take-all High School: Organizational Adaptations to Educational Stratification», *Sociology of Education*, nº 74, 2001, págs. 267-295.

Ayache, E., «The Back of Beyond», *Wilmott*, primavera de 2004a, págs. 26-29.

—, «A Beginning, in the End», *Wilmott*, invierno de 2004b, págs. 6-11.

Ayer, A. J., *The Problem of Knowledge*, Londres, Penguin Books, 1958.

—, *Probability and Evidence*, Nueva York, Columbia University Press, 1972.

—, *Voltaire*, Londres, Faber and Faber, 1988 (trad. cast.: *Voltaire*, Barcelona, Crítica, 1988).

Ayton, P. y A. G. R. McClelland, «How Real Is Overconfidence?», *Journal of Behavioral Decision Making*, nº 10, 1997, págs. 153-285.

Baddeley, Alan, *Human Memory: Theory and Practice*, Londres, Psychology Press, 1997 (trad. cast.: *Memoria humana: teoría y práctica*, Aravaca, McGraw-Hill/Interamericana, 1998).

Bak, Per, *How Nature Works*, Nueva York, Copernicus, 1996.

Bak, P. y K. Chen, «Self-organized criticality», *Scientific American*, nº 264, 1991, págs. 46-53.

Ball, Philip, *Critical Mass: How One Thing Leads to Another*, Londres, Arrow Books, 2004.

—, «Econophysics: Culture Crash», *Nature*, nº 441, 2006, págs. 686-688.

Banavar, J. R., F. Colaiori, A. Flammini, A. Maritan y A. Rinaldo, «A Topology of the Fittest Transportation Network», *Physical Review Letters*, nº 84, 2000, págs. 4.745-4.748.

Barabási, Albert-László, *Linked: The New Science of Networks*, Boston, Perseus Publishing, 2002.

Barabási, Albert-László y Réka Albert, «Emergence of Scaling in Random Networks», *Science*, nº 286, 1999, págs. 509-512.

Barabási, Albert-László, Réka Albert y H. Jeong, «Mean-field Theory for Scale-free Random Networks», *Physica A*, nº 272, 1999, págs. 173-197.

Barabási, Albert-László y Eric Bonabeau, «Scale-free Networks», *Scientific American*, vol. 288, nº 5, 2003, págs. 50-59.

Baranski, J. V. y W. M. Petrusic, «The Calibration and Resolution of Confidence in Perceptual Judgments», *Perception and Psychophysics*, nº 55, 1994, págs. 412-428.

Barber, B. M. y T. Odean, «Trading Is Hazardous to Your Wealth: The Common Stock Investment Performance of Individual Investors», documento de trabajo, 1999.

Barbour, A. D. y G. Reinert, «Small worlds», edición preliminar accesible en <http://arxiv.org/pdf/cond-mat/0006001>, 2000.

Bar-Hillel, M. y W. A. Wagenaar, «The perception of randomness», *Advances in Applied Mathematics*, vol. 12, nº 4, 1991, págs. 428-454.

Baron, Jonathan, *Thinking and Deciding*, 3ª ed., Nueva York, Cambridge University Press, 2000.

Barron, G. e I. Erev, «Small Feedback-based Decisions and Their Limited Correspondence to Description-based Decisions», *Journal of Behavioral Decision Making*, nº 16, 2003, págs. 215-233.

Barrow, John D., *Impossibility: The Limits of Science and the Science of Limits*, Londres, Vintage, 1998 (trad. cast.: *Imposibilidad: los límites de la ciencia y la ciencia de los límites*, Barcelona, Gedisa, 1999).

Barrow, John D. y Frank J. Tipler, *The Anthropic Cosmological Principle*, Oxford, Oxford University Press, 1986.

Barrow-Green, June, *Poincaré and the Three Body Problem. History of Mathematics*, vol. 11, American Mathematical Society, 1996.

Barthélémy, M. y L. A. N. Amaral, «Small-world Networks: Evidence for a Crossover Picture», *Physical Review Letters*, nº 82, 1999, págs. 3.180-3.183.

Bastiat, Frédéric, *Oeuvres complètes de Frédéric Bastiat*, 6 vols., París, Guillaumin, 1862-1864.

Batchelor, R. A., «All Forecasters Are Equal», *Journal of Business and Economic Statistics*, vol. 8, nº 1, 1990, págs. 143-144.

—, «How Useful Are the Forecasts of Intergovernmental Agencies? The IMF and OECD Versus the Consensus», *Applied Economics*, vol. 33, nº 2, 2001, págs. 225-235.

Bates, Elisabeth, «Modularity, Domain Specificity, and the Development of Language», en D. C. Gajdusek, G. M. McKhann y C. L. Bolis (comps.), *Evolution and Neurology of Language: Discussions in Neuroscience*, nº 10, 1994, págs. 1-2, 136-149.

Bauman, A. O., R. B. Deber y G. G. Thompson, «Overconfidence Among Physicians and Nurses: The "micro certainty, macro certainty" phenomenon», *Social Science and Medicine*, nº 32, 1991, págs. 167-174.

Bayer, Hans Christian, *Information: The New Language of Science*, Londres, Orion Books, Ltd., 2003.

Bechara, A., A. R. Damasio, H. Damasio y S. W. Anderson, «Insensitivity to Future Consequences Following Damage to Human Prefrontal Cortex», *Cognition*, nº 50, 1994, págs. 1-3 y 7-15.

Becker, Lawrence C., *A New Stoicism*, Princeton, NJ, Princeton University Press, 1998.

Bellamy, Edward, *Cent ans après, ou l'an 2000*, París, E. Dentu, 1891 (trad. cast.: *El año 2000*, Barcelona, Abraxas, 2000).

Benartzi, Shlomo, «Excessive Extrapolation and the Allocation of 401(k) Accounts to Company Stock», *Journal of Finance*, vol. 56, nº 5, 2001, págs. 1.747-1.764.

Benartzi, Shlomo y Richard Thaler, «Myopic Loss Aversion and the Equity Premium Puzzle», *Quarterly Journal of Economics*, vol. 110, nº 1, 1995, págs. 73-92.

Bénassy-Quéré, Agnès, «Euro/dollar: tout le monde peut se tromper», *La Lettre du CEPII*, nº 215, 2002.

Benkirane, R., *La complexité, vertiges et promesses: 18 histoires de sciences*, París, Le Pommier, 2002.

Berger, Peter L. y Thomas Luckmann, *The Social Construction of Reality: A Treatise in the Sociology of Knowledge*, Nueva York, Anchor Books, 1966 (trad. cast.: *La construcción social de la realidad*, Madrid, H. F. Martínez de Murguía, 1986).

Bernard, André, *Rotten Rejections: The Letters That Publisher Wish They'd Never Sent*, Londres, Chrysalis Books, 2002.

Bernard, Claude, *La science expérimentale*, París, J.-B. Baillière, 1878.

Bernoulli, Daniel, «Exposition of a New Theory on the Measurement of Risk», *Econometrica*, vol. 22, nº 1, 1954, págs. 23-36.

Bernstein, Peter L., *Against the Gods: The Remarkable Story of Risk*, Nueva York, Wiley, 1996.

Berridge, Kent C., «Irrational Pursuits: Hyper-incentives from a Visceral Brain», en K. Brocas y J. Carrillo (comps.), 2003.

Berry, M., «Regular and Irregular Motion, in Topics in Nonlinear Mechanics», en *American Institute of Physics Conference Proceedings*, edición a cargo de S. Jorna, nº 46, 1978, págs. 16-120.

Bevan, Edwyn, *Stoics and Sceptics*, Chicago, Ares Publishers, Inc., 1913.

Bewes, Timothy, *Reification: or The Anxiety of Late Capitalism*, Londres, Verso, 2002.

Bewley, Ronald A. y Denzil G. Fiebig, «On the Hearding Instinct of Interest Rate Forecasters», *Empirical Economics*, vol. 27, nº 3, 2002, págs. 403-425.

Bhalla, U. S. y R. Iyengar, «Emergent Properties of Networks of Biological Signalling Pathways», *Science*, nº 283, 1999, págs. 381-387.

Bharat, Barot, «How Accurate are the Swedish Forecasters on GDP-Growth, CPI-Inflation and Unemployment?, 1993-2001», *Brussels Economic Review/Cahiers Economiques de Bruxelles*, nº 47, Editions du DULBEA/Université libre de Bruxelles, 2004, págs. 249-278.

Bikhchandani, Sushil, David Hirshleifer e Ivo Welch, «A Theory of Fads, Fashion, Custom, and Cultural Change as Informational Cascades», *Journal of Political Economy*, vol. 100, nº 5, 1992, págs. 992-1.026.

Binmore, K., «Why Experiment in Economics?», *Economic Journal*, vol. 109, nº 453, 1999, págs. 16-24.

Birnbaum, M. H., «Base Rates in Bayesian Inference: Signal Detection Analysis of the Cab Problem», *American Journal of Psychology*, vol. 96, nº 1, 1983, págs. 85-94.

Björkman, M., «A Note on Cue Probability Learning: What Conditioning Data Reveal About Cue Contrast», *Scandinavian Journal of Psychology*, nº 28, 1987, págs. 226-232.

—, «Internal Cue Theory: Calibration and Resolution of Confidence in General Knowledge», *Organizational Behavior and Human Decision Processes*, nº 58, 1994, págs. 386-405.

Björkman, M., P. Juslin y A. Winman, «Realism of Confidence in Sensory Discrimination: The Underconfidence Phenomenon», *Perception and Psychophysics*, nº 54, 1993, págs. 75-81.

Blake, Carole, *From Pitch to Publication*, Londres, Pan, 1999.

Blake, David, Michael Beenstock y Valerie Brasse, «The Performance of UK Exchange Rate Forecasters», *Economic Journal*, vol. 96, nº 384, 1986, págs. 986-999.

Blaug, Mark, *The Methodology of Economics*, 2ª ed., Cambridge, Cambridge University Press, 1992 (trad. cast.: *La metodología de la economía*, Madrid, Alianza, 1993).

Bloch, Marc, *The Historian's Craft*, Nueva York, Vintage Books, 1953.

Blyth, M., R. Abdelal y C. Parsons, *Constructivist Political Economy*, Oxford University Press, 2005.

Board, J., C. Sutcliffe y E. Patrinos, «Performance of Covered Calls», *European Journal of Finance*, vol. 6, nº 1, 2000, págs. 1-17.

Bocarra, Nino, *Modeling Complex Systems*, Heidelberg, Springer, 2004.

Boettke, Peter J., Christopher J. Coyne y Peter T. Leeson, «High Priests and Lowly Philosophers: The Battle for the Soul of Economics», 2006, artículo de próxima publicación en *Case Western Law Review*.

Boots, M. y A. Sasaki, «Small worlds' and the Evolution of Virulence: Infection Occurs Locally and at a Distance», *Proceedings of the Royal Society of London*, nº B266, 1999, págs. 1.933-1.938.

Bostrom, Nick, *Anthopic Bias: Observation Selection Effects in Science and Philosophy*, Londres, Routledge, 2002.

Bouchaud, J.-P. y M. Potters, *Theory of Financial Risks and Derivatives Pricing: From Statistical Physics to Risk Management*, 2ª ed., Cambridge, Cambridge University Press, 2003.

Bourdé, Guy y Hervé Martin, *Les écoles historiques*, París, Éditions de Seuil, 1989 (trad. cast.: *Las escuelas históricas*, Tres Cantos, Akal, 1992).

Bourdieu, Pierre, *Les règles de l'art*, París, Éditions du Seuil, 1992 (trad. cast.: *Las reglas del arte: génesis y estructura del campo literario*, Barcelona, Anagrama, 2005).

—, *Sur la télévision suivi de l'emprise du journalisme*, París, Raison d'Agir, 1996 (trad. cast.: *Sobre la televisión*, Barcelona, Anagrama, 2005).

—, *Esquisse d'une théorie de la pratique*, París, Éditions de Seuil, 2000.

Bouvier, Alban (comp.), *Pareto aujourd'hui*, París, Presses Universitaires de France, 1999.

Boyer, Pascal, *Religion Explained: The Evolutionary Origins of Religious Thought*, Nueva York, Basic Books, 2001.

Braudel, Fernand, «Georges Gurvitch ou la discontinuité du social», *Annales E.S.C.*, nº 8, 1953, págs. 347-361.

—, *Écrits sur l'histoire*, París, Flammarion, 1969 (trad. cast.: *Escritos sobre la historia*, Madrid, Alianza, 1991).

—, *La Méditerranée: L'espace et l'histoire*, París, Flammarion, 1985 (trad. cast.: *El Mediterráneo y el mundo mediterráneo*, Madrid, Fondo de Cultura Económica, 1976).

—, *Ecrits sur l'histoire II*, París, Flammarion, 1990.

Braun, P. A. e I. Yaniv, «A Case Study of Expert Judgment: Economists' Probabilities Versus Base-rate Model Forecasts», *Journal of Behavioral Decision Making*, nº 5, 1992, págs. 217-231.

Brehmer, B. y C. R. B. Joyce (comps.), *Human Judgment: The SJT View*, Amsterdam, North-Holland, 1988.

Brender, A. y F. Pisani, *Les Marchés et la croissance*, Economica, 2001.

Brenner, L. A., D. J. Koehler, V. Liberman y A. Tversky, «Overconfidence in Probability and Frequency Judgments: A Critical Examination», *Organizational Behavior and Human Decision Processes*, nº 65, 1996, págs. 212-219.

Brocas, I. y J. Carillo (comps.), *The Psychology of Economic Decisions*, vol. 1: *Rationality and Well-being*, Oxford, Oxford University Press, 2003.

Brochard, Victor, *De l'erreur*, París, Université de Paris, 1878.

—, *Les sceptiques grecs*, París, Imprimerie Nationale, 1888.

Brock, W. A. y P. J. F. de Lima, «Nonlinear Time Series, Complexity Theory, and Finance», University of Wisconsin, Madison, documento de trabajo nº 9.523, 1995.

Brock, W. A., D. A. Hsieh y B. LeBaron, *Nonlinear Dynamics, Chaos, and Instability: Statistical Theory and Economic Evidence*, Cambridge, Mass., The MIT Press, 1991.

Brockman, John, conversación con Benoît Mandelbrot, <http://www.edge.org>, 2005.

Brookes-Gunn, J. y G. Duncan, *Consequences of Growing Up Poor*, Nueva York, Russell Sage, 1994.

Broughton, W. y E. W. Mills, «Resource Inequality and Accumulative Advantage: Stratification in the Ministry», *Social Forces*, n° 58, 1980, págs. 1.289-1.301.

Brugger, P. y R. E. Graves, «Right Hemispatial Inattention and Magical Ideation», *European Archive of Psychiatry and Clinical Neuroscience*, vol. 247, n° 1, 1997, págs. 55-57.

Bruner, Jerome, «The "Remembered" Self», en Ulric Neisser y Robyn Fivush (comps.), *The Remembering Self: Construction and Accuracy in the Self-Narrative*, Cambridge, Cambridge University Press, 1994.

—, *Making Stories: Law, Literature, Life*, Nueva York, Farrar, Straus and Giroux, 2002.

Bruner, Jerome S. y Mary C. Potter, «Interference in Visual Recognition», *Science*, vol. 144, n° 3.617, 1964, págs. 424-425.

Brunswik, E., *The Conceptual Framework of Psychology*, Chicago, The University of Chicago Press, 1952 (trad. cast.: *El marco conceptual de la psicología*, Barcelona, Debate, 1989).

—, «Representative Design and Probabilistic Theory in a Functional Psychology», *Psychological Review*, n° 62, 1955, págs. 193-217.

Buchanan, Mark, *Ubiquity: Why Catastrophes Happen*, Nueva York, Three Rivers Press, 2001.

—, *Nexus: Small Worlds and the Groundbreaking Theory of Networks*, Nueva York, W. W. Norton and Company, 2002.

Budescu, D. V., I. Erev y T. S. Wallsten, «On the Importance of Random Error in the Study of Probability Judgment. Part I: New Theoretical Developments», *Journal of Behavioral Decision Making*, n° 10, 1997, págs. 157-171.

Buehler, R., D. Griffin y M. Ross, «Inside the Planning Fallacy: The Causes and Consequences of Optimistic Time Predictions», en T. Gilovich, D. Griffin y D. Kahneman (comps.), 2002.

Bundt, Thomas y Robert P. Murphy, «Are Changes in Macroeconomic Variables Normally Distributed? Testing and Assumption of Neoclassical Economics», publicación preliminar, NYU Economics Department, 2006.

Burnham, Terence C., *Essays on Genetic Evolution and Economics*, Nueva York, Dissertation.com, 1997.

—, «Caveman Economics», publicación preliminar, Harvard Business School, 2003.

Burnham, Terry y Jay Phelan, *Mean Genes*, Boston, Perseus Publishing, 2000.

Bushman, B. J. y G. L. Wells, «Narrative Impressions of Literature: The Availability Bias and the Corrective Properties of Meta-analytic Approaches», *Personality and Social Psychology Bulletin*, n° 27, 2001, págs. 1.123-1.130.

Callaway, D. S., M. E. J. Newman, S. H. Strogatz y D. J. Watts, «Network Robustness and Fragility: Percolation on Random Graphs», *Physical Review Letters*, nº 85, 2000, págs. 5.468-5.471.

Camerer, Colin F., «Individual Decision Making», en John H. Kagel y Alvin E. Roth (comps.), *The Handbook of Experimental Economics*, Princeton, NJ, Princeton University Press, 1995.

—, *Behavioral Game Theory: Experiments in Strategic Interaction*, Princeton, NJ, Princeton University Press, 2003.

Camerer, Colin F., George Loewenstein y D. Prelec, «Neuroeconomics: How Neuroscience Can Inform Economics», Caltech Working Paper, 2003.

Camerer, Colin F., George Loewenstein y Matthew Rabin, *Advances in Behavioral Economics*, Princeton, NJ, Princeton University Press, 2004.

Cannon, Walter B., «The Role of Chance in Discovery», *Scientific Monthly*, nº 50, 1940, págs. 204-209.

Carnap, R., *The Logical Foundations of Probability*, Chicago, The University of Chicago Press, 1950.

—, *Philosophical Foundations of Physics*, Nueva York, Basic Books, 1966.

Carr, Edward Hallett, *What Is History?*, Nueva York, Vintage Books, 1961 (trad. cast.: *¿Qué es la historia?*, Barcelona, Ariel, 1998).

Carter, C. F., G. P. Meredith y G. L. S. Shackle, *Uncertainty and Business Decisions*, Liverpool, Liverpool University Press, 1962.

Carter, Rita, *Mapping the Mind*, Berkeley, University of California Press, 1999 (trad. cast.: *El nuevo mapa del cerebro: guía ilustrada de los descubrimientos más recientes para comprender el funcionamiento de la mente*, Barcelona, RBA, 1999).

—, *Exploring Consciousness*, Berkeley, University of California Press, 2002.

Casanova, Giovanni Giacomo, *Mémoires de J. Casanova de Seingalt*, París, Garnier Frères, 1880 (trad. cast.: *Memorias*, Madrid, Aguilar, 1982).

Casscells, W., A. Schoenberger y T. Grayboys, «Interpretation by Physicians of Clinical Laboratory Results», *New England Journal of Medicine*, nº 299, 1978, págs. 999-1.000.

Cerf, Christopher y Victor Navasky, *The Expert Speaks: The Definitive Compendium of Authoritative Misinformation*, Nueva York, Villard Books, 1998.

Certeau, Michel de, *L'Ecriture de l'histoire*, París, Gallimard, 1975.

Chamley, Christophe P., *Rational Herds: Economic Models of Social Learning*, Cambridge, Cambridge University Press, 2004.

Chancellor, Edward, *Devil Take the Hindmost: A History of Fiancial Speculation*, Nueva York, Farrar, Straus and Giroux, 1999.

Chartier, Roger, *Culture et société: L'orde des livres, XVIe-XVIIIe*, París, Albin Michel, 1996.

Chen, Keith, Venkat Lakshminarayanan y Laurie Santos, «The Evolution of Our Preferences: Evidence from Capuchin Monkey Trading Behavior», Cowles Foundation Discussion Paper nº 1.524, 2005.

Chen, Qi, Jennifer Francis y Wei Jiang, «Investor Learning About Analyst Predictive Ability», documento de trabajo, Duke University, 2002.

Cherniak, C., «Component Placement Optimization in the Brain», *Journal of Neuroscience*, nº 14, 1994, págs. 2.418-2.427.

Chipman, John, «The Paretian Heritage», documento de trabajo, University of Minnesota, 2006.

Cialdini, Robert B., *Influence: Science and Practice*, Boston, Allyn and Bacon, 2001.

Cisne, John L., «Medieval Manuscripts' "Demography" and Classic Texts' Extinction», *Science*, vol. 307, nº 5.713, 2005, págs. 1.305-1.307.

Clark, Barrett y Pascal Boyer, *Causal Inferences: Evolutionary Domains and Neural Systems*, Interdisciplines Conference on Causality, 2006, véase <http://www.interdisciplines.org>.

Clark, Michael, *Paradoxes from A to Z*, Londres, Routledge, 2002.

Clemen, R. T., «Calibration and the Aggregation of Probabilities», *Management Science*, nº 32, 1986, págs. 312-314.

—, «Combining Forecasts: A Review and Annotated Bibliography», *International Journal of Forecasting*, nº 5, 1989, págs. 559-609.

Cohen, L. J., *The Philosophy of Induction and Probability*, Oxford, Clarendon Press, 1989.

Cohen, R., K. Erez, D. ben-Avraham y S. Havlin, «Resilience of the Internet to Random Breakdowns», *Physical Review Letters*, nº 85, 2000, págs. 4.626-4.628.

Cole, J. R. y S. Cole, *Social Stratification in Science*, Chicago, The University of Chicago Press, 1973.

Cole, J. R. y B. Singer, «A Theory of Limited Differences: Explaining the Productivity Puzzle in Science», en J. C. H. Zuckerman y J. Bauer (comps.), *The Outer Circle: Women in the Scientific Community*, Nueva York, W. W. Norton and Company, 1991.

Cole, Peter, *Access to Philosophy: The Theory of Knowledge*, Londres, Hodder and Stoughton, 2002.

Cole, S., «Professional Standing and the Reception of Scientific Discoveries», *American Journal of Sociology*, nº 76, 1970, págs. 286-306.

Cole, S., J. C. Cole y G. A. Simon, «Chance and Consensus in Peer Review», *Science*, nº 214, 1981, págs. 881-886.

Collins, Randall, *The Sociology of Philosophies: A Global Theory of Intellectual Change*, Cambridge, Mass., The Belknap Press of Harvard University Press, 1998 (trad. cast.: *Sociología de las filosofías: una teoría global del cambio intelectual*, Barcelona, Hacer, 2005).

Conley, D., *Being Black, Living in the Red: Race, Wealth and Social Policy in America*, Los Ángeles, University of California Press, 1999.

Cooper, John M., *Knowledge, Nature, and the Good*, capítulo 1: «Method and Science in on Ancient Medicine», Princeton, NJ, Princeton University Press, 2004.

Cootner, Paul H., *The Random Character of Stock Market Prices*, Londres, Risk Books, 1964.

Cosmides, L. y J. Tooby, «Is the Mind a Frequentist?», documento presentado en el 31º meeting annual de la Psychonomics Society, Nueva Orleans, La., 1990.

—, «Cognitive Adaptations for Social Exchange», en Jerome H. Barkow, Leda Cosmides y John Tooby (comps.), *The Adapted Mind*, Oxford, Oxford University Press, 1992.

—, «Are Humans Good Intuitive Statisticians After All? Rethinking Some Conclusions from the Literature on Judgment and Uncertainty», *Cognition*, vol. 58, nº 1, 1996, págs. 187-276.

Courtillot, V., *La vie en catastrophes*, París, Fayard, 1995.

Courtillot, V. y Y. Gaudemer, «Effects of Mass-Extinctions on Biodiversity», *Nature*, nº 381, 1996, págs. 146-147.

Cousin, Victor, *Cours d'histoire de la philosophie morale au dix-huitième siècle*, París, Ladrange, 1820.

Cover, T. M. y J. A. Thomas, *Elements of Information Theory*, Nueva York, Wiley, 1991.

Cowley, Michelle y Ruth M. J. Byrne, «Chess Master's Hypothesis Testing», en Kenneth Forbus, Dedre Gentner y Terry Regier (comps.), *Proceedings of 26th Annual Conference of the Cognitive Science Society, CogSci 2004*, Mahwah, N.J., Lawrence Erlbaum, 2004.

Crosby, Alfred W., *The Measure of Reality: Quantification and Western Society, 1250-1600*, Cambridge, Cambridge University Press, 1997 (trad. cast.: *La medida de la realidad*, Barcelona, Crítica, 1988).

Csikszentmihalyi, Mihaly, *Flow: The Psychology of Optimal Experience*, Nueva York, Perennial Press, 1993 (trad. cast.: *Fluir: una psicología de la felicidad*, Barcelona, Kairós, 1997).

—, *Finding Flow: The Psychology of Engagement with Everyday Life*, Nueva York, Basic Books, 1998 (trad. cast.: *Aprender a fluir*, Barcelona, Kairós, 2006).

Cutler, David, James Poterba y Lawrence Summers, «What Moves Stock Prices?», *Journal of Portfolio Management*, nº 15, 1989, págs. 4-12.

Dally, J. M., N. J. Emery y N. S. Clayton, «Food-Catching Western Scrub-Jays Keep Track of Who Was Watching When», *Science*, vol. 312, nº 5.780, 2006, págs. 1.662-1.665.

Damasio, Antonio, *Descartes' Error: Emotion, Reason and the Human Brain*, Nueva York, Avon Books, 1994 (trad. cast.: *El error de Descartes: la emoción, la razón y el cerebro humano*, Barcelona, Crítica, 1996).

—, *The Feeling of What Happens: Body and Emotion in the Making of Consciousness*, Nueva York, Harvest Books, 2000 (trad. cast.: *La sensación de lo que ocurre*, Barcelona, Debate, 2001).

—, *Looking for Spinoza: Joy, Sorrow and the Feeling Brain*, Nueva York, Harcourt, 2003 (trad. cast.: *En busca de Spinoza: neurobiología de la emoción y los sentimientos*, Barcelona, Crítica, 2005).

Dannefer, D., «Aging as Intracohort Differentiation: Accentuation, the Matthew Effect and the Life Course», *Sociological Forum*, nº 2, 1987, págs. 211-236.

—, «Cumulative Advantage/Disadvantage and the Life Course: Cross-fertilizing Age and Social Science», *Journal of Gerontology Series B: Psychological Sciences and Social Sciences*, nº 58, 2003, págs. 327-337.

Darwin, Charles, *On Natural Selection*, Londres, Penguin Books, Great Ideas, 1859 (trad. cast.: *El origen de las especies por la selección natural*, Madrid, Ediciones Ibéricas, 1963).

Daston, L. J., *Classical Probability in the Enlightenment*, Princeton, NJ, Princeton University Press, 1988.

David, Florence Nightingale, *Games, Gods, and Gambling: A History of Probability and Statistical Ideas*, Oxford, Oxford University Press, 1962.

Dawes, Robyn M., «Confidence in Intellectual Judgments vs. Confidence in Perceptual Judgments», en E. D. Lantermann y H. Feger (comps.), *Similarity and Choice: Papers in Honor of Clyde Coombs*, Berna, Suiza, Huber, 1980.

—, *Rational Choice in an Uncertain World*, Nueva York, Harcourt, 1988.

—, «Measurement Models for Rating and Comparing Risks: The Context of AIDS», *Conference Proceedings Health Services Methodology: A Focus on AIDS*, septiembre de 1989.

—, «A Message from Psychologysts to Economists: Mere Predictability Doesn't Matter Like It Should, Without a Good Story Appended to It», *Journal of Economic Behavior and Organization*, nº 39, 1999, págs. 29-40.

—, «Clinical Versus Actuarial Judgment», *International Encyclopedia of the Social and Behavioral Sciences*, 2001a, págs. 2.048-2.051.

—, *Everyday Irrationality: How Pseudo-Scientists, Lunatics, and the Rest of Us Systematically Fail to Think Rationally*, Oxford, Westview Press, 2001b.

—, «The Ethics of Using or Not Using Statistical Prediction Rules in Psychological Practice and Related Consulting Activities», *Philosophy of Science*, nº 69, 2002, págs. 178-184.

Dawes, Robyn M., D. Faust y P. E. Meehl, «Clinical Versus Actuarial Judgement», *Science*, nº 243, 1989, págs. 1.668-1.674.

Dawes, Robyn M., R. Fildes, M. Lawrence y K. Ord, «The Past and the Future of Forecasting Research», *International Journal of Forecasting*, nº 10, 1994, págs. 151-159.

Dawes, Robyn M. y T. L. Smith, «Attitude and Opinion Measurement», en G. Lindzey y E. Aronson, *The Handbook of Social Psychology*, vol. 1, Hillsdale, NJ, Lawrence Erlbaum, 1985.

De Bellaigue, Eric, *British Book Publishing as a Business Since the 1960s*, Londres, The British Library, 2004.

De Bondt, Werner F. M. y Andreas Kappler, «Luck, Skill, and Bias in Economists' Forecasts», documento de trabajo, Driehaus Center for Behavioral Finance, DePaul University, 2004.

De Bondt, Werner F. M. y Richard M. Thaler, «Do Security Analysts Overreact?», *American Economic Review*, nº 80, 1990, págs. 52-57.

Debreu, Gerard, *Theorie de la valeur*, Dunod, 1959 (trad. cast.: *Teoría del valor: un análisis axiomático del equilibrio económico*, Barcelona, Bosch, 1973).

De Finetti, Bruno, «Probabilism», *Erkenntnis*, nº 31, 1931, págs. 169-223.

—, *Filosophia della probabilita* (1975), Milán, Il Saggiatore, 1995.

Degeorge, François, Jayendu Patel y Richard Zeckhauser, «Earnings Management to Exceed Thresholds», *Journal of Business*, vol. 72, nº 1, 1999, págs. 1-33.

DeLong, Bradford, Andrei Shleifer, Lawrence Summers y Robert J. Waldmann, «The Survival of Noise Traders in Financial Markets», *Journal of Business*, vol. 64, nº 1, 1991, págs. 1-20.

Dennett, Daniel C., *Darwin's Dangerous Idea: Evolution and the Meanings of Life*, Nueva York, Simon and Schuster, 1995 (trad. cast.: *La peligrosa idea de Darwin: evolución y significados de la vida*, Barcelona, Galaxia Gutenberg, 2000).

—, *Freedom Evolves*, Nueva York, Penguin Books, 2003 (trad. cast.: *La evolución de la libertad*, Barcelona, Paidós, 2004).

Derman, E. y N. N. Taleb, «The Illusions of Dynamic Replication», *Quantitative Finance*, nº 5, 2005, págs. 323-326.

De Vany, Arthur, *Hollywood Economics: Chaos in the Movie Industry*, Londres, Routledge, 2002.

De Vany, Arthur, Nassim Nicholas Taleb y Mark Spitznagel, «Can We Shield Artists from Wild Uncertainty?», presentado en la Fort Lauderdale Film Festival Scholar's Workshop, junio de 2004.

DiPrete, Thomas A. y Greg Eirich, «Cumulative Advantage as a Mechanism for Inequality: A Review of Theoretical and Empirical Developments», *Annual Review of Sociology*, nº 32, 2006, págs. 271-297.

Dominitz, Jeff y David Grether, «I Know What You Did Last Quarter: Economic Forecasts of Professional Forecasters», documento de trabajo, Caltech, 1999.

Donhardt, Gary L., «In Search of the Effects of Academic Achievement in Post-graduation Earnings», *Research in Higher Education*, vol. 45, nº 3, 2004, págs. 271-284.

Dugatkin, Lee Alan, *The Imitation Factor: Evolution Beyond the Gene*, Nueva York, Simon and Schuster, 2001.

Dunbar, Nicholas, *Inventing Money: The Story of Long-Term Capital Management and the Legends Behind It*, Chichester, Reino Unido, John Wiley and Sons, Ltd., 1999.

Dunning, D., D. W. Griffin, J. Milojkovic y L. Ross, «The Overconfidence Effect in Social Prediction», *Journal of Personality and Social Psychology*, nº 58, 1990, págs. 568-581.

Dye, Guillaume, «A review of Lorenzo Perilli's *Menodoto di Nicomedia*», Múnich y Leipzig, K. G. Saur, 2004, en *Bryn Mawr Classical Review*, 20 de diciembre de 2004.

Easterwood, John C. y Stacey R. Nutt, «Inefficiency in Analysts' Earnings Forecasts: Systematic Misreaction or Systematic Optimism?», *Journal of Finance*, nº 54, 1999, págs. 1.777-1.797.

Eatwell, J., M. Milgate y P. Newman (comps.), *The New Palgrave: A Dictionary of Economics*, Londres, Macmillan, 1987.

Eco, Umberto, *How to Travel with a Salmon and Other Essays*, San Diego, Harcourt, 1992.

—, *Six Walks in the Fictional Woods*, Cambridge, Mass., Harvard University Press, 1994 (trad. cast.: *Seis paseos por los bosques narrativos*, Barcelona, Lumen, 1996).

—, *Kant and the Platypus: Essays on Language and Cognition*, Nueva York, Harvest Books, 2000 (trad. cast.: *Kant y el ornitorrinco*, Barcelona, Lumen, 1999).

—, *On Literature*, Orlando, Harcourt Books, 2002 (trad. cast.: *Sobre la literatura*, Barcelona, Destino, 2002).

—, *Mouse or Rat? Translation as Negotiation*, Londres, Orion Books, 2003.

Einhorn, H. J. y R. M. Hogarth, «Behavioral Decision Theory: Processes of Judgment and Choice», *Annual Review of Psychology*, nº 32, 1981, págs. 53-88.

Ekeland, Ivar, *Mathematics of the Unexpected*, Chicago, The University of Chicago Press, 1990.

Eldredge, Niles y Stephen Jay Gould, «Punctuated Equilibria: An Alternative to Phyletic Gradualism», en T. J. M. Schopf (comp.), *Models in Paleobiology*, Nueva York, Freeman, 1972.

El-Galfy, A. M. y W. P. Forbes, «An Evaluation of U. S. Security Analysts Forecasts 1983-1999», documento de trabajo, 2005.

Elman, C. y A. M. O'Rand, «The Race Is to the Swift: Socioeconomic Origins, Adult Education, and Wage Attainment», *American Journal of Sociology*, n° 110, 2004, págs. 123-160.

Empírico, Sexto, *Esquisses pyrrhoniennes*, París, Éditions du Seuil, 1997 (trad. cast.: *Esbozos pirrónicos*, Madrid, Gredos, 2002).

—, *Contre les professeurs*, París, Éditions du Seuil, 2002 (trad. cast.: *Contra los profesores*, Madrid, Gredos, 1997).

Epstein, Jason, *Book Business*, Londres, W. W. Norton, 2001 (trad. cast.: *La industria del libro: pasado, presente y futuro de la edición*, Barcelona, Anagrama, 2002).

Erev, I., T. S. Wallsten y D. V. Budescu, «Simultaneous Over- and Underconfidence: The Role of Error in Judgement Processes», *Psychological Review*, n° 101, 1994, págs. 519-528.

Estoup, J. B., *Gammes Stenographique*, París, Institut Stenographique de France, 1916.

Evans, Dylan, *Emotions: The Science of Sentiment*, Oxford, Oxford University Press, 2002 (trad. cast.: *Emoción*, Madrid, Taurus, 2002).

Eysenck, M. W. y M. T. Keane, *Cognitive Psychology*, 4ª ed., Londres, Psychology Press, 2000.

Fagot-Largeault, Anne, *Philosophie des sciences biologiques et medicales*, París, Collège de France, 2002.

Faia, M., «Productivity Among Scientists: A Replication and Elaboration», *American Sociological Review*, n° 40, 1975, págs. 825-829.

Faloutsos, M., P. Faloutsos y C. Faloutsos, «On Power-law Relationships of the Internet Topology», *Computer Communications Review*, n° 29, 1999, págs. 251-262.

Favier, A., *Un médecin grec du deuxième siècle ap. J.-C. précurseur de la méthode expérimentale moderne: Ménodote de Nicomédie*, París, Jules Roisset, 1906.

Ferguson, Niall, *1914: Why the World Went to War*, Londres, Penguin, 2005.

—, *The War of the World: History's Age of Hatred*, Londres, Allen Lane, 2006a (trad. cast.: *La guerra del mundo: los conflictos del siglo XX y el declive de Occidente*, Barcelona, Debate, 2007).

—, «Political Risk and the International Bond Market Between the 1848 Revolution and the Outbreak of the First World War», *Economic History Review*, vol. 59, n° 1, 2006b, págs. 70-112.

Ferraro, K. F. y J. A. Kelley-Moore, «Cumulative Disadvantage and Health: Long-term Consequences of Obesity?», *American Sociological Review*, n° 68, 2003, págs. 707-729.

Feyerabend, Paul, *Farewell to Reason*, Londres, Verso, 1987 (trad. cast.: *Adiós a la razón*, Madrid, Tecnos, 1987).

Finucane, M. L., A. Alhakami, P. Slovic y S. M. Johnson, «The Affect a Heuristic in Judgments of Risks and Benefits», *Journal of Behavioral Decision Making*, nº 13, 2000, págs. 1-17.

Fischhoff, Baruck, «Debiasing», en D. Kahneman, P. Slovic y A. Tversky (comps.), *Judgment Under Uncertainty: Heuristics and Biases*, Cambridge, Cambridge University Press, 1982a.

—, «For Those Condemned to Study the Past: Heuristics and Biases in Hindsight», en D. Kahneman, P. Slovic y A. Tversky, *Judgement Under Uncertainty: Heuristics and Biases*, Cambridge, Cambridge University Press, 1982b.

Fischhoff, B. y D. MacGregor, «Judged Lethality: How Much People Seem to Know Depends on How They Are Asked», *Risk Analysis*, nº 3, 1983, págs. 229-236.

Fischhoff, Baruck, Paul Slovic y Sarah Lichtenstein, «Knowing with Certainty: The Appropriateness of Extreme Confidence», *Journal of Experimental Psychology*, vol. 3, nº 4, 1977, págs. 552-564.

Floridi, Luciano, *The Transmission and Recovery of Pyrrhonism*, Oxford, Oxford University Press, 2002.

Flyvbjerg, Bent, Mette Skamris Holm y Søren Buhl, «Understanding Costs in Public Works Projects: Error or Lie», *American Journal of Planning*, vol. 68, nº 3, 2002, <http://home.planet.nl/~viss1197/japaflyvbjerg.pdf>.

Fodor, Jerry A., *The Modularity of Mind: An Essay on Faculty Psychology*, Cambridge, Mass., The MIT Press, 1983 (trad. cast.: *La modularidad de la mente*, Madrid, Morata, 1986).

Foster, George, «Quarterly Accounting Data: Time-series Properties and Predictive Ability Results», *Accounting Review*, nº 52, 1977, págs. 1-21.

Fox, M. A. y P. Kochanowski, «Models of Superstardom: An Application of the Lotka and Yule Distributions», *Popular Music and Society*, nº 27, 2004, págs. 507-522.

Frame, Donald M., *Montaigne: A Biography*, Nueva York, Harcourt Brace and World, 1965.

Frank, Jerome D., «Some Psychological Determinants of the Level of Aspiration», *American Journal of Psychology*, nº 47, 1935, págs. 285-293.

Frank, Robert, «Talent and the Winner-Take-All Society», una reseña del libro de Derek Bok *The Cost of Talent: How Executives and Professionals Are Paid and How It Affects America*, Nueva York, The Free Press, 1993; en *The American Prospect*, vol. 5, nº 17, 1994, <http://www.prospect.org/print/V5/17/frank-r.html>.

Frank, Robert H., *Choosing the Right Pond: Human Behavior and the Quest for Status*, Oxford, Oxford University Press, 1985.

Frank, Robert H. y P. J. Cook, *The Winner-Take-All Society: Why the Few at the Top Get So Much More Than the Rest of Us*, Nueva York, The Free Press, 1995.

Frankfurter, G. M. y E. G. McGoun, *Toward Finance with Meaning: The Methodology of Finance: What It Is and What It Can Be*, Greenwich, Conn., JAI Press, 1996.

Freedman, D. A. y P. B. Stark, «What Is the Chance of an Earthquake?», Technical Report 611 del Department of Statistics, Berkeley, University of California, septiembre de 2001, revisado en enero de 2003.

Friesen, Geoffrey y Paul A. Weller, «Quantifying Cognitive Biases in Analyst Earnings Forecasts», documento de trabajo, University of Iowa, 2002.

Frohlich, N., J. A. Oppenheimer y C. L. Eavy, «Laboratory Results on Rawls's Distributive Justice», *British Journal of Political Science*, n° 17, 1987a, págs. 1-21.

—, «Choices of Principles of Distributive Justice in Experimental Groups», *American Journal of Political Science*, vol. 31, n° 3, 1987b, págs. 606-636.

Froot, K. A., «The Market for Catastrophe Risk: A Clinical Examination», *Journal of Financial Economics*, vol. 60, n° 2-3, 2001, págs. 529-571.

Fukuyama, Francis, *The End of History and the Last Man*, Nueva York, The Free Press, 1992 (trad. cast.: *El fin de la historia y el último hombre*, Barcelona, Planeta-De Agostini, 1996).

Fuller, Steve, *The Intellectual*, Londres, Icon Books, 2005.

Fulton, Alice, «Fractal Amplifications: Writing in Three Dimensions», *Thumbscrew*, n° 12, invierno de 1998.

Gabaix, X., P. Gopikrishnan, V. Plerou y H. E. Stanley, «A Theory of Power-law Distributions in Financial Market Fluctuations», *Nature*, n° 423, 2003, págs. 267-270.

Gaddis, John Lewis, *The Landscape of History: How Historians Map the Past*, Oxford, Oxford University Press, 2002 (trad. cast.: *El paisaje de la historia: cómo los historiadores representan el pasado*, Barcelona, Anagrama, 2004).

Galbraith, John Kenneth, *The Great Crash, 1929*, Nueva York, Mariner Books, 1997 (trad. cast.: *El crac del 29*, Barcelona, Ariel, 1993).

Galison, Peter, *Einstein's Clocks, Poincaré's Maps: Empires of Time*, Nueva York, W. W. Norton and Company, 2003 (trad. cast.: *Relojes de Einstein, mapas de Poincaré: los imperios del tiempo*, Barcelona, Crítica, 2005).

Gave, Charles, Anatole Kaletsky y Louis-Vincent Gave, *Our Brave New World*, Londres, GaveKal Research, 2005.

Gazzaniga, Michael S., *The Ethical Brain*, Nueva York, Dana Press, 2005 (trad. cast.: *El cerebro ético*, Barcelona, Paidós, 2006).

Gazzaniga, Michael S., R. Ivry y G. R. Mangun, *Cognitive Neuroscience: The Biology of the Mind*, 2ª ed., Nueva York, W. W. Norton and Company, 2002.

Gazzaniga, Michael S. y Joseph LeDoux, *The Integrated Mind*, Plenum Press, 1978.

Gehring, W. J. y A. R. Willoughby, «The Medial Frontal Cortex and the Rapid Processing of Monetary Gains and Losses», *Science*, nº 295, 2002, págs. 2.279-2.282.

Gelman, S. A., «The Development of Induction Within Natural Kind and Artifact Categories», *Cognitive Psychology*, nº 20, 1988, págs. 65-95.

Gelman, S. A. y J. D. Coley, «The Importance of Knowing a Dodo Is a Bird: Categories and Inferences in Two-year-old Children», *Developmental Psychology*, nº 26, 1990, págs. 796-804.

Gelman, S. A. y L. A. Hirschfeld, «How Biological Is Essentialism?», en D. L. Medin y S. Atran (comps.), *Folkbiology*, Cambridge, Mass., The MIT Press, 1999.

Gelman, S. A. y E. M. Markman, «Categories and Induction in Young Children», *Cognition*, nº 23, 1986, págs. 183-209.

Gervais, Simon y Terrance Odean, «Learning to Be Overconfident», documento de trabajo, University of Pennsylvania, 1999.

Gigerenzer, G., P. M. Todd y el ABC Research Group, *Simple Heuristics That Make Us Smart*, Oxford, Oxford University Press, 2000.

Gigerenzer, Gerd, «External Validity of Laboratory Experiments: The Frequency-Validity Relationship», *American Journal of Psychology*, nº 97, 1984, págs. 185-195.

—, «Survival of the Fittest Probabilist: Brunswik, Thurstone, and the Two Disciplines of Psychology», en L. Krüger, G. Gigerenzer y M. S. Morgan (comps.), *The Probabilistic Revolution*, vol. 2: *Ideas in the Sciences*, Cambridge, Mass., The MIT Press, 1987.

—, «From Tools to Theories: A Heuristic of Discovery in Cognitive Psychology», *Psychological Review*, vol. 98, nº 2, 1991, págs. 254-267.

Gigerenzer, Gerd, J. Czerlinski y L. Martignon, «How Good Are Fast and Frugal Heuristics ?», en T. Gilovich, D. Griffin y D. Kahneman (comps.), 2002.

Gigerenzer, Gerd y D. G. Goldstein, «Reasoning the Fast and Frugal Way: Models of Bounded Rationality», *Psychological Review*, nº 103, 1996, págs. 650-669.

Gigerenzer, Gerd, W. Hell y H. Blank, «Presentation and Content: The Use of Base Rates as a Continuous Variable», *Journal of Experimental Psychology: Human Perception and Performance*, nº 14, 1988, págs. 513-525.

Gigerenzer, Gerd, U. Hoffrage y H. Kleinbolting, «Probabilistic Mental Models: A Brunswikian Theory of Confidence», *Psychological Review*, nº 98, 1991, págs. 506-528.

Gigerenzer, Gerd y H. R. Richter, «Context Effects and Their Interaction with Development: Area Judgments», *Cognitive Development*, nº 5, 1990, págs. 235-264.

Gigerenzer, Gerd, Z. Swijtink, T. Porter, L. J. Daston, J. Beatty y L. Krüger, *The Empire of Chance: How Probability Changed Science and Everyday Life*, Cambridge, Cambridge University Press, 1989.

Gilbert, D., E. Pinel, T. D. Wilson, S. Blumberg y T. Weatley, «Durability Bias in Affective Forecasting», en T. Gilovich, D. Griffin y D. Kahneman (comps.), 2002.

Gilbert, Daniel, *Stumbling on Happiness*, Nueva York, Knopf, 2006 (trad. cast.: *Tropezar con la felicidad*, Barcelona, Destino, 2006).

Gilbert, Daniel T., «How Mental Systems Believe», *American Psychologist*, nº 46, 1991, págs. 107-119.

Gilbert, Daniel T., Romin W. Tafarodi y Patrick S. Malone, «You Can't Not Believe Everything You Read», *Journal of Personality and Social Psychology*, nº 65, 1993, págs. 221-233.

Gillespie, John V., reseña del libro de William Ascher *Forecasting: An Appraisal for Policy-Makers and Planners*, en *The American Political Science Review*, vol. 73, nº 2, 1979, págs. 554-555.

Gillies, Donald, *Philosophical Theories of Probability*, Londres, Routledge, 2000.

Gilovich, T., D. Griffin y D. Kahneman (comps.), *Heuristics and Biases: The Psychology of Intuitive Judgment*, Cambridge, Cambridge University Press, 2002.

Gladwell, Malcolm, «The Tipping Point: Why Is the City Suddenly So Much Safer – Could It Be That Crime Really Is an Epidemic?», *The New Yorker*, 3 de junio de 1996.

—, *The Tipping Point: How Little Things Can Make a Big Difference*, Nueva York, Little, Brown, 2000 (trad. cast.: *La frontera del éxito: cómo los pequeños detalles pueden significar una gran diferencia*, Madrid, Taurus, 2006).

—, «Blowing Up: How Nassim Taleb Turned the Inevitability of Disaster into an Investment Strategy», *The New Yorker*, 22 y 29 de abril de 2002.

Glänzel, W., *Bibliometrics as a Research Field: A Course on the Theory and Application of Bibliometric Indicators*, publicación preliminar, 2003.

Gleik, James, *Chaos: Making a New Science*, Londres, Abacus, 1987.

Glimcher, Paul, *Decisions, Uncertainty, and the Brain: The Science of Neuroeconomics*, Cambridge, Mass., The MIT Press, 2002.

Goldberg, Elkhonon, *The Executive Brain: Frontal Lobes and the Civilized Mind*, Oxford, Oxford University Press, 2001 (trad. cast.: *El cerebro ejecutivo: lóbulos frontales y mente civilizada*, Barcelona, Crítica, 2004).

—, *The Wisdom Paradox: How Your Mind Can Grow Stronger as Your Brain Grows Older*, Nueva York, Gotham, 2005 (trad. cast.: *La paradoja de la sabiduría: cómo la mente puede mejorar con la edad*, Barcelona, Crítica, 2006).

Goleman, Daniel, *Emotional Intelligence: Why It Could Matter More Than IQ*, Nueva York, Bantam Books, 1995 (trad. cast.: *La inteligencia emocional*, Barcelona, Kairós, 2006).

—, *Destructive Emotions, How Can We Overcome Them? A Scientific Dialogue with the Dalai Lama*, Nueva York, Bantam, 2003 (trad. cast.: *Emociones destructivas: cómo entenderlas y superarlas*, Barcelona, Kairós, 2003).

Goodman, N., *Fact, Fiction, and Forecast*, Cambridge, Mass., Harvard University Press, 1955 (trad. cast.: *Hecho, ficción y pronóstico*, Madrid, Síntesis, 2004).

—, «Seven Strictures on Similarity», en N. Goodman (comp.), *Problems and Projects*, Nueva York, Bobbs-Merrill, 1972.

Gopnik, A., C. Glymour, D. M. Sobel, L. E. Schulz, T. Kushnir y D. Danks, «A Theory of Casual Learning in Children: Causal Maps and Bayes Nets», *Psychological Review*, n° 111, 2004, págs. 3-32.

Granger, Clive W. J., *Empirical Modeling in Economics: Specification and Evaluation*, Cambridge, Cambridge University Press, 1999 (trad. cast.: *Construcción de modelos empíricos en economía*, Madrid, Marcial Pons, 2007).

Gray, John, *Straw Dogs: Thoughts on Humans and Other Animals*, Londres, Granta Books, 2002 (trad. cast.: *Perros de paja: reflexiones sobre los humanos y otros animales*, Barcelona, Paidós, 2003).

Green, Jack, *Fire the Bastards!*, Nueva York, Dalkey Archive Press, 1962.

Green, K. C., «Game Theory, Simulated Interaction, and Unaided Judgement for Forecasting Decisions in Conflicts: Further Evidence», *International Journal of Forecasting*, n° 21, 2005, págs. 463-472.

Griffin, D. W. y A. Tversky, «The Weighing of Evidence and the Determinants of Confidence», *Cognitive Psychology*, n° 24, 1992, págs. 411-435.

Griffin, D. W. y C. A. Varey, «Towards a Consensus on Overconfidence», *Organizational Behavior and Human Decision Processes*, n° 65, 1996, págs. 227-231.

Gripaios, Peter, «The Use and Abuse of Economic Forecasts», *Management Decision*, vol. 32, n° 6, 1994, págs. 61-64.

Guedj, Olivier y Jean-Philippe Bouchaud, «Experts' Earning Forecasts: Bias, Herding and Gossamer Information», próxima publicación: 2006.

Guglielmo, Cavallo y Roger Chartier, *Histoire de la lecture dans le monde occidental*, París, Éditions du Seuil, 1997 (trad. cast.: *Historia de la lectura en el mundo occidental*, Madrid, Taurus, 1997).

Gurvitch, Georges, «Continuité et discontinuité en histoire et sociologie», *Annales E. S. C.*, 1957, págs. 73-84.

—, *The Social Framework of Knowledge*, Nueva York, Harper Tourchbooks, 1966.

Hacking, Ian, *Logic of Statistical Inference*, Cambridge, Cambridge University Press, 1965.

—, *Representing and Intervening: Introductory Topics in the Philosophy of Natural Science*, Cambridge, Cambridge University Press, 1983.

—, *The Taming of Chance*, Cambridge, Cambridge University Press, 1990 (trad. cast.: *La domesticación del azar: La erosión del determinismo y el nacimiento de las ciencias del caos*, Barcelona, Gedisa, 1991).

—, *The Social Construction of What?*, Cambridge, Mass., Harvard University Press, 1999 (trad. cast.: *¿La construcción social de qué?*, Barcelona, Paidós, 2001).

—, *An Introduction to Probability and Inductive Logic*, Cambridge, Cambridge University Press, 2001.

Hahn, Frank, «Predicting the Economy», en Leo Howe y Alan Wain (comps.), 1993.

Hannon, L., «Poverty, Delinquency, and Educational Attainment: Cumulative Disadvantage or Disadvantage Saturation?», *Sociological Inquiry*, nº 73, 2003, págs. 575-594.

Hansen, R. D. y J. M. Donoghue, «The Power of Consensus: Information Derived from One's Own and Others' Behavior», *Journal of Personality and Social Psychology*, nº 35, 1977, págs. 294-302.

Hardy, G. H., *A Mathematician's Apology*, Cambridge, Cambridge University Press, 1940 (trad. cast.: *Apología de un matemático*, Tres Cantos, Nivola, 1999).

Harris, Olivia, «Braudel: Historical Time and the Horror of Discontinuity», *History Workshop Journal*, nº 57, 2004, págs. 161-174.

Harvey, N., «Confidence in Judgment», *Trends in Cognitive Science*, nº 1, 1997, págs. 78-82.

Hasher, L. y R. T. Zacks, «Automatic and Effortful Processes in Memory», *Journal of Experimental Psychology: General*, nº 108, 1979, págs. 356-388.

Haug, Espen, *Derivatives: Models on Models*, Nueva York, Wiley, 2007.

Hausman, Daniel M. (comp.), *The Philosophy of Economics: An Anthology*, 2ª ed., Nueva York, Cambridge University Press, 1994.

Hayek, F. A., «The Use of Knowledge in Society», *American Economic Review*, vol. 35, nº 4, 1945, págs. 519-530.

—, *The Road to Serfdom*, Chicago, The University of Chicago Press, 1994 (trad. cast.: *Camino de servidumbre*, Madrid, Alianza 2005).

Hecht, Jennifer Michael, *Doubt: A History*, Nueva York, Harper Collins, 2003.

Hempel, C., *Aspects of Scientific Explanation*, Nueva York, The Free Press, 1965 (trad. cast.: *La explicación científica: estudios sobre la filosofía de la ciencia*, Barcelona, Paidós, 2005).

Henderson, Bill y André Bernard (comps.), *Rotten Reviews and Rejections*, Wainscott, NY, Pushcart, 1998.

Hespos, Susan, «Physical Causality in Human Infants», Interdisciplines Conference on Causality, 2006, <http://www.interdisciplines.org>.

Hexter, J. H., *On Historians, Reappraisals of Some of the Masters of Modern History*, Cambridge, Mass., Harvard University Press, 1979.

Hicks, Steven V. y Alan Rosenberg, «The "Philosopher of the Future" as the Figure of Disruptive Wisdom», *Journal of Nietzsche Studies*, nº 25, 2003, págs. 1-34.

Hilton, Denis, «Psychology and the Financial Markets: Applications to Understanding and Remedying Irrational Decision-making», en I. Brocas y J. Carillo (comps.), 2003.

Hintzman, D. L., G. Nozawa y M. Irmscher, «Frequency as a Nonpropositional Attribute of Memory», *Journal of Verbal Learning and Verbal Behavior*, nº 21, 1982, págs. 127-141.

Hirshleifer, J. y J. G. Riley, *The Analytics of Uncertainty and Information*, Cambridge, Cambridge University Press, 1992.

Hladik, Jean, *Comment le jeune et ambitieux Einstein s'est approprié la relativité restreinte de Poincaré*, París, Ellipses, 2004.

Hoffrage, U. y G. Gigerenzer, «Using Natural Frequencies to Improve Diagnostic Inferences», *Academic Medicine*, vol. 73, nº 5, 1998, págs. 538-540.

Hong, Harrison y Jeffrey Kubik, «Analyzing the Analysts: Career Concerns and Biased Earning Forecasts», *Journal of Finance*, vol. 58, nº 1, 2003, págs. 313-351.

Hopfield, J. J., «Neurons, Dynamics, and Computation», *Physics Today*, nº 47, 1994, págs. 40-46.

Horkheimer, Max y Theodor W. Adorno, *Dialectic of Enlightenment: Philosophical Fragments*, Stanford, Stanford University Press, 2002 (trad. cast.: *Dialéctica de la ilustración: fragmentos filosóficos*, Tres Cantos, Akal, 2007).

House, D. K., «The Life of Sextus Empiricus», *The Classical Quarterly, New Series*, vol. 30, nº 1, 1980, págs. 227-238.

Howe, Leo y Alan Wain (comps.), *Predicting the Future*, Cambridge, Cambridge University Press, 1993 (trad. cast.: *Predecir el futuro*, Madrid, Alianza, 1994).

Hsee, C. K. e Y. R. Rottenstreich, «Music, Pandas and Muggers: On the Affective Psychology of Value», *Journal of Experimental Psychology*, vol. 133, nº 1, 2004, págs. 23-30.

Hsieh, David A., «Chaos and Nonlinear Dynamics: Application to Financial Markets», *Journal of Finance*, vol. 46, nº 5, 1991, págs. 1.839-1.877.

Huang, C. F. y R. H. Litzenberger, *Foundations for Financial Economics*, Nueva York/Amsterdam/Londres, North-Holland, 1988.

Huber, J. C., «Cumulative Advantage and Success-Breeds-Success: The Value of Time Pattern Analysis», *Journal of the American Society for Information Science and Technology*, nº 49, 1998, págs. 471-476.

—, «A New Model That Generates Lotka's Law», *Journal of the American Society for Information Science and Technology*, n⁰ 53, 2002, págs. 209-219.

Huberman, Bernardo A., *The Laws of the Web: Patterns in the Ecology of Information*, Cambridge, Mass., The MIT Press, 2001.

Hume, David, *A Treatise of Human Nature: Being an Attempt to Introduce the Experimental Method of Reasoning into Moral Subjects* (1748), Oxford, Oxford University Press, 2000 (trad. cast.: *Tratado de la naturaleza humana*, Madrid, Tecnos, 2005).

Humphrey, Nicholas, *A History of the Mind: Evolution and the Birth of Consciousness*, Nueva York, Copernicus, 1992 (trad. cast.: *Una historia de la mente: la evolución y el nacimiento de la conciencia*, Barcelona, Gedisa, 1995).

Husserl, Edmund, *The Crisis of European Sciences and Trascendental Phenomenology*, Evanston, Ill., Northwestern University Press, 1954 (trad. cast.: *La crisis de las ciencias europeas y la fenomenología trascendental*, Barcelona, Crítica, 1991).

Ierodiakonou, K. y J. P. Vandenbroucke, «Medicine as a Stochastic Art», *Lancet*, n⁰ 341, 1993, págs. 542-543.

Inagaki, Kayoko I Giyoo Hatano, «Do Young Children Possess Distinct Causalities for the Three Core Domains of Thought?», Interdisciplines Conference on Causality, 2006, <http://www.interdisciplines.org>.

Jablonski, D., K. Roy, J. W. Valentine, R. M. Price y P. S. Anderson, «The Impact of the Pull of the Recent on the History of Marine Diversity», *Science*, vol. 300, n⁰ 5.622, 2003, págs. 1.133-1.135.

Jacob, John, Thomas Lys y Margaret Neale, «Expertise in Forecasting Performance of Security Analysts», *Journal of Accounting and Economics*, n⁰ 28, 1999, págs. 51-82.

Jaynes, E. T., *Probability Theory: The Logic of Science*, Cambridge, Cambridge University Press, 2003.

Jaynes, Julian, *The Origin of Consciousness in the Breakdown of the Bicameral Mind*, Nueva York, Mariner Books, 1976.

Jenkins, Keith, *Re-Thinking History*, Londres, Routledge, 1991.

Jeong, H., B. Tombor, R. Albert, Z. N. Oltavi y A.-L. Barabási, «The Large-scale Organization of Metabolic Networks», *Nature*, n⁰ 407, 2000, págs. 651-654.

Joung, Wendy, Beryl Hesketh y Andrew Neal, «Using "War Stories" to Train for Adaptive Performance: Is It Better to Learn from Error or Success?», *Applied Psychology: An International Review*, vol. 55, n⁰ 2, 2006, págs. 282-302.

Juslin, P., *Well-calibrated General Knowledge: An Ecological Inductive Approach to Realism of Confidence*, manuscrito pendiente de publicación, Uppsala, Suecia, 1991.

—, «An Explanation of the Hard-Easy Effect in Studies of Realism of Confidence in One's General Knowledge», *European Journal of Cognitive Psychology*, n° 5, 1993, págs. 55-71.

—, «The Overconfidence Phenomenon as a Consequence of Informal Experimenter-guided Selection of Almanac Items», *Organizational Behavior and Human Decision Processes*, n° 57, 1994, págs. 226-246.

Juslin, P. y H. Olsson, «Thurstonian and Brunswikian Origins of Uncertainty in Judgment: A Sampling Model of Confidence in Sensory Discrimination», *Psychological Review*, n° 104, 1997, págs. 344-366.

Juslin, P., H. Olsson y M. Björkman, «Brunswikian and Thurstonian Origins of Bias in Probability Assessment: On the Interpretation of Stochastic Components of Judgment», *Journal of Behavioral Decision Making*, n° 10, 1997, págs. 189-209.

Juslin, P., H. Olsson y A. Winman, «The Calibration Issue: Theoretical Comments on Suantak, Bolger, and Ferrell», *Organizational Behavior and Human Decision Processes*, n° 73, 1998, págs. 3-26.

Kadane, J. B. y S. Lichtenstein, «A Subjectivist View of Calibration», informe n° 82-86, Eugene, OR, Decision Research, 1982.

Kahneman, D., «Why People Take Risks», en *Gestire la vulnerabilità e l'incertezza; un incontro internazionale fra studiosi e capi di impresa*, Roma, Italian Institute of Risk Studies, 2003.

Kahneman, D., E. Diener y N. Schwarz (comps.), *Well-being: The Foundations of Hedonic Psychology*, Nueva York, Russell Sage Foundation, 1999.

Kahneman, D. y S. Frederick, «Representativeness Revisited: Attribute Substitution in Intuitive Judgment», en T. Gilovich, D. Griffin y D. Kahneman (comps.), 2002.

Kahneman, D., J. L. Knetsch y R. H. Thaler, «Rational Choice and the Framing of Decisions», *Journal of Business*, vol. 59, n° 4, 1986, págs. 251-278.

Kahneman, D. y D. Lovallo, «Timid Choices and Bold Forecasts: A Cognitive Perspective on Risk-taking», *Management Science*, n° 39, 1993, págs. 17-31.

Kahneman, D. y A. Tversky, «Subjective Probability: A Judgment of Representativeness», *Cognitive Psychology*, n° 3, 1972, págs. 430-454.

—, «On the Psychology of Prediction», *Psychological Review*, n° 80, 1973, págs. 237-251.

—, «Prospect Theory: An Analysis of Decision Under Risk», *Econometrica*, vol. 46, n° 2, 1979, págs. 171-185.

—, «On the Study of Statistical Intuitions», en D. Kahneman, P. Slovic y A. Tversky (comps.), *Judgment Under Uncertainty: Heuristics and Biases*, Cambridge, Cambridge University Press, 1982.

—, «On the Reality of Cognitive Illusions», *Psychological Review*, n° 103, 1996, págs. 582-591.

— (comps.), *Choices, Values, and Frames*, Cambridge, Cambridge University Press, 2000.

—, «Anomalies: The Endowment Effect, Loss Aversion, and Status Quo Bias» (1991), en D. Kahneman y A. Tversky (comps.), 2000.

Kaizoji, Taisei, «Scaling Behavior in Land Markets», *Physica A: Statistical Mechanics and Its Applications*, vol. 326, n° 1-2, 2003, págs. 256-264.

Kaizoji, Taisei y Michiyo Kaizoji, «Power Law for Ensembles of Stock Prices», *Physica A: Statistical Mechanics and Its Applications*, vol. 344, n° 1-2, 2004; *Applications of Physics in Financial Analysis 4 (APFA4)*, 1 de diciembre de 2004, págs. 240-243.

Katz, J. Sylvan, «The Self-similar Science System», *Research Policy*, vol. 28, n° 5, 1999, págs. 501-517.

Keen, Steve, *Debunking Economics: The Naked Emperor of the Social Classes*, Londres, Pluto Press, 2001.

Kemp, C. y J. B. Tenenbaum, «Theory-based Induction», *Proceedings of the Twenty-fifth Annual Conference of the Cognitive Science Society*, Boston, Mass., 2003.

Keren, G., «On the Ability of Assessing Non-verdical Perceptions: Some Calibration Studies», *Acta Psychologica*, n° 67, 1988, págs. 95-119.

—, «Calibration and Probability Judgments: Conceptual and Methodological Issues», *Acta Psychologica*, n° 77, 1991, págs. 217-273.

Keynes, John Maynard, *Treatise on Probability*, Londres, Macmillan, 1920.

—, «The General Theory», *Quarterly Journal of Economics*, n° 51, 1937, págs. 209-233.

Kidd, John B., «The Utilization of Subjective Probabilities in Production Planning», *Acta Psychologica*, vol. 34, n° 2-3, 1970, págs. 338-347.

Kim, E. Han, Adair Morse y Luigi Zingales, «Are Elite Universities Losing Their Competitive Edge?», *NBER Working Paper*, n° 12.245, 2006.

Kindleberger, Charles P., *Manias, Panics, and Crashes*, Nueva York, Wiley, 2001 (trad. cast.: *Manías, pánicos y cracs: historia de las crisis financieras*, Barcelona, Ariel, 1991).

King, Gary y Langche Zeng, «When Can History Be Our Guide? The Pitfalls of Counterfactual Inference», documento de trabajo, Harvard University, 2005.

Kirkpatrick, Mark y Lee Alan Dugatkin, «Sexual Selection and the Evolutionary Effects of Copying Mate Choice», *Behavioral Evolutionary Sociobiology*, n° 34, 1994, págs. 443-449.

Klayman, Joshua, «Varieties of Confirmation Bias», en J. Busemeyer, R. Hastie y D. L. Medin (comps.), *Decision Making from a Cognitive Perspective: The*

Psychology of Learning and Motivation, n° 32, Nueva York, Academic Press, 1995, págs. 83-136.

Klayman, Joshua e Y.-W. Ha, «Confirmation, Disconfirmation, and Information in Hypothesis Testing», *Psychological Review*, n° 94, 1987, págs. 211-228.

Klayman, Joshua, Jack B. Soll, Claudia González-Vallejo y Sema Barlas, «Overconfidence: It Depends on How, What, and Whom You Ask», *Organizational Behavior and Human Decision Processes*, vol. 79, n° 3, 1999, págs. 216-247.

Klebanoff, Arthur, *The Agent*, Londres, Texere, 2002.

Klein, Gary, *Sources of Power: How People Make Decisions*, Cambridge, The MIT Press, 1998.

Knight, Frank, *Risk, Uncertainty and Profit* (1921), Nueva York, Harper and Row, 1965.

Koehler, J. J., B. J. Gibbs y R. M. Hogarth, «Shattering the Illusion of Control: Multishot Versus Single-shot Gambles», *Journal of Behavioral Decision Making*, n° 7, 1994, págs. 183-191.

Koestler, Arthur, *The Sleepwalkers: A History of Man's Changing Vision of the Universe*, Londres, Penguin, 1959 (trad. cast.: *Los sonámbulos*, Barcelona, Salvat, 1994).

Korda, Michael, *Another Life: A Memoir of Other People*, Nueva York, Random House, 2000.

Koriat, A., S. Lichtenstein y B. Fischhoff, «Reasons for Confidence», *Journal of Experimental Psychology: Human Learning and Memory*, n° 6, 1980, págs. 107-118.

Kreps, J. y N. B. Davies, *An Introduction to Behavioral Ecology*, 3ª ed., Oxford, Blackwell Scientific Publications, 1993.

Kristeva, Julia, *Time and Sense*, Nueva York, Columbia University Press, 1998.

Kruger, J. y D. Dunning, «Unskilled and Unaware of It: How Difficulties in Recognizing One's Own Incompetence Lead to Inflated Self-Assessments», *Journal of Personality and Social Psychology*, vol. 77, n° 6, 1999, págs. 1.121-1.134.

Kunda, Ziva, «The Case for Motivated Reasoning», *Psychological Bulletin*, n° 108, 1990, págs. 480-498.

—, *Social Cognition: Making Sense of People*, Cambridge, The MIT Press, 1999.

Kurz, Mordecai, «Endogenous Uncertainty: A Unified View of Market Volatility», documento de trabajo, Stanford University Press, 1997.

Kyburg, Henry E., Jr., *Epistemology and Inference*, Minneapolis, University of Minnesota Press, 1983.

Lad, F., «The Calibration Question», *British Journal of the Philosophy of Science*, n° 35, 1984, págs. 213-221.

Lahire, Bernard, *La condition littéraire*, París, Editions La Découverte, 2006.

Lakoff, George y Mark Johnson, *Metaphors We Live By*, Chicago, The University of Chicago Press, 1980.

Lamont, Owen A., «Macroeconomic Forecasts and Microeconomic Forecasters», *Journal of Economic Behavior and Organization*, vol. 48, n° 3, 2002, págs. 265-280.

Lane, R. D., E. M. Reiman, M. M. Bradley, P. J. Lang, G. L. Ahern, R. J. Davidson y G. E. Schwartz, «Neuroanatomical correlates of pleasant and unpleasant emotion», *Neuropsychologia*, vol. 35, n° 11, 1997, págs. 1.437-1.444.

Langer, E. J., «The Illusion of Control», *Journal of Personality and Social Psychology*, n° 32, 1975, págs. 311-328.

Larrick, R. P., «Motivational Factors in Decision Theories: The Role of Self-Protection», *Psychological Bulletin*, n° 113, 1993, págs. 440-450.

Leary, D. E., «From Act Psychology to Probabilistic Functionalism: The Place of Egon Brunswik in the History of Psychology», en M. G. Ash y W. R. Woodward (comps.), *Psychology in Twentieth-century Thought and Society*, Cambridge, Cambridge University Press, 1987.

LeDoux, Joseph, *The Emotional Brain: The Mysterious Underpinnings of Emotional Life*, Nueva York, Simon and Schuster, 1998 (trad. cast.: *El cerebro emocional*, Barcelona, Planeta, 2000).

—, *Synaptic Self: How Our Brains Become Who We Are*, Nueva York, Viking, 2002.

Le Goff, Jacques, *Les intellectuels au moyen age*, París, Points Histoire, 1985 (trad. cast.: *Los intelectuales en la Edad Media*, Barcelona, Gedisa, 1986).

Levi, Isaac, *Gambling with Truth*, Cambridge, Mass., The MIT Press, 1970.

Lichtenstein, Sarah y Baruch Fischhoff, «Do Those Who Know More Also Know More About How Much They Know? The Calibration of Probability Judgments», *Organizational Behavior and Human Performance*, n° 20, 1977, págs. 159-183.

—, «The Effects of Gender and Instructions on Calibration», *Decision Research Report*, n° 81-5, Eugene, OR, Decision Research, 1981.

Lichtenstein, Sarah, Baruch Fischhoff y Lawrence Phillips, «Calibration of Probabilities: The State of the Art to 1980», en D. Kahneman, P. Slovic y A. Tversky (comps.), *Judgment Under Uncertainty: Heuristics and Biases*, Cambridge, Cambridge University Press, 1982.

Lim, T., «Rationality and Analysts' Forecast Bias», *Journal of Finance*, vol. 56, n° 1, 1991, págs. 98-119.

Lissowski, Grzegotz, Tadeusz Tyszka y Wlodzimierz Okrasa, «Principles of Distributive Justice: Experiments in Poland and America», *Journal of Conflict Resolution*, vol. 35, n° 1, 1991, págs. 98-119.

Liu, Jing, «Post-Earnings Announcement Drift and Analysts' Forecasts», documento de trabajo, UCLA, 1998.

Loewenstein, G. F., E. U. Weber, C. K. Hsee y E. S. Welch, «Risk as Feelings», *Psychological Bulletin*, n° 127, 2001, págs. 267-286.

Loewenstein, George, «The Fall and Rise of Psychological Explanations in the Economics of Intertemporal Choice», en George Loewenstein y Jon Elster (comps.), *Choice over Time*, Nueva York, Russell Sage Foundation, 1992.

Loftus, Elizabeth F. y Katherine Ketcham, *The Myth of Repressed Memory: False Memories and Allegations and Sexual Abuse*, Nueva York, St. Martin's Press, 1994.

Lotka, Alfred J., «The Frequency Distribution of Scientific Productivity», *Journal of the Washington Academy of Sciences*, vol. 16, n° 12, 1926, págs. 317-323.

Lowenstein, R., *When Genius Failed: The Rise and Fall of Long-Term Capital Management*, Nueva York, Random House, 2000.

Lucas, Robert E., «Asset Proces in an Exchange Economy», *Econometrica*, n° 46, 1978, págs. 1.429-1.445.

Luce, R. D. y H. Raiffa, *Games and Decisions: Introduction and Critical Survey*, Nueva York, Wiley, 1957.

Mach, E., «On the Part Played by Accident in Invention and Discovery», *Monist*, n° 6, 1896, págs. 161-175.

Machina, M. J. y M. Rothschild, «Risk», en J. Eatwell, M. Milgate y P. Newman (comps.), 1987.

Magee, Bryan, *Philosophy and the Real World: An Introduction to Karl Popper*, La Salle, IL, Open Court Books, 1985.

—, *Confessions of a Philosopher*, Londres, Weidenfeld and Nicolson, 1997.

Maines, L. A. y J. R. Hand, «Individuals' Perceptions and Misperceptions of Time-series Properties of Quarterly Earnings», *Accounting Review*, n° 71, 1996, págs. 317-336.

Makridakis, S., A. Andersen, R. Carbone, R. Fildes, M. Hibon, R. Lewandowski, J. Newton, R. Parzen y R. Winkler, «The Accuracy of Extrapolation (Time Series) Methods: Results of a Forecasting Competition», *Journal of Forecasting*, n° 1, 1982, págs. 111-153.

Makridakis, S., C. Chatfield, M. Hibon, M. Lawrence, T. Mills, K. Ord y L. F. Simmons, «The M2-Competition: A Real-Time Judgmentally Based Forecasting Study» (con comentario), *International Journal of Forecasting*, n° 5, 1993, pág. 29.

Makridakis, S. y M. Hibon, «The M3-Competition: Results, Conclusions and Implications», *International Journal of Forecasting*, n° 16, 2000, págs. 451-476.

Mandelbrot, Benoît, «The Variation of Certain Speculative Prices», *Journal of Business*, vol. 36, n° 4, 1963, págs. 394-419.

—, «Information Theory and Psycholinguistics», en B. Wolman y E. Nagel (comps.), *Scientific Psychology: Principles and Approaches*, Nueva York, Basic Books, 1965.

—, *Les objets fractals: forme, hasard et dimension*, París, Flammarion, 1975 (trad. cast.: *Los objetos fractales: forma, azar y dimensión*, Barcelona, Tusquets, 1988).

—, *The Fractal Geometry of Nature*, Nueva York, W. H. Freeman and Company, 1982 (trad. cast.: *La geometría fractal de la naturaleza*, Barcelona, Tusquets, 1997).

—, *Fractales, hasard et finance*, París, Flammarion, 1997a (trad. cast.: *Fractales y finanzas: arriesgar, perder y ganar*, Barcelona, Tusquets, 2006).

—, *Fractals and Scaling in Finance: Discontinuity, Concentration, Risk*, Nueva York, Springer-Verlag, 1997b.

Mandelbrot, Benoît y Nassim Nicholas Taleb, «A Focus on the Exceptions That Prove the Rule», en *Mastering Uncertainty: Financial Times Series*, 2006a.

—, «Matematica della sagessa», *Il Sole 24 Ore*, 9 de octubre de 2006b.

—, «Random Jump Not Random Walk», manuscrito, 2007a.

—, «Mild vs. Wild Randomness: Focusing on Risks that Matter», de próxima aparición en Frank Diebold, Neil Doherty y Richard Herring (comps.), *The Known, the Unknown and the Unknowable in Financial Institutions*, Princeton, NJ, Princeton University Press, 2007b.

Mandler, J. M. y L. McDonough, «Studies in Inductive Inference in Infancy», *Cognitive Psychology*, nº 37, 1998, págs. 60-96.

Margalit, Avishai, *The Ethics of Memory*, Cambridge, Mass., Harvard University Press, 2002.

Markowitz, Harry, «Portfolio Selection», *Journal of Finance*, marzo de 1952, págs. 77-91.

—, *Portfolio Selection: Efficient Diversification of Investments*, 2ª ed., Nueva York, Wiley, 1959.

Marmott, Michael, *The Status Syndrome: How Social Standing Affects Our Health and Longevity*, Londres, Bloomsbury, 2004.

Marr, D., *Vision*, Nueva York, W. H. Freeman and Company, 1982 (trad. cast.: *La visión*, Madrid, Alianza, 1985).

Masters, John, *Casanova*, Nueva York, Bernard Geis Associates, 1969.

May, R. M., *Stability and Complexity in Model Ecosystems*, Princeton, NJ, Princeton University Press, 1973.

May, R. S., «Overconfidence as a Result of Incomplete and Wrong Knowledge», en R. W. Scholz (comp.), *Current Issues in West German Decision Research*, Frankfurt am Main, Lang, 1986.

Mayseless, O. y A. W. Kruglanski, «What Makes You So Sure? Effects of Epistemic Motivations on Judgmental Confidence», *Organizational Behavior and Human Decision Processes*, nº 39, 1987, págs. 162-183.

McClelland, A. G. R. y F. Bolger, «The Calibration of Subjective Probabilities: Theories and Models, 1980-1994», en G. Wright y P. Ayton (comps.), *Subjective Probability*, Chichester, Wiley, 1994.

McCloskey, Deirdre, *If You're So Smart: The Narrative of Economic Expertise*, Chicago, The University of Chicago Press, 1990.

—, «The Art of Forecasting: From Ancient to Modern Times», *Cato Journal*, vol. 12, nº 1, 1992, págs. 23-43.

McClure, Samuel M., David I. Laibson, George F. Loewenstein y Jonathan D. Cohen, «Separate Neural Systems Value Immediate and Delayed Monetary Rewards», *Science*, vol. 306, nº 5.695, 2004, págs. 503-507.

McManus, Chris, *Right Hand, Left Hand*, Londres, Orion Books, 2002.

McNees, Stephen K., «Rebuttal of Armstrong», *Journal of Business*, vol. 51, nº 4, 1978, págs. 573-577.

—, «An Assessment of the "Official" Economic Forecasts», *New England Economic Review*, julio-agosto de 1995, págs. 13-23.

McNeill, William H., *Plagues and Peoples*, Nueva York, Anchor Books, 1976 (trad. cast.: *Plagas y pueblos*, Madrid, Siglo XXI, 1984).

Medawar, Peter, *The Strange Case of the Spotted Mice and Other Classic Essays on Science*, Oxford, Oxford University Press, 1996 (trad. cast.: *El extraño caso de los ratones moteados y otros ensayos sobre ciencia*, Barcelona, Crítica, 1997).

Meehl, Paul E., *Clinical Versus Statistical Predictions: A Theoretical Analysis and Revision of the Literature*, Minneapolis, University of Minnesota Press, 1954.

—, «Why I Do Not Attend in Case Conferences», en *Psychodiagnosis: Selected Papers*, Minneapolis, University of Minnesota Press, 1973, págs. 225-302.

Mendenhall, Richard R., «Evidence of Possible Underweighting of Earnings-related Information», *Journal of Accounting Research*, nº 29, 1991, págs. 170-178.

Merton, R. K., «The Matthew Effect in Science», *Science*, nº 159, 1968, págs. 56-63.

—, «The Matthew Effect in Science», en N. Storer (comp.), *The Sociology of Science*, Chicago, The University of Chicago Press, 1973a.

—, «The Normative Structure of Science», en N. Storer (comp.), *The Sociology of Science*, Chicago, The University of Chicago Press, 1973b.

—, «The Matthew Effect II: Cumulative Advantage and the Symbolism of Intellectual Property», *Isis*, nº 79, 1988, págs. 606-623.

Merton, Robert C., «An Analytic Derivation of the Efficient Portfolio Frontier», *Journal of Financial and Quantitative Analysis*, vol. 7, nº 4, 1972, págs. 1.851-1.872.

—, *Continuous-Time Finance*, 2ª ed., Cambridge, Reino Unido, Blackwell, 1992.

Merton, Robert K. y Elinor Barber, *The Travels and Adventures of Serendipity*, Princeton, NJ, Princeton University Press, 2004.

Mihailescu, Calin, *Lotophysics*, publicación preliminar, University of Western Ontario, 2006.

Mikhail, Michael B., Beverly R. Walther y Richard H. Willis, «Does Forecast Accuracy Matter to Security Analysts?», *The Accounting Review*, vol. 74, nº 2, 1999, págs. 185-200.

—, «Do Security Analysts Improve Their Performance with Experience ?», *Journal of Accounting Research*, nº 35, 1997, págs. 131-157.

Milgram, S., «The Small World Problem», *Psychology Today*, nº 2, 1997, págs. 60-67.

Mill, John Stuart, *A System of Logic Ratiocinative and Inductive, Being a Connected View of the Principle of Evidence and the Methods of Scientific Investigation*, 3ª ed., Londres, John W. Parker, West Strand, 1860 (trad. cast.: *Sistema de lógica inductiva y deductiva*, Madrid, Jorro, 1917).

Miller, Dale T. y Michael Ross, «Self-Serving Biases in Attribution of Causality: Fact or Fiction?», *Psychological Bulletin*, vol. 82, nº 2, 1975, págs. 213-225.

Miller, Geoffrey F., *The Mating Mind: How Sexual Choice Shaped the Evolution of Human Nature*, Nueva York, Doubleday, 2000.

Minsky, H., *Can It Happen Again? Essays on Instability and Finance*, Armonk, NY, M. E. Sharpe, 1982.

Mitzenmacher, Michael, «A Brief History of Generative Models for Power Law and Log-normal Distributions», *Internet Mathematics*, vol. 1, nº 2, 2003, págs. 226-251.

Mohr, C., T. Landis, H. S. Bracha y P. Brugger, «Opposite Turning Behavior in Right-handers and Non-right-handers Suggests a Link Between Handedness and Cerebral Dopamine Asymmetries», *Behavioral Neuroscience*, vol. 117, nº 6, 2003, págs. 1.448-1.452.

Mokyr, Joel, *The Gifts of Athena*, Princeton, NJ, Princeton University Press, 2002.

Montier, James, *Applied Behavioural Finance*, Chichester, Reino Unido, Wiley, 2007.

Moon, Francis C., *Chaotic and Fractal Dynamics*, Nueva York, Wiley, 1992.

Mossner, E. C., *The Life of David Hume*, Oxford, Clarendon Press, 1970.

Murphy, A. H. y R. Winkler, «Probability Forecasting in Meteorology», *Journal of the American Statistical Association*, nº 79, 1984, págs. 489-500.

Myers, David G., *Intuition: Its Powers and Perils*, New Haven, Conn., Yale University Press, 2002 (trad. cast.: *Intuición: el poder y el peligro del doble sentido*, Barcelona, Paidós, 2003).

Nader, K. y J. E. LeDoux, «The Dopaminergic Modulation of Fear: Quinpirole Impairs the Recall of Emotional Memories in Rats», *Behavioral Neuroscience*, vol. 113, nº 1, 1999, págs. 152-165.

Naya, Emmanuel y Anne-Pascale Pouey-Mounou, *Éloge de la médiocrité*, París, Éditions Rue d'Ulm, 2005.

Nelson, Lynn Hankinson y Jack Nelson, *On Quine*, Belmont, Calif., Wadsworth, 2000.

Nelson, Robert H., *Economics as a Religion: From Samuelson to Chicago and Beyond*, University Park, Penn., The Pennsylvania State University Press, 2001.

Newell, A. y H. A. Simon, *Human Problem Solving*, Englewood Cliffs, N.J., Prentice-Hall, 1972.

Newman, M., «The Structure and Function of Complex Networks», *SIAM Review*, n° 45, 2003, págs. 167-256.

Newman, M. E. J., «Models of the Small World: A Review», *Journal of Statistical Physics*, n° 101, 2000, págs. 819-841.

—, «The Structure of Scientific Collaboration Networks», *Proceedings of the National Academy of Science*, n° 98, 2001, págs. 404-409.

—, «Power Laws, Pareto Distributions, and Zipf's Law», *Complexity Digest*, n° 2, 2005, págs. 1-27.

Newman, M. E. J., C. Moore y D. J. Watts, «Mean-field Solution of the Small-World Network Model», *Physical Review Letters*, n° 84, 2000, págs. 3.201-3.204.

Newman, M. E. J., D. J. Watts y S. H. Strogatz, «Random Graphs with Arbitrary Degree Distribution and Their Applications», edición preliminar accesible en <http://arxiv.org/pdf/cond-mat/0007235>, 2005.

Neyman, J., «Frequentist Probability and Frequentist Statistics», *Synthese*, n° 36, 2000, págs. 97-131.

Nietzsche, Friedrich, *Ecce Homo*, Londres, Penguin Books, 1979 (trad. cast.: *Ecce homo*, Madrid, Alianza, 1998).

Nisbett, R. E., D. H. Krantz, D. H. Jepson y Z. Kunda, «The Use of Statistical Heuristics in Everyday Inductive Reasoning», *Psychological Review*, n° 90, 1983, págs. 339-363.

Nisbett, Richard E. y Timothy D. Wilson, «Telling More Than We Can Know: Verbal Reports on Mental Processes», *Psychological Bulletin*, vol. 84, n° 3, 1977, págs. 231-259.

Nussbaum, Martha C., *The Fragility of Goodness: Luck and Ethics in Greek Tragedy and Philosophy*, Cambridge, Cambridge University Press, 1986 (trad. cast.: *La fragilidad del bien: fortuna y ética en la tragedia y la filosofía griega*, Madrid, Antonio Machado, 1995).

O'Connor, M. y M. Lawrence, «An Examination of the Accuracy of Judgment Confidence Intervals in Time Series Forecasting», *International Journal of Forecasting*, n° 8, 1989, págs. 141-155.

O'Neill, Brian C. y Mausami Desai, «Accuracy of Past Projections of U. S. Energy Consumption», *Energy Policy*, n° 33, 2005, págs. 979-993.

Oberauer, K., O. Wilhelm y R. R. Díaz, «Bayesian Rationality for the Wason Selection Task? A Test of Optimal Data Selection Theory», *Thinking and Reasoning*, vol. 5, nº 2, 1999, págs. 115-144.

Odean, Terrance, «Are Investors Reluctant to Realize Their Losses?», *Journal of Finance*, vol. 53, nº 5, 1998a, págs. 1.775-1.798.

—, «Volume, Volatility, Price and Profit When All Traders Are Above Average», *Journal of Finance*, vol. 53, nº 6, 1998b, págs. 1.887-1.934.

Officer, R. R., «The Distribution of Stock Returns», *Journal of the American Statistical Association*, vol. 340, nº 67, 1972, págs. 807-812.

Olsson, Erik, J., *Knowledge and Inquiry: Essays on the Pragmatism of Isaac Levi*, Cambridge Studies in Probability, Induction and Decision Theory Series, Cambridge, Cambridge University Press, 2006.

Onkal, D., J. F. Yates, C. Simga-Mugan y S. Oztin, «Professional and Amateur Judgment Accuracy: The Case of Foreign Exchange Rates», *Organizational Behavior and Human Decision Processes*, nº 91, 2003, págs. 169-185.

Ormerod, Paul, *Why Most Things Fail*, Nueva York, Pantheon Books, 2005.

—, «Hayek, "The Intellectuals and Socialism", and Weighted Scale-free Networks», *Economic Affairs*, nº 26, 2006, págs. 1-41.

Oskamp, Stuart, «Overconfidence in Case-Study Judgments», *Journal of Consulting Psychology*, vol. 29, nº 3, págs. 261-265.

Paese, P. W. y J. A. Sniezek, «Influences on the Appropriateness of Confidence in Judgment: Practice, Effort, Information, and Decision Making», *Organizational Behavior and Human Decision Processes*, nº 48, 1991, págs. 100-130.

Page, Scott, *The Difference: How the Power of Diversity Can Create Better Groups, Firms, Schools, and Societies*, Princeton, NJ, Princeton University Press, 2007.

Pais, Abraham, *Subtle Is the Lord*, Nueva York, Oxford University Press, 1982 (trad. cast.: *El Señor es sutil: la ciencia y la vida de Albert Einstein*, Barcelona, Ariel, 1984).

Pareto, Vilfredo, *Cours d'économie politique*, Génova, Droz, 1896.

Park, David, *The Grand Contraption: The World as Myth, Number, and Chance*, Princeton, NJ, Princeton University Press, 2005.

Paulos, John Allen, *Innumeracy*, Nueva York, Hill and Wang, 1988 (trad. cast.: *El hombre anumérico*, Barcelona, Tusquets, 1990).

—, *A Mathematician Plays the Stock Market*, Boston, Basic Books, 2003 (trad. cast.: *Un matemático invierte en bolsa*, Barcelona, Tusquets, 2004).

Pearl, J., *Causality: Models, Reasoning, and Inference*, Nueva York, Cambridge University Press, 2000.

Peirce, Charles Sanders, *Chance, Love and Logic: Philosophical Essays* (1923), Lincoln, University of Nebraska Press, 1998.

—, *Philosophical Writings of Peirce*, edición a cargo de J. Buchler, Nueva York, Dover, 1955.

Penrose, Roger, *The Emperor's New Mind*, Nueva York, Penguin, 1989 (trad. cast.: *La nueva mente del emperador*, Barcelona, Grijalbo, 1996).

Pérez, C. J., A. Corral, A. Díaz-Guilera, K. Christensen y A. Arenas, «On Self-organized Criticality and Synchronization in Lattice Models of Coupled Dynamical Systems», *International Journal of Modern Physics B*, nº 10, 1996, págs. 1.111-1.151.

Perilli, Lorenzo, *Menodoto di Nicomedia: Contributo a una storia galeniana della medicina empirica*, Múnich, Leipzig, K. G. Saur, 2004.

Perline, R., «Strong, Weak, and False Inverse Power Laws», *Statistical Science*, vol. 20, nº 1, 2005, págs. 68-88.

Pfeifer, P. E., «Are We Overconfident in the Belief That Probability Forecasters Are Overconfident?», *Organizational Behavior and Human Decision Processes*, vol. 58, nº 2, 1994, págs. 203-213.

Phelan, James, «Who's Here? Thoughts on Narrative Identity and Narrative Imperialism», *Narrative*, nº 13, 2005, págs. 205-211.

Piattelli-Palmarini, Massimo, *Inevitable Illusions: How Mistakes of Reason Rule Our Minds*, Nueva York, Wiley, 1994.

Pieters, Rik y Hans Baumgartner, «Who Talks to Whom? Intra- and Interdisciplinary Communication of Economics Journals», *Journal of Economic Literature*, vol. 40, nº 2, 2002, págs. 483-509.

Pinker, Steven, *How the Mind Works*, Nueva York, W. W. Norton and Company, 1997 (trad. cast.: *Cómo funciona la mente*, Barcelona, Destino, 2004).

—, *The Blank Slate: The Modern Denial of Human Nature*, Nueva York, Viking, 2002 (trad. cast.: *La tabla rasa: la negación moderna de la naturaleza humana*, Barcelona, Paidós, 2003).

Pisarenko, V. y D. Sornette, «On Statistical Methods of Parameter Estimation for Deterministically Chaotic Time-Series», *Physical Review E*, nº 69, 2004, pág. 036122.

Plotkin, Henry, *Evolution in Mind: An Introduction to Evolutionary Psychology*, Londres, Penguin, 1998.

Plous, S., *The Psychology of Judgment and Decision Making*, Nueva York, McGraw-Hill, 1993.

—, «A Comparison of Strategies for Reducing Interval Overconfidence in Group Judgments», *Journal of Applied Psychology*, nº 80, 1995, págs. 443-454.

Polanyi, Michael, *Personal Knowledge: Towards a Post-Critical Philosophy*, Chicago, The University of Chicago Press, 1958/1974.

Popkin, Richard H., «David Hume: His Pyrrhonism and His Critique of Pyrrhonism», *The Philosophical Quarterly*, vol. 1, nº 5, 1951, págs. 385-407.

—, «The Skeptical Precursors of David Hume», *Philosophy and Phenomenological Research*, vol. 16, nº 1, 1955, págs. 61-71.

—, *The History of Scepticism: From Savonarola to Bayle*, Oxford, Oxford University Press, 2003.

Popper, Karl R., *The Open Society and Its Enemies*, 5ª ed., Princeton, NJ, Princeton University Press, 1971 (trad. cast.: *La sociedad abierta y sus enemigos*, Barcelona, Paidós, 2006).

—, *Conjectures and Refutations: The Growth of Scientific Knowledge*, 5ª ed., Londres, Routledge, 1992 (trad. cast.: *Conjeturas y refutaciones: el desarollo del conocimiento científico*, Barcelona, Paidós, 1994).

—, *The Myth of the Framework*, Londres, Routledge, 1994 (trad. cast.: *El mito del marco común: en defensa de la ciencia y la racionalidad*, Barcelona, Paidós, 1997 [reeditado en la colección Surcos en 2005]).

—, *The Logic of Scientific Discovery*, 15ª ed., Londres, Routledge, 2002a (trad. cast.: *La lógica de la investigación científica*, Madrid, Tecnos, 1985).

—, *The Poverty of Historicism*, Londres, Routledge, 2002b (trad. cast.: *La miseria del historicismo*, Madrid, Alianza, 2002).

Posner, Richard A., *Catastrophe: Risk and Response*, Oxford, Oxford University Press, 2004.

Price, Derek J. de Solla, «Networks of Scientific Papers», *Science*, nº 149, 2004, págs. 510-515.

—, «Citation Measures of Hard Science, Soft Science, Technology, and Nonscience», en C. E. Nelson y D. K. Pollak (comps.), *Communication Among Scientists and Engineers*, Lexington, Mass., Heat, 1970.

—, «A General Theory of Bibliometric and Other Cumulative Advantage Processes», *Journal of the American Society of Information Sciences*, nº 27, 1976, págs. 292-306.

Prigogine, Ilya, *The End of Certainty: Time, Chaos, and the New Laws of Nature*, Nueva York, The Free Press, 1996 (trad. cast.: *El fin de las certidumbres*, Madrid, Taurus, 1996).

Quammen, David, *The Reluctant Mr. Darwin*, Nueva York, W. W. Norton and Company, 2006.

Quine, W. V., «Two Dogmas of Empiricism», *The Philosophical Review*, nº 60, 1951, págs. 20-43 (trad. cast.: «Dos dogmas del empirismo», en Luis Valdés (ed.), *La búsqueda del significado*, Madrid, Tecnos, 1991).

—, «Natural Kinds», en N. Rescher (comp.), *Essays in Honor of Carl G. Hempel*, Dordrecht, D. Reidel, 1970.

Rabin, M., «Psychology and Economics», *Journal of Economic Literature*, nº 36, 1998, págs. 11-46.

Rabin, M. y R. H. Thaler, «Anomalies: Risk Aversion», *Journal of Economic Perspectives*, vol. 15, nº 1, 2001, págs. 219-232.

Rabin, Matthew, «Inference by Believers in the Law of Small Numbers», documento de trabajo, Economics Department, University of California, Berkeley, 2000, <http://repositories.cdlib.org/iber/econ/>.

Ramachandran, V. S., *The Emerging Mind*, Londres, Portfolio, 2003.

Ramachandran, V. S. y S. Blakeslee, *Phantoms in the Brain*, Nueva York, Morrow, 1998 (trad. cast.: *Fantasmas en el cerebro*, Barcelona, Debate, 1999).

Rancière, Jacques, *Les mots de l'histoire: Essai de poétique du savoir*, París, Éditions du Seuil, 1997.

Ratey, John J., *A User's Guide to the Brain: Perception, Attention and the Four Theaters of the Brain*, Nueva York, Pantheon, 2001 (trad. cast.: *El cerebro: manual de instrucciones*, Barcelona, Mondadori, 2002).

Rawls, John, *A Theory of Justice*, Cambridge, Mass., Harvard University Press, 1971 (trad. cast.: *Teoría de la justicia*, Madrid, Fondo de Cultura Económica, 1997).

Reboul, Anne, «Similarities and Differences Between Human and Nonhuman Causal Cognition», Interdisciplines Conference on Causality, 2006, <http://www.interdisciplines.org>.

Redner, S., «How Popular Is Your Paper? An Empirical Study of the Citation Distribution», *European Physical Journal B*, nº 4, 1998, págs. 131-134.

Rees, Martin, *Our Final Century: Will Civilization Survive the Twenty-first Century?*, Londres, Arrow Books, 2004 (trad. cast.: *Nuestra hora final: ¿será el siglo XXI el último de la humanidad?*, Barcelona, Crítica, 2004).

Reichenbach, H., *Experience and prediction*, Chicago, The University of Chicago Press, 1938.

Remus, W., M. Oapos Connor y K. Griggs, «Does Feedback Improve the Accuracy of Recurrent Judgmental Forecasts?», actas de las Thirtieth Hawaii International Conference on System Sciences, 7-10 de enero de 1997, págs. 5-6.

Rescher, Nicholas, *Luck: The Brilliant Randomness of Everyday Life*, Nueva York, Farrar, Straus and Giroux, 1995 (trad. cast.: *La suerte: aventuras y desventuras de la vida cotidiana*, Barcelona, Andrés Bello, 1997).

—, *Paradoxes: Their Roots, Range, and Resolution*, Chicago, Open Court Books, 2001.

Richardson, L. F., *Statistics of Deadly Quarrels*, Pacific Grove, Calif., Boxwood Press, 1960.

Rips, L., «Necessity and Natural Categories», *Psychological Bulletin*, nº 127, 2001, págs. 827-852.

Roberts, Royston M., *Serendipity: Accidental Discoveries in Science*, Nueva York, Wiley, 1989 (trad. cast.: *Serendipia: descubrimientos accidentales de la ciencia*, Madrid, Alianza, 2004).

Robins, Richard W., «Psychology: The Nature of Personality: Genes, Culture, and National Character», *Science*, nº 310, 2005, págs. 62-63.

Rollet, Laurent, *Un mathématicien au Panthéon? Autour de la mort de Henri Poincaré*, Laboratoire de Philosophie et d'Histoire des Sciences – Archives Henri-Poincaré, Université Nancy 2, 2005.

Ronis, D. L. y J. F. Yates, «Components of Probability Judgment Accuracy: Individual Consistency and Effects of Subject Matter and Assessment Method», *Organizational Behavior and Human Decision Processes*, nº 40, 1987, págs. 193-218.

Rosch, E. H., «Principles of Categorization», en E. Rosch y B. B. Lloyd (comps.), *Cognition and Categorization*, Hillsdale, N.J., Lawrence Erlbaum, 1978.

Rosch, E. H., «Natural Categories», *Cognitive Psychology*, nº 4, 1973, págs. 328-350.

Rose, Steven, *The Making of Memory: From Molecules to Mind*, ed. revisada, Nueva York, Vintage, 2003.

Rosen, S., «The Economics of Superstars», *American Economic Review*, nº 71, 1981, págs. 845-858.

Rosenzweig, Phil, *The Halo Effect and Other Business Delusions: Why Experts Are So Often Wrong and What Wise Managers Must Know*, Nueva York, The Free Press, 2006.

Ross, Stephen A., *Neoclassical Finance*, Princeton, NJ, Princeton University Press, 2004.

Rounding, Virginia, *Catherine the Great: Love, Sex and Power*, Londres, Hutchinson, 2006.

Ruelle, David, *Hasard et chaos*, París, Odile Jacob, 1991 (trad. cast.: *Azar y caos*, Madrid, Alianza, 1995).

Ruffié, Jacques, *De la biologie à la culture*, París, Flammarion, 1977 (trad. cast.: *De la biología a la cultura*, Barcelona, El Aleph, 1982).

Russell, Bertrand, *The Problems of Philosophy*, Nueva York, Oxford University Press, 1912 (trad. cast.: *Los problemas de la filosofía*, Cerdanyola, Labor, 1988).

—, *My Philosophical Development*, Londres, Routledge, 1993.

—, *Sceptical Essays*, Londres, Routledge, 1996.

Russo, J. Edward y Paul J. H. Schoernaker, «Managing Overconfidence», *Sloan Management Review*, vol. 33, nº 2, 1992, págs. 7-17.

Ryle, Gilbert, *The Concept of Mind*, Chicago, The University of Chicago Press, 1949 (trad. cast.: *El concepto de lo mental*, Barcelona, Paidós, 2005).

Salganik, Matthew J., Peter S. Dodds y Duncan J. Watts, «Experimental Study of Inequality and Unpredictability in an Artificial Cultural Market», *Science*, nº 311, 2006, págs. 854-856.

Samuelson, Paul A., *Foundations of Economic Analysis*, Cambridge, Mass., Harvard University Press, 1983.

Sapolsky, Robert M., *Why Zebras Don't Get Ulcers: An Updated Guide to Stress, Stress-related Diseases, and Coping*, Nueva York, W. H. Freeman and Company, 1998 (trad. cast.: *¿Por qué las cebras no tienen úlcera?: la guía del estrés*, Madrid, Alianza, 1995).

Sapolsky, Robert M. y el Department of Neurology and Neurological Sciences, Stanford University School of Medicine, «Glucocorticoids and Hippocampal Atrophy in Neuropsychiatric Disorders», 2003.

Savage, Leonard J., *The Foundations of Statistics*, Nueva York, Dover, 1972.

Schacter, Daniel L., *The Seven Sins of Memory: How the Mind Forgets and Remembers*, Boston, Houghton Mifflin, 2001 (trad. cast.: *Los siete pecados de la memoria: la memoria es la clave de la inteligencia*, Barcelona, Ariel, 2003).

Schelling, Thomas, «Dynamic Models of Segregation», *Journal of Mathematical Sociology*, nº 1, 1971, págs. 143-186.

—, *Micromotives and Macrobehavior*, Nueva York, W. W. Norton and Company, 1978.

Scheps, Ruth (comp.), *Les sciences de la prévision*, París, Éditions du Seuil, 1996.

Schroeder, Manfred, *Fractals, Chaos, Power Laws: Minutes from an Infinite Paradise*, Nueva York, W. H. Freeman and Company, 1991.

Schumpeter, Joseph, *Capitalism, Socialism and Democracy*, Nueva York, Harper, 1942 (trad. cast.: *Capitalismo, socialismo y democracia*, Madrid, Aguilar, 1971).

Seglen, P. O., «The Skewness of Science», *Journal of the American Society for Information Science*, nº 43, 1992, págs. 628-638.

Sexto, Empírico, *Outline of Scepticism*, edición a cargo de Julia Annas y Jonathan Barnes, Nueva York, Cambridge University Press, 2000.

—, *Against the Logicians*, Nueva York, Cambridge University Press, 2005 (trad. cast.: *Contra los profesores*, Madrid, Gredos, 1997).

Shackle, G. L. S., *Decision Order and Time in Human Affairs*, Cambridge, Cambridge University Press, 1961 (trad. cast.: *Decisión, orden y tiempo en las actividades humanas*, Madrid, Tecnos, 1966).

—, *Epistemics and Economics: A Critique of Economic Doctrines*, Cambridge, Cambridge University Press, 1973 (trad. cast.: *Epistémica y economía: crítica de las doctrinas económicas*, Madrid, Fondo de Cultura Económica, 1976).

Shanteau, J., «Competence in Experts: The Role of Task Characteristics», *Organizational Behavior and Human Decision Processes*, nº 53, 1992, págs. 252-266.

Sharpe, William F., «The Sharpe Ratio», *Journal of Portfolio Management*, vol. 21, nº 1, 1994, págs. 49-58.

—, «Mutual Fund Performance», *Journal of Business*, nº 39, 1996, págs. 119-138.

Shiller, Robert J., «Do Stock Prices Move Too Much to Be Justified by Subsequent Changes in Dividends?», *American Economic Review*, vol. 71, nº 3, 1981, págs. 421-436.

—, *Market Volatility*, Cambridge, Mass., The MIT Press, 1989.

—, «Market Volatility and Investor Behavior», *American Economic Review*, vol. 80, n° 2, 1990, págs. 58-62.

—, «Conversation, Information, and Herd Behavior», *American Economic Review*, vol. 85, n° 2, 1995, págs. 181-185.

—, *Irrational Exuberance*, Princeton, NJ, Princeton University Press, 2000.

—, *The New Financial Order: Risk in the 21st Century*, Princeton, NJ, Princeton University Press, 2003.

Shizgal, Peter, «On the Neural Computation of Utility: Implications from Studies of Brain Simulation Rewards», en D. Kahneman, E. Diener y N. Schwarz (comps.), 1999.

Sieff, E. M., R. M. Dawes y G. Loewenstein, «Anticipated Versus Actual Reaction to HIV Test Results», *American Journal of Psychology*, n° 122, 1999, págs. 297-311.

Silverberg, Gerald y Bart Verspagen, «The Size Distribution of Innovations Revisited: An Application of Extreme Value Statistics to Citation and Value Measures of Patent Significance», 2004, <http://www.merit.unimaas.nl/publications/rmpdf/2004/rm2004-021.pdf>.

—, «Self-organization of R&D Search in Complex Technology Spaces», 2005, <http://www.merit.unimaas.nl/publications/rmpdf/2005/rm2005-017.pdf>.

Simon, Herbert A., «On a Class of Skew Distribution Functions», *Biometrika*, n° 42, 1955, págs. 425-440.

—, «Behavioral Economics», en J. Eatwell, M. Milgate y P. Newman (comps.), 1987.

Simonton, Dean Keith, *Origins of Genius: Darwinian Perspectives on Creativity*, Nueva York, Oxford University Press, 1999.

—, *Creativity*, Nueva York, Cambridge University Press, 2004.

Sloman, S. A., «Feature Based Induction», *Cognitive Psychology*, n° 25, 1993, págs. 231-280.

—, «When Explanations Compete: The Role of Explanatory Coherence on Judgments of Likelihood», *Cognition*, n° 52, 1994, págs. 1-21.

—, «The Empirical Case for Two Systems of Reasoning», *Psychological Bulletin*, n° 119, 1996, págs. 3-22.

—, «Categorical Inference Is Not a Tree: The Myth of Inheritance Hierarchies», *Cognitive Psychology*, n° 35, 1998, págs. 1-33.

—, «Two Systems of Reasoning», en T. Gilovich, D. Griffin y D. Kahneman (comps.), 2002.

Sloman, S. A., B. C. Love y W. Ahn, «Feature Centrality and Conceptual Coherence», *Cognitive Science*, n° 22, 1998, págs. 189-228.

Sloman, S. A. y B. C. Malt, «Artifacts Are Not Ascribed Essences, Nor Are They Treated as Belonging to Kinds», *Language and Cognitive Processes*, n° 18, 2003, págs. 563-582.

Sloman, S. A. y D. Over, «Probability Judgment from the Inside and Out», en D. Over (comp.), *Evolution and the Psychology of Thinking: The Debate*, Nueva York, Psychology Press, 2003.

Sloman, S. A. y L. J. Rips, «Similarity as an Explanation Construct», *Cognition*, nº 65, 1998, págs. 87-101.

Slovic, Paul, M. Finucane, E. Peters y D. G. MacGregor, «Rational Actors or Rational Fools? Implications of the Affect Heuristic for Behavioral Economics», documento de trabajo, 2003a, <http://www.decisionresearch.com>.

—, «Risk as Analysis, Risk as Feelings: Some Thoughts About Affect, Reason, Risk, and Rationality», documento presentado en el Annual Meeting of the Society for Risk Analysis, New Orleans, La., 10 de diciembre de 2002, 2003b.

Slovic, P., M. Finucane, E. Peters y D. G. MacGregor, «The Affect Heuristic», en T. Gilovich, D. Griffin y D. Kahneman (comps.), 2002.

Slovic, P., B. Fischhoff y S. Lichtenstein, «Cognitive Processes and Societal Risk Taking», en John S. Carroll y John W. Payne (comps.), *Cognition and Social Behavior*, Hillsdale, N.J., Lawrence Erlbaum, 1976.

—, «Behavioral Decision Theory», *Annual Review of Psychology*, nº 28, 1977, págs. 1-39.

Slovic, P., B. Fischhoff, S. Lichtenstein, B. Corrigan y B. Combs, «Preference for Insuring Against Probable Small Losses: Implications for the Theory and Practice of Insurance», *Journal of Risk and Insurance*, nº 44, 1977, págs. 237-258. Reimpreso en P. Slovic (comp.), *The Perception of Risk*, Londres, Earthscan.

Slovic, Paul, «Perception of Risk», *Science*, nº 236, 1987, págs. 280-285.

—, *The Perception of Risk*, Londres, Earthscan, 2001.

Sniezek, J. A. y R. A. Henry, «Accuracy and Confidence in Group Judgement», *Organizational Behavior and Human Decision Processes*, vol. 43, nº 11, 1989, págs. 1-28.

Sniezek, J. A. y T. Buckley, «Decision Errors Made by Individuals and Groups», en N. J. Castellan (comp.), *Individual and Group Decision Making*, Hillsdale, N.J., Lawrence Erlbaum, 1993.

Snyder, A. W., «Paradox of the Savant Mind», *Nature*, nº 413, 2001, págs. 251-252.

Snyder, A. W., E. Mulcahy, J. L. Taylor, D. J. Mitchell, P. Sachdev y S. C. Gandevia, «Savant-like Skills Exposed in Normal People by Suppression of the Left Fronto-temporal Lobe», *Journal of Integrative Neuroscience*, nº 2, 2003, págs. 149-158.

Soll, J. B., «Determinants of Overconfidence and Miscalibration: The Roles of Random Error and Ecological Structure», *Organizational Behavior and Human Decision Processes*, nº 65, 1996, págs. 117-137.

Sornette, D., F. Deschâtres, T. Gilbert e Y. Ageon, «Endogenous Versus Exogenous Shocks in Complex Networks: An Empirical Test», *Physical Review Letters*, n° 93, 2004, pág. 228701.

Sornette, D. y K. Ide, «The Kalman-Levy Filter», *Physica D*, n° 151, 2001, págs. 142-174.

Sornette, Didier, *Why Stock Markets Crash: Critical Events in Complex Financial Systems*, Princeton, NJ, Princeton University Press, 2003.

—, *Critical Phenomena in Natural Sciences: Chaos, Fractals, Self-organization and Disorder: Concepts and Tools*, 2ª ed., Berlín y Heidelberg, Springer, 2004.

Sornette, Didier y Daniel Zajdenweber, «The Economic Return of Research: The Pareto Law and Its Implications», *European Physical Journal B*, vol. 8, n° 4, 1999, págs. 653-664.

Soros, George, *The Alchemy of Finance: Reading the Mind of the Market*, Nueva York, Simon and Schuster, 1988.

Spariosu, Mihai I., *The University of Global Intelligence and Human Development: Towards an Ecology of Global Learning*, Cambridge, Mass., The MIT Press, 2004.

Spasser, Mark A., «The Enacted Fate of Undiscovered Public Knowledge», *Journal of the American Society for Information Science*, vol. 48, n° 8, 1997, págs. 707-717.

Spencer, B. A. y G. S. Taylor, «Effects of Facial Attractiveness and Gender on Causal Attributions of Managerial Performance», *Sex Roles*, vol. 19, n° 5/6, 1988, págs. 273-285.

Sperber, Dan, *La contagion des idées*, París, Odile Jacob, 1996a.

—, *Explaining Culture: A Naturalistic Approach*, Oxford, Blackwell, 1996b (trad. cast.: *Explicar la cultura: un enfoque naturalista*, Madrid, Morata, 2005).

—, «Intuitive and Reflective Beliefs», *Mind and Language*, vol. 12, n° 1, 1997, págs. 67-83.

—, «An Evolutionary Perspective on Testimony and Argumentation», *Philosophical Topics*, n° 29, 2001, págs. 401-413.

Sperber, Dan y Deirdre Wilson, *Relevance: Communication and Cognition*, 2ª ed., Oxford, Blackwell, 1995.

—, «Revelance Theory», en L. R. Horn y G. Ward (comps.), *The Handbook of Pragmatics*, Oxford, Blackwell, 2004a.

—, «The Cognitive Foundations of Cultural Stability and Diversity», *Trends in Cognitive Sciences*, vol. 8, n° 1, 2004b, págs. 40-44.

Squire, Larry y Eric R. Kandel, *Memory: From Mind to Molecules*, Nueva York, Owl Books, 2000.

Stanley, H. E., L. A. N. Amaral, P. Gopikrishnan y V. Plerou, «Scale Invariance and Universality of Economic Fluctuations», *Physica A*, n° 283, 2000, págs. 31-41.

Stanley, T. J., *The Millonaire Mind*, Kansas City, Andrews McMeel Publishing, 2000.

Stanley, T. J. y W. D. Danko, *The Millonaire Next Door: The Surprising Secrets of America's Wealthy*, Atlanta, Ga., Longstreet Press, 1996.

Stanovich, K. y R. West, «Individual Differences in Reasoning: Implications for the Rationality Debate», *Behavioral and Brain Sciences*, nº 23, 2000, págs. 645-665.

Stanovich, K. E., «Matthew Effects in Reading: Some Consequences of Individual Differences in the acquisition of literacy», *Reading Research Quarterly*, nº 21, 1986, págs. 360-407.

Stein, D. L. (comp.), *Lectures in the Sciences of Complexity*, Reading, Mass., Addison-Wesley, 1989.

Sterelny, Kim, *Dawkins vs. Gould: Survival of the Fittest*, Cambridge, Reino Unido, Totem Books, 2001.

Stewart, Ian, *Does God Play Dice? The New Mathematics of Chaos*, Londres, Penguin Books, 1989.

—, «Chaos», en Leo Howe y Alan Wain (comps.), 1993.

Stigler, Stephen M., *The History of Statistics: The Measurement of Uncertainty Before 1900*, Cambridge, Mass., The Belknap Press of Harvard University, 1986.

—, *Statistics on the Table: The History of Statistical Concepts and Methods*, Cambridge, Mass., Harvard University Press, 2002.

Stiglitz, Joseph, *Whither Socialism*, Cambridge, Mass., The MIT Press, 1994.

Strawson, Galen, *Mental Reality*, Cambridge, Mass., The MIT Press, 1994 (trad. cast.: *La realidad mental*, Barcelona, Prensa Ibérica, 1997).

—, «Against Narrativity», *Ratio*, nº 17, 2004, págs. 428-452.

Strogatz, Steven H., *Nonlinear Dynamics and Chaos, with Applications to Physics, Biology, Chemistry, and Engineering*, Reading, Mass., Addison-Wesley, 1994.

—, «Exploring Complex Networks», *Nature*, nº 410, 2001, págs. 268-276.

—, *Sync: How Order Emerges from Chaos in the Universe, Nature, and Daily Life*, Nueva York, Hyperion, 2003.

Suantak, L., F. Bolger y W. R. Ferrell, «The Hard-easy Effect in Subjective Probability Calibration», *Organizational Behavior and Human Decision Processes*, nº 67, 1996, págs. 201-221.

Suddendorf, Thomas, «Enhanced: Foresight and Evolution of the Human Mind», *Science*, vol. 312, nº 5.776, 2006, págs. 1.006-1.007.

Sullivan, R., A. Timmermann y H. White, «Data-snooping, Technical Trading Rule Performance and the Bootstrap», *Journal of Finance*, nº 54, 1999, págs. 1.647-1.692.

Sunstein, Cass R., *Risk and Reason: Safety, Law, and the Environment*, Cambridge, Cambridge University Press, 2002 (trad. cast.: *Riesgo y razón: seguridad, ley y medio ambiente*, 2006).

Surowiecky, James, *The Wisdom of Crowds*, Nueva York, Doubleday, 2004.

Sushil, Bikhchandani, David Hirshleifer e Ivo Welch, «A Theory of Fads, Fashion, Custom, and Cultural Change as Informational Cascades», *Journal of Political Economy*, vol. 100, nº 5, 1992, págs. 992-1.026.

Sutton, J., «Gibrat's Legacy», *Journal of Economic Literature*, nº 35, 1997, págs. 40-59.

Swanson, D. R., «Fish Oil, Raynaud's Syndrome and Undiscovered Public Knowledge», *Perspectives in Biology and Medicine*, vol. 30, nº 1, 1986a, págs. 7-18.

—, «Undiscovered Public Knowledge», *Library Quarterly*, nº 56, 1986b, págs. 103-118.

—, «Two Medical Literatures That Are Logically but Not Bibliographically Connected», *Journal of the American Society for Information Science*, nº 38, 1987, págs. 228-233.

Swets, J. A., R. M. Dawes y J. Monahan, «Better Decisions Through Science», *Scientific American*, octubre de 2000a, págs. 82-87.

—, «Psychological Science Can Improve Diagnostic Decisions», *Psychological Science in the Public Interest*, nº 1, 2000b, págs. 1-26.

Szenberg, Michael (comp.), *Eminent Economists: Their Life Philosophies*, Cambridge, Cambridge University Press, 1992.

Tabor, M., *Chaos and Integrability in Nonlinear Dynamics: An Introduction*, Nueva York, Wiley, 1989.

Taine, Hippolyte Adolphe, *Les philosophes classiques du XIXe siècle en France* (1868), 9ª ed., París, Hachette, 1905.

Taleb, Nassim Nicholas, *Dynamic Hedging: Managing Vanilla and Exotic Options*, Nueva York, Wiley, 1997.

—, *Fooled by Randomness: The Hidden Role of Chance in Life and in the Markets*, Nueva York, Random House, 2004a (2001, 1ª ed.) (trad. cast.: *¿Existe la suerte? Las trampas del azar: el papel oculto de la suerte en la vida y en los negocios*, Madrid, Paraninfo, 2006).

—, «These Extreme Exceptions of Commodity Derivatives», en Helyette Geman, *Commodities and Commodity Derivatives*, Nueva York, Wiley, 2004b.

—, «Bleed or Blowup: What Does Empirical Psychology Tell Us About the Preference for Negative Skewness?», *Journal of Behavioral Finance*, vol. 5, nº 1, 2004c, págs. 2-7.

—, «The Black Swan: Why Don't We Learn That We Don't Learn?», documento presentado en el United States Department of Defense Highland Forum, verano de 2004d.

—, «Roots of Unfairness», *Literary Research/Recherche Littéraire*, vol. 21, nº 41-42, 2004e, págs. 241-254.

—, «On Skewness in Investment Choices», *Greenwich Roundtable Quarterly*, nº 2, 2004f.

—, «Fat Tails, Asymmetric Knowledge, and Decision Making: Essay in Honor of Benoît Mandelbrot's 80th Birthday», Technical paper series, *Wilmott*, marzo de 2005, págs. 56-59.

—, «Homo Ludens and Homo Economicus», reseña del libro de Aaron Brown *The Poker Face of Wall Street*, Nueva York, Wiley, 2006a.

—, «On Forecasting», en John Brockman (comp.), *In What We Believe But Cannot Prove: Today's Leading Thinkers on Science in the Age of Certainty*, Nueva York, Harper Perennial, 2006b.

—, «Black Swan and Domains of Statistics», *The American Statistician,* vol. 61, nº 3, 3, agosto de 2007.

—, «Infinite Variance and the Problems of Practice», *Complexity,* vol. 14, 2008.

—, «Errors, Robustness, and the Fourth Quadrant», *International Journal of Forecasting,* vol. 25, nº 4, 2009.

—, «Common Errors in the Interpretation of the Ideas of *The Black Swan* and Associated Papers», *Critical Review,* vol. 21, nº 4 (retirado).

Taleb, N. N. y R. Douady, «Undecidability of Probabilistic Measures: On the Inconsistency of Estimating Probabilities from a Sample Without Binding A Priori Assumptions on the Class of Acceptable Probabilities», publicación preliminar, NYU-Poly, 2010.

Taleb, N. N., D. G. Goldstein y M. Spitznagel, «The Six Mistakes Executives Make in Risk Management», *Harvard Business Review,* octubre de 2009.

Taleb, N. N. y D. Goldstein, «The Telescope Problem», publicación preliminar, NYU-Poly, 2010.

Taleb, Nassim Nicholas y Avital Pilpel, «I problemi epistemologici del risk management», en Daniele Pace (comp.), *Economia del rischio: Antologia di scritti su rischio e decisione economica,* Milán, Giuffrè, 2004.

—, «Epistemology and Risk Management», *Risk and Regulation,* vol. 13, verano de 2007.

—, «Beliefs, Decisions, and Probability», en T. O'Connor y C. Sandis (comps.), *A Companion to the Philosophy of Action,* Wiley-Blackwell, 2010.

Taleb, N. N. y C. Tapiero, «Too Big to Fail and the Fallacy of Large Institutions», publicación preliminar, NYU-Poly, 2010a.

—, «The Risk Externalities of Too Big to Fail», publicación preliminar, NYU-Poly, 2010b.

Tashman, Leonard J., «Out of Sample Tests of Forecasting Accuracy: An Analysis and Review», *International Journal of Forecasting,* vol. 16, nº 4, 2000, págs. 437-450.

Teigen, K. H., «Overestimation of Subjective Probabilities», *Scandinavian Journal of Psychology*, nº 15, 1974, págs. 56-62.

Terracciano, A. y otros, «National Character Does Not Reflect Mean Personality Traits», *Science*, nº 310, 2005, pág. 96.

Tetlock, Philip E., «Theory-Driven Reasoning About Plausible Pasts and Probable Futures in World Politics: Are We Prisoners of Our Preconceptions?», *American Journal of Political Science*, vol. 43, nº 2, 1999, págs. 335-366.

—, *Expert Political Judgment: How Good Is It? How Can We Know?*, Princeton, NJ, Princeton University Press, 2005.

Thaler, Richard, «Mental Accounting and Consumer Choice», *Marketing Science*, vol. 4, nº 3, 1985, págs. 199-214.

Thom, René, *Paraboles et catastrophes*, París, Champs Flammarion, 1980 (trad. cast.: *Parábolas y catástrofes*, Barcelona, Tusquets, 1985).

—, *Prédire n'est pas expliquer*, París, Champs Flammarion, 1993.

Thorley, «Investor Overconfidence and Trading Volume», documento de trabajo, Santa Clara University, 1999.

Tilly, Charles, *Why? What Happens When People Give Reasons and Why*, Princeton, NJ, Princeton University Press, 2006.

Tinbergen, N., «On Aims and Methods in Ethology», *Zeitschrift fur Tierpsychologie*, nº 20, 1963, págs. 410-433.

—, «On War and Peace in Animals and Man: An Ethologist's Approach to the Biology of Aggression», *Science*, nº 160, 1968, págs. 1.411-1.418.

Tobin, James, «Liquidity Preference as Behavior Towards Risk», *Review of Economic Studies*, nº 67, 1958, págs. 65-86.

Triantis, Alexander J. y James E. Hodder, «Valuing Flexibility as a Complex Option», *Journal of Finance*, vol. 45, nº 2, 1990, págs. 549-564.

Trivers, Robert, *Natural Selection and Social Theory: Selected Papers of Robert Trivers*, Oxford, Oxford University Press, 2002.

Turner, Mark, *The Literary Mind*, Nueva York, Oxford University Press, 1996.

Tversky, A. y D. Kahneman, «Belief in the Law of Small Numbers», *Psychology Bulletin*, vol. 76, nº 2, 1971, págs. 105-110.

—, «Availability: A Heuristic for Judging Frequency and Probability», *Cognitive Psychology*, nº 5, 1973, págs. 207-232.

—, «Judgement Under Uncertainty: Heuristics and Biases», *Science*, nº 185, 1974, págs. 1.124-1.131.

—, «Evidential Impact of Base-Rates», en D. Kahneman, P. Slovic y A. Tversky (comps.), *Judgment Under Uncertainty: Heuristics and Biases*, Cambridge, Cambridge University Press, 1982.

—, «Extensional Versus Intuitive Reasoning: The Conjunction Fallacy in Probability Judgment», *Psychological Review*, nº 90, 1983, págs. 293-315.

—, «Advances in Prospect Theory: Cumulative Representation of Uncertainty», *Journal of Risk and Uncertainty*, n° 5, 1992, págs. 297-323.

Tversky, A. y D. J. Koehler, «Support Theory: A Nonextensional Representation of Subjective Probability», *Psychological Review*, n° 101, 1994, págs. 547-567.

Tyszka, T. y P. Zielonka, «Expert Judgments: Financial Analysts Versus Weather Forecasters», *Journal of Psychology and Financial Markets*, vol. 3, n° 3, 2002, págs. 152-160.

Uglow, Jenny, *The Lunar Men: Five Friends Whose Curiosity Changed the World*, Nueva York, Farrar, Straus y Giroux, 2003.

Vale, Nilton Bezerra do, José Delfino y Lúcio Flávio Bezerra do Vale, «Serendipity in Medicine and Anesthesiology», *Revista Brasileira de Anestesiologia*, vol. 55, n° 2, 2005, págs. 224-249.

Van Tongeren, Paul, «Nietzsche's Greek Measure», *Journal of Nietzsche Studies*, n° 24, 2002, pág. 5.

Vandenbroucke, J. P., «Evidence-Based Medicine and "Medicine d'Observation"», *Journal of Clinical Epidemiology*, vol. 49, n° 12, 1996, págs. 1.335-1.338.

Varela, Francisco, *Invitation aux sciences cognitives*, París, Champs Flammarion, 1988.

Varian, Hal R., «Differences of Opinion in Financial Markets», en Courtenay C. Stone (comp.), *Financial Risk: Theory, Evidence and Implications: Proceedings of the Eleventh Annual Economic Policy Confederal of the Federal Reserve Bank of St. Louis*, Boston, Kitiwer Academic Publishers, 1989.

Véhel, Jacques Lévy y Christian Walter, *Les marchés fractals: Efficience, ruptures, et tendances sur les marchés financiers*, París, PUF, 2002.

Veyne, Paul, *Comment on écrit l'histoire*, París, Éditions du Seuil, 1971 (trad. cast.: *Cómo se escribe la historia: Foucault revoluciona la historia*, Madrid, Alianza, 1994).

—, *L'Empire gréco-romain*, París, Éditions du Seuil, 2005.

Vogelstein, Bert, David Lane y Arnold J. Levine, «Surfing the P53 Network», *Nature*, n° 408, 2000, págs. 307-310.

Voit, Johannes, *The Statistical Mechanics of Financial Markets*, Heidelberg, Springer, 2001.

Von Mises, R., *Wahrscheinlichkeit, Statistik und Wahrheit*, Berlín, Springer, 1928.

Von Plato, Jan, *Creating Modern Probability*, Cambridge, Cambridge University Press, 1994.

Von Winterfeldt, D. y W. Edwards, *Decision Analysis and Behavioral Research*, Cambridge, Cambridge University Press, 1986.

Wagenaar, Willern y Gideon B. Keren, «Calibration of Probability Assessments by Professional Blackjack Dealers, Statistical Experts, and Lay People», *Organizational Behavior and Human Decision Processes*, n° 36, 1985, págs. 406-416.

—, «Does the Expert Know? The Reliability of Predictions and Confidence Ratings of Experts», en Erik Hollnagel, Giuseppe Mancini y David D. Woods (comps.), *Intelligent Design Support in Process Environments*, Berlín, Springer, 1986.

Waller, John, *Fabulous Science: Fact and Fiction in the History of Scientific Discovery*, Oxford, Oxford University Press, 2002.

Wallerstein, Immanuel, «Braudel and Interscience: A Preacher to Empty Pews?», documento presentado en las 5th Journées Braudeliennes, Binghamton, NY, Binghamton University, 1999.

Wallsten, T. S., D. V. Budescu, I. Erev y A. Diederich, «Evaluating and Combining Subjective Probability Estimates», *Journal of Behavioral Decision Making*, nº 10, 1997, págs. 243-268.

Wason, P. C., «On the Failure to Eliminate Hypotheses in a Conceptual Task», *Quarterly Journal of Experimental Psychology*, nº 12, 1960, págs. 129-140.

Watts, D. J., *Six Degrees: The Science of a Connected Age*, Nueva York, W. W. Norton and Company, 2003 (trad. cast.: *Seis grados de separación: la ciencia de las redes en la era del acceso*, Barcelona, Paidós, 2006).

Watts, D. J. y S. H. Strogatz, «Collective Dynamics of "Small-world" Networks», *Nature*, nº 393, 1998, págs. 440-442.

Watts, Duncan, «A Simple Model of Global Cascades on Random Networks», *Proceedings of the National Academy of Sciences*, vol. 99, nº 9, 2002, págs. 5.766-5.771.

Wegner, Daniel M., *The Illusion of Conscious Will*, Cambridge, Mass., The MIT Press, 2002.

Weinberg, Steven, «Facing Up: Science and Its Cultural Adversaries», documento de trabajo, Harvard University, 2001.

Weintraub, Roy E., *How Economics Became a Mathematical Science*, Durham, N.C., Duke University Press, 2002.

Wells, G. L. y J. H. Harvey, «Do People Use Consensus Information in Making Causal Attributions?», *Journal of Personality and Social Psychology*, nº 35, 1977, págs. 279-293.

Weron, R., «Levy-Stable Distributions Revisited: Tail Index > 2 Does Not Exclude the Levy-Stable Regime», *International Journal of Modern Physics*, vol. 12, nº 2, 2001, págs. 209-223.

Wheatcroft, Andrew, *Infidels: A History of Conflict Between Christendom and Islam*, Nueva York, Random House, 2003.

White, John, *Rejection*, Reading, Mass., Addison-Wesley, 1982.

Whitehead, Alfred North, *Science and the Modern World*, Nueva York, The Free Press, 1925.

Williams, Mark A., Simon A. Moss, John L. Bradshaw y Nicole J. Rinehart, «Brief Report: Random Number Generation in Autism», *Journal of Autism and Developmental Disorders*, vol. 32, n.º 1, 2002, págs. 43-47.

Williams, Robert J. y Dennis Connolly, «Does Learning About the Mathematics of Gambling Change Gambling Behavior?», *Psychology of Addictive Behaviors*, vol. 20, n.º 1, 2006, págs. 62-68.

Willinger, W., D. Alderson, J. C. Doyle y L. Li, «A Pragmatic Approach to Dealing with High Variability Measurements», *Proceedings of the ACM SIGCOMM Internet Measurement Conference*, Taormina, Sicilia, 25-27 de octubre de 2004.

Wilson, Edward O., *Sociobiology: The New Synthesis*, Cambridge, Mass., Harvard University Press, 2000 (trad. cast.: *Sociobiología*, Barcelona, Omega, 1980).

—, *The Future of Life*, Nueva York, Knopf, 2002 (trad. cast.: *El futuro de la vida*, Barcelona, Galaxia Gutenberg, 2002).

Wilson, T. D., J. Meyers y D. Gilbert, «Lessons from the Past: Do People Learn from Experience That Emotional Reactions Are Short Lived?», *Personality and Social Psychology Bulletin*, n.º 29, 2001, págs. 1.421-1.432.

Wilson, T. D., D. T. Gilbert y D. B. Centerbar, «Making Sense: The Causes of Emotional Evanescence», en I. Brocas y J. Carrillo (comps.), 2003.

Wilson, T. D., D. B. Centerbar, D. A. Kermer y D. T. Gilbert, «The Pleasures of Uncertainty: Prolonging Positive Moods in Ways People Do Not Anticipate», *Journal of Personality and Social Psychology*, vol. 88, n.º 1, 2005, págs. 5-21.

Wilson, Timothy D., *Strangers to Ourselves: Discovering the Adaptative Unconscious*, Cambridge, Mass., The Belknap Press of Harvard University, 2002.

Winston, Robert, *Human Instinct: How Our Primeval Impulses Shape Our Lives*, Londres, Bantam Press, 2002.

Wolford, George, Michael B. Miller y Michael Gazzaniga, «The Left Hemisphere's Role in Hypothesis Formation», *Journal of Neuroscience*, n.º 20, 2000, págs. 1-4.

Wood, Michael, *The Road to Delphi*, Nueva York, Farrar, Straus y Giroux, 2003.

Wrangham, R., «Is Military Incompetence Adaptive?», *Evolution and Human Behavior*, n.º 20, 1999, págs. 3-12.

Yates, J. F., J. Lee y H. Shinotsuka, «Beliefs About Overconfidence, Including Its Cross-National Variation», *Organizational Behavior and Human Decision Processes*, n.º 65, 1996, págs. 138-147.

Yates, J. F., J.-W. Lee, H. Shinotsuka y W. R. Sieck, «Oppositional Deliberation: Toward Explaining Overconfidence and Its Cross-cultural Variations», documento presentado en la reunión de la Psychonomics Society, Dallas, Tex., 1998.

Yule, G., «A Mathematical Theory of Evolution, Based on the Conclusions of Dr. J. C. Willis, F. R. S.», *Philosophical Transactions of the Royal Society of London, Series B*, nº 213, 1925, págs. 21-87.

Yule, G. U., *Statistical Study of Literary Vocabulary*, Cambridge, Cambridge University Press, 1944.

Zacks, R. T., L. Hasher y H. Sanft, «Automatic Encoding of Event Frequency: Further Findings», *Journal of Experimental Psychology: Learning, Memory, and Cognition*, nº 8, 1982, págs. 106-116.

Zajdenweber, Daniel, *L'économie des extrèmes*, París, Flammarion, 2000.

Zajonc, R. B., «Feeling and Thinking: Preferences Need No Inferences», *American Psychologist*, nº 35, 1980, págs. 151-175.

—, «On the Primacy of Affect», *American Psychologist*, nº 39, 1984, págs. 117-123.

Zeki, Semir, *Inner Vision*, Londres, Oxford University Press, 1999 (trad. cast.: *Visión interior: una investigación sobre el arte y el cerebro*, Boadilla del Monte, Antonio Machado, 2005).

Zimmer, A. C., «Verbal vs. Numerical Processing by Subjective Probabilities», en R. W. Scholz (comp.), *Decision Making Under Uncertainty*, Amsterdam, North-Holland, 1983.

Zipf, George Kingsley, *Selective Studies and the Principle of Relative Frequency in Language*, Cambridge, Mass., Harvard University Press, 1932.

—, *Human Behavior and the Principle of Least Effort*, Cambridge, Mass., Addison-Wesley, 1949.

Zitzewitz, Eric, «Measuring Herding and Exaggeration by Equity Analysts and Other Opinion Sellers», documento de trabajo, Stanford University, 2001.

Zuckerman, H., *Scientific Elite*, Nueva York, The Free Press, 1977.

—, «Accumulation of Advantage and Disadvantage: The Theory and Its Intellectual Biography», en C. Mongardini y S. Tabboni (comps.), *Robert K. Merton and Contemporary Sociology*, Nueva York, Transaction Publishers, 1998.

Zweig, Stefan, *Montaigne*, París, Press Universitaires de France, 1960.

ÍNDICE ANALÍTICO
Y DE NOMBRES